KB116290

태평양 전쟁

태평양 전쟁

펠렐리우·오키나와 전투 참전기
1944–1945 유진 B. 슬레지 지음 | 이경식 옮김

일러두기
1. 펠렐리우/펠렐리우섬, 오키나와/오키나와섬 등은 문맥에 따라서 혼용했다.
2. 주석의 경우, 유진 B. 슬레지 자신이 붙인 주는 원주로, 옮긴이주는 별도 표시 없이 처리했다.

제5해병연대 제3대대 K중대 중대장이었던
앤드루 홀데인 대위를 기리며,
사랑하는 제1해병사단 전우들에게 이 책을 바친다.

그대들이 죽어 갔던 그 죽음들을 나는 보았네.
그리고, 내가 살아 있음은 그대들 덕분이라네.
— 러디어드 키플링

소총은 그들에게 높고도 신성한 것이었다. 그들은 5인치 대포도 다룰 줄 알았다. 그들은 으스대면서 전쟁 이야기를 했지만 전투 식량에도 관심이 높았다. 그들은 해병대원들, 역전의 해병 용사들이었다. (……) 전쟁터를 집처럼 여기고 전쟁을 직업처럼 생각했던 그들은 미국의 군인이었으며, 의기충천한 자원 입대자이자 뜨거운 마음으로 무장한 해병여단 장병들이었다.

— 존 톰슨 주니어의 『착검Fix Bayonets!』 중
「해병대원들The Leathernecks」에서

추천의 말

뉴브리튼 작전의 마지막 국면에서 1944년 4월 10일에 제1해병사단 제5연대 제3대대를 맡게 된 일은 나에게는 영광이었다. 뉴브리튼 작전은 우리 대대의 두 번째 작전이었다.

비록 당시에 우리는 몰랐던 사실이지만 우리 대대에는 두 개의 작전이 예정되어 있었다. 펠렐리우 작전과 오키나와 작전이었다. 이 두 작전은 앞서 있었던 두 작전과는 비교가 되지 않을 정도로 격렬했고 또 엄청나게 큰 희생을 안겨 주게 된다. 우리 사단이 러셀제도에 있는 파부부섬으로 〈휴식〉을 취하기 위해서 뉴브리튼을 떠난 뒤부터 이미 우리는 작전명 〈교착 작전Operation Stalemate〉을 준비하는 종합 훈련을 팔라우제도의 펠렐리우섬에서 시작했다. 이 작전은 세상에 덜 알려졌고 또 마땅히 받아야 할 인정을 세상 사람들로부터 덜 받게 되지만, 태평양 전쟁의 역사 속에서 가장 많은 피를 흘렸고 또 힘들었던 전투임이 분명하다.

이 무렵에 우리 대대에 보충병으로 합류한 병사들 가운데 슬레지해머 이병이 있었다. 그는 사단 전체에서도 손꼽히던 중대장이던 앤드루 홀데인 대위가 지휘하는 K중대에 배속되었다.

슬레지해머는 지금 앨라배마에 있는 몬테발로 대학교에서 생물학을 가르치는 교수이다. 하지만 그는 펠렐리우와 오키나와에서 K중대의 대원으로 함께했던 전장의 기억을 지금까지 결코 잊지 않았다.

비록 나는 제3대대가 펠렐리우 작전을 위해서 훈련을 하는 기간에 이 대대를 지휘했지만, 우리 대대가 펠렐리우 작전을 위해서 출동할 즈음에 (상급자로서 당연히 거쳐야 하는 어떤 우여곡절에 따라서, 혹은 그 우여곡절이 모자라서) 연대 참모로 자리를 바꾸었다. 그것은 내 운명이었고, 또한 나에게 두고두고 아쉬운 일이었다.

군사 작전을 두고서 역사적인 기술을 하는 것은 흔한 일이다. 그리고 또 군 장교가 어떤 군사 작전에 대해서 개인적인 이야기를 기술하는 것도 흔한 일이다. 그러나 해병대의 일개 보병 사병이 전쟁에 대한 개인적인 인상을 책으로 만들어 출판하는 일은 매우 드물다. 이들은 전투 현장에서 적군 사병과 가깝게 접촉해야 하고, 지독한 고통과 결핍 그리고 너무도 많은 죽음을 견뎌야 하는 가장 평범한 사람들이다.

슬레지해머가 바로 그런 일반 사병의 해병대원이었다. 이 책에서 우리는 그가 가까이서 바라보았던 전쟁을 생생하게 목격한다. 일반 사병으로 복무했던 사람이라면 누구나 그가 공포와 좌절, 그리고 작은 승리들 속에서 생생하게 회고하고 풀어 놓는 이야기들에 공감할 것이다. 이 책은 매우 흥미롭고 또 많은 것을 일깨워 준다.

월터 S. 매킬레니
미 해병대 예비역 준장

해제

머지않아 새로운 천 년이 시작되면 힘이 센 나라가 다른 나라를 노예로 만들려는 시도는 더는 나타나지 않을 것이다. 하지만 그때까지는 자기의 책임을 받아들이고 조국을 위해 스스로 희생을 감수하는 게 필요하다. 나와 함께했던 전우들이 예전에 태평양에서 그랬듯이 말이다. 그랬기에 우리는 종종 이렇게 말하곤 했다. 〈만일 우리 조국이 살아 갈 가치가 있는 좋은 나라라면, 이런 조국을 위해서 싸우는 것은 충분히 가치가 있는 행동이다.〉 특권에는 책임이 따르기 때문이다.

1944년 말과 1945년 봄에 펠렐리우섬과 오키나와섬에서 일본 제국주의 군대와 맞서 싸웠던 해병대원들의 끔찍한 전투를 회고하는 긴 원고의 마지막을 저자는 이렇게 맺었다. 애국적인 의무에 대한 이 결론을 우리는 곰곰이 생각해 보아야 한다. 왜냐하면 이 책은 지금 (부분적으로는 전쟁 자체의 야수성과 몰지각성을 전면적으로 비난한다는 점에서) 군사 분야의 고전의 반열에 이미 올라섰기 때문이다.

비록 그 두 개의 침공 작전에서 제1해병사단이 겪었던 고난이 이 책에서 끔찍할 정도로 생생하게 묘사되어 있긴 하지만, 그래도 슬레지가 전하는 메시지는 음울하지만은 않다. 슬레지의 이 회고록이 가지는 진정한 힘은 그의 감상적인 낭만성에만 있는 게 아니다. 그가 빈번하게 묘사하는 온갖 결핍과 그로 인한 절망 속에서도 이 책에는 다른 무엇보다 중요한 비극의 어떤 정서가 녹아 있다. 다시 말하면, 유진 슬레지처럼 좌고우면하면서 망설이는 사람들은, 전쟁이라는 상황이 아니었더라면 문명이 그들에게 결코 요구하지 않았을 어떤 것을(그러나 이것은 야만성을 극복하고 살아남기 위해서는 반드시 해야만 하는 어떤 것이다) 하도록 요구받을 것이고, 결국에는 인간의 본성 자체가 바뀌어 버린다는 메시지가 녹아 있다는 말이다.

유진 슬레지는 어떤 사람일까? 그는 은퇴한 교수이며, 유명하지도 않았으며, 만년에는 가족에게만 보여 줄 목적으로 회고록의 원고를 썼다가 나중에는 이 원고를 일반 독자를 대상으로 출판한 사람이다. 그런데 이 책은 출판된 지 20년 만에 태평양 전쟁을 가장 잘 설명한 훌륭한 저작으로 인정받기에 이르렀다.

비록 지금 이 책에 대한 찬사가 점점 더 커지고 있지만(이 책은 20년도 더 전에 출판되었다) 2002년 3월에 그가 세상을 떠났을 때는 세상 사람들은 그의 죽음에 그다지 많은 관심을 기울이지 않았다. 그가 은퇴한 뒤에 공식적인 자리에는 거의 나타나지 않고 조용히 살았기 때문이다.

그는 완벽한 해병대원으로 활약을 한 뒤에 제대했지만, 제대한 뒤로는 어쩐지 전장을 누볐던 고참병처럼 보이지는 않았던 것 같다. 앨라배마의 모빌에서 저명한 의사의 아들로 태어난 그는 생각이 똑부러지고 어딘가 가냘프고 또 부끄러움을 많이 타는 성격이었다. 마리온 군사학교에서 1년을 수료한 뒤에 조지아 공과 대학교에 등록했지만 장교 양성 학교의 프로그램을 박차고 나와서 1943년 말에 해병대에 사병으로 자원 입대했다. 장교 훈련을 받다가 도중에 사병으로 입대한 그의 특이한 경력은 이 책에서 펼쳐지는 이야기들 속에 독특한 색깔로 녹아 있다. 그는 여러 차례 반복해서 장교들을 살피고 또 평가한다. 그리고 최악의 장교들과 최고의 장교들로 몇몇 소위와 대위를 꼽는다.

전쟁이 끝난 뒤에 슬레지는 중국에서 점령 임무를 수행했다. 이때의 일은 그가 죽은 뒤에 『중국 해병대China Marine』라는 책으로 출판되었다. 슬레지는 나중에, 펠렐리우와 오키나와를 경험하고 난 뒤 문명인의 삶으로 돌아오기가 힘들었다고 토로했다. 이건 태평양에서 일본군과 싸웠던 다른 많은 병사들의 경우도 마찬가지였는데, 〈미국이 완벽하지 않다는 이유로, 커피가 충분히 뜨겁지 않다는 이유로, 혹은 기차나 버스를 기다리려면 줄지어 늘어서야 한다는 이유로, 또한 그 밖의 온갖 사소한 이유를 들어 불평을 늘어놓는 사람을 억지로라도 이해〉할 수 없었기 때문이다. 그러나 그는 사회에 잘 적응했고, 1949년에는 석사 학위를 받았다. 그리고 1960년에 동물학 박사 학위를 받은 뒤 대학교 강단에서의 경력을 시작했다. 그리고 39세에 몬테발로 대학교 교수가 되었으며, 거기에서 미생물학과 조류학을 가르쳤고 정년을 마쳤다.

이 책이 가지고 있는 힘의 많은 부분은 그가 30년 가까운 세월 동안 교사로서 또 학자로서 살면서 자연스럽게 습득했을 학자적인 전문성과 생각과 언어의 정확성에서 비롯된 것 같다. 그가 새롭게 맞았던 환경에 대한 폭넓은 선험적 관찰 그리고 그 환경의 모순에 대한 철학적인 언급이 전체 이야기 구조 속에 양념처럼 매끄럽고도 적절하게 배치되어 있다. 예를 들면 이렇게……

그곳의 오키나와 사람들은 아주 오래전 옛날부터 변변찮은 농법으로 땅을 갈고 살아 왔는데, 바로 거기에 전쟁이 밀고 들어왔던 것이다. 게다가 가장 효율적인 최신 살인 기술까지 함께 들어왔다. 그것은 광기로밖에 생각할 수 없었다. 그때 나는 전쟁은 인간을 괴롭히는 일종의 질병임을 깨달았다.

펠렐리우와 오키나와의 야만성에 대한 슬레지의 회고는 임상의사의 진단서처럼 건조하게 제시된다(그의 기억은 그가 들고 다녔던 성경책에 해두었던 메모를 기초로 한 것이었다). 그가 구사하는 언어는 거창하지도 않고 과장이 없으며 담백하다. 그래서 전투 상황을 해부하는 묘사는 기괴하며, 어떤 때는 꿈을 꾸는 것 같기도 하다. 감정을 배제한 절제된 표현은 야만성을 희석하기보다는 오히려 도드러져 보이게 만든다. 예컨대 그는 미군 포탄을 맞고 죽은 일본군 위생병을 다음과 같이 묘사한다.

위생병은 등을 대고 누운 자세였고 배는 찢긴 채 활짝 열려 있었다. 잘게 부서진 가는 산호 가루들이 붙어 있어 햇살을 받아 반짝이는 창자를 보는 순간 나는 충격을 받았다. 조금 전까지 살아 있었을 사람이라고는 도저히 생각할 수 없을 정도였다. 사람의 내장이 그럴 수는 없었다. 어린 시절에 사냥을 나가서 잡았던 토끼나 다람쥐의 내장 같았다. 그 시체들을 보고 있자니 구역질이 났다.

독자는 이 책의 처음 몇 쪽을 읽고는 너무 놀라서 말을 할 수 없게 된다. 그렇게 점잖은 사람이 어떻게 그런 지옥 같은 상황을 견뎌낼 수 있었으며, 또 수십 년이 지난 뒤에 극도로 절망적이던 그 비참함을 그토록 논리정연하게 우리에게 새삼스럽게 펼쳐 보일 수 있을까? 펠렐리우 상륙 작전 전야에 호기심이 많던 슬레지는, 학구적으로 보이지만 암울한 운명을 향해 걸어가야 할 동료 대원에게 전쟁이 끝나면 무엇을 할 것이냐고 묻고, 그 대원은 이렇게 대답한다.

「나는 뇌 전문 외과의사가 되고 싶어. 인간의 뇌는 믿을 수 없을 정도로 놀라운 존재거든. 거기에 완전히 빠졌어 나는.」
그러나 그는 펠렐리우에서 살아남지 못했고, 꿈을 이루지 못했다.

슬레지의 모든 것을 빨아들여 그를 빈껍데기로 만들다시피 했던 (당시의 다른 해병대원들의 사정도 슬레지와 다르지 않았다) 과달카날에서 오키나와로 이어지는 2차 세계 대전의 태평양 무대는 결코 단순한 한밤의 꿈이 아니었다. 미국 역사의 그 어디에서도 비슷한 경우를 찾아볼 수 없는 끔찍한 악몽이었다. 그것은 소멸에 맞서는 존재론적인 투쟁이었다. 그리고 적 병사를 죽이는 행위를 가능하게 해주는 힘은 그 어떤 자비도 허용되지 않는 정치적이고 문화적인 (그리고 인종적인) 증오였다.

야수적이고 원시적인 증오에서 비롯된 이 살육은 야자나무와 섬들만큼이나 태평양 전쟁의 독특한 모습이었다.

멀리 본국과 떨어진 거리, 일본 제국함대의 엄청난 규모, 그리고 미국으로서는 일본군에 신경을 쓸 여력이 없을 정도로 나치 독일에 우선적으로 집중해야 하는 조건, 이 모든 것을 놓고 볼 때 승산은 일본군 쪽에 있었다. 특히 일본군은 수적으로도 미군보다 우월했고, 지형지물의 활용이라는 측면에서나 보급 측면에서도 미군보다 유리했다. 우리는 당시 일본의 기술 수준을 과소평가할 수도 있다. 그래서 예컨대 일본군의 무기가 미군의 무기에 비해서 성능이 뒤떨어지지 않았으며 어떤 것들은 오히려 성능이 더 좋았다는 사실을 잊어버리기도 한다. 펠렐리우와 오키나와 두 섬에서 슬레지는 매우 훌륭한 일본군의 박격포와 대포를 상세하게 묘사하면서, 일본군의 대포가 신속하게 동굴 밖으로 나와서 포탄을 날리고는 다시 두꺼운 철문 뒤로 안전하게 숨는 장면을 소개한다.

오키나와의 일본군은 약 300킬로그램 무게의 포탄을 발사하는 320밀리 발사봉식 박격포(spigot mortar, 송곳 박격포)를 한 문 보유하고 있었다. 미군은 이 무시무시한 무기를 이오지마에서 처음 보았다.

슬레지가 자세하게 설명하듯이 태평양 여러 섬의 삐죽삐죽한 산호 봉우리들과 더위와 쉴 새 없이 내리는 비는 유럽의 기후와는 완전히 달랐다. 이것은 사람을 지치게 만드는 적도의 여러 질병들만큼이나 미군 장병들에게 낯선 것이었다. 물게와 피부병은 가죽과 옷, 심지어 사람의 생살까지 파먹었다. 생물학자인 그는 펠렐리우섬에 대해서 이렇게 쓴다.

방금 죽은 사람의 시신이 부풀어 오르고 부패한 다음, 벌레가 거기에 알을 낳고 또 마지막에는 부분적이긴 하지만 뼈가 드러나는 상태로 바뀌는 그 모든 단계를 지켜본다는 것은 소름끼치는 일이었다. 마치 어떤 생물학적 시계가 가차 없는 시간의 흐름을 표시해 주는 것만 같았다. (……) 숨을 한 번씩 들이킬 때마다 셀 수도 없이 많은 온갖 악취로 가득한 후텁지근한 공기가 입으로 들어왔다.

펠렐리우섬에서 슬레지가 느꼈던 끔찍함은, 일본군은 죽음을 두려워하지 않았기 때문에 일본군에게 부상을 입히거나 일본군을 사로잡을 생각은 아예 포기하고 무조건 죽일 수밖에 없다는 사실뿐만이 아니었다. 젊은 자원 입대자들 사이에서는 어떤 이데올로기의 본성에 대해서 어떤 공포 혹은 당혹스러움이 퍼지고 있었다. 이것이 슬레지를 비롯한 해병대원들에게 일본군을 향한 증오를 부추겼다. 히로시마와 나가사키에 원자폭탄이 떨어진 뒤 일본이 항복했다는 소식을 접했을 때 고참병이던 슬레지는 당혹스러웠다.

일본은 절대로 항복하지 않을 것이라고 생각했기 때문이다. 아닌 게 아니라 많은 대원들은 그 소식을 믿으려 하지 않았다. 침묵 속에서 우리는 죽은 전우들을 떠올렸다. 정말 많은 전우들이 죽고 또 정말 많은 전우들이 불구가 되었다. 얼마나 많은 밝은 미래가 과거의 재로 날아가 버렸는지 모른다. 얼마나 많은 꿈들이 우리를 삼켜 버린 광기 속에서 산산이 부서져 버렸는지 모른다.

유진 B. 슬레지의 이야기는 제1해병사단 제5연대 제3대대 K중대의 대원으로서 훈련을 받는 것에서부터 시작한다. 이 회고록은 악몽과도 같은 두 개의 섬에서 처절하게 진행되었으며 결국에는 사단 전체를 무너뜨릴 정도로 많은 사상자를 발생시켰던 전투들을 중점적으로 다룬다. 첫 번째 섬은 펠렐리우였다. 이 섬의 침공 작전 명칭은 〈교착 작전〉이었고, 이 작전은 1944년 9월 15일부터 11월 25일까지 이어졌는데, 10주에 걸친 이 전투에서 미군의 사상자 및 실종자는 8,769명이었다. 그리고 약 1만 1,000명의 일본군이 죽었다. 그 섬에 있는 일본군 수비대가 몰살한 것이나 다름없었다. 더글러스 맥아더 장군은 미군의 오른쪽 날개가 필리핀으로 안전하게 진군하도록 하기 위해서는 펠렐리우섬을 점령하는 것이 필요하다고 했고 또 그래서 펠렐리우 작전이 전개되었지만, 과연 굳이 그럴 필요가 있었을까 하는 의문은 지금도 여전히 남아 있다.

그러나 전략적 필요성을 말하는 그런 주장은 슬레지에게는 조금도 중요하지 않았다. 그의 관심은 K중대의 235명 대원이 살아남는 것이었다. 그러나 그 가운데 150명이 죽거나 다치거나 실종되었다. 그러므로 이제 와서 펠렐리우섬 점령이 필요 없었다느니 어쨌다느니 하는 것은 아무런 의미가 없다. 그가 느꼈던 체념 상태를 가장 잘 요약한 표현은 〈적이 그 섬을 장악하고 있었다. 우리가 그 섬을 점령했다. 적은 패배했고, 우리는 계속해서 다른 곳으로 이동했다〉가 아닐까 싶다.

오키나와를 점령하기 위해서 1945년 4월 1일부터 7월 2일까지 진행되었던 〈아이스버그 작전Operation Iceberg〉은 한층 더 지독했다. 이 작전은 2차 세계 대전 때 미국이 태평양 전체에서 경험했던 것 가운데서 가장 끔찍한 악몽이었다. 해군 및 전투병 전사자 1만 2,500명을 포함해서 5만 명이 넘는 사상자가 발생했으며, 전쟁 피로증 환자도 미국의 단일 전투사상 가장 많이 발생했다.

제6해병사단 제29연대 소속으로 나와 이름이 같은 빅터 핸슨은 슈리 전선 근처에서 전사했다. 슈리 고지를 둘러싼 마지막 공방전이 벌어지던 전투였고, 그가 죽고 몇 시간 뒤인 1945년 5월 19일에 슈리 고지는 미군의 손안으로 떨어졌다. 그가 보낸 편지들과 (슈가로프 고지에서 그가 마지막 숨을 거두는 상황을 묘사한 편지를 포함해서) 그의 지휘관이 보낸 편지들을 읽고 있자면 가슴이 찢어질 듯 아프다. 아닌 게 아니라 바로 오키나와라는 바로 그 이름은 그로부터 반세기 동안 핸슨의 가족을 (그리고 슬레지의 가족과 수천 명의 다른 미국인 가족을) 괴롭혀 왔다. 수십 년 동안 미국에서는 그 누구도 오키나와에서 실제로 어떤 일이 일어났는지 알지 못했고 또 알려고도 하지 않았다.

사실 슬레지가 참가했던 두 번의 전투는, 다른 전투들과 비교할 수 없을 정도로 치열했으며 또 결국 미국이 모두 승리를 거두었음에도 불구하고 노르망디 상륙 작전이나 벌지 전투처럼 대중의 관심을 끌지 못했다. 오키나와에서 빚어졌던 야만성이 다른 사건에 가려졌기 때문이다. 우선 4월 12일에 프랭클린 루스벨트 대통령이 사망했고, 5월 8일에 유럽에서 독일이 항복했으며, 또 오키나와를 완전히 점령했다는 선언이 나오고 불과 5주 뒤인 8월 6일과 9일에 각각 히로시마와 나가사키에 원자폭탄이 떨어졌던 것이다.

이 역사적인 사건들의 틈바구니에 끼어서 무명의 미국인 수만 명이 그 섬에서 힘들게 자기 길을 가야만 했다. 그들은 자기들이 일본군 병사들을 마지막 한 명까지 모두 죽여야 한다는 것을 당연한 사실로 받아들였을 것이다. 게다가 그 일본군은 일본에서도 가장 뛰어난 일선 지휘관들, 가장 뛰어나면서도 악명이 높은 우시지마 미츠루 장군과 조 이사무 장군 그리고 천재적인 전술가인 야하라 히로미치 대령의 지휘를 받고 있었으니까 말이다.

전쟁이 끝났을 때 미 해군은 역사상 단일 전투로는 최악의 피해를 입었다. 새로 구성된 제6해병사단과 슬레지가 소속되어 있던 제1해병사단에서 절반 가까운 병력이 전사하거나 부상했던 것이다. 오키나와의 미 지상군 총사령관 사이먼 볼리바르 버크너 장군은 최고 높은 계급의 2차 세계 대전 전사자가 되었다. 수천 대의 가미카제 자살특공대의 파괴적인 잠재력과 일본군의 오키나와 수비대를 과소평가한 미군의 잘못된 정보 분석 때문에, 11월 1일로 예정되어 있던 일본 본토 공격 작전 즉 〈올림픽 작전Operation Olympic〉에 대한 두려움이 형성되었다.

일본 큐슈와 혼슈에 상륙 작전을 벌이기 전에 두 발의 원자폭탄을 일본 본토에 투하한 것을 두고 벌어진 도덕성 논쟁(결과적으로 보자면 이 원폭 투하가 전쟁을 끝냈다)은 여전히 소멸되지 않고 있다. 그러나 트루먼 대통령의 원폭 투하 결정이 사실은 슬레지와 같은 해병 대원들이 펠렐리우섬과 오키나와섬에서 고통스럽게 겪어야만 했던 그 끔찍한 악몽을 어떻게든 더는 방치할 수 없다는 판단을 토대로 한 것이었음을 우리는 잊어버리고 있다. 오랜 세월 동안 평화를 구가하며 살아가는 오늘날의 미국인이 우리 할아버지들이 너무도 성급하게 원폭에 의지한 게 아니었느냐고 의심을 품고 비난의 눈빛을 보인다면, 이 사람들은 중요한 사실을 잊어버리는 셈이다. 오키나와에서 일본군을 완전히 토벌했다는 선언이 나오고 며칠 지나지 않은 시점이던 7월 16일에 뉴멕시코의 앨러머고도에서 최초의 원폭 실험이 성공했는데, 태평양의 여러 섬에서 전투를 경험한 많은 고참 병사들이 자기가 오키나와에서 계속 고통을 당해야만 하는 이유를 납

득할 수 있었을까? 물론, 오키나와에서의 학살을 늦여름까지 연기할 수도 있었을 것이다. 그랬더라면 오키나와의 일본군도 그 확실한 무기가 빚어낸 결과를 보고는 전쟁을 의미 없이 질질 끌어 봐야 소용없음을 받아들였을 것이고, 궁극적으로는 그 엄청난 규모의 살육을 피할 수도 있었을 것이다.

오키나와 전투를 돌아보며 이 전투가 미국의 최종적인 승리에 어떤 역할을 했는지 설명하는 멋진 회고록들은 많이 있다. 그 가운데서 가장 유명한 것은 윌리엄 맨체스터William Manchester의 『굿바이, 다크니스Goodbye, Darkness』와 조지 파이퍼George Feifer의 『텐노잔 Tennozan』이다. 그러나 슬레지의 이 끔찍한 이야기는 이 분야에서 독보적이라고 할 수 있다. 게다가 이 책은 그 어떤 외설적인 내용도 담고 있지 않다. 심지어 속어를 많이 쓰지도 않으며 우아한 문체를 유지한다. 특히 우리가 눈여겨보아야 하는 사실은 슬레지라는 저자는 까다로운 작가처럼 형식주의를 추구하지도 않았으며 또한 자기 안의 강한 어떤 감정을 여과 없이 토로하지도 않았다는 점이다. 존 키건, 폴 퍼셀 그리고 스터즈 터클은 슬레지의 솔직함을 입을 모아서 칭찬했다. 특히 자기도 똑같이 야만적인 증오심을 품긴 했지만, 일본군 병사들의 잔학함과 어깨를 견줄 정도의 비인간적인 상태로 동료 대원들을 몰아가는 야만성에 맞서서 날마다 싸웠다는 사실을 인정하고 밝힌 점을 높이 평가했다.

전쟁이 끝난 뒤에 쏟아져 나온 수많은 회고록과 달리 슬레지의 이 책은 사실 관계와 관련해서 지적을 받은 적이 한 번도 없었다. 그는 자기가 한 행동의 의미나 가치를 부풀리지 않았다. 자기가 속한 K중대의 활약에 대해서도 마찬가지였다. 그는 각주를 달아서 본문 속의 해당 사항을 자세하게 설명하기도 했다. 그런데 때로는 이 각주가 독자의 마음을 뒤흔들어 놓는다. 예컨대 그는 자기가 본문에서 방금 묘사하는 그 훌륭한 장교가 펠렐리우나 오키나와에서 전사했다는 사실을 각주를 통해 알려 주는데, 이때 독자는 가슴이 찢어지는 경험을 한다. 그리고 또 그는 자기와 같은 해병대원들 역시 다른 군인들과 마찬가지로 인간이므로 매우 잔인해질 수 있음을 독자에게 알린다.

그러나 우리 사기가 높을 수밖에 없었던 또 하나의 이유가 있었다. 그 것은 일본군을 향한 불타오르는 적개심이었다. 이 적개심은 내가 아는 한 모든 해병대원의 공통된 감정이었다.

그러나 이렇게 말을 할 때도 슬레지 본인의 도덕적인 감각은 미국 예외주의[1]의 어떤 특성을 분명히 드러낸다. 그런 야만성을 당연한 것으로 받아들일 게 아니라 잘못된 것으로 비난하고 없애 버려야 하는데, 이런 점에서 미국인은 일본인과 다르다는 것이다.

믿을 수 없는 일은 그게 끝이 아니었다. 죽은 우리 해병대원의 성기를 잘라서 사체의 입에다 쑤셔 박아 놓은 것이었다. (……) 일본군을 향해서 그때까지 경험하지 못했던 강렬한 분노와 증오가 내 안에서 들끓었다. 그리고 어느 순간 이후로는 어떤 사정이 있다고 하더라도 일본군 병사에 대해서는 손톱만큼의 연민이나 동정심도 느끼지 않게 되었다. 해병대 대원들이 죽은 일본군의 배낭과 주머니를 뒤져서 기념이 될 만한 것들을 찾아서 챙기고 또 금니가 보이면 뽑기도 했지만, 일본군이 미군 사체에 자행했던 것과 같은 야만적인 훼손 행위를 하는 것은 한 번도 본 적이 없었다.

이 책에서 내가 가장 잊을 수 없는 장면은 슬레지가 도저히 호감을 가질 수 없을 것 같은 사람들에게 공감을 보이는 장면이다. 심지어 적 병사에게도 연민의 감정을 느낀다. 그래서 그는 아무런 의미

1 미국은 여러 가지 측면에서 세계 최고의 국가라는 태도.

도 없이 적 병사를 죽이지 않기를 바라기도 하고, 또 적 병사의 사체를 훼손하는 것을 못마땅하게 여기기도 한다. 그는 기사도 정신을 높이 평가한다. 남북 전쟁 당시의 남부 기질에 대한 자부심을 가지고 있다. 그러나 북부 출신 대원들(〈양키〉)도 가리지 않고 사랑한다.

그는 공포를 받아들인다. 때로는 자기가 용기를 내는 것은 순전히 필사적인 몸짓이거나 아니면 이성적인 계산에 따른 것일 뿐이라고 솔직하게 고백한다. 그는 해병대원으로서의 자기 역량을 우연히 드러내는데, 스스로에 대한 무미건조한 묘사를 통해서 독자는 그의 동료들이 60킬로그램 조금 넘는 체구의 그에게 〈슬레지해머〉라는 별명을 붙여 준 이유를 어렵지 않게 짐작할 수 있다.

포화 속의 그 황폐한 섬들에서 슬레지가 영웅시했던 인물들은 — 부사관이던 베일리와 헤이니, K중대 기관총 소대의 소대장으로 〈힐빌리〉[2]로 불리던 에드워드 존스, 그리고 K중대 중대장 홀데인 대위가 그런 영웅들이었다 — 끈기와 성찰과 인간미가 탁월한 사람들이다. 존스에 대해서 그는 다음과 같이 묘사한다.

힐빌리는 내가 아는 모든 해병대원들과 깊은 존경과 따뜻한 우정을 나누었다. 그는 다른 사람들이 친하게 지내지 못하는 사람들과도 친하게 지낼 수 있는 드문 능력이 있었다. 용기, 리더십, 재능, 진실함, 품위, 솔직함 그리고 열정 등을 두루 갖추고 있었다. 이런 점으로 볼 때 내가 아는 사람 가운데서 그와 필적할 만한 사람은 홀데인 대위가 유일했다.

독자는 슬레지의 영웅들이 보여 주는 기백과 전투 능력에 놀라지만, 그럼에도 불구하고 그는 이들을 〈예전의〉 진짜 해병대원들과 비교해서는 아직 견습생 정도밖에 되지 않는 것으로 묘사한다. (이 〈예

2 〈남부의 산사나이〉라는 뜻.

22

전의〉 해병대원들은 양차 대전에 모두 참전한 신화에 가까운 세대이며, 도저히 이길 수 없다고 여겼던 1942년과 1943년의 일본군에 맞서서 싸웠던 뉴브리튼의 글로스터 전투와 과달카날 전투에서 승리를 거두면서 한층 더 강인한 군인이 되어 있었다.) 예를 들어 이 〈예전의〉 진짜 해병대원들 가운데 한 사람이자 샤워할 때는 군용 브러시로 마치 구두를 닦듯이 성기를 벅벅 문지르고 M1 소총과 총검을 날마다 세 번씩 청소했던 엘모 헤이니 중사에 대해서 슬레지는 다음과 같이 결론을 내린다.

헤이니는 비록 특이한 인물이긴 했지만, 그럼에도 불구하고 그는 K중대 내의 우리 신병들에게 많은 영향을 끼쳤다. 그는 우리에게 〈역전의 고참병들〉과 직접적인 연결점이 되어 주었다. 우리에게 그는 고참병old breed[3] 이었다. 우리는 그를 존경했다. 그리고 사랑했다.

아닌 게 아니라 슬레지가 묘사하는 태평양의 전장에서는 지금은 가버리고 없지만 한 시대를 풍미했던 모든 유형의 영웅들이 등장한다. 할리우드에서 최고의 주가를 올리던 밥 호프는 위험한 오지인 파부부에서 장병들을 위해 위문 공연을 하는 헌신적인 애국자로 등장한다. 또 나중에 일리노이 상원의원이 되는 폴 더글러스는(그는 저술가이자 시카고 대학교의 경제학 교수로 유명하다) 최악의 전투가 벌어지는 펠렐리우섬에서 안경을 낀 53세의 해병 자원 입대자의 모습으로 젊은 슬레지를 도와서 탄약 상자를 나른다. 더글러스는 나중에 오키나와에서 중상을 입었으며, 은성무공훈장Silver Star과 퍼플하트 훈장Purple Heart[4]을 받았다. 오늘날의 독자는 슬레지 주변에 있던 용감하고 젊은 해병 전우들에 대해서 감탄하겠지만, 슬레지

3 Old Breed는 제1해병사단의 별칭이기도 하다.
4 미국에서 전투 중 부상한 군인에게 주는 훈장.

는 지금 우리는 예전의 미국인에 비해서 우리가 생각하는 것보다 용감한 군인들이 더 많이 부족하다고 충고한다. 그는 진짜 〈고참병〉은 자기 또래의 전우들보다 훨씬 뛰어나다고 말하고 있기 때문이다.

슬레지는 일본군의 야수성을 증오한다. 그러나 그렇다고 해서 펠렐리우섬이나 오키나와섬이라는 황량한 곳에서 자기와 마찬가지로 끊임없이 사투를 벌여야 하는 끔찍한 운명 속에 내던져진 일본군 병사들에 대한 연민에 눈을 감지 않는다. 그랬기에, 중상을 입었지만 아직 살아 있는 일본군 병사의 입에 대검을 쑤셔 박은 채 금니를 뽑는 동료 대원에게 분노한다.

그런 행위는 모든 전쟁이 다 그렇듯이 야만적이고 비문명적이었다. 그리고 일본군과 해병대 사이의 싸움이 격렬해질수록 이 의식도 한층 더 야만적으로 전개되었다. 기념이 될 만한 것을 찾아서 적의 시체를 뒤지는 단순한 차원의 행위를 넘어선 것이었다. 그것은 백인의 가죽을 벗기던 아메리카 원주민 전사들의 행동과 비슷했다. (……) 이것이 바로, 우리 보병 부대 병사들이 죽음, 공포, 긴장, 피로 그리고 오물 등의 한가운데서 오로지 생존을 위해 싸워야 하는 야수적인 존재로 전락했을 때 양식이 있다는 사람들조차도 얼마든지 할 수 있는 행동이었다. 이게 바로 적을 대할 때 지켜야 하는 우리 보병 부대의 행동 수칙이었다.

이 회고록에서 슬레지가 보이는 천재성의 핵심이라면, 그가 광기의 현장에서 한 걸음 물러서서 사태를 바라보는 태도에 있다. 슬레지는 전쟁의 처참함에는 때로 그럴 만한 이유가 있음을 부정하지 않는 태도로 그 비참함과 무거운 짐을 함께 져야 하는 사람들에 대해 깊은 애정을 보여 준다.

전쟁은 야만적이고 수치스럽고 끔찍한 낭비이다. 전투는 여기에 참가한 사람들에게 지울 수 없는 흔적을 남기고, 사람들은 그 끔찍한 흔적을 안고서 평생을 살아야 한다. 전쟁에서 높이 평가할 수 있는 것은 전우들이 보여 준 믿을 수 없는 용감함과 서로를 향한 헌신적인 전우애이다. 해병대 신병 훈련소에서는 우리에게 적을 효율적으로 죽이고 살아남는 방법을 가르쳤을 뿐만 아니라 전우들을 향한 충성과 우애도 함께 가르쳤다. 거기에서 배운 단결심이 우리를 지탱해 주었다.

슬레지의 이 회고록은 9·11사건 이후로 한층 더 선명한 의미를 띠게 되었다. 우리는 변하지 않는 인간의 본성과 시공간을 초월하는 교훈들을 이 책을 통해서 다시금 생각할 수 있다. 새로운 천 년의 입구에서 미국 해병대원들은 줄지어 늘어선 자살 폭탄 대원들과 맞닥뜨릴 수 있고, 반(反)서구주의로 무장한 광적인 적들의 공격을 받을 수 있으며, 슬레지가 경험했던 것과 비슷하게 이라크의 하디타나 라마디에서 지뢰와 박격포와 백병전에 대한 공포에 직면할 수도 있다.

슬레지는 평범한 미군이 전사할 가능성이 얼마나 될지 새삼 생각해 보게 만든다. 미군 전사자는 힌두쿠시나 키르쿠크에서도 확인할 수 있는 엄혹한 사실이다. 자유와 풍요 속에서 성장한 미군 병사들은 살인의 기술을 배우길 꺼리는 것 같다. 오키나와의 슈리 전선에서든 혹은 순니 삼각지대의 팔루자에서든 간에, 평범한 10대 소년은 광신자들을 죽이라는 갑작스러운 명령을 어떻게 받아들일까? 슬레지도 처음 태평양 전선으로 향하면서 〈과연 나는 용감하게 내 의무를 다할 수 있을까, 아니면 겁쟁이처럼 행동할까? 과연 내가 사람을 죽일 수 있을까?〉라는 질문을 스스로에게 던진다.

그러나 이 책을 읽고 나면, 자유를 누리면서 사는 사람이 그 자유를 지키기 위해서 어떤 희생이라도 감수하는 것과 마찬가지로, 누군가를 죽일 수 있다는 마음이 선뜻 들지 않는 평범한 미국인의 성향과 군사주의에 대한 불편한 감정이 오히려 용기를 불러일으키는 특이한 효과를 발휘한다는 사실을 깨달을 수 있다.

이런 점은 저자인 유진 B. 슬레지도 오키나와에서 살아서 돌아온 지 36년 뒤에 우리에게 분명하게 상기시키고 있다.

나는 이 글을 쓰면서 조국을 위해 깊고 큰 고통을 감당했던 제1해병사단의 전우들에게 오랜 세월 동안 내가 지고 있던 빚을 갚는 셈이다. 전우들 가운데서 그 지옥의 수렁에서 조금도 다치지 않고 돌아온 사람은 아무도 없었다. 많은 전우가 목숨을 바쳤고, 많은 전우가 건강하던 신체를 바쳤으며, 또 어떤 전우들은 건강하던 정신까지 바쳤다. 그 지옥에서 살아남은 사람들은 모두 그 끔찍한 공포를 잊지 않고 오랫동안 생생하게 기억할 것이다. 하지만 전우들은 조국이 안전하게 평화를 즐길 수 있도록 해주려고 고통을 당했으며 의무를 다했다. 조국이 누리는 평화는 그토록 비싼 대가를 치르고 얻은 것이었다. 우리는 그 해병대원들에게 빚을 지고 있고 깊이 감사해야 한다.

우리는 슬레지가 느끼는 빚과 똑같은 빚을 지금은 고인이 된 그에게 지고 있다. 이 책을 통해 그는 〈안전하게 보호받는 조국〉에서 살고 있다고 믿는 우리에게 미국도 전쟁의 광기에서 결코 안전하지 않음을 상기시킨다. 이 책에서 그는 오키나와에서 그리고 또 펠렐리우에서 전사한 사람들의 이름과 얼굴과 생각을 우리 앞에 생생하게 살려 낸다. 그들은 비록 우리 곁을 떠났지만 우리가 다시 다음 세대에 물려주어야 할 것을 우리에게 전해 준 사람들이다.

빅터 데이비스 핸슨
역사학자, 스탠퍼드 대학 후버 연구소 선임 연구원

이 책을 쓰면서

이 책은 내가 미군 해병대원으로서 훈련을 받은 뒤에 미군 제1해병사단 제5연대 제3대대 K중대원으로서 펠렐리우 작전과 오키나와 작전에 참가했던 경험을 그대로 담고 있다. 이것은 역사가 아니며, 또한 나 혼자만의 이야기도 아니다. 전쟁의 깊은 구렁텅이 속으로 떨어져 버린 내 전우들을 위해서 그들을 대변하겠다는 마음으로 나는 이 책을 썼다. 전우들이 나의 이런 노력을 인정해 주길 바랄 뿐이다.

나는 펠렐리우 전투가 끝난 직후 솔로몬제도의 파부부섬에 있던 기지에서 휴식을 취하던 때부터 이 책을 쓰기 시작했다. 제대 뒤 민간인 신분이 되자마자 상세하게 메모해 두었던 내용들을 가지고서 이야기의 전체 얼개를 짰으며, 이후 여러 해에 걸쳐 몇 개 일화들을 구체적으로 작성했다. 그러나 내가 겪었던 그 일들을 마음속으로는 몇 번이나 생생하게 반복했음에도 불구하고, 얼마 전까지도 글로는 도무지 그 모든 것들을 옮겨 놓을 수 없었다.

나는 펠렐리우 작전과 오키나와 작전에서 우리 부대가 수행했던 역할과 관련해서 공개된 역사서와 문서는 말할 것도 없고 공개되지 않은 것들까지 광범위하게 자료를 수집해 왔다. 그러나 이 자료들에 기술된 내용은 내가 전투 현장에서 직접 경험한 것들과는 매우 큰 차이가 있는데, 나는 그 사실이 매우 놀라웠다. 이건 지금도 마찬가지이다.

　태평양 전쟁에서 내가 경험한 일들은 지금까지 나를 괴롭혀 왔
다. 이 이야기를 계속 마음속에 담아 둔 채로 살아가는 일이 나에게
는 감당하기 힘들 정도로 무거운 짐이었다. 그러나 시간이 약이라
는 말이 맞는 것 같다. 밤에 악몽을 꾸다가 벌떡 일어나면 심장은 쿵
쾅거리며 뛰었고 식은땀으로 온몸이 흥건했지만, 더는 그렇지 않
다. 비록 고통스러운 일이긴 하지만…… 이제는 이 이야기를 글로 쓸
수 있다. 나는 이 글을 쓰면서 조국을 위해 깊고 큰 고통을 감당했던
제1해병사단의 전우들에게 오랜 세월 동안 지고 있던 빚을 갚는 셈
이다. 전우들 가운데서 그 지옥의 수렁에서 조금도 다치지 않고 돌
아온 사람은 아무도 없었다. 많은 전우가 목숨을 바쳤고, 많은 전우
가 건강하던 신체를 바쳤으며, 또 어떤 전우들은 건강하던 정신까지
바쳤다. 그 지옥에서 살아남은 사람들은 모두 그 끔찍한 공포를 잊
지 않고 오랫동안 생생하게 기억할 것이다. 하지만 전우들은 조국
이 안전하게 평화를 즐길 수 있도록 해주려고 고통을 당했으며 의무
를 다했다. 조국이 누리는 평화는 그토록 비싼 대가를 치르고 얻은
것이었다. 우리는 그 해병대원들에게 빚을 지고 있고 깊이 감사해야
한다.

감사의 말

이 책은 개인적인 차원의 술회이다. 애초에 나의 가족만을 독자로 생각하고 썼기 때문이다. 그랬기 때문에 일반 독자가 읽기에 적합한 책으로 만들어지기까지 수많은 사람들의 도움이 있었다.

우선 아내 잔에게 고맙다는 말을 하고 싶다. 아내는 내가 손으로 쓴 펠렐리우 전투 부분 원고를 일일이 타이핑했으며, 또 이 원고가 우리 가족뿐만 아니라 일반 독자도 관심을 가지고 흥미롭게 읽을 수 있을 것 같다는 제안을 처음으로 했다. 아내는 온갖 아이디어와 도움말, 그리고 편집과 타이핑 작업으로 나를 지원하고 또 격려했다. 아내는 대학원에 다니면서 또 아이를 키우면서 여러 해 동안 자투리 시간을 이용해서 이 방대한 분량의 원고를 완성했다. 원고가 완성된 것은 내가 들인 노력 못지않은 아내의 노력과 인내 덕분이다.

그리고 편집자인 로버트 스미스 예비역 해병대 중령에게 깊은 감사의 인사를 올린다. 『해병대 통신 *Marine Corps Gazette*』의 편집자로 재직하던 마지막 해에 그는 책 형태로 되어 있던 나의 완성된 원고에 관심을 가졌다. 그의 관심은 나에게 행운이었다. 그는 편집 능력으로 도움을 주었을 뿐만 아니라 온갖 아이디어와 도움말로 가득한 보물 창고이기도 했다. 슬픔과 고뇌가 가득한 부분 때문에 내가 침울해지기라도 하면 사기를 높여 주려고 이런저런 노력을 한 게 한두 번이 아니었다. 그는 객관성을 유지하면서 내가 나무도 보고 숲도

볼 수 있게 이끌어 주었다. 그랬기에 우리 두 사람은 초고에 실렸던 몇몇 대목을 책에서 빼야 할 때의 그 고통을 함께 극복할 수 있었다.

그리고 출판사 대표인 로버트 케인 예비역 대령과 프레시디오 출판사의 편집장인 아델 호로위츠에게도 고맙다. 특히 호로위츠는 장황한 초고에서 사람들에게 꼭 들려줘야 할 이야기를 발견해 주었다.

해병대 역사 자료의 도움을 받지 못했다면 이 책을 쓰지 못했을 것이다. 내가 어떤 요청을 하거나 도움을 청할 때마다 문제는 언제나 신속하게 해결되었다. 그렇기 때문에 해병대 역사박물관장이던 에드윈 H. 시먼스 예비역 해병대 준장과 베니스 프랭크, 랠프 도넬리 그리고 헨리 I. 쇼에게 고마운 마음을 가지고 있다.

그리고 월터 매킬레니 해병대 예비역 준장, 존 A. 크라운 해병대 예비역 중령, 오스틴 쇼프너 해병대 예비역 준장, 존 A. 모랜 해병대 예비역 대령, 그리고 앨런 베빌라쿠아 해병대 예비역 소령한테도 고마움을 표한다.

로버트 F. 플레샤워 해병대 예비역 상사는 지도와 스케치 작업을 도와주었다. 고맙다.

힐다 반 랜딩엄은 오키나와를 다룬 초고의 타이핑 작업을 해주었는데, 고맙게 생각한다. 몬테발로 대학교의 사서인 메리 프랜시스 팁턴에게도 고맙다. 몬테발로 대학교의 역사학 교수인 루실 그리피스 교수는 이 내용을 책으로 출판하는 게 어떠냐고 처음으로 제안했던 사람이다. 이 원고에 대한 그녀의 믿음에 감사한다.

그리고 이 원고에 등장하는 수많은 인물들의 세부적인 묘사를 생생하게 기억해 주고 사진 속의 얼굴들이 누구인지 확인해 준 제5해병연대 제3소대 K중대의 전우들에게도 마음속 깊은 곳의 애정을 담아서 고맙다는 인사를 한다. 테드 (텍스) 배로우, 헨리 A. 보예스, 볼튼 버긴, 제시 크럼배커, 아트 디믹, 존 헤지, T. L. 허드슨, 윌리엄 레이든, 스털링 메이스, 톰 매서니, 짐 맥케니, 빈센트 산토스, 조지 사렛, 토머스 (스텀피) 스탠리가 그 전우들이다. 누군가의 이름을 빠뜨렸다면 용서하기 바란다. 이 원고에 어떤 잘못이 있다면 그것은 순전히 내 탓이다.

지나간 과거의 일에 지나치게 매달려 있던 아버지를 참아 주고 또 도움을 주고 이해해 준 두 아들 존과 헨리한테도 고맙다.

이 원고를 준비할 수 있도록 편의를 봐준 몬테발로 대학교의 교수 연구위원회에도 고맙다는 인사를 하고 싶다.

차례

추천의 말   월터 S. 매킬레니 준장   9

해제   빅터 데이비스 핸슨(역사학자)   11

이 책을 쓰면서   27

감사의 말   29

제1부

펠렐리우 전투: 주목받지 못한 전장

1부 머리말   존 A. 크라운 중령   37

1장   해병대원의 탄생   39

2장   전투 준비   59

3장   가자, 펠렐리우섬으로   105

4장   지옥으로 진격하다   123

5장   또 한 번의 상륙 작전   197

6장   용감한 병사들 스러져 가다   233

제2부
오키나와 전투: 최후의 승리

2부 머리말 토머스 J. 스탠리 대위   283

7장   휴식과 충전   287

8장   진격의 서막   309

9장   집행 유예   327

10장   바닥이 없는 구렁텅이 속으로   357

11장   불안과 공포   381

12장   진흙과 구더기   403

13장   돌파구   437

14장   슈리 고지를 넘어서   467

15장   고통은 끝나고   501

화보   523

참고문헌   549

찾아보기   553

제1부 **펠렐리우 전투**

: 주목받지 못한 전장

1부 머리말

　지금으로부터 37년 전, 제1해병사단이 중부 태평양의 펠렐리우섬을 공략했다. 이 작전은 제2차 세계 대전 전체를 놓고 보자면 상대적으로 의미가 작았다. 전쟁이 끝난 뒤에는 어떤 전투들이 중요했으며 어떤 전투들이 굳이 할 필요가 없었는지 판단하기가 상대적으로 쉽다. 이런 맥락에서 보자면 펠렐리우 전투는 전체 전세를 판가름하는 데 그다지 큰 기여를 하지 않았다. 게다가 2차 세계 대전조차도 그 뒤에 일어난 한국 전쟁과 베트남 전쟁 때문에 관심 밖으로 밀려나 버렸다.

　펠렐리우섬에 진격했던 제1해병사단의 장병들에게는(그들 가운데 가장 어린 축에 속했던 사람들도 지금은 오십대이다) 그 전투가 전체 전세 속에서 커다란 의미를 부여하기 어렵다는 식의 인식은 있을 수 없는 일이었다. 그 자리에 있었던 사람들에게는 그 전투가 언제 끝날지도 모른 채 끝없이 이어지던 피비린내 나고 고되고 고통스러운 임무였다. 1개 사단 규모의 작전으로는 예외적일 정도로 사상자가 많이 발생한 전투였으니까 말이다.

　이 책의 저자인 유진 B. 슬레지는 제1해병사단 제5연대 제3대대 K중대의 대원으로 이 전투의 시작과 끝을 모두 보았다. 영광스럽게도 나 역시 그 전투에서 제3대대 I중대를 지휘하고 있었다. 저자의 상세한 묘사를 읽다 보니 오랜 세월 기억의 수면 아래 잠겨 있던 기억들이 생생하게 되살아났다.

　개인적인 이 기록을 읽으면서 어떤 위대한 전략의 의미나 혹은 펠렐리우 전투의 의미를 찾으려고 하지 말길 바란다. 보병 부대 병사였던 한 해병대원이 겪었던 격렬했던 전투를 그냥 있는 그대로 받아들이길 바란다. 다른 곳에서 전투를 경험해 본 사람이라면 공감할 것이다.

존 A. 크라운
미 해병대 중령

1장 해병대원의 탄생

1942년 12월 3일, 나는 앨라배마의 마리온에서 해병대 입대를 지원했다. 당시 나는 마리온 군사학교Marion Military Institute 1학년 학생이었다. 부모님과 형 에드워드는 될 수 있으면 학생 신분을 오래 유지해서 미 육군 소속의 기술 부문 장교로 임관할 수 있는 자격을 갖추라고 강권했지만, 그들의 뜻을 물리친 것이다. 당시에 나는 내가 입대해서 바다 건너 전투 현장에 투입되기도 전에 전쟁이 끝나버릴까 봐 조바심이 나 있었고, 어떻게 하든 간에 하루라도 일찍 해병대에 입대하고 싶었다. 시타델 육군사관학교를 졸업하고 소위로 임관해 있던 형 에드는 장교로 군 생활을 하는 게 더 나을 것이라는 말로 내 결심을 꺾으려고 했다. 부모님도 내가 해병대에 지원해서 사병으로 복무하는 것에 반대하셨고, 또 내 결정에 무척 심란해 하셨다. 해병대원이 된다는 것은 〈대포의 밥〉이 되는 것이나 마찬가지라고 생각하셨기 때문이다.

해병대의 신병 모병팀이 마리온 군사학교 교정에 나타났을 때 나는 V-12로 불리던 해병대의 신설 장교 훈련 과정에 응모했다. 그때 모병 담당이던 병장은 푸른색 바지와 카키색 셔츠 차림에 흰색 모자를 쓰고 있었다. 구두는 반짝거렸다. 그렇게 반짝반짝 광이 나는 구두는 한 번도 본 적이 없었다. 그는 나에게 여러 가지 많은 질문을 했으며, 내가 한 대답을 수많은 서류들에 기입했다. 몸에 흉터나 출생

모반이나 그 밖에 특이한 사항이 있는지 물었을 때 나는 오른쪽 무릎에 1인치 길이의 흉터가 있다고 대답했다. 그러고는 왜 그런 것까지 묻느냐고 물었다. 그러자 그는 이렇게 대답했다.

「자네가 태평양의 어느 해변에서 일본군의 포탄을 맞고 쓰러졌다고 쳐. 그런데 마침 인식표도 자네 머리와 함께 어디로 날아가 버렸는지 없어졌어. 자네가 누구인지 어떻게 알아볼 수 있을까? 자네 무릎에 난 흉터…… 이것을 보고 전사한 그 병사가 자네인 줄 다른 사람들이 알아볼 거야.」

이것은 내가 나중에 알게 될 해병대의 섬뜩한 실체에 대해서 처음 소개받은 내용이었다.

마리온 군사학교의 1학년 과정은 1943년 5월 마지막 주에 끝났고, 7월 1일에 V-12 대원 자격으로 애틀랜타에 있는 조지아 공과 대학교에 출두하기 전까지 나는 6월 한 달을 모빌에 있는 집에서 보냈다.

드디어 7월 1일, 나는 모빌에서 애틀랜타로 가는 기차를 탔다. 여행은 즐거웠다. 그 기차가 증기 엔진을 달고 있었기 때문이다. 그 매캐한 연기 냄새가 좋았으며, 기적 소리는 느긋한 인생의 구슬픈 추억을 상기시켰다. 짐꾼들은 내가 해병대원이 되려고 가는 길이라고 무심하게 말하자 깜짝 놀라면서 걱정스럽게 바라보았다. 해병대에서 지급한 공식적인 식권 덕분에 나는 맛있는 새우 샐러드를 기차에서 저녁으로 푸짐하게 먹었으며 그 자리에 함께 있던 승무원은 대단하다는 눈빛으로 나를 바라보았다.

애틀랜타에 도착하자마자 나는 택시에 올라 조지아 공과 대학교로 갔다. 그곳의 해리슨 기숙사에는 180명의 해병 분견대가 기거하도록 되어 있었다. 모병된 신병들은 1년 정도(내 경우는 약 2년이었다) 강의를 들은 뒤 졸업한 후에는 버지니아의 콴티코에 있는 해병대 본부로 가서 사관후보생 자격으로 장교 훈련을 받게 되어 있었다.

그곳의 훈련생들을 지휘하던 최고 책임자는 도널드 페이전트 대위였다. 그는 제1해병사단 소속으로 과달카날 전투[1]에 참여했던 철저한 해병대 장교였는데, 군인으로서의 임무를 다하는 일과 우리를 지휘하는 일에 자부심과 기쁨을 느끼는 것 같았다. 그는 해병대를 사랑했고 약간은 저속하게 재미있었으며 또한 과장된 몸짓이 배어 있었다. 이제 와서 돌이켜보면, 그는 주검이 나뒹구는 처절한 전투 현장에서 살아남은 행운아였으며 그 당시에는 평화로운 대학교 교정에서 군 생활을 하게 된 것을 운 좋게 생각하고 무척이나 즐겼던 것 같다.

조지아 공과 대학교에서의 생활은 편하고 안락했다. 전쟁이 진행 중이라는 사실을 잊어버리고 살 정도였으니까 말이다. 수강하던 강의 과목들은 대부분 지루하고 재미없었다. 교수들 가운데 많은 사람들은 우리를 드러내고 못마땅하게 여겼다. 강의에 집중한다는 게 거의 불가능했다. 우리들 대부분은 전투에 참가하려고 해병대에 지원했었다. 그런데 거기에서 다시 대학생이 되어 강의만 듣고 있었으니 답답할 수밖에 없었다. 첫 학기가 끝나자 나를 포함해서 그 분견대의 절반이나 되는 90명이 성적 불량으로 퇴학 처분을 당했고, 그 덕분에 우리는 다시 지원병 자격으로 해병대에 입대하게 되었다.

학사 관리를 책임지던 해군 장교가 나를 불러서 왜 이렇게 성적이 나쁘냐고 물었을 때 나는 전투 현장에서 멀리 떨어져 있는 대학교 교정에서 전쟁 이야기나 들으려고 해병대에 지원한 게 아니라고 대답했다. 그러자 그는 아버지 같은 따뜻한 마음으로 공감하면서 자기가 내 입장이라도 충분히 그럴 것 같다고 했다.

우리 90명이 캘리포니아 샌디에이고에 있던 해병대 신병 훈련소로 떠나던 날 아침, 페이전트 대위는 기숙사 앞에서 우리에게 격려

---

1 1942년 8월에서 1943년 2월까지 솔로몬제도 과달카날과 주변 섬에서 연합군과 일본군 사이에 벌어진 전투.

연설을 했다. 그 분견대에서 우리가 최고이며 최고의 해병대원이라고 했다. 전투에 참가하길 바라는 우리의 기백을 존경한다고 말했다. 지금 생각해도 그의 말은 진심이었던 것 같다.

그 연설이 끝난 뒤에 우리는 버스를 타고 애틀랜타 기차역으로 갔다. 가는 내내 우리는 노래를 부르고 환호성을 질러 댔다. 이제 드디어 전쟁터로 가는구나! 하지만 그때 우리 앞에 무엇이 기다리는지 알고 있었다면, 그렇게 떠들썩하게 즐거워하지는 않았을 것이다.

그리고 그 뒤 약 2년 6개월 만에 나는 다시 애틀랜타역을 거쳐서 집으로 향했다. 그때 내가 잠깐 산책을 하려고 객차에서 내렸을 때 젊은 육군 보병 한 명이 나에게 다가와서 악수를 청했다. 그는 내가 달고 있던 제1해병사단 견장과 종군 리본을 알아본 것이다. 그러고는 나에게 펠렐리우 전투에 참여했는지 물었다. 내가 그렇다고 하자 그는 제1해병사단의 장병들에게 진정한 존경심을 표하고 싶다고 말했다.

그는 보병 제81사단(들고양이들) 소속으로 전투에 참여했었다고 말했다.[2] 이 사단은 펠렐리우 전투에서 우리를 지원하려고 왔던 부대였다. 그는 기관총 사수였으며 블러디노즈 능선Bloody Nose Ridge에서 일본군의 총탄에 맞았는데, 육군 전우들도 그를 거두지 못한 채 퇴각했다. 그때 그는 상처 때문에 죽거나 아니면 어둠이 깔릴 때 일본군 병사에게 잡혀 참수되고 말 것이라고 절망했는데, 몇몇 해병대원들이 목숨을 걸고 자기를 구해서 안전한 곳까지 데려다주었다고 했다. 그러면서 그는, 그때 제1해병사단 해병대원들의 용맹함과 민첩함과 기백에 깊은 감명을 받았고, 앞으로는 제1해병사단의

2 육군 보병 제81사단은 제1해병사단과 함께 미 해병 로이 S. 가이거 소장이 지휘한 제3상륙군단을 구성했다. 팔라우 작전을 위해서 제1해병사단은 1944년 9월 15일에 펠렐리우섬에 진격했으며 제81사단은 앙가우르섬(팔라우의 산호섬)을 접수하고 군단의 예비로 1개 연대를 제공했다. 제81사단은 10월 20일에 제1해병사단과 임무 교대했으며, 11월 27일에 그 섬을 온전하게 확보했다 — 원주.

전역 군인을 만나면 무조건 진심 어린 감사를 하겠다고 맹세했다고 했다. 그가 나를 알아보고 나에게 다가와 악수를 청한 것도 그래서였다.

샌디에이고로 향하는 우리는 〈디에이고 아이들Dago people〉이라고 불렸다. 우리 디에이고 아이들은 애틀랜타의 커다란 터미널역에서 군용열차에 올라탔다. 우리는 모두 들떠 있었다. 전쟁터로 나가는 게 아니라 마치 소풍이라도 떠나는 것 같았다. 이 여행은 여러 날이 걸렸고 특별한 일도 없었지만 우리는 모두 재미있었다. 대부분 서부에는 한 번도 가본 적이 없었기에 낯선 풍경을 마음껏 즐겼다. 여행은 단조로웠지만 우리는 카드 게임을 하거나 시시껄렁한 농담을 주고받거나 혹은 여자가 보일 때마다 손을 흔들고 고함을 지르고 휘파람을 불면서 그 단조로움을 걷어 냈다.

우리와 반대 방향으로 가던 기차는 거의 대부분 군용열차였다. 정말 많은 화차를 달고 가던 열차를 보았는데, 대부분이 무개화차였고 탱크, 반(半)무한궤도 차량[3], 대포, 군용트럭 및 그 밖의 군수 장비들을 싣고 있었다. 많은 군용열차들이 우리와 같은 방향으로 혹은 반대 방향으로 지나갔다. 대부분은 군인을 수송하는 열차였다. 이 광경을 보면서 우리는 우리 나라가 전쟁에 쏟아붓는 노력이 얼마나 큰지 실감했다.

샌디에이고에는 새벽에 도착했다. 우리는 짐을 챙겨 객차 옆에 도열했고, 일등상사 계급장을 단 군인이 다가와서는 우리와 함께 기차를 타고 온 부사관들에게 우리가 타고 갈 버스를 지정해 주었다. 이 일등상사는 우리 10대들의 눈에 늙어 보였다. 그도 우리처럼 초록색 모직 소재의 해병대 제복을 입고 있었지만, 우리와 달리 그의 가슴에는 종군 리본이 여러 개 달려 있었다. 그는 또한 왼쪽 어깨에 초록

3 뒷바퀴만 무한궤도를 단 장갑차.

색의 프랑스 푸라제르⁴를 붙이고 있었다(나중에 나도 해병 제5연대의 일원이 되어 왼쪽 팔에 실을 꼬아서 만든 그 끈을 달게 된다). 이 상사가 1차 대전 당시 제1해병사단의 제5연대나 제6연대에 소속되어 프랑스로부터 무공을 인정받았다는 뜻이었다.

상사는 우리가 받게 될 힘든 훈련 과정에 대해서 짧게 몇 가지 사항을 일러 주었다. 무척이나 자상하고 따뜻해 보이던 마음씨는 마치 자식을 대하는 아버지의 마음 같았다. 그 바람에 우리는 장차 우리가 놓일 환경에 대해서 잘못 생각하게 되었다. 뿐만 아니라 우리는 훈련소에 도착한 버스에서 내릴 때 우리를 기다리고 있던 충격에 완전히 무방비 상태로 노출될 수밖에 없었다. 우리는 우리를 기다리는 운명이 어떤 것인지 전혀 알지 못했던 것이다.

「해산! 그리고 각자 자기 짐을 챙겨서 배정받은 버스에 승차한다, 실시!」

상사의 명령이 떨어지자 다른 부사관들이 고함을 지르기 시작했다.

「자, 신속하게 버스에 승차한다, 실시!」

버스가 샌디에이고에 가까워질수록 이 부사관들은 점점 더 고압적으로 바뀌어 갔다.

그런데 버스는 겨우 몇 킬로미터 가더니 드넓은 해병 신병 훈련소에 도착했다. 잔뜩 긴장해서 차창 밖을 바라보는데, 신병 소대들이 오와 열을 맞추어 도로를 따라 행군하고 있었다. 소대를 맡고 있던 훈련 조교들은 제각기 매우 특색이 있는 억양으로 고함을 질러 댔다. 신병들은 모두 통조림통의 정어리처럼 딱딱하게 굳어 있었다. 그들이 얼마나 진지한지, 아니 얼마나 겁에 질려 있는지 깨달으면서 점점 불안해지기 시작했다.

「제군들, 모두 빌어먹을 버스에서 내린다, 실시!」

4 군복의 왼쪽 어깨에 두르는 장식 끈.

우리는 허둥지둥 버스에서 내려서 다른 버스에서 내린 훈련병들과 줄을 맞추어서 섰다. 그리고 대략 60명 단위로 그룹이 지어졌다. 그때 작업반원들을 실어 나르는 트럭이 여러 대 우리 곁을 지나갔다.

타고 있던 사람들은 아직 훈련 중이던 훈련병이거나 훈련 과정을 막 수료한 신병이었다. 이들은 모두 우리를 바라보면서 이를 드러내고 알 듯 모를 듯한 미소를 지으며 야유를 보냈다.

「너희들은 땅을 치고 후회할 거다!」

이것은 모든 신병들에게 전통처럼 내려오던 비공식적이지만 표준적인 환영 의식인 셈이었다.

우리가 버스에서 내린 뒤 곧바로 상병 계급을 단 해병이 내가 소속되어 있던 그룹으로 다가오더니 특이한 억양의 성난 목소리로 고함을 질렀다.

「소때, 쩡신 짜린다! 우향 — 우! 앞으로 — 까! 속보로 — 까!」

상병은 우리를 인솔해서 도로를 뛰어갔다가 뛰어오기를 반복했다. 그야말로 몇 시간을 그렇게 뛴 것 같았다. 그런 다음에 마침내 우리가 한동안 머물게 될 막사에 도착했다. 막사는 두 줄로 나란히 이어져 있었다. 우리는 다들 숨이 가빠서 헐떡거렸지만 상병은 아무렇지 않아 보였다.

「소때, 쩨짜리에 서! 우향 — 우!」

상병은 두 손을 허리춤에 받치고서 경멸의 눈빛으로 우리를 바라보면서 다시 성난 목소리로 고함을 질렀다.

「너희는 모두 멍청이들이다!」

그리고 그 시각 이후로 그는 매일 그리고 매순간 우리가 멍청이임을 증명하려고 했다.

「나는 도허티 상병이고, 앞으로 너희 멍청이들을 가르칠 조교다. 그리고 여기는 제984소대이다. 만일 너희 멍청이들 가운데 어떤 놈이든 간에 내 명령을 따를 필요가 없다고 생각하는 놈은 지금 당장 우로 한 걸음 나와라. 어떤 놈이고 간에 지금 당장 엉덩이를 걷어차 주겠다. 너희의 영혼을 예수님이 가지고 있을지 몰라도 이 시각 이후로 너희의 엉덩이는 모두 내 것이다. 너희는 훈련병이다. 아직 해병대원이 아니라는 말이다. 너희는 해병대원이 갖추어야 할 것들을 아직 가지고 있지 않기 때문이다.」

다들 꼼짝도 못 했다. 숨도 제대로 쉬지 못할 지경이었다. 우리는 다들 바짝 얼었다. 왜냐하면 그 조교가 한 말이 절대로 허풍이 아닐 것임을 믿어 의심치 않았기 때문이다.

도허티 상병은 어떤 기준으로 보나 덩치가 큰 사람이 아니었다. 키는 174센티미터 정도였고 몸무게는 73킬로미터 정도였으며 가슴은 근육으로 툭 튀어나와 있었으며 똥배는 전혀 나오지 않았다. 입술은 얇았으며 혈색은 좋았고, 이름으로 추측하건대 아일랜드계인 것 같았다. 억양으로 봐서는 뉴잉글랜드 출신이 분명했다. 어쩌면 보스턴에서 왔을지도 몰랐다. 눈빛은 차갑기 그지없었으며, 미소는 내가 평생 본 것 가운데서 가장 비열했다. 그는 우리를 노려보았다. 마치 한 마리 늑대 같았다. 우리의 팔과 다리를 갈기갈기 찢어 놓는 것을 유일한 소망으로 삼고 있는 그런 늑대. 그런데 그가 우리를 그렇게 찢어 놓지 않는 이유는 다른 게 아니라, 해병대가 우리를 일본군이 쏘는 포탄의 총알받이 자원으로 활용하는 사이에 진정한 해병대원들의 목숨을 아껴서 일본군 진지를 빼앗길 원하기 때문이라는 인상을 받았다.

도허티 상병이 냉혹하기 그지없는 인간임을 우리 모두는 조금도 의심하지 않았다. 해병대원들이라면 누구나 훈련 조교가 자기에게 얼마나 고함을 질러 댔는지 잘 기억한다. 그러나 도허티는 그다지 큰 소리로 고함을 지르지는 않았다. 대신 얼음장처럼 차갑고 위협적으로 고함을 질렀다. 소리만 들어도 저절로 소름이 돋을 정도였다.

만일 그가 우리를 공포로 몰아넣어 죽이지 못한다면 일본군도 우리를 죽이지 못할 거라고 우리는 믿었다. 그는 늘 티 한 점 없이 깨끗한 차림이었으며, 제복은 몸에 딱 맞게 붙어 있었다. 최고의 양복장이가 그를 위해서 제복을 맞추어 준 것 같았다. 그의 자세는 늘 꼿꼿했으며, 동작 하나하나는 모두 절도와 정확성을 자랑하는 군인의 모습 바로 그것이었다.

보통 사람들은 훈련 조교라고 하면 부사관이라고 생각한다. 그러나 도허티는 사병임에도 우리에게 존경심을 명령했으며 우리를 무시무시한 공포 속으로 몰아넣었다. 만일 도허티의 계급이 꺾은 줄 두 개의 상병이 아니라 줄 여섯 개의 상사였다고 해도 우리를 그렇게 효율적으로 장악하지는 못했을 것이다. 아무튼 한 가지 사실만큼은 우리들 사이에서 너무도 분명해졌다. 그것은 바로 이 사람이 앞으로 몇 주 동안 우리의 운명을 자기 손아귀에 쥐고 있다는 사실이었다.

도허티는 우리를 훈련시킬 때 넓은 연병장을 사용하는 경우가 별로 없었다. 거의 언제나 행군이나 빠른 걸음으로 샌디에이고만(灣) 근처에 있는 해변 지역으로 우리를 데리고 갔다. 그곳에는 잔모래가 깊게 깔려 있어서 걷기가 무척 힘들었는데, 바로 이 점을 도허티는 노렸다. 몇 시간이고 계속해서 또 날이면 날마다 우리는 그 모래사장을 오가면서 훈련을 받았다.

처음 며칠 동안에는 다리가 죽을 것처럼 아팠다. 그건 나뿐만 아니라 다른 소대원들도 모두 마찬가지였다. 그러다 보니 나중에는 나름대로 요령이 생겼다. 도허티의 옷깃이나 모자의 접힌 부분에 집중하거나 바다에 떠 있는 배의 숫자를 세려고 노력하면 다리 통증이 어쩐지 조금은 누그러진다는 사실을 깨달은 것이다. 다리가 아파서 훈련에서 낙오된다는 건 생각할 수도 없었다. 다리가 아픈 증상에 대한 표준적인 치료법은 제자리뛰기를 하는 것이었다. 그러면 다리가 정상적인 상태로 돌아왔다. 하지만 그렇게 할 경우에는 전체 소대원들이 보는 앞에서 조교에게 질책을 받고 모욕을 당해야 했다. 그래서 나는 그 치료법보다 차라리 고통을 선택했다.

하루 훈련이 끝나면 막사로 돌아가는데, 그 전에 도허티는 우리를 세워 놓고는 한 사람을 지목하곤 했다. 도허티는 훈련병을 향해 소총을 들고 나서라고 한 다음, 지금부터 소총을 든 채로 포복을 하는 동작을 보여 주겠다고 했다. 먼저 소총의 개머리판을 모래에 박아서 세운 뒤에 손을 떼서 소총이 툭 쓰러지는 걸 보여 주고는, 누구든 이렇게 하는 사람이 있으면 그날 끔찍한 경험을 맛보게 해주겠다고 을렀다. 우리 소대원들이 수십 명 있었는데, 어째서 유독 내가 그렇게 자주 지목되어서 불려 나가게 되었는지는 알다가도 모를 일이다. 도허티는 소총을 다루는 시범을 보인 뒤에 포복을 하라고 명령했다. 그러다 보면 자연히 앞줄에 있는 훈련병들은 모래를 뒤로 차게 되고 그 뒤에 있는 동료의 소총은 모래를 뒤집어쓰게 마련이었다. 이 훈련뿐만 아니라 다른 여러 훈련을 받을 때도 마찬가지였다. 그래서 우리는 소총 청소를 하루에도 몇 번씩이나 해야 했다. 하지만 그 덕분에 우리는 〈소총은 해병대원에게 가장 친한 친구이다〉라는 해병대의 철칙을 빠르게 그리고 제대로 배울 수 있었다. 우리는 언제나 자기 소총을 최고의 친구처럼 대했다.

훈련소에 입소하고 며칠 지나지 않았을 때였다. 도허티가 한번은 훈련병 한 명을 지목해 소총과 관련된 질문을 했다. 그런데 운이 나빴던 그 훈련병은 자기 소총을 〈내 총gun〉이라고 표현했다. 그러자 도허티는 그 훈련병의 귀에다 대고 뭐라고 지시를 내렸고, 그 훈련병은 얼굴이 벌겋게 달아올랐다. 훈련병은 곧장 한 손으로는 소총을 들고 다른 한 손으로는 자기 성기를 잡았다. 그는 막사 앞을 한 차례 뛰어갔다 뛰어오면서 M1 소총을 높이 들어올리고는 〈이거는 나의 소총rifle입니다!〉라고 외쳤고, 성기를 잡은 손을 흔들면서는 〈이거는 나의 총입니다!〉라고 고함을 질렀다. 이어서 다시 소총을 높이

들어올리고는 〈이것은 일본놈들에게 먹일 겁니다!〉라고 외치고, 계속해서 성기를 잡은 손을 흔들면서 〈이것은 재미를 위한 겁니다!〉라고 고함을 질렀다. 이런 일이 있은 뒤로 우리 훈련병들 가운데서는 산탄총, 박격포, 대포 혹은 함포를 지칭하지 않는 한 그 누구도 〈총gun〉이라는 단어를 입에 올리지 않았다.

신병 훈련소의 하루는 04시에 울리는 기상나팔로 시작되었다. 기상나팔이 울리면 우리는 시리도록 차가운 어둠 속에서 침상에서 일어나 서둘러 면도를 하고 옷을 입고 식사를 했다. 힘든 하루는 22시에 끝이 났다. 하지만 그렇다고 해서 그때부터 기상나팔이 울릴 때까지 푹 잠을 잘 수 있는 건 아니었다. 도허티가 언제 우리를 깨울지 몰랐기 때문이다. 그렇게 불시에 우리를 깨운 도허티는 총기 검사를 하기도 했고, 밀집 훈련[5]을 시키기도 했으며 혹은 연병장이나 모래 사장에서 구보를 시키기도 했다. 누가 보더라도 잔인하고 터무니없는 괴롭힘이었지만, 이런 것들이 좋은 훈련이었음을 나는 나중에야 깨달았다. 전쟁이 사람을, 특히 보병을 잠자지 못하게 만든다는 것을 알았을 때. 전투만이 영원한 잠을 보장해 주었다.

처음 몇 주 동안 우리 훈련병들은 막사를 두 번씩 혹은 세 번씩 옮겼다. 매번 짧은 통보만 있을 뿐이었다. 명령은 이런 식이었다.

「제984소대, 지금 당장 완전 군장을 하고 모든 개인 소지품을 챙겨서 이동 준비를 할 것. 10분 뒤에 이동이다.」

그러면 막사에서는 한바탕 소동이 벌어진다. 훈련병마다 친한 동료가 한두 명씩은 있어서 서로 도와가면서 배낭을 짊어지고 무거운 세일러백을 어깨에 둘러멨다. 그리고 막사마다 몇 명씩은 뒤에 남아서 다른 소대원들이 다른 막사로 무거운 짐을 옮기는 동안 막사와 주변을 깨끗하게 청소했다.

새로운 막사에 도착하면 소대원들은 제자리에 서서 자기 자리를

5 보통 간격 또는 좁은 간격으로 행하는 교련 대형이나 동작.

배정받았고, 장비를 내려놓고 짐을 정리했다. 하지만 그게 끝이 아니었다. 새로운 막사에 들어가자마자 소총, 탄띠, 총검을 휴대해서 집합하라는 명령을 받았다. 늘 긴장의 연속이었고 또 늘 서둘러야 했다. 우리 조교 도허티는 우리를 괴롭히는 온갖 방법을 찾아내는 데는 천재적인 솜씨를 가지고 있었다.

한번은 우리가 배정받은 막사가 공군 군수공장과의 경계선인 높은 담장 건너편에 있었다. 그 공장은 B-24 폭격기[6]를 생산하는 공장이었다. 거기에는 물론 활주로가 있었으며, 4발 엔진의 그 폭격기는 시시때때로 우리 막사 위로 이륙하기도 했고 착륙하기도 했다. 한번은 이 폭격기 한 대가 동체 착륙[7]을 했는데, 활주로를 벗어나 담장을 지나서 우리 막사 가까이까지 다가온 뒤에야 가까스로 멈췄다. 다친 사람은 없었지만, 나를 포함해서 훈련병 여러 명이 사고 현장을 보려고 달려갔다. 나중에 우리가 막사로 돌아왔을 때 도허티 상병은 담당 조교의 허락 없이는 자기 위치에서 절대로 벗어나지 않아야 한다는 요지의 연설을 했다. 그 연설은 그가 했던 최고의 연설 가운데 하나였다. 우리는 모두 그 연설에서 깊은 인상을 받았다. 특히 점심도 거른 채 수도 없이 해야 했던 팔 굽혀 펴기와 그 밖의 온갖 얼차려는 지금도 잊을 수 없을 정도이다.

밀집 훈련을 받을 때는 키가 작은 훈련병들은 고통 이외의 또 다른 짐을 짊어져야 했다. 모든 소대에는 〈게으름뱅이〉가 있게 마련이었고, 이들은 키 순서로 형성된 대열의 꽁지에서 큰 걸음으로 죽어라 앞사람을 따라붙어야 했다. 키가 177센티미터였던 나는 제984소대의 선두에서 대략 3분의 2 지점에 있었다. 어느 날엔가 총검술 훈련을 마치고 돌아오던 중에 대열에서 잠깐 벗어났고 도무지 따라잡

---

6 제2차 세계 대전 중 가장 많이 생산된 미군의 폭격기. 일명 〈리버레이터Liberator〉로 불렸다.

7 비행기의 착륙 장치가 문제가 생겨 몸통으로 착륙하는 것.

을 수 없었다. 그때 마침 도허티 상병은 내 곁에서 걷고 있었고, 그는 얼음장처럼 차가운 목소리로 말했다.

「꼬마야, 제대로 안 하면 네 똥구멍을 세게 걷어차서, 네 똥구멍에 내 군화를 처박아 넣을 거야. 그래서 우리 둘이 함께 병원으로 이송되고, 네 똥구멍에서 내 군화를 빼내려면 연대급 작전을 펼쳐야 할 거야. 알아들었나?」

그 인상적인 말을 듣는 순간 나는 곧바로 대열에 다시 합류했고, 그 뒤로 다시는 대열에서 벗어난 적이 없었다.

날씨는 무척 추웠다. 특히 밤에는 더 그랬다. 담요에다 외투까지 덮어써야 했다. 많은 훈련병들이 멜빵바지 그리고 스키비[8] 위에 추리닝 상의를 입은 채로 잠을 잤다. 그러다가 기상나팔이 울리면 벌떡 일어나 전투화만 신으면 점호 준비가 끝났다.

날마다 아침 점호가 끝난 뒤에 우리는 안개가 자욱하게 깔린 어둠을 뚫고 소총 체조를 하기 위해서 아스팔트 연병장까지 구보를 했다. 목제 연단 위에는 근육질의 신체 훈련 담당 조교가 여러 소대의 훈련병들을 대상으로 지루하기 짝이 없는 일련의 체조 동작들을 지도했다. 스피커에서는 지지직거리는 잡음과 함께 왕년의 히트곡「새벽 세 시Three O'Clock in the Morning」라는 LP판 음악이 흘렀다. 체조의 모든 동작은 그 음악에 딱 맞아떨어져야 했다. 단조롭고 지루하기 짝이 없었다. 이 지루함을 이기는 방법은 지나치게 열정적인 우리 조교들을 향해 온갖 욕설과 저주를 속삭이는 것이었다. 조교들은 훈련병들이 모두 힘차게 팔다리를 놀리기를 바랐고, 그들이 종종 훈련병들 곁으로 불쑥 다가서는 바람에 그 지루함이 시시때때로 얼어붙곤 했다. 그 체조는 우리의 육체를 단단하게 단련시켰다. 그런데 강화된 것은 근육만이 아니었다. 칠흑 같은 어둠 속에서 우리는 잠깐 동안의 휴식을 취하기 위해서 한두 박자 건너뛸 때가 있었다. 이

8 해병들이 입던 속셔츠.

럴 때면 언제 자기 곁으로 살그머니 다가올지도 모르는 조교들의 발자국 소리를 스피커에서 나는 시끄러운 소리 속에서 가려내야 했고, 그 덕분에 우리의 청력도 예민하게 강화되었다.

그때만 하더라도 우리는, 극심한 스트레스 속에서 명령에 따라 철저하고도 정확하게 움직이면서 우리가 배우는 규율이 나중에 전투 현장에서 작전의 성공과 실패, 더 나아가 삶과 죽음을 가를 수도 있는 소중한 것임을 미처 알지 못했다. 또한 공식적인 훈련이 아니긴 했지만 그때 했던 청력 훈련 덕분에 우리는 야간에 일본군 침투조가 살그머니 접근하는 소리를 참호에서도 들을 수 있었다.

그리고 마침내 소총 사격술 훈련장으로 이동한다는 말을 들었을 때는 뛸 듯이 기뻤다. 챙이 넓은 전통적인 전투모가 지급된다는 소문도 돌았다. 하지만 우리 소대 차례가 되었을 때는 그 전투모가 동이 나고 없었다. 그래서 우리는 사격장에서 멋져 보이는 그 〈스모키 베어Smokey Bear〉 모자를 볼 때마다 부러웠고 또 억울했다.

사격 훈련 첫날 이른 아침, 우리는 가장 철저하고도 가장 효과적인 소총 사격술 훈련을 받았다. 2차 세계 대전에 참전했던 모든 나라의 모든 장병들이 받았던 바로 그 훈련이었다. 우리는 첫 주에 2인 1조로 짝을 지어서 사격술 입문 과정의 훈련을 받았다. 조준을 정확하게 하기 위한 조정법, 방아쇠를 당길 때의 요령과 감각, 사격 예고, 어깨끈을 사격의 보조 도구로 사용하는 법, 그 밖의 기본적인 동작들을 철저하게 익혔다.

얼마 지나지 않아서 왜 전투복의 팔꿈치 부분과 재킷의 오른쪽 어깨 부분에 바느질로 두꺼운 패드를 덧댔는지 명확해졌다. 이 입문 과정 훈련에서 두 사람이 한 조를 이루어서 함께 연습을 했는데, 한 사람이 서서쏴, 무릎쏴, 앉아쏴, 엎드려쏴 등의 적절한 자세를 취할 때 다른 사람은 총탄을 뺀 빈 탄띠를 감싼 손바닥으로 소총의 개머리판을 힘껏 밀었다. 이 절차를 통해서 소총을 겨누는 법과 발사 때의 총기 반동을 시뮬레이션했다.

　소대 담당 훈련 조교들과 사격장의 전임 지도관들은 훈련병을 한 명씩 일일이 확인하는 작업을 쉬지 않고 계속했다. 모든 동작이 정확해야만 했다. 여러 가지 자세로 사격을 하고 나자 두 팔이 얼얼해졌다. 가죽 끈이 관절을 조였고 근육을 파고들었다. 훈련병들은 거의 대부분 앉아쏴 자세를 완벽하게 잡지 못했다(실제로 나는 전투 현장에서도 이 자세로 사격을 해본 적이 한 번도 없었다). 그러자 전임 지도관이 모든 훈련병들을 돌아보면서 자세를 교정해 주었다. 나도 예외는 아니었는데, 그 교정 방법은 아주 간단했다. 훈련병이 〈제대로 된 자세를 취할 때까지〉 자기 몸뚱이의 무거운 무게를 훈련병의 등에 털썩 싣는 것이었다. 총기에 익숙하던 사람들조차도 그때까지 자기가 알고 있던 모든 지식을 빠르게 잊어버리고 해병대 방식을 새로 익혔다.

　정확성 다음으로 중요한 것이 안전이었다. 여러 개의 안전 수칙이 우리의 머릿속에 사정없이 들어와서 박혔다.

　「총구는 반드시 표적을 향하도록 해라. 사격할 의도가 전혀 없는 대상한테 총구가 향하도록 하지 마라. 소총을 들 때마다 실탄이 장전되어 있는지 확인해라. 〈실탄이 장전되어 있을 리가 없다고 생각했던〉 소총이 수없이 많은 총기 사고를 일으켰음을 명심해라.」

　그리고 그다음 주, 우리는 사대(射臺)에 서서 실탄을 지급받았다. 처음에는 소총의 발사음이 당황스러웠다. 그러나 이런 상태는 오래 가지 않았다. 입문 과정의 훈련을 워낙 철저하게 했던 터라 거의 자동적으로 발사 동작을 능숙하게 이어 갔다. 우리는 100야드와 300야드 그리고 500야드 거리에서 검은 동심원들이 그려진 표적을 향해 반복해서 사격했다. 우리가 사격을 할 때 다른 소대의 훈련병들이 감적호[9]에서 작업을 했다. 사격장의 장교가 〈우측, 이상 무, 좌측, 이상 무, 사선의 훈련병 모두 준비 완료. 사격 개시!〉라고 명령할 때는 소총이 내 몸의 일부가 된 것 같은, 혹은 내가 소총의 일부가 된 것 같은 기분이 들었다. 내 집중력은 완벽했다.

사격장에서도 규율은 여전했다. 그러나 우리를 일상적으로 괴롭히던 다른 곳의 규율은, 자칫하다간 치명적인 사고가 일어날 수도 있는 여기에 비하면 아무것도 아니었다. 사격 훈련장에서 규칙을 어긴 훈련병에게는 신속하고도 가혹한 처벌이 뒤따랐다. 내 다음 순서이던 한 훈련병은 〈사격 중지!〉 명령이 떨어진 뒤에 자기 짝꿍에게 뭐라고 말을 하려고 아주 살짝 몸을 틀어서 뒤를 돌아보았다. 이 동작 때문에 그의 총구 방향이 표적을 벗어났다. 그 순간 사격장을 책임지고 있던 매서운 눈매의 대위가 뒤에서 번개처럼 달려나와서 그 훈련병의 등을 걸어찼다. 그 훈련병은 얼마나 세게 걸어차였던지 엎어져 버렸다. 대위는 쓰러진 훈련병을 사대 아래로 휙 집어던지고는 큰소리로 질책했다. 그 장면을 보고 우리는 그 장교가 우리 훈련병들에게 말하고 싶은 메시지가 무엇인지 확실히 알아차렸다.

이제 우리 984소대가 감적호에 들어갈 차례였다. 우리는 참호 안에 안전하게 자리 잡고 앉아서 일련의 사격이 모두 끝날 때까지 기다렸다. 나는 머리 위로 날아가는 총탄들이 내는 소리를 들을 때마다 어쩐지 불길하고 우울한 기분에 사로잡혔다.

판정의 날이 밝았다. 우리는 모두 불안한 마음으로 초조하게 결과를 기다렸다. 〈저격병〉 판정 기준에 미치지 못하는 점수를 받은 훈련병은 바다 건너 전투 현장으로 가지 못한다는 말을 들었기 때문이다. 마침내 최종 점수가 발표되었고, 나는 실망했다. 겨우 2점 차이로 전문 소총수가 되지 못했기 때문이다. 그러나 나는 몰타 기사단 십자가 휘장과 비슷하게 생긴 명사수 배지를 자랑스럽게 달았다. 그리고

---

9 야외 실탄 사격장에서 통제관의 지휘에 따라 표적을 조작하고 운영하는 사람들을 안전하게 보호하기 위해서 만든 참호. 보통 콘크리트로 만들며, 이 안에 있는 사람이 수직으로 작동되는 레일을 이용해서 호 위로 표적을 설치·조작하고 사격 점수를 확인한다 — 원주.

또 나는 북부 출신 동료들에게 잊지 않고 한마디 했다. 우리 소대에서 높은 사격 점수를 받은 대부분의 동료들이 남부 출신이라고.

우리는 마치 노련한 뱃사람이 된 듯한 기분이었고, 마지막 신병 훈련 과정을 이수하기 위해 신병 훈련소의 막사로 돌아왔다. 그러나 교관들은 우리를 베테랑으로 대우하지 않았다. 우리를 향한 괴롭힘은 예전의 그 가혹한 수준으로 빠르게 돌아갔다.

8주 동안의 험난한 훈련이 끝나갈 무렵이 되자 도허티 상병을 포함한 다른 조교들이 자기에게 주어진 임무를 잘 수행했음이 드러났다. 우리는 육체적으로 강해졌고, 인내심이 몸에 배었으며, 또 마땅히 익혀야 할 것들을 모두 확실하게 익혔다. 어쩌면 이런 것들보다 더 중요한 점은 우리가 정신적으로 한층 더 강인해졌다는 사실일지도 몰랐다. 심지어 우리 소대를 맡았던 보조 조교들 가운데 한 사람은 우리가 해병대원이 되었음을 인정할 수밖에 없다는 말을 혼잣말로 중얼거리기까지 했다.

그리고 마침내 1943년 12월 24일, 그날 오후 늦게 우리는 소총과 탄띠 없이 연병장에 정렬했다. 녹색 군복을 입은 우리는 구리로 만든, 지구와 닻을 묘사한 해병대 기장 세 개를 받았고, 주머니에 넣었다. 그 뒤 대강당으로 행진했고, 거기에서 다른 여러 소대원들과 함께 자리에 앉았다.

신병 훈련소 수료식이었다. 키가 작고 싹싹해 보이는 소령이 연단에 올라 축사를 했다.

「제군들은 신병 훈련 과정을 무사히 마쳤고, 지금부터는 자랑스러운 미 해병대의 일원이다. 그러니 자랑스러운 마음으로 해병대 기장을 꺼내서 달아라. 앞으로 위대하고 자랑스러운 전통을 계속 이어가기 바란다. 제군들은 세계 최정예 전투 집단의 일원이다. 그러니 거기에 걸맞은 활약을 해주기 바란다.」

우리는 연병장에서 받았던 해병대 기장 세 개를 꺼내서 초록색 모직 코트의 옷깃 양쪽에 하나씩 그리고 나머지 하나는 약모[10]의 왼쪽 부분에 달았다. 소령은 야한 농담 몇 개를 했고 우리는 모두 웃고 휘파람을 불었다. 그리고 소령은 축사의 마지막을 이 말로 장식했다.

「제군들, 행운을 빈다.」

신병 훈련소에 입소한 뒤로 진정한 남자 대접을 받은 게 그때가 처음이었다.

다음 날 동트기 전에 984소대는 막사 앞에 마지막으로 정렬했다. 우리는 세일러백과 소총을 어깨에 메고 수송용 트럭이 줄지어 서 있는 곳으로 걸어 내려갔다. 도허티 상병은 소대원이 한 명씩 호명되어 목적지를 일러 주면 어떤 트럭으로 배정될지 알게 될 것이라고 말했다. 특수 병과(레이더 기술자, 항공 정비사 등)로 배정되어 기차로 이동할 소수의 훈련병들은 소총과 총검과 탄띠를 반납하고 먼저 떠나게 되었다.

그들이 대열에서 빠져나와 이동할 때 〈안녕〉, 〈다시 보자〉, 〈몸조심 해〉 등과 같은 작은 말들이 오갔다. 훈련을 받는 동안 쌓인 많은 우정들이 거기에서 끝날 것임을 우리는 다들 잘 알고 있었다.

도허티가 나를 부르는 소리가 들렸다.

「유진 B. 슬레지, 534559, 완전 군장과 M1 소총, 보병, 캠프 엘리엇.」

대부분이 보병 병과였고, 캠프 엘리엇이나 캠프 펜들턴으로 가게 되었다.[11] 동료의 도움을 받아서 트럭에 올라타면서도 그렇게나 많은 병력이 보병으로 배정되는 이유를 생각해 본 훈련병은 아무도 없었다. 사실 우리는 사상자가 계속해서 발생하는 전선에서 그 자리를

10 챙이 없는 배 모양의 모자.
11 캠프 엘리엇은 샌디에이고의 북쪽 외곽에 있던 작은 시설이었다. 이 시설은 2차 세계대전 이후로 지금까지 거의 사용되지 않고 있다. 캠프 조지프 H. 펜들턴은 샌디에이고에서 북쪽으로 약 56킬로미터 떨어진 곳에 있었다. 지금 이곳은 제1해병사단 본부이며, 해병대 수륙양용부대 서해안 최대 기지이다 — 원주.

대체할 소총 중대, 혹은 전방 중대에 배속되어 태평양으로 가기로 정해져 있었다. 최전선에서 적과 싸우는 운명이 우리를 기다리고 있었던 것이다. 우리는 그저 대포의 밥일 뿐이었다.

배속 및 트럭 배정이 모두 끝났고, 트럭들은 서서히 움직이기 시작했다. 도허티는 우리가 떠나는 모습을 지켜보고 있었다. 나는 그를 좋아하지 않았다. 하지만 그래도 그를 존경했다. 그는 나를 해병 대원으로 만들어 주었다. 우리가 떠날 때 그가 무슨 생각을 했을지 궁금하다.

2장 전투 준비

보병 부대 훈련

캠프 엘리엇의 건물들은 대부분 목재로 만들어진 깔끔한 막사였다. 벽은 크림색으로 칠해져 있었고 지붕은 검은색이었다. 전형적인 2층 막사였으며, 막사들은 H 자 모양으로 구성되었는데, 이 글자의 세로선에 해당하는 막사가 사병들이 거주하는 공간이었다. 창문이 잔뜩 달린 이 거주지에는 금속으로 만든 2단 침대 약 스물다섯 개가 나란히 놓여 있었고, 실내는 넓고 조명은 밝았다. 거기에서 보낸 두 달은 내가 2차 세계 대전에 참전하면서 막사다운 막사에서 생활을 했던 유일한 기간이었다. 그 기간을 제외한 나머지 날들은 늘 텐트에서 자거나 혹은 하늘을 바라보면서 잤다.

여기에서는 누구도 우리 신입에게 욕을 하거나 고함을 지르며 서두르라고 명령하지 않았다. 부사관들은 모두 긴장이 풀려 있었다. 마치 가수면 상태에서 꿈을 꾸고 있는 것 같았다. 특별하게 정해진 제한 구역을 제외하고는 부대 내의 어느 곳이든 자유롭게 돌아다닐 수 있었다. 취침나팔 소리는 밤 10시에 울렸다. 신병 훈련소의 그 엄격했던 규율에 비하면 천국이었다. 우리는 마치 새장에서 풀려 나와 자유를 찾은 새와 같았다. 나는 침대를 가까이 쓰던 몇몇 동료와 함께 부사관 전용이던 부대 내 바에서 생맥주를 마셨고, 매점에서 사탕과 아이스크림을 샀으며, 또 부대 이곳저곳을 둘러보았다. 다들 새롭게 맞이한 자유에 들떠 있었다.

우리는 캠프 엘리엇에서 처음 며칠을 해병대 보병연대가 사용하는 여러 가지 무기의 사용법을 가르쳐 주는 강의를 듣고, 또 실제로 사용하는 모습을 보면서 보냈다. 30밀리 대전차포, 81밀리와 60밀리 박격포, 50구경 기관총, 30구경 중기관총과 경기관총, 또 브라우닝 기관총도 있었다. 우리는 또한 소총 부대의 여러 가지 전투 전술도 배웠다. 막사에서 우리들끼리 나누었던 대화의 대부분은 무기에 관한 것이었다. 37밀리 포나 경기관총, 혹은 81밀리 박격포 가운데 어느 것을 맡는 게 제일 운이 좋을지를 놓고도 절대 끊김 없이 이야기가 이어졌다. 그런데 이럴 때면 늘 그 모든 것에 해박하며 최신 정보까지 꿰뚫고 있는 친구가 등장하기 마련이다. 그런 친구는 대부분 뉴잉글랜드 출신이다.

「매점에서 81밀리 박격포 훈련을 마친 녀석에게서 들었는데, 박격포가 너무 무거워서 미치겠다더라고. 37밀리 대공포 사수면 진짜 좋다 그러던데? 지프에 매달고 이동하니까 지프에 탈 수 있다면서.」

「캠프 펜들턴으로 간 친구에게서 들은 얘긴데, 박격포 훈련을 하다가 포탄이 잘못 발사되어서 조교와 거기 있던 박격포 사수들이 모두 죽었다더라. 나는 경기관총 사수가 되면 좋겠어. 그게 좋대.」

「멍청하긴! 우리 삼촌이 1차 세계 대전에 프랑스에 있었는데, 기관총 사수의 평균 수명은 약 2분밖에 안 된대. 나는 소총병이 될 거야. 그 무거운 걸 짊어지고 다니지 않아도 되잖아.」

그랬다. 그 누구도 자기 보직이 무엇이 될지 알지 못했다.

그러던 어느 날이었다. 훈련을 받기 위해 정렬해 있는데, 각자 자기가 훈련받고 싶은 무기별로 헤쳐모여를 하라는 지시가 떨어졌다. 1지망 집단이 정원이 찼을 경우에는 2지망 집단을 찾아가라고 했다. 어떤 선택을 내가 직접 한다는 그 단순한 사실이 나를 설레게 했다.

그때 문득 이런 생각이 들었다. 아무래도 내가 다룰 무기가 다른 사람들이나 장치에 끌려다니면 나도 그렇게 끌려다닐 텐데, 그것보다는 내 무기는 내가 직접 들고 다니는 게 더 효율적이겠다는 생각. 그래서 나는 60밀리 박격포를 선택했다.

첫날 아침, 60밀리 박격포를 선택한 동료들과 함께 행군해서 어떤 창고 뒤로 갔다. 거기에는 경전차가 몇 대 서 있었다. 병장 계급장을 단 박격포 훈련 교관은 우리더러 앉으라고 한 다음 자기가 하는 말을 잘 들으라고 했다. 수염을 깨끗하게 민 잘생긴 금발 병사였다. 그는 카키색 제복이 썩 잘 어울렸고, 차분하면서도 자신감이 넘쳐 보였다. 거만함이나 허세는 찾아볼 수 없었다. 하지만 그는 자기 자신과 자기 일을 잘 아는 사람이어서 누구든 허튼소리를 하면 그냥 넘기지 않았다. 차분함과 초연함이 그의 주변을 감싸고 있었는데, 이것은 내가 당시에 만났던 태평양 전투 경험자들 가운데서 많은 사람들이 가지고 있던 일반적인 특징이었다. 박격포 교관도 마찬가지였다. 어떤 때는 우울한 몽상에 빠져서 정신이 백만 킬로미터 바깥에 나가 있는 사람처럼 보이기도 했다. 그건 일부러 짐짓 꾸밀 수 있는 모습이 아니었다. 연습을 한다거나 누구의 흉내를 낸다고 해서 연출할 수 있는 모습은 결코 아니었다. 나는 해병대에 입대하고 나서, 역전의 용사들인 고참병이 집단적으로 드러내는 이런 표정을 유심히 살펴보고 또 곰곰 생각도 했다. 하지만 도무지 이해할 수 없었다. 그러다가 펠렐리우 전투를 함께 겪은 내 전우들이 그것과 똑같은 모습을 보이는 걸 목격하고는, 그제야 그 모든 것을 이해할 수 있었다. 하지만 그건 아직도 먼 미래의 일이었다.

동료 하나가 손을 들었고, 교관이 말했다.

「그래, 질문이 뭔가?」

「써Sir!」

동료는 훈련소에서부터 입에 밴 〈써〉로 말문을 열었다. 그러자 교관은 웃으면서 이렇게 말했다.

「앞으로 나를 부를 때는 〈써〉 대신 병장님이라고 불러라.」

「예, 병장님!」

「제군들. 제군들은 지금 미 해병대원이다. 신병 훈련소의 조무래기 훈련병이 아니라는 말이다. 긴장 풀고, 열심히 해. 자기 할 일 똑바로 하고. 이렇게만 하면 아무 문제 없을 거야. 이렇게만 하면 이 전쟁을 무사히 돌파해 나갈 확률이 더 높아진다는 말이다.」

신입 대원들은 곧바로 그를 향해 존경과 감탄의 마음을 품을 수밖에 없었다.

「내가 할 일은 제군들을 60밀리 박격포 사수로 훈련시키는 것이다. 60밀리 박격포는 보병 부대에게는 효과적이고도 중요한 무기이다. 이 무기를 사용하면 중대 정면에서 다가오는 적의 공격을 분쇄할 수 있으며, 적의 방어선을 물렁하게 만들어 버릴 수 있다. 전우들의 머리 위로 박격포탄을 날려서 코앞까지 다가온 적을 뭉개 버릴 수 있단 말이다. 그러니 제군들은 자기가 하는 일을 정확하게 알아야만 한다. 그렇지 않았다가는 사거리를 짧게 잡아서 아군 사상자를 낼 수 있기 때문이다. 나는 과달카날 전투에서 60밀리 박격포 사수였는데, 이 무기가 바로 저 앞에 있는 일본군들을 상대하는 데 얼마나 효과적인지 직접 목격했다. 질문 있나?」

박격포 첫 훈련을 받던 1월의 그 쌀쌀하던 날 아침, 우리는 맑게 갠 하늘 아래 땅바닥에 앉아 교관의 말에 집중했다.

「60밀리 박격포는 포신 안에 강선이 없으며, 높은 각도로 포탄을 쏘아올리는 곡사포다. 발사통 즉 포신과 받침판으로 구성되어 있으며, 모두 합친 무게는 약 20킬로그램이다. 소총 중대 하나에 이 60밀리 박격포 두 문 혹은 때에 따라서 세 문이 주어진다. 박격포는 고각사격(高角射擊)을 하기 때문에 차폐물 뒤에 엄폐한 적군이나 산등성이 너머에 있어서 우리 보병이 효과적으로 타격하지 못하는 적군을 공격하는 데 특히 유효하다. 일본군도 박격포를 가지고 있으며 어떻게 사용하는지도 알고 있다. 그 녀석들은 특히 우리의 박격포와 기관총을 무력화시키려고 안달할 것이다. 왜냐하면 이 무기들이 자기들에게 큰 피해를 줄 수 있다는 걸 잘 알기 때문이지.」

그런 다음에 교관은 박격포의 각부 명칭을 설명했고, 이어서 박격포 조작을 시연했다. 이때 받침대인 양각대는 이동 위치에서 푼 다음에 바닥에 단단하게 고정시키는데, 양각대의 다리를 바닥에 단단하게 밀착시킨 다음에, 조준기를 포신에 끼워 넣어야 했다. 우리는 5인 1조로 나뉘어서 이 일련의 동작들을 매끄럽게 이어 갈 수 있을 때까지 훈련했다. 그 뒤에 이어진 강의에서 교관은 조준기의 십자조준선과 사거리 조준선상의 기포 위치를 조절하는 복잡한 공식에 대해서 설명했으며, 박격포를 설치하고 표적을 어떻게 조준하는지 가르쳐 주었다. 우리는 나침반으로 목표물의 방향을 정하고, 거기에 맞춰서 포신 끝에 조준봉을 정확하게 위치시키는 법을 여러 시간 동안 훈련했다.

각 분대는 가장 빠르고 또 가장 정확하게 조작하기 위해서 치열하게 경쟁했다. 내가 제1포수 임무를 맡을 차례가 되었을 때 나는 지정된 지점까지 힘껏 달려가서 박격포를 오른쪽 어깨에서 내려놓은 뒤에 설치를 하고, 조준 동작을 마친 뒤에 손을 떼고 〈준비 완료!〉라고 외쳤다. 교관은 그때까지 걸린 시간을 스톱워치로 재서 알려 주었다. 한 사람씩 시간을 잴 때마다 자기 조의 포수를 응원하는 고함 소리가 터져 나왔다. 모두가 다 제1포수와 제2포수의 역할(제2포수가 하는 일은 제1포수의 지시에 따라서 포탄을 포신에 집어넣는 것이다), 그리고 탄약을 운반하는 탄약수의 역할을 번갈아 수행했다.

우리는 모두 철저하게 훈련했다. 그러나 실제 사격을 처음 해야 하는 상황에서는 다들 바짝 긴장했다. 우리는 민둥산에 놓아둔 빈 드럼통을 목표물로 삼아서 사격했다. 거기까지는 아무 문제가 없었다. 첫 번째 포탄이 전방 약 180미터 지점에서 둔중한 폭발음을 내면서 떨어지는 것을 보고 나니 우리가 다루는 이 박격포가 정말 치명적인 무기임을 새삼 깨달았다. 탄착점에서는 검은 연기가 구름처럼 피어올랐다. 강철 파편이 사방으로 날렸고, 탄착점을 중심으로 최소 9미터 최대 18미터 범위에서 먼지가 자욱하게 피어올랐다. 하나의 박격포로 세 발 연속 사격을 하자 사방 약 32미터 범위까지 파편이 날았다.

「파편이 저렇게 날아다닐 테니 저 범위 안에 있는 일본군도 참 불쌍하다, 그렇지?」

생각이 깊은 동료 하나가 혼잣말처럼 한 말이었다.

이 말을 들은 교관이 대꾸했다.

「그래, 박격포 파편이 녀석들의 엉덩이를 찢어 놓을 거야. 그렇지만 이걸 명심해, 녀석들도 제군들에게 똑같이 저걸 날릴 거야, 자기들이 할 수 있는 한 최대한 빠르게.」

그게 바로 전쟁과 사냥의 차이점이라는 생각이 들었다. 나는 나중에 전쟁에서 살아 돌아온 뒤에 두 번 다시 사냥은 하지 않았다.

우리는 백병전 훈련도 받았다. 주로 유도 기술과 총검을 사용하는 전투술이었다. 백병전 교관은 그 훈련의 중요성을 강조하기 위한 방법으로, 우리 신병에게 총검을 들고 자기에게 덤비라고 하고선 공격하는 우리를 간단하게 제압하는 시범을 보였다.

「교관님, 녀석들이 400미터 이상 떨어진 곳에서 기관총과 대포로 우리를 해치울 수 있다면, 굳이 이런 종류의 전투술이 무슨 소용이 있습니까?」

누군가가 질문을 했고, 병장은 이렇게 대답했다.

「태평양에 어둠이 내리면 일본군은 늘 우리 진지로 병력을 보낸다. 침투 목적일 수도 있고, 그냥 자기들이 미군의 목을 몇 개나 딸 수 있는지 확인하겠다는 목적일 수도 있다. 녀석들은 매우 거칠고,

또 백병전을 무척 좋아한다. 제군들은 녀석들을 제압할 수 있다. 그러나 방법을 알아야 해.」

말할 것도 없는 사실이지만 우리는 그때부터 귀를 바짝 세우고 눈을 번쩍 떴다.

「일본군과 싸울 때는 비겁한 방법이라고 해서 절대로 망설여서는 안 된다. 미국인은 대부분 어릴 때부터 허리 아래를 발로 차지 말라는 가르침을 받았다. 그런 행동은 스포츠맨십에 어울리지 않기 때문이다. 그렇지만 그 누구도 일본군에게는 그렇게 가르치지 않았다. 그리고 하나 더, 전쟁은 스포츠가 아니다. 녀석들이 너희들 불알을 차기 전에 너희들이 먼저 녀석들의 불알을 차란 말이다, 알았나!」

우리는 또 해병대원이 참호에서 밤을 지새울 때 없어서는 안 되는 친구인 케이바Ka-Bar라는 이름의 칼을 사용하는 기술도 배웠다.[1] 케이바라는 회사가 제작한 이 치명적인 칼은 폭이 약 4센티미터이고 날은 18센티미터쯤이며 손잡이 부분은 13센티미터 정도이다. 손잡이 부분은 가죽으로 되어 있으며, 날의 한쪽 면에는 USMC(미국 해병대)라는 글자가 박혀 있다. 크기에 비해서 가벼우며 균형감이 탁월하게 좋은 칼이다.

「보병이 휴대하는 온갖 종류의 환상적인 전투용 칼, 즉 던지는 용도의 칼(수리검), 스틸레토[2], 단도 등등에 대해서는 많이들 들어서 알고 있을 것이다. 하지만 대부분은 다 헛소리다. 이런 칼들을 가지고서는 일본군보다 C레이션 깡통은 더 많이 따겠지. 그러나 만일 어떤 일본군 녀석이 네가 있는 참호로 뛰어들 때는 다른 어떤 칼보다 이 케이바가 유용할 거야. 이건 최고야. 이 칼은 또 울퉁불퉁한 데가 있거든. 만일 제군들이 독일군과 싸울 거라면 굳이 전투용 칼 따위

---

1 미국 해병대는 지금도 케이바를 사용한다. 해병대에서 〈케이바〉는 전투용 칼을 의미하는 보통명사이다 — 원주.

2 날이 가늘고 예리한 송곳 모양의 단검.

는 필요하지도 않겠지. 그러나 일본군을 상대할 때는 달라. 내가 확실히 말하는데, 여기 있는 제군이나 혹은 참호에서 제군 옆자리에 있는 전우는 분명히 이 케이바를 사용해서 참호에 뛰어든 일본군을 상대하게 될 거다. 전쟁이 끝나기 전에 말이야.」

그 교관의 말은 나중에 전투 현장에서 사실로 확인되었다.

캠프 엘리엇에 있던 우리 교관들은 모두 프로 군인으로서 전문적으로 업무를 수행했다. 우리가 꼭 배워야 할 것들을 제시했으며, 전쟁에서 우리가 살아남을 확률은 우리가 얼마나 잘 배우느냐에 따라 달라진다는 사실을 분명히 했다. 그 결과 학생들은 동기 부여가 잘될 수밖에 없었고, 교사로서 그들은 이 점에 관한 한 아무런 문제도 없었다.

그러나 지금 와서 돌이켜 보면, 기지 안에서 교육과 훈련을 받으면서 하루하루를 보내던 우리가 기지 바깥에서 일어나던 일을 제대로 잘 이해했던 것 같지는 않다. 어쩌면 젊은 청춘의 순진한 낙관주의였을지도 모르겠다. 이미 수백만 명이나 되는 목숨을 집어삼킨 세계 대전의 한가운데서 우리가 총알받이로 훈련을 받고 있다는 그 엄연한 사실이 당시엔 그저 딴 세상의 일 같았다. 설마 그런 일이 우리에게 일어날까 싶었던 것이다. 우리의 목숨이 조만간에 꺼져 버릴지 모른다는 사실, 혹은 아직 젊은 나이에 불구의 몸이 될지 모른다는 사실이 실감 나지 않았다. 우리가 진정으로 걱정하던 것은 딱 하나뿐이었다. 치열한 전화(戰火) 속에서 겁에 질린 나머지 해병대원으로서 마땅히 해야 할 일을 제대로 하지 못하는 게 아닐까 두려웠다. 잘못해서 〈비겁한 겁쟁이〉로 비칠지도 모른다는 생각만이 우리의 머릿속에 끈질기게 달라붙었다.

어느 날 오후, 부건빌 전투³에 참가했던 고참병 두 명이 막사를 찾아왔고, 우리 가운데 몇 명이 이들과 대화를 나누었다. 두 사람은 그

---

3 솔로몬제도 부건빌섬에서 벌어진 전투. 1943년 11월부터 다음 해 3월까지 계속되었다.

전투에서 제3해병사단과 함께 발군의 활약을 했던 기습대대 소속이었다. 교관을 제외하고는 실전 경험이 있는 병사를 만난 건 처음이었기 때문에 우리는 그 고참병들에게 질문 공세를 퍼부었다.

「무섭지 않았습니까?」

동료 한 명이 묻자, 곧바로 대답이 돌아왔다.

「당연히 무섭지! 장난해? 총알이 날아오는 소리를 처음 들었을 때는 젠장 얼마나 무서웠던지 손이 덜덜 떨려 소총을 들지도 못하겠더라구.」

그러자 다른 고참병이 거들었다.

「자네들, 내 말 잘 들어, 누구나 다 무서워. 무섭지 않다는 놈은 새빨간 거짓말쟁이야.」

그 말을 들은 우리는 마음이 놓였다.

캠프 엘리엇에 있는 동안 박격포 훈련은 쉬지 않고 계속되었다. 우리는 태평양 전선으로 향하기 전 마지막 특별 훈련을 받았고, 그 마지막 단계로 수영 테스트를 거쳤다. 다행히도 1944년 1월이라는 그 시점에서 우리는 그해 가을에 무슨 일들이 우리 앞에 펼쳐질지 전혀 알지 못했다. 우리는 그저 온 열정을 다해서 훈련을 받았으며, 우리가 치르게 될 전투는 우리가 전쟁에서 최종적인 승리를 거두려면 반드시 이겨야 하는 전투라는 사실을 진리처럼 가슴에 새기고 있었다.

그보다 앞서 1943년 11월 20일부터 23일, 중부 태평양의 길버트 제도Gilbert Islands에 있는 타라와 환초에서 제2해병사단이 주목할 만한 공격 작전을 감행했다. 많은 군사학자와 전문가들은 이 타라와 전투를 현대 전쟁사에서 최초의 전면적인 수륙양용 공격 작전으로 바라본다.

타라와 환초는 섬에서 약 500미터 정도 바깥에서 고리 모양으로 섬을 둘러싸고 있었다. 그런데 타라와는 조수 간만의 차가 심해서 썰물 때 까딱하다가는 히긴스보트[4]가 좌초할 수도 있었다.

작전 계획상으로는 병력과 장비를 산호초 너머로 보내기 위해서 수륙양용 장갑차LVT가 필요했다. 그러나 확보되어 있던 이 장비로는 처음 세 번째 공격 병력까지만 수송할 수 있었다. 이 세 번째 병력이 상륙한 뒤에 지원 병력은 일본군이 퍼부을 무시무시한 화력을 뚫고 산호초를 걸어서 건너야 했다. 왜냐하면 히긴스보트는 산호초에 걸려서 더는 나아갈 수 없었기 때문이다.

제2해병사단은 3,381명의 사상자가 발생하는 끔찍한 피해를 입었다. 여기에 비해서 그 작은 섬을 지키던 일본군 사망자 수는 전체 4,836명 가운데 겨우 17명이었다.

미국의 여론은 말할 것도 없고 군 지도부 내에서도 그 엄청난 사상자 때문에 해병대를 신랄하게 비난했다. 〈타라와〉라는 단어는 미국에서 흔히 쓰는 단어가 되어 버렸다. 독립 전쟁 때 지구전을 버텨 냈던 포지 계곡Valley Forge, 텍사스 독립 전쟁 때 멕시코 군대에 맞섰던 미국 측 군대가 전멸했던 알라모, 제1차 세계 대전의 격전지였던 벨로우드Belleau Wood 그리고 과달카날……. 타라와는 이들과 함께 미국 국민의 용기와 희생 정신의 상징으로 미국인의 기억 속에 오랫동안 남게 되었다.

캠프 엘리엇에서 훈련을 받던 젊은 해병대원들은 앞으로 대략 아홉 달 뒤에 자기들이 제1해병사단의 일원으로 펠렐리우 전투에 참가하게 될 줄은 꿈에도 생각하지 못했다. 그 전투는 너무도 끔찍했고 미군은 커다란 희생을 치르게 되는데, 그 희생은 제2해병사단이 타라와에서 치렀던 희생의 거의 두 배나 될 터였다. 그러나 더욱 슬픈 사실은, 과연 펠렐리우를 확보하기 위한 전투가 필요했던가 하는 의문이 아주 오랜 세월이 지난 뒤에 제기되었다는 점이다. 여러

---

4 LCVP. 차량과 병력을 싣고 상륙 작전에 투입되는 소형 상륙정.

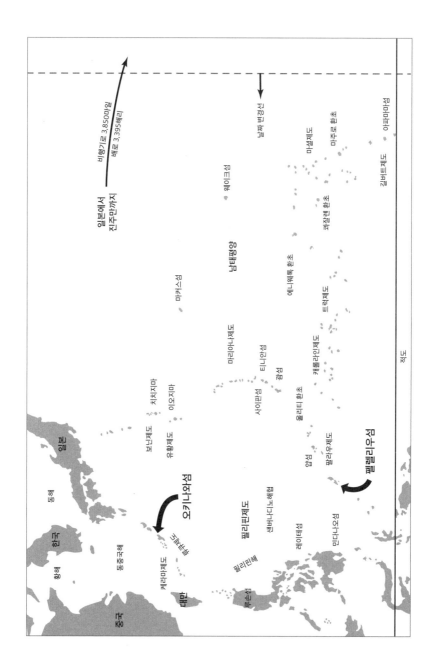

중앙 태평양

해병대 역사가들이 말했듯이 펠렐리우 전투가 2차 세계 대전의 여러 전투들 가운데서도 상대적으로 덜 알려져 있고 덜 평가받는 전투라는 사실은 그 섬에서 싸웠고 또 죽어 갔던 장병들을 추모하기에는 너무나도 불행한 일이다.

마침내 바다 건너 전선으로

1944년 2월 28일 이른 아침, 나를 포함한 제46보충대대 병사는 트럭을 타고 이동해서 샌디에이고항 부두에 내렸다. 그리고 줄지어 군용 수송선에 올랐다. 태평양으로 우리를 데려다줄 배였다. 프레지던트포크President Polk 호는 원래 프레지던트 라인President Line 사 소속의 호화 정기 여객선이었다. 그러나 전쟁이 터진 뒤 징발되어 전함의 색인 회색으로 도장되어 어딘지 모르게 음산한 분위기를 풍겼다. 배에 새로 설치한 방공포와 구명보트 때문에 더욱 그랬다. 우리 동료들 가운데 누구에게는 이 여행이 다시 돌아올 수 없는 여행이 될지도 모른다는 생각에 마음이 무거웠다.

개인 운반 배낭, 덮개를 포함한 침낭, M1 소총 그리고 헬멧까지 챙겨 들고 가파른 계단을 지나 상갑판으로 힘겹게 올라갔다. 거기에서 다시 한 층 아래 우리 부대원들이 사용할 선실로 내려갔다. 해치를 열고 계단을 밟는 순간 뜨겁고 더러운 악취가 나는 공기가 얼굴에 훅 느껴졌다. 계단을 반쯤 내려갔을 때 내 앞의 동료가 미끄러져서 바닥에 나동그라졌다. 우리는 다들 긴장과 걱정 속에서 너나 할 것 없이 달려가서 넘어진 동료를 일으켜 세웠다. 하지만 나중에는 이런 사소한 일에 다들 신경도 쓰지 않았다. 그저 슬쩍 한 번 바라본 다음에 빠르게 손만 내밀면 그만이었다.

우리는 그 좁은 선실에 선 채 오랜 시간 기다렸다. 심리적으로는 몇 시간이나 될 정도로 긴 시간이 흐른 것 같았다. 장교가 명부를 가지고 와서 확인을 한 다음 개인별로 침대를 할당할 때까지 기다려야 했다. 침대라고 해봐야 금속 파이프로 만든 프레임에다 캔버스 천을 깔고 고정한 게 다였다. 그리고 아래위의 두 침대는 체인으로 연결되어 있었다.

내게 할당된 침대로 올라가면서 깨달은 사실이지만, 침대와 침대 사이의 공간은 60센티미터밖에 되지 않았다. 침낭을 깔고 장비를 펼쳐 놓고 나면 몸을 움직일 공간은 거의 남지 않았다. 나에게 할당된 침대는 제일 위쪽에 있어서 다른 침상을 네 개나 지나서 올라가야 했다. 그야말로 가장 높은 자리였다.

천장에 달린 전구의 조도는 사물이 가까스로 보일 정도로 낮았다. 나는 그 더럽고 복잡한 공간을 피하고 싶었다. 그래서 최대한 서둘러 갑판으로 올라갔다. 갑판은 이미 많은 병사들이 나와 있어서 비좁았지만 그래도 공기는 시원했다.

많은 동료들이 나처럼 너무 흥분해서 잠을 이루지 못했다. 나는 몇 시간씩 걸려서 배의 여기저기를 돌아보거나 해군 사병들과 얘기를 나누거나 혹은 선적 작업이 마무리되는 모습을 지켜보았다. 마침내 자정쯤 되었을까, 나는 선실로 내려가 내 침상으로 올라가 누웠다. 그리고 몇 시간 뒤에 배의 엔진 진동에 잠이 깼다. 이제 출발이었다. 나는 서둘러 바지를 입고 군화를 신고 갑판으로 달려 올라갔다. 마음은 온통 불안과 기대감으로 가득 차 있었다. 시간은 대략 5시였다. 갑판에는 이미 해병대원들로 빽빽했다. 이제 배의 스크루가 한 번씩 회전할 때마다 그만큼 우리는 고향에서 멀어지고 미지의 세상에 조금씩 다가가게 된다는 생각에 다들 숙연해졌다.

그때 갑자기 온갖 의문이 꼬리에 꼬리를 물고 머릿속으로 달려들기 시작했다. 나는 다시 가족을 만날 수 있을까? 나는 용감하게 내 의무를 다할 수 있을까, 아니면 겁쟁이처럼 행동할까? 상대가 설령 적일지라도 내가 사람을 죽일 수 있을까? 온갖 상상이 머릿속에서 빠르게 스쳐 지나갔다. 어쩌면 나는 후방 부대에 배속되어 제대할 때까지 일본군을 단 한 번도 보지 못할 수도 있겠지. 어쩌면 보병으로 전투에 투입되었다가 적전에서 도망쳐서 부대 이름에 먹칠을 할지도 몰라. 아냐 어쩌면 내가 일본군 수십 명을 사살해서 해군수훈장Navy Cross이나 은성무공훈장Silver Star을 받고 국민적인 영웅이 될지도 몰라.

해군 병사들이 돌아다니면서 호저5를 던졌다. 드디어 먼바다로 나갈 준비를 모두 마쳤다는 뜻이었다. 그 모습을 보자 다시 정신이 번쩍 들어 현실의 나로 돌아왔다.

프레지던트포크는 많은 병사들을 실은 채 그들은 전혀 알지 못하는 목적지를 향해 지그재그로 항로를 이어 갔다. 나처럼 배를 타고 여행하는 걸 좋아하는 사람들에게조차도 지루한 여행이었다. 하루하루 일상이 똑같았다. 아침에 해가 뜰 무렵에 잠자리에서 일어났다. 이어 양치질을 하고 거품이 나지 않는 면도용 크림으로 면도를 하는 것은 나에겐 늘 똑같은 아침 일과였다. 그리고 날마다 장교나 부사관의 지도 아래 몸의 유연성을 강화하는 체조를 했다. 총기 검사는 불시에 있었다. 하지만 우리가 수행해야.하는 임무나 과제 같은 건 아무것도 없었다.

며칠에 한 번씩 우리는 배에서 탈출하는 훈련을 했는데, 그마나 지루함을 쫓는 데 도움이 되었다. 해군 병사들은 포격 훈련을 자주 했다. 실탄 사격 훈련을 처음 보았을 때는 대단한 볼거리였다. 함교에서 노란색 풍선들을 날리고, 이 풍선들이 바람을 타고 오르면, 사수들은 사격 명령을 내리는 장교의 지시에 따라서 사격을 개시했다. 20밀리와 40밀리 대공 속사포는 효과적으로 보였다. 그러나 우리 해병대원이 보기에 3인치 대포와 5인치 대포는 소리만 요란했지 효과는 별로 없는 것 같았다. 함교에서 날린 풍선의 수를 놓고 생각한다면 훈련을 더 많이 해야겠다고 우리는 느꼈다. 대공포 경험을 한 번

5 hawser. 배를 매거나 끄는 데 쓰는 줄.

도 하지 못했고 또 그게 얼마나 힘든 일인지 몰랐기 때문에 그랬던 것 같다.

편지를 쓴다거나 동료들과 온갖 화제로 많은 시간을 보내긴 했지만, 식당으로 이어지는 길고 긴 줄에서 무엇보다도 많은 시간을 보냈다. 함선 안에서 했던 식사는 잊을 수 없는 경험이었다. 오랜 기다림 끝에 마침내 차례가 되어 선실로 이어지는 해치를 넘어 들어가면 갑자기 뜨겁고 축축한 바람 세례를 받았다. 전형적인 선실 냄새와는 조금 다른 냄새가 섞인 바람이었다. 병사들이 기거하는 선실에서의 페인트 냄새, 기름 냄새, 담배 냄새 그리고 땀내라는 기본적인 향은 동일했지만, 여기에다 음식을 조리할 때 나는 시큼한 냄새와 빵 냄새가 섞여 있는 그런 바람이었다. 힘든 훈련까지 참아 왔던 우리들조차 구역질을 낼 정도로 고약한 냄새였다. 그러나 우리는 곧 적응했다. 적응하지 않을 수 없었기 때문이다.

우리는 길게 줄을 지어서 배식구로 조금씩 다가간 다음, 땀에 전 해군 취사병들에게 자기가 먹고 싶은 음식을 가리켰다. 그러면 취사병들이 철판으로 만든 반짝거리는 식판에 음식을 담아 주었다. 취사병은 모두 티셔츠를 입고 있었는데 팔뚝에는 온통 문신이었다. 그들의 얼굴에서는 땀이 쉬지 않고 흘러내렸다. 우리는 환풍기가 내는 굉음 아래에서 접이식 식탁에서 선 채로 식사를 했다. 모든 것이 손을 대면 뜨거웠지만 깨끗한 것만은 확실했다. 해군 병사 한 명이 나에게 그 식탁은 태평양 전선에서 반격을 개시하던 당시에 부상병을 수술하던 테이블로 사용했던 것이라는 얘기를 해줬다. 그 뒤로는 거기에서 식사를 할 때마다 정체를 알 수 없는 이상한 느낌을 위장 안에서 느끼곤 했다.

식당은 지독하게 더웠다. 적어도 섭씨 38도는 확실히 되는 것 같았다. 그래도 나는 〈뜨거운 조〉(블랙커피) 한 잔은 반드시 마셨다. 해병대원과 해군 병사에게 〈조〉는 빵과도 바꿀 수 있는 생명의 식량이었다. 마른 감자를 조리한 음식에는 저절로 얼굴이 찌푸려졌다. 2차 세계 대전 중에 제조된 건조 식품에서 나는 특유의 불쾌한 맛 때문이었다. 빵은 충격 그 자체였다. 쓴맛과 단맛과 조리되지 않은 밀가루의 맛이 뒤섞인 이상한 맛이 났다. 〈뜨거운 조〉가 그 모든 음식을 제치고 생명의 식량이 된 것도 당연했다.

뜨거운 수증기로 마치 목욕탕 같은 식당에서 식사를 하고 난 뒤, 우리는 갑판으로 올라가서 시원한 바람을 맞았다. 너나 할 것 없이 모두 땀에 푹 절어 있었다. 갑판에서 식사를 할 수 있으면 얼마나 좋았을까마는 음식을 식당 바깥으로 내가는 행위는 금지되어 있었다.

어느 날이었다. 평소와 다름없이 식당으로 향하는 긴 줄에 서서 조금씩 앞으로 나아가다가 장교 전용 식당이 보이는 창문 앞을 지나갔다. 그 창문을 통해서 본 광경이 놀라웠다. 해군과 해병대 장교들이 빳빳한 제복을 깔끔하게 입고 식탁에 앉아 있었던 것이다. 그 식당은 환풍 시설도 잘 되어 있는 것 같았고, 하얀색 옷을 입은 웨이터가 파이와 아이스크림을 식탁에 내려놓고 있었다. 〈뜨거운 조〉와 통조림 건조 식품을 먹으려고 무더운 좁은 복도에 줄지어 선 내 모습을 보는 순간, 장교가 될 수 있는 과정을 포기하고 해병대에 사병으로 자원한 게 잘못된 선택이 아니었을까 하는 생각이 들었다. 아닌 게 아니라 장교로 임관되는 순간 의회로부터 공식적으로 신사 대우를 받고 또 함선 내에서도 인간다운 생활을 할 수 있으니까 말이다. 그러나 정말 다행스럽게도 전선에서는 아무리 장교라도 그런 우아함이나 특혜는 누리지 못했다. 비록 나중에 깨달은 사실이긴 하지만 말이다.

3월 17일 아침이었다. 배가 나아가는 방향 저 멀리 수평선에 백파(白波) 한 줄이 일어난 게 보였다. 수천 킬로미터에 걸쳐서 펼쳐진 그레이트 배리어 리프Great Barrier Reef였다. 프레지던트포크의 항로는 그 산호초를 관통해서 뉴칼레도니아로 가는 것이었다. 배가 산호초 가까이 다가가자 산호초 위에 물 밖으로 얼굴을 내민 목선의 잔해가 여기저기 널려 있는 게 보였다. 아주 오래전 폭풍우에 좌초한 배의 잔해 같았다.

프레지던트포크가 누메아항 가까이 다가가자 작은 배 하나가 나타났다. 포크는 깃발과 불빛의 깜박거림으로 그 배에 신호를 보냈고, 그러자 배는 천천히 포크 옆에 붙었다. 곧이어 작은 배에서 수로 안내인이 사다리를 타고 올라왔다. 이 사람과 함선 장교들 사이에서 모든 종류의 해상 의전과 인사가 끝난 뒤에, 그는 우리가 무사히 기항할 수 있도록 돕고자 곧장 함교로 갔다. 이 안내인은 호감을 주는 인상의 중년 민간인이었다. 깔끔한 흰색 파나마 양복 차림에 밀짚모자를 쓰고 검은색 넥타이를 매고 있었다. 푸른색 데닌 차림의 선원들과 카키색 옷을 입은 장교들에게 둘러싸인 그는 마치 까맣게 잊힌 과거의 어느 시대에서 갑자기 툭 튀어나온 어떤 가공의 인물, 영화나 소설 속의 인물처럼 느껴졌다.

배가 누메아항으로 이어지는 수로에 들어서자 바닷물의 색이 파란색에서 녹색으로 바뀌었다. 항구 근처에는 아름다운 흰색 등대가 하나 있었다. 타일 지붕을 인 집들이 등대 주변 높은 산자락에 들어서 있었다. 그 모습은 마치 지중해의 작은 항구 풍경 같았다.

배가 천천히 항구 안으로 들어갔다. 스피커를 통해서 접안 준비를 위한 대기 명령이 특별 해상 임무 요원에게 떨어졌다. 배는 길게 이어진 창고와 나란한 독에 계류되었다. 창고에서는 미군 병사들이 이런저런 화물과 장비를 운반하고 있었다. 정박 중인 배들은 대부분 미 해군 소속이었지만, 미국이나 그 밖의 다른 나라 소속 상선도 더러 있었고 또 신기하게 생긴 민간 어선들도 적지 않았다.

내가 맨 처음 본 태평양 원주민은 훌라 치마를 입고 있지 않았고, 창을 휘두르지도 않았다. 부두에서 화물 운송 트랙터를 운전하는 사

람이었다. 키가 작고 다부진 근육질의 남자로(그는 잉크처럼 검었
다) 샅바 하나만 걸쳤고 코뼈는 내려앉아 있었다. 마치 키플링의 소
설에 등장하는 〈퍼지위지Fuzzy-Wuzzy〉처럼 무성한 곱슬머리를 하고
있었다.[6] 그의 머리카락은 믿을 수 없을 정도로 아름다운 호박(琥珀)
색이었다. 해군 병사 하나가 그 원주민들은 미국인과 조개껍질로 물
물교환한 청분(青粉)[7]으로 머리카락을 탈색하는 걸 좋아한다고 설
명했다. 어쨌거나 내가 처음 본 그 태평양 원주민의 트랙터 운전 솜
씨는 매우 훌륭했다.

뉴칼레도니아

몇 주 동안 좁은 공간에서 힘겹게 이어졌던 해상 생활이 마침내
끝났다. 육지에 상륙한 우리는 다시 해병대 트럭을 타고 누메아 중
심가를 가로질러 달렸다. 시내에는 오래된 프랑스식 건축물이 있었
는데, 그걸 보니까 기분이 좋아졌다. 그 건물이 고향인 모빌과 뉴올
리언스 시내를 연상시켰기 때문이다. 멋진 풍경이었다.

트럭은 양쪽이 모두 산인 구불구불한 길을 빠른 속도로 달렸다.
작은 농가들이 보였고 계곡에는 주석 광산이 보였다. 수목을 베어
낸 구역도 있었지만, 낮은 지대의 거의 대부분은 울창한 밀림으로
뒤덮여 있었다. 기후는 시원하고 쾌적했으며, 야자나무를 비롯한 몇
몇 나무들로 볼 때 그곳이 열대 지역임을 알 수 있었다. 3~4킬로미
터를 더 달린 뒤에 트럭은 캠프 세인트루이스로 들어갔다. 그곳은
우리가 거기보다 더 북쪽에 있는 전투 지역으로 배치되기 전에 추가
훈련을 받으면서 대기하기로 되어 있는 기지였다.

캠프 세인트루이스는 텐트로 이루어진 기지였다. 텐트들이 줄지

6 아프리카 수단 정복 과정에서 영국군에 필사적으로 저항하던 하덴도아족 전사를 〈퍼
지위지〉라고 불렀고, 키플링은 이 전사를 〈원시림의 영웅〉이라고 묘사했다.
7 흰 천 세탁용 표백제.

어 늘어서 있었고 그 사이로 비포장 도로가 나 있었다. 우리는 각자 텐트를 배정받은 뒤에 짐을 정리하고 식당으로 향했다. 식당은 언덕 위에 있었는데, 식당으로 올라가기 바로 전에 영창이 있었다. 그 앞을 지나갈 때는 말썽을 일으킨 사람들은 거기에 갇힐 것이라는 경고를 들었다. 주기적으로 고압 소방 호스로 영창에 갇혀 있는 병사들에게 벌을 준다는 말도 있었다. 캠프 세인트루이스의 엄격한 군율로 볼 때 그런 설명이 사실일 것 같았다. 무슨 일이 있어도 말썽을 일으키지 않을 것이며 또 그런 말썽에 휩쓸리지 않겠다고 나는 속으로 다짐했다.

우리가 받는 교육은 강의와 야외 훈련으로 구성되어 있었다. 전투 현장을 경험하고 돌아온 고참 장교와 부사관들은 일본군의 무기, 전술, 전투 방법 등을 강의했다. 훈련은 대체로 철저했으며, 숨조차 편안하게 쉴 수 없을 정도로 집중해야 했다. 훈련은 10명이나 12명으로 구성된 조별로 이루어졌다.

내가 속한 분대의 분대장은 큰 머리에 머리카락이 붉은 상병이었는데(그래서 우리는 그를 〈빅레드〉라고 불렀다) 솔로몬제도 전투에서 해병대 기습대대 소속이었다고 했다. 빅레드는 심성은 착했지만 행동은 말할 수 없을 정도로 거칠었다. 그는 우리를 무지막지하게 굴렸다. 어느 날이었다. 그는 우리 분대원을 작은 규모의 사격장으로 데리고 갔다. 그러고는 일본군의 권총과 소총 그리고 경기관총과 중기관총 쏘는 법을 가르쳤다. 각각의 총을 몇 번씩 쏘게 한 다음에는 깊이가 약 150센티미터인 구덩이에 다섯 명씩 들어가게 했다. 참호였다. 참호 앞에는 높이가 약 30센티미터 정도 되도록 흙이 쌓여 있었고 뒤로는 가파른 언덕이었다.

「너희들이 살아남기 위해서 반드시 배워야 하는 중요한 것 하나는 가까이 다가오는 적의 총성을 듣고 그게 어떤 종류의 무기인지 알아차리는 능력이다. 내가 호각을 불면 납작 엎드려라. 다시 한번 호각을 불 때까지 납작 엎드려 있으란 말이다. 만일 호각을 불기도 전에 고개를 들었다가는 대가리에 구멍이 뚫리고 고향의 가족들은 위로금을 받을 것이다, 알겠나!」

빅레드는 호각을 불었고, 우리는 고개를 숙였다. 그는 일본군 총기의 이름을 하나씩 말한 다음 여러 발을 우리를 향해서 쏘았다. 그 다음에는 그의 조수들까지 합세해서 모든 종류의 일본군 총기로 사격을 했다. 대략 15초쯤. 사실은 그것보다 훨씬 더 길게 느껴졌다. 우리 머리 위로 총알이 핑핑 날아갔다. 기관총의 예광탄 몇 발이 차단벽을 맞고 참호 안으로 튕겨져 들어왔다. 불꽃을 튀며 이글거리는 백열의 총알들이었다. 우리는 다들 몸을 잔뜩 웅크렸다. 다행히 화상을 입은 사람은 아무도 없었다.

이것은 우리가 받은 훈련 가운데서 가장 소중한 것이었다. 이 훈련 덕분에 나는 나중에 펠렐리우와 오키나와에서 목숨을 잃지 않고 부상을 당하지도 않고 살아 돌아올 수 있었다.

총검 훈련을 맡은 사람은 노련한 병장이었다. 탁월한 능력 덕분에 전국 잡지에 소개된 적이 있는 사람이었다. 과거에 기습 부대가 훈련장으로 사용했던 곳에서 그는 놀라운 무술 솜씨를 보여 주었다. 그는 총검으로 무장한 적을 맨손으로 상대하는 호신술을 우리에게 가르쳤다.

「자, 눈 똑바로 뜨고 잘 봐라.」

그는 이렇게 말한 다음 나를 가리키더니 총검으로 자기 가슴을 노리고 찔러 보라고 했다. 그 순간 메어섬Mare Island에 있는 해군형무소가 머리에 떠올랐다. 교관을 총검으로 살해한 죄로 복역 중인 나. 그래서 나는 총검으로 교관을 찌르기 직전에 칼끝을 옆으로 살짝 비켰다. 그러자 벼락같은 고함 소리가 들렸다.

「뭐하는 짓이야! 총검술도 몰라?」

「하지만, 만일 내가 교관님을 찌르면, 나는 메어섬에 가야 합니다.」

「나를 찌를 수 있다고? 명령 불복종으로 엉덩이를 걷어차여야 정신 차리겠나?」

「알겠습니다!」

나는 결심했다. 그리고 속으로는 이렇게 생각했다.

〈그렇게까지 말한다면, 하라는 대로 해주지. 어차피 목격자는 많이 있으니까.〉

나는 교관을 향해 돌진해서 그의 가슴을 노리고 총검을 찔렀다. 그런데 교관은 옆으로 한 걸음 슬쩍 비키면서 내 총을 내가 달려가는 방향으로 쓱 잡아당겼다. 나는 총을 빼앗기지 않으려고 버둥대다가 바닥에 나동그라지고 말았다. 그러자 동료 가운데 누군가가 웃음을 터트리면서 말했다.

「제대로 찔렀어야지, 슬레지해머!」

나는 그 말을 들으면서 멋쩍게 일어났다.

「어이, 거기 똑똑한 녀석. 이번엔 네 차례다. 네 실력은 어느 정도나 되는지 나한테 한번 보여 줘 봐.」

그 친구는 자기 소총을 들고 자신만만하게 일어났다. 그리고는 교관을 향해서 달려들었다. 하지만 그 친구도 역시 바닥에 나뒹굴고 말았다. 그 뒤에도 교관은 여러 명에게 똑같이 시켰지만 결과는 모두 마찬가지였다.

그러자 이번에는 교관이 착검한 일본군의 아리사카(有坂) 소총을 들고서 일본군이 갈고리 부분을 이용해서 어떻게 미군의 칼날을 젖히는지 시범을 보여 주었다. 그런 다음에는 손목을 살짝 비틀어서 M1 소총을 적의 손에서 빠져나오게 한 다음 적을 제압하는 시범을 보였다. 그는 미국에서 교육을 받았던 것처럼 총검의 칼날이 지면을 향하는 게 아니라 칼날의 왼쪽 면이 지면을 향하도록 소총을 잡도록 자세하게 가르쳐 주었다. 이런 식으로 일본군의 칼날을 슬쩍 피하자 아리사카 소총을 든 그도 우리의 총검을 갈고리로 걸 수 없었다.

우리는 또 행군 훈련도 받았다. 정글, 습지 그리고 끝없이 이어지는 험한 구릉지가 훈련 장소였다. 우리는 히긴스보트를 타고서 근해의 작은 섬에 상륙 작전하는 훈련도 수도 없이 받았다. 날마다 아침 식사를 한 뒤에는 소총, 탄띠, 수통 두 개, 전투용 배낭, 헬멧, 그리고 전투 식량인 K레이션을 챙겨 들고 기지 밖으로 행군을 나갔다. 통상적으로는 행군 50분에 휴식 10분이었지만 장교나 부사관은 늘 우리를 족쳐 댔고, 그러다 보면 10분 휴식이 주어지지 않을 때도 많았다.

트럭이 지나갈 때는 우리는 길 양옆으로 나누어서 걸었다. 이것은 보병의 오랜 관행이었다. 트럭은 육군을 수송하는 경우가 많았는데, 그럴 때면 우리는 그들을 향해서 마치 개처럼 요란하게 짖어 대면서 놀려 대곤 했다. 그런데 한번은 그런 트럭에서 병사 하나가 트럭 밖으로 고개를 내밀더니 고함을 질렀다. 바로 내 얼굴 앞에서였다.

「헤이, 쫄병, 덥고 힘들지? 너도 육군에 말해서 트럭 하나 내달라고 하지 그랬어?」

나는 씨익 웃으면서 이렇게 고함을 질렀다.

「지옥에나 꺼져라!」

그때 그렇게 빙글거리던 육군의 옆자리에 있던 다른 동료가 그의 어깨를 잡아당기면서 소리쳤다.

「그만해! 저 친구들 해병대야. 부대 표시 안 보여? 육군이 아니잖아, 모욕하지 마.」

나는 그 친구에게 큰소리로 말해 줬다.

「고마워!」

그게 나로서는 정신 무장이 전혀 되어 있지 않던 군인들과의 첫 만남이었다. 우리는 동료들끼리 장교에 대해서나 식사에 대해서 혹은 해병대 전체에 대해서 불평을 말할 수도 있었다. 하지만 그것은 자기 가족에게 불평하는 것이었다. 그런데 만약 외부자가 끼어들 경우에는 우리 사이의 다툼은 사라졌다.

어느 날 밤, 적병의 침투에 대비하는 훈련을 할 때였다. 적병 역할을 하기로 되어 있던 빅레드를 포함한 다른 교관들이 야영하는 곳을 동료 몇 명이 알아내고 그들의 군화를 훔쳤다. 그리고 마침내 그들이 침투 작전을 개시할 시간이 되었다. 그들은 진탕 수류탄[8] 몇 개를 던지고는 일본군처럼 욕을 해댔지만, 전투화를 신고 있지 않았기 때문에 바깥으로 뛰어나와 우리에게 덤빌 수는 없었다. 나중에 장교들이 어떻게 된 영문인지 알고는 자만하고 방심했다는 이유로 교관들을 단단하게 혼냈다. 그날 밤 교관들은 계곡에 모닥불을 크게 피웠고, 우리는 그 주위에 둘러앉아서 커피를 마시고 K레이션을 먹었으며 또 노래도 불렀다. 그때까지만 하더라도 전쟁이 그다지 고약해 보이지는 않았다.

총기 훈련은 오로지 소총 사용법에만 할애되었다. 박격포나 기관총과 같은 중화기 훈련에는 시간이 배정되지 않았다. 왜냐하면 우리가 〈북쪽으로〉 갈 때 우리 보충병들은 결원이 생긴 곳에 배치될 예정이었기 때문이다. 그렇게 배치받은 곳이 우리가 훈련받은 전문적인 보직이 아닐 수도 있었다. 야외에서 이루어진 훈련 및 장애물 과정을 모두 거치고 나자 우리는 육체적으로나 정신적으로 한층 더 강인해졌다.

5월의 마지막 주, 우리의 제46보충연대가 며칠 안으로 북쪽의 전투 현장에 배치될 것임을 알았다. 1944년 5월 28일, 우리는 짐을 챙겨서 해군 수송함인 제너럴하우즈호(號)에 탔다. 이 배는 프레지던트포크와는 완전히 달랐다. 훨씬 신형이었으며, 한눈에 봐도 처음부터 군용 수송선으로 건조된 배였다. 도장 상태도 새것 그대로였으며 깔끔하고 쾌적했다. 배정받은 선실도 열 명 남짓만 수용하게 되어 있었다. 환기 상태도 좋았다. 프레지던트포크의 그 냄새 나고 지저분한 동굴 같은 선실과는 비교가 되지 않을 정도로 좋았다. 제너

---

8 폭발 시의 압력으로 적을 살상하는 수류탄.

럴하우스에는 도서관도 있어서 책이나 잡지를 빌려 볼 수도 있었다. 게다가 아타브린 알약도 지급받았다. 이 작고 쓰며 반짝반짝 빛나는 노란색 알약이 우리를 말라리아로부터 지켜 주었다. 우리는 그 약을 하루에 한 알씩 먹었다.

6월 2일, 우리를 태운 배는 과달카날섬의 북쪽에 위치한 러셀제도 Russell Islands에 접근했고, 코코야자가 무성한 강 입구로 들어갔다. 코코야자와 맑은 물이 빚어내는 풍경은 아름답기 그지없었다. 배에서 우리는 온통 산호로 덮인 도로들, 코코야자나무들 사이에 피라미드 형태의 텐트들이 무리지어 서 있는 모습을 볼 수 있었다. 바로 이곳이 제1해병사단의 본부가 있는 파부부Pavuvu였다.

다음 날 아침에 하선할 예정이라고 했기에 우리는 갑판을 어슬렁거리면서 시간을 보냈다. 그리고 갑판 난간을 잡고 부두에 있던 해병대원들과 얘기를 나누기도 했다. 그런데 그들의 친근하고 꾸밈없는 태도가 무척 인상적이었다. 비록 말끔한 제복을 입긴 했지만 그들은 무척 피곤해 보였다. 얼마나 피곤했던지 눈이 푹 꺼져 있었다. 그들은 새파란 후배이자 보충병인 우리를 상대로 선배의 허세를 부리려 하지 않았다. 하지만 그들은 엘리트 해병대원들이었다. 과달카날 전투와, 보다 최근에는 뉴브리튼의 글로스터 전투에 참가했던 해병대원들이었다. 그들은 글로스터를 대략 5월 1일에 떠났으며, 파부부에는 우리보다 약 한 달 먼저 와서 체류하고 있었던 셈이다.

그날 밤 많은 사람들이 잠을 이루지 못했다. 우리는 개인 장비를 반복해서 점검하면서 모든 것이 아무 이상 없음을 확인했다. 날씨는 더웠다. 뉴칼레도니아보다 훨씬 더 더웠다. 나는 갑판으로 나가서 바깥바람을 쐬며 잠을 청했다. 해병대원 두 사람이 만돌린과 낡은 바이올린으로 언젠가 한 번 들어 본 적이 있는 마운틴 뮤직9을 멋지게 연주했다. 이어서 포크송과 발라드도 여러 곡 연주하고 또 노래

9 미국 애팔래치아산맥 남부의 농민과 나무꾼 사이에서 생긴 토속적인 음악.

했다. 음악은 밤새 이어졌고, 우리는 그 멋진 음색에 매료되었다.

고참병들과 함께

1944년 6월 3일 대략 오전 9시에 나는 평상시와 다름없이 산더미 같은 장비를 짊어지고 제너럴하우즈호에서 내렸다. 기다리고 있던 트럭으로 이동하던 우리는 고향으로 돌아갈 배를 기다리던 고참 병 사들의 긴 줄을 지나쳐 갔다. 그들은 개인 장비와 배낭만 들고 있었을 뿐 무기는 없었다. 어떤 병사들은 우리를 만나서 반갑다고 했다. 반가운 이유는 우리가 자기들 대신 전선으로 투입되기 때문이라고 했다. 다들 시커멓게 그을었으며 지쳐 보였다. 그러나 고향으로 돌아간다는 생각에 마음만은 편안해 보였다. 그들에게 전쟁은 이제 끝이었다. 하지만 우리에게 전쟁은 이제 막 시작되고 있었다.

산호를 부순 자갈로 포장한 커다란 주차장에서 한 소위가 우리 이름을 한 명씩 부르며 머릿수를 세고는 대략 100명 단위로 집단을 나누었다. 그러고는 내가 속한 한 무더기의 대원들 앞에서 이렇게 말했다.

「제5연대 제3대대!」

해병대의 다섯 개 사단 가운데서 내가 입대하고 싶은 사단을 고를 수 있었다면(물론 그런 선택의 자유가 있을 리 없었다) 아마도 나는 제1해병사단을 선택했을 것이다. 해병대는 나중에 총 여섯 개 사단으로 구성되지만, 모든 사단이 태평양 전선에서 혁혁한 전공을 세웠다. 그러나 제1해병사단은 여러 가지 점에서 독특했다. 일본군에 매서운 반격을 가하며 기세를 드높였던 과달카날 전투에 참가했으며, 솔로몬제도 북쪽에 있는 글로스터 전투에서도 중요한 역할을 수행했다. 그리고 당시에는 팔라우제도에서 세 번째 작전을 수행하기 위해 휴식을 취하고 있었다.

또 연대 가운데서도 나는 제5해병연대를 선택하고 싶었다. 이 연대는 제1해병사단 소속으로 인상적인 역할을 수행했을 뿐만 아니라, 연대의 역사가 1차 세계 대전 당시 프랑스에서 펼친 작전으로까지 거슬러 올라간다는 걸 알고 있었다. 다른 사단 소속 해병대원들 역시 자기 부대에 긍지를 가지고 해병대원임을 자랑스럽게 여긴다는 것을 나는 알고 있었다. 그러나 제1해병사단과 제5연대는 해병대의 전통을 지켜 가고 있었을 뿐만 아니라 자기만의 독자적인 전통과 유산을 가지고 있었다. 그것은 바로 〈고참 해병대Old Corps〉와 시간을 초월해서 연결되는 전통이자 유산이었다.

내가 그토록 선택하고 싶었던 바로 그 사단, 그 연대에 배속되었다는 사실은 정말 우연의 일치였다. 주사위 도박에서 승자가 된 것처럼 짜릿했다.[10]

우리를 태운 트럭들은 해안선을 따라 구불구불하게 이어진 길을 코코야자들 사이로 달렸다. 그리고 〈제5해병연대 제3대대〉라는 푯말이 있는 곳 부근에서 섰고, 우리는 트럭에서 짐을 내렸다. 부사관이 나를 K중대에 배속시켰다. 그리고 얼마 뒤에 소위가 오더니 박격포와 기관총 훈련을 받은 대원 열대여섯 명을 따로 불러내고는, 각자 중대에서 어떤 무기를 맡고 싶은지 물었다. 나는 60밀리 박격포를 맡고 싶다고 했다. 그 와중에도 나는 무게가 30킬로그램이나 나

10 제5연대의 역사는 2차 세계 대전 이후에도 이어졌다. 이 연대는 한국 전쟁과 베트남 전쟁에서도 싸웠다. 그러므로 제5연대는 20세기에 미국이 치렀던 중요한 전쟁에 모두 참가한 유일한 해병 연대이다.

1차 세계 대전에서 싸운 해병사단은 없다. 제5·제6해병연대는 프랑스에서 제1미국해외파견군(AEF, 육군과 해병대 연합 부대) 소속으로 싸웠다. 그러나 제1해병사단은 한국 전쟁에 참가한 유일한 해병 부대이다. 또한 제3해병사단과 함께 베트남에서도 싸웠다. 그러므로 해병사단 가운데서 지난 60년 동안에 일어났던 미국의 모든 전쟁에 참가했던 유일한 사단이 제1해병사단이다.

오늘날 제5연대는 여전히 제1해병사단 소속이다. 태평양 연안에 본부를 둔 이 사단은 서태평양에서 작전을 수행할 수 있다 — 원주.

가는 화염방사기를 지고 다니기에는 체격이 너무 왜소하다는 인상을 주려고 애를 썼다. 결국 나는 바라던 대로 박격포반으로 배속되었고, 60밀리 박격포반 제2분대 텐트로 짐을 옮겼다.

그 뒤 여러 주 동안 나는 캠프를 구축하는 작업반에 속해서 일했다. K중대 일등상사인 말론은 중대원들에게 이렇게 외치곤 했다.

「모든 신병들은 작업반으로 신속하게 집합!」

중대의 고참병들은 작업에 동원되는 경우가 거의 없었다. 길고 축축하며 사람을 녹초로 만드는 글로스터의 정글 전투를 마치고 나와 있던 그들에게 파부부는 휴식 장소였다. 제법 규모가 큰 작업반이 필요할 때 말론은 이렇게 외치곤 했다.

「동원 가능한 모든 인원, 집합!」

그래서 우리는 말론을 〈동원 가능한〉 말론이라고 불렀다.

사단 사령부가 파부부를 선택한 이유는 고참병도 몰랐고, 우리 신병은 당연히 몰랐다. 전쟁이 끝난 뒤에 비로소 나는 사령부의 지휘관들이 제3해병사단이 부겐빌 작전 이후에 과달카날에 야영할 때 맞닥뜨렸던 상황과 동일한 종류의 상황을 피하려고 그런 선택을 했음을 깨달았다. 그때까지만 해도 대규모 후방 기지였던 과달카날의 시설은 상당히 양호한 수준이었다. 그러나 최고 사령관은 제3해병사단에게 명령을 내려 날마다 1천 명 규모의 병력을 동원해 섬 전체를 대상으로 노역 작업을 하게 했다. 그러다 보니 부겐빌 전투에서 싸웠던 병사들이 거의 쉬지도 못했을 뿐만 아니라, 보충병이 왔을 때조차 이 사단은 다음 예정된 작전인 괌 전투에 대비한 훈련 일정을 수행하는 데 어려움을 겪었다.

파부부가 미국에서 뉴칼레도니아를 거쳐서 온 우리 보충병들에게 적도의 낙원보다 조금 못한 어떤 것으로만 비쳤지만, 글로스터 전투를 했던 고참병들에게는 쓰디쓴 충격이었다.[11] 우리가 그랬던

11 과달카날 전투가 끝난 뒤 제1해병사단은 휴식을 취하면서 뉴브리튼 작전 준비차 부

것처럼 배가 맥퀴티만Macquitti Bay에 들어설 때 파부부는 그 고참병들에게 그림처럼 아름다웠다. 그러나 일단 섬에 발을 내딛는 순간 모든 게 멀리서 바라보던 것과 다르다는 걸 깨달았다. 드넓은 코코넛 숲은 썩어 가는 코코넛으로 뒤덮여서 숨을 쉴 수조차 없는 악취를 풍겼다. 얼른 봐서 단단해 보이는 땅도 발을 딛는 순간 혹은 트럭의 바퀴가 닿는 순간 물컹한 진흙탕으로 바뀌었던 것이다.

파부부야말로 해병대원들의 용어인 〈오지boondock〉의 전형적인 사례였다. 전쟁이 끝난 지금에 와서 돌아보면 파부부 생활이 어땠는지 설명하기가 어렵다. 이른바 〈록해피rock happy〉[12] 증상이 나타난다거나 지루하다거나 하는 등의 불만 대부분은 하와이나 뉴칼레도니아와 같은 대규모 후방 기지에 주둔하던 장병들에게서 나온 것이었다. 이들이 품었던 주요 불만은 아이스크림이 맛없다거나 맥주가 차갑지 않다거나 혹은 위문 공연 횟수가 적다는 것이었다. 그러나 파부부에서는 달랐다. 생활 자체가 힘들었던 것이다.

예를 들어서 6월과 7월에 내가 나갔던 작업의 대부분은, 축축한 물에서 제발 벗어나고 싶다는 간절한 소망을 담아서 야전삽으로 배수 설비를 개선한다거나 산호를 부숴서 자갈을 만들고 이 자갈로 도로를 포장한다든가 하는 등의 그야말로 뼈가 부서지는 노동이었다. 규정에 따르면, 텐트는 모두 목재 바닥을 갖추도록 되어 있었지만 파부부에서는 그런 목재 바닥을 단 하나도 보지 못했다.

작업반이 했던 일 가운데서 내가 정말 끔찍하게 싫어했던 일은 썩은 코코넛 열매를 수거하는 작업이었다. 우리는 이것들을 트럭에 실어서 습지에 버렸는데, 운이 좋으면 코코넛의 싹을 잡고 들어올릴 수 있었지만, 이런 경우는 많지 않았다. 코코넛 열매는 대부분 썩어

대를 재정비하려고 오스트레일리아의 멜버른으로 갔다. 글로스터 전투가 끝났을 때 장병들은 이번에도 오스트레일리아로 가는 줄 알았다. 그런데 멜버른이 아니라 러셀제도의 버려진 섬, 과달카날에서 100킬로미터 떨어진 섬에 그야말로 내팽개쳐졌던 것이다 ─ 원주.

12 산호섬에 장기 체류하는 사람들이 겪는 정신 이상 증세.

서 뭉개져 있었기 때문에 악취가 나는 코코넛 즙으로 목욕을 해야만 했다.

우리는 전쟁 때문에 어쩔 수 없이 해야 했던 꼭 필요한 기밀 관련 일이나, 자기가 받은 명령의 심오함 혹은 지혜에 대해서 우스꽝스러운 농담을 하곤 했다. 해병대 용어로 극동 지역에서 너무 오랜 기간 복무한 대원들의 기이한 행동을 가리키는 말로 〈아시아적 상태Asiatic〉라는 표현이 있는데, 우리는 이 상태로 바뀌고 있었던 것이다. 나는 파부부에서 하는 식사에 대해서 그리고 거기에서 보내던 첫 주 동안의 전반적인 생활 조건에 대해서 불평을 많이 했다. 우리 중대의 고참병 가운데 한 사람은(이 사람은 나중에 나와 가장 친한 사이가 된다) 나에게 전투 현장에 투입되기 전까지는 불평할 게 아무것도 없다는 말을 진지하게 했다. 그때 가면 모든 게 지금보다 훨씬 더 나쁠 테니까 제발 투덜거리는 입을 다물고 조용히 있으라고 충고했다. 그 말에 나는 몹시 부끄러웠다. 그러나 파부부에 머문 몇 주 동안 썩은 코코넛 열매의 악취는 온 허공에 스며 있었다. 지금도 나는 아무리 신선한 코코넛이라도 그 냄새만 맡으면 구역질이 난다.

파부부에서 가장 끔찍했던 것은 뭍게였다. 흑청색의 몸체는 어른 손바닥 정도였고 다리는 짧고 빳빳한 털로 뒤덮여 있었다. 이 못생긴 생물은 낮에는 꼼짝도 않고 숨어 있다가 밤만 되면 나와서 어슬렁거렸다. 제1해병사단의 장병들은 아침에 전투화를 신기 전에 반드시 뒤집어서 속을 털어야 했다. 전투화에 이 녀석들이 한 마리씩 들어 있는 건 예사였고, 어떤 때는 두 마리씩도 들어 있었다. 이 더러운 녀석들 때문에 우리는 주기적으로 분노의 임계점에 도달하곤 했는데, 그때마다 상자나 세일러백 혹은 침대를 뒤져서 녀석들을 쫓아냈다. 우리는 이 녀석들을 막대기나 총검 혹은 야전삽으로 죽였다. 이렇게 한바탕 소란을 벌인 뒤에는 녀석들을 삽으로 떠서 땅에 묻었다. 그렇게 하지 않으면 그 메스꺼운 냄새가 무더운 공기 속에 빠르게 퍼지기 때문이었다.

식당은 대대별로 마련되어 있었다. 그러나 파부부에서 우리가 먹은 음식은 대부분 C레이션을 데운 것이었다. 내용물은 건조한 달걀, 건조한 감자, 그리고 〈스팸〉이라는 이름의 끔찍한 통조림 고기였다. 우리는 식사 후 남은 합성 레모네이드(이른바 〈배터리의 전해액〉)를 식당의 콘크리트 바닥에 부어서 청소했는데, 효과가 아주 좋았다. 날마다 C레이션만 먹는 것으로는 단조로움의 끝을 경험하기에 부족하다 싶었던지, 한번은 나흘 연속으로 하루 세 끼를 모두 오트밀만 먹어야 했던 적도 있었다. 소문으로는 보급품을 싣고 오던 배가 적의 공격을 받고 가라앉았다고 했다. 이유야 어쨌든 간에 단조롭기 짝이 없는 식사에서 우리의 유일한 위안이 되었던 것은 고향에서 싸가지고 온 간식이었다. 우리 취사병이 만든 빵은 너무 무거웠다. 얼마나 무거웠던지 빵의 한쪽 끝을 잡고 있으면 다른 쪽 무게를 이기지 못하는 바람에 반으로 뚝 부러질 정도였다. 게다가 밀가루에는 바구미가 얼마나 많이 들끓었던지 한입 베어 물면 호밀 알갱이보다 바구미가 더 많이 씹혔다. 그러나 우리는 이런 것에 곧 익숙해졌고, 그런 빵도 아무렇지 않게 먹었다. 게다가 재미있는 농담까지 했다.

「곤충 단백질까지 섭취할 수 있으니까 영양 만점이네.」

처음에는 목욕 시설도 없었다. 아침마다 헬멧에 물을 담아서 면도하는 것은 그렇다 치더라도 목욕은 다른 문제였다. 날마다 오후에는 스콜이 찾아왔다. 그러면 전 대원이 벌거벗고 텐트 밖으로 뛰어나갔다, 손에 비누를 들고. 그런데 문제는 몸에 비누칠을 하고 미처 씻어 내지도 못한 상태에서 비가 멈추어 버릴 수도 있다는 점이었다. 적도의 날씨가 얼마나 변덕스럽던지 언제 비가 그칠지 전혀 예측할 수 없었다. 억수같이 쏟아지던 비가 언제 그랬느냐는 듯이 갑자기 뚝 그쳐 버렸다. 그러다 보니 대원들 가운데 늘 한두 명은 비누 거품 상태로 쨍하게 갠 하늘을 바라보곤 했다. 목욕물조차 공급

받지 못하는 해병대원들에게 적도의 날씨가 전하는 저주의 햇살이었다.

아침 진료 소집도 파부부 생활 초기에는 또 하나의 진기한 광경이었다. 글로스터 전투에 참가한 고참병들은 몇 주 동안 습지에서 계속 비를 맞으면서 전투를 했었다. 2차 세계 대전 통틀어 습도가 가장 높은 조건에서 전투를 수행했던 터라 그들의 신체 상태가 좋을 리 없었다. 처음 K중대에 배속되었을 때 나는 그들의 몰골을 보고는 경악했다. 대부분이 바짝 말랐으며, 몇몇은 극도로 쇠약했다. 겨드랑이와 손목과 발목에는 열대성 피부병을 앓고 있었다. 진료 소집이 시작되면 그들은 두 명씩 짝을 지어 젠티아나 바이올렛[13] 약병 하나와 면봉을 들고 숲으로 갔다. 그러고는 벌거벗고 서서 서로의 환부에 약을 발랐다. 너무도 많은 대원이 주의가 필요한 상태였기 때문에 의사가 한 명씩 일일이 치료할 수 없었고, 어쩔 수 없이 의사가 지켜보는 가운데 서로가 서로를 치료했던 것이다. 어떤 사람은 전투화를 잘라서 샌들로 만들어 신었다. 발이 썩어 들어가서 제대로 걷지도 못했기 때문이다. 말할 필요도 없는 사실이지만 파부부의 무더운 기후 때문에 회복은 더디기만 했다.

「내가 생각하기에는 해병대 본부에서는 파부부가 어디에 붙어 있는지 까먹은 거 같애.」

「내가 생각하기에는 신이 파부부가 어디에 붙어 있는지 까먹은 거 같애.」

「신이 까먹었을 리가 없지, 세상의 모든 것을 창조했는데.」

「그렇다면 확실히 말하겠는데, 신은 자기가 파부부를 창조했다는 사실을 잊어버리고 싶은 거야.」

우리가 나누었던 이런 대화는 우리가 파부부에서 느끼던 외로움과 황량함이 어떤 것이었는지 잘 보여 준다. 태평양의 주요 섬에 있

13 진물이 나는 피부병에 사용하는 치료약의 일종.

는 대규모 기지들에서는 장병들이 활기 넘치는 부대 생활을 했으며, 하늘로 또 바다로 오가는 비행기와 전함을 통해서 다른 기지나 고향과 자기가 연결되어 있음을 느꼈다. 그러나 파부부에서 우리는 고향에서 수백만 킬로미터나 멀리 떨어져 있다고 느꼈고, 심지어 문명이라고 할 수 있는 그 어떤 것과도 단절되어 있다고 느끼며 하루하루를 보내야 했다.

우리가 파부부의 이 불편함과 좌절을 이길 수 있었던 요인은 두 가지였다고 나는 믿는다. 첫째, 제1해병사단은 엘리트 전투 집단이었다. 규율이 엄격했고, 단결심과 사기는 하늘을 찔렀다. 대원 한 사람 한 사람이 모두 자기가 무엇을 해야 하는지 그리고 무슨 행동을 하도록 기대를 받고 있는지 잘 알았다. 비록 투덜거리기는 했어도 모든 대원이 자기 의무를 충실히 이행했다.

부사관들은 우리가 투덜댈 때마다 이런 말들로 받아넘겼다.

「헛소리 많이 지껄여라, 그게 건강에 좋아.」

「그래서 뭐 어쩌라고? 해병대에 자원했잖아, 아냐? 네가 원하는 대로 됐는데, 얼마나 좋아!」

파부부에 보내는 생활이 아무리 짜증 나고 불편했더라도 그보다 더 나쁜 상황은 언제든 닥칠 수 있었다. 어쨌거나 거기에는 일본군도 없고, 일본군의 포탄도 없고, 쌩쌩거리며 날아드는 일본군의 총알도 없었으니까. 게다가 우리는 침대에서 잤으니까 말이다.

둘째, 우리 사단의 구성원이 상대적으로 젊었다. 전체 구성원의 약 80퍼센트가 태평양 지역에 투입되던 시점을 기준으로 18세에서 25세 사이였고, 약 절반이 21세 안짝이었다. 잘 훈련된 젊은 군인은 많은 것을 참고 견딜 수 있다. 비록 그런 것들을 좋아하지 않더라도 말이다. 또한 우리는 우리 부대에 긍지를 가지고 있던 의기충천한 청년들이었다.

그러나 우리 사기가 높을 수밖에 없었던 또 하나의 이유가 있었다. 그것은 일본군을 향한 불타오르는 적개심이었다. 이 적개심은 내가 아는 한 모든 해병대원의 공통된 감정이었다. 게치 대령이 이끌던 정찰대의 운명을 듣는 순간 우리 모두의 가슴에 그 적개심이 새겨졌기 때문이다.[14] 어느 날엔가 악취 나는 코코넛을 주워 무더기를 쌓고 있을 때 고참병 하나가 우리 곁을 지나갔다. 그는 우리 작업반 사이에 있던 두 명의 고참병과 눈인사를 나누었다. 우리 가운데 하나가 방금 지나간 그 사람이 누구인지 아느냐고 사람들에게 물었다.

「아니, 처음 보는데.」

누군가 말했다. 그러자 다른 동료가 말했다.

「과달카날에서 게치 정찰대가 몰살당할 때 살아 나온 세 사람 중에 한 명이야. 진짜 운이 좋았지!」

「그런데 일본놈들이 왜 우리 정찰대를 매복 습격했지?」

내 질문이 너무 순진했다. 고참병이 어이없다는 표정으로 나를 바라보더니, 천천히 그리고 또박또박 말했다.

「왜냐하면 말이야, 놈들은 이 세상 최악의 비열한 개-새-끼-들이니까.」

게치 대령 정찰대 사건만이 아니다. 죽은 척하고 누워 있다가 수류탄을 던지는 일본군의 비열한 행동이나, 부상당한 미군을 방치해서 이 부상병이 위생병을 부르면 부상병에게 접근하는 위생병을 칼로 찔러 죽이는 비열한 행동도 있었다. 그리고 진주만 기습 공격도

14 과달카날 전투 첫 주에 해병대원들은 일본군 병사 한 명을 포로로 잡았다. 그런데 이 포로는 허기로 죽어 가는 자기 동료들이 마타니카강(江) 서쪽에 숨어 있는데, 만일 해병대가 그들을 〈해방〉시켜 주겠다고 약속하면 항복할 것이라고 말했다. 제3해병사단의 정보장교이던 프랭크 게치Frank Goettge 대령은 의사 한 명과 언어학자 한 명, 그리고 정보부대 소속 대원들을 포함해서 총 25명으로 구성된 정찰대를 이끌고 그곳으로 향했다. 군사 임무라기보다는 인도적인 목적이었다. 그런데 일본군들은 숲에서 매복해 있다가 정찰대를 공격했고, 정찰대 가운데 단 세 명만 살아서 귀환했다 — 원주.

그랬다. 이 모든 것이 해병대원들의 가슴에 일본군을 향한 적개심을 불러일으켰고 일본군 병사라면 포로로 잡기보다 사살해 버리겠다는 마음을 품게 만들었다.

후방 지원 임무를 맡고 있는 비전투 부대 병사는 물론이고 해군과 공군 병사들조차 해병대 보병 부대가 일본군 병사들을 향해서 품고 있던 적개심과 태도를 이해하지 못했는데, 이것은 어쩌면 당연한 일인지도 몰랐다. 전쟁이 끝난 뒤에 집필된 해병대 보병 부대원의 회고록이나 공식적인 전사(戰史)에는 이런 증오심이 거의 반영되지 않았다. 그러나 전투가 벌어지던 당시에 해병대원들은 이 격렬한 감정을 뼛속 깊이 느꼈다. 만일 내가 이런 감정을 부정하거나 가볍게 여긴다면, 나는 태평양 전장에서 생사를 함께했던 해병대 전우들의 단단한 단결심과 뜨거운 애국심을 부정하거나 거짓말하는 것이나 마찬가지이다.

펠렐리우와 오키나와에서의 경험으로 볼 때, 일본군 병사들 역시 우리 미군에게 똑같은 증오심과 적개심을 품었을 게 분명하다고 나는 믿는다. 그들은 광신적인 적개심에 사로잡혀 있었다. 전후의 많은 미국인들로서는, 심지어 많은 일본인들도 공감할 수 없을 정도로 자기들의 대의를 철저히 신봉했다.

일본군을 향한 해병대원의 증오심과 미군을 향한 일본군 병사의 증오심은 서로 상승 작용을 하면서 서로가 용서를 모르는 잔인하고도 광기 어린 전투를 하게 만들었다. 그래서 다른 전쟁 혹은 2차 세계 대전의 다른 전장에서는 찾아볼 수 없는 끔찍한 살육이 벌어졌다. 야수적이고 원시적인 증오에서 비롯된 이 살육은 야자나무와 섬들만큼이나 태평양 전쟁의 독특한 모습이었다. 당시 그곳의 전투 부대가 인내해야만 했던 것을 온전하게 이해하려면 해병대원들이 벌인 전쟁의 이런 측면도 충분히 고려해야만 한다.

파부부에 머물던 우리 해병대원들의 사기를 끌어올린 가장 큰 사건은 밥 호프[15]가 바니카에서 파부부로 건너와 위문 공연을 한 일이 아니었나 싶다. 파부부에 있던 거의 전 대원들이 넓게 조성된 공간에 운집했고, 밥 호프를 태운 파이퍼컵[16]이 우리 머리 위를 선회할 때는 환호성을 질렀다. 비행기가 착륙했고, 조종사가 엔진을 끄자마자 제리 콜로나가 비행기 밖으로 머리를 내밀면서 저 유명하던 특유의 발성을 했다.

「예, 예 예 예 예 예~」

우리는 박수로 그를 맞았다.

밥 호프, 제리 콜로나, 프랜시스 랭퍼드, 그리고 패티 토머스가 부두 옆에 마련된 작은 무대 위에 올랐다. 밥이 제리에게 바니카에서 파부부까지 날아오는 여행이 어땠느냐고 묻자 제리는 〈어려운 순간들tough sledding〉이었다고 대답했다. 왜 그런지 이유를 묻자 제리는 이렇게 대답했다.

「이 동네에는 눈이 없잖아요.」[17]

그때까지 들었던 말 가운데서 가장 재미있는 말이었다. 패티는 대원들 몇 명에게 춤을 잘 추는 몇 가지 방법을 가르쳐 주었다. 그동안 줄곧 환호와 박수가 이어졌다. 밥은 재미있는 농담을 잔뜩 쏟아냈고 우리의 사기를 한껏 올려 주었다. 그 위문 공연은 내가 태평양 지역으로 배속된 뒤에 경험했던 가장 신나는 시간이었다.[18]

15 Bob Hope. 영국 출신의 미국 희극 배우. 〈미국 코미디의 황제〉라는 별칭을 얻었다.

16 경비행기의 일종.

17 어려운 순간이나 시기를 의미하는 숙어 tough sledding에서, sledding의 원래 의미는 썰매 타기이다.

18 지난봄에 나는 밥 호프를 다시 만났다. 그가 앨라배마의 버밍엄에서 자선 골프 대회에 참석했을 때였다. 그전에 나는 그에게 내가 펠렐리우 이야기를 연재하던 잡지 『해병대 통신Marine Corps Gazette』(1979년 11·12월호)을 보냈었다. 그는 그 이야기를 무척 반가워했고 또 파부부 제1해병사단의 젊은 해병대원들을 기억하고 있었다. 이 품위 있는 사람은 무척 바쁜 일정이었음에도 온갖 성화와 항의로 목소리를 높이던 사람들을 버려두고 일부러 시간을 내어 주었고, 나와 함께 그 옛날의 전우들을 함께 회상하는 시간을 가졌다 — 원주.

밥 호프의 쇼는 다가오는 작전에 대비하는 훈련을 받으러 갈 때도 우리가 나누던 대화의 주된 얘깃거리였다. 파부부는 워낙 작은 섬이어서 훈련은 대대나 연대 규모가 아니라 중대 규모로 이루어졌다. 그렇게 소규모로 훈련했음에도 훈련 과정에서 다른 부대들 때문에 방해받는 일이 잦았다. 우리 중대가 전투 대형으로 숲을 통과하다가 무기 검열을 받고 있는 다른 중대 병사들과 맞닥뜨릴 때는 황당하고도 재미있었다. 그러면 장교들이 똑바로 못하느냐고 고함을 질러 댔다.

우리는 기지에서 떨어진 섬 주변의 여러 해변 및 강과 바다가 만나는 지점에서 다양한 상륙 훈련을 받았다. 한 주에도 여러 번 받았던 것 같다. 보통은 암트랙(수륙양용 장갑차)을 이용했다. 최신 모델의 암트랙은 해변에 도착하자마자 열리는 후부 개폐판(테일 게이트)을 달고 있어서 대원들이 배에서부터 달리는 자세 그대로 해변으로 전개할 수 있었다.

「해변으로 내려! 빌어먹을 해변으로 내려, 최대한 빨리!」

「해안을 넘어서 육지로 빠르게 이동해!」

「일본놈들이 모든 무기를 동원해서 집중 사격을 해댈 거야, 그러니까 최대한 빠르게 이동할수록 살아남을 가능성은 더 높아진다!」

장교들과 부사관들은 고함을 빽빽 질러 댔다. 이 말을 우리는 날이면 날마다 수도 없이 들었다. 한 번씩 상륙 훈련을 할 때마다 우리는 앞다투어 암트랙에서 뛰쳐나와서 약 20미터 거리를 내달려 내륙으로 이동했다. 그 뒤에는 다음 차례에 이어질 전개와 전진 명령을 기다렸다.

암트랙의 제1파는 소총분대들이었다. 그리고 제2파는 보병들과 기관총병, 바주카포병, 화염방사기병 그리고 60밀리 박격포병이었다. 내가 속한 2파의 암트랙은 1파 뒤의 약 20미터 후방에서 요란한 엔진 소리를 내며 해변으로 향했다. 1파를 내려놓은 암트랙은 곧바로 후진해서 회전한 다음 우리를 지나쳐서 바다로 나갔다. 멀리서 선회하고 있는 히긴스보트에서 기다리는 지원 보병들을 싣기 위해서였다. 이 모든 것이 파부부에서는 멋지게 잘 진행되었다. 그러나 훈련을 할 때는 일본군이 없었다. 그게 실전과 다른 점이었다.

펠렐리우로 이동하기 전에 상륙 훈련과 야외 훈련 외에도 우리는 중대에 속한 모든 무기(M1 소총, 브라우닝 자동 소총BAR, 카빈 소총, 45구경 권총, 그리고 톰슨 경기관총)에 대한 교육을 새롭게 받고 사격 훈련도 했다.

화염방사기 훈련은 야자나무를 표적으로 삼아서 했다. 내 차례가 왔을 때 나는 그 무거운 연료 탱크를 지고 분사구를 두 손으로 잡은 자세로 20미터 떨어진 거리에서 표적을 겨눈 다음에 방아쇠를 당겼다. 굉음과 함께 시뻘건 화염이 분출되는 동시에 반동이 느껴졌다. 화염은 엄청난 소리를 내면서 표적을 명중시켰다. 얼굴에 화끈거리는 열기가 느껴졌다. 나무 둥치에서는 시커먼 연기가 솟아올랐다. 마치 집 뒷마당에서 호스로 물을 뿌리는 것처럼 단순한 작동이었지만 그것은 지옥의 불길을 만들어 낼 수 있었다. 총이나 칼로써 적군을 죽이는 일이 전쟁이라는 엄혹한 조건하에서 어쩔 수 없는 것이라고 해도, 아무리 적이지만 화염으로 태워 죽이는 것은 생각만 해도 끔찍했다. 그러나 머지않아서 나는 이 화염방사기 없이는 일본군을 섬에서 섬멸할 방도가 도저히 없음을 깨닫는다.

최근에야 나는 고참 병사들이 우리 신참 보충병에게 끼친 영향에 대해서 깊은 감사의 마음을 느끼기 시작했다. 헤이니 중사가 그런 고마운 고참병 가운데 대표적인 인물이다.[19]

19 엘모 M. 헤이니 중사는 1차 세계 대전 때 프랑스에서 제5해병연대 제3대대 K중대에 복무했다. 1차 대전이 끝난 뒤에 그는 아칸소에서 약 4년간 교편을 잡았으며, 그 뒤에 해병대에 재입대해서 예전의 제5해병연대에 배속되었다. 그는 과달카날 작전과 글로스터 작전 때 K중대와 함께 싸웠다. 나중에 영웅적인 활약으로 은성무공훈장을 받았다. 어느 해병대

우리 K중대의 주둔지에서도 나는 헤이니를 본 적이 있었지만, 특히 눈여겨보게 된 것은 어느 날 샤워를 하는 그의 모습을 보았을 때였다. 나를 포함해서 대략 열 명이 넘는 대원들은 그를 보고 몸서리쳤다. 그는 왼손으로 자기 성기를 잡고는 군용 솔로 마치 구두를 닦듯이 벅벅 문질렀기 때문이다. 해병대원이 개인 물품으로 가지고 있던 솔은 나무로 만든 몸통에 합성섬유로 만든 가늘고 빳빳한 털을 빽빽하게 박아 놓은 것이다. 그래서 해병대원은 개인 장비 가운데서도 캔버스와 같은 장비나 작업복 바지, 심지어 마룻바닥 같은 걸 문질러 닦을 때도 이 솔을 썼다. 그런데 이걸로 자기 성기를 문지르다니, 매우 인상적인 모습이었다.

헤이니가 처음으로 고참병다운 모습을 보여 준 것은 권총 사격장에서였다. 그는 권총 사격장에서 안전 관리 담당자였다. 나는 대기 줄에서 내 차례가 오기를 기다리고 있었다. 그런데 내 바로 앞에 있던 신임 소위가 먼저 사격 훈련을 시작했다. 그가 사격을 마치자 내 뒤에 있던 다른 신임 장교가 그에게 말을 걸었다. 그러자 소위는 권총을 든 채로 몸을 뒤로 돌렸다. 그때 헤이니는 내 옆에 있던 코코넛 벤치에 앉아 있었는데, 그때까지 그는 사격장 규율과 관련된 말 외에는 단 한마디도 하지 않았었다. 그런데 그 신임 장교가 권총의 총구를 표적에서 거두는 순간 헤이니는 마치 사냥감을 노리는 고양이처럼 몸을 날렸다. 그야말로 전광석화와 같은 반응이었다. 그는 산호를 부순 자갈을 바닥에서 한 주먹 쥐고는 소위의 얼굴에 확 뿌렸다. 이어서 소위의 얼굴에다 주먹을 흔들어 대면서 그때까지 내가

원의 말을 빌리자면, 〈그는 혼자서 수류탄 몇 개로 다수의 일본군을 처치했다〉. 제1해병사단이 펠렐리우섬 상륙 작전을 펼칠 때 헤이니의 나이는 쉰 살이 넘었다. 비록 계급은 중사였지만 K중대의 지휘 계통 속에서 그는 특별한 역할을 수행했다. 전투 현장에서 그는 모든 곳을 다 돌아다니면서 잘못된 것들을 바로잡고 필요한 경우에는 기꺼이 도움의 손길을 내밀었다. 그는 펠렐리우섬에서는 상륙 이틀째에 더위와 전쟁을 더는 이겨 낼 수 없음을 인정하고 최전선에서 물러났다 — 원주.

한 번도 들어 본 적이 없는 지독한 욕설을 퍼부었다. 사격장에 있던 모든 사람들, 병사들뿐만 아니라 장교들까지도 모두 그 자리에 바짝 얼어붙어 한마디도 하지 못했다. 어깨에 번쩍거리는 금색 견장을 달고 있던 문제의 그 소위는 얼굴이 벌게져서 탄창을 비운 뒤 권총을 권총집에 꽂고는, 눈 주위를 부비면서 사격장에서 걸어 나갔다. 그러자 헤이니는 아무 일도 없었다는 듯이 다시 코코넛 벤치로 돌아가 앉았다. 그제야 사격장에 있던 사람들도 아무 일 없었던 것처럼 다시 질서정연하게 사격 훈련을 이어 갔다. 그 뒤로 우리는 안전 수칙을 한층 더 철저하게 의식하게 되었다.

헤이니는 나와 비슷한 키였고 몸무게는 대략 61킬로그램이었다. 짧게 깎은 머리카락은 모래 빛깔이었고 피부는 햇볕에 타서 짙은 황갈색이었다. 전체적으로 마르고 단단하고 근육질이었다. 비록 어깨가 딱 벌어지지도 않았고 균형이 잘 잡힌 체형도 아니었지만, 그의 몸통은 어쩐지 미켈란젤로가 그린 신체 해부 스케치를 연상시켰다. 근육 하나하나가 모두 자기 존재감을 과시하며 불거져 있었기 때문이다. 가슴은 두꺼운 편이었고, 어깨 뒤쪽으로 근육이 불룩 솟아 있어서 마치 혹이 달린 것처럼 보이기도 했다. 팔다리가 모두 길지 않았지만 거기에 붙어 있는 근육은 강철판을 말아 놓은 인상을 주었다. 사팔뜨기 눈에 얼굴은 작았는데, 마치 햇볕에 오래 그을은 주름진 가죽으로 덮여 있는 것처럼 보였다.

헤이니는 내가 보았던 해병대원들 중 가까운 친구가 없어 보이는 유일한 인물이었다. 하지만 그는 혼자 뚱하게 있거나 다른 사람에게 불친절하다는 의미의 외톨이는 아니었다. 그저 자기만의 세상 속에 사는 것뿐이었다. 나는 그가 자기 주변에 있는 사람이나 사물을 아예 바라보지도 않는 게 아닐까 하는 생각까지 했다. 그가 의식하는 건 자기 소총과 총검과 각반뿐인 것 같았다. 그는 적을 총검으로 찌르고 싶다는 생각에만 온통 사로잡혀 있었다.

우리는 하루에 한 번씩 개인 화기를 청소했다. 그러나 헤이니는 자기의 M1을 집합 전에, 정오 식사 때, 그리고 오후에 해산한 뒤에 각각 한 번씩 모두 세 번 청소했다. 그것은 그에게 하나의 의식이었다. 그는 혼자 앉아서 담배를 피우며 자기 소총을 분해해서 부품을 하나씩 꼼꼼하게 닦곤 했다. 그게 끝나면 그다음에는 총검을 닦았다. 이렇게 하는 동안에 그는 내내 혼잣말을 했고, 이따금씩은 씨익 웃기도 했으며 또 나무 그루터기에 앉아서 담배를 피웠다. 소총을 청소한 뒤에는 다시 조립해서 총검을 착검한 다음 마지막으로 허공을 향해서 개머리판으로 가상의 적을 내리치는 동작들을 이어 갔다. 여기까지 한 뒤에는 다시 새로 담배를 피워 물고 조용히 앉아서 혼잣말을 하고 혼자 빙긋 웃으면서 명령이 떨어지길 기다렸다. 그는 이 일련의 동작을 우리 중대의 다른 235명 중대원이 있든지 없든지 전혀 의식하지 않는 상태에서 진행했다. 그는 마치 무인도에 홀로 버려진 로빈슨 크루소 같았다.

헤이니가 정신이 조금 이상해 보인다고 말한다면 핵심에서 완전히 빗나간 소리다. 그는 그런 상태를 초월했다. 중대에는 정신이 이상해지는 이른바 〈아시아적 상태〉를 보이는 별별 인물들이 많이 있었지만 헤이니는 특별한 범주였다. 그런 모습을 보이는 사람은 오로지 그 혼자뿐이었다. 아무리 봐도 헤이니는 여자의 몸에서 태어난 사람 같지 않았다. 하지만 신이 그를 해병대에 보낸 것만은 틀림없는 사실이었다.

헤이니는 비록 특이한 인물이긴 했지만, 그럼에도 불구하고 그는 K중대 내의 우리 신병들에게 많은 영향을 끼쳤다. 그는 우리에게 〈역전의 고참병들〉과 직접적인 연결점이 되어 주었다. 우리에게 그는 고참병이었다. 우리는 그를 존경했다. 그리고 사랑했다.

그때 그곳에는 K중대의 중대장인 일명 〈대공포Ack Ack〉 홀데인 대위가 있었다.[20] 어느 날 오후, 우리가 소총 사격장에서 훈련을 마치고 돌아가던 길에 갑자기 폭우가 쏟아지기 시작했다. 파부부의 진흙탕 길을 터벅터벅 걷다 보니 너 나 할 것 없이 미끄러지기 일쑤였다. 그런데 선두에 섰던 누군가가 길을 잘못 들었고, 결국 우리는 길을 잃고 말았다. 어둠이 어둑어둑 깔리고 비는 억수같이 내리는데 모든 길이 다 똑같아 보였다. 갑작스럽게 불어난 물이 길을 끊어 버렸고, 거대한 야자나무들이 강한 바람에 이리저리 춤을 췄다. 나는 춥고 황량하다는 느낌 속에 발이 푹푹 빠지는 진창 길에서 어떻게든 중심을 잡으려고 애를 썼다. 그때 거대한 덩치가 뒷줄에서 빠져나와 나에게 다가왔다. 그는 도시의 보도를 걷는 것처럼 발걸음이 가볍고 흔들림이 없었다. 그가 나에게 바짝 다가와서는 내 얼굴을 똑바로 바라보면서 말했다.

「날씨 끝내주는군, 그렇지 않나 아들?」

홀데인 대위였다. 나는 씩 웃으면서 말했다.

「정확하게 말하면 그렇지 않습니다, 써!」

그는 내가 보충병임을 알아보고는 K중대를 어떻게 생각하는지 물었다. 나는 최고의 부대라 생각한다고 대답했다.

「남부 출신인가?」

20 앤드루 앨리슨 홀데인Andrew Allison Haldane 대위는 매사추세츠주의 로렌스에서 1917년 8월 22일에 태어났고, 1941년에 메인주의 브런즈윅에 있는 보든 칼리지를 졸업했다. 과달카날에서 제1해병사단 소속으로 전투를 수행했으며 글로스터에서는 K중대를 지휘했고, 이 전투에서 세운 공으로 은성무공훈장을 받았다. 닷새 동안 이어졌던 그 전투에서 그와 그의 중대원들은 동트기 전에 한 시간 동안 어둠 속에서 일본군과 백병전을 다섯 차례나 치렀고, 결국 적의 공격을 물리쳤다. 그는 K중대를 이끌고 펠렐리우 전투 대부분에 참가했다. 그러나 전선을 돌파하기 불과 사흘 전인 1944년 10월 12일에 전사했다. K중대 중대원들뿐만 아니라 그를 알고 있던 제1해병사단의 전 대원들은 전쟁 기간을 통틀어 가장 큰 손실을 입었다.

보든 칼리지는 해마다 최고의 리더십과 개성을 발휘한 졸업생에게 〈홀데인컵Haldane Cup〉을 수여함으로써 홀데인 대위를 기린다. 이 컵은 태평양 전선에서 복무했던 장교들이 주는 선물이었다. 그 장교들 가운데는 고인이 된 일리노이주 상원의원 폴 더글러스Paul Douglas도 포함되어 있는데, 그 역시 펠렐리우와 오키나와에서 전투를 했던 제5해병사단의 대원이었다 — 원주.

나는 그렇다고, 앨라배마 출신이라고 대답했다. 그는 내 가족과 집과 내가 다닌 학교에 대해서 모든 것을 알고 싶어 했다. 그와 이런 저런 대화를 하다 보니 어느 사이에 내 안에 있던 우울함과 불안함이 사라지고 없었다. 내면이 따뜻해진 걸 느낄 수 있었다. 마지막으로 그는 나에게 비가 영원히 내리지는 않을 테고 그러면 곧 우리 몸도 뽀송뽀송 마를 것이라고 말했다. 그 말을 마지막으로 이번에는 나에게 했던 것과 똑같은 위로를 해주려고 다른 병사에게 걸어갔다. 우리 중대원 각각을 모두 한 명의 인간으로 대하는 그의 진심 어린 관심 덕분에 우리는 자기가 전투를 하도록 훈련받는 동물에 지나지 않을지도 모른다는 부정적인 감정을 털어 낼 수 있었다.

상관과 부하 모두에게서 리더십 능력을 높이 평가받은 홀데인 대위는 내가 아는 한 최고로 멋지고 인기가 높은 장교였다. K중대의 모든 중대원들이 나와 같은 마음이었다. 〈선장skipper〉이라고 불리던 그는 강인한 얼굴에 턱이 컸다. 특히 그의 눈은 내가 지금까지 본 눈 가운데 가장 친절했다. 아무리 자주 면도를 해도 수염은 늘 그의 턱을 덮고 있었다. 그는 또 덩치가 얼마나 컸던지, 내가 멘 배낭은 내 등을 목에서부터 허리까지 온통 다 덮었지만 그가 멘 배낭은 어쩐지 지갑이 연상될 정도로 작아 보였다.

그는 비록 엄격한 규율에 관한 한 절대로 타협하지 않았지만 명령을 내릴 때는 늘 고함을 지르지 않고 조용하게 말했다. 지성과 용기와 자신감과 열정을 두루 갖춘 매우 드문 인물이었고, 그랬기에 우리의 존경과 찬탄의 대상이었다. 우리는 〈대공포〉가 우리의 선장이라는 사실에 감사했으며, 그의 리더십 아래서 한층 안전함을 느꼈다. 그리고 그런 행운을 누리지 못하는 다른 중대의 대원들에게 괜히 미안한 마음이 들었다. 파부부의 몇몇 장교들은 자기의 지위를 우리에게 각인시키려고 으스대거나 고압적인 태도를 취했지만 홀데인은 우리가 무엇을 해야 할지 조용한 목소리로 말했다. 그랬기 때문에 우리는 그를 사랑했고, 우리가 알고 있는 모든 것을 동원해서 최선을 다했다.

8월에 접어들면서 훈련의 수준이 높아졌고, 사소한 규율까지도 잘 지켜야 하는 번거로움의 강도도 세졌다. 무기 검사와 장비 검사 횟수도 날이 갈수록 늘어났다. 작업반 동원과 기지 주변 청소 횟수도 늘어났다. 이런 일에 따르는 괴롭힘은 파부부의 열악한 생활 환경과 합쳐져서 우리 대원들을 모두 가혹한 혐오감 속으로 몰아넣었다. 펠렐리우로 떠나기 전에 우리 상태가 그랬다.

한 대원은 이렇게 투덜거렸다.

「소대장이 괜찮은 사람이라고 생각했는데, 알고 보니 완전히 말뻑다구잖아.」

다른 대원이 맞장구를 쳤다.

「맞는 말이야, 역시 넌 나하고 통해.」

「젠장, 모든 게 다 똑바로 되어 있어야 한다고 주장하는 미친 인간은 그 인간 하나만이 아니야. 하나라도 똑바로 안 되어 있으면 고함을 질러 대지. 아주 지랄 같잖아. 그 인간들 눈에 뭐가 똑바르게 보이겠어?」

또 다른 대원의 말이다. 그때 누가 느릿하게 말했다.

「이딴 일로 성질 낼 거 없어. 이건 그저 부대가 전투 태세를 갖추도록 하기 위한 해병대 특유의 계획 가운데 하나거든.」

모든 것을 통달한 듯한 고참병의 말이었다. 그러자 다른 대원이 짜증을 내면서 받아쳤다.

「무슨 말도 안 되는 소리야 그게?」

「잘 들어 봐, 장교들이 마음속으로 꾸미고 있는 계획은 이런 거야. 우리가 극도로 예민한 상태가 되면 드디어 적지로 상륙 작전을 감행해서 적을 향해 마음속의 울분을 마음껏 토할 때가 되었다고 보는 거지. 과달카날 때도 그랬고 글로스터 때도 그런 걸 내가 봤거든. 후방 부대에 있는 놈들에게는 이런 거 안 해. 우리가 극도로 예민해져서 비열해지고 정신이 폭발 직전 상태가 되고 사악해지길 바라는 거야. 이건 내가 정확한 내부 정보를 바탕으로 하는 이야기니까 틀림없어. 내 경험에 비추어 보더라도, 작전에 나가기 전에는 늘 이랬다니까.」

「말이 되네. 맞는 거 같아. 그런데 사악해지는 건 뭐지?」

「멍청하긴. 넌 그냥 못 들은 걸로 해라.」

철학자는 그렇게만 말하고 입을 다물었다.

「그 말이 맞든 틀리든 간에 아무튼 나는 이제 파부부가 지겨워.」

내가 그렇게 말했고, 그 말에 철학자가 다시 입을 열었다.

「그게 바로 계획이라니까, 슬레지해머. 파부부를 지긋지긋하게 만드는 거지. 당장 내일 어떤 지옥이 펼쳐지든 간에 파부부가 아닌 다른 곳으로 가고 싶게 만드는 거. 설령 일본놈들이 총을 겨누고 있는 곳이라고 해도 말이야.」

그러자 다들 입을 다물었다. 다들 그 고참병의 말이 맞다는 결론을 마음속으로 내렸다. 내가 아는 사람들 가운데서 생각이 깊은 다른 대원들 역시 그 고참병과 같은 의견이었다.

열악한 생활 환경과 까다로운 규율에 대해서 나는 누구 못지않게 큰소리로 불평을 했다. 하지만 돌이켜 보면, 만일 그런 사전 조치가 없었다면 펠렐리우와 오키나와에서 받았던 정신적·육체적 충격과 스트레스를 이겨 낼 수 없었을 것 같다. 적어도 나는. 일본군은 필승의 신념으로 싸웠다. 이들과 맞서 싸우기 위해서 우리 부대의 장교들이 계획적으로 준비했던 그 괴롭힘은 야만적이고 잔인하고 비인간적이며 가혹하고 비열하기 짝이 없는 계책이었다. 우리 지휘관들은 만일 우리가 이기려면 그리고 살아남으려면 좋든 싫든 간에 그 잔인

한 괴롭힘에 병사들이 현실적으로 훈련이 되어 있을 필요가 있음을 알았다.[21]

21 전쟁이 끝난 뒤, 전투에서 비롯되는 스트레스와 공포의 실체가 어떤 것인지 알지 못한 채 그저 선의만 가지고 있는 사람들로부터 해병대가 부당한 비판을 많이 받았다는 게 내 견해이다. 소총, 기관총, 고성능 폭탄 등을 만들어 낸 현대의 과학 기술이 전쟁을 장기간에 걸쳐서 진행되는 대량살상의 무대로 만들었다. 그러므로 이런 조건 아래에서 전투에 참가하는 군인이 정신적으로 또 육체적으로 다치지 않고 살아남으려면 현실적인 관점에서 훈련을 받아야 한다 — 원주.

3장 가자, 펠렐리우섬으로

8월 하순, 우리는 파부부섬에서 모든 훈련을 마쳤다. 26일경 우리 K중대는 LST를 탔다.[1] 3주 뒤에 펠렐리우 해변에서 끝이 나게 될 항해가 시작된 것이다. 그리고 이 항해가 끝나면 곧바로 해안 상륙 작전이 시작될 터였다.

펠렐리우섬으로 진격할 소총 중대를 태운 LST는 암트랙들을 싣고 있었다. 이 암트랙이 상륙을 감행하는 대원을 LST에서 해안으로 실어나르게 되어 있었다. 우리가 탄 LST는 중대 병력 전체를 수용할 정도로 넓었는데, 소대장들이 모여서 제비를 뽑아 각 소대의 탑승 선실 위치를 정했다. 우리 박격포반은 운이 좋았다. 주갑판으로 이어지는 통로가 달린 함수 쪽 선실을 배정받았다. 주갑판에 고정된 상륙용 보트나 장비 아래, 혹은 그 주변에 자리를 잡아야 했던 소대도 있었다.

짐을 싣자마자 우리를 태운 LST는 곧바로 과달카날로 직행했다. 제1해병사단은 그곳 타사파롱가 연안에서 기동 훈련을 전개했다. 이 지역은 우리가 펠렐리우를 치기 위해 상륙해야 하는 해안과 별로 닮지 않았지만, 여러 날 동안 우리는 여기에서 상륙 훈련을 대규모

---

1 LST는 2차 세계 대전 직전에 개발된 홀수선이 낮은 상륙 작전용 수륙양용선의 일종이다. LST는 직접 해안에 상륙해서 뱃머리에 있는 커다란 두 개의 문을 열어 싣고 있던 차량을 직접 뭍에 올려놓을 수 있다. 또 펠렐리우 침공 작전에서 그랬던 것처럼 병력을 육지에 상륙시킬 목적으로 사용하는 암트랙 등을 해상에 내려놓을 수도 있다 — 원주.

로 혹은 소규모로 진행했다.

　과달카날 전투 경험이 있는 고참병들 가운데 몇몇은 제1해병사단
의 첫 번째 작전 때 산화한 동료들의 묘지에 찾아가서 참배하길 바
랐지만, 적어도 내가 아는 고참병들은 상부의 허락을 받지 못했다.
그들이 느꼈던 분노와 좌절감을 나는 충분히 이해할 수 있었다.

　훈련과 훈련 사이에 틈이 날 때 나는 대원 몇 명과 함께 해안 지역
을 둘러보았다. 일본군 상륙 바지선의 잔해가 여기저기 널려 있었다.
좌초해서 불에 탄 전함 야마즈키호(號)와 2인승 잠수정의 잔해도 있
었다. 과달카날 전투 경험이 있는 한 고참병은, 일본 해군의 위세가
솔로몬제도에서 한창 기세등등하던 때를 떠올렸다. 고참병은 별다
른 저항을 받지도 않고 해안에 상륙하는 일본군 증원 부대의 모습을
언덕에 앉아서 가만히 내려다보고 있자니 마음이 심란하기 짝이 없
더라고 말했다. 당시에는 과달카날섬을 포함해서 솔로몬제도 일대
의 제해권을 일본군이 장악하고 있었다. 당시의 격렬하던 전투 흔적
이 남아 있었다. 수도 없이 많은 나무들이 격렬한 포격 아래 갈기갈
기 찢겼고 정글 깊은 곳에는 백골화가 진행된 사람의 시체가 수두룩
하게 널려 있었다.

　분위기가 늘 우중충하지만은 않았다. 날마다 오후에는 훈련을 마
친 뒤 암트랙을 타고 LST로 귀환했는데, 귀환하자마자 우리는 곧
바로 선실로 달려가서 장비를 내려두고 옷을 벗고는 주갑판 아래
의 전차 갑판으로 내려갔다. 암트랙들이 모두 귀환하고 나면 함장은
함수의 문을 모두 열고 램프를 내려서 대원들이 시라크 해협Sealark
Channel의 푸른 바닷물에서 수영을 즐길 수 있도록 했다(그런데 이
해협은 우리들 사이에서 〈철바닥만Iron Bottom Bay〉이라는 이름으로
불렸다. 왜냐하면 과달카날 전투 때 침몰된 함정들이 그 해협 바닥
에 가라앉아 있었기 때문이다). 우리는 왜 거기에 그러고 있는지는
잠시 잊어 버린 채 그 아름다운 바다에서 동심으로 돌아가 자맥질을

하고 또 물장구를 쳤다.

9월 4일, 제1해병사단의 기습 부대를 태운 30척의 LST는 이른 아침에 닻을 올리고 펠렐리우를 향한 약 3,400킬로미터 거리의 항해를 시작했다. 바다는 잔잔했고, 항해 도중에는 스콜도 한 번인가 두 번 밖에 내리지 않았다. 그렇게 우리의 항해에는 장애물이 없었다.

아침을 먹은 뒤에는 동료들과 함께 함미로 가서 헤이니 중사가 벌이는 쇼를 구경하는 게 나의 일과였다. 카키색 반바지에 군화를 신고 각반을 찬 헤이니는 총검술과 소총 청소라는 예의 그 엄숙한 의식을 진행했다. 총검은 칼집을 채운 상태였고 총검술의 표적은 캔버스로 덮어 놓은 기둥이었다. 배의 상부구조에서 내려온 기둥이었다. 그 기둥은 총검술 훈련을 할 때 사용하는 움직이는 훈련봉을 대신하기에는 여러모로 부족했다. 하지만 헤이니는 상관하지 않았다. 그는 거의 한 시간 동안이나 이 의식을 진행했고, 마지막에는 혼잣말로 의식을 마무리 지었다.

헤이니가 벌이는 쇼를 K중대의 수십 명 대원들이 구경했다. 그들은 로프를 말아 놓은 줄 위나 비품 위에 자리를 잡았고, 어떤 이들은 서서 담배를 피우거나 잡담을 하면서 구경했다. 때로 그가 휘두르는 총검이, 둥글게 둘러앉아서 카드 게임을 하는 대원들 머리 위의 허공을 가를 때도 있었다. 그러나 카드 게임을 하는 대원들도 그랬고 헤이니도 그랬지만 그들은 서로를 전혀 의식하지 않았다. 이따금씩 해군 병사가 와서는 눈이 휘둥그레져서 구경하곤 했다. 그가 〈아시아적인 상태〉냐고, 즉 머리가 돌아 버린 게 아니냐고 묻는 사람도 있었다. 그럴 때마다 나는 그렇게 묻는 사람을 놀려 주고 싶은 마음이 굴뚝 같았지만 그런 마음을 억눌렀다. 지극히 정상이며, 우리 해병 대원들은 보통 다 저렇다고 말했다.

해군 병사들은 해병대원에 대해서 어떤 환상을 가지고 있는 것 같았다. 어쩐지 정신이 살짝 나갔고, 야만적이고, 부주의하고…… 어쩌면 맞는 말일 수도 있었다. 그러나 우리 앞에 닥칠 일들을 똑바로 바라보면서도 멀쩡한 정신을 유지하려면 〈배 째라〉식의 태도를 가지고 있어야만 했다.

우리 사병들은 우리가 표적으로 삼고 있던 펠렐리우라는 섬에 대해서 거의 아무것도 알지 못했다. 파부부에서 훈련을 받을 때 펠렐리우섬은 필리핀으로 진격하는 더글러스 맥아더 장군의 우익선의 안전을 확보하기 위해서는 반드시 확보해야 할 전략적인 필요성이 있는 섬이라는 것, 또 펠렐리우섬에는 장군을 지원하기에 안성맞춤인 비행장이 있다는 것만 들어서 알고 있을 뿐이었다. 솔직히 나는 우리가 펠렐리우라는 지명을 언제 처음 들었는지 기억도 나지 않는다. 비록 강의 시간에 입체 지도를 분명히 보긴 했지만 말이다(그 섬의 발음이 멋지다고 느꼈던 기억은 난다). 비록 파부부에서 우리가 쓴 편지들이 세심한 검열을 거치긴 했지만 장교들은 우리 가운데 누군가가 조만간에 펠렐리우라는 이름의 어떤 섬을 공격할 예정이라는 사실을 고향에 있는 누군가에게 발설하지는 않을까 무척 걱정했다. 그러나 기우였다. 어떤 동료가 훗날 나에게 말하길, 고향으로 돌아간 우리 누구도 이 섬을 지도의 어디에서 찾아야 할지 모를 것이라고 했다.

길게 이어진 캐롤라인제도의 최서단에 있는 팔라우제도는 몇 개의 커다란 섬과 100개가 넘는 작은 섬들로 구성되어 있다. 최남단의 앙가우르섬과 북단에 두 개밖에 없는 환초를 제외하면 이 섬들은 산호초로 주변이 둘러싸여 있다. 그리고 약 800킬로미터 서쪽에는 필리핀 남부가 있고 남쪽으로 역시 비슷한 거리에 뉴기니가 있다.

팔라우 암초 바로 안쪽에 있는 펠렐리우는 불쑥 튀어나온 두 개의 반도를 갖고 있어서 두 개의 앞발을 치켜든 랍스터의 형상을 하고 있다. 둘 가운데 남쪽 반도는 평탄한 지형에서 북동쪽으로 뻗어

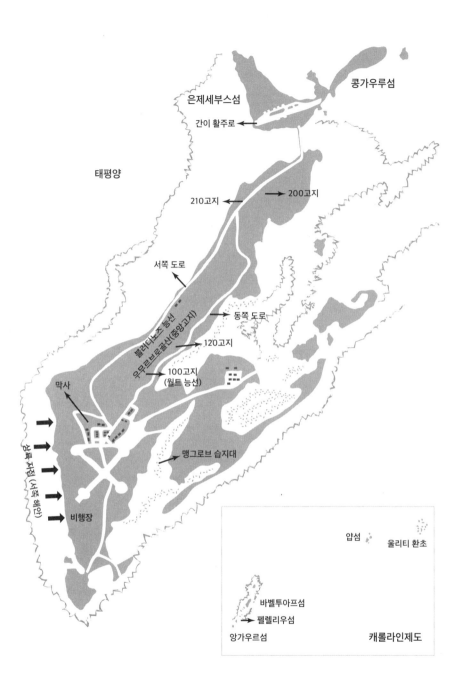

콩가우루섬

은제세부스섬

간이 활주로 ←

태평양

210고지 ←　→ 200고지

서쪽 도로 ↙

블러디노즈 능선
→ 동쪽 도로
우무르브로골산(중앙고지)
→ 120고지
막사
100고지 ←
(월트 능선)

상륙 지점 (서쪽 해안)

맹그로브 습지대 ↖

비행장 ←

얍섬　　　　울리티 환초

바벨투아프섬
→ 펠렐리우섬
앙가우르섬　　　　캐롤라인제도

펠렐리우

있고, 작은 산호섬과 맹그로브가 무성하게 자란 간석지 및 습지대로 이루어져 있다. 북쪽 반도는 남쪽보다 더 길게 형성되어 있는데, 북쪽 반도의 중앙부에는 우무르브로골Umurbrogol산이 반도와 나란하게 뻗어 있다.

섬의 길이는 남북으로 약 9킬로미터이고, 동서로는 3킬로미터이다. 남부의 평평하게 개방된 구역에 일본군이 숫자 4의 모습과 비슷한 형태의 활주로를 갖춘 비행장을 건설하고 있었다. 우무르브로골 산과 비행장을 제외한 섬의 대부분은 밀림으로 덮여 있으며, 야생 야자나무와 초지식물은 그야말로 이따금씩만 보일 뿐이었다. 숲이 워낙 울창해서 항공 사진으로도 섬의 지형을 온전하게 파악하기 어려웠다. 그리고 작전 직전에 잠수함에서 촬영한 사진으로도 마찬가지였다. 섬의 전체적인 지형과 험준함의 정도를 파악하고자 했던 정보 장교들로서는 난감한 일이었다.

상륙 예정 해안선에는 특히 조심해야 하는 암초가 해안선과 나란히 형성되어 있었고, 내륙의 융기 산초호에는 일본군이 견고한 진지를 구축해 놓고 있었다. 펠렐리우 상륙 작전은 타라와 환초와 사이판섬에서 작전을 펼칠 때 가지고 있었던 문제들을 동시에 해결해야 했다. 500미터 넘게 이어진 암초는 가공할 위력을 지닌 천연 장애물이었다. 이것 때문에 기습 작전을 감행하는 병력과 장비는 암트랙으로 수송해야만 했다. 히긴스보트로는 거친 산호초를 넘어갈 수 없었다. 수심이 일정하지 않다는 변수 때문에라도 히긴스보트를 운용하기는 어려웠다.

파부부섬을 떠나기 전, 우리는 펠렐리우 작전을 위해서 제1해병 사단에 약 2,800명의 병력이 증강될 예정이라는 말을 들었다. 그러나 누구나 다 분명히 알고 있었던 사실은, 증강 예정이라는 그 병력도 전투 훈련을 제대로 받지 않았거나 혹은 전투 장비를 제대로 갖추지 못한 녀석들로 채워질 것이라는 점이었다. 그 보충 병력은 사단에 딸려 있는 특수 보직들이라서 작전이 시작되기 전에는 전함에서, 작전이 끝난 뒤에는 해안에서 물자 보급 임무를 담당할 터였다. 요컨대 실제 전투 병력이 아니라는 말이었다.

펠렐리우섬을 목표로 항해를 시작하던 시점에 제1해병사단의 장병은 1만 6,459명이었다. 1,771명은 후방 부대로 파부부에 남아 있었다. 3개 연대에서 보병은 약 9천 명뿐이었다. 우리가 확보한 정보에 따르면 펠렐리우에는 1만 명이 넘는 일본군이 지키고 있었다. 당연히 우리들 사이에서 가장 큰 화제는 양측 병력의 비교일 수밖에 없었다.

「소위에게 들은 말인데, 우리 제1해병사단이 역대 최대 규모의 상륙 작전을 감행한대. 최대 규모의 병력 증강도 계획되어 있다면서.」

누가 툭 던진 이 말에, 45구경 자동 소총을 청소하던 고참병이 고개를 들고 말했다.

「그 소위가 널 가지고 논 거야.」

「왜?」

「머리를 좀 써라, 멍청아. 제1해병사단이 있고 제5해병사단도 있고 제7해병사단도 있어. 근데 얘들은 다 보병이야. 제11해병사단은 포병사단이야. 우리 사단을 〈증강〉할 부대가 어디에 있냔 말이야! 그런 애들 본 적 있어? 그런 애들이 도대체 누구고, 또 대체 어디에 있냔 말이야!」

「난 몰라…… 난 그냥 소위가 한 말을 듣고 얘기했을 뿐인데…….」

「내가 그 〈병력 증강〉이라는 게 뭔지 설명해 줄 테니까 잘 들어. 걔네들은 특수 보직자들이야. 걔네들은 우리 해병 중대원들과 다르다는 말이다. 이걸 알아야 해. 작전이 시작되어서 밀림을 헤집고 다니면서 총알과 화염 속을 죽어라 달리는 건 너하고 나야. 걔네들, 그 빌어먹을 전문 보직 애들은 해변에 마련된 사단 지휘소에서 전쟁이 얼마나 지독했다느니 어쨌다느니 하는 헛소리로 고향에 편지를 쓰고

있을 거야. 일본놈에게 죽고 부상당하는 놈들은 누군지 알아? 제1해
병사단과 제5해병사단과 제7해병사단, 그래, 우리 보병들이야. 우리
보병들만 지옥을 헤맨다는 말이야. 아, 물론 제11해병사단도 몇 명
죽거나 다치겠지. 정신 차려, 그 소위 같은 녀석들은 진짜 아무 짝에
도 쓸모가 없어. 사격이 시작되면 부사관들이 다 알아서 해, 이제 알
았어?」[2]

디데이 전날

1944년 9월 14일, 저녁을 먹은 뒤에 나는 동료 한 명과 함께 LST
661의 난간에 기댄 자세로 전쟁이 끝난 뒤에 무엇을 할 것인지를 놓
고 얘기를 나눴다. 나는 다음 날 벌어질 일들을 걱정하는 내색을 하
지 않으려고 애를 썼고, 동료도 마찬가지였다. 우리는 그렇게 서로
를, 그리고 스스로를 속였는지도 모른다. 그러나 완전히 속인 것은
아니었다. 해가 수평선 아래로 사라지고 석양의 붉은 빛도 사라졌을
때 나는 태평양에서 바라보는 일몰은 언제나 아름답다고 생각했다.
모빌에서보다 훨씬 더 아름다운 석양이었다. 그런데 갑자기 어떤 생
각이 번개처럼 뇌리를 스쳤다. 내일도 내가 살아서 저 석양을 볼 수
있을까? 나는 난간을 잡은 손에 힘을 주었고, 동료와 나누는 대화에
집중하는 것처럼 보이려고 애를 썼다.

선단의 검은 그림자가 수면 위에 일렁거렸다. 그때 함내 스피커가
우리 대화를 덮어 버렸다.

「모든 장병에게 알린다, 모든 장병에게 알린다.」

2 2차 세계 대전 기간에 수륙양용 작전의 계획 입안자들은 상륙 작전 때 공격 측과 방어
측의 안전한 병력 비율을 3 대 1로 생각했다. 그러니까 1만 명이 넘는 일본군이 지키고 있
는 펠렐리우를 효과적으로 공략하려면 적어도 해병대원 3만 명을 투입해야 일본군에 대해
서 수적 우위를 유지할 수 있다는 뜻이었다. 이런 상황이었기 때문에 최소 한 사람 이상의
연대장 ─ 용맹을 떨친 루이스 B. 풀러 중령Lewis B. Puller(일명 〈체스티Chesty〉) ─ 이 실
제 병력 차이를 두고 문제를 제기했다. 그러나 사단 사령관이던 윌리엄 루퍼터스William H.
Rupertus 소장과 그의 참모들은 기우일 뿐이라며 일축했다 ─ 원주.

우리 두 사람뿐 아니라 삼삼오오 대화를 나누던 대원들 모두 그 소리에 귀를 기울였다. 다들 평소보다 더 긴장한 기색이 역력했다.

「모든 대원은 지금 즉시 자기 선실로 돌아가라. 모든 대원은 지금 즉시 자기 선실로 돌아가라.」

나와 동료는 서둘러 선실로 돌아갔다. 중대 부사관 한 명이 몇몇 대원들을 지명해서 비상식량과 탄약을 챙겨 오라고 지시했다. 작업반이 돌아오자 소대장이 들어왔다.

「쉬어!」

그렇게 지시한 뒤에 소대장은 할 말이 있다는 말로 입을 뗐다. 눈썹을 잔뜩 찌푸린 소대장의 얼굴에는 피로한 기색이 역력했다. 무언가 걱정이 있는 게 분명했다.

「다들 잘 알겠지만 내일이 디데이다. 전투는 매우 격렬하겠지만 금방 끝날 것이라는 게 루퍼터스 사단장님 말씀이다. 〈짧지만 격렬하게.〉 사흘쯤 걸릴 것이다. 어쩌면 나흘. 타라와 전투와 비슷하게 격렬하겠지만 길게 질질 끌지는 않을 거야. 그리고 전투가 끝나면 우리는 휴식을 취할 수 있는 기지로 돌아간다.

지금까지 배운 것들을 반드시 명심해라. 암트랙에 승선하면 머리를 숙여라. 사이판에서는 바깥에서 전개되는 상황이 궁금해서 고개를 들었다가 머리에 총을 맞은 멍청한 놈들이 있었다. 암트랙이 해변에 멈춰서면 빠르게 바깥으로 달려 나가라. 너희들을 내려놓은 암트랙은 되돌아가서 추가 병력을 싣고 와야 하는데, 이때 되돌아가는 암트랙의 진로를 방해하지 않도록 해야 한다. 우리 탱크도 뒤를 따라서 상륙할 것이다. 운전병들이 보병을 피할 수 없으니까, 반드시 제군들이 길을 터줘야 한다. 그리고 최대한 신속하게 해변에서 벗어나라. 일본군은 해변에 있는 우리에게 일제 사격을 가할 것이다. 만일 우리가 해변에서 벗어나지 못한다면 적의 보병과 박격포가 우리를 박살 낼 것이다.

무기는 즉각 사용할 수 있도록 해둬라. 일본군은 무슨 수를 쓰든 우리를 해변에 묶어 두려고 달려들 테니까 말이다. 우리 해군 함포의 타격 지점이 해변에서 내륙으로 이동하는 순간 놈들은 총검을 들고 백병전을 걸어올지도 모르기 때문이다. 그러므로 암트랙에서 내리는 그 순간부터는 일어날 수 있는 모든 상황에 대비해야 한다. 소화기(小火器)는 장전 상태에서 안전 장치를 걸어 둬라. 박격포반은, 중대 앞쪽에서 날아오는 포격 요청에 즉각 대응할 수 있도록 고성능 작약탄(HE탄)을 곧바로 포신에 넣고 쏠 수 있는 상태로 해서 탄약 자루에 넣어 둬라. 수통에 물을 가득 채우고, 전투 식량과 소금을 잘 챙기고, 총기 청소를 해둬라. 기상 시간은 해뜨기 전이고, 공격 개시 시각은 08시 30분이 될 것이다. 오늘밤에는 일찍 취침하도록. 휴식은 매우 중요하다. 행운을 빈다. 잘 하자!」

소대장이 선실을 나가고 부사관들이 탄약과 전투 식량 그리고 알약 형태의 소금을 나누어 주었다. 그 와중에 누군가가 말했다.

「과달카날 때도 전투는 격렬하겠지만 오래 끌지 않을 것이라는 거짓말을 들었었는데, 이번에는 사단장이 한 말이니까 틀림없겠지.」

그러자 텍사스 출신 대원이 말을 받았다.

「고마워해야지. 나흘 아니 어쩌면 사흘 만에 종군 기념 메달 하나를 챙길 수 있으니까 괜찮네. 그 정도밖에 안 걸린다면, 나는 뭐든 다 참고 견딜 수 있어.」

그 말은 우리 모두의 심정을 대변하는 것이었다. 소문으로만 떠돌던 〈전투는 격렬하지만 짧을 것〉이라는 말을 사단장이 확인해 주었다는 사실에 우리는 모두 위안을 받았다.[3] 우리는 사단장이 한 말이

3 밀봉되어 있다가 디데이 전날에 취재 중이던 보도 기관의 특파원들에게 개봉된 편지에서 제1해병사단의 사단장이던 윌리엄 루퍼터스 소장은 펠렐리우는 짧지만 격렬한 전투 끝에 나흘 안에 장악할 수 있을 것이라고 예측했다. 그래서 전투가 길어지고 다음 달까지 늘어진 시점에서도 상륙 부대의 전술 방침은 단기전으로 끝난다는 소장의 예상에 계속 영향을 받았다. 또 그의 낙관적 전망을 곧이곧대로 믿었던 36명의 기자들 가운데 많은 수가 펠

틀리지 않을 것이라고 스스로를 확신시키려고 노력했다. 과달카날이나 글로스터에서처럼 전투가 질질 늘어지는 건 우리 모두에게 끔찍한 일이었다. 우리의 사기는 높았고, 어떤 어려움이 있더라도 극복할 수 있도록 철저하게 훈련을 받았다. 그럼에도 우리는 모든 게 우리가 바라는 대로 빨리 끝나 주길 간절한 마음으로 기도했다.

우리는 침상에 앉아서 무기를 청소하고 개인 물품을 배낭에 넣고 장비를 정리했다. 어떤 시대 어떤 군대에서도 전투 부대는 늘 큰 배낭을 지고 다녔다. 그러나 우리는 필수적인 것들만 챙겨서 가볍게 하고 다녔다. 독립 전쟁 때 신속한 이동을 본령으로 삼았던 남부연합군의 보병 부대처럼.

내 배낭에 들어 있던 것은 접어 놓은 판초, 양말 한 켤레, K 레이션 두 개, 소금, 카빈 소총의 여분 총알(약 20발), 수류탄 두 개, 만년필과 작은 잉크병, 방수 포장지 속에 넣은 편지지, 칫솔, 치약 튜브 작은 것, 방수 포장지 속에 넣은 가족들 사진 몇 장과 편지 몇 통 그리고 던가리[4] 캡이 전부였다.

또 다른 장비와 옷은 위장용 커버를 씌운 철모, 해병대 엠블럼이 달린 무거운 초록색 던가리 재킷(이 재킷의 왼쪽 가슴 주머니에는 〈USMC(미국 해병대)〉라는 글자가 박혀 있었다), 동일한 소재의 바지, 총을 닦는 데 쓰는 낡은 칫솔, 얇은 면양말, 복사뼈까지 오는 구두, 가벼운 각반(이 안으로 바짓가랑이를 집어넣었다)이었다.

더운 날씨였기에 나는 내의나 셔츠는 입지 않았다. 다른 많은 대원들과 마찬가지로 나 역시 구리로 만든 해병대 엠블럼을 칼라에 단단히 붙였다. 행운을 가져다줄 것이라고 믿었기 때문이다.

권총 벨트에는 응급 처치 때 사용할 붕대를 넣은 파우치, 수통 두

렐리우섬에 상륙하지 않았으며, 상륙한 기자들 가운데서도 오직 여섯 명만이 초기의 그 어려운 시기에 끝까지 섬에 남아 있었다. 그 바람에 당시 펠렐리우 현장에서 실제로 일어난 일 가운데 기자가 자기 눈으로 직접 확인한 사항은 거의 없었다 — 원주.

4 dungaree. 미 해군에서 착용하는 데님 소재의 작업복.

개, 카빈의 15연발 탄창 두 개, 그리고 방수 가방에 멋진 황동 나침반을 넣었다. 오른쪽 벨트에는 케이바를 꽂은 칼집을 달고, 수류탄도 하나 안전 레버를 벨트에 걸었다. 그리고 또 칼날이 넓은 칼도 하나 가지고 있었다. 정육점에서 사용하는 칼과 비슷한 것으로 아버지가 보내 주신 것이었다. 나는 60밀리 박격포탄이 담긴 목재 상자의 철선을 자를 때 이 칼을 사용했다.

카빈 소총의 개머리판에는 예비용 탄창 두 개를 붙여 두었다. 총검은 들고 다니지 않았다. 카빈 소총에 맞는 총검 장착 장치가 없었기 때문이다. 배낭 바깥으로는 캔버스로 싼 야전삽을 매달았다(그러나 딱딱한 산호로 만들어진 펠렐리우섬에서는 야전삽이 거의 쓸모가 없었다).

장교들도 사병과 동일한 복장이었다. 차이가 있다면 허리에 찬 벨트의 모양과 개인 화기 정도뿐이었다.

우리는 애써 무심한 척했으며 전쟁 이야기는 한마디도 하지 않았다. 조국으로 보내는 마지막 편지를 쓰는 대원들도 있었다.

「슬레지해머, 전쟁이 끝나면 뭐 할 거야?」

맞은편 침상에 앉은 친구가 물었다. 머리가 비상하고 지적 호기심이 왕성한 청년이었다.

「글쎄…… 오스월트, 너는 뭐 할 건데?」

「나는 뇌 전문 외과의사가 되고 싶어. 인간의 뇌는 믿을 수 없을 정도로 놀라운 존재거든. 거기에 완전히 빠졌어 나는.」

그러나 그는 펠렐리우에서 살아남지 못했고, 꿈을 이루지 못했다.

선실에서 오가는 대화 소리도 천천히 줄어들었다. 다들 잠이 들었다. 그날 밤, 잠을 이루기가 무척 힘들었다. 나는 고향을 생각했다. 부모님을 생각하고 친구들을 생각했다. 그리고 과연 내가 나에게 주어진 의무를 충실히 수행할 수 있을까, 다치거나 불구가 되지 않을까, 혹은 목숨을 잃게 되지나 않을까 하는 생각을 했다. 하지만 나는

〈신은 나를 사랑하니까 내가 전사하는 일은 불가능하다〉고 결론을 내렸다. 그러고는 혼잣말을 했다. 신은 나뿐만 아니라 우리 모두를 사랑한다. 그런데 많은 사람들이 죽거나 육체적으로나 정신적으로 다칠 것이다. 또는 육체와 정신 모두. 내일 분명 그리 될 것이고, 아니면 그다음 날, 어쩌면 그다음 다음 날 그리 될 것이다. 가슴이 마구 뛰었다. 그러다가 식은땀까지 흘렸다. 그러고는 나 자신을 겁쟁이라고 욕했다. 나는 주기도문을 외우다가 잠이 들었다.

디데이, 1944년 9월 15일

아주 잠깐밖에 자지 못한 것 같은데, 쩌렁쩌렁한 목소리가 들렸다.
「자, 기상이다!」
부사관이 선실 문으로 들어오면서 외치는 소리였다. 배의 항진 속도가 느려져 있음을 느낄 수 있었다. 거의 멈춰 선 것 같았다. 시곗바늘을 되돌릴 수 있다면 얼마나 좋을까 하는 생각이 들었다. 바깥을 보니 조명을 끈 갑판은 칠흑 같은 어둠에 싸여 있었다. 우리는 자리에서 벌떡 일어나 옷을 입고 세수를 한 다음 식사 준비를 마쳤다. 메뉴는 스테이크와 달걀이었다. 제1해병사단이 출격하는 대원들에게 제공하는 정찬인데, 이 정찬이 원래는 오스트레일리아 군인들의 의식이었다고 한다. 그러나 스테이크나 달걀 모두 모래를 씹는 맛이었다. 얼마나 긴장했던지 창자가 꼬인듯이 아팠다.

다시 선실로 돌아와서 보니 이상한 문제가 하나 생겨 있었다. 우리보다 약 45분 일찍 식사를 하고 돌아왔던 사람들 가운데 하나인 헤이니 중사가 우리 쪽 선실에 두 개밖에 없는 화장실 가운데 하나를 독차지하고서 나올 생각을 하지 않는 것이었다. 중사는 던가리 바지를 무릎까지 내리고 있었고, 그가 그토록 사랑하던 각반은 군화 위에 단정하게 얹어 놓은 채, 담배를 피워 대면서 차분한 목소리로 혼잣말을 하고 있었다. 화장실 볼일이 급한 다른 대원들은 다급하게 반대쪽 화장실로 뛰어가기도 했고, 아예 다른 중대의 화장실로 달려가기도 했다. 평소에는 화장실이 이렇게 바쁘지 않았다. 그러나 디데이 아침에는 다들 초조해하고 긴장하고 겁을 먹었다. 고참병들은 용변을 미리 봐두는 것이 얼마나 중요한지 이미 알고 있었다. 격렬한 전투가 진행되는 동안에는 용변을 볼 기회는커녕 무얼 먹거나 잘 기회도 박탈될 수 있었다. 모든 대원들이 다 투덜거리며 헤이니 중사를 욕했다. 그러나 그는 중사였기 때문에 아무도 그에게 빨리 좀 나오라는 말을 하지 못했다. 그는 특유의 무관심으로 우리를 무시했다. 그리고 자기가 머물고 싶을 만큼 충분히 오래 머문 다음에 화장실에서 나왔다.

침상에 장비와 짐을 모두 정리해 두고 주갑판으로 나갔을 때 새벽 여명이 막 비치기 시작했다. 거기 있던 모든 대원들은 나지막한 목소리로 대화를 나누거나 담배를 피우거나 멀리 펠렐리우섬을 바라보았다. 나는 스내푸를 보고 그에게 다가갔다. 스내푸는 우리 박격포 제2분대의 포수였으므로 나와는 떨어질래야 떨어질 수 없는 사이였다. 그는 또한 글로스터 전투에 참가한 고참병이기도 했다.[5] 나는 고참병들 옆에 있으면 한층 더 안전하다는 느낌이 들었다. 그들은 상황이 어떻게 전개될지 명쾌하게 꿰뚫어보는 눈을 가지고 있었다.

스내푸는 담뱃갑을 꺼내서 나에게 내밀었다.

「한 대 피워, 슬레지해머.」

「아뇨, 됐습니다. 안 피운다는 얘기 백만 번쯤 했는데…….」

「25센트 걸고 내기 할까? 너는 오늘이 가기 전에 네 손에 들어오는 모든 담배를 하나도 남기지 않고 다 피울걸.」

나는 그냥 씩 웃기만 했다. 우리는 펠렐리우섬 쪽을 바라보았다. 해는 막 수면을 박차고 올라오고 있었으며, 하늘에는 구름 한 점 없

5 〈스내푸Snafu〉로 불리던 메리엘 셸턴Merriell A. Shelton은 루이지애나 출신이었다.

었다. 바다는 잔잔했다. 부드러운 바람만 불었다.

그때 벨이 울렸고, 스피커에서 명령이 떨어졌다.

「전원 전투 태세로 대기하라.」

스내푸와 나는 서둘러 우리 선실로 돌아갔다. 다들 굳은 얼굴이었다. 가는 길에 아는 얼굴이 보일 때면 가볍게 말을 걸거나 눈인사를 나누었다. 복잡한 선실에서 우리는 서로를 도와가면서 배낭을 메고 어깨띠를 단단히 조이고 탄띠를 허리에 맸다. 장군이나 제독은 지도나 보급 물자를 놓고 고심하겠지만 그 순간에 우리의 머리를 사로잡고 있던 주된 관심사는 배낭을 불편하지 않게 잘 멨는지 혹은 전투화가 편한지 어떤지 하는 것들이었다.

두 번째 벨이 울렸다. 스내푸는 20킬로그램이 넘는 박격포를 번쩍 들어 끈을 어깨에 멨다. 나는 카빈 소총을 한쪽 어깨에 걸고 또 다른 어깨에는 무거운 탄약 자루를 멨다. 우리는 사다리를 타고 전차 갑판으로 내려갔다. 기다리고 있던 부사관이 암트랙에 타라고 지시했다. 그가 가리킨 암트랙을 보니 뒷면에 문이 달려 있지 않았다. 상륙 훈련을 받을 때 탔던 신형 모델이 아니었던 것이다. 그 사실을 깨닫는 순간 갑자기 다리에 힘이 풀렸다. 그 암트랙을 타고 해안에 상륙하면 측면 벽을 타고 올라가서 뛰어내려야 한다는 뜻이었고, 그만큼 적의 화기에 더 많이 노출된다는 뜻이었다. 나는 너무 많이 겁이 나고 또 흥분한 나머지 뭐라고 말도 할 수 없었지만 몇몇 대원들은 그걸 보고 불평을 쏟아냈다.

LST 함수의 문이 열리고 램프가 내려졌다. 모든 암트랙의 엔진이 요란한 소리를 내면서 배기가스를 뿜어 냈다. 머리 위에서는 환풍기가 부지런히 돌아가고 있었다. 열린 함수에서 눈부신 햇살이 안으로 들이치는 가운데 선두에 섰던 암트랙이 발진을 시작했고, 요란한 소리와 함께 램프를 타고 내려갔다.

우리가 탄 암트랙도 덜커덩거리더니 움직이기 시작했다. 우리는 모두 옆면을 붙잡고 또 서로의 어깨를 붙잡은 채 암트랙의 진동에 몸을 맡겼다. 암트랙의 무한궤도가 금속성의 소음을 내면서 램프를 밟고 아래로 내려가는가 싶더니 어느 순간엔가 바다에 둥둥 떴다. 마치 한 마리의 커다란 오리 같았다. 그 와중에 고막을 찢을 듯한 포성이 들렸다. 상륙에 앞서 펠렐리우섬의 해안과 내륙에 있는 일본군 진지를 노리는 함포 사격 소리였다.

해병대는 우리 신병들을 철저하게 훈련시켰고, 고참병과 신병 보충병이 하나가 되어서 엄격한 군율 아래 철저한 전투 요원으로 활약할 수 있도록 만들었다. 우리 해병대원의 그 강력한 전투력을 폭 3킬로미터 길이 9킬로미터의 융기 산호초인 작은 섬 펠렐리우에 쏟아내야 할 순간이었다. 이제 모든 것은 각자의 운명에 맡겨야 했다.

나를 태운 암트랙은 귀가 먹먹해지는 포성을 뚫고 화염과 검은 연기를 뿜어 내는 펠렐리우섬의 해안을 목표로 일직선으로 달렸다. 그 순간 나는 온몸에 전율을 느끼며 꼼짝도 할 수 없었다. 그때까지 내가 경험했던 것 그리고 그 순간 이후로 나에게 일어났던 모든 것은 그 순간에 비하면 아무것도 아니었다.

2차 세계 대전이 끝난 이후로 역사가들과 군사 전문가들 사이에서는 펠렐리우섬 상륙 작전이 과연 필요했는지 여부를 두고 논쟁이 끊이지 않았다. 결론은 지금도 나지 않았다. 전투가 끝난 뒤에 그 전투의 승패가 맥아더 장군이 필리핀을 탈환하는 데는 변수로 작용하지 않았을 것이라고 많은 사람들이 믿었고, 또 지금도 사람들은 그렇게 믿고 있다.

윌리엄 〈불〉 홀시William 〈Bull〉 Halsey 장군은 팔라우제도 공격 작전의 중단을 제안했다. 정보부는 애초에 필리핀에 있는 일본군의 항공 전력이 상당히 높은 수준이라고 추정했지만, 홀시 장군은 이런 추정이 사실이 아님을 알았기 때문이다. 그러나 맥아더 장군은 작전을 예정대로 진행해야 한다고 주장했다. 체스터 W. 니미츠Chester W. Nimitz 제독은 작전이 이미 전개되었고 취소하기에는 너무 늦었다고 말했다.

당시에 유럽 전선이 워낙 위중한 국면을 맞고 있었고 또 펠렐리우섬을 확보함으로써 얻을 수 있는 긴급하고 명백한 이점이 크지 않았기 때문에 이 작전의 존재를 아는 사람이나 이 전투의 실체를 있는 그대로 알고 있는 사람은 지금까지도 많지 않다. 그럼에도 불구하고 펠렐리우섬에서의 공방전이 2차 세계 대전에서 해병대가 싸웠던 가장 격렬했던 전투였음은 많은 사람들에게 변함이 없다.

작전의 총지휘를 맡은 사람은 제3수륙양용군단장 로이 가이거Roy S. Geiger 소장(나중에 중장)이었는데, 그는 펠렐리우 전투가 전체 태평양 전쟁의 전투 가운데서 가장 격렬했다고 여러 번 말했다. 나중에 미국 해병대 총사령관을 역임하는 클리프턴 케이츠Clifton B. Cates 대장은 펠렐리우 전투는 적군이나 아군 모두 죽을힘을 다해서 싸웠던 공방전이었으며, 완강하게 저항하는 일본군을 상대로 해병대원들이 유례가 없을 정도로 높은 전투 능력을 발휘했던 전투라고 평가했다.

게다가 이 전투는 그 뒤의 전투에 커다란 영향을 주었다는 점에서도 결코 가볍게 볼 수 없다. 왜냐하면, 이 산호초 섬에서 우리 군과 대치한 뒤로 일본군은 나중에 전술을 바꾸었기 때문이다. 일본군은 상륙하는 우리 병력을 총력을 기울여서 해변에서 저지하려고 했던 기존의 전술을 버렸다. 그들은 중앙 고지를 중심으로 섬 깊숙한 곳에서 동굴과 터널을 파고 견고한 방어 진지를 구축한 다음, 각각의 진지들이 서로 지원하는 복잡한 방어 전술을 구사하기 시작했던 것이다.

그 이전까지 일본군은 해병대의 상륙 부대가 해안에 교두보를 확보하면 이 교두보로 돌진해서 백병전을 시도한 끝에 스스로 자멸의 길을 걷곤 했었다. 이른바 〈반자이 돌격 전술〉[6]이었다. 해병대원들은 맹렬하게 돌진해 오는 일본군 수천 명을 섬멸했다. 이 전술이 성공한 적은 한 번도 없었다.

그러나 펠렐리우섬에서 일본군 약 1만 명을 지휘하던 사령관 나카가와 쿠니오(中川州男) 대좌는 예하의 제14보병사단에 반자이 돌격을 금하고, 해안에 상륙한 미군이 진지 가까이 다가올 때까지 기다렸다가 응전하라고 명령했다. 지하로 정교하게 배치된 방어망은 해안선에서 섬 중심부의 지휘 본부까지 섬 전역을 촘촘하게 덮고 있었다(일본군의 사단 사령부는 산호 바위 아래 깊은 곳에 구축되어 있었다). 몇몇 지점은 한 사람이 겨우 다닐 정도로 비좁았지만 어떤 동굴은 수백 명을 수용할 수 있을 정도로 넓었다. 그랬기 때문에 해병대원들은 주요 방어선이라고 할 만한 것과 맞닥뜨릴 수 없었다. 일본군이 지하에 완벽한 방어 진지를 구축해서 섬 전체를 하나의 전선으로 만들어 놓은 것이다. 그리고 그들은 마지막 진지가 미군의 손에 장악될 때까지 결사적으로 항전했다.

일본군의 이 새로운 전술은 험준한 지형의 도움을 받아서 눈부신 성과를 거두었다. 제1해병사단은 타라와 전투에서 제2해병사단이 냈던 사상자보다 두 배나 많은 사상자를 냈기 때문이다. 펠렐리우 전투에서 미군 사상자는 이오지마 전투의 사상자 수에 필적한다. 일본군은 이오지마에서도 다시 한번 지하에 땅굴을 파고 진지를 구축해서 병력을 그대로 유지하며 소모전을 벌였기 때문이다. 이후 일본군은 본국의 오키나와 남부 지역 전선에서도 비록 규모가 훨씬 더 크긴 했지만 펠렐리우에서 처음 시도했던 이 교묘하고 집요한 방어 전술을 펼쳤다.

6 〈반자이(万歲)〉는 일본어로 〈만세〉라는 뜻이다. 일본군들이 돌격할 때마다 〈천황 폐하 만세〉를 외쳤기 때문에 그런 이름이 붙었다.

4장 지옥으로 진격하다

공격 개시 시각, 08시. 전함의 16인치 거대한 함포가 천둥소리를 냈다. 붉고 긴 섬광이 섬을 향해 날아 올랐고, 포신에서는 검은 연기가 피어올랐다. 거대한 포탄은 기관차와 같은 굉음 속에 공기를 뒤흔들며 섬을 향해 날아갔다.

「이야아, 저 16인치 한 발 쏘는 데 엄청난 돈이 날아가겠지?」

내 옆에 있던 대원이 말했다.

「돈이 들든 말든 내가 알 게 뭐야.」

다른 대원이 대꾸했다.

16인치 포의 압도적인 위력 때문이었는지 순양함에서 발사하는 8인치 포의 일제 사격이나 소형 함정의 속사포 연사의 위력이 어쩐지 약해 보였다. 그러나 평소 짠내가 나던 바다 공기는 화약 냄새와 디젤 연료 냄새로 진동했다. 해변을 향해 진격할 암트랙들은 전진 대형을 갖추고서 공회전을 하면서 진격 명령을 기다리고 있었다. 함포 사격의 강도는 점점 더 거세졌고, 고막이 터질 것 같은 굉음 때문에 제각기 다른 포성을 내는 화포들을 구분할 수도 없었다. 고함을 질러야만 대화가 가능했다. 드디어 암트랙들이 움직이기 시작했다. 그러자 대형 전함들은 한층 더 거세게 함포를 쏘아 대면서 암트랙 대열의 양옆으로 이동했다. 우리 뒤에서 우리가 타고 있는 암트랙 위로 포탄을 날려야 했는데 탄착 거리를 제대로 확보하기 위해서였다.

　우리는 해변을 향해 진격하라는 신호를 기다렸다. 그 시간은 마치 영원처럼 길게 느껴졌다. 그 긴장감은 내가 견딜 수 있는 한계점 직전까지 다다랐다. 전투 현장에서 기다림은 중요한 요소이다. 하지만 나는 펠렐리우 해변을 향해서 진격하라는 신호를 받기까지의 그 순간만큼 극심한 고통을 느껴 본 적이 지금까지 한 번도 없다. 함포 사격의 굉음이 점차 커지면서 긴박감도 점점 고조되었고 식은땀이 흥건하게 흘렀다. 창자도 끊어질 것처럼 아팠다. 목구멍도 딱딱하게 막혀서 침을 삼키기도 어려울 지경이었다. 다리도 힘이 풀렸다. 맥없이 암트랙의 측면만 붙잡고 가까스로 지탱할 수밖에 없었다. 어느 순간 속이 메슥거렸다. 그리고 나도 모르게 오줌을 쌀 것만 같아 두려웠다. 그렇게 되면 내가 겁쟁이임이 대원들에게 탄로 날 게 분명했다. 나만 그런 게 아니었다. 주변의 모든 대원들이 다 그런 마음인 것 같았다. 하지만 나는 도저히 더 참을 수 없을 것 같았다. 무슨 바보 같은 짓을 할 것만 같았다. 바로 그때였다. 상륙 부대 제2파 지휘관이던 해군 장교가 해변을 향해 깃발을 흔드는 모습이 눈에 들어왔다. 안도의 마음과 분노가 동시에 밀려왔다. 암트랙 운전병이 엔진의 출력을 높였다. 무한궤도가 바닷물을 차고 나갔고, 이윽고 우리는 해변을 향해 달리고 있었다. 상륙 부대 제2파로서.

　전면에서 펼쳐지는 무시무시한 광경을 바라보면서 우리는 앞으로 나아갔다. 앞에서 진행하던 암트랙 대열이 암초에 접근하자마자 그들 주변에서 거대한 물기둥들이 솟아올랐다. 해변은 두꺼운 층의 검은 연기와 화염에 싸여 있어서 그 너머에 무엇이 있는지 알아볼 수 없었다. 마치 대규모 해저 화산이 분화하는 모습 같았다. 그렇다 보니, 섬을 향해 다가간다기보다 불타오르는 지옥 밑바닥으로 빨려 들어가는 느낌이었다. 실제로 우리 대원들 가운데 많은 이들에게 그곳은 망각의 현장이 되었다.

소대장은 마음을 다잡고 작은 위스키병을 꺼냈다.

「제군들, 드디어 왔다!」

소대장은 그렇게 외쳤다.

영화에서 나오던 대사 그대로였다! 도무지 실감이 나지 않았다.

소대장이 나에게 술병을 내밀었다. 나는 마시지 않았다. 그런 상태에서는 술 냄새만 맡아도 정신을 잃을 것 같았다. 소대장이 병 주둥이를 입에 넣고 몇 모금 길게 꿀꺽꿀꺽 마셨고, 다른 대원 두 명 역시 그렇게 마셨다. 이때 갑자기 거대한 충격이 전해졌다. 우리 암트랙 바로 오른쪽에서 대형 포탄이 터지면서 거대한 물기둥을 만들어낸 것이다. 하마터면 명중될 뻔한 위험한 순간이었다. 우리가 탄 암트랙의 시동이 꺼졌다. 암트랙이 왼쪽으로 크게 기우뚱거리면서 다른 암트랙의 선미를 세게 쳤다. 그 암트랙도 엔진이 꺼졌던 것인지 아니면 포탄을 맞았던 것인지 알 수 없었다.

우리는 오도 가도 못하는 상태로 바다에 떠 있어야만 했다. 끔찍한 시간이었다. 우리는 오리 등에 타고 앉은 꼴이었고 적의 총격에 고스란히 노출되어 있었다. 나는 운전병 뒤에서 해치를 통해 전방을 바라보았다. 운전병은 정신이 완전히 나간 사람처럼 엔진 시동을 다시 켜려고 필사적이었다. 일본군이 쏘는 대포는 우리가 멈춰 선 구역으로 무서운 소리를 내면서 날아오고 있었다. 조니 마멧 병장이 운전병 쪽으로 상체를 숙여 뭐라고 고함을 질렀다. 그가 무슨 말을 했는지 알 수 없었지만 운전병을 진정시키려는 말인 것은 분명했다. 왜냐하면 그제야 정신을 차린 운전병이 엔진 시동을 켰기 때문이다. 우리는 작열하는 포탄들을 뚫고 다시 전진했다.

해변을 표적으로 삼은 아군 포격은 점차 내륙 쪽으로 이동했다. 폭격기의 폭격도 내륙 쪽으로 이동했다. 그러자 일본군은 해변으로 접근하는 암트랙을 향해서 다시 격렬한 포격을 시작했다. 포격의 소음 위로 터진 파편이 공기를 가르는 음산한 소리들이 들렸다.

「준비해라!」

누군가가 고함을 질렀다.

나는 박격포 탄약 자루를 왼쪽 어깨에 둘러메고, 철모의 끈을 바짝 조이고, 오른쪽 어깨에 건 카빈 소총의 끈 길이를 조정했다. 그러면서 줄곧 중심을 바로잡으려고 노력했다. 심장이 마구 뛰었다. 우리가 탄 암트랙이 마침내 물 바깥으로 나왔고, 경사진 모래사장 위로 몇 미터 올라갔다.

「해안으로 진격하라!」

부사관 하나가 암트랙이 채 멈춰서기도 전에 고함을 질렀다.

대원들은 차례대로 암트랙의 측면을 타고 넘어 배에서 내렸다. 나는 스내푸를 따라서 측면으로 기어올랐고, 난간에 두 발을 단단히 디디고 섰다. 거기에서 될 수 있으면 멀리 뛰어내릴 생각이었다. 그런데 그 순간 기관총탄이 바로 내 눈앞으로 희고 붉은 궤적을 그리면서 지나갔다. 나는 마치 거북이처럼 목을 움츠렸고, 중심을 잃은 상태로 모래 바닥에 떨어졌다. 포탄 자루, 배낭, 철모, 카빈 소총, 가스 마스크, 탄띠, 그리고 허리에 차고 있던 수통과 함께.

「해변에서 신속하게 벗어나라! 해변에서 신속하게 벗어나라!」

그 말들이 몇 번이나 뇌리를 강하게 때렸다.

내 두 다리가 육지에 닿아 있는 것을 확인하고 나자 이상하게도 암트랙을 타고 이동하는 동안 줄곧 상상하던 것만큼 무섭지는 않다. 그러나 다리에 힘을 주고 일어나려 했지만 두 발은 내 의지대로 잘 움직이지 않았다. 그때 억센 손 하나가 내 어깨를 잡아챘다.

「젠장, 일본군이구나!」

그런 생각을 하면서 케이바를 더듬었지만, 칼은 손에 잡히지 않았다. 다행스럽게도 모래에 박힌 얼굴을 간신히 빼서 보니, 해병대원

하나가 허리를 굽혀 나를 바라보고 있었다. 그는 내가 총에 맞아 떨어진 줄 알고 도우려고 다가왔던 것이다. 그는 내가 무사한 걸 확인하고는 해변을 벗어나려고 포복 자세로 빠르게 기어갔다. 나도 서둘러 그의 뒤를 따라갔다.

포탄은 사방에서 맹렬하게 터졌다. 파편이 어지럽게 날아서 모래에 박히고 또 우리 뒤의 멀지 않은 곳의 수면을 때렸다. 일본군은 아군의 포격과 폭격의 충격에서 벗어나 전열을 정비한 뒤 완강한 저항을 하기 시작했다. 기관총탄과 소총탄이 우리 머리 위로 맹렬하게 날아갔다.

모래사장이 끝나는 지점까지 도달해서 뒤를 돌아보니 우리를 태운 암트랙이 방향을 전환해서 돌아가고 있었다. 섬광과 맹렬한 폭발 그리고 금속성을 내며 날아가는 총알…… 그야말로 악몽의 세상이었고, 그 한가운데 내가 있었다. 눈에 비치는 모든 게 다 흐릿했다. 그 충격으로 내 머리는 작동을 멈추어 버린 것 같았다.

고개를 돌려보니, 해변에 DUKW(고무 바퀴를 단 수륙양용 트럭) 한 대가 우리가 조금 전에 내렸던 바로 그 지점에 상륙한 게 보였다. 그 트럭이 정지하는 순간, 트럭은 두껍고 더럽고 검은 연기에 휩싸인 채 화염으로 덮였다. 직격탄을 맞은 것이었다. 파편이 사방으로 날았다. 가로세로 60센티미터 크기의 금속판 하나가 마치 거대한 팬케이크처럼 하늘 높이 날아올랐다가 물 위로 떨어졌다. 나는 혹시라도 그 트럭에서 살아남은 병사가 트럭 바깥으로 빠져나오지 않을까 하는 어쩐지 초연한 생각을 하면서 지켜보았지만, 적어도 내가 바라보는 동안에는 살아나온 사람이 한 명도 없었다.

해변과 암초 여기저기에는 암트랙과 DUKW 여러 대가 불타고 있었다. 일본군이 쏘아 대는 기관총탄들은 마치 거대한 채찍처럼 수면을 마구 갈겼다. 박격포와 대포의 포탄들도 수면에 사정없이 물기둥을 만들어 냈다. 암초 위에서 연기를 뿜어 내는 어떤 암트랙에서는 한 무리의 해병대원들이 탈출하고 있었다. 그들 가운데 몇몇은 총탄과 파편에 픽픽 쓰러졌다. 함께 있던 대원들은 무릎까지 물이 차오른 해변에서 쓰러진 동료들을 부축해 필사적으로 탈출하고 있었다.

온몸이 떨렸고 숨이 막혔다. 분노와 좌절과 연민의 격렬한 감정이 나를 사로잡았다. 그것은 누군가가 위험한 상황에 놓인 것을 바라보기만 할 뿐 아무것도 할 수 없을 때마다 나를 고통스럽게 짓누르던 감정이었다. 그때 나는 내가 놓인 어려운 상태를 잠시 잊어 버린 채 내 영혼 깊은 곳에서 혐오감을 느끼며 신에게 물었다.

「왜? 왜? 왜?」

나는 고개를 돌린 채 내 앞에 펼쳐진 그 모든 광경이 그저 환상일 뿐이길 빌었다. 나는 전쟁의 가혹한 진실을 맛보았다. 전우들이 처참하게 죽어 가는 모습……. 내 가슴속에는 혐오감이 가득 차다 못해 넘쳐흘렀다.

나는 일어났다. 그리고 자세를 낮춘 채로 해변을 빠져나와서 차폐물 뒤로 달려가 몸을 숨겼다. 만조선 너머 모래사장 끝의 육지에 다다라서 문득 발아래를 보니, 검은색과 노란색으로 표면이 도장된 거대한 폭탄 하나가 모래에 반쯤 묻힌 채 대가리를 밖으로 내밀고 있었다. 불발탄이었다. 대가리에 붙은 금속판에 약간의 압력만 가해도 터졌을 텐데 천만다행으로 내 발은 불과 몇 센티미터 차이로 그 금속판을 건드리지 않았던 것이다.

나는 차폐물을 방패로 삼고 모래에 바짝 엎드렸다. 그런데 눈앞에 길이 45센티미터가량의 뱀 사체가 놓여 있었다. 화려한 색깔의 뱀으로, 어릴 때 애완용으로 기르던 미국 재래종 뱀과 비슷했다. 펠렐리우 섬에서 뱀을 본 것은 이때 한 번뿐이었다.

짧은 순간이었지만 나는 해변을 무자비하게 때리는 포화에서 비켜나 있을 수 있었다. 사방은 온통 화약 냄새로 진동했다. 내 주변에 있던 산호 조각들과 모래는 마구 흩날린 화약 때문에 모두 노란색이었다. 내가 몸을 숨긴 차폐물 끝에는 높이 약 1.2미터의 커다란 흰색 말뚝이 하나 서 있었고, 그 말뚝의 해안을 향하는 면에는 페인트로 일본 글자가 씌어 있었다. 내가 보기에는 기껏해야 닭이 더러운 발로 그 앞을 오갔던 것 같았지만, 그래도 바로 그곳이 적지임은 분명했다. 나는 그곳이 적지라는 사실, 그리고 우리가 전쟁에서 이기기 위해서 적의 땅을 점령하고 있다는 사실에 자부심을 느꼈다.

부사관 한 명이 손짓으로 우리더러 차폐물에서 벗어나 오른쪽으로 이동하라고 신호를 보냈다. 옳다구나 싶었다. 왜냐하면 일본군이 곧 그 차폐물을 향해 박격포를 쏘아 댈 게 분명했기 때문이다. 하지만 바로 그 순간 일본군 화력의 초점이 해변으로 이동했다. 상륙 부대를 실은 암트랙들이 다시 해변으로 접근하고 있었기 때문이다.

그런데 고참 병사 한 명이 선 채로 우리가 있는 곳을 바라보고 있었다. 나는 그에게 달려가 납작 엎드린 자세로 고함을 질렀다.

「자세 낮추십시오!」

「위쪽을 노리고 있잖아. 그래 봐야 나뭇잎만 맞힐 뿐이다, 슬레지 해머.」

그는 나를 쳐다보지도 않고 무심하게 말했다.

「나뭇잎이라뇨, 젠장! 나무가 어디 있는데요!」

내가 다시 고함을 질렀다. 그러자 그는 깜짝 놀라서 주변을 둘러보았다. 저 아래 해변에 부서진 야자나무가 한 그루 서 있었다. 사실 그 나무는 잘 보이지도 않을 정도였다. 우리 주변에서 무릎 높이보다 높은 것은 아무것도 없었다. 그는 바닥에 엎드렸다.

「내가 잠시 머리가 돌았었나 봐. 글로스터 전투 때 정글에서 들었던 소리로 착각한 거 같아. 총알이 나뭇잎을 때리고 있는 줄 알았어.」

고참병은 분한 듯이 씩씩거리면서 그렇게 말했다.

「누구 담배 있는 사람 하나만 줘!」

나는 곁에 있던 분대원 동료들을 향해서 고함을 질렀다.

「네가 곧 담배를 피울 거라고 분명히 말했지? 내 말이 맞았지 슬레지해머?」

의기양양해 하는 스내푸의 목소리였다.

한 동료가 담배를 건넸고, 우리는 떨리는 손으로 담배에 불을 붙였다. 절대로 담배를 피우지 않겠다던 내 다짐을 두고 대원들이 놀려 댔다.

나는 계속해서 오른쪽을 주시했다. 그곳에 오기로 되어 있다고 하는 제7해병연대 제3대대를 찾고 있었던 것이다. 그러나 눈에 들어오는 것은 해변에서 내륙으로 진격하는 제5연대 3대대 K중대의 낯익은 얼굴들뿐이었다. 후방에서 후속 부대가 속속 상륙했지만 오른쪽에는 우리 중대 외에 아군의 모습은 보이지 않았다.

그런데 낯선 얼굴의 장교들과 부사관들이 우리를 부르며 고함을 질러 댔다.

「K중대 1소대, 어디 있나? 이쪽으로 이동해라!」

「K중대 박격포반, 이쪽으로 신속하게 이동해라!」

상당히 혼란스러웠다. 이 혼란은 약 15분 동안 이어졌는데, 알고 보니 제7연대에도 우리와 똑같은 이름의 제3대대 K중대가 있었던 것이다.

그보다 앞서 제1해병사단은 약 2킬로미터의 해안선에 왼쪽에서 오른쪽으로 제1연대, 제5연대, 제7연대를 나란히 상륙시켰다. 제1연대는 북쪽의 화이트비치의 두 개 지점에 각각 1개 대대씩 상륙시켰다. 사단의 가운데 구역이던 오렌지비치에는 제5연대의 제1대대와 제3대대가 상륙했다. 그리고 가장 남쪽 지점인 오른쪽 구역의 오렌지비치는 제7연대 제3대대가 맡았다.

우리 제5연대 제3대대 K중대는 상륙 작전 최초의 몇 분 동안 이어졌던 혼란 속에서 제7연대 제3대대의 상륙 부대보다 먼저 목표 지점보다 훨씬 남쪽에 상륙했고, 그 바람에 K중대라는 동일한 이름의 두 부대는 한데 뒤섞여 버렸다. 약 15분 동안 우리는 전체 해변의 가장 오른쪽에 놓여 있었다.

우리는 내륙으로 이동하기 시작했다. 그런데 겨우 몇 미터 전진했을까, 갑자기 오른쪽의 관목숲에서 적의 기관총이 불을 뿜었다. 일본군의 81밀리 박격포와 90밀리 박격포도 우리를 노리고 포격을 시작했다. 전 대원이 바닥에 납작 엎드렸다. 포탄 구덩이가 가까이 있어서 나는 그 안으로 몸을 날렸다. 중대가 완전히 꼼짝도 못하게 포위된 상태였다. 모두가 바닥에 엎드려 동작을 멈췄다. 떨어지는 포탄의 수가 점점 늘어나더니 마침내는 포탄 한 발 한 발의 폭발음을 구분할 수 없을 지경이 되었다. 포탄은 끊임없이 떨어졌다. 파편은 사방으로 튀었고, 내 머리 위로 날아가는 파편들은 허공을 잘게 쪼개는 듯한 요란한 소리를 내었다. 공기는 연기와 먼지로 매캐했다. 내 몸의 근육 하나하나가 모두 피아노 줄처럼 팽팽하게 당겨졌다. 경련이라도 일어난 듯이 몸이 떨렸다. 땀이 흥건하게 흘렀다. 나는 기도를 했다. 이를 악물었고 카빈 소총을 움켜쥐고 일본군에게 저주를 퍼부었다. 글로스터 전투에 참가했던 소대장이 내 근처에 있었는데 그도 역시 나와 비슷한 상태였던지 꼼짝도 하지 않고 엎드려 있었다. 비록 변변찮은 구덩이긴 했지만 나는 소대장이 염려되었다. 소대장뿐 아니라 평탄한 산호 위에 엎드려 있는 다른 대원들이 모두 염려되었다.

일본군의 공세는 좀처럼 수그러들지 않았다. 박격포의 집중포화는 언제 끝날지 알 수 없었다. 포물선을 그리며 우리 주변에 떨어지는 대형 폭탄에 나는 완전히 겁에 질렸다. 그 가운데 적어도 하나는 분명 내가 몸을 숨긴 구덩이로 떨어질 것 같았다.

만일 그때 어떤 명령이 떨어졌어도, 혹은 누가 다급하게 위생병을 불렀다 해도 나는 한마디도 듣지 못했을 것이다. 무시무시한 폭탄 세례 속에서 마치 혼자만 고립된 채 버려져 있는 것 같았다. 나는 그런 무력감 속에서 버텼다. 우리가 할 수 있는 건 기도밖에 없었다. 그 불구덩이에서 몸을 일으켜 세운다는 것은 자살 행위나 다름없었다.

상륙에 성공한 직후에 빠르게 이동한 다음 처음 맞닥뜨린 집중포화 속에서 나는 지금까지 느끼지 못했던 완전히 새로운 어떤 감정을 느꼈다. 그것은 바로 절대적인 무력감이었다. 적의 포격은 약 30분 동안 지속되었지만 마치 몇 시간 동안 계속 이어진 것처럼 느껴졌다. 시간은 나에게 아무런 의미가 없었다(격렬한 포격 아래 놓여 있을 때는 특히 더 그렇다. 시간이 도대체 얼마나 지나갔는지 도무지 가늠할 수가 없었다). 그때 진격 명령이 전달되었고, 나는 산호 먼지를 덮어쓴 채로 일어났다. 온몸에서 힘이란 힘은 다 빠져나간 것 같았다. 그리고 그 무시무시한 포탄 세례 속에서 과연 생존자가 남아 있을지 의심스러웠다.

보행에 지장이 있을 정도의 부상을 입은 병사들은 해변 쪽으로 돌아갔다. 그들은 거기에서 암트랙을 타고 후송되었다. 나와 특별히 친하던 부사관 한 명도 해변 쪽으로 가고 있었다. 왼쪽 팔뚝에 붕대를 감고 있었고, 붕대는 붉은 피로 흥건하게 젖어 있었다.

「많이 다쳤습니까?」

그는 나를 보고 싱긋 웃고는 아무렇지도 않은 듯이 대답했다.

「미안해할 거 없다, 슬레지해머. 나는 백만 달러짜리 부상을 입었으니까. 난 이제 전쟁은 끝, 고향으로 돌아갈 거야.」

전쟁터를 뒤로 하고 서둘러 걸어가는 그의 모습을 바라보면서 우리는 손을 흔들었다.

우리는 빽빽한 관목숲을 헤치고 앞으로 나아갔다. 적의 저격병이 그 관목숲 어디에 숨어 있을지 몰랐으므로 한시도 긴장을 늦출 수 없었다. 개활지에서 우리는 전진을 멈추라는 명령을 받았다. 그리고 그때 처음으로 적군의 시체를 보았다. 일본군 위생병 한 명과 보병 두 명이었다. 위생병은 부상병에게 응급 조치를 하려던 순간에 떨어진 포탄에 폭사한 것 같았다. 구급 상자는 쓰러진 위생병 옆에 열린 채 놓여 있었다. 상자 안에는 붕대와 약품이 가지런하게 정돈되어 있었다. 위생병은 등을 대고 누운 자세였고 배는 찢긴 채 활짝 열려 있었다. 잘게 부서진 가는 산호 가루들이 붙어 있어 햇살을 받아 반짝이는 창자를 보는 순간 나는 충격을 받았다. 조금 전까지 살아 있었을 사람이라고는 도저히 생각할 수 없을 정도였다. 사람의 내장이 그럴 수는 없었다. 어린 시절에 사냥을 나가서 잡았던 토끼나 다람쥐의 내장 같았다. 그 시체들을 보고 있자니 구역질이 났다.

땀과 먼지로 범벅이 된 K중대의 고참병 한 명이 다가와서는 시체를 한번 흘낏 본 다음에 나를 바라보았다. 그러고는 M1 소총을 어깨에 걸고는 고개를 숙여서 세 구의 시체를 살폈다. 그는 엄지손가락과 집게손가락만으로 한 시체의 얼굴에서 뿔테 안경을 벗겨 내었다. 이 동작을 그는 마치 칵테일 파티장의 음식 진열대에서 전채요리를 집어드는 것처럼 아무렇지도 않게 했다. 그러고는 나에게 말했다.

「슬레지해머, 그렇게 입을 멍청하게 벌리고 서 있지 마라. 기념품이 사방에 널려 있잖아.」

그는 죽은 일본군의 얼굴에서 벗겨 낸 안경을 끼고 그 모습을 나에게 보이고는 한마디를 더 덧붙였다.

「렌즈가 이렇게 두꺼운 것 좀 봐. 반은 장님이었나 보네. 그렇다고 해도 사격 솜씨가 나빴다고 할 수는 없겠지.」

그런 다음에는 시체에서 남부권총[1]을 꺼내서 챙겼고 벨트를 벗겨 냈으며 또 가죽으로 된 권총집까지 챙겼다. 그리고 철모를 벗긴 다음 철모 안에서 반듯하게 접은 일장기를 꺼냈다. 일장기 한 면에는

---

1 제2차 세계 대전 때 일본군이 사용하던 권총.

손으로 쓴 글자들이 적혀 있었다. 고참병은 철모를 휙 집어던졌다. 철모는 산호에 쇳소리를 내고 떨어진 다음에 떼굴떼굴 굴렀다. 고참병은 시체를 뒤집은 다음에 이번에는 배낭을 열고 속을 뒤졌다.

고참병의 친구가 가까이 다가왔고, 그는 다른 일본군 시체를 뒤적거리면서 기념품이 될 만한 것을 찾았다. 그 시체에서도 깃발이 나왔고, 다른 물건들도 나왔다. 그는 일본군 소총들에서 볼트를 빼낸 다음에 개머리판을 땅에 세게 쳐서 부쉈다. 나중에라도 일본군이 가져가서 쓰지 못하게 하겠다는 의도였다. 첫 번째 고참병이 내게 말했다.

「슬레지해머, 너도 뭐든 하나라도 챙겨라.」

이 말을 마지막으로 그와 그의 친구는 자리를 떴다.

나는 마치 땅에 붙어 버리기라도 한 듯 조금도 움직일 수 없었다. 한마디 말도 할 수 없었다. 멍하게 입을 벌린 채 그 자리에 가만히 서 있기만 했다. 고참병 두 명이 배낭과 주머니를 뒤지려고 뒤집어 놓은 시체는 그 자세 그대로 놓여 있었다. 나도 나중에는 적의 시체를 아무렇게나 다룰 정도로 무감각해질까? 전쟁이라는 것이 원래 적 병사의 시체를 아무렇지도 않게 대하고 시체를 노략질할 정도로 인간성을 말살하는 것일까? 하지만 그런 것에 더는 신경을 쓰지 않게 될 날이 머지않아서 나한테도 왔다.

거기에서 몇 미터 떨어져 있지 않은 작은 골짜기에서 아군 위생병이 부상을 입은 대원을 치료하고 있었다. 나는 거기로 걸어가서 위생병 곁에 있던 뜨거운 산호에 걸터앉았다. 어린 부상병은 들것에 실린 그대로 방금 목숨을 잃었다. 위생병은 어린 해병대원을 무릎 꿇은 자세로 내려다보고 있었다. 전사자의 목에는 피로 흥건한 붕대가 감겨 있었다. 앳되고 잘생긴 얼굴은 피를 너무 많이 흘려서 그랬는지 잿빛이었다.

〈이렇게 안타까울 수가 있나. 아직 열일곱 살도 되지 않은 것 같

은데……〉

나는 어린 해병대원의 죽은 얼굴을 그의 어머니가 볼 수 없다는 사실에 신에게 감사했다. 위생병은 죽은 대원의 턱을 자기 왼손으로 부드럽게 들어올리고는 오른손으로 성호를 그었다. 위생병은 소리를 죽여 울었고, 그의 눈물은 먼지투성이의 구릿빛 슬픈 얼굴 위로 마구 흘러내렸다.

모르핀 주사를 맞은 부상병들은 마치 좀비처럼 앉거나 누워서 진료 받을 차례를 기다리고 있었다. 포탄은 머리 위에서 양쪽 방향으로 부지런히 날아다녔고, 이따금씩 우리 근처에도 떨어졌다. 기관총 발사음은 마치 수다쟁이 악마들처럼 쉬지 않고 볶아 댔다.

우리는 다시 내륙 쪽으로 이동을 시작했다. 키 작은 나무들은 중대의 전진 속도를 늦췄지만 적의 시야에서 우리를 가려 주기도 했다. 그 덕분에 시계(視界)가 열려 있던 바람에 비행장 앞으로 다가가던 다른 중대에게 퍼부어지던 적의 포격을 우리는 요행히 피할 수 있었다. 포성과 포탄의 작열음이 땅을 뒤흔들었다. 나는 우리가 그 포화의 한가운데로 들어가는 것이 아닐까 하는 생각에 몸을 떨었다.

우리 제3대대가 입은 피해는 적지 않았다. 상륙 직후 부대장이 전사했고, 또 야전 전화와 통신병을 태운 암트랙이 암초에 좌초해서 파괴되었다. 이 때문에 부대와 부대 사이의 통신이 원활하게 이루어지지 않았다. 제5연대 제3대대 내의 통신뿐만 아니라 우리 오른쪽에 배치된 제7연대 3대대와도 연락이 두절되었다.[2]

다른 부대와 만날 때는 아는 얼굴이 있으면 인사를 나누었다. 그런데 그때마다 그들의 얼굴을 보고는 깜짝 놀랐다. 아마 내 얼굴도 그랬을 것이다. 어떤 친구가 나에게 한 어떤 말에 대꾸하려고 노력

---

2 전사를 읽으면 집필자가 전쟁터의 개별 병사들이 싸우는 전모를 과연 제대로 파악이나 했는지 의심이 들곤 한다. 펠렐리우 전투 경우에도 마찬가지다. 디데이에 제5연대 제3대대에 무슨 일이 일어났는지 그들은 전혀 알지 못하니까 말이다 — 원주.

했지만 내 얼굴은 북의 가죽처럼 단단하게 굳어 있었다. 내 얼굴 근육이 얼마나 경직되었던지, 아무리 웃는 얼굴을 만들려고 노력해도 그렇게 할 수 없었다. 우리 분대원들과 내 주변에 있던 모든 사람들의 얼굴이 마치 가면처럼 낯설어 보인다는 사실은 충격이었다.

우리는 계속 동쪽으로 나아갔고, 마침내 섬을 남북으로 가로지르는 작은 길을 만났다. 그 지점에서 우리는 잠시 행군을 멈추었다. 그러나 곧, 제7연대 제3대대와 나란한 위치에 다다르기 위해서 행군 속도를 높여야 한다는 명령이 떨어졌다.

우리는 울창한 숲과 저격병의 격렬한 공격을 뚫고 계속 전진했고, 마침내 바다가 훤히 내려다보이는 지점에 도착했다. 우리 K중대의 당초 목표 지점이던 섬의 동쪽 해안에 다다른 것이었다. 전방에는 얕은 만(灣)이 넓게 펼쳐져 있었고, 상륙용 소형선을 저지할 목적으로 철조망과 그 밖의 이런저런 장애물들이 설치되어 있었다. 그쪽으로 상륙하지 않은 게 정말 다행이라고 생각했다.

그때 우리 K중대 소속 보병 십여 명이 사격을 시작했다. 수백 미터 떨어진 만 입구 쪽에 있는 암초 부근에서 일본군이 바다를 건너려 하고 있었기 때문이다. 다른 해병대원들도 총격에 합세했다. 적병은 왼쪽에서 출발해서 가늘게 이어지는 맹그로브 습지를 나와 오른쪽에 있는 남동부의 갑(岬)을 노리고 있었다. 십여 명의 적병은 헤엄을 치기도 하고 암초를 따라서 달리기도 했다. 헤엄을 치는 적병의 머리가 물 밖으로 나올 때를 노려서 동료들은 총을 쏘았다. 암초를 달리던 적병은 대부분 물로 뛰어들었다.

동쪽 해안에 다다른 우리는 한껏 고무되어 있었고, 또 우리를 노출한 상태에서 적에게 사격을 가할 수 있었다. 적지 않은 적병이 탈출해서 갑에 있는 바위들로 기어 올라갔다.

「자, 자! 적을 겨냥해서 일제 사격을 가하자.」

어떤 병장이 말했다.

「아무리 요란하게 총소리를 내면 뭐해, 한 명도 못 죽이면서. 놈들을 죽이는 건 총알이다. 장난치는 것도 아니고, 그래 가지고 뭘 하겠다는 거야!」

이때 다시 일본군 병사 여러 명이 맹그로브 습지에서 달려 나왔다. 소총이 일제히 불을 뿜었고, 그들은 모두 쓰러졌다.

「좋다, 계속 그런 식으로!」

그사이에 박격포 부대가 장비를 내려 사격 준비를 마치고 대기했다. 우리는 카빈 소총을 휴대하고 있었지만 총격에는 가담하지 않고 옆에서 지켜보기만 했다. 적이 있는 곳까지의 거리를 놓고 볼 때 사정거리가 길고 살상력이 높은 소총을 사용하는 게 더 유리했기 때문이다.

박격포 부대 후방에서도 보병들이 총격에 합세했다. 그런데 우리 부대는 우리 오른쪽과 왼쪽에 전개해 있을 게 분명한 아군 부대와 아직까지도 연락이 되지 않았다. 하지만 고참병들은 그런 일에는 신경도 쓰지 않은 채 암초 위를 달리는 적병에만 관심이 쏠려 있었다. 이때 명령이 떨어졌다.

「행군 준비!」

부대가 다시 숲을 향해서 행진을 시작하자 고참병 한 명이 투덜댔다.

「도대체 뭐야 이게! 우리가 죽어라고 싸워서 목표 지점까지 도착했는데 다시 되돌아오라니, 이게 말이 돼?」

그러자 다른 사람들도 이 불평 대열에 합류했다. 이때 부사관 한 명이 이들의 목소리를 잠재웠다.

「투덜 대지 마라. 우리는 제7연대와 연결이 되어야 하니까 어쩔 수 없다.」

우리는 다시 울창한 숲으로 향했다. 잠시 동안이었지만 나는 완전히 방향 감각을 잃어버렸다. 도대체 우리가 어디로 가고 있는지 전혀 알 수 없었다.

당시에 해병대원들은 미처 알지 못했지만 그 울창한 숲을 가로질러 구불구불 이어지는 작은 도로는 두 개였다. 이 두 개의 도로는 약 180미터 간격을 두고 나란히 이어지고 있었던 것이다. 정확하지 않은 지도와 불량한 시계(視界), 그리고 툭하면 나타나는 일본군 저격병 때문에 이 두 개의 길을 구분하는 게 쉽지 않았다.

우리 K중대가 가장 오른쪽에 위치한 가운데 제5연대 제3대대가 첫 번째(즉, 서쪽의) 작은 도로를 만났을 때, 사실 우리는 제7연대 3대대와 나란한 지점에 있었다. 그러나 시계가 나쁘고 서로 연락이 닿지 않은 바람에 제5연대 제3대대에서는 제7연대 제3대대에 크게 뒤처졌다고 잘못 판단한 것이다. 그 바람에 우리는 제7연대 제3대대를 따라잡으려고 전진했던 것이다. 이런 사실을 알았을 때 우리는 이미 제7연대보다 약 300미터 전방까지 앞서 있었다. 이때 우리 K중대는 적의 공격을 받기 쉬운 최전선의 가장 우측 부대였다. 상륙 직후의 혼란에 이어서 그날 두 번째로 저지른 실수였다. 제5연대 제3대대 전체로 보자면, 동쪽 해안 지대에 넓게 포진되어 있던 적지 한가운데로 깊숙하게 들어간 지점에서 최전선을 형성했던 것이다. 게다가 제3대대 소속의 세 중대는 서로 연락이 닿지 않았다. 각 중대는 고립된 상태로 일본군에게 퇴로가 막히고 포위될 절체절명의 위기를 맞았다.

기온은 점점 올라가고 있었고, 나는 땀에 흠뻑 젖었다. 소금 정제를 먹기 시작했고 수통의 물을 몇 번이나 마셨다. 될 수 있으면 물을 아끼라는 지시가 내려왔다. 식수를 언제 보충할 수 있을지 아무도 몰랐기 때문이다.

후방에서 전령 하나가 땀으로 목욕을 한 몰골로 달려왔다.

「이봐, K중대 중대장 어디 있어?」

우리는 〈대공포〉 홀데인 대위가 있을 것이라고 짐작하던 장소를 일러 주었다. 그리고 누군가가 최신 정보가 있는지 불안한 얼굴로 물었다. 지휘 본부에서 나온 전령을 만날 때마다 묻는 질문이었다.

「제7연대와 연락이 닿지 않으면 큰일이라고 대대장이 말했어. 일본군이 반격해서 두 연대 사이를 갈라치고 들어올 수도 있기 때문이야.」

「이런!」

내 가까이 있던 누군가가 말했다.

우리는 다시 앞으로 나아갔고, 개활지에서 중대의 다른 대원들과 합류했다. 소대별로 정렬해서 사상자를 보고했다. 일본군의 박격포와 대포 공격이 점점 맹렬해졌다. 날아오는 포탄의 크기가 상당했다. 미루어 보건대 적의 반격이 시작되었을 수도 있었다. 적의 포탄은 대부분 우리 머리 위로 지나가서 뒤쪽에 떨어졌다. 적이 이 정도로 거리 계산을 못한다는 사실이 이상하긴 했지만, 어쨌거나 당시로서는 다행한 일이라고 생각했다. 숲이 끝나는 지점까지 멀지 않은 거리를 이동하라는 명령이 내려왔다. 16시 50분경에 나는 융기 산호초(이것을 우리는 블러디노즈 능선Bloody Nose Ridge, 곧 〈피 흘리는 코의 능선〉이라 불렀다)를 향해 열려 있는 넓은 비행장을 보았다. 비행장에서는 먼지를 일으키며 바쁘게 움직이는 차량이 여러 대 있었다. 나는 옆에 있던 고참병에게 물었다.

「근데…… 저 암트랙들은 일본군 전열 가까운 곳에서 비행장 사이를 왔다 갔다 하면서 뭘 하는 거죠?」

돌아온 대답은 놀라웠다.

「암트랙? 저건 일본군 탱크야!」

적 탱크들 사이에 포탄이 떨어지기 시작했다. 아군의 셔먼 탱크 몇 대가 비행장 끝부분에(우리가 있던 지점에서 보면 왼쪽) 도착해 있었는데, 이 탱크들이 대포를 쏘았던 것이다. 화염과 먼지 때문이었는지는 모르지만 보병은 보이지 않았다. 그러나 왼쪽에서 아군이 퍼부어 대는 포격은 맹렬했다.

신속하게 진형을 전개하라는 명령이 내려왔다. 보병들은 숲이 끝나는 지점의 작은 도로를 따라서 횡대로 대열을 형성했다. 우리는 납작 엎드려서 자기 몸을 가려 줄 만한 것을 찾았다. 펠렐리우섬 전역이 딱딱한 산호 바위라 땅을 파서 참호를 만든다는 것은 불가능했다. 그래서 병사들은 자기 주변에 바위를 쌓거나 혹은 쓰러진 나무나 엄폐물을 찾아서 뒤에 숨었다.

나와 스내푸는 그들 보병 뒤로 몇 미터 떨어진 지점으로 갔다. 길 건너편에 얕은 구덩이가 있었고, 거기에 60밀리 박격포를 설치했다. 그때 명령이 떨어졌다.

「적의 반격을 격퇴할 준비를 해라. 적은 현재 I중대에서 정면에서 반격 중이다.」

그 명령에 다들 긴장했다.

나는 I중대가 어디에 있는지 몰랐다. 그러나 왼쪽이 아닐까 싶었다. 비록 나는 우리 장교들과 부사관들을 깊이 신뢰하긴 했지만, 아무리 생각해도 우리만 따로 고립된 것 같았다. 도처에 일본군 저격병들이 숨어 있는 상황에서 다른 부대와 전혀 연락이 되지 않고 우왕좌왕하고 있는 것 같았다. 어쩌면 우리 모두 여기서 죽을지 모른다는 생각이 들었다.

「좋아, 어디 한번 붙어 보자구. 몇 개 부대 더 달려들어 보라고 해.」

스내푸가 긴장할 때면 늘 하는 흰소리였다. 그는 박격포를 조립해서 세웠고, 나는 탄약 자루에서 고성능 작약탄을 한 발 꺼냈다. 드디어 우리에게도 박격포 응사의 기회가 찾아왔다.

「발사!」

스내푸가 외쳤다. 그런데 바로 그때 후방에 있던 아군 탱크 한 대가 우리를 적으로 오인했다. 내가 포탄을 든 손을 박격포 포신으로 가져가려는 순간 기관총 발사음이 들렸고, 총알은 우리 쪽으로 날아들었다. 발사음으로 봐서는 분명 아군 같았다. 그런데 우리 뒤에서 아군이 우리를 노리고 기관총을 쏘다니! 나는 구덩이 밖으로 고개를 내밀고 살폈다. 먼지와 연기를 통해 우리 뒤쪽의 개활지에서 미 해군 셔먼 탱크 한 대가 서 있는 게 보였다. 이 탱크가 75밀리 포를 우리의 오른쪽 뒤에서 쏘았다. 포탄은 근방에서 터졌다. 우리가 있던 바로 그 작은 도로의 굽은 곳이었다. 이어서 그 부근에서 일본군 야포가 전차에 반격하는 소리가 들렸다. 내가 다시 박격포에 포탄을 넣으려고 했지만 아군 탱크의 기관총이 아까처럼 불을 뿜었다.

「슬레지해머, 그 포탄이 기관총에 맞으면 안 돼. 그랬다간 우리가 다 죽을 거야!」

구덩이 안에서 나와 가까운 곳에 있던 탄약수가 고함을 질렀다.

「걱정 마, 총 맞을 뻔했던 건 내 손이니까.」

아군 탱크와 일본군 야포가 격렬한 공세를 주고받았다.

「근데 저 탱크가 일본군 야포를 깨고 나면 75밀리 포를 우리 쪽으로 돌릴 거 아냐, 멍청한 놈들이 우릴 일본군으로 알고 있으니까, 젠장!」

「아아, 망했다!」

구덩이 안에 있던 어떤 고참병이 말했고, 다른 사람이 신음을 토해 냈다.

갑자기 공황에 빠졌다. 나는 철저하게 훈련을 받고 전투 의지가 넘치던 박격포 부사수였다. 하지만 아군 탱크의 총격을 한차례 받고 나서는 겁에 질려 덜덜 떨고 있었다. 그 짧은 시간이 나를 그렇게 바꾸어 버리고 말았다. 나를 정말 무서운 공포로 몰아넣었던 것은 내가 기관총에 맞아 죽는다는 사실이 아니라 아군이 쏜 총에 죽는다는 사실이었다. 적에게 죽는 것은 고약한 일이긴 하지만 얼마든지 있을 수 있는 일이었고, 나도 각오는 하고 있었다. 그러나 동료의 실수로 목숨을 잃는다는 건 받아들일 수 없었다. 있을 수 없는 일이었다.

「박격포를 지켜라!」

도로 건너편에서 날아온 명령이었다.

보명 한 명이 포복 자세로 왼쪽으로 기어갔고, 곧 탱크는 우리에게 향하던 사격을 멈췄다. 나중에 안 사실이지만, 우리가 앞쪽으로 너무 멀리 이동해 있었기 때문에 탱크는 우리를 적으로 오인하고 사격한 것이었다. 그들은 우리가 일본군 야포를 지원하는 부대라고 생각했던 것이다. 적이 쏜 포탄이 우리를 노리지 않고 우리 머리 위로 후방을 향해 날아갔던 이유도 그제야 알 수 있었다. 그런데 비극적이게도, 탱크 쪽으로 포복해서 우리가 적이 아님을 일러 주었던 보병은 일본군의 조준 사격을 받고 전사했다.

우리 왼쪽 방향의 맹렬한 포격은 수그러들었다. 그러니까 일본군의 반격이 실패로 끝났다는 뜻이었다. 그런데 아쉽게도 나는 이 전투에서 전혀 보탬이 되지 않았다. 우리를 적으로 오인한 아군 탱크의 견제 때문에 꼼짝도 못 했기 때문이다.

몇몇 대원들이 작은 도로를 따라 앞으로 나아갔고, 격렬하게 공격을 퍼붓던 일본군 야포를 발견했다. 그 야포는 잘 만들어진 강력한 야포로 보였다. 그런데 19세기 야포처럼 목재 바퀴를 달고 있는 게 특이했다. 일본군 포수들의 시체가 야포 근처에 여기저기 널브러져 있었다. 그 시체를 보고 고참병들이 얘기를 주고받았다.

「이 새끼들은 내가 본 일본군 병사 가운데서 제일 큰데?」

「다들 180센티미터가 넘잖아!」

「소문으로만 들리던 〈관동군 정예 부대〉놈들이 분명해.」

지금까지의 해병대 경험으로 보자면 일본군의 반격은 자살 행위나 마찬가지인 〈반자이 돌격 전술〉이어야 했는데, 어쩐 일인지 이번 펠렐리우에서는 일본군이 그렇게 나오지 않았다.

「녀석들은 반자이 돌격 전술로 나올 게 분명하고, 우리는 놈들을 그냥 모두 찢어 버리기만 하면 돼. 그러고 나면 우리는 이 빌어먹을 바위섬에서 나갈 수 있겠지. 사령부에서는 우리 사단을 멜버른으로 보내서 푹 쉬게 해줄 거야.」

적은 반드시 반자이 돌격 전술로 나올 것이라는 이런 말을 그날 여러 명의 역전의 용사들에게서 들었지만, 예상이 빗나간 것이다.

일본군은 반자이 돌격 대신에 탱크와 보병을 효과적으로 결합한 공격을 들고 나왔다. 대략 보병 1개 중대가 약 13대의 탱크와 결합해서 비행장을 가로질러 조심스럽게 이동했던 것이다. 비록 우리 왼쪽에 있던 해병대 병력에 의해서 섬멸되긴 했지만, 이것은 펠렐리우섬의 일본군은 다른 전투에서 일본군이 보여 줬던 모습과는 다르게 나올 것임을 일러 주는 첫 번째 경고였다.

땅거미가 내리기 직전, 일본군 박격포가 제5연대 제3대대 지휘 본부를 때렸다. 대대장 오스틴 쇼프너Austin C. Shofner는 우리 연대의 중대들 사이의 연락 체계를 구축하려고 시도하던 중에 공격을 받았고, 그는 병원선으로 후송되었다.[3]

제5연대의 I중대와 K중대 그리고 L중대는 해가 떨어지기 전까지도 서로 연락을 취할 수 없었다. 각 중대는 원형의 수비 진형을 갖추고서 밤을 맞았다. 상황은 위험했다. 부대는 고립되어 있었고, 더위 속에서 식수는 이미 바닥을 드러냈으며 탄약도 얼마 남지 않았던 것이다. 이때 루이스 월트Lewis Walt 중령이 등장했다. 그는 연락병 한 명을 데리고 적이 어디에 매복해 있을지도 모르는 칠흑같이 어두운

---

3 쇼프너는 펠렐리우 작전 이전에 제5연대 제3대대 대대장으로 임명되었다. 부하들은 그를 높이 존경했을 뿐만 아니라 특별한 존재로 여겼다. 1942년 5월, 그는 코레히도르섬(필리핀 마닐라만 어귀의 섬)에서 벌어진 전투에서 일본군의 포로가 되었지만 탈출한 뒤에 다시 전투에 복귀했었다. 그는 나중에 오키나와에서 제1해병사단 제1연대를 지휘하는데, 그 뒤에 준장으로 예편했다 ― 원주.

밤길을 걸어서 세 중대를 모두 찾아다니면서 비행장 끝에 전개되어 있는 제1해병사단 대열에 합류하라는 지시를 내렸다. 그는 이일 하나만으로도 명예 훈장을 받은 자격이 충분했다.[4]

밤이 되자 소문이 돌기 시작했다. 우리 제1해병사단이 상륙 및 그 뒤에 이어진 작전에서 심각한 피해를 입었다는 소문이었다. 낯익은 고참병들은 지금까지 경험했던 여러 전투 가운데서 그날이 최악이라고 입을 모았다.[5]

진지에 박격포를 설치하고 우리 K중대 전방으로 포탄을 두세 발 날려서 영점 조준을 마치고 나자 그제야 한숨 돌릴 수 있었다. 그런데 갈증이 지독했다. 도저히 참을 수 없을 정도였다. 속도 마구 뒤틀렸으며, 온몸이 땀으로 젖었다. K레이션의 포도당 정제를 입안에서 녹여 먹고 나니 좀 나았다. 그리고 수통에 남아 있던 마지막 몇 방울의 물을 마셨다. 언제쯤에야 보급 부대가 식수를 공급해 줄 수 있을지 우리는 전혀 알지 못했다. 머리 위로는 아군과 적군이 쏘아 대는 포탄들이 날카로운 소리를 내며 허공을 날았고, 포탄의 수는 점점 늘어났다. 소총 발사음도 도처에서 들려왔다.

낙하산에 매달린 조명탄은 마치 시계추처럼 흔들거리면서 기분 나쁜 초록색 불빛을 흩뿌렸다. 그 기분 나쁜 불빛 아래 나무 그림

4 펠렐리우 전투가 시작될 때 월트는 제5해병사단의 참모였다. 대체 인물이 지명될 때까지 제5연대 제3대대의 지휘관으로 며칠 동안 대대 지휘봉을 잡기도 했다. 진정한 해병 전투 대원이었던 월트는 과달카날 전투와 글로스터 전투에서 제1해병사단에서 복무했다. 그는 영웅적인 무공을 인정받아 해군수훈장을 받았다. 그는 한국 전쟁과 베트남 전쟁에도 중장 계급으로 참전했으며, 제3해병수륙양용 부대를 2년 가까이 지휘했다. 해병대 부사령관으로 복무한 뒤에 대장으로 예편했다 — 원주.

5 디데이에 발생한 제1해병사단의 사상자 수는 전투가 얼마나 치열했으며 일본군의 저항이 얼마나 격렬했는지 잘 말해 준다. 사단 참모진은 약 500명의 사상자를 예상했지만 실제 사상자는 열사병으로 사망한 사람을 제외하고도 1,111명이었다 — 원주.

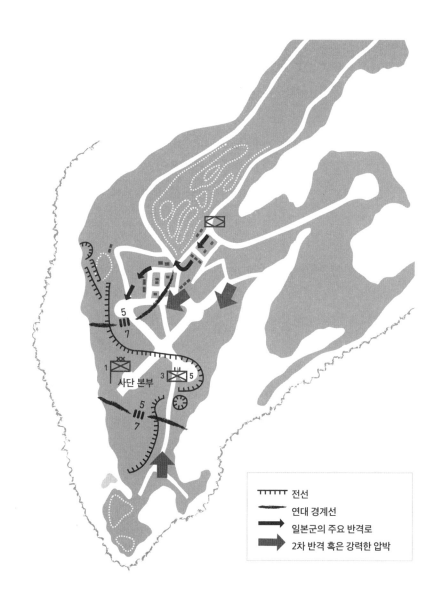

사단 본부

전선
연대 경계선
일본군의 주요 반격로
2차 반격 혹은 강력한 압박

디데이의 작전 전개

자들이 어지럽게 춤을 췄다. 그런 광경 속에서 나는 왼쪽 전투화를 벗기 시작했다. 그러자 스내푸가 깜짝 놀라서 물었다.

「슬레지해머, 너 뭐 하고 있어?」

「전투화를 벗으려고…… 발이 너무 아파서요.」

「너 돌았니? 지금 당장에라도 저 숲이나 비행장 쪽에서 일본놈들이 튀어나올 수 있는데, 그때 맨발로 어쩌겠다는 거야? 명령이 떨어지면 우리는 바로 여기에서 뛰어나가야 한단 말이야! 녀석들은 동이 트기 전에 분명 반자이 돌격을 해올 텐데, 맨발로 이 날카로운 산호섬을 뛰겠다는 거야 뭐야?」

나는 미처 그 생각은 하지 못했다고 말했다. 스내푸는 나를 마구 혼내면서, 섬에서 일본군을 완전히 제압하기 전에 단 한 번이라도 전투화를 벗을 기회가 있다면 정말 행운이라고 했다. 그만큼 긴박하다는 뜻이었다. 나는 스내푸와 같은 고참병이 내 곁에 함께 있는 게 정말 다행이라고 신에게 감사했다.

스내푸는 무심하게 자기 케이바를 꺼내서 자기 오른손이 닿는 위치의 산호 자갈밭에 꽂아 두었다. 케이바의 긴 칼날이 조명탄의 녹색 빛을 받아서 번쩍거렸고, 그 모습에 나도 모르게 온몸에 소름이 돋았다. 그가 칼을 거기다 두는 이유가 새삼스럽게 머리에 떠올랐기 때문이다. 이어서 스내푸는 45구경 자동 권총을 점검했다. 나도 스내푸를 따라서 케이바를 지면에 꽂아 두고 카빈 소총을 점검하고, 마지막으로 내 손이 닿는 지점에 쌓아 둔 박격포탄(HE탄과 조명탄)을 점검했다. 이렇게 우리는 길고 긴 밤을 맞을 준비를 했다.

「지금 저게 아군 포탄입니까, 적군 포탄입니까?」

나는 포탄이 우리 머리 위로 날아갈 때마다 물었다.

포탄이 날아와서 폭발하는 광경에서 어떤 미묘하거나 친밀한 감정을 전혀 발견할 수 없었다. 포탄이 멀리서 날아오는 소리가 들릴 때마다 몸의 모든 근육이 바짝 긴장해서 수축했다. 나는 모든 것을 각오한다고 했지만 공포에 휩쓸려 가는 나 자신을 온전하게 붙잡을 수가 없었다. 완벽한 무력함이 나를 압도했다.

날아오는 포탄의 포효하는 비행음이 점점 가까워지자 내 이빨은 나도 모르게 부딪히며 딱딱 소리를 냈다. 심장 박동은 빨라졌고, 입 안은 바짝 말랐으며, 눈은 가늘게 떠졌다. 온몸에 땀이 흘렀고, 호흡은 점점 짧아지고 빨라졌다. 침을 삼켰다가는 목에 걸려 넘어가지 않을 것 같아서 침을 삼킬 수도 없었다. 나는 계속 기도를 했다. 때로는 큰 소리로…….

특정한 구역이나 지형에서는 상당히 먼 거리에서 날아오는 포탄의 소리도 들을 수 있었다. 무서운 긴장감은 영원히 끝나지 않을 것만 같은 고문 속으로 나를 몰아넣었다. 포탄의 비행음이 최고조에 다다른 순간, 포탄은 폭발했다. 그때는 마치 엄청난 벼락이 가까이서 때리는 것처럼 땅이 흔들렸고 귀가 먹먹해졌다. 파편은 날카로운 소리로 공기를 찢으며 사방으로 흩어졌다. 깨진 바위 파편과 흙이 덜커덕거리는 요란한 소리를 내며 바닥에 떨어졌고, 이어서 폭발에 따른 연기가 주변에 흩어졌다.

집중포화를 받고 있을 때나 장시간에 걸쳐 적의 공격을 받고 있을 때, 단 한 발의 포탄 폭발도 몸과 마음에 엄청나게 큰 충격을 입힌다. 나에게 대포는 지옥의 발명품이었다. 파괴의 혼이 담긴 거대한 강철 덩어리가 예리한 쇳소리를 내면서 사정없이 날아와 표적을 파괴한다. 이것보다 더 흉포한 무기는 없다. 인간의 마음속에 도사리고 있는 사악함의 화신이 바로 대포이다. 대포는 폭력의 가장 지독한 물건이며 인간이 인간을 향해 저지르는 비인간적이고 잔학한 폭력의 정수이다. 내 안에서는 대포에 대한 격렬한 증오심이 생겨났다. 총탄을 맞고 죽는 것은 어떻게 보면 깔끔하다. 그러나 포탄은 사람의 몸을 갈기갈기 찢어 놓을 뿐만 아니라 사람을 미쳐 버리기 직전까지, 아니 그런 범위를 넘어서면서까지 고문한다. 포탄이 한 발씩 날아와 터질 때마다 나는 온몸의 힘이 빠져 무력감에서 벗어나질 못했다.

포격이 오래 계속되는 동안 나는 큰 소리로 비명을 지르고 소리 내어 마구 울고 싶은 충동에 사로잡혔다. 그때마다 나는 이 충동과 필사적으로 싸우면서 간신히 억눌렀다. 펠렐리우섬에서의 전투가 질질 끌게 되자 나는 포격 때문에 정신이 갈가리 찢겨 버릴지도 모른다는 두려움에 휩싸였다. 포격이 정신에 가하는 충격을 나는 육체에 가하는 충격만큼이나 끔찍하게 여겼다. 집중포화 아래 버티고 있는 것이 나로서는 그 어떤 것보다 끔찍한 전투 경험이었다. 대포가 한 발씩 떨어져 폭발할 때마다 나는 더욱 깊은 무력감 속에 빠져들었으며 더 강고한 비극적 숙명론자가 되었다.

또 그 집중포화 속에서 우리 해병대원의 생존자 수는 결국 줄어들 수밖에 없을 텐데, 내가 그 생존자 가운데 한 명이 될 수 있을 것이라는 자신감도 점점 바닥을 드러냈다. 공포는 여러 가지 모습을 띠고 또 많은 미묘한 측면을 담고 있지만, 집중포화 아래에서 지속된 공포와 절망감은 훨씬 참기 힘든 것이었다.

밤은 영원히 계속될 것 같았고, 나는 거의 한숨도 잘 수 없었다. 새벽이 다가오기 직전 몇 시간 동안 일본군은 갖가지 화기를 동원해, 루이스 월트 중령이 우리 중대를 데려오기 전에 우리가 머물던 구역에 집중포화를 퍼부었다. 적의 포탄은 우리 머리 위를 날아 숲에서 연이어 터졌다.

「멍청한 놈들, 저쪽에만 줄기차게 때려 대는구나.」

옆의 다른 구덩이에 있던 박격포반 대원이 말하자, 스내푸가 대꾸했다.

「그러게. 우리가 아직까지 저기에 있다고 생각하는 거지. 내가 생각하기에는 놈들이 저 구역을 지나서 이쪽으로 공격해 올 거 같애.」

「우리가 저기에 있지 않고 여기에 있는 걸 신에게 감사해야지.」

아무도 없는 숲에다 계속해서 포탄을 쏟아붓는 일본군의 포격은 점점 더 맹렬해졌다. 그러다 마침내 포격이 잦아들자 누군가가 킬킬 웃으면서 말했다.

「멍청한 놈들, 거기다 계속 더 때리지! 아무도 없는 곳에다 가지고 있는 포탄을 몽땅 다 쓸어 넣지 왜 그만둘까?」

그러자 다른 목소리가 말을 받았다.

「멍청이는 너야, 놈들은 제대로 된 표적에 쏟아 넣을 포탄이 아직도 충분하거든? 날이 밝으면 여기 우리가 있는 곳이 표적이 될 거야.」

상륙 작전 디데이에 제5연대의 보병 중대는 물자 보급을 몇 번씩 이나 요청했지만 보급은 제대로 이루어지지 않았다. 일본군은 하루 종일 대포, 박격포, 기관총을 동원해 제5연대가 상륙한 해안 일대를 잠시도 쉬지 않고 공격했다. 적의 관측병은 아군 암트랙이 해변에 도착하면 즉각 신호를 보냈고, 그러면 곧바로 포격과 사격이 이어졌 다. 그 바람에 중요한 보급 물자가 원활하게 수송되지 않았고 부상 병을 후송하는 일도 어려웠다. 상륙 작전 당일, 펠렐리우섬 전체가 전선이었다. 오로지 죽은 사람만이 적의 표적을 면할 수 있었다. 해 안 작업 부대는 최선을 다했지만 보급 물자를 우리에게 가져다주는 데 필요한 암트랙을 많이 잃어버리는 바람에 보급 작전에는 차질이 빚어질 수밖에 없었다.[6]

우리는 해변에서 어떤 문제가 일어나는지 전혀 몰랐다. 우리 앞에 닥친 문제들을 해결하는 데 몰두해야 했기에 거기까지 신경 쓸 여유 가 없었기 때문이다. 우리는 제발 식수를 보급받을 수 있게 해달라 고 하늘에다 대고 욕을 하고, 또 신에게 빌었다. 나는 다른 대원들에

6 상륙 작전 때 해안 작업을 맡은 부대의 임무는 보급품을 싣고 와서 넘겨주는 것과 해 변에서의 교통을 정리하는 것이었다 — 원주.

비해서 식수를 아낀 편이었지만, 박격포를 설치하고 그 주변에 진지를 완성했을 무렵에 이미 수통 두 개는 모두 동이 났다. 포도당 정제를 입안에서 녹여 먹는 것이 조금은 도움이 되었지만, 갈증은 밤새 점점 더 심해졌다. 사막에 버려진 사람이 물을 달라고 외치던 영화 장면이 그토록 간절하고 진실한 것인 줄 그때 처음 알았다.

어둠이 걷히기 시작할 무렵에도 여전히 포탄은 우리 머리 위로 날아가고 또 날아오고 있었지만, 우리 구역에서 소화기의 총성은 서서히 잦아들기 시작했다. 그런데 갑자기 일본군이 난사하는 기관총탄이 우리 머리 위로 날아들었다. 그토록 좁은 공간에 쏟아지던 집중 사격은 그때까지 나로서는 처음 당하는 일이었다. 기관총탄이 우리 박격포가 있는 진지 위 30센티미터 높이로 줄지어 달렸다. 우리는 등을 바닥에 댄 채로 누워서 총격이 끝나기를 기다렸다.

그런데 다시 기관총이 불을 뿜었다. 거기에다 다른 기관총이 합세했고, 또 어쩌면 세 번째 기관총이 합세했는지도 몰랐다. 푸른빛이 도는 흰색의 총탄 궤적이 머리 위로 마구 지나갔다(미군 기관총의 총탄 궤적은 붉은색이다). 적의 기관총이 비행장 가까운 곳에 있는 것 같았다. 적의 십자포화는 적어도 15분 동안 계속되었다. 맹렬한 기세였다.

그런데 적의 기관총이 불을 뿜기 직전, 우리는 동트는 시각에 맞춰 진지에서 나와 제5연대를 도와 비행장을 공격하라는 명령을 받았다. 제발 우리가 공격에 나서기 전에 적의 기관총 사격이 멈추길 나는 간절히 기도했다. 우리는 그 위치에서 꼼짝도 할 수 없었다. 진지 위로 조금이라도 머리를 내밀었다가는 거대한 낫에 싹둑 잘리고 말 터였다. 다행히 적의 기관총 사격은 15분쯤 뒤에 뚝 멎었다. 우리는 안도의 한숨을 내쉬었다.

상륙 이틀째

마침내 동이 텄고, 그와 동시에 기온이 빠르게 올라갔다.

「도대체 물은 언제 오는 거야!」

주변에 있는 대원들 사이에서 불평의 목소리가 높았다. 전날 열사병으로 쓰러진 대원들이 줄을 이었는데, 만일 식수가 제대로 보급되지 않는다면 우리는 모두 돌격하다가 졸도하고 말 것이라고 나는 생각했다.

「돌격 준비!」

명령이 떨어졌다. 우리는 각자 군장을 챙겼다. 스내푸는 박격포를 분해해 어깨에 멨고 나는 남은 포탄을 포탄 자루에 넣었다.

「물을 마시고 싶다. 안 그러면 쓰러져 버릴 거 같은데…….」

내가 그 말을 하자마자 근처에 있던 어떤 대원이 우리에게 손짓을 하며 불렀다.

「이리 와 봐, 여기 우물이 있어!」

나는 카빈 소총을 들고 벌떡 일어났다. 탄띠에 매달려 있던 빈 수통 두 개가 덜렁거렸다. 약 20미터쯤 앞에 K중대원 한 무리가 지름 약 4.5미터, 깊이 약 3미터의 우물을 가운데 두고 모여 있었다. 안을 들여다보니 바닥의 절반쯤에 우윳빛 물이 고여 있었다. 비행장에서는 일본군이 쏜 포탄이 떨어지기 시작했다. 하지만 나는 너무 목이 마른 나머지 거기에는 신경을 쓸 수도 없었다. 대원 한 명이 어느새 안으로 내려가 수통에 물을 채워 위로 전달하고 있었다. 나를 불렀던 대원이 안감을 분리한 철모에 물을 담아 마시고 있었다. 그는 우윳빛 그 액체를 꿀꺽꿀꺽 마시고는 이렇게 말했다.

「맥주는 아니야, 그렇지만 물은 물이야.」

물이 담긴 철모와 수통이 기다리고 선 대원들에게 빠르게 전달되었다. 이 와중에 누군가가 고함을 질렀다.

「모여 있지 마! 일본놈들한테 표적이 되고 싶나?」

그런데 맨 처음으로 그 물을 마신 대원이 나를 바라보면서 말했다.

「몸이 안 좋아.」

그때 중대 위생병이 달려오면서 고함을 질렀다.

「야 이 멍청이들아, 그 물 마시지 마! 놈들이 독을 풀었을 거야!」

내가 막 철모를 입으로 가져가는 순간, 내 옆에 있던 대원이 갑자기 배를 잡고는 격렬하게 토하기 시작했다. 나는 산호 가루가 섞여 뿌연 그 물을 쏟아 버리고 위생병과 함께 그 환자를 부축해 일으켰다. 이 병사는 후방으로 이송되었다가 나중에 회복했다. 독극물로 오염이 된 물이었는지 아니면 그저 산호 가루로 오염된 물이었는지는 알 수 없었다.

「장비 똑바로 챙기고 자기 위치에서 대기하라!」

누군가가 고함을 질렀다.

좌절감과 분노가 치밀어 올랐지만 그냥 우리 박격포가 있는 진지로 돌아올 수밖에 없었다. 그런데 조금 뒤에 작업반이 식수가 든 통, 탄약, 비상식량을 들고 왔다. 나는 다른 한 대원과 함께 서로 도움을 주고받으며 20리터 들이 드럼통에 든 물을 수통 컵에 따랐다. 그 친구도 그랬고 나도 그랬지만 컵을 든 손이 덜덜 떨렸다. 목을 축여야 한다는 열망이 그만큼 강렬했던 것이다. 그런데 알루미늄 컵에 담긴 물이 갈색으로 보였다. 놀라웠지만, 상관하지 않았다. 나는 컵에 담긴 물을 벌컥벌컥 마셨다. 하지만 곧바로 토해 버리고 말았다. 맛이 너무 고약했기 때문이다. 녹과 기름 범벅이었고 냄새까지 지독했다. 컵 안을 살펴보니 악취를 풍기는 그 갈색 액체 표면에 파란색 기름막이 떠 있었다. 그리고 창자가 꼬인 듯한 통증이 엄습했다.

그 물을 함께 따랐던 친구는 자기 컵을 바라보면서 신음하듯이 중얼거렸다.

「슬레지해머, 혹시 네 생각이 내 생각과 같지 않나?」

「그런 것 같은데…… 파부부에서, 저 기름통 청소 작업반.」

나는 기진맥진한 상태여서 말을 하기도 힘이 들었다. 파부부에서 그 친구와 나는 기름을 담았던 드럼통을 청소하는 작업을 함께 했었다.

「내가 죽일 놈, 개새끼네. 앞으로는 작업 때 절대로 어영부영 대충대충 하지 않을 거야, 맹세한다!」

나는 문제의 그 드럼통이 우리 때문이 아닐 것이라고 말해 줬다. 그 작업을 한 게 우리 두 사람만은 아니었기 때문이다. 또 당시 장교의 지시에 따라서 우리가 했던 청소 방법으로는 애초부터 드럼통을 깨끗하게 닦을 수 없었음은 그때 이미 누가 봐도 명백했기 때문이다. 비록 보급 부대 장교는 생각이 달랐을지 모르지만 말이다. 그런 생각을 하니 펠렐리우의 그 뜨거운 더위에서 다소 위안이 되는 것 같았다. 물맛은 끔찍했지만 그래도 열사병으로 쓰러지지 않으려면 그거라도 마셔야 했다. 그 물을 마신 컵에는 커피 찌꺼기 같은 녹이 가라앉아 있었고, 무언가가 위장을 마구 찔러 대는 것처럼 아팠다.

우리는 각자 군장을 챙겨 들고 비행장을 가로질러 공격에 나설 준비를 했다. 밤 동안 형성되었던 제5연대 제3대대의 전선이 남쪽으로 이동하면서 제5연대 제2대대와 겹쳤다. 다른 대대와 함께 북쪽으로 전진하려면 먼저 오른쪽으로 이동해야 했다. 날이 밝자 일본군의 포탄이 전선으로 쏟아지기 시작했으므로 우리는 산개 대형으로 빠르게 이동해야 했다. 마침내 우리는 공격 진형을 갖추고 이동 명령이 떨어질 때까지 엎드리라는 명령을 받았다. 나는 그 대기 상태가 좋았다. 아군의 포병 부대, 함정 그리고 항공기는 우리 공격에 앞서 전방의 비행장과 그 너머의 능선에 포탄을 쏟아부었다. 이 포격·폭격은 30분 정도 이어졌다. 그게 끝나면 돌격이었다. 나는 마음을 다잡았다.

타는 듯이 뜨거운 산호 지면에 엎드려서 텅 빈 비행장을 바라보고 있노라니 아지랑이가 모락모락 피어올라 블러디노즈 능선이 왜곡된 형상으로 비쳤다. 뜨거운 바람 한 줄기가 우리 얼굴을 쓸고 지나갔다.

부사관 한 명이 낮은 자세로 몸을 숙인 채 고함을 지르면서 지나갔다.

「다들 빠르게 이동한다, 알겠나? 멈추지 말고 빠르게 계속 전진하면 총이나 포탄에 맞을 확률이 적다, 내 말 알아들었나?」

그리고 곧 장교 한 명이 비행장을 향해 손을 흔들면서 고함을 질렀다.

「가자!」

우리는 앞으로 나아가기 시작했다. 처음에는 평상시 속도로, 그다음에는 속보로 걸었다. 물론 넓게 산개해서 왼쪽에서 오른쪽으로 제1연대 제2대대, 제5연대 제1대대, 제5연대 제2대대 그리고 우리 제5연대 제3대대가 텅 빈 비행장을 가로질러 이동했다. 그때 나의 관심은 장엄한 전투 장면이 아니라 오로지 주어진 의무를 다하고 살아남는 것뿐이었다. 나중에 나는 그때 우리의 공격 모습을 전투에 참여하는 사람의 관점이 아니라 전투와는 아무 상관이 없는 시선으로 하늘에서 내려다 보면 어떤 모습으로 보였을지 상상하곤 했다. 내가 의식한 것은 오로지 내 주변의 아주 작은 구역과 귀를 먹먹하게 때리는 소음뿐이었다.

블러디노즈 능선에서는 비행장 전체가 한눈에 들어왔다. 중화기를 높은 지대에 집중적으로 배치한 일본군은 최대 약 90미터 고도에 있는 관측 지점에서 우리를 내려다보며 중화기에 타격점을 지시했다. 우리 박격포 분대의 전방에서 이동하는 부대가 보였지만 그게 제2대대인지 아니면 우리 제3대대의 동료들이 오른쪽으로 이동한 것인지 알 수 없었다. 그리고 우리 뒤쪽 약 18미터 지점에서도 스무 명 정도의 아군이 따라오고 있었다.

우리는 몸을 숨길 곳이라곤 아무것도 없는 비행장을 빠른 속도로 이동했다. 포탄 구덩이와 부서진 산호를 넘어 점점 맹렬해지는 적의 포화를 뚫고 앞으로 나아갔다. 우측에 그리고 또 좌측에 최대한 낮은 자세를 유지하며 달려가는 보병들의 모습이 보였다. 포탄이 날카로운 쇳소리를 내면서 날아와 주변에서 마구 터졌다. 많은 점에서 볼 때 이 전투가 해변에 상륙할 당시의 전투보다 더 끔찍했다. 우리를 보다 멀리 안전하게 태워다 줄 암트랙도 없었고 적의 총알을 막아 줄 암트랙의 두꺼운 강철판도 없었기 때문이다. 우리는 적에게 완전히 노출되어 있었다. 포탄이 굉음을 내며 쉬지 않고 떨어지고 적탄이 우박처럼 쏟아지는 속에서 우리는 오로지 자기의 두 발에만 의지해 달려야 했다.

나로서는 그 장면이 어쩐지 예전에 영화에서 본 공격 장면과 비슷했다. 1차 세계 대전을 배경으로 한 전쟁 영화였고, 서부 전선에서 연합군 보병 부대가 포화를 뚫고 전진하던 장면이었다. 나는 이를 악물고 카빈 소총을 움켜쥔 손에 힘을 준 채 몇 번이고 반복해서 기도를 했다.

〈여호와는 나의 목자시니 내가 부족함이 없으리로다. 내가 사망의 음침한 골짜기로 다닐지라도 해를 두려워하지 않을 것은 주께서 나와 함께하심이라. 주의 지팡이와 막대기가 나를 안위하시나이다.〉[7]

태양은 뜨거운 햇살을 사정없이 쏘아 댔고, 열기는 사람을 지치게 만들었다. 포격으로 인한 자욱한 연기와 먼지로 시야는 엉망이었다. 작렬하는 포탄은 땅을 마구 흔들어 댔다. 초현실적인 어떤 우레의 소용돌이 속을 둥둥 떠다니는 느낌이었다. 적탄은 쇳소리를 내며 허리 높이로 내 몸의 양옆을 사정없이 지나갔다. 치명적인 이 총알조차 무지막지한 포탄의 작렬 속에서는 아무것도 아닌 것처럼 보였다.

7 구약 성서 「시편」 23장에 나오는 구절이다.

폭발과 함께 파편은 공기를 채 썰듯 잘게 썰면서 온 사방으로 날았다. 파편에 맞아 부서진 산호 조각이 튀어 얼굴과 손을 때렸으며, 강철 파편은 도시의 거리에 떨어지는 우박처럼 단단한 산호 바위를 마구 두들겼다. 모든 곳에서 포탄이 작렬했다. 마치 거대한 불꽃놀이가 펼쳐지는 것 같았다.

회부연 시야 속에서 적탄에 맞은 듯 비틀거리거나 쓰러지는 대원들이 보였다. 그러나 나는 오른쪽도 아니고 왼쪽도 아니고 오로지 내 정면만을 바라보았다. 갈수록 적의 공격은 더 맹렬해졌다. 소음과 진동에 귀는 이미 먹먹한 상태였다. 나는 이를 악물었다. 그리고 언제든 총알이든 대포의 파편이든 맞고 쓰러질 각오를 했다. 아무리 생각해도 우리 대원들 가운데서 비행장을 완전히 가로질러 건너갈 사람은 아무도 없을 것 같았다. 도중에 엄폐물로 삼을 수 있는 구덩이가 여러 개 있었지만, 멈추지 말고 계속 달리라는 명령을 기억했다. 해병대의 엄격한 규율과 드높은 사기로 무장해 있던 나는 우리의 공격이 실패로 끝나고 말 것이라는 생각은 한 번도 하지 않았다.

비행장을 반쯤 건넜을 때였다. 나는 비틀거리다가 앞으로 고꾸라졌다. 그 순간 대형 폭탄 하나가 내 바로 왼쪽에서 엄청난 섬광과 굉음을 내며 터졌다. 파편들이 지면을 마구 훑었고, 쓰러져 있던 내 머리 위로 무섭게 날아들었다. 오른쪽에서는 스내푸가 신음을 토하면서 쓰러졌다. 파편에 맞은 모양이었다. 그는 왼쪽 옆구리를 만지고 있었다. 나는 그에게 빠르게 다가갔다. 다행히 위력이 없는 파편이 두꺼운 직물 소재의 권총 벨트를 때린 모양이었다. 벨트의 사방 약 2.5센티미터가 찢어져 있었다.

나는 스내푸 옆에 무릎을 꿇고 앉아 함께 그의 옆구리를 살폈다. 약간의 찰과상만 있었다. 엄청나게 운이 좋은 셈이었다. 스내푸의 옆구리를 때린 파편이 땅에 떨어져 있었다. 내가 그것을 주워서 보여 주자 스내푸는 눈짓으로 자기 배낭을 가리켰다. 그 지옥 같은 혼란 속에서도 나는 차분하게, 아직 열기가 식지 않아 뜨거운 파편을 두 손에 번 갈아 올려놓으며 식힌 다음에 스내푸의 배낭에 집어넣었다. 그러자 스내푸가 뭐라고 말을 했다. 아마도 〈가자!〉라는 말 같았다. 나는 바닥에 나뒹구는 박격포를 스내푸 대신 짊어지려고 손을 뻗었다.

그러자 스내푸가 내 손을 쳐내고는 박격포를 자기 어깨에 뗐다. 우리는 다시 일어나서 최대한 빠르게 이동했다. 마침내 비행장을 완전히 건너 비행장 북쪽 끝의 관목숲에서 숨을 헐떡이며 땀을 흘리고 있던 우리 K중대 중대원들을 따라잡았다.

엄폐물로 삼을 것이라곤 아무것도 없는 평지를 얼마나 달려왔는 지 알 수 없었지만, 족히 수백 미터는 되는 거리였다. 모든 병사들이 우리가 막 통과해 온 태풍과도 같은 그 무서운 탄막(彈幕)에 넋이 나 간 얼굴이었다. 과달카날 전투와 글로스터 전투를 경험했던 역전의 고참 병사들도 예외가 아니었다. 그들 가운데 몇몇은 미국 최고의 병사로 자타가 공인하는 군인들이었는데, 겁에 질린 그들의 눈을 보 면서 나는 두려움에 덜덜 떨던 내 모습이 더는 부끄럽지 않았다. 오 히려 안도의 한숨을 쉬면서 웃을 수 있었다.

대포와 박격포의 집중 포격을 당하는 것은 공포 그 자체임은 말할 필요도 없다. 그러나 개활지에서 포탄 세례를 받는 것은 경험해 보 지 않은 사람은 도저히 느낄 수 없는 한층 더 무서운 공포이다. 펠렐 리우 비행장을 가로지르던 그 공격은 내 전쟁 경험 중 최악이었다. 끊임없이 터지던 포탄의 무시무시한 폭풍과 충격의 경험은 그 뒤로 펠렐리우섬에서 이어졌던 다른 전투와 오키나와 전투의 그 끔찍하 던 시련들보다 훨씬 더 끔찍했다.

열기는 믿을 수 없을 정도로 사나웠다. 그날 기온은 그늘에서도 섭씨 40도가 넘었다 — 하지만 우리는 그늘에 있지 않았다. 그리고 그다음에도 기온은 연일 섭씨 46도 넘게 올라갔다. 부사관들이 열 사병으로 더는 작전에 참여할 수 없다고 판단되는 병사들을 가려냈고, 우리는 그 병사들을 대피시켰다. 그런데 전투화 속에 땀이 얼마나 많이 찼던지 걸을 때마다 철벅거리는 느낌이 들었다. 등을 땅에 대고 누워 발을 하나씩 들어 올렸더니 양쪽 전투화에서 물이 주르르 흘러내렸다. 내 곁에 벌렁 드러누웠던 대원이 이걸 보고는 이빨을 드러내며 웃었다.

「우린 땅 위로 걸어왔는데 넌 물 위를 걸었구나.」

「아하, 그게 한 군데도 다치지 않고 비행장을 가로지른 비결이었나 보네.」

다른 대원도 그렇게 말하면서 웃었다. 나는 애써 웃었다. 우리가 다시 농담을 주고받을 수 있다는 사실이 기뻤다.

우리 제5연대 제3대대는 비행장을 건넌 뒤에 다시 조금 더 이동을 해야 했다. 왼쪽의 제5연대 제2대대와 오른쪽의 제7연대 제3대대와 함께 전선을 나란하게 형성해야 했는데, 비행장의 형태가 특이해 똑같이 비행장을 가로질렀는데도 우리 대대가 뒤로 처진 지점에 놓여 있었던 것이다.

우리가 군장을 챙기고 있을 때 고참병 하나가 아직도 포격이 계속되고 있던 비행장을 머릿짓으로 가리키면서 이렇게 말했다.

「대단하고 끔찍한 임무였어. 그런데 어떡하냐, 이런 임무를 날마다 수행해야 하는데.」

우리는 적 저격병의 총격을 뚫고 습지대를 가로질러 이동했고 바다를 등진 위치에서 진지를 만들고 밤을 맞을 준비를 했다. 나는 비스듬한 경사면 진지에 박격포를 설치했다. 진지에서 몇 미터 뒤는 높이 3미터 정도의 절벽이었고, 그 아래는 바다였다. 숲은 매우 울창했지만 우리 진지 위로는 하늘이 훤히 보였고, 그 열린 공간을 통해서 박격포를 쏘면 포탄이 주변 나무에 맞아 터질지 모른다는 걱정은 하지 않아도 되었다.

빽빽한 맹그로브 숲 때문에 우리 K중대의 다른 중대원들은 대부분 보이지 않았다. 무지막지한 더위 속에서 목숨을 걸고 싸웠던 하루가 끝나자 다들 피곤에 절었다. 식수가 여전히 부족해 피로의 무게가 더했다. 나는 식수를 최대한 아껴 마셨지만 소금 정제는 그날 하루에 열두 개나 먹었다(우리는 자기가 먹은 소금 정제의 수를 철저하게 세어야 했다. 필요한 양보다 많이 먹으면 구토를 할 수도 있었기 때문이다).

일본군의 야습은 그야말로 악몽이었다. 하루 전에, 즉 상륙 작전 개시일에는 비행장 상공에 조명탄이 발사되었으므로 이 구역에서는 감히 적이 야습을 감행할 엄두를 내지 못했다. 그러나 그곳을 제외한 다른 구역의 상황은 달랐다. 또 비행장 전투 구역도 상륙 작전 개시일 이후에는 상황이 달랐다. 일본군의 야습은 우리가 펠렐리우 섬에 머물던 기간에 밤마다 우리를 괴롭히던 악몽이었다. 일본군의 야습 전술은 끈질기기로 소문이 나 있었다. 그런데 펠렐리우에서는 이 전술을 한층 더 정교하게 다듬었으며, 과거 다른 곳에서 펼쳤던 것보다 한층 더 강력하게 이 전술을 구사했다.

그날 오후 늦게 진지를 구축한 뒤, 우리는 거의 매일 밤마다 똑같이 반복하던 경계 절차를 수행했다. 먼저 관측병으로부터 좌표를 들은 뒤 중대 전방 적의 접근이 예상되는 곳이나 아군의 기관총, 소총 사격의 사각(死角) 지점에 있는 진로나 차폐물을 향해 고성능 작약탄을 두 발 쏘아 조준을 맞춰 놓는다. 그다음에는 포격이 가능한 다른 방향에도 목표가 될 만한 지형에 조준을 맞춰 놓는다. 여기까지 하고 나면 모두 담배를 하나씩 피워 물고, 그날의 암호를 진지에서 진지로 전달한다. 이 암호에는 늘 〈L〉이 들어가도록 정했다. 일본인은 이 발음을 미국인처럼 자연스럽게 하지 못하기 때문이다.

우리 K중대의 각 소대 배치와 이웃한 양옆의 다른 부대의 배치에 대한 정보도 공유되었다. 우리는 무기를 점검하고, 적의 기습에 대비해 필요한 장비를 신속하게 사용할 수 있는 위치에 두었다. 어둠이 깔리기 시작하자 명령이 떨어졌다.

「담뱃불 소등!」

대원들의 대화 소리도 잦아들었다. 2인 1조의 박격포 진지에서는 한 사람은 비록 바닥이 울퉁불퉁하긴 해도 최대한 편안하게 잘 수 있도록 자리를 잡아서 눕고, 다른 한 사람은 어둠 속에서 언제 다가올지 모르는 적의 움직임을 간파하기 위해 눈에 불을 켜고 귀를 쫑긋 세웠다. 이따금 일본군의 박격포탄이 날아오긴 했지만 두 시간가량은 비교적 평온한 상태로 흘러갔다. 우리는 고성능 작약탄 몇 발을 날렸다. 우리 중대로 야습을 감행할 마음을 감히 먹지 말라는 요란 사격이었다.

일본군은 곧 중대 전체 전선에 걸쳐 행동을 개시했다. 적의 공격은 중대 정면에서, 그리고 후방의 해안 쪽에서 진행되었는데 소총 발사음과 수류탄 폭발음이 산발적으로 들려왔다. 그런데 우리의 사격 규율은 엄격했다. 아군을 적군으로 오인해 사격할 가능성을 철저하게 차단하기 위해서였다.

당시 세간에서는 미군은 밤만 되면 움직이는 물체는 무엇이든, 즉 아군이든 적군이든 동물이든 뭐든 가리지 않고 마구 쏘아 댄다는 얘기가 돌았다. 실제로 이런 일은 후방에서나 경험이 적은 부대에서는 자주 일어났다. 그러나 소총 부대에서는 밤에 자기 주변 대원들에게 알리지 않고 진지에서 무단으로 이탈하거나, 암호를 곧바로 또 정확하게 대지 못할 때는 아군의 총에 죽을 수 있다는 건 상식으로 통했다.

그런데 갑자기 내가 있던 진지 전방의 초목이 움직이는 게 느껴졌다. 나는 스내푸의 45구경 자동 권총을 손에 쥐고 자세를 바로잡고는 당장이라도 쏠 태세를 갖추고 기다렸다. 그 움직임이 점점 가까

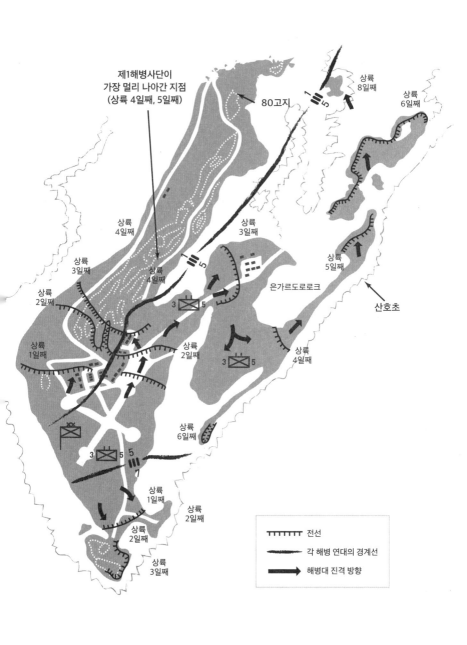

제1해병사단이
가장 멀리 나아간 지점
(상륙 4일째, 5일째)

80고지

상륙
8일째

상륙
6일째

상륙
4일째

상륙
3일째

≡ 5

상륙
3일째

상륙
4일째

상륙
5일째

상륙
2일째

상륙
4일째

≡ 5

상륙
1일째

3 ⊠ 5

은가르도로로크

산호초

상륙
2일째

3 ⊠ 5

상륙
4일째

상륙
6일째

⊠

3 ⊠ 5   5
        ≡
        7

상륙
1일째

상륙
2일째

상륙
2일째

상륙
3일째

┬┬┬┬┬	전선
▬▬▬◄	각 해병 연대의 경계선
▬▬▬►	해병대 진격 방향

펠렐리우 상륙 이틀째 이후의 작전 과정

이 다가왔다. 심장은 마구 뛰었다. 펠렐리우섬에서는 밤만 되면 온 사방에 뭍게들이 돌아다녔다. 하지만 아무리 봐도 그 움직임은 뭍게의 움직임이 아니었다. 누군가 아주 천천히 우리 진지를 향해 기어오는 것이 분명했다. 갑자기 움직임이 멈추고는 아무 소리도 나지 않았다. 그러다가 다시 바스락거리는 소리가 들렸고, 움직임이 다시 멈추었다. 일본군 병사가 접근하는 전형적인 양상이었다.

적병이 최대한 진지 가까이 접근한 다음 진지로 뛰어들 작정인가 보다 하고 나는 생각했다. 저녁에 내가 박격포를 쏠 때 내 위치를 봐두었다가 접근하는 게 분명했다. 적은 언제라도 진지 안으로 수류탄을 던져 넣을 수 있었고 총검을 앞세워 진지로 뛰어들 수도 있었다. 그러나 아무리 눈을 크게 떠도 적 병사의 모습은 보이지 않았다. 밀림이 드리우는 검은 그림자가 너무 짙었기 때문이다.

허공을 배경으로 하면 적 병사의 실루엣이 더 잘 보일 것 같아 나는 자세를 최대한 낮추었다. 그와 동시에 권총의 안전 장치를 풀었다. 그러자 진지 바로 앞에 철모를 쓴 사람의 형상이 희미하게 보였다. 그 철모가 아군 철모인지 일본군 철모인지는 분간할 수 없었다. 나는 다가오는 놈의 머리 부분을 겨눈 채 방아쇠에 손가락을 댔다. 놈이 수류탄을 던질 수 있을 정도로 가까이 접근했다는 생각이 뇌리를 스쳤고, 갑자기 공포가 밀려왔다. 어쩌면 총검이나 단도를 들고 뛰어들 수도 있었다. 나는 잔뜩 겁을 먹긴 했지만 내 손은 침착했다. 내가 당할 것인가, 아니면 내가 놈을 죽일 것인가. 위기의 순간이었다.

「암호를 대라.」

나는 나지막하게 말했다. 아무 대답이 없었다.

「암호!」

나는 방아쇠에 걸어 놓은 손가락에 살짝 더 힘을 주며 외쳤다. 권총은 금방이라도 발사되어 놈을 사살할 수 있었다. 하지만 자칫 너무 서둘렀다가는 오인 사격이 될 수도 있었다. 그런데 바로 그 순간에 상대방의 목소리가 들렸다.

「슬…… 슬…… 슬레지해머!」

더듬거리는 목소리를 듣고서야 나는 방아쇠에서 손가락을 떼고 총을 내렸다.

「나야, 드로. 제이 드로. 물 있어?」

「제이! 왜 암호를 안 대? 쏠 뻔했잖아!」

제이는 내가 쥔 권총을 보고는 신음을 토해 냈다.

「오오, 하느님…….」

그제야 자기가 어떤 일을 당할 뻔했는지 알아챘다. 그는 기어 들어가는 목소리로 말했다.

「나를 알아본 줄 알았지…….」

나와 친한 대원들 가운데 한 명인 제이는 글로스터 전투에 참가했던 고참병으로 자기가 방금 한 행동이 어떤 결과를 빚을 것이라는 걸 누구보다도 잘 알았다. 만일 방아쇠에 걸었던 내 손가락에 조금만이라도 더 힘이 가해졌더라면 제이는 즉사했을 것이다. 그렇게 해서 내가 그를 죽였다면 내 인생도 망가지고 말았을 것이다. 아무리 어쩔 수 없었고 용서받을 수 있는 상황이었다고 하더라도 말이다.

권총을 들고 있던 내 오른손이 격렬하게 떨렸다. 오른손에서는 모든 힘이 다 빠져나가 버린 듯했다. 권총의 안전 장치를 잠그는 동작을 왼손으로 해야 했을 정도였다. 갑자기 속이 메스꺼워졌고 또 울고 싶었다. 제이는 내 쪽으로 다가와 진지에 걸터앉았다.

「미안해 슬레지해머, 네가 나를 알아본 줄 알았어.」

나는 수통을 건넨 뒤 몸을 격렬하게 떨었고 제이가 살아 있다는 사실을 신에게 감사했다.

「온 사방에 일본놈들이 널린 어둠 속에서 내가 어떻게 널 알아볼 거라고 생각한 거야?」

나는 화를 참지 못하고 고함을 질렀다. 하마터면 둘도 없이 친한 전우의 목숨을 내 손으로 끊어 버릴 뻔했다.

펠렐리우섬 북쪽으로 진격하라!

「군장을 챙겨서 이동을 준비하라!」

우리는 군장을 챙겨 발이 푹푹 빠지는 습지대를 천천히 통과하기 시작했다. 나는 로버트 오스왈트가 있던 진지 옆을 지나갈 때 근처에 있던 대원에게 오스왈트가 전사했다는 말이 사실인지 물었다. 슬프게도 사실이라는 대답이 돌아왔다. 뇌 전문 외과의사가 되어 인간 뇌의 신비로움을 연구하고 싶다고 했던 똑똑하고 어린 친구는 머리에 총탄을 맞고 목숨을 잃었다. 그렇게 허무할 수가 없었다. 전쟁은 최고의 수재를 파괴했다. 조직적인 광기라고 할 수 있는 전쟁은 그토록 모순적인 것이었다.

나는 또 조금 전에 물에서 끌어낸 일본군 병사의 시체를 놓고도 생각해 보았다. 저 병사도 이런저런 희망과 열망을 가지고 있었겠지……. 그러나 살벌한 전투 현장에 있는 우리로서는 적에게 손톱만큼의 연민도 없었다. 파부부섬에서 훈련을 받을 때 교관이던 어떤 부사관은, 죽은 일본군 병사를 불쌍하다고 생각한 적이 있느냐는 어떤 신병의 질문에 이렇게 대답했다.

「바보 같은 소리 다시는 지껄이지 마! 녀석들이 죽느냐, 우리가 죽느냐, 이것만 생각해!」

우리는 맹렬한 포성이 들리는 쪽을 향해 다섯 걸음 간격을 유지한 채 이동했고, 마침내 습지대를 벗어났다. 더위는 참을 수 없을 정도로 지독했다. 섭씨 46도가 넘는 기온이었던 터라 열사병으로 쓰러지지 않으려면 행군 도중에 자주 쉬어야 했다.

우리는 비행장의 동쪽 끝에 다다라서야 키 작은 나무들이 드리우는 그늘에서 쉬었다. 장비를 풀어 둔 채로 바닥에 누웠다. 다들 땀을 줄줄 흘리며 숨을 헐떡였다. 녹초 상태였다. 물을 한 모금 마시려고 손을 뻗어 수통을 집으려는 순간, 소총의 총알이 머리 위로 쌩하고 지나갔다.

「놈이 가까이 있다. 엎드려!」

장교가 외쳤다. 총성이 한 번 더 울렸다.

「내가 가서 잡죠.」

하워드 니스였다.

「알았다. 갔다 와라. 조심하고.」

글로스터 전투에 참가했던 니스는 소총을 집어 들었다. 마치 덤불 속에 숨은 토끼를 쫓는 사냥꾼처럼 무심한 표정이었다. 그는 적 병사가 있는 곳으로 짐작되는 지점 뒤쪽을 노리고 수풀 속으로 살그머니 들어갔고, 우리는 초조하게 기다렸다. 그때 M1 소총의 총성이 두 발 울렸다. 이어서 하워드의 목소리가 들렸다.

「잡았습니다!」

얼마 뒤에 하워드는 의기양양한 미소를 지으며 나타났다. 손에는 일본군 소총과 개인 소지품 몇 개가 들려 있었다. 모두가 그의 솜씨를 칭찬했다.

「놈들을 부숴 버리자구.」

그는 아무렇지도 않은 듯이 그렇게 말하면서 웃었다.

얼마 뒤 우리는 무릎 높이로 무성한 관목숲을 통과해 비행장 끝의 개활지에 다다랐다. 더위는 지독했다. 변변찮은 그늘이었지만 그래도 없는 것보다는 나은 곳에서 우리는 다시 행군을 멈추고 휴식을 취했다. 나는 다시 등을 대고 누운 자세에서 두 발을 하나씩 허공으로 들어 올려 전투화 속에 고인 땀을 내보냈다. 중대의 또 다른 박격포를 담당하던 대원 한 명이 정신을 잃고 쓰러졌다. 그는 글로스터 전투에도 참가한 고참병이었지만 펠렐리우섬의 지독한 더위를 이겨 내지 못한 것이다. 우리는 그를 후방으로 대피시켰다. 그런데 그는 후방으로 보내졌던 다른 열사병 환자와는 다르게 영영 중대에 복귀하지 않았다.

　몇몇 대원은 철모를 덮은 위장천 가운데서 철모 안으로 접어 넣은 부분을 바깥으로 빼내어 직사광선에 바로 노출되지 않도록 목덜미를 덮었다. 조금이라도 뜨거운 햇살을 피하고 싶어서였다. 이런 조치가 조금은 효과가 있었을지 모르지만 어쩐지 사막을 행군하는 프랑스 외인부대처럼 보였다.

　짧은 휴식을 끝낸 우리는 산개 대형으로 계속 앞으로 이동했다. 정면 왼쪽으로 블러디노즈 능선이 보였다. 우리 북쪽에서는 제1연대 제2대대가 견고한 동굴 진지에 몸을 숨긴 일본군과 필사적인 공방을 주고받고 있었다. 우리는 제5연대 제1대대와 교대하러 가는 길이었고, 그 뒤에 제1연대와 합류할 예정이었다. 그다음에는 능선의 동쪽 경사면을 따라 북쪽으로 진격하기로 되어 있었다.

　9월 17일 바로 이날 우리가 수행했던 교대 임무는 느리고도 험난했다. 제5연대 제3대대가 들어가고 제5연대 제1대대가 나올 때 우리가 바라보는 방향에서 전방의 왼쪽 능선에 있던 일본군이 대포와 박격포 세례를 퍼부었다. 사상자 없이 퇴각하려고 애를 쓰는 제1대대 대원들이 안쓰러웠다. 제5연대의 다른 대대와 마찬가지로 제1대대는 전날 비행장을 가로지르는 힘든 작전을 수행했었다. 그러나 이들은 비행장을 가로지르자마자 동쪽에 진지를 구축하고 있던 일본군으로부터 완강한 저항을 받았다. 이런 점에서 보자면 우리 대대는 편했던 셈이다. 비행장을 가로지른 뒤 습지대로 이동했는데 그곳에서는 적의 저항이 그다지 심하지 않았기 때문이다.

　제5연대 제1대대와 임무를 교대한 뒤 우리는 우리 왼쪽에 있던 제1연대, 우리 오른쪽에 있던 제5연대 제2대대와 합류했다. 우리 대대는 오후에 블러디노즈 능선의 동쪽 경사면을 따라 낮은 지대를 관통해서 공격하기로 되어 있었고, 제2대대는 우리 오른쪽 측면과 동쪽 해안 사이에 있는 정글을 깨끗하게 청소하기로 되어 있었다.

우리가 전진을 시작하자마자 우리 왼쪽 블러디노즈 능선에서 집중포화가 쏟아졌다. 모두 바닥에 엎드렸다. 이 상황에서 스내푸는 예의 그 흰소리를 했다.

「좋아, 어디 한번 붙어 보자구, 몇 개 부대 더 달려들어 보라고 해.」

우리는 포병에 지원 사격을 요청했다. 우리 박격포는 쓸모가 없었다. 적의 대포가 있는 산기슭까지는 너무 멀었다. 제1대대의 구역이었던 것이다. 능선에 있는 일본군 관측병의 시야에 우리의 움직임이 훤히 보일 게 분명했다. 일본군 포탄이 무시무시한 소리를 내면서 날아와 터졌고, 박격포탄 역시 마찬가지였다. 적의 포격은 우리가 꼼짝도 할 수 없게 될 때까지 점점 더 맹렬해졌다. 우리는 블러디노즈 능선의 쓴맛을 처음으로 맛보고 있었다. 우리 왼쪽이자 적의 정면에서 높은 곳에 있는 적과 공방을 벌이는 제1대대 대원들에게 연민의 정을 느끼지 않을 수 없었다.

우리가 전진을 멈추자 일본군의 포격도 중단되었다. 그러나 세 명 혹은 단 한 명이라도 움직일 기미를 보이면 적의 박격포가 불을 뿜었다. 우리가 일제히 움직일 기미를 보일 때는 적의 대포가 가세했다. 펠렐리우섬의 일본군 공격은 허점을 찾을 수 없을 정도였다. 어떤 무기를 사용하든 단 한 발의 포탄도 낭비하지 않았다. 일본군은 우리에게 최대의 피해를 입힐 수 있을 때만 공격했으며, 그럴 수 있는 기회가 사라지면 곧바로 공격을 멈추었다. 우리 관측병이나 비행기로는 능선에 정교하게 위장하고 있는 그들의 위치를 찾아내기 어려웠다.

일본군은 대포와 박격포를 쏘고 난 뒤에는 동굴 진지의 입구를 강철 방호벽으로 닫아 버렸다. 그래서 우리가 대포나 함포, 81밀리 박격포 등을 아무리 쏘아 대도 피해를 입힐 수 없었다. 우리가 대포의 지원 사격을 받으면서 전진하고자 하면, 그때 다시 방호벽이 열리고 적의 대포와 박격포는 불을 뿜어 심대한 손실을 안겼다. 그 급박한 상황에 딱딱한 바위를 파 참호를 만들기란 거의 불가능했다. 이날의 공격에서 어떤 일이 일어났는지 개개의 사건들은 내 기억에 남아 있지 않다. 왼쪽 방향에서 비 오듯 쏟아지던 포탄과 일본군이 마음만 먹으면 언제라도 우리를 날려 버릴 수 있을 것이라는 무서운 생각만 기억에 남아 있을 뿐이다.

오후 늦게 우리 공격은 취소되었고, 밤을 대비해 박격포를 설치하라는 명령을 받았다. 부사관 한 명이 다가오더니 소대의 다른 보병 네 명과 함께 따라오라고 했다. K중대에 지급될 보급품을 실은 암트랙을 기다렸다가 보급품을 하역하라는 것이었다. 우리는 지정된 위치에서 산개 대형으로 암트랙이 오기를 기다렸다. 몇 분 뒤 암트랙은 흰색 먼지구름을 일으키며 덜커덩거리며 다가왔다. 운전병이 물었다.

「제5연대 K중대?」

「그렇다. 식량과 탄약을 가지고 왔나?」

「그럼요! 탄약 한 단위[8], 물, 전투 식량…… 어물대다가는 적의 표적이 되니 빨리 내려야 합니다.」

그렇게 말한 운전병은 시동을 끄고 암트랙에서 내렸다.

그 암트랙은 우리가 상륙 작전 때 탔던 것과 동일한 구형 모델이어서 뒷문이 따로 달려 있지 않았다. 그래서 우리는 암트랙에 타고 무거운 탄약 상자를 측벽 위로 올린 다음 바닥으로 내려야 했다.

「자, 서두르자!」

부사관은 그렇게 말했고, 그와 우리 가운데 두 사람이 암트랙으로

---

8 내 경험에 따르면 탄약 한 단위는 하루 동안 격렬한 전투를 벌일 때 소모되는 분량이다. M1 소총은 100발, 카빈 소총은 45발, 45구경 권총은 14발, 경기관총은 1,500발, 그리고 60밀리 박격포는 100발이다 — 원주.

기어올랐다.

그런데 암트랙에 오른 부사관이 놀란 눈을 하고서, 밑에 있는 우리에게는 보이지 않는 보급품을 내려다보았다. 다가가서 보니, 적재된 탄약 상자 아래에 물을 담은 55갤런(약 208리터)짜리 대형 기름통이 보였다. 그 통에 물이 가득 차 있다면 아무리 적게 잡아도 200킬로그램은 족히 된다는 말이었다. 부사관은 암트랙 난간에 걸터앉아 운전병에게 분노를 쏟아 냈다.

「보급 담당 장교란 인간이 머리가 있는 거야 없는 거야? 이 무거운 걸 우리더러 어떻게 내리라는 거야?」

「모릅니다, 저는 운전만 했을 뿐입니다.」

우리는 투덜대면서 보급품을 내리는 작업을 시작했다. 바로 그때 쉬이이익 하는 무섭고 치명적인 소리가 들렸다. 이어 대형 박격포탄 몇 발이 잇달아 우리가 있던 장소에서 멀지 않은 곳에 떨어졌다.

「오…… 큰일 날 뻔했네.」

「여기 와서 좀 도와줘. 자, 빨리 하자, 서둘러!」

부사관이 운전병과 우리를 재촉했다.

「나 참! 나는 이걸 몰고 무사히 귀대해야 합니다. 만일 이게 여기서 퍼져 버리면 소대장이 나를 가만두지 않을 거라구요.」

운전병이 투덜댔다. 우리는 운전병에게 아무런 나쁜 감정이 없었다. 암트랙 운전병들은 펠렐리우섬에서 눈부신 활약을 보였고, 누구나 다 그들을 칭찬했다. 그들의 용맹함과 책임감은 의문의 여지가 없었다.

「미안해 친구, 그렇지만 이 암트랙에서 보급품을 내리지 않으면 우리가 죽어난단 말이야!」

다시 또 몇 발의 박격포탄이 가까운 곳에서 작렬했고 파편이 사방으로 날아가는 소리가 귀를 찔렀다. 적의 박격포 사수들은 협차(夾叉) 사격[9]으로 어떻게든 우리 암트랙을 요절 내려는 모양이었다. 하지만 아군 관측병에게 포격 위치가 발각되는 게 두려웠던지 박격포 발사의 횟수를 조절하고 있었다. 우리는 땀을 뻘뻘 흘리며 탄약 상자를 아래로 내렸다. 물이 담긴 드럼통은 하역 밧줄을 이용해 끌어 내렸다.

「도움이 필요한가?」

뒤에서 들리는 목소리였다. 그는 초록색 던가리에 각반 그리고 우리와 똑같이 위장천으로 감싼 철모를 썼으며 45구경 권총을 차고 있었다. 박격포 사수와 기관총 사수, 장교들은 모두 45구경 권총을 찼다. 전투 현장이었으므로 계급장은 달고 있지 않았다. 그런데 무엇보다 놀라운 사실은 쉰 살도 넘어 보이는 데다 안경을 쓰고 있다는 점이었다. 우리 가운데서 안경을 쓴 장병은 매우 드물었다. K중대에서도 안경을 쓴 사람은 딱 두 명뿐이었다. 그 사람이 이마에 흐른 땀을 닦으려고 철모를 벗었는데, 머리가 희끗희끗했다(사단 사령부와 연대 지휘 본부보다 전방에 있는 사병은 대개 10대 후반에서 20대 초반이었고, 장교라고 해봐야 20대 중반이 많았다).

누군가 소속과 이름을 묻자 이런 대답이 돌아왔다.

「폴 더글러스 대위다. 제1해병사단의 부관이었지만, 어제 제5연대 지휘 본부가 파괴되는 바람에 제5연대 인사장교로 임명받았다. 제5연대 해병대원들과 함께하게 돼 무척 자랑스럽게 생각하고 있다.」

「예에? 대위라고요? 그렇다면 이런 데서 고생하지 않아도 되잖아요?」

동료 한 명이 자기 아버지 나이 또래의 장교에게 탄약 상자를 건네며 믿을 수 없다는 표정을 지었다.

「그렇긴 하다. 그렇지만 최전선에 있는 자네들이 어떻게 지내는지 알고 싶었고 또 할 수만 있다면 돕고 싶다. 자네들은 어디 중대 소속

---

9 포격에서 탄환이 목표물의 전후 또는 좌우에 떨어졌을 때 표적의 반대 방향으로 오차를 줄여 가면서 표적에 접근시켜 가는 일.

인가?」

「K중대 소속입니다, 써.」

그 말에 갑자기 대위의 얼굴이 환하게 밝아졌다.

「아, 자네들이 앤디 홀데인의 중대구만.」

〈대공포〉를 잘 아느냐고 물었더니 그렇다고 했다. 오래전부터 알고 지낸 사이라고 했다. 그런 대화를 나누는 사이에 하역 작업은 모두 끝났고, 우리는 홀데인 대위보다 훌륭한 중대장이 없다는 데 의견이 다르지 않음을 확인했다.

다시 박격포탄 두 개가 근처에 떨어졌다. 어물어물하다간 우리의 운도 조만간에 끝날 것 같았다. 언제 적의 박격포탄이 머리 위에 떨어질지 몰랐다. 그래서 서둘러 운전병을 보냈다. 운전병은 손을 흔들며 빈 암트랙을 몰고 덜커덩거리며 돌아갔다. 더글러스 대위는 우리가 보급품을 짊어지는 것을 돕고 나서는 서둘러 중대로 돌아가라고 지시했다. 어떤 대원이 작게 소곤거렸다.

「미치광이 백발 영감이네. 후방의 연대 본부에 있을 수도 있는데 굳이 여기까지 와서 뭘 하려는 거지?」

그 말을 들은 부사관이 불호령을 내렸다.

「닥쳐라 이 멍청아! 저분은 너 같은 돌대가리들을 도와주려고 오신 거야. 얼마나 훌륭하고 멋지시냐, 엉?」[10]

우리는 각자 보급품을 나누어 지고 더글러스 대위와 헤어져 중대로 귀환했다. 미처 가져오지 못한 보급품은 중대에 있던 다른 대원들 몇 명이 해가 지기 전에 가지고 왔다. 우리는 식사를 하고 밤을 맞

---

10 폴 더글러스Paul Douglas는 제1해병사단에서 전설이 된다. 이 사람은 당시 53세였으며, 시카고 대학교에서 경제학 교수로 재직하다가 해병대에 자원해 이등병 계급장을 달았다. 펠렐리우 전투에서 그는 화염방사기 탄약을 전선으로 나르다가 경미한 부상을 입었다. 오키나와에서는 제5연대 제3대대의 부상병을 이송하던 중 팔에 중상을 입었다. 나중에 회복하긴 했지만 완팔을 예전처럼 온전하게 쓰지는 못했다. 전쟁이 끝나고 여러 해 뒤에 내가 당시 어떤 대원이 〈미치광이 백발 영감〉이라고 했다는 얘기를 해주자 그는 껄껄 웃으면서 제1해병사단에서 복무한 걸 무한한 자랑으로 생각한다고 말했다 ― 원주.

을 준비를 마쳤다. 그날 저녁엔 펠렐리우섬에 상륙한 뒤 처음으로 뜨거운 수프를 먹었다. K레이션에 들어 있던 건조 부용[11]과 예의 그 오염된 물을 수통 컵에 넣고 끓여서 만든 수프였다. 밤이 되어도 좀 처럼 기온이 내려가지 않아 무척 더웠지만, 그 수프는 사흘 만에 처 음으로 맛보는 영양가 높고 기운을 북돋워 주는 음식이었다. 다음 날 우리는 깨끗한 물을 보급받았다. 오염된 물을 마시지 않아도 된 다는 사실은 무척 큰 위안이었다.

스내푸와 내가 있던 박격포 진지 바로 옆의 다른 진지에는 K중대 기관총 소대의 소대장으로 〈힐빌리Hillbilly〉로 불리던 에드워드 존 스Edward A. Jones 중위와 고참 병장 존 테스케비치John A. Teskevich 가 자리를 잡고 있었다. 그날 밤 우리 전투 구역에서는 아군 포병 부 대의 요란 사격이 있었던 것을 제외하고는 비교적 평온했다. 어둠이 깔려 적의 관측병이 우리를 볼 수 없을 때 그 두 사람은 우리 진지로 와서 진지에 걸터앉아 전투 식량을 나누어 먹으면서 우리와 이야기 를 나누었다. 이때 나눈 대화는 내 인생에서 가장 소중한 기억으로 남아 있다.[12]

힐빌리 중위는 K중대 보병 가운데서는 〈대공포〉 홀데인 다음으로 인기가 높았다. 그는 깔끔하고 잘생겼으며 피부색이 희었고, 큰 덩 치는 아니었지만 체격이 다부졌다. 전쟁이 나기 여러 해 전에 사병 으로 입대한 그는 K중대 소속으로 태평양 전선에 투입되어 과달카 날 전투에 참가했으며, 전투가 끝난 뒤 장교 임명을 받았다고 했다. 장교로 임명된 이유를 말하지 않았지만, 우리 대원들 사이에서는 과 달카날에서 뛰어난 활약을 했기 때문이라는 소문이 퍼져 있었다.

당시 우리 보병들 사이에 돌던 농담이 하나 있었다. 장교는 의회 가 정한 법률에 의해 장교가 되고 또 신사가 된다는 말이었다. 힐빌

---

11 고기나 채소를 끓여 만든 육수로서 맑은 수프나 소스용으로 쓴다.
12 힐빌리와 테스케비치 두 사람은 나중에 전사했다 — 원주.

리도 분명 어떤 법률적 근거에 따라 장교가 되었겠지만, 그는 태어날 때부터 신사였다. 전투가 이어지다 보면 누구나 더러워지게 마련이었다. 그러나 그의 얼굴은 늘 깨끗했다. 더럽거나 지저분한 구석은 어디에서도 찾아볼 수 없었다. 그는 신체적으로나 정신적으로 모두 강건했다. 그도 우리와 똑같이 많은 땀을 흘렸지만 어쩐 일인지 전장의 더럽고 열악한 환경이 그를 피해 가는 것 같았다. 게다가 그의 목소리는 조용하고도 유쾌했다. 심지어 명령을 내릴 때도 그랬다. 발음은 부드러웠으며 억양은 미국 남부의 산간 지역이 아니라 나에게 익숙한 디프사우스 지역[13]의 억양 같았다.

힐빌리는 내가 아는 모든 해병대원들과 깊은 존경과 따뜻한 우정을 나누었다. 그는 다른 사람들이 친하게 지내지 못하는 사람들과도 친하게 지낼 수 있는 드문 능력이 있었다. 용기, 리더십, 재능, 진실함, 품위, 솔직함 그리고 열정 등을 두루 갖추고 있었다. 이런 점으로 볼 때 내가 아는 사람 가운데서 그와 필적할 만한 사람은 홀데인 대위가 유일했다.

그날 밤 힐빌리는 자신의 어린 시절과 웨스트버지니아의 고향 이야기를 했다. 나에 대해서도 이것저것 물었다. 전쟁이 나기 전에 해병대 생활이 어땠는지도 이야기했다. 그가 했던 이야기 가운데 내가 기억하는 것은 얼마 되지 않지만, 그의 평온하던 말씨는 결코 기억에서 지워지지 않는다. 나는 그에게 전투 도중 너무 겁을 많이 집어먹은 게 한두 번이 아닌데 다른 대원들은 전혀 그런 것 같지 않아 부끄럽다는 이야기를 솔직하게 털어놓았다.

그러자 그는 빙긋 웃으면서, 다른 대원들도 겁이 나긴 마찬가지지만 말을 하지 않는 것뿐이라고 위로해 줬다. 자기도 겁이 나긴 마찬가지라고 했다. 그리고 맨 처음 경험하는 전투는 뭘 어떻게 해야 할지 모르기 때문에 가장 힘들 수밖에 없다는 말도 했다. 공포는 누구

13 조지아나 앨라배마 등 미국 최남동부의 여러 주.

의 마음에든 다 깃들어 있다고 했다. 용기란 두려워하지 않는 것이 아니라 위험한 상황에서도 그 두려움을 극복하고 주어진 의무를 다 한다는 뜻이라는 말도 했다.

힐빌리와 대화를 나누면서 나는 마음이 편안해졌다. 테스케비치 병장이 합류해 함께 커피를 마실 때 나는 훨훨 날아갈 정도로 마음이 가벼웠다. 대화가 끝나고 우리는 말 없이 커피만 마셨다.

〈너는 전쟁에서 살아남을 거야!〉

그때 갑자기 들린 커다란 목소리였다. 멀리서 나는 소리였지만 분명하게 들었다. 나는 놀라서 힐빌리를 보았고, 그다음에는 테스케비치를 보았다.

「그 소리 못 들었습니까?」

「무슨 소리?」

두 사람은 무슨 영문인가 하는 표정으로 나를 바라보았다.

「누가 분명히 뭐라고 말을 했는데…….」

「아무 소리도 못 들었는데…… 자네는?」

힐빌리가 테스케비치를 보았고 테스케비치는 고개를 저었다.

「저기 왼편에서 기관총 발사음이 들린 것 말고는…….」

얼마 뒤 적의 야습에 대비하라는 지시가 전달되었다. 스내푸가 진지로 돌아오자 힐빌리와 테스케비치는 자기 진지로 돌아갔다. 다른 사람들과 마찬가지로 나 역시 무언가를 계시하는 하늘의 목소리나 환상을 믿지 않았다. 그랬기 때문에 나는 그 이상한 목소리를 아무에게도 이야기하지 않았다. 그러나 그날 밤 나 혼자만 들었던 그 목소리는 분명 신이 나에게 한 말이었다고 믿었다. 그리고 전쟁이 끝난 뒤에는 무언가 소중한 인생을 살아야겠다고 결심했다.

펠렐리우섬에 상륙한 지 사흘째 되던 바로 그 밤에 박격포 진지에 구겨진 채 앉아 있던 나는 문득 목욕을 하고 싶다는 생각이 들었다. 내 몸에서 지독한 악취가 풍기고 있었던 것이다! 내 입에서도 고약한 벌레들이 더러운 발로 기어 다니는 느낌이었다. 머리카락도 비록 짧긴 했지만 먼지와 총기류의 기름투성이였다. 두피는 가려웠고, 더 부룩하게 자란 수염 때문에 더위가 한층 짜증스럽게 느껴졌다. 양치질을 하거나 면도를 할 기회가 있었다 해도 물이 귀했기 때문에 그런 데다 쓸 수도 없었다.

전선에서는 특히 우리 보병의 몸은 불결할 수밖에 없었고, 거기에 따른 불쾌함은 이루 말할 수 없을 정도였다. 내가 아는 모든 장병이 다 그랬다. 그러나 아무리 간이 큰 해병대원이라고 해도 자기 소총과 장비를 깨끗하게 유지하지 않는 사람은 없었다. 말을 함부로 한다든가 머리가 조금 덜 돌아가는 사람은 있었지만 자기 무기와 군복과 몸만은 언제 봐도 완벽했다. 우리는 이런 생활 태도를 신병 훈련소에서 철저하게 교육받았다. 캠프 엘리엇에서는 손톱의 청결 상태까지 철저하게 검사받았다. 이 검사를 통과하지 못하면 자유 시간이 박탈될 정도로 엄격했다. 청결함의 최소 기준을 지키지 않는다는 것은 해병대의 명예를 더럽히는 것으로 간주되어 용서받지 못했던 것이다.

그러나 야외 훈련 때는 달랐다. 제1해병사단의 각 부대는 전통적으로 스스로를 〈누더기 해병대Raggedy-ass Marines〉라고 불렀다. 야외 훈련이나 기동 훈련에 들어가서는 즉시 전투태세를 갖추는 일에 가장 우선순위를 두었고, 겉모습은 전혀 중요하게 여기지 않았기 때문이다. 그러나 훈련을 마치고 나서는 장소가 어디든 상관없이 다른 어떤 것보다 청결을 우선시했다.

그러나 전투 현장에서는 달랐다. 보병에게 청결한 몸 상태를 유지하라는 건 무리한 주문이었다. 불결함은 우리 보병이 맞닥뜨렸던 전반적인 참혹함에 또 한 겹의 참혹함을 덧씌웠다. 공포와 불결함은 손을 잡고 나란히 나아간다. 일상생활에서 그토록 중요한 이 청결함이 역사가들로부터 거의 관심을 받지 못한다거나 보병으로 활동했던 사람들이 남긴 탁월한 회고록 속에서 빠져 있는 경우가 많다거나 하는 사실이 나로서는 지금까지도 늘 수수께끼로 남아 있다. 물론 이것이 그다지 유쾌한 주제가 아님은 분명하다. 그러나 작전에 나갈 때 비가 올까 갤까, 더울까 추울까, 그늘에 있게 될까 작열하는 태양에 노출될까, 혹은 배가 고플까 힘들까 아프지나 않을까 하는 것들은 우리 보병에게 매우 중요한 사항이었다.

다음 날인 9월 18일, 아침 일찍 우리 대포와 81밀리 박격포가 전방에 있는 적의 예상 지점을 두들겼다. 블러디노즈 능선의 동쪽 경사면을 따라서 북쪽으로 진격하려다 중단했던 어제의 작전을 계속 이어 가기 위한 준비 과정이었다. 이 포격은 우리 K중대를 포함한 소총 중대가 공격에 나서기 전에 늘 하던 전형적인 수순이었다. 순서는 이랬다. 우선 중대에 있는 두 문의 박격포가 특정 목표 혹은 적이 있는(혹은 있다고 추정되는) 구역에 포탄을 날린다. 그다음에는 각 보병 소대의 경기관총이 자기 소대의 전방을 샅샅이 훑는다. 마지막으로는 3개 소대의 소총 소대 가운데서 2개 소대가 산개 대형으로 전진한다. 남은 1개 소대는 예비대이다.

보병이 진격을 시작하기 직전에 우리 박격포반은 박격포의 포격을 멈춘다. 기관총 사수도 보병 머리 위로 사격할 수 있는 경우를 제외하고는 사격을 멈춘다. 그러면 보병은 천천히 이동을 시작한다. 체력을 조금이라도 아끼기 위해서다. 그러나 만일 적의 공격을 받으면 이들은 어떤 지점에서 다음 지점까지의 짧은 거리를 빠르게 달리는 것을 반복하면서 앞으로 나아간다. 이런 식으로 보병은 목표 지점까지 나아간다. 박격포 분대는 아군 보병이 적의 완강한 저항에 맞닥뜨릴 때를 대비하고, 기관총 분대는 보병 뒤를 따라서 전진하며 필요할 경우에 지원 사격을 한다.

어떤 작전이든 간에 선봉에 서는 책임은 보병이 맡았다. 그렇기 때문에 보병은 다른 어떤 보직의 병사들보다 맹렬한 공격을 받았다. 물론 기관총 사수의 임무가 힘들긴 했다. 일본군이 우리 기관총의 위력을 두려워해 특히 기관총 사수를 노리고 저격을 했기 때문이다. 화염방사기나 로켓탄을 책임진 병사들 그리고 폭파 공작대도 맹렬한 공격에 노출되긴 마찬가지였다. 또 60밀리 박격포와 대포 사수들은 일본군의 박격포와 대포 그리고 저격병의 표적이 되었다 — 일본군 저격병은 왜 그렇게도 많았던지! 그리고 또 놓치고 그냥 지나친 일본군 기관총 사수의 표적이 되기도 했다 — 일본군 기관총 사수를 우리는 왜 그렇게 자주 놓치고 지나가 버렸던지! 전차 부대도 적의 박격포와 대포의 표적이 되었다. 때로는 아군의 오인 사격에 당하기도 했다. 그러나 가혹한 임무를 수행해야 하는 사람은 언제나 보병이었다. 나머지는 이들을 지원할 뿐이었다.

해병대 전술에서는 공격의 기세를 누그러뜨리지 않는 것이 무엇보다 중요했다. 그래서 단독으로 행동하던 일본군 저격병이나 기관총 사수를 일일이 처리하는 게 불가능했고, 이들을 처리하는 임무는 뒤를 따르던 예비 소대나 중대가 맡아서 했다. 그렇다 보니 전방에서 박격포들이 적을 향해 불을 뿜고 있을 때 후방에서는 지나쳐 버렸거나 혹은 진지를 사수하던 일본군과 예비 부대 사이에서 전투가 벌어지곤 했다. 이 일본군 병사들은 흔히 아군의 뒤에서 사격을 가했고, 이 경우 아군 선발대는 포위된 상태로 많은 피해를 입곤 했다. 해병대의 부대들은 이런 상황에서 유기적으로 기능할 수 있도록 잘 훈련되어 있어야 했으며, 지휘관은 이런 혼란스러운 상황에서도 최상의 선택을 내릴 능력을 갖추어야 했다. 해병대의 이 전술은 1918년 봄에 연합군에 커다란 타격을 가했던 독일 장군 에리히 루덴도르프Erich Ludendorff가 고안한 전술과 비슷했다.

보병은 맹렬한 반격을 받을 때 81밀리 박격포, 대포, 탱크, 함정 그리고 항공기의 지원을 요청했다. 펠렐리우섬에서도 초기에는 이 전술이 위력을 발휘했다. 그러나 산호 능선의 미로에서 서로 지원할 수 있도록 복합적으로 배치되어 있던 일본군의 동굴과 토치카를 공격해야 할 때는 사정이 달랐다. 사상자가 급격하게 늘어나면서 예비대의 보병과 박격포병 그리고 장교들까지 여유가 있는 대원은 누구든 들것을 들고 부상병 구출에 나서야 했다. K중대에 소속된 장병은 펠렐리우에서나 오키나와에서 모두 계급이나 보직과 상관없이 누구든 보병으로 싸워야 했고 또 들것을 들고 뛰어야 했다.

　왼편의 능선에서 날아오는 적의 포탄 때문에 진격은 더뎠다. 아군 비행기가 공중 폭격을 하고 아군 함정과 대포 역시 그 능선을 공격했지만 일본군의 포격은 쉬지 않고 계속되었다. 중대의 사상자 수는 점점 늘어났다. 우리는 적의 포격을 피해서 박격포 위치를 여러 번 바꾸었지만 일본군의 대포와 박격포 공격이 워낙 맹렬했기 때문에 우리 대대는 상당한 피해를 입고서 정오 무렵에 마침내 진격 작전을 취소했다.

　우리 오른쪽에 있던 제5연대 제2대대는 상당한 전과를 올렸다. 이 대대는 적 관측병의 시선을 피해 울창한 밀림을 통해서 전진하다가 진로를 동쪽으로 바꾸어서 이른바 〈랍스터의 발〉 가운데 작은 쪽 반도를 선택해서 진격했다. 우리 제3대대도 이 전과에 편승하기 위해 제2대대의 뒤를 좇아서 습지대에 뻗어 있는 도로를 따라 동쪽으로 이동했다. 이날도 우리는 울창한 밀림의 보호를 받으며 블러디노즈 능선에서 이동했다.

　그랬기에 우리는 그 능선을 필사적으로 공략하는 제1연대 대원들에게 미안한 마음이 들었다. 제1연대에서 너무도 많은 사상자가 나왔기 때문이다.

　「제1연대는 지옥이라는군.」

스내푸의 말에 다들 한마디씩 거들었다.

「불쌍해라.」

「연민의 마음이 들긴 하지만, 제1연대가 어떻게든 저 능선을 확보
해야지 우리가 저기에 투입되는 일이 없을 텐데.」

「능선에서 포탄이 마구 날아올 때는 완전히 지옥 그 자체였잖아,
아무리 망원경을 들고 봐도 발포점을 도무지 찾을 수 없었으니까.」

지난 이틀 동안 능선의 왼쪽 경사면에서 우리에게 쏟아졌던 그 많
은 포탄을 놓고 볼 때 조만간에 제1해병사단의 모든 연대와 모든 대
대에 블러디노즈 능선을 공격하라는 명령이 내려올 것 같다는 생각
이 들었다. 나의 예측은 적중했다.

그 무렵에 제1연대가 처했던 곤경은 우리 제5연대 제3대대에 견
줄 게 아니었다. 그들은 능선을 정면으로 공격하고 있었는데, 적은
동굴 진지에서 맹렬한 포격을 가했을 뿐만 아니라 정확도가 높은 무
시무시한 소총 공격까지 가세했다. 그때 우리 부대는 제1연대와 합
동 작전을 펼치고 있었다. 그 덕분에 후방에 멀찌감치 떨어져서 지
도를 펼쳐 놓고 전황을 추정하는 지휘 본부가 아니라, 전선의 제1연
대 보병들로부터 직접 〈증언〉을 들을 수 있었다.

제1연대 제2대대 대원들이 전한 전황은 이랬다. 아군 포격에 이어
보병이 전진을 시작하자 일본군 복수의 진지들은 서로 연락을 주고
받으며 공격을 퍼붓기 시작했다. 그 바람에 부대의 진격은 저지되었
고 엄청나게 많은 사상자가 발생했다. 가령 경사면을 기어 오르더라
도 우리 대포가 사격을 멈추면 곧바로 일본군이 여러 곳의 동굴 진
지에서 나와 근접 사격을 한 다음 다시 동굴로 돌아갔다. 우리 대원
이 화염방사기나 폭약으로 공격할 수 있을 정도로 적 진지에 가까이
다가가기라도 하면, 그 진지를 지원할 수 있는 다른 진지의 일본군
이 십자포화를 퍼부어 댔다. 우리 눈으로 직접 목격해서 파악할 수
있는 내용은 적었지만 우리 왼쪽에서 필사적으로 싸우는 제2대대로

부터 전해 들은 내용을 놓고 볼 때 블러디노즈 능선 공략은 긴 시간을 요구하는 힘든 작전이 될지 모른다고 생각하는 대원들도 있었다.

부대의 대원들은 봉급을 받고 전투를 치러야 했고(나의 한 달 봉급은 60달러였다) 지휘부는 머리를 써서 생각을 해야 했다. 그러나 지휘부에서는 전황을 낙관적으로만 바라보았다. 능선에 펼쳐진 일본군 방어선은 〈지금이라도 간단하게 돌파할 수 있고〉 펠렐리우섬을 며칠 안에 완전히 확보할 수 있다고 판단했던 것이다.[14]

9월 18일, 우리 제5연대 제3대대가 동쪽으로 이동할 때 대원 한 명이 슬픈 목소리로 말했다.

「슬레지해머, 제1연대 소속 대원에게 들었는데 말이야. 능선 위로 올라가서 녀석들을 공격하라는 명령을 받고 착검을 한다고 앉아 있는데, 갑자기 놈들이 능선 정면으로 총을 쏘아 대더래. 그런데 놈들이 어디에 있는지 코빼기도 보이지 않더래. 그 불쌍한 친구 정말 기가 팍 꺾여 있더라. 그 친구 아무래도 살아서 돌아올 것 같지 않아. 도대체 그런 바보 같은 명령이 어디 있어? 그렇게 계속 해봐야 뭘 얻을 수 있겠어? 그냥 개죽음을 당하는 것뿐이지 뭐.」

그러자 고참병이 말을 받았다.

「그러게! 공을 세울 욕심에 눈이 먼 빌어먹을 장성이 훈장 하나 타고 싶어서 그러는 거 아니겠어? 그 바람에 우리 보병은 죽어 나가고. 장교는 훈장을 타서 고국으로 돌아가면 엄청난 영웅 대접을 받겠지. 영웅은 개뿔! 바보 멍청이들이지. 부하 장병들을 허망한 죽음의 구렁텅이로 몰아넣는 게 영웅은 무슨 영웅이야?」

정말 쓰라린 경험이었다. 내가 알고 있던 사람들 가운데서 가장

14 거의 한 주 동안이나 힘든 전투가 진행되었음에도 불구하고 제1해병사단의 사단장이던 윌리엄 루퍼터스 소장은 제1해병사단만으로도 펠렐리우섬을 어렵지 않게 확보할 수 있을 것이라고 주장했다. 그러다가 제1연대에서 무려 56퍼센트나 되는 사상자가 발생하자 미 3수륙양용군단 사령관이던 로이 가이거 소장이 루퍼터스 소장의 의견을 묵살하고 미 육군 제321보병연대에 도움을 청했다 ─ 원주.

낙관적이던 대원조차 머지않아서 우리 제3대대도 그 무시무시한 블러디노즈 능선 공격에 투입될 게 틀림없다고 확신하면서 두려움에 몸을 떨었다.

죽음의 전투 정찰대

우리가 〈랍스터의 작은 발〉을 향해 나아갈 때 스내푸가 노래를 불렀다. 〈그 웨딩 벨이 나의 오랜 친구들을 깨워 일으킨다네〉라는 가사를 〈오 박격포탄이 나의 오랜 친구들을 박살 낸다네〉로 바꾸어서 부르는 노래였다.[15] 우리는 자주 행군을 멈추고 휴식을 취했다. 열사병으로 쓰러지는 병사의 수를 조금이라도 줄이기 위한 고육책이었다.

등에 짊어진 배낭은 무겁지 않았지만 마치 거대하고 뜨거운 습포를 어깨와 등에 붙여 놓은 느낌이었다. 다들 땀으로 푹 젖어 있었다. 던가리 군복이 조금이라도 말라 있을 때는 그늘에서 휴식을 취할 때나 밤에 잠을 잘 때뿐이었다. 군복이 마르면 어깨선과 허리선 등을 따라서 마치 분필로 선을 그어 놓은 것처럼 염분이 하얗게 묻어 나왔다. 나중에는, 전투가 길게 이어지자 이 군복은 산호 먼지로 범벅이 되고 딱딱하게 굳어져서 부드러운 면 소재가 아니라 캔버스 소재처럼 느껴졌다.

나는 가슴 주머니에 국제 기드온 협회에서 제작한 작은 신약 성서를 넣고 다녔는데, 이것이 펠렐리우 전투 초기의 며칠 동안에는 땀으로 푹 젖어 있었다. 일본군 병사는 주머니에 쏙 들어갈 크기로 녹색 고무 소재의 방수 봉지를 가지고 다녔는데, 여기에 개인 사진이나 종이를 넣어서 보관했다. 나는 그 봉지 하나를 죽은 일본군 시신으로부터 〈해방시켜서〉 신약 성서를 거기에 넣고 다녔다. 이 작은 책은 오키나와의 비와 진흙탕 속에서도 내내 나와 함께했다.

15 원곡은 진 빈센트가 불렀던 「웨딩 벨Wedding Bells」이다.

「따뜻한 식사다!」

숲속에 난 작은 모랫길에서 휴식을 취할 때 누군가가 한 말이었다. 다른 누군가가 믿을 수 없다는 듯이 말했다.

「설마?」

「진짜야, 포크찹[16]이야」

귀를 의심했지만, 그 말은 사실이었다. 우리는 금속제 원통형 용기 앞에 나란히 서서 한 사람씩 뜨거운 포크찹을 배식받았다. 맛있었다. LST 661호의 승무원들이 만들어서 우리 K중대에 보내 준 것이었다. 나는 나중에 기회가 되면 반드시 그 함정의 해군 병사들에게 고맙다는 인사를 할 것이라고 맹세했다.[17]

길에 죽 늘어앉아서 손가락으로 포크찹을 먹고 있을 때였다. 자기 철모를 내 옆에 두고 앉았던 친구 하나가 죽은 일본군에게서 포획한 권총을 만지작거리며 살피기 시작했다. 그런데 갑자기 권총이 발사되었다. 그는 깜짝 놀라서 뒤로 벌렁 나자빠졌다가 이마에 손을 대고는 다시 벌떡 일어났다. 여러 명이 총소리에 놀라 바닥에 엎드렸다. 나는 총구가 불을 뿜는 것을 보았지만 이미 몸에 배어 있던 조건 반사 반응으로 나도 모르게 몸을 구부렸다. 일어선 그 친구의 얼굴을 보았다. 총알이 이마를 살짝 스치기만 하고 지나간 모양이었다. 정말 운이 좋은 친구였다. 그가 다치지 않은 것을 안 다른 대원들은 그 친구를 사정없이 놀려 댔다. 예를 들면 이런 식이었다.

「네 머리가 단단한 줄은 진작 알고 있었지만, 총알까지 튕겨 낼 줄은 몰랐다.」

「10분간 휴식할 때를 빼고는 철모가 필요 없겠네.」

「넌 아직 너무 어려서 위험한 무기는 들고 다니면 안 되겠어.」

「퍼플하트 훈장을 얼마나 받고 싶었으면, 쯧쯧!」

16 뼈가 붙은 돼지 갈비살을 한입에 먹기 좋게 잘라 바비큐 소스와 제공하는 요리.
17 그리고 나는 오키나와 전투가 끝난 뒤인 1945년 7월에 그 맹세를 지켰다 — 원주.

「어릴 때 엄마 관심 끌려고 하던 행동을 그냥 한번 해본 거지?」

그 친구는 이마를 쓱쓱 문지르고는 겸연쩍게 중얼거렸다.

「됐어, 그만 좀 해.」

우리는 작은 길을 따라서 습지를 빠져나갔고, 습지 끝에서 부대를 전개하여 몸을 숨기고 밤을 맞을 준비를 했다. 비교적 평온한 밤이었다. 다음 날 아침, 우리 중대는 남쪽으로 방향을 틀어서 전방에 박격포와 대포의 집중포화를 쏟아부으며 밀림 깊숙한 곳으로 들어갔다. 도중에 일본군 여러 명을 사살했다. 그날 밤 우리 K중대는 다시 전개하고 밤을 맞을 준비를 했다.

다음 날 아침, 우리 K중대는 강력한 전투 정찰대를 조직해서 섬의 동쪽 해안으로 진출하라는 명령을 받았다. 밀림을 뚫고 나가 〈랍스터의 작은 발〉에 해당하는 반도에 다다른 뒤, 북쪽 끝에 있는 맹그로브 습지에 접한 육지에 방어 진지를 구축하는 것이 정찰대의 임무였다. 그곳에서 얼마 동안이나 머물러야 한다는 등의 구체적인 지시는 없었다.

힐빌리 중위가 정찰대 지휘를 맡았다. 인원은 대략 40명이었고 군견 한 마리도 포함되었다. 군견은 도베르만 피셔였다. 선임 부사관은 일명 〈행크〉 헨리 보예스였다. 모든 정찰대가 다 그랬듯이 우리는 소총과 브라우닝 자동 소총BAR으로 무장했다. 또한 기관총 2개 분대와 박격포 분대도 포함되었다. 그리고 총검 솜씨를 발휘할 기회를 결코 놓치는 일이 없었던 헤이니 중사도 정찰대에 자원했다.

고참 부사관이 정찰대의 임무를 간결하게 알렸다.

「G2(제1해병사단 정보부)의 보고에 따르면 습지 건너편 어딘가에 2,000명 규모의 일본군이 있다고 한다. 놈들이 습지를 넘어서 블러디노즈 능선의 자기들 진지로 이동하려고 하면, 포병과 항공대 그리고 지원 부대가 도착하기 전까지는 우리가 놈들을 저지해야 한다. 그것이 우리에게 떨어진 명령이다.」

그러니까 우리의 임무는 적 부대와 한판 붙어 봐서 적의 전력이 어느 정도인지 시험해 보는 것, 혹은 적의 공격에 대비해서 전략적인 요충지를 점령하고 확보하는 것이었다. 어느 쪽이든 간에 나로서는 썩 내키지 않는 임무였다.

우리 정찰대원들은 줄지어 늘어선 다른 대원들의 배웅을 받았다. 전투 식량과 탄약은 추가로 지급되었다. 정찰대의 일원이 되어 울창한 관목숲으로 들어가면서 나는 마치 어린 소년이 난생처음 집이 아닌 다른 곳에서 하룻밤을 자기 위해 가족과 떨어질 때처럼 강렬한 고독감을 느꼈다. 그 순간 나는 K중대가 나의 집이었다는 사실을 새삼 깨달았다. K중대에서 보낸 시간들이 아무리 힘겹고 어려운 상황들이 많았다고 해도 나에게 그곳은 집이었다. K중대는 무슨 사단 무슨 연대 무슨 대대의 무슨 중대라는 단순한 숫자와 알파벳으로 불리는 것 이상의 의미를 지니고 있었다. 나는 K중대의 중대원이었고, 그것이 내 존재의 전부였다.

내가 아는 대부분의 해병대원들은 각자 어떤 대대, 연대 혹은 사단에 소속되어 있든 간에 〈자기〉 중대에 대해서 내가 가졌던 것과 똑같은 감정을 가지고 있었다. 이것은 바로 우리 해병대원의 강고한 단결심의 결과였다(혹은 거꾸로 그 단결심의 이유였는지도 모른다). 해병대 장병들이 자기 중대에 강한 애착을 가진다는 사실은 널리 알려진 사실이었다. 부상으로 후송되어 치료를 받은 뒤에 다시 전선으로 복귀하는 경우 거의 대부분 원래 소속되어 있던 중대로 복귀했다. 이것은 결코 잘못된 감상주의가 아니었다. 오히려 대원들의 사기를 높여 주는 데 강력하게 기여했다. 우리는 모두 자기 부대에 강한 소속감을 가지고 있었으며, 서로를 잘 알고 단단한 신뢰 관계를 맺고 있던 동료들 사이에서 가장 편안한 자기 자리를 찾았다. 부대와 부대원들을 자기 집과 가족처럼 느낀다는 것은 보병 부대에서는 특히 중요했다. 왜냐하면 전투에서 살아남을지 죽을지는 대원들

사이에 얼마나 깊은 신뢰가 형성되어 있느냐에 따라서 갈리는 경우가 너무도 많기 때문이다.[18]

우리 정찰대는 저격병에 대비해서 척후병 몇을 앞세웠다. 대열을 넓게 벌린 진형을 유지하면서 울창한 숲을 관통해서 조용하게 이동했다. 우리 구역은 잠잠했지만 블러디노즈 능선에서는 여전히 포성이 요란했다. 울창한 식물들이 습지를 가득 메우고 있었다. 그 일대는 바다로 이어지는 강 하구의 얕은 지대였고 군데군데 못이 형성되어 있었으며, 온통 맹그로브와 키 작은 판다누스가 빽빽하게 자라고 있었다. 만약 무거운 짐을 들고 가는 사람을 넘어뜨릴 목적으로 어떤 식물을 설계한다면, 얽히고설킨 뿌리가 사방팔방으로 뻗어 있는 맹그로브가 최적의 모델이 될 것이다.

나는 키가 그다지 크지 않은 나무 아래를 지나고 있었다. 이 나무의 꼭대기에는 새 둥지가 있었고 그 안에는 군함새 한 쌍이 사이좋게 앉아 있었다. 그런데 이 새들은 우리를 보고도 전혀 겁을 내지 않았다. 커다란 나뭇가지로 만든 둥지 바깥으로 고개를 내밀고 우리를 멀거니 내려다보기만 할 뿐이었다. 수컷은 우리에게 전혀 관심이 없었다. 녀석은 공기를 흡입해서 목주머니를 부풀리기 시작했다. 암컷에게 구애를 하는 행위였다. 그러더니 2미터가 넘는 날개를 천천히 펼치고 갈고랑이처럼 생긴 부리로 소리 높이 울어 대기 시작했다. 군함새는 어릴 적 모빌 인근의 걸프쇼스[19] 상공에서 높이 날던 것을 본 적이 있지만 그렇게 가까이서 본 건 처음이었다. 군함새뿐 아니라 덩치 큰 다른 흰 새들도 주변의 나무에 앉아 있었지만 종류는 알

18 전쟁 기간에 그리고 전쟁이 끝난 뒤에 육군 병사들에게 들은 이야기인데, 육군에서는 부상자가 후방에서 신체를 회복한 뒤에 전선으로 복귀할 때 원래 소속되어 있던 부대로 돌아가는 경우가 거의 없다고 했다. 육군 병사들은 모두 그게 불만이라고 했다. 아무리 노련한 고참병이라고 하더라도 잘 알지 못하고 익숙하지 않은 부대에 배치되면 또 한 명의 보충병이 되고 말기 때문이라는 게 불만의 이유였다 — 원주.

19 앨라배마주의 연안 도시.

수 없었다.

「슬레지해머!」

동료가 부르는 소리 때문에 잠깐 동안의 현실 도피가 끝나 버렸다.

「새 따위를 왜 그렇게 뚫어지게 바라보고 있어? 그러다가 낙오된다, 정신 차려!」

동료는 나더러 서두르라는 뜻의 몸짓을 크고 세차게 했다. 그 친구는 내가 잠시 정신을 잃었다고 생각한 모양이었다. 아닌 게 아니라 실제로 그랬다. 한가하고 호사스럽게 새나 관찰하고 있을 장소나 시각이 아니었다. 하지만 그때 나는 펠렐리우섬에서 자행되는 끔찍한 인간 행동의 공포에서 잠시나마 벗어나서 유쾌하고 상쾌한 환상을 즐겼다.

우리는 계속 전진하다가 버려진 일본군 벙커 근처에서 잠시 숨을 돌렸다. 코코야자 줄기와 산호 바위로 엄폐물을 만든 벙커였다. 우리는 이 벙커를 우리 전투 정찰대의 지휘 본부로 삼았다. 우리는 그 주변에 전개해서 참호를 파고 몸을 숨겼다. 그런데 그 구역은 수면보다 1미터 정도밖에 높지 않았던 덕분에 산호 지반이 상대적으로 덜 단단했다. 우리한테는 다행이었다. 우리 박격포 분대는 지휘 본부에서 약 10미터, 습지의 수면에서는 약 1미터 떨어진 지점에 참호를 파고 박격포를 설치했다. 얽히고설킨 맹그로브 뿌리가 워낙 빽빽했기 때문에 우리 정찰대의 주변 삼면으로는 겨우 1미터 앞까지밖에 보이지 않았다. 그 어떤 소음도 내지 말라는 명령을 받았기 때문에 박격포 조준을 위한 영점 사격도 할 수 없었다. 만일 우리가 소음을 내고 이 소음을 일본군이 듣는다면 우리가 의도하던 기습의 효과는 날아가 버릴 터였다. 그랬기에 박격포 분대는 우리의 공격 방향이 될 가능성이 높은 쪽으로 포구를 향한 채 박격포를 설치하기만 했다. 그리고 전투 식량으로 식사를 해결하고 무기를 점검하고는 다가올 긴 밤을 준비했다.

어둠이 깔리고 안개비가 흩뿌렸다. 그 무렵 암호가 전달되었다. 나무에 맺힌 물방울이 수면으로 떨어지는 소리를 듣고 있자니 적막감이 스며들었다. 그때까지 경험한 밤들 가운데서 가장 깜깜한 밤이었다. 구름이 덮어 버린 밤하늘은 칠흑처럼 검었다. 하늘이 어디까지이고 우리를 둘러싸고 있는 맹그로브가 어디까지인지 도무지 분간할 수 없을 정도였다. 거대한 블랙홀이 나를 집어삼켜 버린 것 같았다. 손을 뻗어서 참호의 벽을 더듬어야만 현실의 나를 깨달을 수 있었다. 그때, 그 상황이 뜻하는 현실의 의미가 천천히 머릿속에 정리되었다. 그렇다, 우리는 소모품이다!

받아들이기 어려운 진실이었다. 우리는 생명과 개인의 가치를 소중히 여기는 나라에서 태어나고 또 그런 문화 속에서 성장했다. 그런데 자기의 목숨 가치가 보잘것없는 것으로 다루어지는 상황에 놓여 있다는 사실은 고독감을 극한으로 증폭시켰다. 비참한 경험이었다. 고참병들 대부분은 이미 과달카날이나 글로스터에서 이런 사실을 깨달았었다. 그러나 내가 그 깨달음을 얻은 것은 전투 정찰대의 일원으로 습지에서 보내던 바로 그 밤이었다.

글로스터 전투에 참가했던 조지 사렛은 나와 같은 진지에 있었는데, 우리는 서로 용기를 북돋우려고 노력했다. 그는 텍사스에서 보냈던 어린 시절 이야기를 했고 또 글로스터 전투 이야기를 했다.

그런데 헤이니 중사가 대원들의 배치 상황을 확인하기 위해서 돌아볼 것이라는 말이 돌았다. 그리고 얼마 뒤에 헤이니가 우리에게 포복으로 다가와서 물었다.

「암호가 뭐야?」

조지와 나는 지정된 암호를 말했다.

「너희들, 정신 똑바로 차려, 알겠나?」

「알겠습니다.」

헤이니는 다시 포복 자세로 지휘 본부로 돌아갔다. 헤이니는 거기에서 자리를 잡고 밤을 새울 것이라고 나는 생각했다.

「아마 한동안은 귀찮게 하지 않고 조용하겠지.」

「그랬으면 좋겠다.」

하지만 우리의 기대는 빗나갔다. 한 시간도 지나지 않아서 헤이니가 다시 나타났던 것이다.

「암호가 뭐야?」

그가 참호 앞에 고개를 쑥 내밀면서 물었다. 조지와 내가 암호를 말했다.

「좋았어. 무기 잘 점검해. 총알은 장전되어 있지?」

그는 우리 두 사람에게 각각 물어서 확인했다.

「박격포도 언제든 사격할 수 있도록 준비해 둬. 일본놈들이 총검을 꽂은 소총을 치커들고 습지를 건너올지도 모른단 말이야. 그럴 때는 최대한 신속하게 포탄과 고성능 작약탄을 쏘란 말이야, 알았나?」

헤이니는 그렇게 말하고 돌아갔다. 조지가 투덜거렸다.

「머리가 살짝 돌아 버린 저 사람은 제발 좀 차분하게 가만히 있으면 좋겠다. 우리를 마치 아무것도 모르는 신병 취급하잖아.」

조지는 냉정하고 침착한 역전의 용사였지만 그때는 나와 똑같은 마음이었다. 헤이니 때문에 조마조마한 마음이 더 예민해졌다.

시간은 아주 느리게 흘렀다. 우리는 깜깜한 어둠 속에서 혹시 있을지도 모를 적의 움직임을 포착하기 위해서 눈과 귀를 활짝 열고 있었다. 밀림에 사는 동물들이 내는 소리가 들렸다. 무언가가 물에 빠지는 풍덩 하는 소리가 들릴 때마다 심장은 덜컹 내려앉았고 모든 근육이 수축했다. 한 시간마다 반복되는 헤이니의 점검은 점점 더 심해졌다. 헤이니는 점점 더 예민해지는 것 같았다.

「헤이니가 돌아다니지 못하도록 힐빌리가 놈을 지휘 본부에다 꽁꽁 묶어 두면 좋겠다.」

손목시계의 야광 바늘이 자정을 가리켰다. 그런데 지휘 본부에서 이상한 소리가 들렸다.

「오, 아, 오…….」

낮은 목소리는 길게 여운을 끌며 잦아들었다. 그러다가 그 소리가 또 반복되었다. 불길한 예감이 들었다.

「뭐죠?」

「누가 악몽을 꾸나 보지 뭐.」

조지의 목소리도 바짝 긴장한 상태였다.

「조용히 입을 다물고 있어야지, 안 그랬다가는 저 빌어먹을 습지에 있는 일본놈들이 모두 우리 위치가 어디인지 알아차릴 거야.」

그때 지휘 본부에 있는 누군가가 왔다 갔다 하고 온몸을 요동치는 듯한 소리가 들렸다. 그러자 우리 가까이에 있던 몇몇 대원들이 말했다.

「조용히 해!」

힐빌리의 낮지만 단호한 목소리였다.

「저 녀석 진정시켜!」

「살려 주세요! 살려 주세요! 오오 신이시여, 살려 주세요!」

절박하게 외치는 목소리였다. 그 가여운 해병대원은 완전히 돌아버린 상태였다. 전투의 극심한 스트레스가 그의 정신을 마침내 부숴버린 것이다. 사람들이 그를 진정시키려고 했지만 그는 계속 격렬한 움직임을 이어 갔다. 힐빌리는 연민이 담긴 목소리로 문제의 그 대원에게 괜찮다고 말하며 진정시키려고 노력했다. 하지만 이런 노력은 실패로 돌아갔다. 슬프게도 우리 중대원의 망가진 신경은 임계점을 넘고 말았다. 그는 더 큰 소리로 비명을 질러 댔다. 누군가가 자기 양팔을 붙잡고 제압하자 이번에는 군견에게 하소연을 하기 시작했다.

「개야, 나 좀 살려 줘! 일본놈이 나를 붙잡았어! 일본놈이 나를 붙잡았단 말이야. 나를 바다에 던져 버릴 거야!」

그때 누군가가 주먹으로 그 대원의 턱을 때리는 소리가 들렸다. 그렇게라도 해서 기절을 시켜야 했을 것이다. 하지만 그것도 소용없었다. 그는 마치 들고양이처럼 있는 힘껏 고함을 질러 대면서 저항했다.

그러자 위생병이 그에게 모르핀 주사를 놓았다. 잠을 재우기 위해서였다. 그것도 소용없었다. 모르핀 주사를 한 번 더 놓았다. 하지만 그것도 효과가 없었다. 고참병들도 이 소동에 잔뜩 긴장했다. 이 소동 때문에, 가까이 있을 게 분명한 적들에게 아군의 위치가 노출되었을 게 분명하다고 믿었기 때문이다.

「야전삽으로 얼굴을 갈겨 버려!」

지휘 본부에서 누군가가 그렇게 말했다. 이어서 〈퍽!〉 하는 불쾌한 소리가 들렸다. 그리고 마침내 조용해졌다.

「아아, 불쌍하네.」

옆 참호에 있던 대원이 말했고, 또 누군가가 동조했다.

「그러게. 그런데 이런 소동이 있었는데도 일본놈들이 아직도 우리 위치를 파악하지 못했다면 녀석들도 형편없는 놈들이군.」

다시 무거운 긴장감이 우리 정찰대를 덮었다. 이 소동 때문에 헤이니는 한층 더 빈번하게 참호들을 돌았다. 그는 마치 흥분한 악마처럼 행동했다. 그리고 경계를 철저히 하라고 쉬지 않고 경고했다.

마침내 아침이 왔다. 영원히 끝날 것 같지 않던 어둠이 걷혔다. 그러나 우리의 신경은 여전히 곤두서 있었다. 나는 어젯밤에 있었던 소동의 진상을 알고 싶어서 지휘 본부로 가보았다. 문제의 그 대원은 죽어 있었다. 판초로 덮인 시신이 벙커 옆에 놓여 있었다. 힐빌리와 행크 그리고 지휘 본부에 있던 다른 사람들의 얼굴에서 지독한 고뇌를 읽을 수 있었다. 그 표정에는 간밤의 그 소동 속에서 느꼈던 공포가 고스란히 담겨 있었다. 그 자리에 있던 사람들 가운데 다수는 용맹함과 무공을 이미 인정받았거나 장차 인정받을 사람들이었다. 그러나 그날 아침에 그들의 얼굴에서 보았던 것보다 더 지독한 고뇌는 지금까지 한 번도 보지 못했다. 어쨌거나 그들은, 비슷한 상황을 맞았을 경우에 우리들 가운데 누구라도 했을 행동을 한 것뿐이다. 다만 잔인한 확률의 기회가 하필이면 그들에게 돌아갔을 뿐이다.

힐빌리가 무전병에게 지시했다.

「정찰대를 데리고 대대로 복귀하겠다. 대대 지휘 본부를 호출해라.」

무전병은 백팩 크기의 대형 무전기를 켜고 주파수를 맞췄다. 힐빌리는 대대장인 구스타프슨 소령에게 정찰대를 이끌고 복귀하고 싶으니 허락해 달라고 했다. 무전기를 통해 흘러나오는 대대장의 말은 모두가 다 들을 수 있었는데, 대대장은 사단 정보부가 일본군의 위치를 확인할 수 있을 때까지 앞으로 이틀 동안 더 머물러 있으면 좋겠다고 했다. 그러나 힐빌리는 차분한 음성으로 대대장의 의견에 반대하면서, 정찰대가 비록 단 한 발의 총알도 발사하지 않았지만 우리 정찰대 대원들의 신경 상태로 봐서는 귀대하는 게 옳다는 의견을 밝혔다. 힐빌리의 이런 의견 표명에 그 자리에 있던 고참병들이 일제히 놀랐다. 하지만 그들은 모두 미소를 머금었다. 다행히 대대장은 그의 의견을 받아들였다.

「귀관들이 무사히 귀대할 수 있도록 탱크 한 대와 구급대를 보내겠다.」

대대장이 그런 결정을 내린 것은 힐빌리의 판단을 존중했기 때문이라고 나는 지금도 믿는다.

정찰 임무를 포기하고 귀대한다는 소식은 대원들 사이에 빠르게 퍼졌다. 우리는 모두 안도의 한숨을 내쉬었다. 그리고 약 한 시간 뒤, 탱크가 다가오는 소리를 들었다. 탱크가 울창한 숲을 밀고 우리 앞에 나타났다. 낯익은 우리 K중대 대원들과 함께였다. 그 가여운 대원의 죽음에 대해서 그 뒤로 나는 그 어떤 공식적인 설명도 듣지 못했다.

임무 교대

그 뒤 며칠 동안 제5해병연대는 〈랍스터의 작은 발〉 즉 남쪽에 있는 작은 반도 대부분 지역을 정찰했다. 그리고 일본군이 상륙 작전을 펼치면서 반격할 기회를 차단하기 위해서 해안을 따라서 방어 진지를 몇 군데에 설치했다.

상륙 11일째인 9월 25일경, 지칠 대로 지친 제1해병사단 제1연대는 육군 제81보병사단의 제321보병연대와 임무 교대를 했다. 제1해병연대는 우리 제5연대가 전개하고 있던 구역으로 이동해서 파부부 섬으로 돌아갈 배를 기다렸다. 한편 우리 제5연대도 배치 구역이 바뀌었다. 비교적 평온하던 해안을 떠나서 서쪽 도로를 타고 앉은 구역으로 배치된 것이다. 거기에서 블러디노즈 능선의 서쪽 경사면을 타고 북쪽으로 진격할 예정이었다. 우리는 군장을 챙겨서 트럭에 몸을 실었다.

우리가 좁은 도로의 한쪽으로 길을 따라서 걸어갈 때 반대쪽에서 제1해병연대 대원들이 우리 쪽으로 걸어오는 게 보였다. 그리고 마침내 두 부대가 도로의 한 지점에서 만났고, 이때 잠시 행군은 중단되었다. 내가 알던 많은 대원들의 얼굴이 보이지 않는다는 사실에 나는 충격을 받았다. 아는 얼굴들 사이에 인사가 오갔고, 우리들 사이에서는 공통으로 아는 대원의 안부를 묻는 질문들이 오갔다. 그런데 제1연대에서 전해진 슬픈 소식은 너무도 많아서 놀란 입을 다물 수 없을 정도였다.

「너희 중대에서는 몇 명이 살아남았어?」

캠프 엘리엇에서 친하게 지냈던 한 대원에게 묻자 그는 피로와 수면 부족으로 충혈된 눈으로 나를 바라보고는 제대로 말을 잇지 못했다.

「중대 전체에서 스무 명밖에 안 돼. 전멸 직전까지 갔어. 엘리엇에서 박격포 훈련을 함께 받았던 친구들 가운데서 나 혼자 살아남았어.」

나는 머리를 흔들며 입술을 깨물었다. 터져 나오려는 울음을 억지로 참았다. 그리고 친구에게 이렇게 말했다.

「파부부에서 다시 보자.」

친구는 힘이 하나도 없는 음성으로 대답했다.

「행운을 빌어 줄게.」

하지만 내가 살아 돌아오기는 불가능하다고 생각하는 눈치였다.

제1연대 소속 중대는 소대 규모로 쪼그라들어 있었다. 소대는 분대 규모로 인원수가 줄어들었고, 장교는 거의 보이지 않았다. 저 끔찍한 능선에서 그들과 똑같은 운명이 우리 제5연대를 기다리고 있지 않을까 하는 생각이 들었다.

〈유혈이 낭자한 사투를 20일 동안 낮과 밤에 걸쳐서 벌이고 10월 15일까지 버티면 우리 연대는 교대된다. 그러나 그때가 되면 우리 연대도 제1연대처럼 대원의 수가 대폭 줄어들어 있겠지…….〉

우리를 태운 트럭은 동쪽 도로를 따라서 남쪽으로 달리다가 다시 서쪽 도로를 따라서 북쪽으로 조금 더 달렸다. 도중에 비행장을 덜컹거리며 가로질러 달렸는데, 비행장은 놀랄 만큼 달라져 있었다. 해군 공병부대가 그사이에 놀라운 솜씨를 발휘한 것이다. 중장비가 도처에 널려 있었으며, 수백 명의 대원들이 막사 생활을 하면서 마치 하와이나 오스트레일리아에 있는 것처럼 자기에게 주어진 임무를 평온하게 수행하고 있었다. 육군과 해병대의 여러 무리들이 먼지를 일으키며 지나가는 우리 트럭 행렬을 지켜보았다. 그들은 모두 깨끗한 모자와 군복을 입고 있었으며, 수염도 말끔하게 깎았고, 표정도 평온해 보였다. 그들의 눈은 호기심으로 가득 차 있었다. 마치 서커스단의 맹수들을 보듯이 우리를 바라보았다. 나는 트럭에 타고 있는 동료 대원들을 보고서야 그들이 왜 그런 눈으로 바라보는지 알았다. 그들과 우리가 달라도 너무 달랐기 때문이었다. 우리는 완전 군장 차림이었고, 철모를 썼으며, 면도를 하지 않았고, 더러웠으며, 지쳤고 또 초췌했다. 비전투 대원의 깨끗하고 평온한 모습을 보고 우리는 마음이 무거워졌다. 그래서 우리는 방금 보았던 미국의 물량과 기술이 얼마나 어마어마한가 하는 등의 화제를 놓고 이야기를 하면서 사기를 높이려고 애를 썼다.

블러디노즈 능선은 이미 아군이 장악하고 있었다. 이 능선의 서쪽 경사면과 나란하게 이어지는 서쪽 도로를 잠시 더 달린 뒤에 우리는 트럭에서 내렸다. 가장 가까운 능선에서 총성이 들렸다. 우리가 트럭에서 내릴 때 도로를 따라 걷던 부대는 앙가우르 전투에 참가했던 제321보병연대 소속의 육군 보병 부대였다.

육군 대원들과 몇 마디 말을 주고받았는데, 그들을 향한 깊은 동지애와 존경심이 생겨났다. 기자나 역사학자는 육군과 해군과 해병대 사이의 경쟁 의식을 즐겨 다룬다. 물론 그런 게 있긴 하지만, 어느 군에 속하든 간에 최전선의 전투 대원들은 생사를 넘나드는 동일한 위험에 직면하고 또 고난을 함께 나누기 때문에 서로를 진정으로 존중할 수밖에 없음을 깨달았다. 육군과 해군 병사들은 우리를 〈자이린〉20이라고 부르고 우리는 그들을 각각 〈개 낯짝dogface〉과 〈탈지면swabby〉이라고 불렀지만, 우리는 서로를 완벽하게 존경했다.

제1해병연대가 철수하고 육군 부대가 그 자리를 대신한 뒤로 펠렐리우섬에서의 공방전은 새로운 단계로 접어들었다. 해병대는 블러디노즈 능선을 정면으로 공격하는 무리한 작전을 감행하지 않았고, 따라서 아군의 피해가 심각하게 발생하는 일은 없었다. 그 대신

20 gyrene. 군인이란 뜻의 〈GI〉와 해병대란 뜻의 〈marine〉의 합성어이다.

섬의 서쪽 연안을 토벌했다. 그렇게 적의 방어선을 어지럽히면서 북으로 치고 올라가, 적의 마지막 저항 거점으로 파고들 경로를 탐색했다.

비록 그 뒤로도 두 달 동안이나 길고 힘든 공방이 이어지긴 했지만, 결국 제1해병연대는 처음 한 주간의 전투에서 전략적인 요충지들을 모두 점령했다. 몇 차례의 끈질긴 공격 끝에 중요한 비행장을 확보했으며, 이 비행장을 북쪽에서 내려다보던 능선 경사면을 제압했다. 또한 우무르브로골산(중앙 고지)의 남쪽과 동쪽 지역도 완전히 제압했다. 하지만 아군의 피해도 적지 않았다. 3,946명의 사상자가 났기 때문이다. 1개 연대가 전투력을 상실했고, 나머지 2개 연대의 전력도 격감했다.

5장 또 한 번의 상륙 작전

　제5해병연대의 다음 임무는 섬의 북부 구역 즉 〈랍스터의 큰 발〉을 장악하는 것이었다. 그 작전이 끝난 다음에는 우무르브로골산의 동쪽 경사면을 타고 남하해서 일본군을 고립시켜 완벽하게 포위하는 것이었다. 우리 보병 대부분은 파부부에서 훈련을 받을 때를 제외하고는 펠렐리우섬의 지도를 본 적이 없었고, 〈우무르브로골산〉이라는 정식 명칭을 들어 본 적도 없었다. 우리는 그저 그 능선 지형을 〈블러디노즈〉나 〈블러디노즈 능선〉 혹은 〈능선〉이라고만 불렀었다.

　육군이 형성하고 있던 전선을 통과해서 이동할 때 일본군의 기관총이 우리 오른쪽의 능선 경사면에서 마구 불을 뿜었다. 그 총알들은 우리를 묶어 두기만 했을 뿐 우리 머리 위를 지나서 도로 쪽으로 날아갔다. 지형은 평탄했고 나무가 무성하게 자라 있었다. 탱크들이 우리를 지원했다. 적은 우리 오른쪽에 있는 높은 위치의 산호 능선과 펠렐리우섬 북쪽으로 수백 미터 떨어진 은제세부스섬에서 소화기와 대포와 박격포로 공격했다.

　우리 대대는 서쪽 도로와 동쪽 도로가 만나는 지점에서 동쪽 도로를 따라서 남쪽으로 내려가다가, 해 질 무렵에 진격을 멈췄다. 평소처럼 참호를 팔 수는 없었기 때문에 포탄이 떨어져서 생긴 커다란 구덩이나 우묵한 곳을 찾아 주변을 돌로 쌓았다. 혹시 있을지도 모를 적의 공격에 대비하기 위해서였다.

나는 5갤런(약 20리터)짜리 물통을 중대 본부로 가지고 오라는 명령을 받았다. 물통을 들고 중대 본부로 갔을 때 홀데인 중대장은 작은 손전등 불빛 아래 열심히 지도를 살피고 있었다. 바로 옆에서는 중대장의 전령이 다른 지도를 들고 손전등의 불빛이 새어 나가는 것을 막고 있었다. 그리고 중대 무전병은 중대장의 곁에 앉아서 무전기의 주파수를 맞추고 낮은 목소리로 제11해병연대의 포병중대를 불렀다.

나는 물통을 내려놓고 그 위에 걸터앉았다. 그리고 우리 중대장의 그 멋진 모습을 존경심을 담아서 지그시 바라보았다. 그때 나는 나에게 그림 그리는 재능이 없다는 사실을 처음으로 안타까워했다. 그의 멋진 모습을 그리고 싶었지만 그럴 재주가 없었기 때문이다. 손전등의 희미한 불빛이 지도를 살피는 홀데인 대위의 얼굴을 비추었다. 검은색 수염으로 뒤덮인 그의 커다란 턱이 유난히 앞으로 튀어나와 보였다. 그리고 철모 아래로 짙은 눈썹이 꿈틀거리고 있었다. 무언가를 골똘하게 생각할 때 그가 짓는 눈썹의 모양이었다.

무전병이 송수화기를 그에게 건넸다. 그는 K중대 바로 앞에 75밀리 고성능 작약탄을 몇 발 쏴달라고 요청했다. 무전기의 건너편에서는 굳이 그럴 필요가 있는지 설명해 달라고 요구했다. 그러자 홀데인은 유쾌하면서도 단호하게 대답했다.

「나는 우리 중대원들이 안전하다고 느끼게 해주고 싶습니다.」

그리고 얼마 뒤, 75밀리 포탄이 쇳소리를 내며 우리 머리 위를 지나서 길 건너편의 깜깜한 숲을 때리기 시작했다.

다음 날 나는 중대 본부에서 〈대공포〉가 무전기에다 대고 했던 말을 몇몇 대원들에게 말했다. 그러자 한 대원이 단 한마디로 홀데인 대위의 행동을 요약했다.

「그러니까 〈선장〉이지. 언제나 중대원들의 마음을 생각하는 선장 말이야.」

야영을 시작하고 여러 시간이 지난 뒤였다. 우리 참호에서 내가 불침번을 설 차례였다. 스내푸는 잠이 들었다가 깨기를 반복하면서 이를 심하게 갈았다. 이를 가는 건 전투 현장에서 쪽잠을 잘 때면 늘 나타나던 그의 잠버릇이었다. 산호 자갈을 깔아서 만든 길은 여명 속에서 반짝거렸다. 나는 길 저편에 검은 장벽처럼 서 있는 무성한 숲을 응시했다.

그런데 길 건너편 얕은 도랑에서 사람 그림자 두 개가 빠르게 뛰어나왔다. 두 팔을 크게 휘저으면서 쉰 목소리로 일본말로 뭐라고 하면서 다가왔다. 숨이 멎는가 싶더니 심장이 고동치기 시작했다. 나는 급히 카빈 소총의 안전 장치를 풀었다. 적병 가운데 한 사람은 오른쪽으로 방향을 잡고 길을 따라 조금 달려가더니 길을 건넜다. 그러고는 내 오른쪽에 있는 중대 전선의 한 참호 안으로 사라졌다. 나는 다른 적병을 조준했다. 그는 총검을 자기 머리 위로 빙빙 돌리면서 나를 향해 달려왔다.

나는 아직은 총을 쏠 수 없었다. 왜냐하면 적병과 나 사이에는 참호가 하나 있었고 거기에는 두 명의 대원이 있었기 때문이다. 만일 내가 총을 쏜다면 그 대원들이 응사를 하려고 몸을 일으킬 것이고 그러면 내가 쏜 총에 등을 맞을 게 분명했기 때문이다. 그때 뇌리를 스치는 생각이 하나 있었다.

「샘이나 빌은 왜 저 녀석을 쏘지 않지?」

일본군은 짐승처럼 괴성을 지르면서 샘과 빌이 있는 참호로 뛰어들었다. 필사적인 육박전이 이어졌다. 괴성과 욕설, 동물이 내는 듯한 목구멍 깊숙한 곳에서 나는 소리와 신음 소리가 들렸다. 재차 남자 둘이 서로 붙잡고 치고받는 소리가 그 참호에서 들려 왔다.

그런데 거기에서 한 사람이 튀어나오더니 지휘 본부 쪽으로 몇 걸음 달려갔다. 이어서 그 옆에 있던 다른 참호에서 해병대원이 튀어

나오더니 소총의 총구 부분을 잡고 마치 야구 방망이를 휘두르듯이 필살의 일격을 날렸다. 지휘 본부 쪽으로 가던 일본군이 픽 쓰러졌다.

한편 또 다른 일본군이 뛰어들었던 오른쪽 참호에서는 고통의 비명이 길게 이어졌다. 뭐라고 설명하기 어려운 끔찍하고 고통스러운 비명이었다. 나로서는 눈앞에 전개되는 사건보다 그 야만적이고 원시적인 비명이 훨씬 더 무섭고 불안했다.

그 순간 내 앞에 있던 참호에서 총성이 한 발 울렸고, 이어서 샘의 목소리가 들렸다.

「내가 녀석을 잡았어!」

소총 개머리판에 맞은 일본군은 내가 있던 참호에서 왼쪽으로 7미터쯤 떨어진 곳에 쓰러져서 신음을 뱉어 내고 있었다. 오른쪽에서 들리던 비명이 갑자기 뚝 끊겼다. 다들 경계 태세에 돌입했다.

「적병은 모두 몇 놈이냐?」

내 옆에 있던 병장이 물었고, 내가 대답했다.

「두 명 봤습니다.」

「더 있는 게 분명해!」

누군가가 말했다.

「아닙니다, 두 명이 저쪽에서 길을 건넜습니다. 한 명은 오른쪽으로, 저기 비명 소리가 난 참호로 갔고, 또 한 명은 샘이 있는 참호로 갔고…….」

「말이 안 되잖아, 두 명밖에 없었다면 저기 저 녀석은 뭐야?」

병장이 소총 개머리판을 맞고 쓰러져 있는 일본군을 가리켰다.

「모르겠습니다, 하지만 분명히 두 명만 봤습니다. 확실합니다.」

나는 단호하게 말했다. 그때 그렇게 일관되게 말했기에 나는 지금까지도 마음의 평온함을 유지하고 있다.

「제가 확인해 보겠습니다!」

부근의 참호에 있던 대원이 말하고는 포복 자세로 어둠 속에서 신음을 뱉어 내는 사람에게 다가갔다. 45구경 권총 소리가 났다. 그러자 신음 소리는 멈추었고, 그 대원은 자기 참호로 돌아갔다.

몇 시간 뒤에 여명이 밝아 왔고, 주변 사물들이 희미하게 보이기 시작했다. 그런데 내 왼쪽에 쓰러져 있는 적의 병사가 어쩐지 일본인처럼 보이지 않았다. 해병대의 던가리 바지와 각반 차림을 한 적병일 수도 있고, 아니면 우리 해병대원일 수도 있었다. 나는 가까이 다가가서 살펴보았다.

그러나 가까이 다가가기도 전에 그게 누군지 알 수 있었다.

「오오 신이여!」

내 입에서는 공포에 짓눌린 비명이 새어 나왔다. 여러 대원들이 무슨 일이냐고 물었다.

「빌이잖아…….」

장교 한 명과 부사관 한 명이 지휘 본부에서 나왔다.

「빌이 적병이 쏜 총에 맞았나?」

부사관의 물음에 나는 아무 대답도 하지 않았다. 그저 멍하게 부사관의 눈만 바라보았다. 그러고는, 자기가 확인하겠다면서 어둠 속에서 신음 소리를 내던 빌에게 기어갔던 대원을 바라보았다. 그는 빌이 일본 병사인 줄 오인하고 빌의 관자놀이를 권총으로 쏘았었다. 빌은 자기가 참호에서 나간다고 그 누구에게도 말을 하지 않았던 것이다.

자기가 빌을 쏘았다는 사실을 깨달은 대원의 얼굴이 흙빛으로 바뀌었다. 그의 턱은 덜덜 떨고 있었다. 금방이라도 울음을 터트릴 것 같은 얼굴이었다. 그는 남자답게 중대 본부로 가서 자기가 빌을 쏘았다고 말했다. 중대장은 사건의 경위를 정확하게 파악하기 위해서 나를 포함해서 주변 참호에 있던 대원들을 불러서 질문을 했다. 중대장은 혼자 따로 앉아 있었다.

「간밤에 무슨 일이 일어났는지 아나?」

나는 잘 안다고 대답했다.

「네가 본 사실을 정확하게 얘기해 봐라.」

나는 일본군 두 명을, 정확하게 두 명을 보았다고 이야기했고, 어젯밤 현장에서도 그렇게 말했다고 했다. 그리고 그 두 명이 어디로 가는지도 보았다고 했다.

「누가 빌을 죽였는지 아나?」

「예, 압니다.」

그러자 그는, 그 사건은 그런 상황에서는 누구나 저지를 수 있는 비극적인 실수이니까 그 일을 언급하거나 내가 본 그 대원의 이름을 절대로 말하지 말라고 했다. 그러고는 가보라고 했다.

그 비극적인 사건에서 기본적인 신뢰를 저버린 악당은 샘이었다. 그 일이 일어나던 시각에 빌은 부족한 잠을 보충하고 있었다. 그리고 그 시각에 그 참호에서 경계 근무를 책임졌던 사람은 샘이었다. 임무 교대를 할 때는 경계를 서던 사람이 미리 정해진 시각에 자고 있던 사람을 깨워서 그동안 자기가 보거나 들은 사실들을 알려 주고, 그다음에 잠을 청하는 것이 당연히 지켜야 하는 규정이었다.

전투 현장에서의 이 표준적인 절차는 성실과 신뢰라는 기본적인 신조를 바탕으로 했다. 2인 1조의 참호에서 두 사람은 서로를 믿고 자기 목숨을 서로에게 의지할 수밖에 없다. 한 사람이 잠을 자면 다른 한 사람은 경계를 서야 했다. 그런데 이 기본적인 신뢰를 샘이 깨버린 것이다. 그 결과 동료는 죽었고, 착오로 방아쇠를 잘못 당긴 또 다른 대원은 후회의 무거운 짐을 짊어져야 했다.

샘도 자기가 졸았을지도 모른다는 사실을 인정했다. 이 사건 때문에 대원들이 샘을 대하는 태도가 매우 냉담해졌다. 그는 자기 행동을 후회하고 뉘우쳤지만, 다른 대원들은 그를 대놓고 비난했다. 그는 너무도 피곤했던 나머지 깜박 잠이 들고 말았다며 울면서 용서를 구했지만, 똑같이 많이 피곤했지만 끝까지 신뢰를 저버리지 않고 자기 책임을 다했던 다른 동료들에게 욕을 먹어야만 했다.

　우리는 모두 빌을 매우 좋아했다. 빌은 매력이 넘치는 청년이었고, 아마 스무 살도 되지 않은 나이였을 것이다. 제5해병연대 제3대대의 1944년 9월 25일 부대원 명부에는 다음의 내용이 타자로 깔끔하게 적혀 있음을 누구든지 확인할 수 있다.

　〈＿＿, 윌리엄 S., 적병에 대처하던 중에 전사(두부 총상), 유해는 #3/M에 매장.〉[1]

　너무도 간단했다. 쓸모없는 단어는 단 하나도 없었다. 그러나 거기 있던 누군가에게 그 일은 엄청난 비극이었다. 어떻게 그런 안타까운 일이…….

　내 앞에서 길을 건너왔던 일본군 병사들은 아마도 일본군이 〈육박 공격대〉라고 불렀던 부대 소속이었던 것 같다. 샘의 총에 사살된 적병은 일본군 보병의 전형적인 복장이나 장비를 하고 있지 않았다. 열대용의 카키색 반바지와 반소매 셔츠를 입었고, 고무를 댄 지카타비[2]를 신고 있었다. 그리고 무기라고는 총검밖에 가지고 있지 않았다. 이런 복장과 이런 무기로 우리 진지로 쳐들어 왔던 것이 우연일지도 모르지만, 박격포를 노렸을 가능성도 있다. 내가 있던 참호에서 오른쪽으로 방향을 잡고 갔던 다른 일본군 병사는 기관총을 노렸을 수도 있다. 박격포와 기관총은 최전선에서 아군 진지로 침투하는 적병에게 좋은 표적이었다. 후방에서는 중박격포, 통신선 그리고 대포가 주된 표적이었다.

　중대가 이동하기 전, 나는 길 오른쪽으로 가서 간밤에 그 중대에서는 어떤 일이 있었는지 확인했다. 그날 그렇게 길게 이어지던 끔찍한 비명의 주인은 내가 보았던 바로 그 일본군 병사였다. 그는 한

---

1 윌리엄의 애칭은 보통 〈빌리〉 혹은 〈빌〉이다.
2 じかたび. 일본인이 신는 작업화의 일종. 왜버선 모양에 고무 밑창을 달고 있다.

참호로 달려들었지만, 그 참호에서는 해병대원이 경계를 철저히 서고 있었다. 육박전이 벌어지는 와중에 두 사람 다 무기를 놓쳐 버렸고, 해병대원이 집게손가락으로 일본군의 눈알 하나를 뽑았고 그 다음에 죽였다고 했다. 우리에게 전쟁의 실체는 이토록 끔찍하게 무섭고 잔혹한 것이었다.

은제세부스섬

다음 날 아침, 일찌감치 우리 대대는 펠렐리우섬 북부에 좁은 목처럼 형성되어 있는 지역의 작은 언덕을 공략하는 데 성공했다. 섬의 능선 대부분은 주변 동굴에서 십자포화로 지원을 받을 수 있어서 공격하기가 까다로웠지만, 이 언덕은 고립된 위치에 있어서 우리로서는 무척 다행이었다.

그런데 비슷한 시각에 우리 연대에 속한 다른 대대들은 은제세부스섬에서 일본군이 쏘아 대는 포격에 어려움을 겪고 있었다. 또 안 좋은 소문도 돌고 있었는데, 며칠 전에 북쪽에 있는 커다란 섬에서 일본군 지원 부대가 소형선을 타고 펠렐리우섬으로 투입되었다는 소문이었다. 몇 대의 소형선은 아군의 해군 포격을 받고 침몰했지만 수백 명의 적 부대가 펠렐리우섬에 상륙했다는 것이었다. 우리 해병대의 사기를 꺾어 놓기에 충분한 소문이었다.[3]

「과달카날과 비슷하게 돌아가는군. 놈들을 모두 처치했다고 생각했는데, 어느새 또 지원군이 와 있고……. 이게 계속 반복되는 거야, 빌어먹을!」

고참병의 해석에 다른 대원이 거들었다.

「그러게, 게다가 눈이 옆으로 쫙 찢어진 이 개새끼들이 동굴 속으

---

3 9월 22일에서 23일로 넘어가던 바로 그 밤에 일본군 제15연대 제2대대 소속 600명이 바벨투아프섬(일명 팔라우섬)에서 남하해 펠렐리우섬에 상륙했다. 일본군의 증원 부대였다 — 원주.

로 숨어 버리면, 손쓸 수가 없단 말이야.」

9월 27일, 육군 부대가 우리 진지를 인수했고, 우리는 북쪽으로 전진을 계속했다. 이 작전과 관련해서 어떤 장교가 한 말은 이랬다.

「우리 대대는 내일 은제세부스섬에 상륙하라는 명령을 받았다.」[4]

그 말을 듣는 순간 교두보를 확보하는 임무를 띠고 9월 15일에 출발했던 전투 정찰대 일이 떠올랐고, 몸서리가 났다. 우리 대대는 펠렐리우섬 북부의 반도 가까이 이동했고, 그날 밤에는 비교적 평온하던 그 구역에서 야영에 들어갔다. 아래쪽은 모래사장으로 개방되어 있었고 포격에 부서진 야자나무 몇 그루가 서 있었다. 은제세부스섬에서 무엇이 기다리고 있을지 우리는 전혀 알지 못했다. 나는 이번 상륙 작전이 제발 그 끔찍했던 디데이의 반복이 되지 않기를 간절히 기도했다.

상륙 14일째인 9월 28일 아침, 군장을 챙긴 우리는 암트랙 탑승 명령을 기다렸다. 암트랙을 타고서 산호초의 얕은 바다를 500~600미터 건넌 다음 은제세부스섬에 내리면 되었다.

「이 상륙 작전으로 우리는 훈장을 하나 더 받겠지?」

대원 가운데 누가 이렇게 말하자 다른 대원이 반박했다.

「아닐걸? 이 섬도 펠렐리우섬의 일부인데 뭘.」

「말도 안 되는 소리! 이것도 엄연한 또 하나의 상륙 작전이란 말이야!」

「나에게 화내지 마, 그런 규정을 내가 만든 것도 아니니까. 정 궁금하면 높은 사람에게 물어 봐, 내 말이 맞을 거야.」

전투 대원에게 주어지는 보상이 너무 형편없다는 불만의 말들이 여기저기에서 튀어나왔다.

---

4 은제세부스섬을 공략하는 목적은 제5해병연대의 측면을 공략하는 적의 포화를 잠재우는 것과 일본군이 북쪽에서 내려보내는 지원군의 상륙 거점을 원천적으로 봉쇄하는 것이었다. 또한 은제세부스섬에는 비행장도 하나 있었는데, 아군 항공기 운용에 유용할 것이라고 지휘 본부는 판단했다 — 원주.

우리는 암트랙을 탔고, 마음속에 차오르는 공포심을 억누르려고 애썼다. 은제세부스섬에 함포 사격이 가해졌고, 펠렐리우섬 남쪽에 있는 비행장에서 발진한 해병대 소속 F4U 콜세어[5] 편대가 은제세부스섬에 접근하고 있었다. 부사관 한 명은 이번 작전에는 지원이 충분하게 이루어진다고 말했다.

우리를 태운 암트랙이 해변 가까운 곳으로 이동해서 공격 개시 시각을 기다리며 대기하는 가운데 해군 함정에서 퍼붓는 함포 사격으로 작은 섬은 불과 연기로 뒤덮였다. 또 제114해병전투비행대VMF 소속의 콜세어 편대가 우리가 상륙할 해변의 모래사장을 폭격하기 시작했다. 아름다운 파란색 기체에 갈매기형 날개를 단 콜세어는 급강하와 급상승을 반복하면서 기총 사격을 가했고, 폭탄과 로켓포를 해변에 마구 떨어뜨렸다. 먼지와 모래와 파편이 사방으로 튀는 모습은 장관이었다.[6]

우리 해병대 조종사들의 솜씨는 훌륭했다. 우리는 환호성을 지르고 손을 흔들고 또 주먹을 쥔 팔을 흔들었다. 멋진 솜씨를 인정한다는 뜻이었다. 전쟁 동안에 나는 우리 해병대 전투기 조종사들만큼 낮은 고도까지 급강하했다가 마지막 순간에 급상승함으로써 공격의 효과를 극대화한 사례를 본 적이 없었다. 까딱하다간 지면과 부딪혀서 추락할 수도 있는 아찔한 상황이 여러 번 있었다. 하지만 그들은 전문가들이었다. 그리고 단 한 대의 전투기, 단 한 명의 조종사도 희생당하는 일 없이 해변을 묵사발로 만들었다. 우리는 전쟁이 끝난 뒤에도 그들이 만들어 내던 그 멋지고 장엄한 비행을 이야기하곤 했다.

우리 왼쪽의 바다에서는 순양함 한 척과 구축함 여러 척이 해변으

5 제2차 세계 대전과 한국 전쟁에서 큰 활약을 한 미국의 단발 프로펠러 전투기.
6 은제세부스섬 상륙 작전은 해병대 소속 비행기만으로 공중 지원을 한 미국 최초의 상륙 작전이었다. 그 이전의 상륙 작전에서는 해군 소속 혹은 때로 육군 소속의 비행기 공중 지원을 받았다 — 원주.

로 함포 사격을 했는데, 그 옆에 거대한 전함이 한 척 서 있었다. 누구는 그게 미시시피호(號)라고 했지만 그 말이 사실인지 아닌지는 알 수 없었다. 함포 사격의 위력은 콜세어 편대의 위력에 결코 뒤지지 않았다. 거대한 포탄들은 마치 화물열차가 지나가는 것과 같은 굉음을 내면서 날아갔다. 대형 전함에서 쏘는 16인치 포의 소리를 우리 대원들은 그렇게 화물열차가 내는 소음에 비유하곤 했다.

드디어 공격 개시 시각이 찾아왔고, 암트랙의 엔진음이 급박해지는가 싶더니 해변을 향해 달리기 시작했다. 상륙 작전이 시작된 것이다. 심장이 마구 뛰었다. 이번에도 행운이 따라 줄까?

〈여호와는 나의 목자시니 내게 부족함이 없으리로다.〉

나는 조용히 기도를 했고, 카빈 소총을 쥔 손에 힘을 주었다.

다행히도 우리가 해변에 상륙할 때 적의 포격은 없었다. 우리를 태운 암트랙이 모래사장에 서고 후부 개폐판이 열리자 우리는 서둘러 밖으로 나왔다. 아군 포격의 타격 목표는 해변에서 섬 내륙으로 이동해 있었기에 포격의 소음은 여전히 계속되고 있었다. K중대 대원들 가운데 몇몇은 벌써 적의 토치카와 엄폐물을 향해 사격을 하고 수류탄을 던지고 있었다. 나는 동료 여러 명과 함께 내륙 쪽을 향해서 조금씩 이동했다. 그런데 비행장의 활주로 끝부분에 다다랐을 때 일본군의 경기관총인 남부 기관총이 불을 뿜었고, 우리는 엄폐물을 찾아서 납작 엎드렸다.

동료 한 명과 나는 산호초 바위 뒤에 몸을 숨겼다. 총탄이 머리 위로 마구 날았다. 동료는 내 오른쪽에 있었는데, 바위가 작았기 때문에 우리는 어깨를 맞대고 최대한 밀착해야 했다. 그런데 갑자기 커다란 나뭇가지를 꺾을 때 나는 것과 비슷한 불길한 소리가 들렸다. 동료가 비명을 질렀다.

「오오, 내가 맞았어!」

그러고는 오른쪽으로 풀썩 쓰러졌다. 그는 오른손으로 왼쪽 팔꿈치를 움켜쥔 채 고통스러운 신음을 토하며 모래를 차고 몸부림을 쳤다.

우리가 일본군 저격병을 미처 보지 못하고 그냥 지나쳤는데, 그 저격병이 기관총을 피해 바위 뒤에 숨은 우리를 노리고 쏜 것이었다. 총알이 동료의 왼팔에 맞았는데, 그 팔은 나의 오른팔과 딱 붙어 있었고, 그 바람에 내 오른팔도 가벼운 총상을 입었다. 기관총 세례는 한층 더 맹렬해졌다. 그러나 저격병이 우리를 다시 조준하고 있을 것임은 너무도 명백했다. 이러지도 저러지도 못할 상황이었다. 나는 기관총탄이 머리 위로 날아가는 가운데 동료를 끌어당기면서 저격병의 시야가 확보되지 않는 위치로 바위를 끼고 돌았다.

「위생병!」

내가 고함을 질러 위생병을 불렀고, 박격포 분대 위생병인 켄이 포복 자세로 다가왔다. 〈닥터Doc〉라는 별칭으로 불리던 위생병은 구급상자를 열고 응급 처치에 들어갔다.[7] 또 한 명의 대원이 도움을 줄 수 있을까 하고 다가왔다. 내가 케이바로 부상당한 동료의 피가 흐르는 던가리 상의 소매를 잘라 냈고, 위생병은 응급 치료를 시작했다. 그가 무릎을 꿇은 자세로 환자를 살필 때, 다가왔던 다른 동료가 부상당한 동료에게서 배낭을 떼어 내려고 케이바로 배낭 끈을 아래에서 위로 잘랐다. 그런데 힘을 너무 세게 준 바람에 배낭 끈을 자른 케이바는 그대로 위로 올라가 위생병의 얼굴을 뼈가 닿는 부분까지 깊게 벴다.

위생병은 그 충격으로 뒤로 벌렁 자빠졌다. 그의 코 왼쪽에서 피가 철철 흘렀다. 하지만 그는 다시 일어나서 자세를 잡고는 마치 아무 일도 없었다는 듯이 환자의 으깨진 팔을 다시 치료하기 시작했

---

7 해병대원들은 자기를 돌봐 주는 모든 해군 위생병을 애정을 담아서 습관적으로 〈닥터〉라고 부른다 — 원주.

다. 터무니없는 실수를 한 대원은 자책하고 있었고, 위생병은 심각한 상처를 입고 많이 아팠을 텐데도 자기가 해야 할 일을 묵묵하게 수행했다. 나는 위생병에게 도와줄 일이 없느냐고 물었다. 그러자 그는 차분한 음성으로 구급 상자에서 응급 처치용 거즈를 꺼내 자기 얼굴의 상처를 압박해서 치료가 끝날 때까지 지혈해 주면 좋겠다고 말했다. 자기 몸을 돌보지 않고 치료에 전념하는 이런 모습이야말로 우리 해병 부대에 동행하던 해군 위생병의 전형이었다. 우리가 위생병을 진심으로 존경한 것도 당연했다. 위생병은 후송되어 얼굴에 입은 자상을 치료받고 몇 시간 뒤에 다시 우리 박격포 부대로 복귀했다.

나는 위생병이 지시한 대로 그의 얼굴에서 흐르는 피를 지혈하면서 우리가 있는 쪽으로 다가오는 두 명의 해병대원에게 고함을 질러 적 저격병이 있는 지점을 가리켰다. 그들은 신속하게 해변으로 돌아가 탱크 한 대를 불렀다. 들것이 와서 부상당한 동료를 데리고 갈 때 아까 그 두 대원이 지나가며 손을 흔들었고, 그 가운데 한 명이 말했다.

「그 새끼는 우리가 처치했어. 이제 다시는 우리에게 못 쏠 거야.」

적의 경기관총도 총성을 멈췄고, 부사관 한 명이 우리에게 전진하라는 신호를 보냈다. 나는 앞으로 나아가기 전에 고개를 돌려 해변 쪽을 바라보았다. 부상을 당한 대원들이 얕은 물을 걸어서 펠렐리우 섬으로 돌아가는 모습이 보였다.

내륙으로 진입했을 때, 일본군 토치카의 안쪽에 박격포를 설치해서 우리 중대 정면에 있는 적을 목표로 발사할 수 있도록 준비하라는 명령이 떨어졌다. 우리는 K중대 소속 손더스 중사에게 토치카 안에 적병은 없는지 물었다. 겉으로 보기에 토치카는 별다른 피해를 입은 것 같지 않았기 때문이다. 그러자 중사는 대원들이 환기구를 통해서 수류탄을 여러 발 던져 넣었으니까 토치카 안에 살아 있는 적병이 없을 것이라고 했다.

스내푸와 나는 토치카에서 약 1.5미터 떨어진 곳에 박격포를 설치하기 시작했다. 1호 포는 우리 왼쪽 약 5미터 되는 지점에 있었다. 버긴 상병은 야전 전화를 설치하느라고 바쁘게 움직였다. 관측을 맡은 조니 마멧 병장으로부터 발사 명령을 받아야 했기 때문이다.

그때 뒤에 있던 토치카에서 무슨 소리가 들렸다. 일본군들이 작은 목소리로 흥분해서 뭐라고 얘기하는 소리였다. 철제 격자창에 금속이 닿는 딸그랑 소리도 들렸다. 나는 반사적으로 카빈 소총을 집어들고 고함을 질렀다.

「버긴! 토치카에 일본놈들이 있다!」

주변에 있던 모든 대원이 무기를 집어들었고, 버긴이 상황을 살피려고 다가왔다.

「뭐야 슬레지해머, 너무 겁먹은 거 아냐?」

그는 내 바로 뒤에 있는 환기구 안을 들여다보았다. 환기구는 작았다. 가로세로가 대략 15센티미터와 20센티미터 정도였고, 폭이 1센티미터 남짓 되는 철망이 달려 있었다. 버긴은 그 안을 한번 슬쩍 살펴보았다. 그리고 그의 입에서는 일본군을 향한 적개심으로 불타는 텍사스풍의 지독한 욕설이 쏟아져 나왔다. 동시에 그의 카빈 소총이 두 발의 총성을 냈다.

「내가 두 놈의 얼굴에 명중시켰어.」

토치카 안에 있던 일본군 병사들이 뭐라고 큰소리로 외치기 시작했고, 버긴은 이를 악물었다. 그러고는 다시 온갖 욕설을 퍼부으면서 환기구 안으로 몇 발을 더 쐈다.

한편 박격포반의 모든 대원은 버긴이 첫 발을 쐈을 때부터 곧바로 만일의 사태를 대비했다. 그 만일의 사태는 수류탄 하나가 환기구 밖으로 던져지는 모습으로 실현되었다. 일본군이 던진 수류탄은 내 왼쪽에 떨어졌다. 내 눈에는 그 수류탄이 축구공만큼 크게 보였다.

「수류탄이다!」

나는 그렇게 소리치고는 토치카 입구에 모래를 쌓아 만든 흉벽 뒤로 몸을 날렸다. 흉벽은 높이가 1미터 20센티미터 정도였고, 토치카 입구를 정면과 측면의 총격으로부터 보호할 수 있도록 ㄴ자 형태로 되어 있었다. 수류탄이 폭발했지만 다친 사람은 아무도 없었다.

그 뒤로도 일본군은 여러 개의 수류탄을 더 던졌지만 아군의 피해는 없었다. 다들 바닥에 납작하게 엎드려 있었기 때문이다. 대원 대부분이 포복 자세로 토치카 입구 주변에 모인 뒤에 총안(銃眼)과 총안 사이 지점에 쭈그리고 앉았다. 그 위치는 적의 사격 사각 지점이었기 때문이다. 존 레디퍼와 빈센트 산토스가 토치카 위로 뛰어올라갔다. 그리고 아직은 아무 일도 일어나지 않았다.

토치카 입구에 가장 가까이 있는 사람이 나였는데, 버긴이 나에게 외쳤다.

「안을 들여다 봐, 뭐가 있는지 살펴보란 말이야 슬레지해머!」

명령을 받으면 어떤 질문도 하지 않고 무조건 실행하도록 철저하게 훈련을 받았기 때문에 나는 흉벽 위로 머리를 내밀고 문 안쪽을 들여다보았다. 이런 행동은 죽음으로 이어질 수 있을 정도로 위험했다. 내 위치에서 채 2미터도 되지 않는 거리에서 일본군 한 명이 웅크린 자세로 기관총을 들고 있었다. 버섯 모양의 낯익은 철모를 쓴 그는 무표정한 얼굴이었고, 검은색 눈동자의 두 눈이 나를 바라보았다. 그리고 또 그가 든 경기관총의 총구가 거대한 제3의 눈처럼 나를 노려보았다.

다행히도 나의 반응 속도가 빨랐다. 소총을 겨냥할 시간적인 여유가 없었기 때문에 나는 황급히 머리를 숙였다. 머리를 숙이는 동작이 얼마나 빨랐던지 철모가 벗겨질 뻔했다. 그 순간 적의 기관총이 불을 뿜었다. 예닐곱 발이 발사된 것 같았다. 여러 발의 총탄은 흉벽을 관통해서 흉벽에 고랑을 새기면서 내 머리 위를 지나갔고 내 머리 위로 모래가 부스스 떨어졌다. 귀가 먹먹했고, 마치 심장이 목구멍에 있는 것처럼 숨이 막혔다. 죽은 목숨이나 다름없었는데 살아 있었다. 그렇게 가까운 거리에 있던 적이 나를 놓치다니, 있을 수 없는 일이 일어났던 것이다.

오만가지 생각이 공포에 짓눌린 내 머릿속을 빠르게 헤집고 지나갔다. 고향의 부모님은 막내아들이 전사했다는 소식을 듣고 얼마나 슬퍼할까, 소총을 겨누지도 않은 상태로 일본군이 우글거리는 토치카를 향해 고개를 쑥 내밀다니 얼마나 멍청한 짓이었는가, 그리고 아무튼 일본군 병사들은 얼마나 증오스러운 존재인가, 고참 해병 대원들도 지금 내가 저지른 실수보다 훨씬 가벼운 실수를 하고도 펠렐리우섬에서 얼마나 허무하게 목숨을 잃었던가……

버긴이 다친 데 없는지 물었다. 갈라지는 목소리로 뭐라고 고함을 지르는 게 내가 할 수 있는 전부였지만, 그래도 그의 고함 소리를 들으니까 정신이 번쩍 들었다. 나는 적의 기관총이 다시 불을 뿜기 전에 정면 쪽으로 기어가서 토치카 위로 올라갔다.

「안에 있는 녀석들이 자동화기를 가지고 있어.」

레디퍼가 소리쳤다. 스내푸가 아니라고 했고, 두 사람 사이에 맹렬한 설전이 오갔다. 레디퍼는 자동화기 한 정이 분명히 있고, 이런 사실은 자동화기에 목숨을 잃을 뻔한 내가 잘 알 것이라고 했지만, 스내푸는 요지부동으로 자기 생각을 포기하지 않았다. 전투 현장에서 내가 경험한 대부분이 이런 식이었다. 현실에서는 도무지 일어날 수 없는 일들이 일어났는데, 두 사람의 말싸움도 초현실적인 모습이었다. 우리 대원은 모두 12명, 근처에 아군은 없었다. 눈앞에는 견고한 콘크리트 구조물의 토치카가 있고, 그 안에 일본군이 도대체 몇 명이나 있는지 알 수 없었다. 이런 상황에서 둘 다 역전의 고참병인 스내푸와 레디퍼가 격렬한 말싸움을 벌이고 있다니.

「둘 다 주둥이 닥쳐!」

버긴이 소리를 지르자 그제야 두 사람은 입을 다물었다.

레디퍼와 나는 토치카 입구 바로 위쪽의 지붕에 엎드려 있었다. 일본군이 토치카 안에 있을 때 어떻게든 처리해야 한다는 걸 우리는 알고 있었다. 그렇지 않고 칼과 총검을 휘두르면서 바깥으로 뛰어나오게 됐을 때 일어날 상황은 우리 모두가 끔찍하게 여기는 일이었다. 레디퍼와 나는 열려 있는 토치카 안으로 수류탄을 던져 넣을 수 있을 정도로 가까운 거리에 있었다. 수류탄을 던져 넣은 뒤에 터지기 전에 몸을 피하면 되었다. 그러나 우리가 던져 넣은 수류탄을 일본군이 바깥으로 되던질 수도 있었다. 하지만 나는 꼭 그렇게 하고 싶은 강렬한 열망을 느꼈다. 기관총 사수와 가까운 거리에서 대면한 뒤로 내 머리를 날려 버릴 뻔했던 그 일본군 병사에 대한 적개심이 내 안에서 빠른 속도로 커져 가고 있었던 것이다. 내가 느꼈던 공포는 어느새 차가운 분노와 복수심으로 바뀌어 있었다.

레디퍼와 나는 토치카 입구를 신중하게 내려다보았다. 기관총 사수는 보이지 않았다. 그러나 총검을 장착한 아리사카 소총의 긴 총신이 세 개 보였다. 총검은 3미터나 될 정도로 길어 보였다. 이 소총의 주인들은 무언가 빠르게 얘기를 주고받고 있었다. 우리 해병대원들을 향해서 돌격을 감행하자고 계획하는 게 분명했다. 레디퍼의 행동은 신속했다. 자기 카빈 소총의 총신을 잡고 소총을 내린 다음에 개머리판으로 적병의 총신을 건드렸다. 그러자 일본군은 깜짝 놀라 소총을 거두어들였다. 그리고 무언가 자기들끼리 은밀한 얘기가 이어졌다.

우리 두 사람 뒤에서 산토스가 덮개가 없는 환풍구를 찾았다고 외치고는 수류탄을 연달아 그 안으로 던져 넣었다. 토치카 안에서 수류탄이 폭발할 때마다 그 진동으로 우리가 엎드려 있는 지붕이 들썩거렸다. 산토스는 가지고 있던 수류탄을 모두 썼고, 나와 레디퍼는 우리의 수류탄을 그에서 넘겨주었다. 그러면서도 우리는 토치카 입구 쪽에서 눈을 떼지 않았다.

산토스가 여러 개의 수류탄을 모두 소진한 뒤에 나와 레디퍼는 자리에서 일어났다. 그리고 버긴을 비롯한 다른 대원들과 토치카 안에 있던 일본군이 모두 죽었을지 어찌 되었을지를 두고 옥신각신 의견을 나누었다(그때만 하더라도 우리는 토치카 안의 공간이 콘크리트 격벽으로 분리되어 있어서 방호력이 상당히 높다는 사실을 알지 못했다). 하지만 이 의문을 풀어 준 것은 토치카 안에 있던 일본군이었다. 토치카 안에서 수류탄 두 개가 바깥으로 던져진 것이다. 그러나 버긴을 비롯한 대원들에게는 다행스럽게도 이 수류탄들은 뒤쪽에 있는 문에서 던져졌다. 산토스와 나는 〈수류탄이다!〉라고 고함을 지르면서 토치카를 덮고 있던 모래 바닥에 엎드렸다. 그러나 레디퍼는 미처 엎드리지 못하고 팔 하나를 들어 얼굴을 가렸다. 그의 팔에 파편이 여러 개 박혔지만 다행히 중상은 아니었다.

버긴이 우리에게 소리를 질렀다.

「일단 거기에서 내려와! 그리고 전차 지원을 받아야겠다!」

버긴은 우리 두 사람에게 토치카에서 내려와서 십여 미터 떨어진 포탄 구덩이로 이동하라고 지시했다. 우리가 거기로 가자 버긴은 75밀리 포를 장착한 암트랙과 화염방사기 지원을 요청하러 전령을 보냈다.

우리가 구덩이로 몸을 날릴 때, 적병 세 명이 토치카 입구에서 나와 모래 흉벽을 지나서 숲을 향해 달렸다. 모두 오른손에는 총검을 장착한 소총을 들었고 왼손으로는 바지를 끌어올린 자세였다. 이 모습이 너무도 놀라워서 나는 그저 멍하게 바라보기만 했다. 소총으로 쏘아야겠다는 생각을 전혀 못 했던 것이다. 예전에 적의 포격 속에서 달릴 때처럼 겁이 났던 게 아니라, 그저 동물적인 흥분 상태에 빠져 있었을 뿐이었다. 그러나 동료들은 나보다 냉정했다. 그들은 달리는 적병을 향해 일제 사격을 해서 쓰러뜨렸다. 동료들은 즐거워했지만 나는 적병의 기묘한 행색에 정신이 팔려서 전투에 아무런 보탬이 되지 않았다는 생각 때문에 스스로를 꾸짖으며 반성했다.

그때 암트랙이 덜커덩거리면서 다가오고 있었는데, 무척 반가운 등장이었다. 암트랙이 위치를 잡고 섰을 때 또다시 일본군 여러 명이 토치카에서 나와 달렸다. 몇 명은 양손으로 총검을 장착한 소총을 들었지만, 이번에도 몇 명은 한 손에는 소총을 들고 다른 한 손으로는 바지춤을 잡고서 뛰었다. 나도 이번에는 놀라지 않았다. 암트랙의 기관총 및 다른 대원들의 소총 사격에 나도 합류해서 적병을 쓰러뜨리는 데 한몫을 했다. 적병은 맨발로 혼비백산 달아나다가 뜨거운 산호에 쓰러지면서 소총을 떨어뜨렸다. 그들이 쓰고 있던 철모가 바닥에 굴렀다. 우리는 그들에게 아무런 연민의 감정을 느끼지 않았다. 그저 그들의 운명에 기뻐할 뿐이었다. 우리는 너무도 많은 총탄과 포격 세례를 받았고 또 너무도 많은 동료를 잃었기 때문에 궁지에 몰린 적에게 단 한 점의 연민도 느낄 수 없었다.

암트랙은 우리 대원들과 나란히 섰다. 암트랙의 선임자가 버긴과 의논을 마쳤다. 이어서 암트랙의 포수가 75밀리 철갑탄 세 발을 토치카의 측면을 겨냥하고 쐈다. 철갑탄이 한 발씩 발사될 때마다 귀에 익은 발사음이 고막을 때렸고, 곧바로 포탄이 표적에 명중하면서 폭발음이 다시 고막을 때렸다. 철갑탄은 세 발 모두 토치카를 관통했다. 파편이 사방으로 날았고, 토치카 건너편에 두었던 우리 배낭과 박격포 주변이 먼지로 뒤덮였다. 우리 쪽에서 보이는 토치카의 벽면에는 직경 1미터 정도의 구멍이 뚫렸다. 버긴은 암트랙을 향해서 발사 중지를 외쳤다. 우리 장비가 손상될 수도 있기 때문이었다.

적병은 파편에 맞아서 죽지 않았다면, 뇌진탕으로 죽었을 것이라고 누군가가 말했다. 그러나 먼지가 채 가라앉기도 전에 일본군 병사 한 명이 포탄 구덩이에서 모습을 드러냈다. 죽음을 각오한 모양이었고 수류탄을 뽑아 들고 막 던지려 했다.

하지만 나의 카빈 소총은 벌써 그쪽을 겨냥하고 있었다. 그가 모습을 드러냈을 때 나는 그의 가슴을 조준하고 방아쇠를 당겼다. 첫 발이 그의 몸에 박히자 그의 얼굴이 고통으로 일그러졌다. 이어서 무릎이 접혔다. 수류탄이 그의 손에서 빠져나와서 바닥으로 툭 떨어졌다. 암트랙의 기관총 사수를 비롯해서 내 주변에 있던 모든 대원들도 그를 발견하고 사격을 시작했다. 적병은 집중 사격을 받았고, 수류탄은 그의 발 앞에서 터졌다.

거의 눈 깜박할 사이에 일어난 일들이었지만, 나는 내 카빈 소총을 바라보면서 잠시 냉정하게 생각에 잠겼다. 나는 방금 가까운 거리에서 사람 하나를 죽였다. 내가 쏜 총에 맞은 사람이 고통스러워하던 얼굴을 내가 똑똑히 보았다는 사실이 나에게 충격으로 다가왔다. 그 순간 갑자기 전쟁은 매우 개인적인 차원의 문제로 바뀌어 버렸다. 그 사람 얼굴 표정이 부끄러움의 구덩이 속으로 나를 밀어 넣었다. 전쟁과 이 전쟁에 동반되는 모든 것에 대한 역겨움이 가슴속으로 마구 밀려들었다.

그러나 다음 순간, 그런 인간적인 감정에 휩쓸리는 것은 어리석은 자의 감상주의일 뿐이라는 자각이 들었다. 지금까지 겪었던 전투 경험 덕분이었다. 해병대 가운데서도 가장 역사가 길고 용맹하기로 소문이 난 역전의 제5해병연대의 일원인 나를 죽이려고 수류탄을 던지려 했던 적병을 내 손으로 사살했다고 해서 부끄러워하다니! 내가 바보 같은 생각을 했다는 게 부끄러웠고, 동료들이 내가 이런 생각을 잠시나마 했다는 것을 눈치 채지 못했다는 사실에 감사했다.

토치카에 난 구멍을 향해 사격을 계속하라고 버긴이 명령을 내리자, 내 머릿속의 잡념도 걷혔다. 우리는 계속 사격을 해서 안에 있을지도 모를 일본군이 움직이지 못하도록 붙잡아 두었고, 그사이에 미주리 출신의 화염방사기 사수 위맥 상병이 나타났다. 그는 용감했고

문 →

모래 흉벽 →

정면

콘크리트 구조물 위에 모래를 덮었다.

평면도

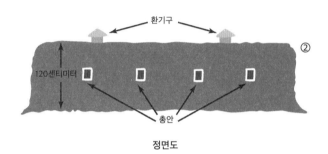

환기구

120센티미터

총안

정면도

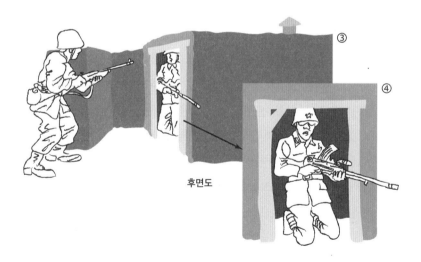

후면도

일본군 토치카의 얼개

성격이 좋았으며 부대에서 인기가 높았다. 그러나 그는 내가 본 해병대원들 가운데서 인상이 가장 험악했다. 바이킹을 연상시키는 외모에, 덩치가 크고 쉰 목소리로 말했으며 그의 붉은 수염에는 산호의 하얀 먼지가 뽀얗게 앉아 있었다. 나는 그가 적군이 아니라 아군임을 무척 다행이라고 생각했다.

무거운 연료 탱크를 등에 진 워맥은 부사수를 대동하고 구부정한 자세로 우리의 사선(射線)을 넘어서 토치카로 접근했다. 두 사람이 토치카에 약 15미터쯤 되는 거리까지 접근했을 때 우리는 사격을 중단했다. 부사수가 손을 뻗어서 화염방사기의 밸브를 열었고, 워맥은 뚫려 있는 구멍으로 노즐을 조준하고는 방아쇠를 당겼다. 그러자 쉬이익 하는 소리와 함께 화염이 구멍 안으로 들어갔다. 얼마 동안 비명이 들리는가 싶더니 곧 조용해졌다.

아무리 모진 일본군 병사라고 해도 불에 타서 죽는 고통을 당하면서는 비명을 참지 못했을 것이다. 그러나 그들은 백기를 들고 항복할 뜻이 전혀 없었다. 똑같은 상황에서 우리도 그들에게 항복할 생각이 전혀 없었다. 일본군과의 전투에서 항복이라는 선택권은 애초부터 존재하지 않았다.

워맥 상병과 그의 부사수를 우리는 고맙다는 고함 소리로 배웅했다. 워맥은 다시 대대 본부로 돌아갔다. 전투 현장의 어디에선가 전투가 교착 상태에 빠져서 화염방사기로 돌파구를 찾을 필요가 있을 테고, 그럴 때마다 워맥을 호출할 터이기 때문이었다. 어느 한 곳에서 화염방사기를 쏘고 있을 때 호출이 들어오는 경우도 허다했다. 화염방사기 사수라는 보직은 해병대 보병이 가장 꺼리는 보직이었다. 뜨거운 태양열로 달구어진 험한 지형을 젤라틴 상태의 휘발유 약 20킬로그램이 들어 있는 탱크를 등에 지고서 적의 포화를 뚫고 전진해서 동굴이나 토치카의 문 혹은 열린 구멍을 통해서 화염을 발사해야 했기 때문이다. 살아남을 확률이 지극히 낮은 보직이었지만 화염방사기 사수들은 장엄한 용기를 가지고서 임무를 수행했다.

　우리는 포탄 구덩이에서 나와 토치카로 조심스럽게 접근했다. 버긴은 몇 명의 대원에게 엄호를 지시하고 나머지 대원을 이끌고 쓰러져 있는 일본군이 살아 있지나 않은지 확인했다. 부상을 입은 채 목숨이 붙어 있던 일본군들은 우리가 다가갈 때 예외 없이 모두 수류탄으로 자폭했다. 적인 우리를 한 명이라도 죽이고 죽겠다는 심사였다. 토치카 안에 있던 일본군은 모두 죽었다. 토치카는 암트랙의 포격과 화염방사기의 화염 때문에 쓸모가 없어졌다. 일본군 병사의 시신은 토치카 안에 일곱 구 그리고 바깥에 열 구가 있었다. 아군 암트랙이 쏘았던 75밀리 포탄 때문에 우리 배낭과 박격포가 망가졌을 것이라고 생각했지만, 그다지 많이 손상되지는 않아서 다행이었다.

　박격포반 열두 명 가운데서 레디퍼와 레슬리 포터만 부상을 입었다. 수류탄 파편이 몸에 살짝 박힌 것이라 심각한 상태는 아니었다. 이 전투에서 우리에게는 엄청난 행운이 따라 주었던 셈이다. 만일 적병이 기습 전술로 나와서 우리를 덮쳤다면 정말 힘든 상황을 맞았을 게 분명했다.

　전투가 끝나고 잠시 한가한 틈을 타 대원들은 죽은 일본군 병사들의 주머니와 배낭을 뒤져서 기념품을 챙겼다. 잔인한 행위 같지만 해병대원들은 능숙하게 그 일을 해치웠다. 철모 안에 깃발이 있는지 뒤졌고 배낭과 주머니를 깨끗하게 비웠으며 금니가 있으면 뽑았다. 군도(軍刀)와 권총 그리고 단도는 특히 인기가 높은 물품이었다. 잘 챙겨 두고 있다가 고향으로 돌아갈 때 가지고 가거나 파일럿이나 해군 병사에게 비싼 가격에 팔았다. 소총을 포함해서 부피가 큰 무기는 보통 못 쓰게 만든 다음 버렸다. 들고 다니기에 너무 무거웠기 때문이다. 이런 것들은 우리가 지나간 뒤 따라오던 후방군 병사들이 차지하곤 했다. 살아 있는 일본군 병사를 단 한 번도 본 적이 없는 이 후방군 병사들은 전쟁이 끝난 뒤에 고향으로 돌아가서 사람들에게 허풍을 떨면서 일본군의 머리카락을 수집했다는 이야기를 하곤 했는데, 우리 소총 부대 소속 장병들은 이런 얘기를 전해 듣고 실소를 터트렸다.

대원들은 모두 전리품을 챙겨 들고 희희낙락거렸고, 다른 사람에게 자기 것을 보여 주거나 서로 챙긴 것을 비교하기도 했다. 때로는 교환도 했는데, 야만적이고 끔찍한 의식이었다. 그러나 서로가 상대방에게 깊은 증오심을 불태우는 전쟁터에서는 고대로부터 이어져 온 전통이었다. 그런 행위는 모든 전쟁이 다 그렇듯이 야만적이고 비문명적이었다. 그리고 일본군과 해병대 사이의 싸움이 격렬해질수록 이 의식도 한층 더 야만적으로 전개되었다. 기념이 될 만한 것을 찾아서 적의 시체를 뒤지는 단순한 차원의 행위를 넘어선 것이었다. 그것은 백인의 가죽을 벗기던 아메리카 원주민 전사들의 행동과 비슷했다.

내가 죽은 일본군 병사가 차고 있던 총검과 칼집을 챙길 때였다. 곁에 누가 있는 것 같아서 돌아보았더니 우리 박격포반 소속이 아닌 낯선 해병대원이었다. 지나가던 길에 전리품을 챙기는 데 한몫 끼고 싶었던 모양이었다. 그는 일본군 사체 하나를 질질 끌고 내 쪽으로 다가오고 있었다. 그런데 죽은 줄로만 알았던 그 일본군은 살아 있었다. 등에 중상을 입었으며 두 팔을 쓰지 못하는 상태였다. 사실 두 팔을 쓸 수 있었다면 마지막 숨이 끊어지는 순간까지 저항했을 테지만······.

그 일본군 병사의 입은 금니들로 번쩍거렸는데, 그를 끌고 온 해병대원이 원한 게 바로 그 금니였다. 그는 케이바의 칼끝을 잇몸에 대고 나머지 한 손으로 망치질을 하듯이 케이바의 손잡이 밑바닥을 쳤다. 그런데 일본군이 두 발을 버둥거리며 발버둥을 친 바람에 칼끝은 잇몸에서 미끄러져 입 안 깊숙한 곳에 박혔다. 그러자 해병대원은 욕을 해대면서 케이바로 일본군의 입을 찢어 버렸다, 그것도 귀까지, 양쪽 다. 그러고는 다시 한번 케이바로 금니를 파내는 시도를 했다. 이번에는 발로 일본군의 아래턱을 단단하게 밟고서……. 일본군 병사의 입에서는 피가 줄줄 흘러나왔고, 일본군은 괴성을 지르며 온몸을 버둥댔다. 그 모습을 보고 내가 고함을 질렀다.

「그만 깨끗하게 죽여 버려!」

그러나 나에게 돌아온 것은 욕설이었다. 그때 다른 대원 하나가 다가오더니 그 일본군 병사의 머리에다 총을 쏴서 그의 고통을 끝내 주었다. 금니 약탈자는 뭐라고 투덜대더니 금니를 뽑는 작업을 다시 이어 갔다.

이것이 바로, 우리 보병 부대 병사들이 죽음, 공포, 긴장, 피로 그리고 오물 등의 한가운데서 오로지 생존을 위해 싸워야 하는 야수적인 존재로 전락했을 때 양식이 있다는 사람들조차도 얼마든지 할 수 있는 행동이었다. 이게 바로 적을 대할 때 지켜야 하는 우리 보병 부대의 행동 수칙이었고, 이것은 후방의 사단 사령부에서 생각하는 행동 수칙과는 하늘과 땅 차이만큼 달랐다.

살아남기 위한 싸움은 긴장과 공포 속에서 낮이나 밤이나 계속 이어졌다. 대원들은 상륙 작전 때 해변에서 교두보를 구축하던 일이며 또 그 밖의 여러 가지 일들, 특히 처음 이삼일 동안의 낮과 밤에 작전을 수행하면서 경험했던 일들은 생생하게 기억했다. 하지만 그 뒤에는 시간이 아무런 의미가 없었다. 별일 없이 평온하게 보낸 시간이나 날들은 그저 하늘에서 내려 준 한순간의 선물이었던 것 같다. 참호에서 몸을 구긴 채로 적의 대포와 박격포 공격을 하염없이 견딘다든가 혹은 적의 기관총탄과 포탄이 빗발치는 가운데 아무런 엄폐물도 없는 개활지를 달려야 하는 돌격 명령을 기다린다든가 할 때는 시간의 개념이라는 것이 아예 존재하지도 않았다.

비전투원이나 전투 현장에 직접 있어 보지 않은 사람들에게는 전쟁이라는 것이 지루하다가 이따금씩 흥분되는 것이었겠지만, 살과 뼈가 분쇄되고 피가 튀는 전장에 있었던 사람들에게는 그렇지 않았다. 이들에게 전쟁은 공포의 지옥이었다. 사상자가 늘어나고 전투가 질질 늘어짐에 따라, 거기에서 벗어날 가능성도 평온한 일상의 자유를 누릴 가능성도 갈수록 줄어드는 암담한 지옥이었다. 이 상태에서는 시간이 아무런 의미가 없었다. 목숨도 의미가 없었다. 펠렐리우 섬이라는 지옥의 구렁텅이에서 목숨을 이어 가기 위해서 격전을 계속해서 치러야 할 때 우리는 모두 문명이라는 가소로운 껍데기를 벗어던지고 야만인이 되었다. 우리는 후방에 있는 사람들, 즉 비전투 요원이나 민간인으로서는 도무지 이해할 수 없는 환경 아래에서 살아야 했다.

레디퍼와 버긴이 토치카 안을 모두 확인했다. 안에 있던 일본군 병사들이 수류탄 세례와 포격에도 살아남을 수 있었던 수수께끼가 그제야 풀렸다. (토치카 안에서 버긴은 죽은 척하고 있던 적병 한 명을 사살했다.) 토치카 내부는 콘크리트 격벽으로 여러 개의 공간으로 분리되어 있었고, 작은 출입구만으로 서로 연결되어 있었던 것이다. 그리고 각각의 분리된 공간에는 총안이 설치되어 있었고 여기에는 일본군 삼사 명이 들어가 있었다. 워맥 상병의 화염방사기가 없었다면, 우리가 토치카 안으로 진입해서 격벽으로 분리된 그 공간들을 하나씩 제압해야 했을 것이다.

손더스 중사가 와서 보고는 깜짝 놀랐다. 토치카 안에 있던 일본군은 다 죽었을 것이라면서 그 주변에 박격포를 설치하라고 자기 입으로 명령했는데, 그렇게나 많은 일본군이 살아 있었다는 사실을 뒤늦게 알게 되었으니 본인으로서도 황당할 수밖에 없었을 것이다. 우리 박격포반 대원들은 그를 엄청 놀려 댔다. 개인적으로는 소박하기 짝이 없는 사람이었지만, 상관에게 넘어서는 안 되는 범위 안에서 우리가 감히 할 수 있는 모든 조롱을 손더스 중사를 향해 퍼부었다. 지금까지도 나는 그때 그 전공(戰功)은, 토치카 안의 적들을 섬멸하는 과정에서 모든 행동을 조율하고 지휘하면서 멋진 리더십을 보여 준 버긴에게 돌아갔어야 한다고 생각한다. 버긴의 경우와는 반대로, 자기가 했던 행동은 별것 아니었음에도 불구하고 전공을 인정받아서 훈장을 받은 사람들이 정말 많았다고 나는 확신한다.

제압된 일본군 토치카 가까운 곳에 커다란 포탄 구덩이가 있었다. 우리는 거기에다 박격포 두 문을 설치하고, 밤을 대비해서 박격포의 방향을 조준해 두었다. 탄약수는 그 구덩이 주변에서 상대적으로 연약한 산호 바위를 찾아서 참호를 팠다. 암트랙 한 대가 우리 중대가 사용할 전투 식량과 탄약을 싣고 왔다. 바람은 점점 강하게 불었고 하늘에 구름이 점점 두꺼워졌다. 어둠이 내려앉자 무거운 구름이 빠른 속도로 온 하늘을 뒤덮고 흘러갔다. 그 모습을 보니까 고향인 멕시코만 연안에 허리케인이 덮치던 풍경이 생각났다.

우리 뒤로 그다지 멀리 떨어져 있지 않은 문제의 토치카 안에서는 불길이 일고 있었고, 그 열기로 일본군의 수류탄과 소총 탄약이 폭발하는 소리가 들렸다. 밤새 바람 방향이 바뀔 때마다 일본군 시신을 태우는 역한 냄새가 우리 쪽으로 날아왔다. 비가 거세게 내렸고, 바람도 더 세졌다. 인근 바다에 있던 전함들이 우리 대대를 지원하려고 조명탄을 하늘로 쏘아 올렸다. 그러나 조명탄의 낙하산이 펴지자마자 바람은 보이지 않는 손으로 그 낙하산을 홱 잡아채서 멀리 던져 버렸다. 적은 여전히 은제세부스섬 북단 수백 미터를 사수하고 있었지만, 그날 밤은 어쩐 일인지 아무 일도 일어나지 않고 평온하게 지나갔다.

다음 날 아침, 우리 대대는 다시 탱크와 암트랙의 지원을 받아서 은제세부스섬의 나머지 지역을 대부분 제압했다. 일본군 사망자 수에 비하면 우리의 사상자 수는 매우 적었다.[8] 오후도 절반이 지나간 시점에 반가운 소식이 들려왔다. 곧 육군 부대가 와서 우리 대신 은제세부스섬 북단에서 토벌 작전을 진행할 것이라는 소식이었다.

우리 박격포반은 전진을 멈추었다. 그리고 관목 숲에서 산개 대형을 유지하며 명령을 기다렸다. 적의 포화에 노출되어 있었지만 어쩔 수 없었다. 우리 대형의 한가운데에는 일본군의 중기관총 잔해와 우리 K중대가 처치한 일본군 분대의 병사 시신 몇 구가 나뒹굴었다. 우리를 가로막았던 그 일본군 분대는 교과서적으로 좋은 전술적 요충지를 고수하다가 마침내 죽음을 맞이했었다.

한눈에 봐도 죽은 기관총 사수는 막 발사 버튼을 누르려다가 갑작스럽게 죽음을 맞은 모양이었다. 총신 뒤에서 허리를 꼿꼿하게 세우고 있었다. 죽음의 순간에서도 그는 눈을 크게 뜨고 조준경을 바라보고 있었다. 동공은 열려 있었지만 그가 죽었다는 사실을 도무지 믿을 수 없을 정도였다. 거기까지 생각이 미치자 온몸에 소름이 돋았다. 그의 눈동자는 나를 꿰뚫어서 영원을 바라보는 것 같았다. 그리고, 무릎에 편안하게 놓여 있는 그의 손이 당장에라도 올라가서 엄지손가락으로 기관총의 발사 버튼을 누를 것만 같았다. 탄창에서 밝은 빛을 발산하는 총알도 기관총 사수만큼이나 발사될 모든 준비가 되어 있었다. 당장에라도 빠른 속도로 허공을 날아가 〈미국 귀신들〉을 죽이거나 불구로 만들어 버릴 태세였다. 하지만 그 일본군 병사는 부패할 것이고 총탄은 녹이 슬 것이다. 그의 총탄 역시 이제 더는 그들의 천황에게 아무런 도움이 될 수 없을 터였다.

그 기관총 사수의 두개골 일부는 날아가고 없었다. 그가 썼던 철모가 구멍 뚫린 통조림 깡통처럼 곁에 나뒹군 것을 보면, 아마도 아

---

8 당시 실제 사상자 수에 대한 공식적인 기록들은 제각각이다. 인정된 기록에 따르면, 우리 해병대원이 15명이 죽고 33명이 부상을 입은 데 비해서 일본군은 470명이 죽거나 포로가 되었다. 그런데 제5연대 제3대대 가운데서는 8명이 죽고 24명이 부상당한 우리 K중대의 사상자 수가 가장 많았다. 은제세부스섬에서 우리 중대가 맡은 구역에 고지가 있었고 또 적의 동굴들이 있었기 때문에 이런 결과가 빚어졌다 ─ 원주.

군의 자동화기를 맞고 그렇게 된 모양이었다. 부사수도 그의 곁에 쓰러져 있었다. 초록색 나무 상자를 열어서 안에 들어 있던 탄창을 꺼내려던 순간에 총격을 받은 모양이었다. 탄약수로 보이는 몇 명도 기관총 뒤쪽에 서로 떨어진 채로 쓰러져 있었다.

이 기관총 부대와 싸웠던 K중대 소총수 한 사람이 철모를 깔고 앉아서 우리에게 전투 당시의 상황을 이야기해 주었다. 그 일은 전날 우리 박격포반이 토치카에서 적과 싸울 무렵에 일어났다고 했다.

「내가 진짜 지금도 믿을 없는 일은, 일본군 탄약수가 그 무거운 탄약 상자를 등에 지고 여기저기 빠르게 뛰어다니더라는 거야. 어떻게 그럴 수 있지?」

탄약 상자에는 가죽 끈이 두 개씩 달려 있었는데, 탄약수는 이 끈을 멜빵으로 삼아서 탄약 상자를 등에 졌다. 나는 시험 삼아서 탄약 상자 하나를 들어 보았다. 우리 박격포보다 더 무거웠다. 일본군 병사들은 키는 작았지만 부족한 키를 근육으로 보완하는 게 분명했다.

「저런 걸 날라야 한다는 게 정말 싫어, 나라면. 안 그래? 녀석들은 저 탄약 상자를 나르다가 총에 맞으면, 무게 때문에 마치 벽돌이 쓰러지듯이 풀썩 쓰러지더라고.」

소총수의 말이었다. 그와 대화를 나누는 중에 문득 보니, 내 옆에 있던 박격포 포수가 산호 자갈 여러 개를 한 손에 쥐고 다른 한 손으로 그 자갈을 하나씩 집어서 죽은 기관총 사수의 반쯤 남아 있는 두개골 안으로 던져 넣는 놀이를 혼자서 하고 있었다. 자갈이 그가 노린 대로 두개골 안으로 정확하게 들어가면 퐁당 하는 소리와 함께 두개골 안에 고여 있던 빗물이 튀었다. 그 대원은 어린 시절 물웅덩이에 자갈을 던지면서 놀 때처럼 아무렇지도 않게 그 장난을 했을 뿐, 자기가 하는 행동에 어떤 악의도 없었다. 전쟁은 이처럼 우리를 잔인한 인간으로 만들어 버렸다. 도저히 믿을 수 없는 일이었다.

널브러져 있는 몇몇 일본군 시체의 입술 사이에서 반짝거리며 빛

나는 금니가 보였다. 죽은 적 병사의 시체에서 금니를 뽑아서 기념품으로 간직하는 것은 그때까지만 하더라도 내가 한 번도 하지 않았던 행위였다. 그러나 그때만큼은 시체에서 반짝거리는 금니의 유혹을 이길 수 없었다. 나는 한 시체 곁에서 케이바를 꺼내고 금니를 뽑아 내려고 허리를 숙였다.

그런데 그때 손 하나가 내 어깨를 잡았다. 나는 누군가 하고 상체를 일으키고 돌아보았다.

「너 지금 뭐 하려는 거야, 슬레지해머?」

위생병이던 캐스웰이었다. 그의 눈빛에는 슬픔과 책망이 담겨 있었다.

「금니 좀 모으려고.」

「하지 마.」

「왜?」

「너는 그런 행동 하고 싶지 않다는 거 내가 알아. 고향의 네 부모님이 아시면 뭐라고 하시겠어?」

「우리 아버지는 의사셔. 틀림없이 궁금해하실 거야.」

그렇게 말하고 나는 다시 허리를 굽혔다. 중단된 일을 다시 하기 위해서였다.

「안 돼, 세균이 있단 말이야 슬레지해머! 세균부터 처리해야 할걸?」

나는 놀라서 다시 동작을 멈추었다.

「세균? 어쩌지, 그 생각은 못 했네.」

「그래 세균, 일본군 시체를 가까이 할 때는 반드시 세균을 조심해야 해. 알았어?」

그는 단호하게 말했다.

「그렇다면 옷깃에 달려 있는 휘장만 잘라서 가지고 더러운 이빨은 그냥 두는 게 좋겠네. 그게 안전하겠지?」

「아마도 그럴 거야.」

그는 그렇게 대답하고는 고개를 끄덕였다.

전쟁이 끝나고 그때 일을 돌이켜보고서 나는 비로소 위생병 켄트 캐스웰이 진정으로 말하고 싶었던 것은 세균이 아니었음을 깨달았다. 그는 좋은 친구였으며, 전쟁의 참혹함 속에서도 인간적인 따뜻한 감성을 잃지 않았던 사람이었다. 그랬기에 잔인한 야만인으로 변해 가던 내 모습을 그냥 지나치지 못했던 것이다.

이제는 우리가 포격에 나설 일은 거의 없었다. 머지않아 우리 제5연대 제3대대는 육군의 어떤 대대와 임무 교대를 하기로 되어 있어서 후방으로 내려갈 준비를 시작했기 때문이다. 우리 주변에 배치되어 있던 우리 대대 소속의 탱크 두 대도 해변 쪽으로 이동하기 시작했다. 이들이 요란한 소리를 내면서 지나갈 때 나는 그 탱크들을 다시 부르는 일이 제발 일어나지 않으면 좋겠다고 생각했다.

그런데 갑자기 적의 75밀리 포탄이 우리가 있던 곳에서 오른쪽으로 조금 떨어진 지점에 떨어졌다. 다들 혼비백산해서 바닥에 엎드렸다. 이어서 무서운 폭발이 일어났다. 파편들이 공기를 찢으며 사방으로 날았다. 그 뒤로도 적의 포탄은 맹렬하게 날아들었다.

「이건 뭐야?」

곁에 있던 누군가가 소리쳤다. 거의 숨도 쉬지 못할 지경으로 놀란 모양이었다. 그 말에 다시 또 누군가가 대꾸했다.

「일본놈 75밀리 포탄이야. 적은 지금 가까이 있어.」

적의 대포가 한 번씩 발사될 때마다 충격파가 온몸으로 느껴졌다. 나는 공포로 온몸이 바짝 얼어붙었다. 그때 누군가가 외쳤다.

「아까 돌아간 탱크를 빨리 불러와!」

그렇게 말하기 전에 이미 탱크 몇 대가 적의 공세에 꼼짝 못하는 보병을 지원하기 위해서 돌아오고 있었다.

「박격포 발사 준비해!」

누군가가 외쳤다. 하지만 누군가 우리에게 적 대포의 위치를 알려 줘야 했다.

탱크가 곧바로 행동에 돌입해서 거의 순식간에 적의 대포를 제압했다. 오른쪽에서는 위생병과 들것을 찾는 고함 소리들이 계속 들려왔다. 우리 중대에서 탄약수 여러 명과 위생병이 들것을 들려고 그쪽으로 달려갔다. 적 대포의 끔찍한 직사포격으로 많은 사상자가 발생했다는 소문이 돌았다. 사상자의 대부분은 우리 중대 오른쪽에 배치되어 있던 대원들이었다.

조금 뒤에 위생병과 탄약수가 돌아왔고, 거기에서 파악한 상황을 일러 주었다. 일본군이 위장 진지에서 포격을 시작했을 때 그 정면에 있던 우리 오른쪽 중대의 대원들이 맞았다고 했다. 지원을 나갔다가 돌아온 한 대원의 얼굴을 보는 순간, 사정이 얼마나 심각한지 알 수 있었다. 그 친구는 공포로 완전히 얼이 빠져 있었다. 일본군의 집중 포격을 받고 있을 때나 적의 기관총이나 저격병의 총성이 울릴 때도 주눅 들지 않고 껄껄 웃기도 하고 일본군에게 저주를 퍼붓기도 하던 친구의 모습이 그렇게 변해 있었던 것이다. 펠렐리우에서나 그리고 또 나중에 오키나와에서의 그 피비린내 나는 전투 현장에서도 그 친구가 그날만큼 공포에 짓눌린 표정을 지은 적은 없었다.

그는 다른 한 대원과 함께 우리 모두가 다 알던 어떤 부상 대원을 들것에 태우고 날랐던 일을 이야기해 주었다. 그 이야기를 하는 내내 그의 얼굴은 고통스럽게 일그러져 있었다.

「딱 보니까 중상이더군. 기절한 상태였고. 내가 그 친구 어깨 아래를 잡고 저 친구가(그렇게 말하면서 탄약수를 가리켰다) 무릎을 잡고 들것에 올려놓는데…… 그 친구 몸이 다 부서져 버리는 거야. 오오, 신이시여!」

모두가 무거운 한숨을 토하고 머리를 천천히 가로저었다. 옆 중대에 지원 나갔다가 돌아온 두 사람도 고개를 돌리고 멀리 하늘만 바라보았다. 우리 중대도 적의 직사포 공격을 받은 적이 있었다. 그때는 사상자가 한 명도 없었다. 하지만 그건 내가 전투를 치르면서 겪었던 경험 가운데서도 정말 끔찍한 경험이었다. 앞에서도 말했지만 적의 포화에 노출된다는 것은 끔찍하기 짝이 없는 일이다. 그것도 개활지에서, 그리고 자기 바로 옆에서 포탄이 떨어지는 경험이란……. 하지만 직사포 공격은 그보다 더 무서운 것이었다. 아무리 간이 크고 대담한 대원들이라고 해도 공포에 휩싸이지 않을 수 없었다. 근접 거리에서 발사된 포탄이 공기를 가르는 소리와 뒤이은 충격, 폭풍을 실제로 경험해 보지 않고서는 그게 어떤 느낌인지 필설로는 결코 설명할 수 없다. 그 무서운 파괴력에 희생된 전우들을 우리는 마음 깊이 애도했다.

우리는 늦은 오후부터 저녁 무렵까지 그저 멍한 눈을 하고서 육군 보병 부대가 오기만을 기다렸다. 충격, 혐오감, 공포, 피로의 연속이던 15일 동안의 전투 속에서 우리는 다들 육체적으로 또 정신적으로 지쳐 있었다. 살아남은 전우의 초췌하고 지저분한 얼굴을 보면 서로가 어떤 상태인지 잘 알 수 있었다. 퀭한 눈과 공허한 표정, 그것은 밤낮 없이 극도의 긴장감 속에서 사는 사람들 특유의 모습이었다.

「짧지만 격렬하게. 사흘, 어쩌면 나흘.」

펠렐리우 상륙 작전 전에 사단 지휘 본부에서는 그렇게 말했었다. 하지만 15일이 지났지만 그 지긋지긋한 전투가 언제 끝날지는 아직도 알 수 없었다.

숨이 턱 막히는 느낌이 들었다. 나는 철모에 앉은 자세 그대로 나를 바라보는 동료들의 얼굴을 뒤로 하고, 현실의 모든 것들을 내 눈앞에서 지워 버리기라도 하듯 두 손으로 얼굴을 감싸 안았다. 나는 흐느껴 울기 시작했다. 울음은 참으려 할수록 더 격렬하게 목구멍을 밀고 나왔다. 온몸이 들썩거리고 흔들거렸다. 따끔거리는 눈에서 눈물이 흘러내렸다. 날마다 건강한 청년들이 부상을 당하고 또 목숨을 잃는 모습을 지켜보는 일에 지쳐 버렸다. 더는 참기 힘든 지경이 었다. 그 끔찍한 일을 날이면 날마다 겪어야 한다는 사실에 육체적으로나 심리적으로 너무도 지쳐 있었다. 그랬기에 내 몸에는 전투를 수행할 수 있는 힘이 단 한 방울도 남아 있지 않은 것 같았다.

죽은 사람은 안전했다. 백만 달러짜리 부상을 입고 귀국한 사람은 행운아였다. 그 어떤 곳에도 끼지 못한 우리 제5연대와 제7연대 장병들은, 앞으로 보름 더 그 끔찍한 경험을 이어 가야 한다는 사실을 알 리 없었다.

누군가 내 어깨에 손을 얹었다. 돌아보니 우리 중대의 듀크 중위였다. 그의 눈은 붉게 충혈되어 있었고, 지쳐 보였다. 그가 따뜻한 목소리로 물었다.

「무슨 일이냐 슬레지해머?」

나는 내가 느끼던 감정을 모두 이야기했다.

「그래, 무슨 말인지 나도 안다. 나도 마찬가지야. 하지만 마음을 편하게 먹어라. 우리는 계속 나아가야 한다. 여기서 멈출 수는 없어. 이제 곧 끝나고, 우리 모두가 다 파부부로 돌아갈 거야.」

그의 따뜻한 공감은 내가 필요로 하던 힘을 주었다. 앞으로 열다섯 번의 그 끔찍한 낮과 밤을 견뎌 내기에 충분한 힘.

철조망과 이런저런 보급품을 실은 암트랙을 따라서 장병들의 긴 행렬이 도착했고, 우리에게는 출발 명령이 떨어졌다. 육군 부대의 병사들을 보고 기뻐하지 않은 대원은 아무도 없었다. 무기와 장비를 어깨에 멜 때 누군가 말했다.

「밤에 참호 앞에 철조망을 쳐뒀더라면 좋았을 걸……. 그랬으면 마음이 한결 편했을 것 같은데.」

그 말에 나도 동의했다. 그리고 함께 해변을 향해 걸어갔다.

9월 29일, 펠렐리우섬으로 돌아온 우리 제3대대는 우무르브로골산 동쪽에 있는 은가르도로로크Ngardololok 구역에서 야영했다. 작전이 시작된 지 한 주가 된 구역이었고, 비교적 평온했다. 그곳은 많은 사상자를 냈던 제1해병연대가 전선에서 물러나와 파부부섬으로 돌아가는 수송함을 기다리면서 한 주 동안 야영했던 곳이었다.

우리는 휴식을 취할 수 있었지만 마음이 편치는 않았다. 늘 그랬듯이 우리는 다른 중대에 있는 친구들의 소식을 물어보곤 했는데, 바라지 않던 소식을 전해 듣는 경우가 적지 않았기 때문이다. 우리 제5연대가 우무르브로골산의 기슭에서 싸우고 있던 제7연대와 합류할 예정이라는 소문이 돌았다. 제1연대가 궤멸했던 무시무시한 구역이었다. 대원들은 모두 후텁지근한 그늘 아래에서 뜨거운 커피를 수통 컵으로 마셨고, 기념품을 교환하고 수다를 떨면서 그 무서운 생각을 머리에서 지워 버리려고 애를 썼다. 섬 북쪽에서는 따가닥거리는 기관총 총성과 둔중한 포성이 들려 오고 있었다.

6장 용감한 병사들 스러져 가다

「전원, 전투 식량 및 탄약을 지급받을 준비를 해라. 우리 대대는 능선을 공략 중인 제7연대의 응원 부대로 배치될 것이다.」

드디어 반갑지 않지만 피할 수도 없는 명령이 떨어졌다. 우리는 군장을 챙겼다. 아무리 싫어도 어쩔 수 없는 일이었다. 들리는 얘기에 따르면, 제7연대의 사상자 수가 제1연대의 사상자 수에 빠르게 접근하는 중이라고 했다. 게다가 우리 연대의 전력이라고 해봐야 제7연대와 크게 차이가 나는 것도 아니었다. 이제 펠렐리우섬은 중앙의 고지대를 제외하고는 모두 미군의 손에 장악된 상태였다. 적은 우무르브로골 포켓(Umurbrogol Pocket, 중앙고지대)에서 완강하게 저항했다. 이곳은 폭과 너비가 각각 약 400미터와 약 1,200미터였으며, 여러 능선 가운데서도 최악의 능선이었다.[1]

산과 계곡이 얼마나 험준하고 또 서로 얼마나 복잡하게 꼬여 있던지 나는 방향 감각을 잃어 버렸다. 우리 부대가 배치된 지점이 어디인지 모를 때도 많았다. 지도는 장교들만 가지고 있었기에 우리 사

---

1 펠렐리우섬에서 그 뒤로 공포와 죽음, 폭력 속에 일어난 모든 일들과 관련된 기억은 마치 아침에 잠에서 깼을 때 생생하게 기억하는 간밤의 악몽만큼이나 길고 끔찍한 것이었다. 그때 일어났던 모든 일들의 순서와 맥락을 나는 아주 세부적인 사항들까지 모두 생생하게 기억한다. 내가 기록했던 메모와 역사 기록들을 비교해 보면 내 말이 진실임을 알 수 있을 것이다. 그러나 어떤 사건이 언제 일어났고, 그 뒤로 그 사건이 얼마나 흘렀는지 따위의 시간적인 관계는 나에게 아무런 의미가 없었다. 나는 그때도 이런 기묘한 시간 감각이 이상하다고 생각했었다 ─ 원주.

병들에게는 지형의 이름 따위는 전혀 의미가 없었다. 모든 산이 다 비슷하게 생겼고 비슷하게 요철이 심하고 험준했으며, 또 모두 다 공략하기 어려웠다. 어떤 고지나 산을 공략할 때는 사전에 해당 지명을 일러 주는 게 통례였다. 그러나 내가 이해한 것은 다른 해병 부대가 이미 공략했다가 실패한 바로 그곳을 목표 지점으로 삼는다는 사실뿐이었다.

일본군을 모두 섬멸하거나 혹은 우리 모두가 적의 흉탄과 포격의 제물이 되기 전까지는 우리 대대가 절대로 섬에서 벗어나지 못할 거라는 우울한 결론을 다들 체념 속에 받아들이고 있었다. 우리는 그저 한 시간 또 한 시간, 하루 또 하루를 버티며 살아남을 뿐이었다. 다들 공포와 피로에 압도되어서 오로지 살아남아야 한다는 생각밖에 하지 않았다. 희미하지만 유일하게 반짝이던 희망의 빛은 백만 달러짜리 부상을 입을지 모른다거나 전투가 조만간에 끝날지 모른다는 것이었다. 그러나 전투가 계속 질질 늘어지고 사상자 수가 늘어나면서 모두가 절망의 늪에 빠져 있었다. 거기서 벗어날 수 있는 유일한 길은 죽거나 부상을 당하는 것뿐이었다. 살아남아야 한다는 의지는 점점 약해졌다. 내가 아는 많은 전우들이 극단적인 운명론에 빠져들었다. 그러나 불가사의하게도 다들 자기의 죽음을 상상하지는 않았다. 상상 속에서 죽는 사람은 늘 자기가 아니라 옆에 있는 전우였다. 그러나 부상을 당하는 일은 피할 수 없어 보였다. 보병 중대에서 부상은 필연적이었고, 다만 늦거나 빠르거나 하는 시간상의 문제일 뿐이었다. 확률을 영원히 거스를 수는 없기 때문이었다.

10월 3일, 우리 대대는 가파른 봉우리를 다섯 개 거느리고 있는 험준한 산인 〈파이브 시스터즈Five Sisters〉를 공격했다. 이 공격에 앞서 포병 부대인 제11해병연대가 목표 구역 전체에 포격을 가했다. 우리 중대도 전방에 박격포를 맹렬하게 쏘았으며 기관총 세례도 퍼부었다.

포격이 중단되면 제5연대 제3대대의 보병이 산을 기어올랐다. 그러나 곧 일본군의 포화가 퍼부어지고, 보병의 전진은 중단되었다. 그러면 우리는 다시 박격포를 쏘아서 보병이 퇴각하는 걸 지원했다. 별다른 성과가 없는 이런 식의 공격은 그다음 날에도 똑같은 양상으로 전개되었고, 소득 역시 별로 없었다.[2] 보병이 전진을 멈춘 뒤에 박격포 사격을 중지하고 나면 우리 박격포반은 늘 들것을 들고 최전선으로 이동할 준비를 했다(그러나 박격포 사격이 필요할 때를 대비해서 늘 두 명은 박격포 곁에 대기했다). 우리는 보통 백린 소이탄이나 수류탄을 던져서 우리의 모습이 노출되지 않도록 숨겼으며, 또 소총수들이 우리를 엄호했다. 그러나 적 저격병들은 최대한 신속하게 들것을 들고 뛰는 아군 병사들을 노리고 총격을 가했다. 비록 전투 현장에서 모든 게 다 그렇지만 특히 이런 점에서 볼 때 일본군은 무자비했다.

험준한 지형과 지독한 더위 때문에 부상병 한 명을 옮기려면 들것을 네 명이 들어야 했다. 중대에서 돌아가며 들것을 든다고 쳐도 하루에 한 번꼴로 들것을 들고 뛰어야 했다. 하지만 그 일이 육체적으로 힘들 뿐만 아니라 위험하기까지 하다는 사실에는 모든 대원들이 동의했다.

들것을 들고 뛸 때마다 나는 공포와 피로로 심장이 금방이라도 터져 버릴 것 같은 경험을 했다. 부상병을 들것에 옮기고 들것을 든 다음에 험준한 지형을 비틀거리며 힘겹게 걸어야 했다. 급경사를 올라가야 했고 또 내려가야 했다. 그사이 적 병사가 쏜 탄환은 바람을 가르며 주변을 사납게 날아가고, 또 바위에 맞아서 돌 부스러기가 튀었다. 저격병에 피격되는 경우도 한두 번이 아니었다. 그러나 운이 좋게도 우리 들것조에서는 한 번도 그런 일이 일어나지 않았고, 늘

2 파이브 시스터즈 공격 때 우리 K중대는 전사자와 부상자가 각각 8명과 22명이 발생하는 피해를 입었다 — 원주.

부상병을 안전한 곳으로 옮겼다. 때로 일본군은 들것을 들고 뛰는 우리 해병대원을 노리고 대포에다 박격포까지 동원하기도 했다.

포화 속에서 부상자를 실은 들것을 들고 숨이 턱에 차도록 뛸 때마다 나는 부상병의 태도에 깊은 감명을 받았다. 의식이 있는 부상병들은 우리가 자기를 무사히 안전한 곳으로 데려다줄 것이라고 믿으며 놀라울 정도로 침착함을 유지했다. 포탄이 날아오고 총탄이 비 오듯 쏟아지는 상황에서, 나는 과연 우리들 가운데 누가 이 일을 해낼 수 있을지 모르겠다고 의심을 품곤 했는데도 말이다. 심리적인 충격이나 위생병이 놓아 준 모르핀 주사의 효과를 감안하더라도, 부상당한 대원들의 태도는 놀라울 정도로 침착했다. 적의 사정거리를 벗어난 지점에 도착하면 부상병은 대개 자기를 내려놓고 좀 쉬라고 말했다. 중상이 아닌 경우에는 걸음을 멈추고 함께 담배를 한 개비씩 피우기도 했다. 그리고 우리는 병원선에 타더라도 우리를 잊지 말라는 말로 부상병의 기분을 즐겁게 해주기도 했다.

경상을 입은 부상자는 예외 없이 무척 안도했다. 이제 지옥에서 빠져나갈 수 있는 문이 자기 앞에서 열렸기 때문이다. 그리고 그들은 뒤에 남는 우리에게 미안해했다. 중상을 입은 부상자의 경우에는 암트랙이나 구급 지프가 있는 곳까지 최대한 신속하게 옮겼고, 그러면 암트랙이나 지프가 부상병을 대대 야전병원으로 이송했다. 이렇게 환자를 일단 태워 보내고 나면 우리는 탈진 상태로 바닥에 드러누워 한동안 일어나지 못했다.

부상병을 들것에 태우고 옮길 때는 워낙 험한 지형이라서 환자를 수평 상태로 유지하기 위해서 들것 손잡이를 자기 머리 위로 들어 올려야 할 때도 있고, 또 어떤 때는 거의 바위에 닿을 정도로 낮게 들어야 할 때도 있었다. 종종 부상병을 딱딱하고 날카로운 산호 바위 위로 떨어뜨리지나 않을까 걱정하기도 했다. 다행히 이런 일은 한 번도 일어나지 않았지만, 우리는 혹시라도 그럴까 봐 무척 겁을 내고 조심했다.

포탄과 총탄이 난무하는 위험한 상황에서도 들것에 실린 부상병이 심리적으로 평온한 상태를 유지할 수 있었던 데는 우리 대원들이 신뢰의 끈으로 서로 연결되어 있었다는 점도 작용했다. 우리는 부상병을 내버려 두고 달아나겠다는 생각은 단 한 번도 하지 않았고, 실제로 그런 행동을 하지도 않았다. 그랬다가는 일본군 병사가 부상병을 온갖 잔인한 방법으로 괴롭히다가 죽일 게 뻔했기 때문이다.

우리 대대가 파이브 시스터즈를 놓고 적과 공방을 벌이던 기간에 우리의 전선은 비교적 평탄한 지형에서 형성되었다. 우리는 전선에서 몇 미터 떨어진 지점에 참호를 파고 박격포를 설치했다. 지형적으로 중대 전체가 적의 공격에 무방비 상태로 노출되어 있었기 때문에 파이브 시스터즈에 진지를 구축한 일본군 병사들이 우리에게서 한시도 눈을 떼지 않고 있을 것임을 우리는 잘 알고 있었다. 일본군은 우리에게 최대한 많은 사상자를 안겨 주겠다는 확신이 설 때만 총탄이나 박격포탄을 날렸다. 그만큼 저들의 사격 지침이 탁월했고, 저들이 쏘면 우리 가운데 누군가는 분명히 맞았다.

밤이 되면 또 다른 세상이 전개되었다. 일본군은 동굴 밖으로 나와 전선을 침투하는 도발을 했다. 밤새 그랬고 또 밤마다 그랬다. 단독으로 혹은 떼를 지어 습격을 감행하는 도발은 어둠이 깔리자마자 시작되었다. 박격포탄이나 조명탄이 발사되고 나서 다음번 포탄이 발사되기 전의 짧은 틈을 타서 적병은 우리 대원들이 있는 지점으로 살금살금 다가왔다. 적병은 지카다비를 신었는데 포격으로 쓰러진 나무들이 널려 있는 거친 바위 위를 소리도 없이 걷는 그들의 능력은 믿을 수 없을 정도였다. 게다가 그들은 우리보다 주변 지형을 훨씬 더 잘 알았다. 그들은 알아들을 수 없는 말들을 지껄이면서 돌격을 감행했는데, 수류탄을 던질 때도 있었지만 대부분은 군도나 총검, 단도를 휘둘렀다.

그들의 전투 기량과 대담함은 놀라웠다. 냉정하고 엄격한 규율로 단련된 해병대원이 아니면 그들의 공격을 도저히 당해 낼 수 없었을 것이다. 총기 발사와 관련된 규정은 엄격하게 지켜야만 했다. 적병이 아군 참호에 뛰어들었을 때 까딱하면 어둠 속에서 아군을 쏠 수도 있었기 때문이다. 우리가 할 수 있는 것이라고는 그저 어둠 속에서 숨죽인 채, 아군 동료와 적병이 육박전을 벌이는 과정에서 동물적인 본능에 따라 터져 나오는 필사적인 소리를 가만히 듣고 있는 것뿐이었다.

어둠이 깔린 뒤에는 그 누구도 자기 자리를 벗어날 수 없었다. 2인 1조의 참호에서 한 사람이 잠을 잘 때 다른 한 사람은 반드시 경계를 서야 했다. 두 사람 사이의 신뢰는 필수적이었다. 적의 야습으로 우리 대원이 죽거나 다치는 경우도 있었지만, 이렇게 공격을 감행한 뒤 살아서 무사히 돌아간 적병은 한 명도 없었다.

어느 날 밤이었다. 이전까지와는 비교도 되지 않을 만큼 많은 수의 일본군 병사가 중대의 전방으로 기어들었다. 최전선을 돌파해서 바위나 쓰러진 나무를 엄폐물로 삼고 있었기 때문에 다음 날 정오 무렵이 되어서야 이들을 모두 사살했다. 하지만 이 전투는 무척 어려웠다. 어떤 방향으로 쏘더라도 그 탄환이 아군에게 날아갈 수 있었기 때문이다. 하지만 K중대 대원들 사이에서는 엄격한 규율과 통제가 이루어졌기에 아군 사상자는 한 명도 내지 않고 적병을 모두 제거할 수 있었다.

유일한 〈피해〉는 내 친구인 제이의 던가리 바지였다. 제이는 내가 있던 참호 앞으로 얼굴을 찡그린 채 뻗정다리로 지나갔다. 내가 빙글빙글 웃으면서 물었다.

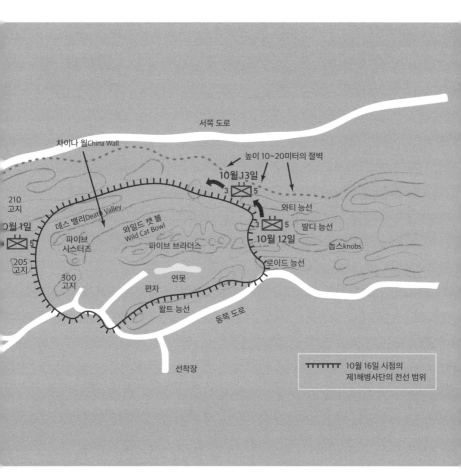

서쪽 도로

차이나 월China Wall

높이 10~20미터의 절벽

10월 13일

3 ⊠ 5

와티 능선

210
고지

10월 1일

데스 밸리Death Valley

⊠

205
고지

와일드 캣 볼
Wild Cat Bowl

파이브
시스터즈

파이브 브라더스

3 ⊠ 5

10월 12일

발디 능선

놉스knobs

300
고지

연못

로이드 능선

편자

왈트 능선

동쪽 도로

선착장

╥╥╥╥╥╥╥ 10월 16일 시점의
제1해병사단의 전선 범위

우무르브로골 포켓

「무슨 일 있어?」

「오, 젠장……. 나중에 얘기할게.」

「지금 얘기해 봐, 얘기해 줘, 제이!」

제이와 가까이 있던 다른 대원이 짓궂게 고함을 질렀다. 여러 명이 와 하고 웃었다. 제이는 얼굴을 찡그리면서 닥치라고 했다. 그러고는 바지에 똥을 싼 어린아이처럼 뒤뚱거리며 대대 본부 쪽으로 갔다. 아닌 게 아니라 실제로 그는 바지에 똥을 쌌던 것이다. 그 무렵 우리는 모두 심각한 설사 증세를 보였고, 그 가운데서 제이의 증세가 제일 심했다. 이야기의 전모를 듣고 나면 결코 웃을 일이 아니었고, 충분히 이해할 수 있는 일이었다.

동틀 무렵 제이는 카빈 소총을 어깨에 메고 자기 참호에서 멀지 않은 거리에 있는 곳으로 용변을 보러 갔다. 그의 발이 쓰러진 나무를 넘어서 바닥을 디뎠는데, 그가 디딘 곳은 땅이 아니었다. 그 나무 줄기 뒤에 엎드린 채 숨어 있던 일본군 병사의 등이었던 것이다. 그 순간 제이는 즉각적으로 반응을 했고, 적병도 마찬가지였다. 제이는 적병의 가슴에 카빈 소총을 겨누었고 적병은 후다닥 일어났다. 제이는 방아쇠를 당겼다.

딸깍.

그 소리만 나고 총알이 나가지 않았다. 공이가 고장 난 것이었다. 이때 적병은 수류탄을 뽑아 들고 안전핀을 제거했는데, 그 순간 제이는 자기 소총을 적병에게 던졌다. 이것은 적병에게 실제적으로 타격을 주겠다는 행동이라기보다 그야말로 절망적인 마지막 행동이었다.

제이는 마구 내달리면서 우리에게 고함을 질렀다.

「일본놈이다, 쏴라!」

적병은 수류탄을 던졌고, 수류탄은 제이의 등을 때리고 바닥에 떨어졌다. 그런데…… 수류탄이 터지지 않았다. 불발탄이었던 것이다.

그러자 일본군 병사는 총검을 뽑아 들고는 마치 군도처럼 휘두르며 제이를 잡으러 뛰어갔다.

제이는 자동 소총수를 보고는 그쪽으로 달려가면서 적병을 쏘라고 고함을 질렀다. 자동 소총수는 총을 쏘려고 자리에서 일어섰지만 곧바로 총을 쏘지 않고 기다렸다. 적병은 제이를 거의 따라잡았고, 제이는 필사적으로 도망을 치면서 고함을 질렀다. 숨이 막히는 시간이 지난 뒤에 자동 소총수는 적병의 허리 부분을 겨누고 탄창에 있던 스무 발의 총알을 거의 다 쏘았다. 적병은 풀썩 쓰러졌다. 적병의 몸은 상체와 하체가 거의 분리될 정도로 손상되었다.

구사일생으로 목숨을 건진 제이는 공포에 떨었다. 제이는 나중에 자동 소총수에게 왜 빨리 쏘지 않고 미적거렸는지 묻자 그는 씨익 웃으면서 이런 내용의 말을 했다. 적병이 조금 더 가까이 올 때까지 기다린 것은 자동 소총으로 과연 적병의 몸을 둘로 분리할 수 있을지 시험해 보고 싶어서였다고.

위기일발의 순간이 실험 재료로 이용되었기에 제이로서는 썩 유쾌한 일이 아니었다. 다들 배를 잡고 웃는 가운데 제이는 깨끗한 새 바지를 지급받으러 대대 본부에 다녀올 허가증을 받았다. 대원들은 그 일을 두고 제이를 놀렸고, 사람 좋은 제이는 그 놀림을 그냥 재미있게 받아넘겼다.

우무르브로골 능선에서 보낸 전체 기간 가운데서 해병대 보병들이 상대해야 했던 골칫거리는 후방에서 오는 기념품 사냥꾼들이었다. 이 녀석들은 전투가 소강 상태에 접어들었다 싶으면 어김없이 중대 진지에 얼굴을 들이밀고는 무언가 가져갈 게 없나 하고 죽은 일본군 병사들의 시체를 뒤졌다. 이 녀석들은 외견상 우리 보병과 확실히 달랐다.

작전이 후반으로 넘어가면서 보병은 씻지도 못하고 면도도 할 수 없었다. 얼굴은 더러웠고, 표정은 불안했다. 무서운 장면을 너무도 많이 보고 또 잠을 못 자서 눈은 붉게 충혈되었고 퀭했다. 그리고 철모에 두른 위장천은 산호 바위에 스쳐서 찢어져 있거나 그렇지 않을 경우에는 산호 먼지를 하얗게 뒤집어쓰고 있었다. 위장천의 한두 군데는 반드시 찢어져 있게 마련이었다. 원래 녹색이었던 던가리 재킷도 산호 먼지로 변색이 되고 더러워져 있었다. 게다가 카빈 소총의 기름으로 얼룩져 있기도 했다. 또 비와 땀으로 번갈아 가면서 젖었다가 다시 마르기를 반복하다 보면 면 소재의 이 옷은 마치 캔버스처럼 빳빳해졌다. 그리고 산호 바위에 엎드리는 경우가 많았기 때문에 팔꿈치 부분과 바지 무릎 부분이 해지는 경우도 허다했다. 전투화는 회색의 산호 먼지로 뒤덮여 있었고 뒤꿈치 부분은 날카로운 산호에 찢기고 닳아서 너덜너덜했다.

굳은살이 박인 우리 보병의 손은 완전히 새까맸다. 여러 주에 걸쳐서 소총 기름과 오물과 먼지와 온갖 더러운 것들이 묻고 쌓이고 밴 덕분이었다. 또 신체 혹사와 만성적인 피로로 어깨는 축 늘어지고 앞으로 구부정하게 수그린 자세였다. 대화를 할 수 있을 정도로 가까운 거리에서는 심한 악취가 났다.

최전선의 우리 보병들은 기념품 사냥꾼들을 지독하게 싫어했다. 제7해병연대의 어떤 소령은 이런 녀석들이 자기 구역 안으로 들어오면 반드시 붙잡아다가 전선에 붙들어 두었는데, 최전선의 보병이 얼마나 힘들게 싸우고 있는지 그들한테 체험시키려는 목적이었다. 부하 보병들 역시 소령이 무슨 의도로 그렇게 했는지 잘 알았기 때문에, 후방으로 돌아가도 좋다는 승낙이 떨어질 때까지 그 〈방문객들〉이 자기 마음대로 도망가지 못하도록 붙잡아 두었다.

파이브 시스터즈 공격이 소강 상태에 접어들었을 때였다. 나는 탄약 운반 작업을 하고 있었는데, 어떤 소총수에게 탄띠를 건네준 뒤 그와 이야기를 나누었다. 그와 한 조를 이루고 있던 다른 대원은 K 레이션을 지급받으려고 깊지 않은 참호를 비우고 없었으며, 주변은 평온했다(〈평온〉했다는 말은, 섬의 어디에선가는 여전히 총성과 포성이 끊이지 않았지만, 이곳의 우리는 적의 포탄이나 총탄 세례를 받고 있지 않았다는 뜻일 뿐이다). 그런데 그때 깔끔하고 말끔한 차림의 기념품 사냥꾼 두 명이 우리 앞을 지나쳐 갔다. 그들은 철모 대신 녹색 작업모를 쓰고 있었으며 무기도 들지 않았다. 그들이 가고 있는 방향은 파이브 시스터즈 쪽이었고, 파이브 시스터즈는 거기에서 몇 백 미터밖에 떨어져 있지 않았다. 그런데 우리 앞을 지나서 몇 걸음 걸어가는가 싶더니 둘 중 하나가 걸음을 멈추고 우리를 돌아보았다. 그렇지 않아도 어디로 가는지 물어보고 조심하라는 말을 막 하려던 참이었다.

「헤이, 친구들. 전선이 어디야?」

그 말에 나는 조용하게 대답해 줬다.

「지금 너희들이 전선을 막 넘어갔는데?」

그러자 앞서 걸어가던 기념품 사냥꾼이 놀라서 휙 돌아보았다. 그리고 두 사람은 놀란 얼굴로 잠시 서로의 얼굴을 바라보더니, 그다음에는 우리를 바라보았다. 그러고는 작업모를 벗어 한 손에 쥐고는 부리나케 왔던 길로 달려갔다. 그들은 산호 먼지를 일으키면서 뒤도 돌아보지 않고 그렇게 달아났다. 그 모습을 바라보면서 친구가 말했다.

「에이, 조금 더 가게 내버려 두지 그랬어. 아주 바짝 쫄아서 엉금엉금 기어 나오게 만들 수 있었는데.」

그래도 저격병의 밥이 되게 내버려 둘 수는 없지 않으냐고 하자, 그 친구는 이렇게 말했다.

「후방에 있는 멍청이들은 그런 경험도 해봐야 해. 저런 멍청이들도 자기를 해병대원이라고 부를 거 아냐.」

공정을 기하기 위해서 한마디 덧붙이자면, 후방의 지원 부대에 있는 대원들 가운데도 자원해서 들것조 임무를 수행한 해병이 있었다.

당시 우리는 근시안적인 사고에 사로잡혀서 오로지 적의 총탄과 포탄에 당한 대원들만 존경했을 뿐이고 그 이외의 사람들은 모두 시시하게 보았다. 물론 이런 태도는 전투에 반드시 필요한 중요한 작업을 수행하던 비전투 대원이 보기에는 불공정한 것이었다. 그러나 우리는 전쟁의 잔혹함에 너무도 깊이 상처를 받고 또 그렇게 야수화되어 있었다. 공정함을 따질 능력이 우리에게는 남아 있지 않았다.

중대장, 전사하다

상륙 21일째인 10월 5일 시점을 기준으로 볼 때 제7해병연대는 그 이전에 그 구역을 맡았던 제1해병연대만큼이나 많은 병력 손실을 입었다. 제7연대는 연대급 강습 부대로서의 전력을 상실한 상태였다. 바로 그날, 제1해병사단에 마지막으로 남아 있던 우리 제5연대가 제7연대와 임무 교대를 시작했다. 제7연대 소속 장병들은 그 뒤로도 펠렐리우섬의 산에서 전투를 수행하며 사상자를 내긴 했지만, 제7연대는 연대로서의 작전 수행을 그날로 끝냈다.

10월 7일, 제5연대 제3대대는 통칭 편자로 불리던 편자 계곡Horse-shoe Valley에 대한 공격을 감행했다. 말발굽을 서쪽과 동쪽 그리고 북쪽에서 감싸고 있는 능선에 숨어 있는 동굴들과 진지들에는 적의 중포(重砲, heavy gun)가 수도 없이 많았다. 우리 대대에 맡겨진 임무는 그것들을 최대한 많이 파괴하는 것이었다. 지원 병력은 육군 탱크 여섯 대였다. 펠렐리우섬에는 이제 더는 탱크가 필요 없다는 오판을 그 이전에 누군가가 했었고, 그 판단에 따라서 해병 제1탱크대대는 10월 1일 자로 임무를 면제받고 파부부로 돌아갔기 때문이었다.

해병대 전차 부대가 철수한 것에 대한 공식적인 발표는 이 대대의 전력이 〈현저하게 소모되어 약체화했기 때문〉이라고 했지만, 내가 생각하기에는 약체화한 건 전력이 아니라 전차였던 것 같다. 기계는 많이 쓰면 고장이 나게 마련이고 점검과 수리를 받아야 했다. 하지만 사람은 아무리 많이 써도 끝까지 계속 더 쓸 수 있었다. 탱크, 암트랙, 트럭, 항공기 그리고 전함은 귀중한 자원이고 태평양에서는 다른 것으로 대체하기 어려운 자원이었다. 그랬기 때문에 이런 것들은 세심한 주의를 기울여서 점검했으며, 또 소모나 파괴의 위험이 큰 상황에는 무리하게 노출시키지 않았다. 그러나 사람 특히 우리 보병은 인간 인내의 한계를 넘어설 수 있다고 생각했는지, 죽거나 부상당하거나 혹은 탈진해서 낙오하는 마지막 순간까지 다그치며 끝까지 밀어붙였다.

우리가 편자 공격에 나서기 전에 아군 대포는 우리의 공격 목표에 일제 사격을 가했다. 무려 두 시간 반 동안이나 편자 주변의 능선에 집중포화를 퍼부었는데, 우리 박격포반도 여기에 가담해서 한몫했다. 이 공격은 기대를 훌쩍 뛰어넘는 성과를 거두었다. 편자를 확보할 정도까지는 아니었지만 일본군에 상당한 사상자를 발생시키는 피해를 입혔던 것이다. 우리는 중포를 운용하던 동굴 여러 곳을 제압했지만 거기까지 가는 과정이 결코 쉽지 않았다. 아군 탱크도 여러 대 적에게 당했기 때문이다.

육군 전차 부대가 임무를 훌륭하게 잘 수행했다는 것이 우리 해병 대원들이 내린 평가였다. 이 작전에서 탱크는 해병대의 보병과 공동 작전을 펼쳤다. 말하자면 서로가 서로를 지원했다. 탱크가 동굴 입구까지 진격해서 75밀리 포로 직격탄을 쏘았으며, 또 탱크에 달린 기관총도 쉴 새 없이 불을 뿜었다. 만약 탱크가 소총수와 함께 움직이지 않을 경우에는 적의 자살 폭탄 공격에 어떤 식으로든 피해를 입을 수밖에 없었는데, 우리 소총수가 이런 일이 일어나지 않도록 지원했다. 전차 부대로서는 우리 해병대의 소총수들 덕을 톡톡히 본 셈이었다.

　내가 알기로 태평양 전선에서 소총수 없이 전차 부대가 단독으로 작전을 수행한 사례는 오키나와에서 딱 한 번뿐이었다. 이때 일본군은 아군 탱크 대부분을 부숴 버렸다. 해군 소속 탱크가 작전을 수행할 때는 소총수들이 껌딱지처럼 늘 붙어 다녔다.

　10월 7일, 우리 제5연대 제3대대는 편자 계곡을 공격한 뒤에 그 능선에서 제법 먼 거리로 물러났다. 그리고 조금 뒤에 우리는 다시 펠렐리우섬의 북쪽 지역을 향해서 나아갔다.

　10월 8일부터 11일까지 우리는 서쪽 도로와 폭이 좁은 해변 사이에 60밀리 박격포를 설치하고 운용했는데, 그 위치는 물에서 겨우 몇 미터밖에 떨어지지 않은 곳이었다. 이 지점에서 우리는 서쪽 도로 너머 그리고 우리의 전선 너머의 능선으로 포탄을 날렸다. 우리는 길 건너편 어딘가에 관측병을 두고 있었으며, 이 관측병이 야전 전화로 목표물의 위치를 일러 주었다.

　우리는 계속 무지막지하게 쏘아 댔다. 일본군이 도로 바로 옆의 여러 지점으로 침투해서 지나가는 아군 차량이나 대열을 향해 놀랍도록 정확하게 총탄을 날렸기 때문이다. 우리 박격포가 일본군 병사들의 움직임을 저지하고 그들을 몰아내는 데 많은 도움이 되었다. 우리 박격포는 바위에 둘러싸여 있었고 또 우리와 도로 사이에는 낙엽을 무성하게 달고 있는 관목 숲이 있어서 산 능선에 있는 적은 우리 위치를 잘 포착할 수 없었다.

　우리 박격포병은 어디에서부터 우리 K중대와 별도로 행동하게 되었는지 몰라 매우 혼란스러웠다. 부사관 한 명이 해준 말로는, 우리 박격포병은 일시적으로 K중대와 분리되어서 적 저격병의 압박을 받고 있는 다른 부대를 지원하게 되었다고 했다. 내가 아는 사실은 그것뿐이었다. 적은 위치 파악이 거의 불가능한 지점에서 모든 대상을 향해서 총탄을 날렸다. 심지어 암트랙을 타고 후송되는 사상자들까지도 공격했다. 암트랙의 운전병이 부상병을 태우고 서쪽 도로를 필사적으로 달려서 연대 야전병원에 도착해서 보면 부상병이 이미 총격을 받고 죽어 있던 경우가 한두 번이 아니었다.

박격포를 설치해 두었던 그 지점은 해변을 따라서 접근하거나 후방의 바다에서 접근하는 침투에는 특히 취약했다. 그래서 밤에는 사방팔방으로 감시의 눈을 번득여야 했다. 그곳에는 후방에 아군이 없었다. 삼사 미터 바깥에는 물이었고, 거기에서부터는 바다를 덮고 있는 암초였다. 수심은 무릎 깊이밖에 되지 않았고, 이 깊이의 바닷물이 꽤 멀리까지 이어져 있었다. 적병이 바다로 들어간 다음에 암초를 밟고 우리 등 뒤로 접근할 가능성은 얼마든지 있었다.

어느 날 밤, 내가 조명탄을 쏘고 있을 때였다. 우리가 〈운명론자〉라고 부르던 대원인 제임스 버크가 1호포를 맡고 있었는데, 내가 포탄을 쏘고 다음 포탄을 쏠 준비를 하는 틈에 제임스를 보니까, 그는 자기 박격포 옆에 철모를 놓고 앉아서 우리의 왼쪽과 뒤쪽을 계속 살피고 있었다.

「슬레지해머, 네 카빈 소총 잠깐만 줘 봐.」

그는 아무렇지도 않은 말투로 평소의 습관대로 간결하게 말했다. 그는 45구경 권총을 가지고 있었지만, 이 권총은 제법 멀리 떨어진 표적에는 소용이 없었다. 나는 그가 무엇을 보았는지 몰랐다. 그래서 그가 내 소총으로 가리키는 곳을 눈으로 좇았다. 푸르스름한 달빛 아래에서 검은 그림자 하나가 해안선과 나란하게 이어져 있는 암초를 따라서 천천히 그리고 소리 나지 않게 이동하는 것이 보였다. 침투하는 이 그림자와의 거리는 30미터 정도였다. 그보다 더 멀었다면 보이지도 않았을 것이다. 적병이 틀림없었다. 거기에서 곧바로 더 나아간 다음에 해변으로 살그머니 다가와서 우리 박격포병을 습격하려는 게 분명했다.

이런 상황에서는 암호를 물을 필요조차 없었다. 그 위험하고 깜깜한 밤에 암초를 따라서 살금살금 이동할 해병대원이 누가 있겠는가? 운명론자는 쪼그려쏴 자세로 거울처럼 매끄러운 수면 위로 움직이는 적병을 침착하게 조준했다. 탕! 탕! 신속한 두 발이었고, 적병의 그림자는 사라졌다.

운명론자는 소총의 안전 장치를 걸고 나에게 건네주면서 말했다.

「고마워 슬레지해머.」

그러고는 아무 일도 없었다는 듯이 예전의 그 자세와 표정으로 돌아갔다.

10월 12일 아침, 부사관 한 명이 박격포반 철수 명령을 전했다. 우리가 다시 K중대에 합류하게 된 것이다. 우리는 개인 군장과 박격포를 챙겼다. 스내푸, 조지 사렛 그리고 나 이렇게 세 사람은 도로의 안전한 지점에서 대기하던 지프를 탔다. 지프 운전병은 미친 듯이 거칠게 지프를 몰면서 서쪽 도로를 달렸다. 그 도로는 저격병이 우글거리는 능선을 접하고 있어서 저격병에게 기회를 주지 않으려면 그렇게 달려야 한다고 했다. 그날은 내가 군대에 있으면서 처음으로 (그리고 딱 한 번) 지프를 탔던 날이었기에 나로서는 무척 특별한 날이었다.

지프는 곧 보급 구역에 도착했고, 우리는 거기에서 우리를 능선으로 데리고 갈 부사관이 오기를 기다렸다. 그런데 곧 K중대 박격포반의 나머지 병사들도 중대와 합류하라는 명령을 받고 도착했다. 우리는 각자 장비를 챙긴 다음에 산기슭을 향해서 도로를 건넜다. 그런 다음에는 능선을 끼고 산허리를 타고 걷다가 좁은 계곡을 따라서 올라갔다. 산호 바위가 제멋대로 쌓여 있는 경사면 여기저기에는 포탄을 맞고 쓰러진 나무의 잔해가 널려 있었다.

출발하고 얼마 지나지 않았는데 벌써 우리를 맞으러 나온 조니 마멧 병장이 눈에 들어왔다. 그런데 그의 표정이 이상했다. 아직 제대로 보지 못해서 정확히 알 순 없었지만, 걸음걸이만 봐서도 무언가 나쁜 일이 일어난 게 분명했다. 마침내 간격이 좁혀졌고 그는 우리 앞에 섰다. 그런데 그는 어깨에 걸었던 경기관총의 어깨끈을 불안한 얼굴로 만지작거리기만 하고 말이 없었다. 그에게서 한 번도 볼 수 없었던 불안하고 초조한 얼굴이었다. 적의 집중포화가 아무리 맹렬해도 임무 수행에 방해가 되는 요소일 뿐이라며 콧방귀를 뀌던 대원이었는데…… 무슨 일일까?

그의 지친 얼굴에는 온갖 감정들이 뒤섞여 있었다. 눈썹은 잔뜩 찌푸렸고, 충혈된 눈은 축축하게 젖어 있었다. 무언가 끔찍한 일이 일어났음을 우리에게 알리려는 게 분명했다. 그 순간 우리는 모두 숨도 쉴 수 없었다.

맨 처음 내 머리를 스친 생각은 이랬다. 일본군이 북쪽의 팔라우섬에서 대규모 지원 부대를 펠렐리우섬으로 보내서 우리가 섬을 장악할 수 없게 되었다는 것이 아닐까, 혹은 우리가 독 안에 든 쥐 꼴이 되고 말았다는 것이 아닐까? 아니면, 일본군이 미국의 어떤 도시를 폭격했다거나 혹은 과달카날에서 그랬던 것처럼 미 해군을 격파했다는 것일까? 이런 온갖 망상이 머리를 헤집으며 돌아다녔다. 그런데 우리가 들은 말은 정말 상상도 하지 못했던 일이었다. 조니와 만나는 순간으로 다시 돌아가서 복기를 하면 이랬다.

「이봐, 조니.」

조니가 가까이 다가오자 그에게 누군가가 말을 걸었다. 하지만 그는 다른 말은 하지 않고 이렇게만 말했다.

「자, 어서 여기에서 빠져나가자.」

그는 이렇게 말하면서 이쪽저쪽을 바라보았지만 우리와는 눈을 마주치려고 하지 않았다(이건 정말 이상한 일이었다. 왜냐하면, 우리가 아는 조니 마멧이라는 대원은 죽음이나 운명이나 혹은 총사령관과 맞닥뜨린다고 해도 눈을 피하지 않을 인물이었기 때문이다).

「자, 그래…… 자, 그래.」

무언가 말을 해야 하지만 그 말을 선뜻 꺼내지 못하는 눈치가 분명했다. 우리는 불안하게 서로의 얼굴을 바라봤다가 그가 할 다음 말을 기다렸다.

「선장이 전사하셨다. 〈대공포〉가 전사하셨다구!」

조니는 마침내 그 말을 힘겹게 뱉어 내고선, 등을 보이고 돌아섰다.

나는 너무 놀라서 아무 말도 할 수 없었다. 나는 포탄 자루를 내려놓고 다른 대원들과 등을 진 채 철모 위에 앉아서 소리를 죽여서 흐느꼈다.

「눈깔이 찢어진 그 개새끼들을 다 죽여 버릴 거야.」

등 뒤에서 누군가가 으르렁거리는 소리가 들렸다.

내가 할 수 있는 온갖 최악의 상상을 다 했지만, 그 가운데 홀데인 대위의 죽음은 없었다. 우리 주변에 있던 장병들이 하나씩 둘씩 끊이지 않고 우리 곁에서 떠나고 있었지만, 〈대공포〉 역시 그 죽음의 대열에 끼리라고는 나는 상상도 하지 않았다. 폭력과 죽음과 파괴가 소용돌이치는 세상에서도 우리 중대장인 〈대공포〉 홀데인은 흔들리지 않는 바위이자 길이었다. 그랬던 그가 이 세상에서 지워져 버린 것이다. 우리는 절망감과 상실감에 몸을 떨었다. 그 일은 내가 전쟁 전체를 통틀어서 겪었던 가장 크고 깊은 슬픔이었다. 그로부터 지금까지 많은 세월이 흘렀지만 지금도 그 슬픔은 조금도 지워지지 않고 있다.

앤디 홀데인 대위는 우상으로 떠받들어지던 인물이 아니었다. 그는 살아 있는 인간이었다. 그러나 그는 더 이상 가혹할 수 없을 정도로 가혹한 그 상황에서 부하 한 명 한 명의 운명을 자기 몸처럼 생각하면서 중대원들을 이끌었다. 그를 대신할 수 있는 군인은 아무도 없다는 걸 우리는 잘 알았다. 나는 펠렐리우 전투와 오키나와 전투에서 나와 가깝던 사람을 많이 잃어버렸고, 그때마다 비통한 심정은 이루 말할 수 없었다. 그러나 펠렐리우섬에서 우리의 안전을 지켜 주던 홀데인 중대장을 잃은 일은 우리에게, 우리가 늘 믿고 의지하던 아버지를 잃어버린 것이나 마찬가지였다. 물론 그가 지켜 주었던 것은 물리적이고 신체적인 안전이 아니라(그 엄혹한 전투 현장에서 죽거나 다치는 일은 어쩔 수 없이 받아들여야 하는 필연적인 결과였기 때문에 그럴 수밖에 없었다) 정신적인 안전이었다.

몇몇은 들고 있던 장비를 땅바닥에 내팽개쳤다. 모든 사람이 다 일본군에 저주를 퍼붓고 또 눈물을 훔쳤다.

마침내 조니가 감정을 추스르고 말했다.

「자, 이제 이동하자.」

다들 짐을 챙겨들었다. 나도 탄약 자루를 어깨에 멨다. 우리는 세상이 갈기갈기 찢어지는 느낌 속에서 일렬종대로 천천히 그리고 아무 말도 없이 자갈투성이 산길을 걸어 올라가서 K중대에 합류했다.[3]

과달카날 전투와 글로스터 전투 그리고 펠렐리우 전투에서 눈부신 전공을 세운 탁월한 지휘관이자 친구였던 훌륭한 장교는 이렇게 우리 곁을 떠나갔다. 우리는 우리의 지휘관이자 친구인 소중한 사람을 잃어버렸다. 그가 죽은 뒤의 나날들은 그 이전과는 결코 같지 않을 터였지만, 우리는 당장 수행해야 할 자기 임무로 돌아가야 했다.

전장의 악취

조니는 우리를 인솔해서 140고지에 있는 바위의 경사면을 올라갔다. K중대의 전선은 벼랑 끝의 바위를 따라서 형성되어 있었고, 우리

---

3 홀데인 대위가 전사할 당시, K중대의 주력은 모(母)대대인 제5연대 제3대대와 함께 우무르브로골 포켓의 140고지를 공격하고 있었다. 홀데인은 자기 중대가 확보하고 있는 지형을 자세하게 살펴려고 고개를 들고 능선 쪽을 올려다보았고, 그 순간에 저격병의 총탄이 그의 목숨을 앗아 갔다. 일명 〈스텀피Stumpy〉 토머스 스탠리Thomas J. Stanley 중위가 그를 대신해서 중대 지휘를 맡았다. 스탠리는 펠렐리우 전투가 끝날 때까지 그리고 이듬해 봄에 오키나와 전투에서도 K중대를 이끌었다 — 원주.

는 그 아래 약 20미터쯤 떨어진 오목한 지형에 박격포를 설치했다. 우리 전방에 있는 소총수들과 기관총 사수들은, 동쪽으로 왈트 능선과 북쪽으로는 악명 높은 편자 계곡 끝을 바라보고 있는 140고지의 벼랑 끝을 따라 늘어선 바위들 사이에 자리 잡았다. 우리는 예전에 편자 계곡의 남쪽 끝에서 그 계곡을 공격한 적이 있었다. 140고지의 바위 벼랑 끝에서는 등고선이 그 아래 깎아지른 절벽으로 뚝 떨어졌다. 아무도 그 벼랑 너머로 고개를 들 수 없었다. 그랬다가는 곧바로 기관총탄이 빗발쳤기 때문이다.

우무르브로골 능선 주변에서 진행된 전투는 예전과 마찬가지로 목숨을 걸어야 할 정도로 위험했다. 그러나 양상은 조금 달랐다. 일본군은 대포와 박격포로 집중 포격을 하지 않고 최대의 사상자를 낼 수 있다고 판단할 때만 한 번에 몇 발씩 쏘았던 것이다. 이렇게 한 다음에는 발포점을 포착당하기 전에 대포를 거두었다. 때로는 이상할 정도로 정적이 흐르기도 했다. 적병은 도처에 동굴과 토치카를 마련해 두고 거기에 숨어 있다는 걸 우리는 잘 알고 있었다. 그런데 우리 구역에서는 포성이 전혀 울리지 않았다. 포성은 멀리서만 들릴 뿐이었다. 계곡들을 뒤덮고 있던 그 정적은 비현실적인 느낌으로 다가왔다.

그러다가 우리가 어떤 특정 지점을 넘어서 이동할라치면 일본군은 갑자기 소총, 기관총, 박격포 그리고 대포를 동원해서 공격을 퍼부었다. 마치 돌풍이 갑작스럽게 몰아치는 것 같았다. 그때마다 우리는 물러서야만 했고, 살아 있는 적의 모습을 본 사람은 우리 중대원들 가운데 아무도 없었다.

당시에 일본군 병사들한테는 우리를 섬에서 몰아낼 수 있다는 희망도, 추가 병력이 자기들을 지원하러 올 것이라는 희망도 없었다. 그 시점부터 일본군은 순전히 우리를 죽이겠다는 그 목적 하나로만 우리를 죽였다. 그들에게는 희망도 없었고 보다 높은 차원의 다른 목적도 없었다. 대부분의 미국인들로서는 상상도 하지 못했던 낯선 지형인 펠렐리우섬의 여러 능선과 계곡에서, 대부분의 미국인들은 상상도 하지 못했던 적을 상대로, 우리는 싸우고 있었다.

태양은 마치 거대한 적외선 난로처럼 이글거리며 우리를 태웠다. 한번은 누가 실수로 백린탄을 산호 바위에 올려 두었는데, 태양열로 뜨겁게 달구어진 바위의 열기로 이 백린탄이 폭발하기까지 했다. 그래서 우리는 그런 일이 일어나지 않도록 탄약 상자 조각으로 그늘을 만들고 그 아래에 박격포탄을 쌓아 두었다.

이따금씩 비가 내렸지만, 뜨거운 산호 바위에 닿은 빗물은 뜨겁게 달구어진 아스팔트 포장도로 위에 떨어진 물방울처럼 곧바로 증발해 버렸다. 능선의 어디를 가든 후텁지근한 공기는 죽음의 악취를 진하게 풍겼다. 강한 바람이 불어도 소용 없었다. 그래 봐야 인근 구역에서 나는 지독한 악취를 우리 구역에다 흩뿌려 놓을 뿐이었다. 일본군의 시신은 사방에 방치되어 있었다. 바위 틈 사이에 또 경사면 어디에…… 그것들을 모두 모아다가 따로 처리한다는 건 불가능했다. 시신을 묻을 흙도 없었기 때문이다. 그저 딱딱하고 날카로운 산호뿐이었다. 그랬기에 일본군 병사의 시신은 처음 놓인 그 자리에서 그냥 부패했다. 퉁퉁 부은 얼굴에 이빨이 뽑힌 채로 마치 웃고 있는 듯한 표정의 사체들은 기괴한 자세와 상태로 여기저기 도처에 널려 있었다.

사람의 살이 썩는 고약한 냄새를 낮이고 밤이고 하루 종일 맡아야 하는 끔찍한 경험을 해보지 않은 사람에게 이게 어떤 것인지 온전하게 전달하기는 어렵다. 펠렐리우섬에서처럼 격렬한 전투가 오랜 기간에 걸쳐서 진행될 때 보병 부대 병사들은 이런 경험을 싫어도 할 수밖에 없다. 열대 지역에서는 사람이든 동물이든 간에 시체는 사후 몇 시간 만에 부풀어 오르면서 무서운 악취를 풍긴다.

해병대 전사자는 가능하면 전선의 후방으로 이송했다. 시신은 보통 머리에서 발목까지 판초로 덮은 다음에 들것으로 옮겼다. 해병대원 시신의 얼굴이 태양과 비와 파리에 노출되어 있는 것을 나는 거의 본 적이 없다. 해병대원들은 공항 근처에 있던 사단 묘지에 매장했는데, 때에 따라서는 매장 작업이 밀려서 대기하던 사체가 들것에 방치된 채 부패하는 경우가 있기도 했다.

우무르브로골 포켓을 둘러싼 전투에서 전력이 소모된 중대가 소모도가 낮은 다른 중대와 교체되는 일이 끊임없이 이어졌다. 우리 중대도 최전선의 매우 위험한 구역에서 다소 덜 위험한 구역으로 배치되었다가 다시 또 위험한 구역으로 배치되는 이동을 반복했던 것 같다.

전투가 많은 희생자를 내면서도 질질 늘어지자 같은 구역에 여러 번 배치되는 경우도 있었다. 그런 구역에 배치되면 특정한 위치에 방치되어 있는 적의 사체를 포함해 그 모든 풍경에 익숙해진다. 말하자면 적의 사체가 일종의 랜드마크 기능을 하는 셈이다. 방금 죽은 사람의 시신이 부풀어 오르고 부패한 다음, 벌레가 거기에 알을 낳고 또 마지막에는 부분적이긴 하지만 뼈가 드러나는 상태로 바뀌는 그 모든 단계를 지켜본다는 것은 소름끼치는 일이었다. 마치 어떤 생물학적 시계가 가차 없이 시간의 흐름을 표시해 주는 것만 같았다. 우리 중대가 그곳을 지나면서 시간의 경과를 새삼스럽게 깨달을 때마다 우리 중대원의 수도 조금씩 줄어 있었다.

새로운 위치로 이동할 때마다 나는 우리 이전에 있었던 중대가 전선의 어느 지점에 있었는지 알 수 있었다. 각 중대가 있던 지점 뒤에는 탄약과 보급품이 쌓여 있었고, 판초를 뒤집어쓴 채 누워 있는 전사자들이 줄지어 누워 있었다. 우리는 그 전사자의 수를 보고 그 지점이 전선에서 얼마나 위험한 곳인지 알 수 있었다. 전사자들이 나란히 누워 있는 모습을 볼 때마다 전쟁에 대한 분노가 끓어올랐고 사람의 목숨이 무의미하게 희생되고 있음을 새삼 떠올렸다. 그 풍경은 내가 죽을지도 모른다는 공포보다 훨씬 더 나를 억눌렀다.

　아군과 적군의 전사자 시체에서 나는 냄새뿐만 아니라 살아 있는 사람의 배설물 냄새도 지독했다. 이건 어디에서나 똑같았다. 펠렐리우섬은 대부분이 산호 바위로 덮여 있었기 때문에 배설물 처리는 쉽지 않은 일이었다. 작전이나 전투를 수행할 때는 배설물 처리는 각자 개인이 알아서 처리해야 했다. 즉 일상적인 상황에서는 자기 배설물은 자기가 알아서 흙으로 덮어서 묻었다. 하지만 밤에는 참호 바깥으로 나가는 게 위험했으므로 비어 있는 수류탄 보관통이나 전투 식량 깡통에 볼일을 보고 참호 밖으로 휙 던져 놓은 뒤에 아침에 (물론 전투 상황이 아닐 때) 흙으로 덮었다.

　그러나 펠렐리우섬에서는 해변의 모래사장이나 습지에 있을 때를 제외하고는 사정이 달랐다. 산호 바위를 판다는 것은 거의 불가능했기 때문이다. 폭 3킬로미터 길이 9킬로미터의 그 작은 섬 안에서 수천 명의 장병이 몇 주 동안이나 적과 전투를 벌였다. 이들 대부분이 여러 능선 가운데서도 특히 우무르브로골 포켓 주변에 있었으며, 또 다수가 심각한 양상의 설사 증상으로 고통을 받았다. 게다가 거기에서는 흙으로 덮는 가장 기본적인 배설물 처리도 불가능했다. 그렇지 않아도 시체에서 풍기는 악취로 가득한 열대의 대기가 얼마나 고약한 냄새를 풍겼을지는 상상에 맡길 수밖에 없다.

　그런데 이것 말고도 악취의 근원은 하나 더 있었다. 일본군과 미군 양쪽이 폐기한 대량의 전투 식량이 썩고 있었던 것이다. 그래서 숨을 한 번씩 들이킬 때마다 셀 수도 없이 많은 온갖 악취로 가득한 후텁지근한 공기가 입으로 들어왔다. 평생을 살아도 내 폐 안에 자리를 잡은 이 고약한 것들이 깨끗하게 정화되지는 못할 것 같았다. 아래쪽에 있는 비행장이나 혹은 공병부대들이 주둔하고 작업하는 구역에서는 그렇지 않았을 것이다. 그러나 우무르브로골 포켓에 주둔한 보병 부대 주변에서는 모든 것이 참을 수 없는 악취였다.

이 오물 속에서 파리의 개체 수는 폭발적으로 늘어났다. 열대 지역의 파리는 일상적으로 보던 평범하고 또 그다지 위험해 보이지 않는 집파리와는 종 자체가 달랐다(요즘에는 이런 집파리라도 식당에서 발견되면 사람들은 그 식당을 청결 상태가 불량하다고 소문을 내긴 하지만 말이다). 펠렐리우섬에 많았던 것은 청파리였다. 둥글고 크며 퉁퉁한 몸체는 청록색의 광택이 났으며 날아다닐 때는 붕붕거리는 비행음까지 냈다.

그 당시에 막 개발되었던 살충제인 디디티DDT가 전투 지역에 처음 살포된 곳이 바로 펠렐리우섬이었다. 이 살충제 덕분에 해병대원들이 전투를 수행하고 있던 여러 능선에서 파리 성충의 개체 수가 감소했다고는 하지만 나는 실감하지 못했다.

인간의 시체와 배설물 그리고 썩어 가는 전투 식량이 펠렐리우섬의 여러 능선 곳곳에 방치되어 있었기 때문인지 그 역겨운 파리들은 너무도 크고 비대했다. 파리들은 동작이 굼떴는데, 심지어 어떤 것들은 제대로 날지도 못했다. 손으로 젓거나 빈 깡통을 던져서 쫓아내려고 해도 달아나지 않았다. 커피를 따라 놓은 수통 컵에 붙어 있다가 안으로 미끄러져서 커피 위에 둥둥 뜨기도 했는데, 이런 일이 한두 번이 아니었다. 그래서 우리는 무언가를 먹기 전에 음식을 집어들고 휘휘 흔들어서 거기에 달라붙은 파리를 떼어 내야 했다. 하지만 그럴 때조차 달아나지 않는 녀석들이 있었다. 식사를 할 때면 스튜 캔을 무릎에 올려 두고 오른손으로는 숟가락을 들고 스튜를 퍼먹으면서 왼손으로는 그 성가신 녀석들을 쫓는 동작을 쉬지 않고 반복해야만 했다. 언젠가 시체에 붙어 있던 거대한 청파리들이 떼를 지어서 내가 먹는 C레이션에 달려들 때는 구역질이 났다.

다들 입맛이 없고 식욕이 나지 않았지만 그럼에도 불구하고 우리는 먹어야만 했다. 성가신 파리 문제를 해결하는 한 가지 방법은 녀석들의 활동성이 낮은 시간대인 해가 진 다음이나 해가 뜨기 전에 식사를 하는 것이었다. 그러나 해가 진 뒤에는 스터노[4]를 비롯해서 일체의 불을 사용할 수 없었으므로 차가운 음식을 데우지 못하고 먹어야 하는 불편을 감수해야 했다. 밤에 불을 사용하면 적 저격병의 표적이 될 수 있었기 때문이다.

아침마다 동틀 녘에는 사방이 비교적 조용했다. 그런데 이 시간대에 벌이 벌집을 드나들 때 내는 소리와 비슷한 소리가 귀에 들렸다. 그것은 일출과 함께 활동성이 높아지는 파리가 하루 일과를 시작하는 소리였다. 파리는 시체에서, 쓰레기 더미에서, 바위에서, 숲에서 그리고 밤을 보낸 그 어떤 곳에서든 그 시각이 되면 떼를 지어 날아올랐다. 이들의 숫자는 믿을 수 없을 정도로 많았다.

밤에는 커다란 물게가 시체 냄새를 맡고 온 능선 여기저기를 기어다녔다. 이들이 바짝 마른 쓰레기나 바위를 기어가면서 내는 부스럭거리는 소리는 적이 은밀하게 접근할 때 나는 소리와 구분하기 어려웠다. 그럴 때면 우리는 무조건 소리 나는 쪽으로 수류탄을 던져 놓고 보았다.

전투가 오래 질질 끌게 되면서, 부패하는 시신과 배설물 외에도 수명이 다했거나 고장이 난 모든 종류의 버려진 장비들도 점점 많아졌다. 이렇게 고장 난 장비가 쌓이면서 우무르브로골 포켓의 면적도 그만큼 줄어들었다. 능선과 계곡마다 격렬한 전투의 흔적이 남았고, 날이 갈수록 이 모든 쓰레기의 양은 점점 더 늘어났고 또 그만큼 눈에 잘 띄었다.

우리가 여러 날 동안 배치되어 있었던 어떤 지점 주변의 모습을 지금도 나는 선명하게 떠올릴 수 있다. 그것은 그 어떤 허구의 소설도 꾸며낼 수 없는 절대적인 파괴와 황량함의 극치를 나타내는 풍경이다. 우무르브로골 포켓의 남서쪽 경계선 지점이었는데, 그곳은 상륙 작전 이틀째이던 9월 16일 이후로 격전이 끊이지 않고 이어지던

4 상표명. 깡통에 든 고체 알코올 연료.

구역이었다. 제1연대의 뒤를 이어서 제7연대가, 다시 그 뒤를 이어서 제5연대가 바로 그곳에서 적과 싸웠다. 우리 제5연대 제3대대는 우리보다 더 많이 지친 다른 부대와 임무 교대를 해서 그 구역에 배치되었다. 이건 늘 있던 교대였다. 땀에 절고 눈이 퀭하며 허리가 구부러졌고 수염이 덥수룩한 더러운 좀비들을 전선에서 빼내고 그 자리를 그보다 아주 조금 더 생기가 있는 대원들, 조금은 숫자가 더 많은 부대로 채워 넣는 임무 교대였다.

K중대의 소총수들과 기관총 사수들이 가파른 능선을 올라가서 전임 중대가 위치했던 바위 틈이나 우묵한 공간에 자리를 잡았다. 산마루에서는 절대로 고개를 바깥으로 내밀지 말라는 명령이 내려왔다. 만일 그랬다가는 적의 소총과 기관총 세례를 받을 것이라고 했다.

늘 그랬던 것처럼 전임 부대 병사는 후임 부대 병사에게 적이 사용하는 화기의 종류와 수량, 특히 위험한 지점, 야간의 적 침투 경로 등 해당 구역 특유의 정보를 일러 준다.

우리 박격포는 전임 중대의 60밀리 박격포 한 대가 있던 바로 그 참호에 설치되었다. 이 참호는 산기슭에서 약 20미터 떨어진 산호 바위들 사이에 있었는데, 내가 그곳으로 가서 무거운 탄약 자루를 내려놓을 때 아주 어려 보이는 해병대원 한 명이 60밀리 박격포의 받침다리와 발사통을 가죽끈으로 묶고 있었다. 우리 박격포 분대의 대원들은 제각기 참호에 박격포를 나르고 있었다. 나는 철모를 깔고 앉아서 그 어려 보이는 대원에게 뭐라고 말을 걸었다. 그런데 이 대원이 고개를 돌려서 나를 바라볼 때 나는 깜짝 놀랐다. 그의 얼굴에 드리운 고통스러운 표정이 너무도 신랄했기 때문이다. 위험한 구역에서 벗어나서 조금은 더 평온한 구역으로 이동한다는 사실을 당연히 즐겁게 받아들여야 했음에도 그는 조금도 즐거워 보이지 않았다. 그의 목소리는 긴장하다 못해 무뚝뚝했다.

「밤에 일본놈들 조심해, 어젯밤에도 두 놈이 이 참호로 쥐새끼처럼 기어 들어와서 우리 사수와 부사수를 뺐으니까.」

전날 밤, 그 참호에 있던 대원들은 박격포를 쏘는 데만 정신이 팔려 있다가 적병 두 명이 능선의 전선을 몰래 침투해서 참호까지 다가오는 걸 알아차리지 못했다. 이 적병들은 참호로 뛰어들어서 그 두 사람을 공격했는데, 인근에 있던 포탄 운반병이 이들을 발견하고 사살했다고 했다. 공격을 받은 두 사람 가운데 한 사람은 죽었고 다른 한 사람은 심각한 상태라고 했다. 사살된 일본군 병사의 시체는 근처 숲에 내다 버렸다고 했다.

나에게 그 얘기를 해준 대원과 박격포 옆에서 웅크리고 있던 또한 명의 대원은 모두 포탄 운반병이었는데, 그 일이 있고 난 직후에 박격포 사수와 부사수로 각각 보직을 새로 받았다고 했다. 신참 박격포 사수인 그 어린 대원은 박격포를 거둘 때 어쩐지 포판과 포열에 손을 대는 것을 꺼림칙하게 여기는 눈치였다. 그가 장비를 모두 챙겨서 떠난 뒤에야 그 이유를 알 수 있었다. 박격포가 놓여 있던 바로 그 자리의 흰색 산호의 옆면과 바닥에는 두 대원이 흘렸을 피가 튀어 있기도 했고 문질러져 있기도 했다.

나는 우리 박격포를 설치한 뒤에 전투 식량 상자와 탄약 상자에서 나온 커다란 판지 몇 장을 구해다가 참호 바닥을 최대한 넓게 덮었다. 뚱뚱하고 동작이 굼뜬 청파리들은 피가 얼룩져 있는 그 바위에서 좀처럼 떠나려 하지 않았다.

피를 바라보는 것에는 익숙해진 지 오래였지만 피로 범벅이 된 참호에 있는 것은 어쩐지 꺼림칙했다. 동료 대원의 피가 얼룩진 산호 바위에 앉아 있는 것은 마치 전우의 시신을 곁에 그냥 방치해 두고 있는 것 같은 느낌이 들어서였다. 그때 박격포 운용과 관련된 명령을 받아든 대원이 참호로 왔고, 내가 참호에 판지를 깔아 놓은 것을 만족하게 여기는 눈치였다. 그 일에 대해서 우리는 단 한마디도 나누지 않았지만 그가 나와 같은 심정이었던 게 분명했다. 산호에 묻어 있는 핏자국을 바라보자니 정치인이나 기자가 즐겨 사용하던 표현이 문득 떠올랐다. 〈조국을 위해서 흘린 피〉니 〈생명의 피를 바쳐 희생했다〉느니 〈영웅적〉이니 하는 표현이 그런 것들이었다. 하지만 그런 말들은 정말 공허하기 짝이 없었다. 전우가 흘린 피의 덕을 보는 것은 그저 파리들뿐이었다.

바람이 세차게 불었다. 산마루에 걸려 있는 것처럼 보이는 하늘에서 부슬부슬 비가 내렸다. 능선을 따라서 늘어선 포격에 부서진 나무들과 날카로운 바위들은 면도를 하지 않은 지저분한 얼굴에 까칠하게 자라난 수염처럼 보였다. 푸른 잎의 나무들이나 관목들은 대부분 포격으로 부서지고 찢어졌다. 남은 것은 그저 기괴한 형상을 한 그루터기나 가지들뿐이었다. 산호 먼지의 얇은 막이 모든 것을 뒤덮고 있었다. 비가 내리기 전에는 먼지였던 것이 비가 내린 뒤에는 얇은 플라스틱 코팅으로 바뀌어 있었다.

회색은 압도적이었다. 눈에 들어오는 모든 것이 회색이었다. 하늘도 능선도 바위도 나무 그루터기도 사람도 장비도 모두 회색을 뒤집어쓰고 있었다. 펠렐리우의 능선과 계곡이 빚어내는 기괴하게 들쑥날쑥한 풍경은 지구가 아닌 외계의 어느 곳 같다는 느낌을 주었다. 비바람에 씻기어 회색이 된 산호 바위에는 무수하게 많은 총탄 자국과 포탄 파편 자국이 하얀 반점으로 남아 있었다. 거기에 부러지고 부서진 식물까지 보태져서 황량하기 짝이 없는 비현실적인 풍경을 만들어 내고 있었다.

그 풍경의 마지막을 장식하는 장인의 솜씨는 비였다. 전장에 내리는 비는 살아 있는 것들을 한층 더 비참하고 황량하게 만들며 죽은 것들은 한층 더 애잔하게 만든다. 내 왼쪽에는 일본군 병사 두 명이 죽어 있었다. 부패해서 부풀어 오른 시체에 달라붙어 있는 구더기들과 움직이지 않는 파리들조차 나만큼이나 그 비를 못마땅하게 여기는 것 같았다. 죽은 일본군 병사는 여전히 각자 가죽으로 된 탄약 상자 두 개를 허리띠 버클 양쪽에 매고 있었고, 각반을 차고 있었으며, 지카다비를 신고 있었고, 철모를 썼으며 또 배낭까지 지고 있었다. 또 그들 옆에는 부서지고 녹이 슨 아리사카 소총이 놓여 있었다. 우리 대원들 가운데 누군가가 다시 일본군 손에 들어가서 사용되지 못하도록 바위에 내리쳐서 부순 게 분명했다.

박격포를 설치한 참호 주변에는 수류탄과 박격포탄을 담았던 빈 용기와 뚜껑을 연 것도 있고 열지 않은 것도 있는 C 레이션 깡통과 K 레이션 상자가 아무렇게나 버려져 있었다. 미군 철모, 배낭, 판초, 던가리 재킷, 탄띠, 각반, 전투화, 모든 유형의 탄약 상자 그리고 나무 상자 등도 아무렇게나 버려져 있었다. 또 거기에 버려져 있는 피 묻은 옷과 혈장을 담았던 병은 그곳에서 해병대원 한 명이 적에게 당했다는 사실을 입증하는 무언의 증거물이었다.

많은 나무 그루터기가 기관총 탄띠를 걸고 있었다. 몇몇 탄띠에는 실탄이 남아 있기도 했다. 과거에 있었고 또 지금도 진행 중인 격렬한 전투의 여러 증거들 가운데서 실탄을 다 쓴(혹은 개중에는 실탄이 조금 남아 있는) 기관총 탄띠만이 유독 다른 전쟁 소모품들처럼 바닥에 버려지지 않고 그루터기에 가지런히 걸려 있다는 사실은 신기한 현상이었다. 전장에서 나는 이런 사소한 것들에 마음이 홀리는 경우가 자주 있었다. 특히 육체적으로나 정신적으로 소진된 상태에서는 더욱 그랬다. 자기도 그런 경험이 있다고 말하는 고참병들도 많았다.

우리 주변으로는 온통 격렬한 전투의 쓰레기들과 파괴의 흔적이 널려 있었다. 나중에 나는 오키나와의 진흙탕과 능선에서도 이런 풍경을 이보다 훨씬 더 큰 규모로 보았다. 오키나와의 전장은 제2차 세계 대전의 기록에 묘사된 다른 전장과 어느 정도 공통점이 있었다. 슈리[5]를 눈앞에 두고 전투가 교착 상태에 빠졌을 때는 예전에 읽은 적이 있는 제1차 세계 대전 당시 온통 시체가 나뒹굴던 플랑드르의 뻘밭 전장을 연상하기도 했다.

그러나 이런 것들은 현대 전투 현장의 전형이라고 말할 수 있었다. 그런데 펠렐리우섬의 우무르브로골 포켓은 달랐다. 기괴한 윤곽의 산호 능선과 돌무더기로 채워져 있는 계곡 등은 우리가 알고 있던 일반적인 전장이 아니었다. 특히 조명탄 아래에서 바라볼 때나 흐린 날에는 아무리 봐도 지구의 전투 현장이 아닌 것 같았다. 지구가 아닌 어느 다른 행성 같았다. 외계의 어느 행성에 와 있는 게 아닐까 하는 환상은 초현실적인 악몽이었다.

전투가 기대했던 것보다 훨씬 오래 질질 끌게 됨에 따라 대원들이 느꼈던 극심한 피로에 대해서는 앞에서도 여러 번 언급했다. 우리가 그런 상태임은 일본군도 알고 있었다. 우리가 임무를 교대하고 후방으로 내려가기 9일 전인 10월 6일, 일본은 이미 우리가 지친 기색이 역력하며 예전에 비해서 공세의 고삐가 늦추어졌다는 내용의 기록을 남겼다. 이것은 일본군에게서 압수한 보고서에 나온 내용이었다.

오랫동안 지속되는 격렬한 전투에 따른 스트레스, 적의 야습으로 인한 수면 부족, 험준한 지형에 따른 강도 높은 체력 소모 그리고 숨이 막힐 것 같은 더위 때문에 대원들은 모두 언제 정신을 잃어버릴지 몰랐다. 도대체 어떻게 우리가 전투를 계속했는지 생각조차 나지 않을 지경이었다. 나는 육체적으로나 정신적으로 너무나 지친 나머지 운명론자가 되어서 내 운명에 오로지 고통이 없기만을 간절하게 빌었다. 그 지루하고 힘든 전투 속에서 백만 달러짜리 부상은 더할 나위 없는 축복일 것 같았다. 죽음이나 불구를 제외하고 그 지옥의 전장에서 탈출할 수 있는 유일한 길은 그것뿐이었다.

전투의 공포와 고역 외에도 나는 날마다 새로운 차원의 두려움을

5 오키나와현 나하시의 북동부 도시.

체험했다. 현실이라고는 도저히 생각할 수 없는 어떤 새롭고 소름끼치는 어떤 모습들을 만화경의 풍경처럼 목격한 것이다. 마치 사람의 시체를 파먹는 사악한 악귀가 우리 대원들 가운데서 가장 의지가 강하고 겁이 없는 사람까지도 공포와 불신으로 몸부림치게 만들려고 고안한 그런 만화경의 풍경을……

어느 날 저녁 무렵, 한 친구와 나는 막 사라져 가는 햇빛을 받으며 박격포 참호로 돌아오던 길이었다. 그런데 그 길에 전에는 몰랐던 차폐물이 놓여 있었다. 그다지 깊지 않은 차폐물이었다. 그런데 그 안에 해병대원 세 명의 시신이 들것에 누워 있었다. 그들과 함께 있던 동료 대원들이 애초에는 이 시신을 후방으로 이송할 생각이었겠지만, 갑작스러운 상황 변화로 긴급하게 퇴각해야 했기 때문에 어쩔 수 없이 전우의 시신을 거기다 두고 그냥 가버린 모양이었다. (그런 끔찍한 장면을 나는 일부러 외면하곤 했다. 전장에 방치된 미군 시신을 보면 참을 수 없는 감정에 휘둘리기 때문이었다. 이와는 대조적으로, 방치된 일본군 시체에 대해서 나는 악취나 거기에 꼬이는 파리 떼 외에는 별다른 심리적 불편함을 느끼지 못했다.)

그 구덩이를 지나가는데, 친구가 한마디를 뱉었다.

「이럴 수가!」

나는 고개를 돌려서 흘낏 그 시신들을 보았다. 그러고는 격렬한 혐오감과 연민의 감정에 사로잡혔다. 사체는 부패가 진행되고 있었고, 비바람에 노출되어 거의 검게 변색되어 있었다. 적도 지역에서 방치되었으므로 당연히 그렇게 될 수밖에 없었다. 그런데 사체가 모두 적의 손에 훼손되어 있었다. 한 사람은 머리가 잘려 있었고, 그 잘린 머리가 가슴에 올려져 있었다. 두 손도 손목 부분에서 잘려서 턱 아래쪽 가슴에 놓여 있었다. 믿을 수 없는 일은 그게 끝이 아니었다. 죽은 해병대원의 성기를 잘라서 사체의 입에다 쑤셔 박아 놓은 것이었다. 그 옆에 있는 사체도 비슷하게 훼손되어 있었다. 세 번째 사체는 온몸이 난도질당해서 마치 맹수가 그런 것처럼 갈기갈기 찢겨 있었다.

일본군을 향해서 그때까지 경험하지 못했던 강렬한 분노와 증오가 내 안에서 들끓었다. 그리고 어느 순간 이후로는 어떤 사정이 있다고 하더라도 일본군 병사에 대해서는 손톱만큼의 연민이나 동정심도 느끼지 않게 되었다. 해병대 대원들이 죽은 일본군의 배낭과 주머니를 뒤져서 기념이 될 만한 것들을 찾아서 챙기고 또 금니가 보이면 뽑기도 했지만, 일본군이 미군 사체에 자행했던 것과 같은 야만적인 훼손 행위를 하는 것은 한 번도 본 적이 없었다.

참호에 다다랐을 때 그 끔찍한 장면을 함께 목격했던 친구가 말했다.

「슬레지해머, 일본군 새끼들이 시신에 무슨 짓을 했는지 봤어? 입에 뭘 쑤셔 박았는지 봤어?」

나는 고개를 끄덕였고, 그 친구는 계속해서 분통을 터트렸다.

「눈 찢어진 그 개새끼들을 내가 가만두나 봐라!」

친구가 그렇게 오랫동안 치를 떨며 분노하고 욕을 할 때 내가 할 수 있는 말은 딱 하나뿐이었다.

「나도. 비열한 새끼들.」

승리와 값비싼 대가

우리가 K중대에 복귀한 10월 12일은 아침에 홀데인 대위가 전사한 일 말고도 그 뒤로 많은 일이 일어난 하루였다. 우리는 K중대의 참호선 안에 설치되어 있던 75밀리 곡사포 뒤쪽의 약간 낮은 지점에 박격포를 설치했다. 우리는 중대를 지원하는 통상적인 임무 외에도 곡사포를 지원하는 임무도 함께 맡았다.

조니 마멧은 곡사포 가까이에 있는 산호 바위의 금이 간 틈으로 관측을 하고 있었는데, 갑자기 우리를 부르더니 일본군 장교 몇 명이 동굴 바깥으로 나왔다고 고함을 질렀다. 그들은 우리의 공격으로 부터 안전하다고 확신했던 모양인지 풀을 이어서 만든 그늘막 아래에서 탁자를 펼쳐 놓고 식사를 했다.

조니는 거리를 일러 주고 다섯 발을 쏘라고 지시했다. 스내푸는 조준을 하고 조니로부터 받은 사정거리를 복창한 다음 〈제1발 발사!〉라고 고함을 질렀다. 나는 포탄을 쥐고 사정거리와 장약량을 복창한 다음, 포탄의 꼬리지느러미[6] 사이에서 적정량의 장약을 빼냈다. 그리고 오른손 엄지손가락으로 안전핀을 누른 다음 안전 와이어를 뽑고 포탄을 포구 안으로 집어넣었다. 반동 후에 스내푸가 다시 조준을 하고 받침다리를 붙잡고 〈제2발 발사!〉라고 고함을 질렀다. 나는 두 번째 포탄을 포구 안으로 집어넣었다. 모든 것은 매끄럽게 진행되었고, 짧은 시간 안에 다섯 발을 모두 쏘았다. 다들 긴장하고서 포탄이 목표물에 정확하게 떨어질 소리에 귀를 기울였다. 심장이 마구 뛰었다. 일본군 장교들이 한자리에 모여 있는 일은 드물었고, 펠렐리우섬에서는 이들이 모습을 드러내는 일이 그보다 더 드문 일이었기 때문이다.

영원할 것 같은 긴장된 몇 초의 시간이 지난 뒤에 각각의 포탄이 건너편 능선에서 폭발하는 둔중한 소리가 들려왔다. 그러나 무언가 잘못되었다. 폭발음이 네 번밖에 들리지 않았던 것이다. 우리는 목표물에 시선을 고정하고 있는 조니를 올려다보았다. 그런데 갑자기 그가 우리를 돌아보면서 손가락을 까딱 하면서 발을 굴렀다.

「명중했어! 그런데 한 발은 불발이야! 어떻게 된 거야?」

다들 한숨을 쉬면서 아쉬워했다. 첫 번째 포탄이 그늘막을 뚫었지만 불발탄이었고 그사이에 일본군 장교들은 동굴 안으로 몸을 피해 버렸다. 나머지 포탄들도 표적에 정확하게 명중해서 그늘막이고 탁자고 모두 날려 버렸지만, 일본군 장교들은 동굴 안에서 모두 무사

6 꼬리 부분의 수직 안정판.

했다. 60밀리 박격포는 폭발한 포탄의 파편이 넓은 범위로 날아가서 적에게 피해를 주는 것을 목표로 제작되었는데, 우리가 날린 포탄은 놀랄 만큼 정확하게 날아갔다. 그러나 불발탄 하나 때문에 황금 같은 기회가 날아가 버렸다. 무엇이 문제였는지 알아내야만 했다.

박격포반의 모든 대원이 화가 나서 씩씩거리고 있었는데, 갑자기 스내푸가 첫 번째 포탄을 장전하기 전에 내가 안전 와이어를 뽑지 않았던 게 틀림없다면서 나를 비난하고 나섰다. 하지만 나는 분명히 뽑았다고 확신했고, 또 그렇게 말했다. 그러자 탄약 공장에서 일했던 누군가가 제조 공정상에서 착오가 있었던 것이 분명하다며 반론을 폈다. 스내푸는 이 반론을 받아들이지 않았고, 우리는 격렬한 말싸움을 벌였다. 나도 화가 날 만큼 났고 속이 쓰리기도 했다. 우리 중대장을 죽인 복수를 할 수 있는 하늘이 준 기회를 날려 버렸기 때문이었다. 그러나 나의 분노는 스내푸의 분노에 비하면 아무것도 아닐 정도였다. 아닌 게 아니라 그는 불발탄을 낸 박격포의 포수이자 우리 박격포 분대를 지휘하는 위치에 있었으므로 그건 그에게는 자존심이 걸린 문제였다.

스내푸는 훌륭한 해병대원이자 박격포에 관한 한 전문가였다. 그의 임무 수행 능력은 스내푸Snafu라는 그의 이름을 딴 별명인 〈개판 Situation Normal All Fouled Up〉과는 거리가 멀었다. 자기 부사수가 포탄의 안전 와이어를 뽑지 않았기 때문에 여러 명의 일본군 장교를 한꺼번에 죽일 수 있는 기회를 날려 버린 것은 자기 책임이라고 느꼈다. 그는 자기 고향 루이지애나의 지역 신문이 글로스터 전투에서 660고지를 빼앗기 위해서 피의 전투를 벌이는 동안에 그의 〈박격포〉가 일본군에게 포탄을 효과적으로 퍼부었던 포격을 자세하게 묘사했던 사실을 긍지로 여기고 있었다. 스내푸는 매우 독특한 유형의 인물이었고 모든 대원들로부터 존경을 받았다. 사람들은 그가 660고지에서 발휘했던 용감무쌍한 박격포 공격을 이야기하면서 그를 놀려 대는 장난을 즐겨 쳤다. 그러니 이번의 불발탄 때문에 적 장교들을 놓친 것은 중요한 문제였다.

스내푸와 말싸움을 하면서 나는 그 불발탄이 내 잘못에서 비롯된 것이 아님을 입증하지 못하면 평생 스내푸뿐만 아니라 펠렐리우섬에서 살아남을 중대의 다른 대원들로부터도 원망을 듣게 될 것임을 깨달았다. 다행히 행운은 내 편을 들어 주었다. 조니가 일본군을 공격하라고 말하기 전에 우리가 박격포를 쏜 것은 영점 사격을 했던 두 번뿐이었다. 스내푸가 화가 나서 길길이 뛰고 있는 동안에 나는 박격포 주변 1미터를 샅샅이 뒤져서 안전 와이어를 찾았다. 그리고 마침내 산호 자갈과 분쇄된 나무조각 사이에서 마지막 안전 와이어를 찾았다. 이렇게 해서 우리가 쏘았던 포탄에서 내가 뽑았던 안전 와이어를 모두 찾은 것이다. 나는 그것을 스내푸에게 내밀면서 말했다.

「세어 보세요. 이래도 내가 안전 와이어를 뽑지 않았습니까?」

스내푸는 그것을 세어 보았다. 우리 박격포 외에 다른 어떤 박격포도 그 새로운 지점에 설치되어 있지 않았음은 누구나 다 알고 있었다. 그러므로 그 와이어들은 모두 우리 박격포의 포탄에서 나온 것들이었다. 포탄 하나가 불발이었고 그 바람에 일본군 장교가 도망쳤다는 사실에는 나도 분통이 터졌다. 그렇지만 그 불발탄이 내 실수 때문이 아님이 증명되었다는 사실에 기뻤다. 불발탄 이야기는 거기에서 끝났다. 다들 그 일은 그만 잊어버리고 싶어 했다.

그날 또 팔라우제도의 〈돌격 단계〉[7]가 끝났음을 최고 사령부가 공식적으로 선언했다는 말도 중대에 전달되었다. 동료들은 사령부의 높은 사람들이 정말로 펠렐리우섬에서도 그렇게 생각하고 있다면 정신이 나간 게 분명하다는 내용의 원색적인 비난의 말들을 거침없이 쏟아 냈다. 그리고 누군가는 이렇게 투덜거렸다.

7 상륙 기동 부대의 주요 돌격 부대가 목표 지역에 도착한 시점부터 임무를 완수할 때까지의 단계.

「사단 사령부에 있는 누군가가 이곳에 직접 와서 빌어먹을 일본놈들에게 〈돌격 단계〉가 끝났다는 얘기를 직접 해주면 좋겠는데…….」

그날 어둠이 깔린 뒤에도 일본군이 우리 연대의 공세에 밀려서 빼앗겼던 140고지 주변의 몇몇 지점으로 침투했다. 그런 일은 그 능선들에서는 일상적으로 일어나는 지옥 같은 전투의 하나였고, 지칠 대로 지친 해병대원들은 믿을 수 없을 정도로 공격적인 일본군 병사들을 밀어내려고 안간힘을 다해서 싸웠다. 박격포의 조명탄, 고성능 작약탄, 그리고 수류탄에서부터 소화기까지 모든 화력이 동원되었다. 나는 너무도 피로했다. 피로의 한계를 넘어서고 있었다. 그래서 나는 속절없이 무겁게 내려오는 눈꺼풀을 한 손으로 들어올리면서 다른 한 손으로는 수류탄이나 그 밖의 다른 무기를 손에 들고 있어야 했다.

다음 날인 10월 13일, 제5연대 제3대대는 재공격에 나서라는 명령을 받았다. 목표는 전선을 가지런하게 정렬한 다음 140고지를 공략할 전선 돌출부를 형성하는 것이었다. 우리 대대는 제5연대 가운데 유일하게 전선에 남아 있던 부대라서 공격 명령이 떨어졌다. 적 저격병들은 도처에 숨어 있다가 끈질기게 공격했다. 피곤에 지친 소총수들을 위해 지원 포격하면서 나는 전투가 영원히 끝나지 않을 것 같다는 생각을 했다. 아군의 대포 지원 사격은 맹렬했다. 다음 날인 10월 14일 아침, 콜세어가 우리 오른쪽에 있던 일본군에게 네이팜탄을 투하했다. I중대가 박격포 세례가 끝난 뒤에 탐색 공격을 감행했다. K중대와 L중대는 위치를 개선한 뒤 모래주머니와 가시철조망으로 진지를 강화했다.

그날 있었던 우리 대대의 공격은 낡은 기관차가 긴 열차를 이끌고 가쁜 숨을 몰아쉬면서 힘겹게 언덕길을 올라가는 형상과 비슷했다. 이번에도 작전이 실패로 돌아가는 게 아닐까 하는 생각이 들었다. 다음 날 육군 부대가 우리와 임무를 교대하려고 올 것이라는 소문이 돌았다. 그러나 당시의 내 상태는 그런 말을 믿을 정도로 낙천적이지 않았다.

우리는 우리 구역 안에 숨겨져 있던 일본군의 소총과 탄약을 발견했다. 나는 물결 모양의 철판 아래 적이 숨겨 두었던 상자 두 개를 발견했다. 상자 하나에 수류탄이 열두 개씩 들어 있었다. 나는 부사관 한 명에게 그 수류탄을 가지고 가서 밤에 필요할 때 쓰자고 했다. 그러나 그는 나중에 필요할 때 가지고 가면 된다고 했다. 그런데 우리 박격포반이 포격에 집중하다가 나중에 그 수류탄 상자를 열어 보니 수류탄이 없었다. 그새 기념품 사냥꾼들이 가져가 버린 것이었다. 또 다른 박격포병과 나는 이미 가고 없는 그 인간들에게 욕을 바가지로 퍼부었다.

그날 밤, 희망과 흥분의 물결이 우리를 적셨다. 다음 날 아침 육군 부대가 우리와 임무를 교대하러 온다는 확실한 소식을 받았기 때문이다. 그날 밤은 평소보다도 잠을 적게 잤다. 인육 분쇄기인 그 지옥에서 벗어날 수 있는 마지막 순간에 적병한테 기습을 당해서 목을 잘리는 불운을 맛보고 싶지 않았기 때문이었다.

10월 15일 아침, 제81보병사단 제321보병연대 제2대대(통칭 〈와일드캣츠Wildcats〉)가 일렬종대로 우리 진지로 들어왔다. 믿을 수 없었다. 드디어 임무 교대였다!

육군 병사들이 줄줄이 우리 곁을 지나갈 때 닳고 닳은 철모를 깔고 앉았던 반백의 대원이 이들을 못마땅하다는 눈으로 바라보고는 혀를 찼다.

「슬레지해미, 나는 도대체 육군놈들을 모르겠어. 안경을 낀 놈들은 왜 저렇게 많아? 그리고 얼마나 늙어 보이는지, 우리 아버지라고 해도 믿겠어. 게다가 저 던가리 바지 주머니 말이야, 저렇게 헐렁해서 뭘 하자는 거지?」

「그래도 내가 보기에는 멋있기만 한데요 뭘, 우리와 임무 교대를 해주잖아요.」

「그 말은 맞아. 신에게 감사할 일이지.」

하지만 그의 관찰은 정확했다. 우리 해병대원들 대부분의 나이는 아직 스물한 살이 되지도 않았으며, 육군 던거리 바지에는 양옆으로 커다란 주머니가 달려 있었다.

「너희들을 보게 되다니, 정말 반가워!」

나는 지나가는 한 병사에게 말을 걸었다. 그러자 그는 씨익 웃으면서 대답했다.

「고마워.」

그 병사는 자기가 그곳에 있게 된 걸 반갑게 여기지 않는다는 것을 나는 알 수 있었다.[8]

임무 교대는 원활하게 진행되어 11시 정각에 모두 완료되었고, 우리는 펠렐리우섬의 북쪽에 있는 방어 구역으로 이동했다. 우리 제3대대에게 주어진 임무는 동쪽 도로를 따라 바다 쪽으로 전개해서 일본군이 역상륙 작전을 시도할 경우에 저지하는 것이었다.

이 구역은 평온했다. 여기에서 우리는 최대한 몸과 마음의 휴식을 취했다. 그러나 이렇게 쉬고 있다가도 긴급 사태가 발생해서 또다시 전선으로 투입되는 게 아닌가 하는 불안한 마음은 떨치기 힘들었다.

들리는 말로는 파부부섬으로 우리를 데려갈 배가 도착하는 대로 우리 대대는 펠렐리우섬을 떠날 것이라고 했다. 낮에는 느긋하게 쉬면서 각자 가지고 있던 기념품들을 교환하기도 했다. 그러나 밤에는 일본군의 기동에 대비해서 경계 태세를 취해야 했다. 남쪽에서는 따다다다 하는 기관총 소리와 쿵 하는 박격포 소리가 쉬지 않고 들렸다. 우무르브로골 포켓 주변에서 제81보병사단이 일본군을 압박하

---

8 10월 15일 기준, 해병대원들은 우무르브로골 포켓을 약 400미터 지점까지 압박했다. 그러나 제81보병사단의 병사들은 그때부터 여섯 주 동안이나 더 일본군과 싸운 뒤에야 일본군 토벌을 최종적으로 완료할 수 있었다 — 원주.

는 공세를 계속 이어 갔던 것이다.

그러던 어느 날이었다. 친하게 지내던 동료 대원 하나가 자기에게 특이한 기념품이 있다면서 보여 주겠다고 했다. 우리는 나란히 바위에 앉았다. 친구는 자기 배낭에서 비상식량을 쌌던 파라핀지로 둘둘 말아 놓은 무언가를 조심스럽게 꺼냈다. 그러고는 종이를 벗겨 내고 내용물을 보여 주며 빙긋 웃었다. 하지만 나는 그 친구가 기념품이라며 내놓은 것을 보고는 기겁했다.

「너 돌았구나?」

「왜?」

「이걸 가지고 있으면 안 되는 거 몰라? 장교가 알면 곧바로 보고서를 쓸 텐데?」

나는 섬뜩한 마음으로 그걸 바라보면서 그렇게 말했다. 그건 사람의 손이었다.

「아냐, 이거 가지고 뭐라고 말할 사람은 아무도 없어.」

친구는 그 기념품을 햇빛을 잘 받는 바위 위에 올려놓았다. 바짝 말린 일본군 병사의 손이 금니보다 더 흥미로운 기념품이 되지 않겠느냐고 설명했다. 부패하지 않고 햇볕에 바짝 마른 일본군 병사의 사체를 발견했을 때 케이바로 그 손을 잘라 내었고, 그게 바로 이것이라고 했다.

「어때?」

「어떠냐고? 너 돈 거 아냐? 장교가 이걸 보면 널 죽이려 들 걸?」

「아냐, 슬레지해머. 누가 뭘 수집하든 아무도 아무 말을 안 해. 금니를 수집한다고 누가 뭐라고 했어? 아니잖아!」

「그렇지만 이건 사람의 손이잖아. 어서 땅에 묻어.」

나를 바라보는 친구의 눈매가 사나웠다. 늘 따뜻한 마음으로 상대방을 대하는 그 친구의 평소 모습과는 전혀 달랐다. 그러면서 얼음장처럼 차갑게 물었다.

「이 손의 손가락이 과연 몇 명이나 되는 우리 해병대원을 향해서 방아쇠를 당겼을까?」

나는 검게 변색되고 말라붙어 쪼글쪼글해진 그 손을 바라보면서 그 친구가 한 말을 곰곰이 생각해 보았다. 나는 내 두 손을 무척 소중하게 여긴다는 생각을 했고, 또 손으로 선한 일을 할 수도 악한 일을 할 수도 있다는 것이 정말 기적과도 같은 일이라는 생각도 했다. 비록 내가 일본군 병사의 금니를 수집하지는 않았지만 그러려고 마음먹은 적이 있지 않았던가? 하지만 아무리 그래도 적 병사의 손을 잘라서 기념품으로 간직한다는 건 너무 지나친 것 같았다. 전쟁은 그 친구가 정상적인 생각을 하지 못하도록 만들어 버렸다. 그 친구는 전쟁 때문에 정상적인 감수성을 잃어버린 것이다(이게 일시적인 현상으로 그치면 좋겠다는 생각을 나는 잠깐 했다). 비록 그의 태도는 아직 유순했지만 속은 이미 20세기판 야만인으로 변해 있었다. 전쟁이 더 오래 계속된다면 나도 그 친구처럼 될 수 있다는 생각에 몸서리를 쳤다.

다른 대원 여러 명이 이 친구의 기념품을 보려고 다가왔다.

「너 바보 아니냐? 악취 풍기기 전에 버려라.」

부사관의 말에 다른 대원도 혐오스럽다는 표정으로 거들었다.

「그러게…… 그걸 가지고 있겠다면 너와는 같은 배를 못 타겠다. 기분이 이상해서 소름이 돋네.」

이들 말고도 여러 명이 더 기념품으로는 맞지 않다며 고개를 저었고, 그제야 친구는 그 물건을 산호 바위가 있는 쪽으로 휙 던져 버렸다.

배급되는 음식은 맛있었고 우리는 후방에서 느긋하고 여유 있는 나날을 보냈다. 지프로 운송되는 음식과 식수의 상태도 아주 좋았다. 나는 하루에도 몇 번씩이나 양치질을 했다. 우리에게 그건 이루 말할 수 없는 사치였다. 이제 곧 배가 도착해서 펠렐리우섬을 떠날 것이라는 소문이 돌기 시작했다.

10월 하순, 우리는 섬의 다른 지역으로 이동했다. 우리의 사기는 한껏 높아져 있었다. 야영할 곳은 해안에서 가까운 모래밭이었고 평지였다. 지프가 해먹과 냅색knnapsack[9]을 싣고 와서 우리에게 나누어주었다. 그런 뒤 깨끗하게 면도를 하고 몸을 씻고 냅색에 들어 있는 깨끗한 옷으로 갈아입으라는 지시가 떨어졌다.

면도나 샤워는 배를 탄 다음에 하는 게 더 편한데 괜히 불편하게 여기서 이렇게 시킨다고 투덜거리는 대원들이 있었다. 그러자 한 부사관이 껄껄 웃으면서, 지독한 냄새를 풍기고 땟국이 줄줄 흐르는 우리가 이 몰골로 하역망에 매달려 배에 기어 올라가면 해군 병사들이 모두 깜짝 놀라서 반대편 난간으로 달려가 바다로 뛰어내릴 거라고 했다.

상륙 작전 당일에는 짧기만 했던 머리카락이 어느새 길게 자라 있었고, 소총 오일과 산호 먼지로 마치 석고처럼 딱딱하게 엉겨 붙어 있기까지 했다. 가지고 있던 빗을 버린 지는 이미 오래였다. 머리를 빗다가 빗의 이빨이 다 부러져서 쓸모가 없어졌기 때문이었다. 나는 비누와 충분히 많은 물로 머리를 감았다. 그러나 산호 먼지가 엉겨 붙어 딱딱하게 굳어 버린 수염을 깨끗하게 면도하기까지는 면도칼 양쪽 날을 모두 써야만 했다. 그리고 면도용 비누 튜브도 하나를 몽땅 다 써야만 했다.

그동안 입었던 윗옷은 찢어지지 않았기 때문에 행운의 기념품으로 간직하고 싶었다. 그래서 바닷물로 빨고 햇볕에 잘 말린 뒤에 배낭에 넣었다.[10]

9 냅색은 2차 세계 대전 때 해병대가 사용하던 전투 배낭의 아랫부분이다. 전투 배낭의 윗부분은 하버색haversack으로 불렸다. 하버색은 해병대원이 작전을 수행할 때 통상적으로 메고 다니는 배낭이다 — 원주.

10 나는 나중에 진흙투성이의 그 길고 길었던 오키나와 전투 기간 내내 이 옷을 입었다. 지금 색이 바랜 이 옷은 옷장에 평화롭게 걸려 있는데, 내가 가장 아끼는 물건 가운데 하나이다 — 원주.

그러나 바지는 무릎 부분이 해지고 찢어졌다. 그래서 고약한 냄새가 나던 양말과 함께 모닥불에 던져 넣었다. 한편, 9월 15일에 신품으로 지급받았던 전투화도 한 달 남짓밖에 쓰지 않았지만 도저히 신을 수 없었다. 산호 바위가 얼마나 예리했던지 두께가 2.5센티미터나 되는 신발 밑창이 찢어져서 속창까지 건드리는 산호 바위의 촉감이 느껴질 정도였기 때문이다. 그러나 파부부로 돌아갈 때까지는 계속 그 전투화를 신어야만 했다. 예비화를 세일러백에 넣어 둔 채로 파부부에 두고 왔기 때문이었다.

그리고 바로 그날인 10월 29일 오후, 드디어 다음 날 배를 탈 것이라는 소식이 전해졌다. 그날 밤 나는 강렬한 안도감 속에서 해먹에 올라가 모기장의 지퍼를 올리고 누웠다. 딱딱한 바위가 아닌 어떤 것에 누워서 잠을 잘 수 있다는 게 얼마나 기쁜지 몰랐다. 나는 안도의 한숨을 내쉬고 나서 불침번 차례가 올 때까지 달고 깊은 잠을 자야겠다고 생각했다. 멀리 내륙 쪽을 바라보니 뾰족뾰족한 능선들이 만들어 내는 지평선이 하늘을 배경으로 보였다. 그 구역을 아군이 장악하고 있다는 게 얼마나 고마운지 몰랐다.

핑, 핑, 핑, 핑!

갑자기 총탄 소리가 들렸다. 일본군 기관총탄이었다(그 총탄들은 푸르스름한 섬광의 궤적을 그렸다). 총탄은 내가 누운 해먹 아래로 공기를 찢어 놓고 지나갔다. 그러고는 내 바로 아래에 있는 포탄 구덩이의 경사면 윗부분을 때렸다. 나는 벌떡 일어나 모기장의 지퍼를 내렸다. 그리고 카빈 소총을 손에 든 채 허둥지둥 구덩이 아래로 몸을 피했다. 지금까지 힘들게 죽음의 고비를 넘어 왔는데 해먹에 누운 채 적의 총탄이 나를 피해 가길 바라는 모험을 감행할 수는 없었다.

총탄이 낸 소리로 파악하건대 문제의 그 기관총은 먼 곳에 있는 게 분명했다. 적의 기관총 사수는 아마도 나와 자기 사이의 어떤 능선에 있는 우리 육군의 전선을 향해서 쏘았는데, 그게 잘못되어서 내가 있는 곳까지 총탄이 날아온 모양이었다. 그러나 유탄이라고 하더라도 맞으면 죽을 수 있었다. 그날 밤 아주 잠깐 동안 해먹에서의 단잠을 기대했던 나는 결국 포탄 구덩이에서 아침을 맞아야 했다.

다음 날인 10월 30일 아침, 군장을 챙긴 뒤 승선 위치로 이동했다. 드디어 피로 얼룩진 펠렐리우섬을 떠나게 된 것이다. 그러나 블러디 노즈 능선이 마치 저항할 수 없는 어떤 거대한 자석처럼 우리를 잡아당길지도 모른다는 생각에 마음은 여전히 어지러웠다. 그 능선이 여전히 우리를 붙잡고 있다고 나는 믿었다. 설령 배에 오른다고 하더라도 우리는 다시 배 밖으로 끌어내려져서 적의 반격을 저지하거나 혹은 비행장을 위협하는 적 공세를 저지할 임무를 띠고 전선에 투입되고 말 것이다, 라는 불안한 생각에 몸서리를 쳤다. 지금 생각해 보면 그때 이미 나는 운명론자가 되어 있었던 게 아닌가 싶다. 우리 부대의 사상자가 너무도 많았기 때문에 나로서는 우리가 펠렐리우섬을 정말로 떠난다는 사실을 믿을 수 없었다. 바다의 파도는 제법 높았지만, 배를 타려고 대기하는 동안 바다 반대편인 뒤쪽을 돌아볼 때는 확실히 안도의 숨을 내쉴 수 있었다.

대형 상선을 개조한 군용 수송함인 시러너Sea Runner호 옆에 우리는 열을 지어 늘어섰다. 이제 그 배의 갑판에서 아래로 드리운 하역망 그물을 타고 올라가기만 하면 되었다. 우리는 훈련소에 있을 때 이런 종류의 훈련을 수도 없이 받았다. 그러나 그때는 이때처럼 피로가 지독할 정도로 누적된 상태가 아니었다. 아닌 게 아니라 바다가 그날따라 제법 거칠어서 배가 크게 울렁거렸다. 배의 그물을 붙잡고 가만히 있기도 쉽지 않았다. 올라가던 도중에 너무 힘들어서 쉬는 대원들도 여럿 있었다. 무거운 장비를 메고 하역망을 붙잡고 배로 기어 올라가면서 나는 내가 포도 넝쿨을 타고 기어가는 한 마리 초라한 곤충이 된 것 같다는 느낌에 사로잡혔다. 하지만 나는 마침내 펠렐리우라는 지옥의 섬에서 한 걸음씩 벗어나고 있었다!

배에 승선한 우리는 선실을 배정받았다. 나는 침대에 장비를 내려놓고 갑판으로 올라갔다. 짠내 나는 바닷바람이 그렇게 쾌적하고 기분이 좋을 수 없었다. 그 신선한 공기를, 죽음의 끔찍한 악취로 범벅이 된 더러운 공기가 아닌 그 깨끗한 공기를 마음껏 들이킬 수 있다는 것이 얼마나 소중한 사치인지 몰랐다.

펠렐리우라는 작은 섬 하나를 확보하기 위해서 치른 대가는 혹독했다. 정예 제1해병사단은 그야말로 완전히 궤멸되고 말았다. 총 6,526명의 사상자를 냈던 것이다(사망자가 1,252명이었고 부상자는 5,274명이었다). 사단 산하 각 연대의 사상자 수는 다음과 같았다. 제1연대 1,749명, 제5연대 1,378명, 제7연대 1,497명. 각각의 보병연대가 처음 출정할 때의 인원이 대략 3,000명이었던 점을 고려하면 엄청난 손실이었다. 그리고 육군 제18보병사단도 그 섬을 완전히 장악하기까지 추가로 3,278명의 사상자(542명의 사망자와 2,736명의 부상자)를 냈다.

펠렐리우섬의 일본군 수비대는 거의 전멸했고, 극소수만이 포로로 잡혔다. 인원이 정확하게 확정되지는 않았지만 적게 잡아도 1만 900명의 장병이 사망했고 302명이 포로로 잡혔다. 포로 가운데는 7명이 전투 대원이었고 12명은 수병이었다. 나머지는 아시아 각지에서 끌려온 노무자들이었다.

제5연대 제3대대 K중대가 펠렐리우섬에 처음 들어갈 때는 약 235명이었고, 이것은 2차 세계 대전 당시 해병 소총 부대의 통상적인 규모였다. 그런데 이 가운데 85명만 다치지도 않고 죽지도 않았다. 그러니까 총원 가운데 64퍼센트가 사상자였던 것이다. 장교도 일곱 명 가운데서 두 명만 살아서 파부부로 귀환했다.

제1해병사단은 펠렐리우섬과 은제세부스섬에서의 전공을 인정받고 대통령 부대 표창Presidential Unit Citation을 받았다.

펠렐리우섬은 부서진 나무들과 삐죽삐죽한 능선으로 멀리서 보아도 결코 아름답지 않았다. 헤이니 중사가 갑판으로 올라오더니 내곁에서 난간을 기대고 섰다. 그는 우울한 얼굴로 섬을 바라보며 담배 연기를 뿜었다.

「중사님, 펠렐리우섬에 대한 소감이 어떻습니까?」

내가 물었다. 1차 세계 대전의 서부전선을 비롯해서 온갖 굵직굵직한 전투에 참가했던 역전의 고참 용사는 내가 처음으로 참가한 전투를 어떻게 생각하는지 진심으로 궁금했다. 나로서는 펠렐리우섬에서의 그 전투를 비교할 다른 전투가 아무것도 없었기 때문이다.

그 질문을 하면서 나는 뻔한 대답이 나오리라고 예상했다. 예를 들면 〈자넨 이번 전투가 지독했다고 생각하겠지? 옛날 해병대에 있었다면 그런 생각을 못 할 거야〉와 같은 대답. 그러나 헤이니가 한 대답은 그게 아니었다.

「끔찍했지. 여태까지 이런 전투는 한 번도 본 적이 없었다. 이제 그만 고향으로 돌아가야겠어. 더는 못 하겠어.」

누구나 자기가 경험한 전투가 〈최악의 전투〉였다고 말하게 마련이다. 그러나 헤이니 중사의 소감을 듣고 나니, 펠렐리우 전투는 나에게 최초의 전투이긴 했지만 그 어떤 전투보다 지독한 전투였다고 결론을 내릴 수 있었다. 해병대의 전투 보병으로서 오랜 경력을 가지고 있던 헤이니가 했던 말이니만큼 펠렐리우 전투에 대한 그의 평가는 충분히 믿을 수 있는 것이었다. 그가 해준 솔직담백한 대답 덕분에 우리가 겪었던 그 전투가 얼마나 치열한 것이었는지 충분히 이해하고도 남았다.

그런 경험을 한 뒤에도 예전의 자기 모습과 똑같은 모습을 유지할 수 있는 사람은 아무도 없을 것이다. 이것은 물론 어느 정도까지는 인간의 모든 경험에 적용할 수 있는 말이다. 그러나 분명히 말하지만 내 안에 있던 어떤 것이 펠렐리우섬에서 죽고 없어졌다. 어쩌면 그렇게 죽고 없어진 것은, 인간은 기본적으로 선하다는 것을 신념으로 받아들이는 유치한 순진함일지도 모른다. 그러나 적어도, 전쟁의 야만성을 경험하지 않아도 되었던 높은 자리에 있는 사람들이 실수를 반복하면서 자기 아닌 다른 사람들이 그 야만성을 감내하도록 전쟁터로 보내는 일을 중단할 것이라는 믿음이 내 안에서 사라진 것만은 확실하다.

그러나 나는 또한 펠렐리우섬에서 중요한 몇 가지를 배웠다. 전장에서 전우와 직속상관을 신뢰할 수 있는 능력은 인간에게 절대적으로 필요하다. 내가 육체적으로 또 정신적으로 견디기 힘들었던 그 시련을 끝내 이기고 돌파할 수 있었던 것은, 물론 운이 좋았기도 했지만, 해병대 특유의 규율, 단결심, 그리고 혹독한 훈련 덕분이었다고 확신한다. 나는 또한 현실주의도 배웠다. 일본군 병사만큼 거칠고 헌신적인 적과 싸워서 이기려면 그들과 똑같이 거칠고 헌신적이어야 한다. 그들이 자기 천황에 헌신적이었던 것과 마찬가지로 우리도 미국이라는 조국에 헌신적이었다고 생각한다. 이것이야말로 2차 세계 대전에서 발휘된 해병대 정신의 진수라고 나는 생각하며, 이 생각이 옳았음은 역사가 증명한다.

나와 같은 이등병 계급의 병사에게 펠렐리우 전투는 또한 해병대의 훈련, 특히 신병 훈련소에서 받은 훈련의 가치가 입증된 공간이었다. 물론 이것은 내 개인적인 의견이고 일반화할 수는 없다. 하지만, 모든 것을 종합적으로 생각해 본 결과, 나에게 펠렐리우섬은……

- 지독하게 비인간적이며 가차 없는 정신적·육체적 긴장으로 점철되었던 30일이었고,
- 나와 어깨를 나란히 하는 전우와 지휘관을 백 퍼센트 신뢰할 수

있다는 증거이며,

- 전투의 스트레스를 좌우하는 결정적인 요인은 전투의 격렬함이 아니라 전투의 지속 기간이라는 증거였다.

신병 훈련소는 극심한 압박감 속에서도 탁월한 행동을 할 수 있어야 하며 적어도 그렇게 하려고 노력해야 한다는 것을 나에게 가르쳤다. 나를 가르친 교관은 덩치가 작은 사람이었다. 말이 많지도 않았다. 그는 냉혹하지도 않았고 훈련생들을 일부러 괴롭히지도 않았다. 약한 훈련생들에게 못되게 굴지도 않았다. 그러나 그는 규율에 관한 한 엄격한 원칙주의자였으며, 우리 앞을 기다리고 있던 미래에 대해서 철저하게 현실주의적이었고, 또 모두가 다 전투 현장에서 탁월한 행동을 하도록 가르치고자 했던 완벽주의자였다. 내가 펠렐리우섬의 압박을 이겨 낼 수 있었던 것은 가정생활에서 배운 엄격한 규율보다도, 신병 훈련소 입소 전에 1년 동안 받았던 예비역 장교 훈련보다도, 그리고 그 뒤에 몇 개월에 걸쳐서 배웠던 보병 훈련보다도 이교관에게서 배운 것들 덕분이었다.

군사적인 우수함을 추구하는 면에서 보자면 일본군은 해병대원들에 결코 뒤지지 않았다. 그랬기 때문에 펠렐리우섬에서 일본군과 우리는 같은 병에 들어 있는 두 마리의 전갈처럼 용감하게 싸웠다. 그 가운데 한 마리는 죽었고, 나머지 한 마리는 죽기 직전 단계까지 갔다. 진정으로 우수했던 미국인 장병 집단이 없었다면 승리는 불가능했을 것이다.

오키나와 전투는 태평양 전쟁의 여러 전투들 가운데서도 가장 오랜 기간에 걸쳐서 가장 대규모로 진행된 전투로 기록될 터인데, 바로 그곳에서 우리 사단은 펠렐리우섬에서 발생했던 사상자만큼이나 많은 사상자를 내게 된다. 여기에서 또다시 일본군 수비대는 죽기를 각오하고 우리에게 저항하게 된다. 오키나와에서 나는 보다 더 맹렬하게 쏟아지는 포탄과 총탄 아래 놓이고, 보다 더 많은 적병을 보고, 또 보다 더 많이 박격포를 쏘고 소총을 쏘게 된다. 그러나 펠렐리우섬에서의 전투는 맹렬함이나 흉포함이라는 측면에서 나에게는 특별한 의미를 지닌다. 이 점에 대해서는 많은 고참병들도 나와 같은 생각이었다.

펠렐리우섬에 대해서 우리는 영국 시인 로버트 그레이브스Robert Graves가 1차 세계 대전을 놓고 기술했던 것과 똑같은 말을 할 수 있지 않을까 싶다.

(1차 세계 대전은) 우리 보병에게 불쾌함, 비탄, 고통, 공포 그리고 끔찍함을 측정할 수 있는 매우 편리한 측정자를 제공했다. 그러나 그 전쟁은 또한 우리에게 용기, 인내, 충성 그리고 정신의 위대함에 대한 새로운 의미를 일깨워 주었다. 그러나 안타깝게도 이 깨우침은 다른 사람에게 전달될 수 없는 것이어서, 그 고통스러운 과정은 나중에도 계속 반복된다.[11]

전투의 구렁텅이에서 가까스로 벗어나, 수송함 시러너호의 뱃전에 드리운 하역망을 타고 올라가 난간을 넘어서 갑판에 발을 디디면서 내가 깨달은 게 하나 있다. 다른 사람이 겪는 고통에 공감하는 것이 그 사람에게는 그만큼 더 무거운 짐이 된다는 사실이다. 윌프레드 오웬Wilfred Owen의 시 「마비되어 버린 마음Insensibility」이 잘 표현했듯이, 다른 사람을 위해서 가장 깊이 마음을 쓰는 사람이 전쟁에서는 가장 큰 고통을 당한다.

---

11 프랑크 리처즈Frank Richards, 『노병은 죽지 않는다Old Soldiers Never Die』(Berkley Publishing Corp., N.Y. 1966)에 실린 로버트 그레이브스의 서문 중에서 — 원주.

제2부 오키나와 전투
: 최후의 승리

2부 머리말

펠렐리우 전투로 우리가 입은 타격은 컸다. 제5해병연대 제3대대 K중대의 중대장이었던 나는 살아 돌아온 모든 병사들의 눈에서 그 빌어먹을 산호 바위섬에서 치렀던 30일간의 근접전의 가혹한 대가와 고통을 읽을 수 있었다.

1944년 11월, 파부부섬으로 돌아온 그 지친 대원들에게도 아직 전쟁은 끝나지 않았다. 파부부는 우리가 떠나던 때에 비하면 훨씬 좋아졌다. 하지만 그곳은 결코 안식의 땅이 아니었다. 펠렐리우 전투에서 생존한 사람들에게 사치는 허용되지 않았다. 상처를 핥고 있을 여유가 없었다. 펠렐리우에서 잃은 병력을 보충해야 했고 또 과달카날에서 살아남아 그때까지 세 번의 커다란 전투를 겪은 고참 병사들을 본국으로 보내야 했기 때문에 그만큼 많은 신병들을 받아들여야 했다.

펠렐리우 전투는 제5연대 제3대대 K중대에게, 아니 제1해병사단 전체에게 특별한 의미가 있었다. 그 의미는 수십 년이 지난 지금까지도 조금도 퇴색되지 않았다. 그러나 오키나와 전투도 여러 가지 의미에서 지금까지 그 이전의 다른 어떤 전투보다도 으스스한 느낌으로 남아 있다. 그 전투에서 제1해병사단은 완전히 새로운 규칙 아래에서 전혀 다른 전투를 수행했다. 해병대가 적이 장악한 섬에 상륙 작전을 펼친 경우는 매우 많았지만 오키나와에서는 그 이전에 한 번도 없었던 전술과 기동을 운용했던 것이다.

오키나와는 남북 거리가 100킬로미터이고 동서 거리가 3킬로미터에서 30킬로미터나 되는 큰 섬이다. 해병대는 이 섬에서 처음으로 진정한 〈지상전〉을 경험했다. 1945년 당시에도 오키나와에는 도시와 마을이 형성되어 있었다. 커다란 비행장이 여러 곳 있었으며 복잡한 도로망도 갖추어져 있었고 섬에 거주하는 인구도 제법 많았다. 그런데 무엇보다 중요한 점은 일본군이 10만 명이 넘는 정예 부대를 동원해서 섬을 지켰다는 사실이다. 오키나와는 일본 영토였다. 그랬기 때문에 우리가 오키나와를 일본 본토를 공격하기 위한 마지막 징검다리로 삼을 것임을 그들도 잘 알고 있었다.

해병대는 오키나와까지 가는 도정에서 많은 것을 배웠다. 부대의 조직, 전술 그리고 전투 기술을 꾸준하게 개선했다. 하지만 그건 일본군도 마찬가지였다. 오키나와에서 그들은 예전의 여러 전투에서 패배했던 경험을 교훈 삼아서 보다 정교하게 다듬은 방어 전술로 우리의 공세에 맞섰다. 그들은 또한 만일 거기에서도 패배한다면 본토가 직접 공격받을 것임을 알고 있었기에 치열한 각오로 맹렬하게 맞섰다.

그러나 오키나와 전투가 예전의 전투들과 다른 점이 있었다고는 해도 이 전투의 승패를 결정지은 것은 예전과 다르지 않았다. 양측 장병들, 날이면 날마다 조준기를 통해서 서로를 바라보았던 그 전투 대원들이 전투의 승패를 결정했다. 유진 슬레지 이병 역시 그 장병들 가운데 한 사람이었다. 이 책에서 슬레지는 실전에 투입된 하급 전투 대원으로서 전쟁을 가장 가까이에서 바라보고 느꼈던 독특한 경험을 이야기한다. 그가 이 책에서 하는 말들은 과거에 일어났던 일들에 대한 분석이나 반응 등 모든 점에서 진실하다. 그는 자기에게 일어났던 일, 거기에서 함께 싸운 전우들에게 일어났던 일들만을 담담하게 풀어놓는다. 이런 점을 나는 잘 알고 있다. 왜냐하면 나도 거기에서 그들과 함께 싸웠기 때문이다.

펠렐리우와 오키나와에서 싸우고 피를 흘리고 죽고 마침내 승리한 〈역전의 전우들old breed〉을 슬레지해머는 감동적인 달변으로 대변한다. 나는 그 전우들, 또 슬레지해머와 함께 전장을 누볐다는 사실이 자랑스럽다.

토머스 J. 스탠리
미 해병대 예비역 대위

7장 휴식과 충전

다음 날 이른 아침, 시러너호는 제7해병연대의 생존자들을 태운 배를 포함한 다른 배들과 함께 파부부섬을 향해 출항했다. 다시 한 번 배를 탔다는 사실에 기뻤다. 나는 전기냉장고의 〈물병scuttlebutt〉에 들어 있던 얼음처럼 차가운 물을 이렇게나 많이 마셔도 되나 싶을 정도로 많이 마셨다.[1]

소총 중대에 소속되어 있던 나의 오랜 전우들 대부분이 부상하거나 전사했다. 두려운 마음으로 친구들의 소식을 묻고 또 대답을 듣고 나니 우리가 입은 피해의 전모를 알 수 있었다. 마음이 점점 더 무겁게 가라앉았다. 배에 타고 있던 생존자들은 펠렐리우섬에서 살아남지 못했던 전우들의 평소 모습 그리고 또 죽음을 맞을 때의 상황을 자세하게 얘기해 주었다. 그렇게 서로가 궁금해하던 것들을 들려주었고, 그런 다음에는 고맙다고 인사를 했고, 또 다른 대원을 만나서 또 다른 궁금한 것들을 물었다. 그런 과정을 몇 번 거치면서 나쁜 소식들을 듣고 나자, 내가 행운아일 수만은 없다는 생각이 들기 시작했다. 살아남긴 했지만 엄청난 비극을 짊어졌다는 생각에 사로잡혔던 것이다.

---

1 〈scuttlebutt〉라는 단어는 선상의 냉장 물병을 뜻하기도 하고 소문을 뜻하기도 한다. 이 단어가 이런 이중적인 뜻을 가지게 된 것은 해병대원이나 수병이 시원한 물을 마시려고 모여서 이런저런 소문을 교환했기 때문이 아닐까 싶다 — 원주.

어느 날 점심을 먹은 뒤에 어떤 친구와 침상에 앉아서 이런저런 이야기를 나누고 있었다. 그런데 어느 순간에 대화가 뚝 끊어지고 침묵이 흘렀다. 그러다가 갑자기 그 친구가 고개를 들고 나를 바라보았다. 그의 얼굴에서 격렬한 고통을 읽을 수 있었다.

「슬레지해머, 근데 도대체 왜 우리가 펠렐리우섬을 점령해야 했지?」

아마도 나는 아무 말도 못하고 멍한 눈으로 그 친구를 바라보았던 것 같다. 왜냐하면 내가 뭐라고 대답도 하기 전에 그가 말을 쏟아냈기 때문이다. 펠렐리우섬에서 그렇게나 많은 사상자가 발생했지만 그렇다고 해서 그 희생이 전쟁에 조금도 보탬이 되지 않았다고, 그 희생은 쓸모없는 것이었다고, 펠렐리우섬을 그냥 내버려두어도 아무 상관이 없었다고 그는 주장했다.

「우리가 펠렐리우에 상륙했던 바로 그날, 육군이 모로타이섬[2]에 상륙했는데 이렇다 할 저항도 받지 않았어. 그런데 우리만 펠렐리우에서 지옥을 맛본 거야. 그런데 그 빌어먹을 섬을 아직도 점령하지 못했잖아. 그리고 우리가 펠렐리우에서 여전히 죽을 고생을 하던 10월 20일에 맥아더는 필리핀의 레이테섬[3]에 여유 있게 천천히 걸어서 상륙했던 거 아냐. 우리가 한 일이 도대체 무슨 의미가 있었는지 나는 모르겠어.」

「나도 모르겠다.」

나는 무거운 음성으로 그렇게 대답했다. 친구는 슬픈 얼굴로 벽을 바라보며 고개를 저었다. 그 친구는 그 악몽같은 전장에서 무참하게 훼손된 세 구의 동료 해병대원 시신을 나와 함께 목격했던 바로 그 친구였다. 나는 그 친구가 무슨 생각을 하고 있는지 충분히 상상할 수 있었다.

2 인도네시아 북동부의 말루쿠제도 북부에 있는 섬.
3 필리핀 중부 비사얀제도 동부에 있는 섬.

이런 우울한 순간들이 있긴 했지만 펠렐리우 전투에서 살아남은 대원들은 자기가 특별한 어떤 것을 성취했다고 생각했다. 믿을 수 없을 정도로 숨이 막히던 무더위 속에서 육체를 혹사하는 전투를 한 달 동안이나 견뎌 냈다는 것은 우리 해병대원들이 강인한 육체를 가지고 있다는 확실한 증거였다. 그리고 정신적으로도 그 상황을 이겨 냈다는(적어도 그 시점까지는) 사실은 우리가 최고의 훈련을 받았음을 입증하는 증거라고 나는 생각했고, 지금도 그 생각은 변함이 없다. 우리는 최악의 상황에서도 버틸 수 있는 힘을 훈련 과정에서 체득했는데, 펠렐리우섬에서 우리가 경험한 것들이 바로 그 최악의 상황이었다.

1944년 11월 7일. 내 스물한 번째 생일 사흘 전이던 바로 이날에 우리가 탄 배는 매퀴티만(灣)으로 들어갔다. 배는 눈에 익은 작은 섬들을 지나 파부부 부두에 닻을 내렸다. 펠렐리우섬의 황폐한 풍광에 익숙하던 우리의 눈에 파부부섬은 너무도 아름답게 비쳤다. 놀라운 일이었다.

우리는 짐을 챙겨 하선했고, 탁자들이 나란히 마련되어 있던 가까운 해변으로 걸어갔다. 미국 적십자회 소속의 젊은 여자가 내 눈에 들어왔다. 여자는 포도 주스가 담긴 작은 종이컵을 병사들에게 건네주고 있었다. 동료들 가운데 어떤 사람들은 철모를 깔고 앉은 자세로 뚱한 눈으로 그 여자를 바라보며 다음 명령이 떨어지기를 기다렸지만, 나는 다른 몇몇 동료들과 함께 그 여자가 있는 탁자로 갔다. 여자는 주스가 담긴 종이컵을 내밀면서 미소와 함께 맛있게 마시면 좋겠다고 했다. 나는 종이컵을 받아들고 고맙다는 인사를 하면서도 혼란스러웠다. 펠렐리우섬에서 그토록 끔찍한 일을 경험한 직후라 무감각해져서 그랬던지 젊은 미국인 여자가 파부부섬에 있다는 사실을 도무지 현실로 받아들일 수 없었다. 당황스럽던 내 머릿속에서는 이런 생각이 떠올랐다.

〈저 여자는 여기에서 도대체 뭘 하고 있지? 빌어먹을 몇몇 정치인과 마찬가지로 저 여자가 여기에서 할 일은 아무것도 없는데…….〉

트럭에 탈 사람들을 분류하는 탁자 옆에는 햇병아리 소위가 서 있었다. 군복이 깨끗하고 심지어 얼굴이 햇볕에 타지도 않은 것을 보면 본국에서 장교 후보생 학교를 갓 졸업하고 막 파견된 게 분명했다. 내가 천천히 그 탁자 곁을 지나갈 때 그가 말했다.

「꼬마야sonny, 빨리빨리 움직여라.」

해병대에 입대한 뒤로 나는 온갖 지독한 말을 다 들었었다. 그러나 펠렐리우섬에서 막 벗어난 그 시점에 나는 〈꼬마야〉라는 그 호칭에 대한 준비가 미처 되어 있지 않았다. 그 말을 듣고 나서 나는 걸음을 멈추고 그 장교를 공허한 눈빛으로 물끄러미 바라보았다. 장교는 내 시선을 확인하고는 자기가 실수했음을 깨닫는 눈치였다. 그는 서둘러 시선을 피했다. 동료들의 눈도 모두 그 공허한 눈을 담고 있었다. 전투의 충격에서 막 벗어난 사람들의 눈이 공통적으로 담고 있는 바로 그 눈빛이었다. 아마도 그 신참 소위는 내 눈에서 그 눈빛을 보고 불편했던 모양이다.

트럭들은 깔끔한 텐트 막사 구역을 지나쳐 달려갔다. 텐트 막사 구역만 하더라도 예전에 비해 훨씬 좋아진 모습이었다. 트럭은 낯익은 야영지에 도착했다. 텐트 안팎에 앉거나 서 있던 많은 보충병들이 우리를 유심히 살피고 있었다. 우리는 이제 고참병이었다. 보충병들은 자기 앞에 어떤 일이 펼쳐질지 전혀 몰랐고 또 그랬기에 느슨했다. 그런 보충병들을 보고 있자니 어쩐지 연민의 감정이 느껴졌다. 우리는 짐을 내리고 각자 배정된 텐트를 찾아 들어갔다. 그리고 각자 자기가 할 수 있는 최선의 방법으로 긴장을 풀려고 노력했다.

파부부로 돌아와서 짐을 풀고 얼마 지나지 않았을 때였다. 보충병 전원이 작업반으로 호출되어 밖으로 나가고 없을 때였는데, 갑자기

데이비드 베일리 일등상사의 목소리가 들렸다.

「K중대 집합!」

펠렐리우 전투의 생존자들이 막사 밖으로 나와서 집합했다. 그때 내가 235명이 되던 인원이 이렇게나 줄어 버렸구나 하는 생각을 했던 기억이 난다.

「쉬어!」

깨끗한 군복을 입고 대머리를 번쩍거리던 일등상사가 우리에게 걸어오면서 한 말이었다. 그는 진정한 역전의 고참 용사답게 엄격하기 짝이 없었지만 따뜻한 마음을 가지고 있었다. 우리 대원들은 모두 그를 존경했다. 그가 우리에게 해줄 이야기가 있는 눈치였다. 물론 그게 시시한 한담이 아님은 분명했다. 불행하게도 그가 했던 말 그대로 정확하게 기억하지 못하기 때문에 그 말을 직접화법으로 인용할 수는 없지만, 어쨌거나 자기는 우리를 자랑스럽게 여긴다는 내용이었다. 해병대가 지금까지 치른 수많은 전투 가운데서도 가장 치열했던 전투에서 우리가 잘 싸웠다고 했으며, 우리가 해병대의 명예를 드높였다고 했다. 그러고는 마지막을 다음 말로 장식했다.

「제군들은 제군이 훌륭한 해병대원임을 입증했다.」

그 말을 마지막으로 해산하라고 하더니 그는 돌아섰다.

우리는 각자 조용히 생각에 잠겨 텐트 막사로 돌아왔다. 베일리의 짧은 연설을 두고 냉소적인 발언을 하는 사람은 아무도 없었다. 모두가 다 자기 능력의 최대치를 발휘하기를 기대할 뿐 다른 것은 아무것도 용납하지 않았던 그 엄격한 고참 군인의 입에서 그런 칭찬의 말이 나오리라 예상한 사람은 거의 없었다. 우리가 한 행동을 두고 그가 솔직하고도 진정한 마음으로 존중과 존경의 뜻을 밝혔기에 나는 마치 훈장이라도 받은 것 같았다.

그의 연설은 정치인이 소리를 높여서 외쳐 대는 선동도 아니었고 후방 부대의 장교나 언론사 기자들이 하는 입에 발린 번드르르한 찬사도 아니었다. 펠렐리우 전투의 그 엄혹한 시련을 우리와 함께 견뎌 낸 사람의 입에서 나온 조용한 칭찬이었다. 누군가 우리에게 판정을 내려 달라고 부탁한다면, 우리를 줄곧 지켜보았고 또 직접 전투를 경험한 해병대의 고참 전투 대원이나 베일리와 같은 고참 부사관보다 더 적임자는 없다. 베일리가 했던 말은 나에게 무거운 의미가 있었다. 다른 동료들에게도 마찬가지였을 것이다.

파부부에 돌아온 뒤에 우리가 맨 먼저 했던 일들 가운데 하나는 숙적인 쥐와 뭍게를 상대로 한 전투를 다시 시작하는 것이었다. 막사를 비우고 나갈 때면 세일러백과 간이 침대 및 그 밖의 장비를 막사 한가운데서 텐트를 떠받치는 기둥 주변에 쌓아 두었다. 뭍게가 막사 안으로 들어와서 아무 데나 자리를 잡았기 때문이다. 깜박 잊고 자기 물건을 텐트 기둥 옆에 쌓아 두지 않을 경우에는 불쑥 튀어나오는 그 녀석들 때문에 기겁해서 비명을 지르고 욕을 하고 총검이나 야전삽으로 찌르거나 때려야 했다. 어떤 대원은 라이터 기름을 분사해서 녀석을 바깥으로 유도한 다음에 성냥불을 던져서 태우기도 했다. 그러면 이 게는 불이 붙은 채로 몇 미터 죽을힘을 다해 움직인 끝에 결국 죽었다.

「이거 봤어? 불타는 일본놈 탱크 같지 않아?」

「맞아, 맞아!」

이런 일이 벌어지면 대원들이 증오에 타올라 그 뭍게에 뿌릴 라이터 기름을 찾느라고 여기저기 뛰어다니곤 했다. 텐트마다 라이터 기름을 구하려고 기를 썼고, 심지어 연대 매점에 있던 라이터 기름을 몽땅 다 사려던 대원도 있었다. 아무튼 우리 텐트에서만 뭍게를 백 마리 넘게 죽였다.

어느 날 저녁이었다. 식사를 끝낸 뒤 여기가 고향 집이면 얼마나 좋을까 하는 생각을 하면서 침대에 누워 있는데, K중대의 생존 장교 두 사람 가운데 한 사람이 여러 권의 책과 문서를 끌어안고 텐트 막사 앞을 지나가는 모습이 어슴푸레한 불빛 아래 보였다. 쓰레기통으로 사용되는 드럼통으로 가고 있었다. 이 장교는 지도와 문서를 드럼통에다 버렸다. 그리고 두꺼운 책을 집어 들고는 화가 난 듯 있는 힘을 다해 역시 드럼통에다 집어던졌다. 그러고는 발길을 돌려 자기 막사로 갔다.

나는 그 장교가 도대체 무엇을 버렸을지 궁금했다. 그래서 슬그머니 가서 살펴보았다. 펠렐리우섬의 전투 지도였다. 그걸 확인한 뒤에 나는 지도를 다시 드럼통에다 버렸다(그리고 그때 이후로 지금까지 이 행동을 후회하고 있다. 그걸 챙겨 뒀더라면 역사적으로 소중한 참고 자료가 될 텐데, 그때는 미처 몰랐던 것이다). 그런 다음에 그 장교가 화를 내며 집어던졌던 책을 보았다. 대략 천 쪽 분량의 두꺼운 하드커버 책이었다. 표지를 보니 어니스트 헤밍웨이의 『전장의 인간Men At War』이었다.

전쟁 소재 책으로서 재미있는 소설인데 그 장교가 왜 그렇게 화를 내며 쓰레기통에 버렸을지 궁금해서 표지를 열어 보았다. 그랬더니 큼지막하고 강력한 필체로 〈A. A. 홀데인〉이라는 글자가 씌어 있었다. 갑자기 목구멍으로 뜨거운 것이 울컥 올라왔다. 펠렐리우섬에서 존경하는 홀데인 중대장을 비롯해서 수많은 전우들이 목숨을 이미 잃었는데, 내가 과연 이 책을 읽을 이유가 있을까 싶었다. 내가 이미 직접 경험했던 전쟁이라는 낭비에 대한 슬픔과 증오의 감정을 이길 수 없어서 그 장교가 그랬던 것처럼 나 역시 그 책을 드럼통에다 세게 집어던졌다.

파부부섬으로 돌아온 지 한 주쯤 지났을 무렵, 해병대 복무를 하는 동안에 가장 가슴이 따뜻해지는 경험, 내가 한 일에 대해서 보상을 받는다는 경험을 했다. 취침나팔이 울리고 모든 불이 꺼진 뒤, 막사의 모든 대원이 모기장을 치고 잠자리에 들었을 때였다. 그때까지도 우리는 모두 기진맥진한 상태였으며, 펠렐리우의 긴장과 악몽에서 벗어나려고 애를 쓰고 있었다.

누군가가 가볍게 코를 고는 소리 빼고는 사방이 조용했다. 그런데 글로스터 전투에도 참가했으며 펠렐리우 전투에서 부상한 고참병이 차분한 음성으로 나를 불렀다.

「슬레지해머, 이거 아니?」

「예, 뭡니까?」

「난 말이야 솔직히, 너를 그다지 믿지 않았다는 거. 전투가 벌어지고 모든 것이 엉망진창으로 혼란스러워졌을 때 네가 하게 될 행동들이 미덥지 않았다는 말이지. 네 아버지가 의사이고, 너도 대학교에 다니다가 왔고 또 다른 친구들에 비하면 너희 집은 부자잖아. 그렇지만 내가 펠렐리우에서 널 계속 지켜봤는데 말이야……. 넌 정말 잘했어. 진짜 잘했어.」

「고맙습니다!」

나는 너무도 자랑스러운 나머지 소리를 지를 뻔했다. 전쟁에서 용감한 행동을 해서 훈장을 받고 또 그걸 보란 듯이 가슴에 달고 다니는 사람들이 많이 있다. 하지만 나는 개인적으로 훈장을 받은 적이 없었지만, 그날 밤 고참병이 나를 훌륭한 해병대원으로 인정했던 그 소박하고 진실한 소감은 나에게는 영광스런 훈장이나 다름없었다. 그때 이후로 지금까지 나는 그 말을 엄청난 자부심과 함께 내 마음속에 소중하게 간직하고 있다.

크리스마스가 다가올 때 진짜 칠면조 고기로 잔치가 벌어질 것이라는 소문이 돌았다. 해병대가 대원들에게 근사한 음식을 내주는 특별한 날이 일 년에 몇 번 있었다. 해병대 창설 기념일인 10월 10일, 추수감사절, 크리스마스 그리고 1월 1일이었다. 그 이외의 날에는 태평양 전쟁에서는 늘 전투 식량 아니면 건조 식품이 식사 메뉴였다. 대량의 식자재를 냉장 보관할 설비가 없었기 때문이다. 적어도 함대 해병대 소속 전투사단처럼 언제 어디로 이동해서 전투에 투입될지 모르는 부대에서는 진짜 칠면조 고기는 꿈도 꾸지 못할 일이었다. 그러나 바니카섬[4]에는 대형 냉장고가 많이 있는데 그 안에 우리가 먹을 냉동 칠면조가 들어 있다는 것이었다. 어쨌든 간에 소문으로는 그랬다.

러셀제도의 원주민의 도움을 받아서 나뭇잎을 엮어서 솜씨 좋게 만든 제5연대 교회가 있었는데, 우리는 그 교회에서 크리스마스이브를 특별하게 보냈다. 예배가 끝난 뒤에는 크리스마스 특별 프로그램이 이어졌는데, 거기에서 우리는 코코넛나무의 줄기를 장의자 대용으로 앉아서 캐럴을 불렀다. 무척 흥겹고 즐거웠지만 간절하게 고향 생각이 나는 바람에 어쩐지 조금은 슬프기도 했다. 그리고 그때 우리는 불에 구운 칠면조를 먹었는데, 정말 맛있었다.

신년 하례회는 나에게 한층 더 잊을 수 없는 행사였다. 한 해의 마지막 저녁 식사를 마친 뒤였는데, 대대 식당에서 어떤 외침이 들렸다. 왁자한 소동이 벌어진 것 같았다. 급식 담당 부사관들이 막 배식을 끝냈을 때였는데, 초소 경계병 한 명이 고함을 질렀다.

「초소장님, 제3초소에 불이 났습니다!」

식당에서 램프 불빛 아래 설거지를 하고 있던 취사병들과 급식 담당 부사관들이 후다닥 밖으로 뛰어나갔다. 불은 주방 가까이에 있던 숲에서 올라오고 있었고, 그들은 그쪽으로 달려갔다. 온수를 만들어 내던 가솔린 히터들 가운데 하나에서 처음 불이 났던 게 아닐까 하고 나는 생각했다. 화염의 불빛 덕분에 고함을 지르면서 주방 주변을 내달리는 사람들이 똑똑히 보였다. 그리고 주방 책임 부사관이 뭐라고 욕을 해대면서 지시를 하는 소리도 들렸다. 그리고 또한 우리 중대 쪽으로 달려가는 두 사람의 그림자가 보였지만 무관심하게 넘겼다. 몇 분 뒤에 불은 진화되었는데, 식당에서 조금 떨어진 거리에 있던 휘발유통에서 불이 났던 것이라고 누군가 말했다.

---

4 과달카날 동북부의 러셀제도에 있으며, 파부부섬에서 멀지 않다.

얼마 뒤에 친구 하나가 내가 있던 막사에 와서는 나지막하게 말했다.

「이리들 나와, 하워드가 자기 막사로 오래. 모든 사람이 다 먹을 만큼 칠면조가 많대!」

우리는 서둘러서 그 친구 뒤를 따라갔다. 텐트 막사로 들어가자 하워드 니스가 자기 침대에 앉아 있었고, 그 옆에서는 커다란 촛대가 불을 밝히고 있었다. 그의 무릎에 놓인 타월 위에는 불에 구운 커다란 칠면조가 한 마리 있었다. 하워드는 이를 모두 드러내는 특유의 웃음을 지으며 말했다.

「제군들, 해피 뉴 이어!」

우리는 하워드 앞으로 줄지어 늘어섰고, 하워드는 면도칼처럼 예리한 케이바로 칠면조를 잘라서 우리가 내미는 두 손에 나누어 주었다. 그 와중에 다른 대원들도 안으로 들어왔고, 부대에서 한 주에 한 사람당 두 개씩 지급했던 생맥주 캔을 땄다. 그 와중에 또 누군가는 여전히 〈효과가 있는〉 밀조주를 한 캔 내놓았다. 하워드가 더 이상 잘라 낼 칠면조가 없을 때까지 어떤 대원들이 기타와 바이올린과 만돌린으로 「스페니시 판당고Spanish Fandango」를 연주했다. 나중에는 하워드가 자기 케이바를 지휘봉 삼아서 지휘를 했다. 나중에 알고 보니 화재 소동은 하워드를 비롯한 일당들이 일부러 꾸민 것이었다. 급식 담당 부사관들이 불을 끄러 밖으로 뛰어나간 틈을 타서 하워드와 다른 두 명이 주방으로 들어가서 칠면조 두 마리를 달빛 아래 징발했던 것이다.

펠렐리우섬에서 피로 목욕을 하는 과정을 거치면서 살아남았던 우리들은 온갖 근심을 다 잊어버리고 배꼽을 잡고 바닥을 데굴데굴 구르면서 실컷 웃었다. 전투 속에서 다져진 전우애를 즐기면서 우리는 내 인생 최고의 신년 축하 파티를 했다. 자정에 제11연대가 예포를 쏘았다. 그것은 전쟁과는 아무런 상관이 없는 평화의 포성이었다.

깔끔한 솜씨로 칠면조를 마련한 것이나 이렇게 마련한 칠면조를 동료들과 나누어 먹는 것 등은 하워드다운 모습이었다. 그는 늘 쾌활했으며 재밌고 유쾌한 농담을 했다. 전투에서는 냉정하고 침착했고 또 많은 칭찬과 존경을 받았지만 언제나 겸손했다. 오키나와 전투 초기에 하워드가 일본군 기관총에 맞아 전사했을 때(오키나와 전투는 그에게 글로스터 전투와 펠렐리우 전투에 이어서 세 번째 전투였다) 그를 알고 있는 모든 대원이 깊은 슬픔에 빠졌다. 어려운 상황 속에서도 유쾌함을 잃지 않는 것이 얼마나 중요한지 몸소 행동으로써 그리고 그 누구보다도 웅변적으로 보여 준 인물이었다.

1944년 제야에 하워드 니스가 파부부섬의 야자나무 아래 있던 텐트 막사 안의 침상에 걸터앉은 자세로 무릎에 커다란 칠면조를 올려놓고는 케이바로 조금씩 잘라 내던 모습은 내가 가장 소중하게 간직하는 기억 가운데 하나이다. 그때 그는 이를 드러내고 환하게 웃으면서 나에게 이렇게 말했다.

「해피 뉴 이어, 슬레지해머.」

하워드에게서 나는 많은 것을 배우고 또 얻었다.

제11해병연대의 연대장이었던 신임 제1사단장 페드로 델 바예 Pedro del Valle 중장은 제식 훈련과 열병식 그리고 사열을 정기적으로 할 것을 명령했다. 이 일은 썩은 코코넛 열매를 치우는 것보다 차라리 나았으며 무료한 일상을 〈반짝반짝 빛나게〉 해서 사기를 높이는 데도 도움이 되었다. 한 주에 한 사람당 두 개씩 지급되던 맥주 캔도 도움이 되었다. 제식 훈련 때 우리는 깨끗한 카키색 군복을 입었는데, 이 옷을 침대 매트리스 아래에 깔아 두어 최대한 다림질 효과가 나게 했다. 이 옷을 입고 산호 자갈을 깔아 놓은 연병장을 행진할 때 나는 고향을 생각하거나 그때 읽고 있던 책을 생각했는데, 이 훈련은 전혀 지루하지 않았다.

어느 날 제5연대 전체가 열병식을 했다. 펠렐리우 전투에서 탁월한 무공을 세운 대원들에게 훈장이 수여되었다. 그 무렵에는 부상했던 동료 대원들 가운데 많은 수가 부대에 복귀해 있었다. 부상 대원들에게 퍼플하트 훈장이 수여될 때 그 훈장을 받을 자격이 없는 사람은 우리 가운데서 많지 않았다.

사열 때 우리 연대의 깃발을 든 것은 우리였고, 이런 사실에 우리는 커다란 자부심을 느꼈다. 해병대의 모든 연대 깃발에는 〈미국 해병대United States Marine Corps〉라는 글자가 들어간 해병대 로고가 있는데, 우리 연대 깃발에는 그 아래에 〈제5해병연대Fifth Marine Regiment〉라는 글자가 들어 있다.

그러나 우리 깃발을 다른 연대의 깃발과 달리 독특하게 만들어 준 것은 상단에 붙어 있는 색색깔의 띠들이었다. 약 30센티미터 길이의 좁고 기다란 이 띠 하나하나에는 제5연대가 그동안 참여했던 전투의 이름이 씌어 있었다. 1차 세계 대전의 벨로숲 전투(1918년)와 남아메리카의 바나나 전쟁까지 거슬러 올라가는 전투까지 거기에 포함되어 있었다. 그리고 가장 최근에 치렀던 펠렐리우 전투 이름을 쓴 띠도 있었다. 우리 연대는 다른 어떤 연대보다도 많은 전투에 참가했었다. 어떤 대원 한 명이 우리 연대의 깃발이 너무도 많은 띠와 장식과 리본을 달고 있어서 깃발이 아니라 대걸레처럼 보인다고 했다. 비록 세련되고 멋있지는 않지만 자랑스러운 전통을 그보다 더 멋지게 요약할 수 있는 표현은 없었다!

파부부로 돌아온 지 몇 주가 지난 뒤, 나에게 이상한 명령 하나가 떨어졌다. 깨끗한 군복으로 갈아입고 01시 정각에 지체 없이 중대 본부 막사로 출두하라는 것이었다. 면접이 있을 것이며, 면접 결과에 따라서 잘하면 본국의 장교 양성 학교에 입학하게 될지도 모른다는 모호한 언급이 있긴 했다. 지시받은 대로 옷을 갈아입고 막사에서 나가려 할 때 친구가 말했다.

「어이, 슬레지해머. 너라면 잘 해낼 거야. 장교가 되는 거야. 본국에 돌아가서 훈련을 받는 거야.」

그러자 다른 친구도 거들었다.

「운 좋으면 책상에서 연필만 굴릴 수도 있어.」

말하자면 나는 본국으로 돌아갈 수 있는 기회를 잡을 수도 있는 면접을 보러 가는 것이었고, 이런 나를 부러워하는 대원들도 분명 있었을 것이다. 하지만 그때 내 머릿속에 떠오른 생각들은 (사상자 명단에 들거나 본국 귀환 순번에 드는 경우가 아닌 한) K중대를 떠나고 싶지 않다는 것과 도대체 왜 내가 장교 양성 학교 입교 후보생으로 선정되었을까 하는 것이었다.

중대 본부에 가자, 다시 거기에서 조금 떨어진 곳에 있는 대대 본부 근방의 어떤 텐트로 가라고 했다. 거기에 갔더니 중위 계급장을 단 사람이 나를 정중하게 맞아 주었다. 그는 매우 잘생긴 장교였는데, 침착하고 겸손하면서도 자신감이 넘쳤다. 추측하건대 역전의 용사가 아닌가 싶었다.

중위는 내가 살아온 배경이나 학력 등에 관해서 자세하게 물었다. 그는 진심 어린 태도로 친절하게 대해 주었다. 피면접자가 해병대 장교로서의 자질을 갖추고 있는지 어떤지 판정하려고 매우 조심스럽게 접근하고 있다는 느낌이 들었다. 우리 두 사람은 죽이 잘 맞았고, 그가 묻는 말에 나는 완벽할 정도로 정직하게 대답했다. 그는 나에게 왜 V-12 해병대 장교 훈련 과정에서 탈락했는지 물었고, 나는 해병대에 입대하겠다는 마음뿐이었는데 대학교로 보내져서 강의나 들어야 했을 때 내가 느꼈던 좌절감을 솔직하게 말했다.

「그렇다면, 지금까지 전투 부대에 소속되어 전투를 치러 왔는데, 느낌이 어떤가?」

다시 대학교로 돌아간다면 정말 좋겠다고 대답했다. 전쟁과 전투에 대한 호기심은 펠렐리우에서 이미 충분하게 다 채웠다고 했다.

「솔직히 말하면, 나는 본국으로 돌아갈 준비가 이미 다 되어 있습니다.」

중위는 무슨 말인지 알겠다면서 호탕하게 웃었다. 그러고는 해병대와 내가 소속되어 있는 부대를 어떻게 생각하느냐고 물었다. 나는 자랑스럽게 여긴다고 대답했다. 60밀리 박격포병이라는 보직은 어떻게 생각하느냐고 물었고, 나는 내가 1순위로 신청했던 보직이라고 대답했다. 그러자 이번에는 매우 진지한 표정으로 물었다.

「전사할 게 뻔한 곳임을 누구나 다 아는 곳으로 부하들을 보낼 때의 마음이 어떨 것 같은가? 만일 자네가 그렇게 해야 한다면 말이다.」

그 질문에 나는 조금도 망설이지 않고 대답했다.

「저는 그렇게 하지 못합니다.」

중위는 아주 오랫동안 나를 바라보았다. 여전히 따뜻한 표정이었지만 내 심리를 최대한 분석하겠다는 눈빛이었다. 그는 그 뒤로도 몇 가지 질문을 더 했고, 마지막으로 이렇게 물었다.

「장교가 되고 싶은가?」

「장교가 된다는 것이 이곳을 떠나 본국으로 돌아갈 수 있다는 뜻이라면, 그렇습니다.」

그는 껄껄 웃고 뒤에 몇 가지 친절한 조언을 보탠 뒤에 돌아가도 좋다고 했다.

동료 대원들은 면접이 어떤 식으로 진행되었고 무슨 질문들이 나왔는지 시시콜콜한 것까지 알고 싶어 했다. 나는 그 모든 질문에 다 대답을 했다. 그러자 한 대원이 답답하다는 듯이 말했다.

「너 진짜 돌았구나? 꼴통 헤이니 중사와 견줘도 막상막하겠는데? 열심히 노력해서 훌륭한 장교가 되겠습니다, 요렇게 듣기 좋은 말들만 골라서 했어야지, 멍청아!」

나는 그 중위가 경험이 많아서 아무리 듣기 좋은 말을 해도 본심을 파악할 것이라고 말했다. 물론 그 말이 사실이긴 했지만 나는 K중대를 떠나고 싶은 마음이 손톱만큼도 없었다. K중대는 나에게 집이나 다름없었고, 주어진 환경이나 상황이 아무리 힘들고 위험하다 해도 내가 K중대의 일원이라는 사실에 강한 소속감을 느끼고 있었다.

게다가 나는 박격포병이 딱 맞는 보직이라고 생각했다. 박격포를 배치하고 조작하는 것에 나는 대단한 흥미가 있었으며, 또다시 전투에 참가한다 해도 소위 계급장을 단 다른 어떤 장교보다 일본군에 더 큰 타격을 가할 수 있다는 자신감에 차 있었다. 나는 장교나 지휘관이 되고 싶은 마음은 조금도 없었다. 나는 그저 최고의 박격포병이 되고 싶었을 뿐이고 전쟁이 끝날 때까지 무사히 살아남고 싶었을 뿐이다.

내 태도에는 영웅적이라고 할 만한 것이나 다른 대원들과 다른 것은 하나도 없었다. 다른 대원들도 모두 나와 똑같았다. 아닌 게 아니라 전투가 벌어지면 장교라고 해서 사병보다 덜 위험하거나 덜 힘든 것도 아니었다. 어떤 대원도 이렇게 말했다(그도 나처럼 이병이었다).

「전투가 시작되어서 모든 게 혼란스러워질 때, 나 같은 졸병은 그저 내가 해야 할 일만 하면 되잖아. 나는 나를 챙기고 또 내 곁에 있는 전우를 챙겨 줄 수 있단 말이지. 그렇지만 장교는 지도와 씨름해야 하고 모든 부하들을 다 챙겨야 하잖아.」

우리는 보충병들이 중대에 잘 녹아들도록 했다. 우리 박격포반에는 제3호 박격포가 추가되었다. 대대 병참부는 모든 무기를 점검하고 펠렐리우 전투를 겪으면서 노후화된 무기를 교체해 주었다.

보충병들 가운데는 새로 소집된 해병대원들도 있었지만 해군 공창(工廠) 등 본국의 다른 임지에서 복무하던 부사관들도 있었다. 펠렐리우 전투뿐만 아니라 글로스터 전투에 참가했던 고참 대원들 가운데서는 이 부사관들을 마뜩찮게 여기는 사람들도 제법 있었다. 펠렐리우 전투에서 많은 사상자가 발생하는 바람에 분대장으로 임명

받을 수도 있는 상황인데 새로 들어온 신임 부사관들이 분대의 지휘를 맡게 될 경우 그런 승진의 기회가 가로막힐까 봐 그랬던 것이다. 그러나 내가 보기에는 이 새로운 부사관들이 비록 전투 현장의 경험은 부족했을지 몰라도 오랜 복무 경험에서 쌓인 연륜을 통해 부사관으로서의 자기 역할을 훌륭하게 수행했다.

자원해서 해병대에 입대했던 우리는 소집병들을 〈수갑이 채워진 자원자〉라고 놀렸다. 그들 가운데 몇몇은 자기들도 우리처럼 자원해서 해병대원이 되었다고 주장했지만, 그들은 자신의 기록이나 신분이 드러나지 않도록 하려고 무척 조심했다. 소집병인 경우에 군번 뒤에 〈SS(선발 복무Selective Service)〉라고 표기되어 있었기 때문이다. 그것은 자원병이 아니라 징집되었다는 뜻이었다.[5]

그러나 거꾸로 소집병들이 지원병들을 조롱할 때도 있었다. 만일 우리가 조금이라도 불평을 하면 그들은 씨익 웃으면서 이렇게 말했다.

「뭘 그렇게 투덜거립니까? 본인이 원해서 왔으면서…… 아닙니까?」

이런 말을 듣는다고 해도 그저 투덜거리기만 했지 진짜로 화를 내는 사람은 없었다. 전체적으로 볼 때 보충병들은 좋은 대원들이었고 우리 K중대의 사기는 여전히 높았다.

훈련 강도가 높아졌고, 다음 차례의 〈대대적인 공세blitz〉[6]와 관련된 소문들이 떠돌기 시작했다. 제1해병사단이 육군에 편입되어서 중국 연안이나 대만으로 침공할 것이라는 말도 있었다. 많은 대원들이 해병대가 육군에 흡수됨으로써 해병대원이라는 소속을 잃어버리지나 않을까 초조하게 소문의 진위를 추적했다(여러 세대에 걸쳐 해병대원들이 이런 점을 우려했음은 역사가 잘 입증해 준다). 훈련

---

5 미국의 선발 징병 제도인 〈선발 복무〉는 국가에서 유사시에 징병할 수 있도록 하는 제도로, 18세에서 25세의 시민권자나 영주권자 및 미국에 이주한 남성이 의무적으로 등록해야 하는 제도이다.

6 〈작전 행동campaign〉을 우리는 보통 그렇게 불렀다 — 원주.

은 시가전 및 개활지에서 탱크와 함께하는 공조 활동 중심으로 이루어졌다. 하지만 우리는 여전히 우리의 작전 목표가 될 곳이 어디인지 알지 못했다. 동서로 폭이 좁고 남북으로 길쭉한 어떤 섬을 나타내는 지도들을 보고도 우리는 그게 어디인지 알지 못했다(그 지도들에는 지명이 씌어 있지 않았다).

그러던 어느 날이었다. L중대 소속이던 톰 마틴이라는 친구가(이 친구도 나처럼 V-12 프로그램 도중에 사병으로 해병대에 자원 입대했고 펠렐리우 전투에도 참가했었다) 상기된 얼굴로 우리 막사로 달려와서는 『내셔널지오그래픽』에 실린 북태평양 지도를 보여 주었다. 그 지도에 우리가 훈련 때 보던 이상한 형태의 섬이 실려 있었다. 일본 본토 가장 남쪽에 있는 큐슈에서 다시 남쪽으로 520킬로미터 떨어진 오키나와라는 이름의 섬이었다. 이 섬이 일본 본토에 가깝다는 데서 확실하게 알 수 있는 사실이 하나 있었다. 거기에서 무슨 일들이 일어날지 모르지만 전투는 치열하고 처절할 수밖에 없을 것이라는 사실이었다. 일본군은 그 어떤 섬도 호락호락하게 내주지 않았다. 그때까지의 전쟁 양상으로 볼 때, 우리의 공격 대상이 일본 본토에 가까워질수록 전투는 점점 더 치열했다. 그리고 오키나와는 일본 본토에서 한층 더 가까운 지점이었다.

우리는 상륙 연습을 했고 다양한 소화기를 쏘았으며 박격포 훈련을 집중적으로 받았다. 박격포반에 박격포가 한 문 더 추가됨에 따라 우리는 마치 K중대 내부에서도 포병 부대가 된 듯한 느낌이었다.

그런데 바로 그 시점에 부대에 간염 질환이 돌기 시작했다. 우리는 그것을 황달이라고 불렀는데, 나 역시 심하게 걸렸다. 눈동자의 흰자위 색깔의 노란색 농도를 보고서 이 병에 걸렸는지 혹은 걸리지 않았는지 알 수 있었다. 심지어 검게 탄 피부조차 노랗게 변색되었다. 나는 기분이 끔찍했다. 피곤했으며 음식 냄새만 맡아도 구역질이 났다. 파부부의 후텁지근한 날씨도 도움이 되지 않았다. 진료를 받는 대원들의 수가 점점 늘어났고, 어느 날 아침에는 나도 진료를 받았다. 군의관은 힘든 일을 할 수 없으니 노역 작업이나 격렬한 활동에서 면제되어야 한다는 의견서를 발행해 주었다. 일상적으로 이루어지던 격렬한 훈련을 받지 않아도 된다는 뜻이었다. 그러나 쓰레기를 수거한다거나 텐트의 줄을 바싹 당긴다든가 하는 정도의 작업에서는 열외가 될 수 없었다. 내가 해병대원으로 복무하면서 질병 때문에 정규적인 의무를 면제받은 경우는 그때가 유일했다.

만일 우리가 군인이 아니라 일반 시민이었다면 간염 환자들은 당연히 병원에 입원해야 했을 것이라고 나는 지금 확신한다. 그러나 우리는 위생병에게서 APC 알약[7]만 받았을 뿐이다. 이 약은, 적의 총검에 의한 자상이나 총상 혹은 파편에 의한 상처를 제외한 모든 것에 대한 표준적인 처방제였다. 며칠 뒤에 나는 다른 중대원들이 받고 있는 훈련을 소화할 수 있을 정도로 회복되었다는 진단을 받았다. 그리고 쓰레기 수거 업무는 병상에 누워 있던 어떤 장교에게 인계되었다.

훈련 강도는 점점 높아졌다. 1945년 1월, 우리 중대는 기동 훈련 목적으로 LCI(보병 상륙용 주정)[8]에 올라서 다른 함정들과 함께 과달카날로 갔다. 그리고 거기에서 사단 규모의 연습을 마친 뒤 1월 25일에 파부부로 돌아왔다.

그 뒤 우리는, 2월 19일부터 제2·제4·제5해병사단이 이오지마(유황도)에서 격렬한 전투를 수행하고 있다는 소식을 듣고 동병상련의 마음으로 날마다 들려오는 소식에 귀를 기울였다.

「어쩐지 이번 전투는 펠렐리우보다 훨씬 더 큰 것 같은데…….」

이 말을 했던 동료가 당시에는 자기 말이 옳은지 전혀 알지 못했

---

7 아스피린과 카페인을 포함해 의사의 처방전이 필요 없는 만능 진통제 — 원주.
8 LST를 작게 줄여 놓은 것 같은 모양의 배로 중대 규모의 보병과 몇 대의 차량을 실었다 — 원주.

지만, 실제로 그 예상이 맞아떨어졌다. 일본군은 펠렐리우섬에서 제 1해병사단을 대상으로 시험했던 전법을 이오지마에서도 그대로 재현했다. 즉 전선의 배후에 방어 부대를 여러 겹 배치하는 종심층 방어defense-in-depth 전술을 기본으로 채택하고, 반자이 돌격은 하지 않았던 것이다. 미군이 이오지마를 완전히 평정했다고 선언하는 3월 16일 시점까지 해병대가 입은 병력 피해는 펠렐리우 전투에서 발생한 사상자 수의 세 배나 되었다.

훈련 기간에 우리는 이오지마 상륙 작전 때 내륙으로 이동하려면 (높이가 정확하게 알려져 있지 않은) 방파제나 절벽을 넘어가야 할 것이라는 말을 들었다. 그래서 우리는 파부부섬의 사단 주둔지에서 만(灣)을 사이에 두고 떨어져 있는 (약 12미터 높이의) 깎아지른 산호 절벽을 기어오르는 훈련을 여러 번 했다. 전체 중대원이 그 절벽을 기어 올라갔지만 로프는 단 두 개밖에 없었다. 작전 개시일까지는 줄사다리를 지급받을 것이라고 했지만 그런 건 구경도 해보지 못했다.

그 훈련을 받을 때는 완전 군장 상태로 로프에 매달려 절벽 꼭대기로 올라가야 했는데, 자기 순서를 기다리는 대원들은 앞선 대원들의 위태로운 모습을 지켜봤다. 중대의 모든 장교들은(중대장이던 스탠리 중위를 제외하고는 모두가 다 신임 장교였다) 이리 뛰고 저리 뛰면서 대원들이 무사히 절벽 위에까지 올라갈 수 있도록 혼신의 힘을 다했다. 어떻게 보면 그 장면은 마치 대학교 미식축구 팀의 전지훈련 모습 같기도 했다.

「뭐 저런 멍청이 같은 장교들이 다 있지? 우리가 한 번에 한 명씩 올라갈 때 일본놈들이 놀고 있을 거라고 생각하는 모양이지?」

고참 기관총 사수가 한 말이다. 거기에 내가 대답했다.

「내가 봐도 멍청하네요, 진짜……. 펠렐리우섬에서 저랬다가는 도중에 일본놈 저격병의 총을 맞고 다 떨어지겠구만.」

「그러게, 일본놈들이 손놓고 가만히 앉아 있겠어? 설령 절벽 위까지 올라간다고 해도 박격포에다 대포에다 기관총까지 동원해서 절벽 위를 쓸어 버릴 텐데.」

우리 박격포반의 신임 대장은 아이비리그 대학교를 나온 뉴잉글랜드 출신의 맥이었다. 맥은 금발이었고, 덩치가 크진 않았지만 체격이 다부졌다. 그는 활력이 넘치고 뉴잉글랜드 억양이 두드러졌으며, 말이 많았다. 성실한 장교이긴 했지만, 전투가 시작되기만 하면 자기가 일본군을 어떻게 박살 낼 것인지 떠들어 댔다. 얼마나 자주, 그리고 얼마나 장황하게 많은 말을 늘어놓던지 고참병들이 모두 고개를 절레절레 흔들었다. 보충병들은 주변 사람들에게 깊은 인상을 심어 주고 싶은 마음에, 전투가 벌어지면 자기가 얼마나 용감하게 싸울 것인지 떠벌리는 경향이 있었다. 그런데 보충병들이 떠드는 허풍은 대부분 스스로에게 용기를 불어넣기 위한 것이었다. 맥도 그런 종류의 허풍을 떨었다. 그러나 맥은 누구든 자기도 모르게 빠져들 만큼 흥미진진한 허풍을 떨었던 유일한 사람이다.

「너희들 가운데 누구 단 한 명이라도 일본놈들이 쏜 포탄이나 총탄에 쓰러진다면, 나는 케이바를 입에 물고 한 손에는 45구경 권총을 들고 일본놈들에게 돌격해서 다 죽여 버릴 거야.」

맥이 이런 식의 얘기를 하면 고참병들은 모두 슬금슬금 돌아앉아서 웃음을 참느라 애를 먹곤 했다. 고등학교 미식축구 감독이 자기는 혼자서 한 손으로도 상대편 선수들을 때려눕힐 수 있다고 허풍을 떨 때, 그 모습을 바라보는 선수들이 왠지 부끄러워서 손발이 저절로 오그라드는 그런 느낌을 우리는 참고 견뎌야 했다.

솔직히 나는 맥 때문에 당황스러웠다. 왜냐하면 그는 전투를 미식축구와 보이 스카우트 야영을 합쳐 놓은 어떤 것으로 생각하는 게 분명했기 때문이다. 실제로 전투 현장에 발을 들여놓으면 충격을 받을 것이라는 말을 한두 명도 아니고 여러 명이 해줬지만 그는 그런 충고를 들으려고도 하지 않았다.

「진짜 전투가 벌어졌을 때 저 떠버리 양키 소위가 자기가 한 말 하나하나를 취소하고 부끄러워하게 되기를 신에게 빌자.」

텍사스 출신 대원이 했던 이 말에 나도 동의했다. 그런데 기도가 통했던지 그 일이 오키나와에서 실제로 일어났다. 그리고 그때 맥이 보여 줬던 모습은 지금까지 내가 포화 속에서 보았던 일 가운데서 가장 재미있는 기억으로 남아 있다.

다음 상륙 작전이 시작되기 전에 우리는 통상적인 절차에 따라서 몇 가지 종류의 예방주사를 맞았다. 팔이 부어올랐고, 어떤 대원들은 고열에 시달리기도 했다. 대원들은 주사 맞는 것을 무척 싫어했는데, 오키나와 전투에 투입되기 전에 맞았던 그 많은 예방주사 때문에(누군가가 일곱 번이나 된다고 말했다) 우리는 짜증이 나고 화가 치밀 정도였다. 그 예방주사는 마치 총알을 맞은 것처럼 뜨거웠고, 정말이지 최악이었다.

대부분의 위생병은 주사를 아프지 않게 잘 놓았고, 그런 점이 도움이 되었다. 그러나 딱 한 명의 위생병이 예외였다. 그는 다른 사람의 고통에 완전히 무감각한 특이한 사람이었다. 가장 점잖게 표현하자면, 그는 인기가 없었다. (오해를 없애기 위해서 굳이 덧붙이자면, 그는 우리 해병대에 파견된 해군 위생병 가운데서 모범적으로 행동하지 않았던 정말 유일한 인물이었다. 내가 본 다른 위생병들은 모두 — 개인적으로도 그랬고 집단 전체적으로도 그랬지만 — 우리가 접했던 다른 어떤 사람들이나 집단들에 비해서 정말 존경받아 마땅한 행동을 했고, 또 그런 이유로 인해 존경받았다.)

예방주사를 맞으려고 줄을 서 있었는데, 펠렐리우 전투를 함께했던 전우가 내 바로 앞에 서 있었다. 또 그의 앞쪽으로는 보충병이 여러 명 서 있었다. 보충병들에게 한 명씩 주사를 놓을 때마다 〈닥터 거만 씨〉의 주사는 점점 더 거칠어졌다. 〈닥터 거만 씨〉가 그 고참병에게 주사를 놓을 때 그는 확실히 맞아도 싼 행동을 했다. 그는 서둘렀으며, 고참병이 탁자로 다가올 때 그의 얼굴을 바라보지도 않았다. 이것 역시 매를 버는 행동이었다. 그는 주사기를 마치 단도를 쥐듯 잡은 뒤 고참병의 팔에 박아 넣고 누름대를 누른 다음에 이렇게 말했다.

「저리 가!」

고참병은 주사의 고통을 피하지 않았다. 그리고 천천히 팔을 움직여서는 그 위생병의 얼굴 앞에 주먹을 흔들면서 말했다.

「이 개자식아, 네가 총검술 연습을 하고 싶다면 나에게 와. 내가 직접 가르쳐 줄 테니까. 총검에 칼집도 벗기고, 실전처럼 제대로 가르쳐 줄게. 그때 어떻게 되는지 한번 보자.」

〈닥터 거만 씨〉가 깜짝 놀랐음은 물론이다. 그러고는 자기가 거칠게 주사기를 놀린 상대가 고분고분한 보충병이 아니라 역전의 고참병임을 알아보고는, 그가 자기에게 무슨 짓을 할지 몰라서 놀란 입을 다물지도 못했다.

「네가 한 번만 더 그딴 식으로 주사를 놓으면 걸어총 쇠고리로 묶어다가 퍼질 때까지 패준다. 그러면 너는 이 짓도 못하게 될 거야. 내가 널 다 패고 나면 너는 부상병이 받는 퍼플하트 훈장을 받을 테니까. 알았어?」

〈닥터 거만 씨〉는 곧바로 〈닥터 상냥 씨〉로 바뀌었고, 그 덕분에 나는 플로렌스 나이팅게일[9]이 베푸는 것보다 더 부드러운 손길로 주사를 맞았다.

우리는 장비를 챙기기 시작했고, 곧 과달카날에서 몇 차례 기동 훈련을 더 한 뒤 다음 전쟁터인 오키나와섬으로 갈 것이라는 말을 들었다.

---

9 크림 전쟁 당시 영국군 야전병원에서 헌신적인 간호 활동으로 명성을 얻은 영국의 간호사.

8장 진격의 서막

개인적인 만족도로 말하자면, 펠렐리우나 오키나와에서 치르게 될 전투를 준비하기 위해 어딘가에서 훈련을 해야 한다면, 그 훈련 장소가 과달카날이라는 사실이 나는 늘 마음에 들었다. 우리 대원들이 모두 자랑스럽게 여기는 사단 깃발에는 붉은 숫자 1 아래에 과달카날이라는 흰 글자가 수놓아져 있었다. 과달카날은 커다란 상징적 의미를 띠고 있었다. 제1해병사단의 고참 대원들이 싸웠던 전투 현장들을 볼 수 있었고, 또 승리의 역사를 만드는 데 참여했던 그 고참 대원들로부터 그 현장에서 무슨 일이 벌어졌는지 직접적으로 설명을 들을 수 있었기 때문이다.

과달카날에서 훈련을 받던 이삼 주 동안 우리는 해변 지역에 머물렀다. 제3해병사단이 이오지마의 지옥 속으로 들어가기 전에 야영했던 구역이었다. 우리는 정글 해먹을 매달고 최대한 편하게 지냈다. 여러 날 동안 우리는 언덕과 밀림 그리고 야영지 내의 풀밭에서 훈련을 받았다. 훈련을 마친 오후에는 날마다 시원한 샤워를 즐겼다.

과달카날은 1945년 초에 이미 거대한 기지로 탈바꿈했고, 우리가 갔을 때는 많은 전투 부대와 후방 부대가 주둔해 있었다. 우리와 길을 사이에 두고 마주보는 구역에는 해군 공병대대인 〈바다벌들Sea-bees〉이 주둔해 있었다. 어느 날 저녁, 나는 다른 대원 두세 명과 함께 길 건너 그들 주둔지로 몰래 들어가서 배식 줄 맨 끝에 섰다. 취사병들은 우리가 해병대원임을 알아보았지만 아무 말도 하지 않았다. 우리는 진짜 아이스크림과 신선한 포크찹, 신선한 샐러드 그리고 맛있는 빵을 접시에 가득 담아서 널찍한 식당의 깨끗한 탁자에 앉았다. 그 모든 음식은 파부부에서는 들어 보지도 못했을 정도로 맛있었다. 우리 야영지에서 먹는 C레이션보다 확실히 맛있었다. 우리는 언제 정체가 발각나서 쫓겨날지 모른다고 생각했지만, 아무도 우리가 누구인지 알아보지 못한 것 같았다.

다음 날 오후, 우리는 다른 해병대원들과 함께 또다시 〈바다벌들〉 주둔지로 잠입해 또 다른 메뉴의 맛있는 저녁을 먹었다. 그리고 그 다음 날도 다시 또 그 시도를 했다. 살그머니 들어가서 슬그머니 배식 줄에 선 다음 해군 공병대원들의 시선을 끌 수 있는 행동을 최대한 자제했다. 그런데 놀랍게도, 파란 글자가 씌어 있는 하얀색의 대형 안내판이 배식구 입구에 걸려 있었다. 그 내용은 바로 우리 해병대원들에게 하는 말이었다. 사실 그 안내판은 이전부터 걸려 있었는데, 우리가 미처 보지 못했던 것이다. 안내판에 적힌 내용을 지금은 정확하게 기억하지 못하지만, 대충 다음과 같았다.

〈해병대원 환영. 단, 해군 공병대원들이 식사를 모두 마친 뒤에 줄을 서주십시오.〉

한편으로는 부끄러웠고 한편으로는 기뻤다. 그들은 우리가 오는 것을 처음부터 다 알고 있었고, 몇 명이나 자기들 배식 줄에 서는지까지 알고 있었다. 그들은 여유가 닿는 한에서 기꺼이 우리에게 먹을 것을 나누어 주었다. 그러나 우리가 소문을 내서 굶주린 해병대원들이 날마다 개미 떼처럼 몰려들 것임을 알았기에 그런 안내판이 필요했던 것이다.

우리는 마냥 행복했고 취사병들에게 고맙다는 인사를 건넸다. 그들은 내가 보았던 그 어떤 사람들보다도 친절했고, 우리를 마치 입양한 고아처럼 따뜻하게 대해 주려고 애썼다. 그런데 그 표지판은 우리만큼이나 해군 공병부대의 음식을 좋아했을 제3해병사단 소속 대원들을 위해서 만들어졌을 수도 있고, 아니면 순전히 우리를 위해서 만들어졌을 수도 있다. 어쨌든 간에 우리는 그 좋은 음식과 환대가 무척 고마웠고, 그들을 향한 우리의 존경심은 한층 더 두터워졌다.

제5연대 제3대대는 펠렐리우 상륙 작전 때 선봉에 섰기 때문에, 이번 오키나와에서는 연대의 예비 부대로 편성되었다. 작전 목표인 그 섬으로 이동할 때도 LST가 아니라 공격 수송함인 맥크래켄McCracken호를 탔다. 이 수송함에서 부대가 해안으로 이동할 때도 암트랙이 아닌 일명 〈히긴스보트〉의 차량/병력상륙정LCVP을 탔다.

어느 날 오후였다. 상륙 훈련과 야전 훈련을 마친 우리 제3대대는 야영지인 해변으로 돌아왔고, 거기에서 우리를 배까지 태우고 갈 히긴스보트를 기다렸다. 석양은 아름다운 푸른 파도 위에서 넘실넘실 춤을 췄다. 시라크해협Sealark Channel에는 대규모 함대가 정박해 있었고, 수십 척의 히긴스보트와 다른 수륙양용 함정들이 해변과 수송선 사이를 부지런히 오가면서 해병대원들을 실어 날랐다. 거기 있는 모든 게 다 군용이라는 점만 빼놓고 보자면 멋진 바다 축제의 한 장면 같았다.

히긴스보트가 한 번에 약 25명의 대원을 해변에서 실어 갔다. 우리는 해가 바다로 잠기는 풍경을 지켜보면서 차례가 오기를 기다렸다. 한 무리의 선단이 해안선과 나란히 우리 앞을 지나갔다. 우리에게는 전투 식량도 남아 있지 않았고 물도 없었다. 하루 종일 이어졌던 훈련으로 다들 지쳐 있었기에 모기와 싸우면서 해변에서 야영하고 싶은 마음은 조금도 없었다.

마지막 수송함이 우리 쪽으로 함미를 돌리고 멀어져 가기 시작할 무렵에 히긴스보트가 물살을 가르며 우리에게 다가왔다. 해변에 남겨진 부대는 우리뿐이었다. 운전병은 엔진 출력을 높여서 뱃머리를 해변으로 올리고는 요란한 소리를 내며 트랩을 내렸다. 모두가 탑승하고 나자 관례대로 누군가가 고함을 질렀다.

「전원 탑승 완료, 출항!」

우리는 다들 배의 측면을 꽉 잡았고 운전병은 트랩을 올리고 엔진을 역회전시켰다. 그리고 곧 우리가 탄 배는 뒷모습을 보이고 달아나는 수송함을 향해 전속력으로 달렸다.

바다는 거칠었다. 늘 그랬던 것처럼 스내푸가 멀미를 하기 시작했고, 결국 바닥에 드러누웠다. 기관총반 2개 분대에 60밀리 박격포반 2개 분대가 탑승하자 배에 남은 공간은 거의 없었다. 게다가 우리의 전투 장비와 소화기와 박격포에 기관총까지 실었으니 그럴 만도 했다.

어떤 배든 간에 엔진 출력을 높이면 선미는 가라앉고 선수는 들려서 파도 위를 타고 빠르게 나아간다. 히긴스보트도 예외가 아니다. 그런데 우리를 태운 배는 사람과 장비를 너무 많이 실었기 때문에 우리가 아무리 선미 쪽에 몰려 있어도 좀처럼 선수가 들리지 않았고, 뱃머리의 트랩이 충분히 올라오지 않아서 파도를 막지 못했다. 그 바람에 큰 파도가 닥칠 때는 파도가 배 안으로 사정없이 들이쳤다. 창문으로도 물이 마구 새어 들어왔다. 가로 90센티미터 세로 60센티미터의 창문이 수면 위로 올라가 있어야 정상이었지만, 그렇지 못했기 때문이었다. 창문에 달린 철제 셔터를 내리라고 운전병이 고함을 질렀다. 우리는 서둘러서 그가 시키는 대로 했다. 그러나 뱃머리의 램프에서 그리고 또 창틀 틈을 통해서 물은 여전히 들어왔다.

저녁 어둠은 점점 짙어져 갔고, 어둠 속 저 멀리 수송함의 함미가 보였다. 다른 수송함들은 모두 과달카날섬의 곶을 돌아 멀리 가버려서 시야에서 보이지 않았고, 그 수송함 하나만 보였다. 운전병은 그 수송함을 따라잡으려고 배의 속력을 최대로 올렸고, 그럴수록 물은 더 세차게 배 안으로 들이쳤다. 어둠이 완전히 깔리기 전에 그 수송함을 따라잡지 못한다면 맥크래켄호로 언제 돌아갈 수 있을지도 몰랐다.

바닷물이 배의 바닥을 채우고 언제 갑판까지 차오를지 모르는 상황이 되자 운전병은 배수 펌프를 가동했다. 우리도 철모를 벗어서 물을 퍼낼 준비를 했다. 그러나 우리가 철모로 퍼낼 수 있을 정도로 물이 차오른다면 배는 침몰할 게 분명했다. 그렇게 된다면 해변까지 3킬로미터가 넘는 거리를 거친 파도 속에서 헤엄을 쳐야 한다는 뜻인데, 정말 끔찍한 상황이었다. 그 힘들었던 지옥의 펠렐리우 전투에서 살아난 우리가 철바닥만(灣)에서 훈련을 받다가 익사한다면 얼마나 웃기는 일이 될까, 그런 생각을 했다.

우리 배는 수송함을 조금씩 따라잡았고, 마침내 수송함에 나란히 붙었다. 수송함 갑판에는 해병대원들이 가득 타고 있었다. 우리는 위를 향해 그들에게 도와 달라고 고함을 질렀다. 그러자 갑판 난간에 있던 해군 장교가 고개를 숙이고는 우리가 어느 배를 타야 하느냐고 물었다. 그래서 맥크래켄호를 타야 했지만 놓쳤으니까 태워 달라고 했다. 안 태워 주면 배가 가라앉아 다 죽을 판이라고 했다. 그러자 그 장교는 히긴스보트의 운전병에게 대빗[1] 아래 배를 바짝 붙이라고 지시했다. 운전병이 그렇게 했고, 갈고리가 달린 두 개의 케이블이 내려왔다. 케이블을 배에 고정했을 무렵에는 배가 이미 가라앉기 시작했다. 그 케이블이 없었더라면 배는 침몰하고 말았을 것이다. 하역용 그물이 내려왔고, 우리는 그 그물을 타고 수송함으로 기어올라갔다. 이렇게 해서 우리는 히긴스보트와 함께 바다에 가라앉을 뻔했던 위기에서 살아남았다.

해가 지고 난 뒤에도 배는 여러 시간을 더 달린 뒤에 선단의 정박지에 다다랐다. 브리지의 통신병이 신호등으로 다른 배들과 교신해

---

1 선박 밖에서 물건을 끌어올리거나 내릴 때 사용하는 기계.

서 우리가 타야 하는 맥크래켄호의 위치를 알아냈다. 그리고 얼마 뒤에 우리는 맥크래켄호로 돌아왔다.

「너희들 도대체 어디 있다 온 거야? 왜 이렇게 늦었어?」

우리가 침상에 몸을 던질 때 같은 선실을 쓰던 대원 하나가 물었다. 그러자 누군가가 대꾸를 했다.

「텍사스에 가서 맥주 한 잔 하고 왔지.」

「잘했네.」

기동 훈련이 모두 끝난 뒤 우리를 태운 선단은 러셀제도를 뒤로 하고 떠났다. 1945년 3월 15일이었다. 목표 지점은 울리티 환초Ulithi Atoll였다. 거기에서 상륙 작전을 수행할 함대에 합류하게 되어 있었다. 그리고 엿새 뒤인 3월 21일에 우리는 울리티 환초에 닻을 내렸고, 거기에서 3월 27일까지 정박한 채로 기다렸다.[2]

우리는 갑판 난간을 붙잡고 죽 늘어서서 대규모 함대가 정박해 있는 광경을 놀란 눈으로 바라보았다. 거대한 신형 전함들, 순양함들, 유선형의 구축함들, 그리고 숫자로만 따지자면 압도적으로 많은 호위함 등등 온갖 종류의 군용 함선이 다 있었다. 게다가 항공모함이 이렇게나 많이 한자리에 모여 있는 모습을 본 사람은 우리 가운데서 아무도 없었다. 또 머릿속에 떠올릴 수 있는 온갖 종류의 수륙양용선들도 있었다. 태평양에서 이처럼 많은 배들이 한꺼번에 모인 적은 처음이었고, 우리는 그 장관을 넋을 잃고 바라보았다.

함선은 닻을 내려 두고 있었지만 조수와 바람으로 닻의 체인이 허용하는 범위 안에서 조금씩 이동했기 때문에 갑판에서 바라보는 함대 풍경은 날마다 새롭고 달랐다. 그래서 아침마다 상갑판에 올라갔

---

2 울리티 환초는 캐롤라인제도의 서쪽 끝에 있으며, 펠렐리우섬에서 보자면 북동서쪽으로 15킬로미터 지점이다. 팔라우제도 작전의 일환으로 제81보병사단의 부대가 이곳을 점령하고 있었다. 울리티 환초는 길이가 약 30킬로미터, 폭은 8~16킬로미터의 거대 석호를 둘러싸고 있는 약 30개의 작은 섬으로 구성되어 있으며, 중부 태평양에서는 미국 함대의 주요 정박지였다 — 원주.

지만 그때마다 어디가 동쪽이고 어디가 서쪽인지 분간하기 어려웠다. 좌표축이 달라져 버리는 것 같은 묘한 느낌이었고, 그때마다 낯선 풍경이 눈앞에 펼쳐졌다.

울리티 환초에서 맞이한 첫 번째 오후에 동료 박격포병이 이렇게 말했다.

「쌍안경을 가지고 와 봐. 우리가 함정의 종류를 얼마나 많이 아는지 테스트 한번 해보게.」

우리는 쌍안경을 돌려 가면서 몇 시간 동안이나 그 풍경을 바라보았다.

그런데 갑자기 누군가 고함을 질렀다.

「저기 봐, 병원선이야! 뱃머리에! 간호사들이야! 쌍안경 좀 줘 봐!」

병원선 갑판 난간에 미국인 간호사 10여 명이 늘어서서 우리처럼 거대한 함대가 만들어 내는 장관을 구경하고 있었다. 우리 사이에서는 쌍안경을 서로 차지하려는 소동이 잠시 벌어졌고, 어쨌거나 우리 모두가 다 간호사들을 볼 수 있었다. 우리는 휘파람을 불고 손을 흔들었지만, 우리 목소리가 닿기에는 거리가 너무 멀었다.

거대한 신형 전함이나 항공모함 다음으로 우리가 많이 화제에 올렸던 것은 비참할 정도로 불에 타고 파괴된 상태로 우리 배 부근에 닻을 내리고 있던 항공모함이었다. 해군 장교의 말로는 프랭클린호라고 했다.[3] 새까맣게 타버린 함재기들이 그대로 상갑판에 놓여 있었는데, 이 비행기들은 폭탄과 로켓탄을 적재하고서 출격을 기다리다가 적의 공격을 받았다고 했다. 폭탄과 로켓탄이 터지고 휘발유에

---

3 3월 18일부터 3월 21일까지 항공모함과 함재기를 이용해서 일본군을 공격했는데, 이때 일본의 자살 특공기들이 세 척의 항공모함 와스프Wasp, 요크타운Yorktown, 그리고 프랭클린Franklin을 공격했다. 이 공격으로 프랭클린호가 가장 큰 피해를 입었는데, 전사자가 72명, 부상자가 256명 발생했다. 프랭클린호는 침몰을 면하고 수리를 받기 위해 뉴욕까지 장장 2만 킬로미터나 되는 거리나 예인되었는데, 승조원들의 훌륭한 기량과 기백이 있었기에 가능한 일이었다 —원주.

불이 붙고 그야말로 화염의 아수라장이었을 게 분명했다. 우리는 그 항공모함을 말없이 바라보았다. 한참 만에 누군가 침묵을 깨고 말했다.

「처참하네……. 그나저나 불쌍한 수병들은 끔찍한 지옥을 이기고 살아남았겠네.」

펠렐리우섬에서 비 오듯 쏟아지던 집중포화를 견디며 살아남았던 우리였기에 그 배에 탔던 해군 병사들이 얼마나 용감하게 행동했을지 능히 짐작할 수 있었다.

배가 정박해 있는 동안 우리는 소풍과 운동을 겸해서 인근에 있던 모그모그Mog Mog라는 작은 섬에 상륙하기로 했다. 맨손 체조를 한 뒤에 장교들이 미지근한 맥주와 코카콜라를 내왔다. 그리고 야구도 했다. 내 인생에서 가장 즐거운 야구 경기로 꼽을 수 있는 경험이었다. 모든 장병들이 어린아이들처럼 웃고 달리고 놀았다. 좁은 수송함에서 내려서 스트레칭을 하고 단조로움을 덜어 내는 일은 좋았다. 하지만 날이 어두워지면 히긴스보트를 타고 수송함으로 돌아와야 했다. 그리고 좁은 선실에 갇혀 있어야 했다. 우리는 그게 정말 싫었다.

울리티 환초에서 우리는 임박한 오키나와 전투에 대해 설명을 들었다. 이번에는 단기간에 작전이 끝날 것이라는 확실한 말이 없었다. 소위 한 사람이 이렇게 말했다.

「그 어떤 작전보다 이번 작전에서는 많은 희생자가 나올 것이다. 일본 본토에서 500~600킬로미터밖에 떨어져 있지 않은 섬을 공격하는 것이어서 적도 필사의 각오로 맞설 게 분명하다. 현재로서는 전체 사상자의 80퍼센트에서 85퍼센트가 상륙 때 발생할 것으로 예상한다.」

그 말에, 곁에 있던 대원이 내 쪽으로 고개를 살짝 돌리고는 이렇게 말했다.

「우리 사기를 올리겠다는 거야 아니면 겁을 주겠다는 거야?」

나는 그저 신음 같은 한숨을 쉴 수밖에 없었다. 소위의 말은 계속 이어졌다.

「우리가 상륙하는 지점에는 절벽인지 방파제인지가 있어서 넘어 가기가 쉽지 않을 것이다. 또 정보부가 확보한 정보에 따르면, 우리 제3대대가 상륙하는 지점 바로 오른편에 일본군 대포가 배치되어 있을지도 모른다. 150밀리 대포가 아닐까 하고 추정한다. 아군의 함 포 사격이 대포를 박살 내줄 것이라고 우리는 기대하고 있다. 그리 고 일본군 낙하산 부대가 우리 후방에서 공격할 수도 있으니까 경계 를 철저하게 해야 한다. 특히 야간에는 더 조심해야 한다. 상륙 당일 의 밤이나 다음 날 새벽에는 일본군이 탱크를 앞세우고 대규모 반격 을 감행할 게 분명하다. 아마도 놈들은 반자이 돌격으로 우리를 해 변의 교두보에서 밀어내려고 할 것이다.」[4]

3월 27일, 함내 스피커가 출항 준비 안내 방송을 했고, 해군 병사 들은 각자 자기 위치에서 출항 준비 태세를 갖췄다. 그런 움직임들 을 보고 동료 대원이 말했다.

「아아, 슬레지해머, 닻을 올리나 봐. 드디어 시작하는구나.」

「그러게, 나는 급할 것도 없는데…….」

「글쎄 말이야.」

대규모 선단은 마치 시계 장치처럼 정확하게 움직이기 시작했다. 온갖 종류의 배로 구성된 그 거대한 선단이 움직이는 모습을 바라보 고 있자니 우리 앞에 곧 닥칠 무서운 일들이 머리에서 지워져 버렸 다. 우리가 탄 배는 북쪽으로 향하고 있었고, 북쪽으로 갈수록 공기 는 시원해지고 좋았다. 우리는 모직 소재의 안감이 달린 야전 점퍼

---

4 대규모 손실을 감수해야 하는 반자이 자살 돌격 전술을 일본군이 이미 폐기했음을 아 군 지휘부에서는 미처 알지 못하고 있었다. 그때 이미 일본군은 승리를 위한 최선의 작전으 로서 종심층 방어 전술로 전환한 상태였다. 이 전술 덕분에 일본군은 펠렐리우 전투를 장기 전으로 끌고 갈 수 있었고, 이오지마 전투에서도 해병대에 비참한 손실을 안겼다 — 원주.

를 지급받았는데, 상갑판에서는 이 점퍼를 입는 게 따뜻하고 좋았다. 특히 밤에는 더 그랬다. 뜨거운 적도 지역에서 몇 달 동안 살고 또 전투를 했던 우리들에게 서늘한 날씨는 정말 고마웠다.

울리티 환초를 출항한 뒤로는 별다른 일 없이 순조로운 나날이 이어졌다. 그 항해가 계속되는 동안 나는 밤마다 아름다운 남십자성이 반짝이는 수평선을 향해서 아래로 조금씩 조금씩 내려가 있는 것을 지켜보았다. 그러다가 나중에는 수평선 아래로 완전히 사라져 보이지 않았다. 남태평양과 중부 태평양에서 내가 단 하나 지금도 그리워하는 게 있다면 바로 그 남십자성이다. 우리 제1해병사단 견장에는 남십자성이 묘사되어 있었고, 그랬기에 그 별의 의미는 각별했다.

우리는 각자 모두 자기 부대의 일원이라는 사실에 높은 자부심을 가지고 있었으며, 부대를 상징하는 것으로부터 커다란 힘을 부여받았다. 우리가 탄 배가 오키나와에 점점 더 가까워질수록, 내가 제1해병사단 제5연대 제3소대 K중대의 일원이라는 사실은 이제 곧 내가 맞닥뜨릴 일들을 준비하는 데 큰 도움이 되었다.[5]

오키나와는 남북으로 약 100킬로미터이고 동서로 좁은 곳은 3킬로미터, 넓은 곳은 30킬로미터나 되는 큰 섬이다. 태평양의 섬들이 대부분 그렇듯이 오키나와 역시 산호초로 둘러싸여 있는데, 서쪽 특히 하구시의 해변을 따라 산호초가 해안에 바짝 붙어 있다.

섬 북부의 산악 지대에는 중앙에 사오 백 미터 높이의 능선이 남북으로 달리고 있으며, 이시카와 지협의 남쪽 부분은 평지가 넓게 펼쳐져 있지만, 몇 개의 강으로 나뉘어져 있다. 섬 남부에는 1945년 당시에도 지금과 마찬가지로 전체 섬 인구의 대부분이 밀집해 있었다.

---

5 그 무렵에 공식적인 부대 명칭은 조직과 임무가 결합된 것이었다. 예컨대 연대 전투팀 RCT 혹은 대대 상륙팀BLT 이런 식이었다. 그러므로 우리 부대의 공식 명칭은 제5연대 전투팀5th RCT 혹은 제3대대 상륙팀3d BLT이었다. 그러나 전쟁 기간에 나는 해병대 보병이 이런 식으로 자기 부대를 말하는 경우를 한 번도 본 적이 없었다. 우리는 늘 〈5-3-K(K/3/5)〉나 〈제5연대 제3대대3d Battalion, 5th〉 혹은 〈제5해병연대5th Marines〉로만 불렀다 ― 원주.

이에시마

모토부반도

이시카와 지협(地峽)

욘탄 비행장

하구시

상륙 해안

카데나
비행장

요카츠제도
Eastern Islands

케라마제도

나하   슈리   나가구스쿠만(灣)
                        (버크너 베이)

오로쿠반도 →

이토만(灣)   요나바루

미나토가

오키나와

섬을 수비하는 데 가장 중요한 요충지는 섬의 남부를 동서로 달리는 세 개의 고지였다. 미군이 상륙했던 해안의 바로 남쪽에는 가카즈 고지와 니시바루 고지가 있었다. 그런데 가장 험난한 고지는 그 아래에 있는 슈리성(城)에서 서쪽을 향해 뻗어 있는 고지인데, 여기에는 깎아지른 절벽과 깊은 협곡이 여러 개 있었다. 섬의 최남단에는 쿠니요시(国吉) 능선과 요자(与座) 언덕(요자다케) 그리고 야에세(八重瀬) 언덕(야에세다케)이 있다. 이들 고지대는 북에서 공격하는 미군을 가로막는 천연 요새였다.

오키나와의 일본군 최고 사령관이던 우시지마 미츠루(牛島満) 중장은 이 천연 요새에 11만 명이나 되는 육군 제32군을 투입했다. 천연 및 인공 요새들은 견고한 동굴로 서로 연결되어 있어 상호 지원 체계를 갖추고 있었다. 고지에 위치한 각각의 요새들은 강력한 병력으로 무장하고 있었으며, 하나의 요새가 무너지면 곧바로 다음 방어선으로 퇴각해 거기에서 미군의 공격을 저지했다. 일본군은 펠렐리우와 사이판, 그리고 이오지마의 경험을 살려 이처럼 고도로 세련된 강력한 종심층 방어 전술을 펼쳤다. 이렇게 그들은 미 육군 제10군의 전투 의지와 자원을 고갈시킬 목적으로 적을 기다렸다가 싸우는 방식을 채택했다.

작전 개시일 전날 밤, 긴장은 최고조로 높아졌다. 될 수 있는 대로 최대한 신속하게 해안에서 벗어나 내륙으로 진입하라는 최종 명령이 전달되었다. 비록 예비 부대이긴 했어도 우리 제5연대 제3대대는 상륙 작전에 철저하게 대비했다. 일찍 잠자리에 들라는 지시가 내려왔다. 최대한 많이 휴식해 둘 필요가 있었기 때문이다.[6]

6 우리 제3대대는 제1대대와 제2대대가 상륙한 뒤에 연대에게 할당된 구역의 가장 오른쪽 해변에 상륙하기로 되어 있었다. 제3해병수륙양용군단의 우익을 형성해서 남쪽에서 상륙하는 육군 제23군단과 나란히 진격하도록 작전이 수립되어 있었다 ─ 원주.

여명 속에 기상나팔이 울렸다. 1945년 4월 1일, 만우절이자 부활절 일요일이 시작되었다. 전 대원이 활동을 시작하면서 배 전체가 술렁거렸다. 아침 식사 메뉴는 스테이크와 달걀이었다. 살육이 예정되어 있을 때면 늘 나오는 음식이었다. 나는 선실로 돌아와서 무기, 배낭, 박격포, 탄약 자루 등을 점검했다. 승조원들은 전투 위치로 이동해서 일본군 비행기의 가미카제 공격에 대비했다.[7] 여명이 밝아오기 시작했고, 우리가 상륙할 해변에 대한 통상적인 준비 포격이 시작되었다. 우리를 공격하러 오는 적기의 웅웅거리는 엔진 소리도 포격음에 섞여서 함께 들렸다.

불안과 공포로 창자가 꼬이는 것 같아 나는 화장실로 달려갔다. 대형 수송함에는 화장실 시설이 잘 갖추어져 있었다. 바닷물이 끊임없이 흐르게 되어 있는 금속제 변기 위로 나무로 만든 의자가 설치되어 있었고, 이런 변기가 줄지어 늘어서 있었다. 변기는 약 스무 개였다. 그랬기 때문에 펠렐리우에서처럼 헤이니가 화장실을 독차지하는 바람에 다른 대원들이 화장실 앞에서 발을 동동 구를 일은 없었다.

같은 선실에 있던 동료 대원들은 모두 화장실에 다녀와 장비를 챙기고 갑판으로 이동해 있었다. 화장실에 간 건 내가 거의 꼴찌였다. 아무튼, 변기에 앉자 속이 편안해지고 기분도 나아졌다. 그런데 바로 그때였다. 새장 모양의 철망 슈트[8]가 머리 위쪽에 있던 40밀리 대공포 옆에서 쑥 내려와서는, 갑판을 지나 선실로 곤두박질쳤다.

부딪히고 부서지고 찢어지고 긁히는, 믿을 수 없을 정도로 거대한 쇳소리가 터져 나왔다. 나는 반사적으로 벌떡 일어나 선실로 돌아왔다. 가미카제가 내가 앉아 있던 위치 바로 윗부분을 타격한 것이라

---

7 일본군 비행기의 자폭 공격은 미군 비행기의 상륙 작전 지원 전력을 무력화하기 위한 것으로 일본군 방어 전술에서 중요한 요소였다 — 원주.

8 사람이나 물건들을 이동시키는 장치.

고 생각했다. 바지를 채 올리지 못한 채로 허둥대는 바람에 내 바지를 내가 밟고 넘어질 뻔했다. 바지를 제대로 추스를 때까지도 그 무시무시한 굉음은 이어졌다. 마치 심벌즈 천 개가 한꺼번에 돌계단 아래로 구를 때 나는 소리 같았다. 고개를 들어 철망 슈트를 바라보니 40밀리 함포의 빈 포탄통이 아래로 떨어지고 있었다. 이것들이 서로 부딪히면서 그렇게 요란한 소리를 냈던 것이다. 공포는 부끄러움으로 바뀌었다.

나는 군장을 챙기고 갑판에 있는 대원들과 합류해 명령을 기다렸다. 우리는 삼삼오오 동료들 곁에 딱 붙어서 불안하게 서성거렸다. 이제 곧 히긴스보트가 우리를 태우고 집합 지점으로 갈 것이다. 거기에서 우리는 이미 몇 차례 해병대원들을 환초 너머 해변으로 상륙시키고 돌아온 암트랙으로 갈아타게 되어 있었다.

전함들이 해변에 가하는 포격의 강도는 점점 맹렬해졌고, 우리 공군기들도 기총 소사, 로켓탄, 폭탄 등으로 우리가 상륙할 해변을 청소했다. 일본군 비행기들도 우리가 탄 배에서 그다지 멀리 떨어져 있지 않은 함대로 날아왔고, 도처의 아군 함정들은 대공포와 기관총으로 적기를 노렸다.

전원 아래로 내려가라는 명령이 떨어졌다. 적기의 공격에 따른 사상자를 내지 않기 위함이었다. 완전 군장을 한 상태로 우리는 서로의 등을 밀어 주면서 도어형 해치를 열고 선실로 내려갔다. 그리고 침상과 침상 사이의 좁은 공간에서 통조림 깡통 속의 정어리들처럼 빽빽하게 끼어 앉아, 다시 갑판으로 올라오라는 명령이 떨어지기만을 기다렸다. 수병들이 U자 형의 핸들을 돌려 모든 해치를 잠근 상태였고, 우리는 선실에서 꼼짝도 하지 못한 채 그저 요란한 폭음에만 귀를 기울였다. 선실은 크지 않았고, 따라서 공기는 금방 더러워졌다. 숨을 쉬는 것조차 힘들 정도였다. 서늘한 날씨였음에도 불구하고 우리는 땀을 흘리기 시작했다.

「야! 여기 송풍기가 안 돌아가잖아! 우릴 질식시켜 죽일 작정이냐구!」

누군가 고함을 질렀다. 나는 해치 바로 옆에 있었고, 다른 대원들 여럿도 바깥에 있는 해군 병사들에게 공기가 부족하다고 고함을 질러 댔다. 그러자 해치 반대편에 있는 그들은 송풍기 문제는 자기들도 어쩔 수 없다고 고함을 질렀다. 대포를 조작하려면 전기가 필요한데 불필요한 전기 사용은 차단하기 때문이라는 것이었다.

「그렇다면 제발 우리를 갑판으로 나가게 해줘!」

「미안하지만, 해치는 닫아 두고 있으라는 명령을 받았기 때문에 어쩔 수 없어.」

우리는 모두 그 해군 병사들에게 욕을 해댔지만, 그들로서는 명령을 충실히 따르는 것뿐이었지 우리를 골탕 먹이려고 일부러 해치를 열어 주지 않는 것은 아니었다.

「힘으로 그냥 밀고 나가자!」

누군가 말했다. 거기에서 질식해 죽는 것보다는 갑판에서 포탄을 맞고 죽는 게 차라리 낫다는 데 모두가 동의했다. 그런데 우리가 해치의 문을 잠근 걸쇠를 풀 때마다 바깥에 있는 해군 병사들은 그걸 다시 잠갔고, 이러기를 몇 번이고 반복했다. 그러자 약이 오를 대로 오른 다른 대원들이 합세했고, 바깥에 있던 해군 병사는 두 명뿐이었기 때문에 결국은 우리가 이겼다. 마침내 모든 걸쇠를 풀고 우리는 한꺼번에 해치 밖으로 나갔다. 바깥 공기는 시원하고 상쾌했다.

그와 비슷한 시각에 선실의 다른 쪽에 있던 해치도 우리 K중대의 대원들이 힘으로 열고 나왔다. 해치를 막고 섰던 해군 병사 하나가 튕겨진 다음에 갑판을 굴렀을 정도였다. 순식간에 우리는 모두 바깥 공기를 쐴 수 있다.

그런데 그때 함미 쪽 갑판의 높은 곳에서 커다란 목소리가 들려왔다.

「전원 선실로 돌아가라! 갑판으로 나오지 마라, 이건 명령이다!」

소리 나는 곳을 보니 해군 소위가 난간을 등지고 서서 우리를 노려보고 있었다. 카키색 군복을 입고 있었고 장교 모자를 썼으며 칼라에는 계급장을 표시하는 작대기가 달려 있었다. 초록색 던가리 전투복에 캔버스 소재 각반과 위장막을 두른 철모 그리고 전투 군장을 한 우리와는 너무도 다른 모습이었다. 해군 소위는 직물 소재의 벨트에 걸린 권총집에 45구경 자동 권총을 차고 있었다.

그 주변에는 해병대 장교가 한 명도 없었으므로 거기에서는 그 해군 소위의 명령이 절대적이었다. 그는 거들먹거리는 태도로 이리저리 걸음을 옮기면서 우리더러 그 더러운 공기가 가득한 선실로 돌아가라고 명령했다. 만일 그가 해병대 장교였다면 아마도 우리는 투덜투덜 불평은 했겠지만 명령을 따랐을 것이다. 하지만 그는 우리에게 전혀 위압감을 주지 못했다. 그래서 우리는 그의 말을 무시하고 갑판 위에서 어슬렁거렸다. 그러자 그는 명령에 복종하지 않으면 군법회의에 회부하겠다고 위협했다. 그러자 대원 한 사람이 그 소위에게 말했다.

「소위님, 우리는 잠시 뒤에 저 해변에 상륙하게 되어 있습니다. 그리고 여기 있는 대원들 가운데 많은 수는 한 시간 뒤에는 살아 있지 않을 겁니다. 이런 우리가 소위님에게 얘기합니다만, 저기 저 답답한 선실에서 질식해 죽느니 차라리 일본놈 비행기가 쏜 총에 맞아 죽는 쪽을 택하겠습니다.」

그러자 그 소위는 아무 말 없이 브리지 쪽으로 가버렸다. 자기를 도와줄 누군가를 부르러 가는 모양이라고 우리는 생각했다. 얼마 뒤에 해병대 장교 몇 명이 올라오더니 우리를 태우고 갈 배가 기다리고 있으니 하역망을 타고 내려갈 준비를 하라고 지시했다. 내가 아는 한, 신선한 공기를 마시겠다며 선실에서 무단으로 이탈한 우리의 행동에 대해서는 상부에 보고되지 않았다.

우리는 장비를 챙겨 들고 현장(舷墻)[9]을 따라서 지정된 구역으로 이동했다. 날씨는 맑았고 남태평양의 열기와는 비교도 되지 않을 정도로 서늘했다(섭씨 약 24도였다). 섬을 향한 함포의 포성은 쉬지 않고 우르릉거렸다. 전함들은 말할 것도 없고 로켓포와 박격포를 탑재한 함정들까지 포격을 쉬지 않았으며, 거기에다 아군의 급강하 폭격기들까지 해안에 맹공을 퍼붓기 시작했다. 우리가 탄 수송함에서 멀지 않은 곳에서 적 비행기 두 대가 격추되는 것이 보였다.

우리는 모두 바짝 긴장해 있었다. 아군 정보부의 예측에 따르면 해변에서 80~85퍼센트의 사상자가 발생할 것이라고 했으니 더욱더 그랬다. 나도 비록 완전히 겁에 질려 있긴 했지만 펠렐리우 때보다는 덜했다. 그때는 이미 나도 지옥의 전투를 여러 차례 경험한 고참병이 되어 있었기 때문이었던 것 같다. 나는 펠렐리우 상륙 작전에서도 살아남았으며, 일본군이 어떻게 나올지 또 거기에 따라서 내가 어떻게 대응해야 할 것인지 잘 알고 있었다. 하역망을 타고 히긴스보트로 내려가면서 공포를 느끼긴 했지만 그 공포는 펠렐리우 때와 비교하면 아무것도 아니었다.

이미 상륙 작전을 한 차례 겪은 고참병의 소중한 경험 말고도 아군의 압도적이며 어마어마한 규모 역시 나에게 용기를 주었다. 눈이 닿는 모든 지점에 전함과 무장 수송함이 정박해 있었으며, 하늘을 누비는 아군 항공기도 수백 대나 되었으니까.

우리는 하역망을 타고 내려가 히긴스보트로 옮겨 탔다. 마지막 대원이 배에 오른 것을 확인한 누군가가 외쳤다.

「전원 탑승 완료, 출항!」

운전병이 엔진의 출력을 높여 배를 수송함에서 멀찍이 떼어 놓았다. 우리 제5연대 제3대대 대원들을 태운 다른 배들도 출발 준비를

9 갑판 위에 있는 사람이나 짐이 밖으로 떨어지거나 물이 갑판 위로 올라오는 것을 막기 위해 배의 외부에 두르는 금속판.

마치고 수송함 옆으로 나란히 도열했다. 사실 나는 그 호송함을 떠나는 게 싫었다. 온갖 종류의 수륙양용선이 바다에 바글바글 떠 있었다. 어디를 보더라도 이 상륙 작전이 얼마나 대규모인지 그리고 또 얼마나 복잡한 체계 속에서 진행되고 있는지 금방 알 수 있을 정도였다.

우리가 탄 배는 수송함에서 어느 정도 떨어지자 우리 대대원들을 태운 다른 배들과 함께 커다란 원을 그리며 천천히 선회하기 시작했다. 하구시 해안을 향해 발사되는 함포 사격의 폭음에 귀가 먹먹해졌다. 배에 앉아 있는 위치에서는 바로 가까이에서 벌어지는 일만 보일 뿐 전체적인 풍경은 보이지 않았다. 우리는 그저 공격 개시 시각을 초조하게 기다릴 뿐이었다. 그 시각은 08시 30분이었다.

몇몇 함정에서 연막탄을 쏘았다. 아군의 움직임을 은폐하기 위해서였다. 두꺼운 흰색 연기가 허공에 둥둥 떠다녔고, 거기에 포연까지 합쳐졌다. 제3대대 대원들을 태운 배들은 푸르고 아름다운 바다에 물보라를 일으키며 계속 선회하고 있었다.

「여덟 시 삼십 분이다.」

누군가가 말하자, 스내푸가 대꾸했다.

「제1파가 돌격을 시도하겠군. 우리도 준비하자.」

내 바로 곁에 있던 대원이 한숨을 쉬면서 말했다.

「예! 또 한바탕 뛰어 봅시다.」

9장 집행 유예

「적은 아무런 저항도 하지 않아!」

우리를 태운 히긴스보트가 암트랙과 연결되었을 때 암트랙에 타고 있던 해병대원이 한 말이었다. 다들 그를 바라보았다.

「농담이겠지?」

「농담이 아니야. 사상자는 한 명도 없어. 일본놈들은 꽁무니를 빼고 다 도망가 버리고 없어. 박격포탄 두 발이 바다에 떨어졌고, 그게 전부였어. 상륙한 대원들은 고개를 빳빳하게 들고서 이동했어. 나도 이런 풍경은 처음이야.」

그 순간 펠렐리우 상륙 작전 때의 그 무시무시하고 혼란스러웠던 온갖 장면들이 머리를 스치고 지나갔다. 그러나 오키나와 상륙 작전에서는 일본군의 반격은 사실상 없는 것이나 마찬가지였다. 놀라움도 잠시, 우리는 곧 웃고 떠들며 농담을 하기 시작했다. 끊어질 것처럼 팽팽하던 긴장에서 해방되던 그때의 기분은 지금도 잊지 못한다. 우리는 암트랙의 선실에 앉아서 노래를 불렀다. 또 이번 작전에 동원된 거대한 규모의 함대에 대한 소감을 나누었다. 총탄이나 유산탄에 맞을 염려가 없으니 낮은 자세를 유지할 필요도 없었다. 그때의 그 상륙은 전쟁을 통틀어 (그리고 지금까지도) 내가 경험한 가장 유쾌한 깜짝 선물이었다.

그러다가 문득 이런 생각이 들었다.

〈본토에서 500킬로미터밖에 떨어져 있지 않은 섬에 우리를 아무런 저항도 하지 않고 받아들이는 건 전혀 일본군답지 않다. 무언가 책략이 있는 게 분명하다! 도대체 무슨 생각을 하고 있을까?〉

그런 생각이 들자 불안이 엄습했다.

「어이, 슬레지해머, 왜 그래? 다른 대원들은 다 노래를 부르는데, 왜 같이 안 불러?」

나는 빙긋 웃어 보이고는 「리틀 브라운 저그Little Brown Jug」를 따라 불렀다.

「그래, 바로 그거야!」

우리가 탄 배가 섬 가까이 다가갔을 때 수백 척의 상륙정과 암트랙이 해변으로 접근하는 광경이 눈에 들어왔다. 우리 바로 앞에서는 우리 연대 소속 대원들이 산개 대형으로 이동하고 있었다. 장난감 병정들이 움직이는 것 같았다. 그들은 서두르지도 않았고 차분하기만 했다. 마치 훈련을 받는 것 같았다. 해변에서 내륙으로 이어지는 구간은 경사가 완만했다. 그리고 주민들이 가꾼 농지와 정원이 무수히 많았는데, 거대한 퀼트를 바라보는 느낌이었다. 포탄에 쓰러지고 부서진 나무가 온통 땅을 덮고 있다는 점만 빼면 아름답기 그지없는 풍경이었다. 펠렐리우 상륙 작전 때와 너무도 다른 아름답고 평화로운 풍경에 나는 압도되고 말았다.

상륙 지점을 약 50미터 앞두었을 때 적의 박격포 두 발이 우리 왼쪽으로 상당히 떨어진 지점에 떨어져 폭발했다. 바닷물이 아주 조금 솟아올랐을 뿐 주변의 아군 암트랙에는 아무런 피해도 주지 않았다. 그것이 오키나와 상륙 작전이 진행되는 동안 내가 유일하게 보았던 일본군의 포격이었다. 마침 그날이 만우절이기도 했던 터라 기분은 더욱 찜찜했다. 수천 명 규모의 일본군 정예 부대가 그 섬 어딘가에서 우리를 노리고 있을 게 분명했기 때문이다.

우리는 암트랙 주변에 펼쳐진 광경을 아무런 위협도 느끼지 않은 채 바라보면서 해변에 도착했다. 쿵 소리를 내며 암트랙의 후부 개폐판이 열렸다. 우리는 침착하게 각자 장비를 챙겨 해변에 발을 디뎠다.

오른쪽 가까이에 비시강이 바다로 이어져 있었다. 이 작은 강은 남쪽으로 향하는 육군 제2사단과 북쪽으로 진격하는 제3수륙양용군단의 경계선이었다. 하구의 북쪽 바다에 툭 튀어나온 고지대 위로 포대의 잔해가 보였다. 사전에 들었던 설명으로는 거기에 놓인 대포가 상륙 부대에게는 커다란 위협이 될 것이라고 했다. 우리 구역에 있는 방조제는 함포 사격으로 부서져 높이가 1미터 정도밖에 되지 않아 우리가 이동하는 데 아무런 방해가 되지 않았다.

우리는 내륙으로 진격했다. 이때도 우리를 향한 적의 공격은 단한 번도 없었다. 작게 쪼개져 있는 논을 가로질러 높은 지대로 나아가자, 왼쪽으로 광대한 욘탄 비행장으로 향하는 제6해병사단의 부대가 보였다. 우리는 아무런 공격도 받지 않고 오키나와섬에 발을 들여놓을 수 있어 무척 기뻤다. 특히 펠렐리우 전투를 경험한 고참병들은 더 그랬다. 신병들이나 보충병들은 상륙 작전이라고 해서 무척 겁을 먹었는데 실제로 해보니 아무것도 아니라는 얘기를 하기 시작했다.

상륙을 수행한 미 육군 제10군의 사령관은 사이먼 볼리바르 버크너 중장이었다. 상륙 지점의 왼쪽(북쪽)을 맡은 부대는 로이 가이거 소장이 이끌던 해병대 제3수륙양용군단이었는데, 이 부대는 오른쪽의 제1해병사단과 왼쪽의 제6해병사단으로 구성되었다. 그리고 상륙 지점의 오른쪽(남쪽)을 맡은 부대는 존 하지John R. Hodge 소장이 이끌던 육군 제24군단이었고, 이 부대는 제7보병사단과 가장 오른쪽의 제96보병사단으로 구성되었다. 그리고 제77보병사단과 제27보병사단이 해상에서 육군 제24군단의 예비 병력으로 대기했다. 섬의 동쪽 해상에는 제2해병사단이 남동쪽 해안에서 대대적인 상륙

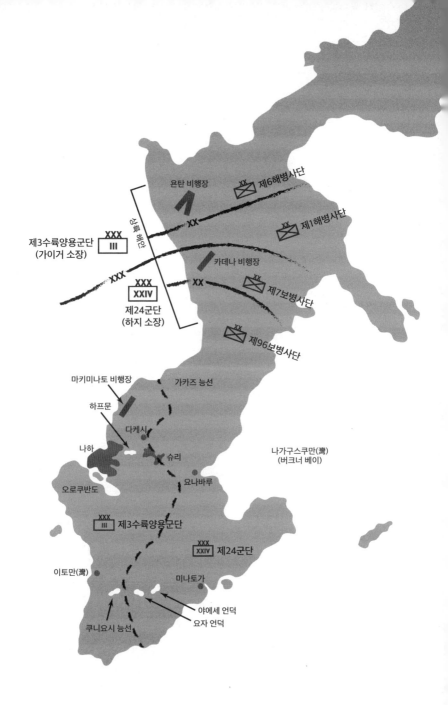

요탄 비행장

제6해병사단

제1해병사단

제3수륙양용군단
(가이거 소장)

상륙 해안

카데나 비행장

제7보병사단

제24군단
(하지 소장)

제96보병사단

마키미나토 비행장

가카즈 능선

하프문

다케시

나하

슈리

나가구스쿠만(灣)
(버크너 베이)

오로쿠반도

요나바루

제3수륙양용군단

제24군단

이토만(灣)

미나토가

야에세 언덕
요자 언덕

쿠니요시 능선

오키나와 남부

작전을 감행할 것처럼 속이는 양동 작전을 전개했다. 이 오키나와 상륙 작전에서 버크너 중장은 총 54만 1,866명의 병력을 지휘했다.

디데이에 상륙한 4개 사단 5만 명의 부대 가운데서 전사자는 겨우 288명이었고 부상자는 104명 그리고 행방불명은 27명이었다.

이 4개 사단에 내려진 공격 계획의 뼈대는 이랬다. 하시시 해변의 상륙 부대가 섬의 가운데 부분을 치고 들어가 섬을 북쪽과 남쪽 두 개로 갈라치면, 해병대는 왼쪽으로 방향을 틀어 북진해 섬 북쪽의 3분의 2를 확보하고, 육군은 오른쪽으로 방향을 틀어 남하하는 것이었다.

상륙 첫날, 늦은 오후 시각에 적의 야간 공격에 대비해 참호를 파라는 명령이 떨어졌다. 우리 박격포 분대는 막 수확을 끝낸 작은 논에 진지를 마련했다. 점토질 흙이라서 힘은 들지 않았고, 금방 멋진 포좌(砲座)를 만들 수 있었다. 우리 중대의 다른 박격포 두 문도 근처에 위치를 잡았다. 우리는 전방의 예상 목표 지점에 고성능 작약탄 두 발을 쏘면서 조준을 맞춰 두고 포탄도 준비했다. 주변이 모두 농경지인 개활지라서 다들 적이 대규모의 탱크 부대를 앞세워 공격해올 것이라고 짐작하고 또 각오했다.

참호를 파고 박격포를 설치한 뒤 우리 가운데 몇몇이 논이 끝나는 지점에 있는 집으로 가 조심스럽게 탐색했다. 깔끔하고 깨끗한 오키나와의 농가였다. 적의 저격병이 숨어 있을 만했지만 그 집에는 주민도 적 병사도 없었다.

농가에서 나와 참호로 돌아갈 때였다. 농가의 한구석에 땅을 파서 빗물을 받아 놓는 용도의 수조 같은 게 있었고 그 위를 나무로 만든 덮개로 덮어 놓았는데, 보충병 짐 맨드리지가 그 수조 덮개를 밟았다. 그런데 짐이 워낙 덩치가 크기도 했지만 그 수조 덮개가 썩어 있었던 게 문제였다. 덮개가 우지끈 소리를 내며 부러졌고 짐은 수조에 떨어졌다. 다행히 수심은 그의 허리께밖에 되지 않았다. 그런데 알고 보니 그건 빗물 수조가 아니라 집에서 나오는 오물을 모아 놓는 하수조였다. 짐은 미친 황소처럼 고함을 질러 대면서 밖으로 기어 나왔고, 그에게서는 지독한 냄새가 났다. 새 전투복을 지급받으려면 앞으로 몇 주를 기다려야 했으므로, 짐 입장에서 보자면 결코 그냥 웃고 넘길 문제가 아니었다. 그야말로 심각한 문제였다.

하지만 우리는 하수조에서 수영을 즐기는 그의 〈별난 취향〉을 사정없이 놀려 댔다. 짐도 처음에는 참았지만 나중에는 정말 화가 나 놀려 대는 대원 두 명을 쫓아 논을 가로질러 참호가 있는 곳까지 한걸음에 달리기도 했다. 대원들은 다들 배를 잡고 웃었다. 물론 짐이 달려와 붙잡기 어려울 정도로 충분한 거리를 두고서.

농가에서 참호로 돌아오고 얼마 지나지 않았을 때 비행기의 엔진음이 들리기 시작했다. 틀림없는 일본군 비행기의 엔진음이었다. 아니나 다를까, 상공을 보니 제로센 전투기 한 대가 우리를 향해 날아오고 있었다. 고도는 높았다. 적기가 노리는 대상이 우리가 아니라 보다 큰 어떤 것인 것 같았다. 적기는 우리 머리를 지나 연안에 정박한 우리 함대 쪽으로 날아갔다. 아군 함정 여러 곳에서 함포를 쏘기 시작했다.

하지만 제로센은 여유 있게 선회 비행을 하는가 싶더니 엔진 출력을 최대로 높이고 어느 한순간에 급강하했다. 가미카제 자살 특공기가 노린 대상은 수송함이었다. 그리고 적기는 순식간에 목표물에 명중했다. 수송함에서 연기가 피어올랐다. 그러나 워낙 거리가 멀어 얼마나 큰 피해가 발생했는지는 알 수 없었다. 전투 부대는 이미 섬에 상륙한 뒤라서 피해를 입을 까닭이 없었지만 승조원들이 크게 당했을 수 있었다. 가미카제 특공기가 아군 함정에 자폭 공격을 가하는 장면을 본 게 그때가 처음이었지만 마지막은 아니었다.

저녁 어스름 속에서 우리는 주변 경계에 한층 더 집중하면서 밤을 맞을 준비를 했다. 상륙 첫날 밤의 한기를 덜어 내라는 뜻으로 우리에게는 작은 술병이 하나씩 지급되었다. 약간의 브랜디가 들어 있는 술병이었다. 친한 대원들은 내가 술을 즐기지 않는다는 걸 알았기 때문에 자기에게 달라고 했다. 그러나 해가 지고 난 뒤에는 추웠기 때문에 남에게 주지 않겠다고 나는 이미 마음먹고 있었다. 술을 마시면 몸이 덥혀질 것이라고 기대하고 한 모금 마셨는데, 아메리카 원주민들이 그 술을 〈불타는 물firewater〉이라고 불렀던 이유를 알 것 같았다. 결국 나는 그 술을 복숭아 통조림 하나와 바꾸고, 모직 소재 점퍼를 꺼내서 입었다. 따뜻했다.

맑고 차가운 밤공기 속에서 우리는 언제일지 모를 적의 습격을 기다렸다. 하지만 조용하기만 할 뿐이었다. 인근에서는 포성도 들리지 않았고 소총이나 기관총 소리도 아주 가끔씩 들릴 뿐이었다. 펠렐리우 상륙 작전 첫날 밤에 경험했던 그 무시무시한 집중포화와는 너무도 대비되는 상황이었다.

자정 무렵에 스내푸가 나를 깨워 불침번을 교대하면서 토미 경기관총을 건넸다. (언제 어디에서 그리고 어떻게 해서 우리가 그 토미를 가지고 있게 되었는지는 기억나지 않지만, 펠렐리우섬에서부터 오키나와섬에 있을 때까지 우리는 박격포와 그 경기관총을 늘 가지고 다녔다. 권총은 편리하긴 했지만 유효 사거리가 짧았기에 우리는 토미를 대단히 중요하게 여기면서 손에서 놓지 않았다.)[1]

내가 경계를 시작하고 몇 분쯤 지났을 때였다. 얼마 떨어지지 않은 지점에서 사람으로 보이는 어떤 형상이 몇 그루의 나무가 드리운 그림자 끝부분에 납작 엎드려 있는 게 눈에 들어왔다. 잘못 본 게 아닐까 하고 눈을 비비고 다시 바라보았다. 그리고 그 주변의 모든 것들까지 다시 샅샅이 훑어보았다. 하지만 그 검은 형상이 사람인지 아닌지 정확하게 판단할 수 없었다. 그런데 계속 뚫어져라 바라보면

1 〈토미〉 경기관총은 톰슨 경기관총을 일컫는 호칭이다.

9장 집행 유예 **333**

바라볼수록 그게 일본군 병사라는 확신은 점점 굳어졌다. 아무리 봐도 녀석이 쓰고 있는 게 일본군의 작업모 같았다. 우리 해병대원이 거기에 있을 리는 없었다. 우리 대원이 거기에서 보초를 서고 있을 리는 없었기 때문에 아군은 분명 아니었다. 적병이 잠입해 자기편 병사들이 전투 배치를 마칠 때까지 기다리고 있는 게 틀림없었다.

그렇지만 희미한 별빛 아래에서 그게 적병이라고 백 퍼센트 단정할 수는 없었다. 지금 당장 쏘아야 할까, 아니면 좀 더 기다려야 할까? 추위와 공포가 온몸을 휘감았고, 내 이는 부딪히며 따닥따닥 소리를 냈다.

나는 토미를 천천히 꺼내들고 전자동 상태로 놓고 안전 장치를 풀었다. 그리고 신중하게 적병의 하반신 쪽을 겨냥했다(상반신을 겨냥할 경우 반동 때문에 총탄이 조준점에서 어긋나 적의 상반신을 벗어날 수도 있었기 때문이다). 방아쇠를 당겼고, 총구가 불을 뿜었다. 여러 발이 발사되면서 한밤의 정적을 깼다. 45구경의 대형 총탄을 뒤집어썼기 때문에 적병은 확실히 쓰러졌을 게 분명했다. 그런 생각을 하면서 나는 고개를 내밀어 그쪽을 살폈다. 더는 아무런 일도 일어나지 않았고, 적병의 그림자는 아무런 움직임도 보이지 않았다.

주변에 있던 대원들이 속삭이기 시작했다.

「뭐야? 일본놈이야?」

적병이 거기에 엎드려 있는 것을 본 것 같다고 나는 대답했다.

그 구역에 적병이 있었던 건 확실했다. 그때 일본군이 일본말로 〈일본 만세!〉라고 고함을 지르는 소리에 이어서 뭐라고 떠들어 대는 소리를 분명히 들었기 때문이다. 이어서 다른 대원이 쏜 기관총 소리가 울렸고, 그 뒤에는 조용해졌다.

날이 밝자, 거기까지 잠입했다가 내가 쏜 경기관총에 쓰러졌던 적병은 볏단더미였음이 드러났다. 그 뒤 몇 시간 동안 나는 펠렐리우 전투에 참가했던 고참병이 볏단 일본군 병사에게 기관총을 갈겼다는 놀림에 시달렸다.

섬을 횡단하다

상륙 이틀째인 4월 2일, 제1해병사단은 항공기의 지원을 받으며 섬의 동쪽 끝을 향해 진공을 시작했다. 그러나 대포의 지원 사격은 한 번도 없었다. 적이 조직적으로 저항에 나서지 않았기 때문이다. 모든 사람들이 한결같이 말했다.

「도대체 일본놈들은 어디에 있는 거야?」

이따금씩 몇 명 단위의 일본군 병사들과 조우해서 전투가 벌어지긴 했지만, 일본 육군의 주력 부대는 흔적도 없이 사라지고 없었다.

그날 아침에 적병의 시체 두 구를 보았다. 우리가 상륙 작전을 감행하기 이전에 큰 나무 위에 올라가 관측병 역할을 수행하다가 함포에서 쏜 포격에 당한 모양이었다. 시체 가운데 한 구는 여전히 나무에 걸려 있었는데, 배 밖으로 튀어나온 창자가 마치 크리스마스트리의 장식물처럼 나뭇가지에 걸려 있었다. 또 한 구는 다리 하나가 날아가고 없는 상태로 나무 아래에 뒹굴고 있었다. 달아난 다리는 조금 떨어진 나무 근처에 있었는데, 바지와 각반은 깔끔한 모습 그대로였다. 그런데 또 한 가지 특이한 점은 두 명이 모두 뒷굽이 높고 징을 박은 가죽신을 신고 있다는 점이었다. 그런 유형의 일본군 신발은 처음 보는 것이었다. 펠렐리우섬에서 내가 본 일본군 병사들은 모두 고무 밑창이 달려 있고 발가락 부분이 두 개로 갈라져 있는 지카다비를 신었기 때문이다.

진군을 하는 도중 주민들도 만났다. 대부분은 노인과 여자와 아이였다. 일본군은 젊은 남자들을 모두 징집해 노동자나 군인으로 썼다. 그래서 젊은 남자들을 거의 볼 수 없었던 것이다. 우리는 이 민간인들이 일본군을 돕지 못하도록 후방의 수용소로 보냈다.

이 사람들은 내가 전투 현장에서 처음으로 만난 민간인이었다. 불쌍하게도 그들은 우리가 자기들이 사는 섬에 침공했다는 사실에 충격을 받아 넋이 나간 얼굴이었다. 우리를 마치 저승사자 보듯 하며 무서워했다. 우리 곁을 지나 후방의 수용소로 향하는 사람들을 수도 없이 많이 만났는데, 이들의 얼굴에서는 예외 없이 공포와 낙담과 혼란을 읽을 수 있었다.

아이들은 거의 모두 귀엽고 해맑은 표정이었다. 동그란 얼굴에 검은 눈동자. 남자아이들은 대부분 머리를 짧게 잘랐고 여자아이들도 당시 일본 여자아이들의 헤어 스타일대로 단발머리였다. 우리는 아이들에게 마음을 빼앗기고 말았다. 대원들 거의 대부분이 여유분의 사탕과 비상식량을 아이들에게 주었다. 아이들은 어른들보다 훨씬 빨리 경계심을 풀었다. 우리도 그 아이들 덕분에 모처럼 활짝 웃을 수 있었다.

내가 목격했던 재미있는 이야기 하나를 소개할까 한다. 오키나와의 민간인 여자 두 명과 그녀들의 아이들 이야기이다. 우리는 섬을 횡단하는 도중 10분간 휴식 명령을 받았다. 우리 분대는 전형적인 일본식 우물 주변에 자리를 잡았다. 깊이가 약 60센티미터였고 가로세로의 폭은 각각 180센티미터와 120센티미터쯤 되었으며 돌을 쌓아 틀을 만든 우물이었다. 물은 바위 틈의 경사면에서 솟아나고 있었다. 여자 둘에게는 아이가 각각 한 명과 두 명씩 딸려 있었고, 아이들은 거기에서 물을 마시고 있었다.

그런데, 당연한 이야기지만 그들은 우리를 무서워하는 눈치였다. 그런 상황에서도 갓난아기를 데리고 있던 엄마는 아기를 위해 당연히 해야 할 일을 했다. 두 여자 가운데 한 여자가 바위에 걸터앉아 기모노의 옷섶을 풀어헤치고 아기에게 젖을 물린 것이다.

아기가 엄마 젖을 빨고 있고 우리가 그 모습을 지켜보는 가운데 네 살쯤 되어 보이는 다른 아이는 자기 엄마의 신발을 가지고 장난을 쳤다. 하지만 그 장난에 금방 싫증을 내고는 엄마의 관심을 끌려고 엄마를 성가시게 했다. 그런데 다른 여자는 자기 아이를 두 손으로 안고 있어서 젖을 물린 여자의 모자에게 아무런 도움도 줄 수 없었다. 젖을 물린 여자는 아이를 나무랐다. 하지만 아이는 잠자코 있기는커녕 오히려 갓난아기를 밟고 엄마의 몸으로 기어오르면서 동생이 젖을 빠는 걸 방해했다. 우리가 흥미진진한 얼굴로 지켜보고 있자 화가 난 엄마는 동생에게 물린 젖을 빼서는 성가시게 구는 형의 얼굴에 들이댔다. 그러고는 소젖을 짜듯이 유방을 주물러 형의 얼굴에 물총을 쏘았다. 깜짝 놀란 아이가 젖이 들어간 눈을 비비면서 있는 힘껏 목청을 높여 울기 시작했다.

그 광경이 얼마나 웃기던지 우리는 배꼽을 잡고 떼굴떼굴 굴렀다. 그러자 엄마는 고개를 들고 우리를 바라보았다. 우리가 왜 웃는지 모르는 모양이었다. 하지만 자기들과 우리들 사이에 가로놓여 있던 긴장이 해소된 것이 반갑던지 씩 웃었다. 그러자 목청껏 울어 대던 아이도 울음을 뚝 그치고는 우리를 바라보고 씩 웃었다.

「장비들 챙겨라, 다시 이동이다!」

명령이 떨어졌고, 우리는 여전히 웃으면서 내려놓았던 무기며 탄약을 챙겼다. 그 재미있는 이야기를 다른 대원들에게 전달했고, 다들 재미있어 했다. 우리가 다시 이동하는 모습을 지켜보던 두 여자는 환하게 웃는 얼굴로 우리를 배웅했고, 엄마의 젖이 아직도 묻어 있는 귀여운 얼굴의 아이도 웃으면서 우리를 바라보았다.

섬의 동쪽 해안을 향해 빠른 속도로 이동하던 우리는 높고 가파른 산마루와 깊은 계곡이 이어지는 험준한 지형을 통과해야 했다. 어떤 구역에서는 이렇게 험한 능선을 한 번에 여러 개 타넘어야 했다. 각각의 능선을 하나씩 넘을 때마다 힘들고 지치긴 했지만 우리는 일본군이 그 구역을 포기했다는 사실에 신이 났다. 적의 공격에 맞서 수비를 하기에는 그보다 좋은 지형은 없을 것 같았기 때문이다.

또 한 차례 휴식 시간이 주어졌을 때, 우리는 휴식 시간 전체를 다

써서 주민의 말 한 마리를 구출해 주었다. 그 말은 깊이가 약 120센티미터인 좁은 배수로에 빠져 있었다. 배수로에는 물이 가득 차 있었고, 녀석은 배수로 바깥으로 기어오를 수도 없고, 그렇다고 앞으로 나갈 수도 뒤로 물러설 수도 없었다. 우리가 처음 녀석에게 다가갈 때 녀석은 공포에 질린 두 눈을 뒤룩거리면서 아래위로 몸을 흔들며 마구 몸부림을 쳤다. 우리는 녀석을 진정시킨 뒤 빈 탄띠 두 개를 녀석의 배 아래에 대고 양쪽에서 탄띠를 들어 올려 배수로 밖으로 나올 수 있게 도왔다.

우리 대대에는 텍사스 출신에다 말을 사랑하는 대원이 널려 있었기에 많은 도움이 되었다. 도시 출신들은 아무 짝에도 쓸모가 없는 얘기들을 조언이랍시고 하면서 그저 구경만 할 뿐이었다. 우리가 마침내 그 말을 배수로 바깥으로 구조하자, 녀석은 후들거리는 다리로 서서 몸을 한 차례 털더니 곧바로 풀밭으로 달려가 풀을 뜯기 시작했다.

탄띠에 묻은 진흙을 씻어 내고 나자 다시 이동을 시작한다는 말이 전달되었다. 그사이 휴식 시간이 끝나 버린 것이다. 말을 구하느라고 우리는 조금도 쉬지 못해 무척 피곤했지만, 그 가여운 동물이 배수로에서 굶어 죽지 않도록 도움을 줬다는 사실에 무척 만족스러웠다.

맑고 서늘한 날씨 덕분에 기복이 심한 지형을 빠른 속도로 이동해도 피곤한 줄 몰랐다. 열대에서 전투를 수행했던 우리로서는 마치 찜질방에서 해방된 듯한 느낌이었다. 오키나와의 구릉과 능선은 대부분 흙이었지만 바싹 말라 있어서 아무리 무거운 짐을 지고 걸어도 미끄러질 위험은 적었다. 소나무가 곳곳에 널려 있었는데, 소나무가 그처럼 상큼한 향기를 뿜는 줄 까맣게 잊고 있다가 새삼 깨달았다. 백합도 여기저기 활짝 피어 있었다.

마침내 우리는 섬의 동쪽 해안에 도착했고, 이로써 우리는 섬을 남쪽 지역과 북쪽 지역으로 갈라 치는 임무를 완수했다. 우리가 도착한 곳은 습지였는데, 담수를 모아 놓은 거대한 저수지 같았다. 그 앞의 바다는 킨만(灣)이었다.

우리가 동쪽 해안에 도착한 것은 4월 4일 오후였다. 예정보다 8~13일이나 빨랐다. 물론 이렇게 빠른 속도로 행군할 수 있었던 것은 일본군의 공격이 산발적으로만 전개되었기 때문이다. 섬에 상륙한 뒤의 처음 나흘 동안은 정말 순조로웠다. 일본군이 도대체 무슨 꿍꿍이를 가지고 있을지 정말 혼란스러웠다. 일본군이 길고 치열한 전투를 치르지 않고는 절대로 오키나와를 포기하지 않을 것임을 우리는 잘 알고 있었기 때문이다.

그러나 적이 어디에 있는지 알기까지는 그리 오래 기다리지 않아도 되었다. 남하했던 육군 사단이 적의 격렬한 저항에 부딪혔다는 소문이 그날 오후부터 돌기 시작했다. 머지않아 우리도 육군과 합류해서 전투의 소용돌이 한가운데로 빨려 들어갈 게 분명했다.

우리는 또한 우리 중대와 이름이 같은 제7해병연대의 한 중대가 북쪽에 있는 히자온나 마을에 매복해 있던 일본군의 공격을 받고 전사자 3명과 부상자 27명의 피해를 입었다는 소식도 들었다. 우리 사단이 섬을 남쪽과 북쪽으로 갈라 치는 임무를 쉽게 수행했음에도 적은 여전히 건재하며 해병대에 손실을 입히고 있었던 것이다.

제1해병사단은 오키나와의 중부 지역을 토벌하는 데 4월 한 달을 꼬박 소모했다. 제5연대 제3대대를 포함한 몇 개의 부대는 킨만에 있는 요카츠제도의 섬들을 점령하기 위해 4월 말까지 수륙양용 작전을 펼쳤다. 작전의 목적은 미국 병력의 배후에서 이 섬들이 일본군의 작전 기지로서 기능할 수 없도록 하기 위함이었다. 펠렐리우섬에서도 동일한 목적으로 제5연대 제3대대가 은제세부스섬에 상륙했었다.

제6해병사단은 4월 한 달 동안 북진해서 섬의 북부 지역 전체를 점령했다. 이 임무는 결코 쉽지 않았다. 일본군은 모토부(本部)반도의 고지대에 견고한 요새를 갖추고 있었다. 제6해병사단은 7일 동안 많은 사상자를 내면서 끈질긴 산악전을 펼친 끝에 비로소 그 지역을 장악할 수 있었다.

한편 육군의 3개 사단은 섬의 3대 방어선 가운데 첫 번째 방어선이던 가카즈-니시바루 전선에서 일본군의 집요한 저항을 맞아 고전했다. 오키나와섬의 서쪽에서 동쪽으로 전선을 확장했던 제7, 제96, 제27보병사단은 적의 맹반격에 조금도 더 나아가지 못했다.

정찰

킨만 해안에 도착하기 무섭게 다시 또 전진하라는 명령이 떨어졌다. 우리는 내륙 쪽으로 방향을 틀어 작은 계곡과 가파른 봉우리가 이어져 있는 지역으로 들어갔다. 거기에서 우리는 쾌적한 야영지를 찾아 2인용 텐트를 펼쳤다. 전투를 한다기보다는 훈련을 하는 기분이어서 참호도 파지 않았다. 멀리 서쪽으로는 욘탄 비행장이 눈에 들어왔다. 닷새 전에 섬에 상륙한 뒤로 처음 비가 내렸다.

다음 날 우리 K중대는 야영지 주변 정찰에 나섰다. 적의 반격이 산발적이었기 때문에 박격포는 필요하지 않았다. 박격포가 비에 맞지 않도록 텐트 안에 잘 갈무리해 두고 우리 박격포병 대원들은 소총수가 되어 정찰에 나섰다.

우리 박격포반의 신임 대장인 맥이 오키나와에서 내가 처음 참가하는 정찰대의 지휘를 맡았다. 정찰 임무의 과제는 우리에게 할당된 구역에 적의 활동 흔적이 있는지 확인하는 것이었다. 정찰대의 부사관은 버긴이었는데, 나는 맥보다는 버긴이 더 믿음직했다.

기온이 섭씨 15도 정도밖에 되지 않던 맑고 서늘한 아침이었다. 우리는 넓게 펼쳐진 전원 지대에 뻗어 있는 자갈길을 따라 이동했다. 그림처럼 아름다운 풍경이었다. 어느 한구석에도 전쟁의 그림자는 보이지 않았다. 적대적인 태도가 명백하게 드러나지 않는 한 일본군 병사나 주민에게 절대로 발포를 하지 말라는 교전 수칙이 우리 정찰대에 내려져 있었다. 닭을 쏘아서도 안 되었고, 연습 사격도 안 되었다.

「맥, 우리 어디로 갑니까?」

출발하기 전에 누군가가 물었었다.

「히자온나 마을이다.」

맥 소위는 무표정하게 대답했다. 그러자 신입 보충병 하나가 말했다.

「오오 이런! 그곳은 제7연대 K중대가 매복 습격당한 곳이잖아요! 이렇게 소수 인원으로 그곳을 정찰한단 말입니까?」

「그렇다, 후드.」

버긴이 소위 대신 대답했다. (우리는 시카고 출신의 〈큰 사각턱〉 보충병에게 〈후드럼〉이라는 별명을 붙여 주었다. 그 보충병을 보면 금주법 시절에 시카고를 주름잡던 악명 높은 존 딜린저와 그의 일당이 떠올랐기 때문이다.)

목적지를 듣는 순간 나는 정찰대로 차출되지 않은 다른 보충병에게 내가 가지고 있던 토미(기관단총)를 내밀면서 제안을 했다.

「이거 받고, 나 대신 정찰대로 나가 줄래?」

그 보충병은 손을 홰홰 저었다.

아무튼 이렇게 해서 나는(그리고 우리는) 정찰 임무에 나섰다. 맥은 마치 본국의 버지니아 콴티코에 있는 해병대 기지의 간부 후보생 시절처럼 활개를 치며 씩씩하게 걸어갔다. 고참병들은 불안한 마음을 감추지 못했지만, 보충병들은 맥과 마찬가지로 아무런 걱정도 없는 눈치였다. 적의 공격이라고 해봐야 기껏 산발적인 저항뿐이다 보니 전쟁이라는 것이 얘기로 듣던 것만큼 지독한 게 아니라는 생각을 하는 보충병들이 많았던 것이다. 실제로 몇몇은 펠렐리우섬에서 있었던 일을 과장한 거 아니냐는 투로 우리 고참병들을 비난하기까지 했다. 4월의 오키나와는 제1해병사단에게 너무 평온했고, 그 바람에 보충병들은 전쟁과 전투에 대해 잘못된 생각을 하고 있었다. 우리는 그들에게 전투 상황이 벌어지면 지옥이 따로 없을 거라고 말했지만, 그들은 우리가 허풍을 떤다고만 생각했다.

맥은 우리 가운데 단 한 명이라도 일본놈들이 쏜 포탄이나 총탄에 쓰러진다면, 자기는 케이바를 입에 물고 한 손에는 45구경 권총을 들고 적진으로 돌격해서 다 죽여 버릴 거라는 말만 해댔다. 집행 유예 상태의 4월은 고참 병사들까지 현실과 동떨어진 채 자기가 소망하는 안전한 상태를 현실이라고 믿게 만들어 버렸다. 그러면 안 된다는 걸 그들 역시 잘 알 텐데 말이다.

그러나 목가적인 4월의 환상은 곧 깨졌다. 전쟁의 끔찍한 진면목이 그 아름다운 섬 어딘가에 숨어 있다가 드디어 모습을 드러낸 것이다. 길 아래로 작은 개울이 흐르고 있었다. 그 개울 위쪽에 완전 군장 상태의 일본군 병사 시체가 마치 끔찍한 전쟁의 표상이라도 되는 것처럼 방치되어 있었다.

위에서 내려다보니 그 시체는 철모를 쓰고 있었고, 달리는 자세로 무릎을 구부리고 있었다. 마치 사람 모양을 한 생강 쿠키 같았다. 처음 발견했을 때는 사망한 지 며칠 지나지 않아 보였다. 그 뒤 우리는 그 개울을 4월 한 달 동안 여러 차례 지나쳤기 때문에 시체가 서서히 부패하고 백골화해서 흙으로 돌아가는 과정을 모두 지켜보았다. 바람이 불어 달콤하면서도 상쾌한 솔향기가 콧구멍을 가득 채워 주는 그 길이 나는 참 좋았다. 그리고 일부러 보려고 하지 않는 한 개울에 일본군의 시체가 썩어 가고 있음을 알 수 없도록 그 길이 높은 위치에 있다는 것도 고마웠다.

히자온나 마을 주변을 정찰하면서 우리는 며칠 전 밤에 제7해병연대의 K중대가 기습 공격을 당했던 구역을 통과했다. 그때의 치열했던 전투의 생생한 흔적이 여기저기 널려 있었다. 일본군 병사들의 많은 시체가 그대로 방치되어 있었고, 피 묻은 붕대며 버려진 옷, 땅에 남아 있는 핏자국들이 바로 그 지점에서 우리 해병대원들이 적의 총탄에 맞았음을 일러 주고 있었다. 해병대의 무기가 놓여 있던 자리에는 빈 탄창이 어지럽게 널려 있었다.

제7해병연대 K중대의 대열이 길 양쪽에 숨어 있던 적들로부터 기습 공격을 받았던 나지막한 언덕의 그 작은 길을 나는 지금도 생생하게 기억한다. 길에는 기관총의 빈 탄약 상자들과 M1 소총, 카빈 소총의 탄창이 흩어져 있었다. 던가리 상의와 각반, 붕대도 주변에 버려져 있었다. 군데군데 많은 피가 뿌려진 흔적도 있었다. 물론 그 때는 이미 시커멓게 변색된 상태였지만……. 그리고 길 양쪽 여기저기에는 약 스무 구의 적 시신이 뒹굴고 있었다.

그 모습을 보고 있자니 역사책의 어느 한 단락을 읽는 것 같은 느낌이었다. 우리 해병대원들도 죽고 또 다쳤지만 일본군은 더 큰 피해를 입었다. 사망한 해병대원의 모습은 보이지 않았다. 지원 부대가 달려가 제7연대 제3대대 K중대를 무사히 데리고 빠져나올 때 아군 병사의 시신을 모두 챙겨 왔기 때문이다.˙

그 작은 길을 따라 여기저기 흩어져 있는 그날의 전투 흔적을 보고 있자니 모든 것이 너무도 부조리하다는 생각에 아무 말도 할 수 없었다. 그곳의 오키나와 사람들은 아주 오래전부터 변변찮은 농법으로 땅을 갈고 살아 왔는데, 바로 거기에 전쟁이 밀고 들어왔던 것이다. 게다가 가장 효율적인 최신 살인 기술까지 함께 들어왔다. 그것은 광기로밖에 생각할 수 없었다.

그때 나는 전쟁은 인간을 괴롭히는 일종의 질병임을 깨달았다. 펠렐리우섬의 경험 때문에 전투라고 하면 나는 숨 막히는 무더위, 포탄이 비 오듯 쏟아지는 해변, 맹그로브가 빽빽하게 엉켜 있는 습지 그리고 단단하고 예리한 산호 바위가 만들어 내는 험준한 산악 지형 등을 무의식적으로 연상했다. 그때까지만 해도 그랬다. 그러나 오키나와에서 그 생각이 바뀌었다. 전쟁이라는 그 질병은 그림처럼 아름다운 목가적인 풍경 속에서도 얼마든지 창궐할 수 있음을 깨달은 것이다. 그제야 나는 내가 아직 어릴 때 할머니가 해주셨던 남북 전쟁 때의 이야기가 어떤 뜻인지도 이해했다. 그때 할머니는 이렇게 말씀하셨다.

「북군이 남쪽으로 밀고 내려왔는데, 그때 병충해가 얼마나 심했던지 땅이 아주 못쓰게 되어 버렸단다.」

나와 다른 한 대원이 그 지역 일대를 둘러보고 있을 때 버긴이 우리더러 근처에 도로가 내려앉은 곳이 있으니 가서 살펴보라고 했다. 내려앉은 도로의 길이는 약 30미터쯤 되었고 깊이는 약 3미터 정도였다. 그리고 내려앉은 도로의 경사면은 매우 가팔랐다. 우리는 그 아래로 조심스럽게 내려갔다. 내려앉지 않은 위쪽의 도로 끝에서는 관목이 무성하게 자라서 앞과 뒤의 가파른 경사면을 제외하면 보이는 건 머리 위의 하늘뿐이었다. 거기에서 반쯤 올라왔을 때, 버긴과 맥이 있는 곳에서 카빈 소총의 총성이 여러 발 들렸다.

「적이다!」

나와 함께 있던 대원이 말했다. 그는 글로스터 전투부터 참가했던 역전의 고참병이었다.

우리는 본능적으로 포복 자세를 취했고, 나는 토미의 안전 장치를 풀었다. 총소리가 난 쪽을 향해 경사면을 빠르게 기어 올라가 관목 가지들 사이로 조심스럽게 주변을 살폈다. 옴팡하게 내려앉은 지형 안에 갇혀 있을 경우 적이 위에서 쏘아 댄다면 속수무책으로 당할 수밖에 없음을 우리 두 사람은 잘 알고 있었다. 심장이 마구 뛰었다. 이곳이 내 생애의 마지막 장소가 될 수도 있다는 생각이 들었다. 그런데 맥이 우리 시야에 들어왔다. 맥은 우리와 헤어질 때 있던 그 자리인 농가 마당에 서 있었다. 그런데 그는 자기 발 바로 아래에 있는 어떤 것을 향해 침착하게 소총을 겨누는 중이었다. 그가 겨누는 대상이 무엇인지는 잘 보이지 않았다. 우리 두 사람은 서로의 얼굴을 바라보았다.

「뭐 하는 거지?」

고참병이 속삭였다. 우리는 도로에서 빠져나와 맥에게 나가갔다. 그때 맥은 땅을 겨누고 소총을 발사했다. 정찰대의 다른 대원들도 경계 태세를 취한 채 그곳으로 접근하고 있었다. 적의 공격이 시작된 게 아닐까 하고 다들 불안해했다.

그런데 맥 뒤에 가까이 서 있던 버긴이 잔뜩 찌푸린 얼굴을 하고 머리를 두어 차례 천천히 저었다. 내가 가까이 다가가 맥이 무엇을 보고 쏘았는지 물었다. 그는 손가락으로 땅을 가리켰다. 그가 가리킨 곳에는 죽은 동물의 아래턱이 있었다. 거기에다 총을 쏘면 거기에 박혀 있는 이빨들이 분리될지 어떨지 궁금해서 확인해 보고 싶었다고 했다.

우리는 어처구니가 없어 한동안 맥을 그냥 바라보기만 했다. 열 명이 넘는 대원이 정찰 임무를 수행하던 중이었는데, 그것도 우리 진지에서 수 킬로미터나 떨어진 곳에서, 또 적이 아니면 절대로 발포하지 말라는 교전 수칙까지 전달받았음에도 불구하고, 적군의 시체가 사방에 널려 있는 지역에서 정찰대를 이끄는 소위 계급의 지휘관이 마치 어린아이가 비비총을 가지고 장난을 치듯이 카빈 소총을 함부로 쏘아 대다니, 그것도 동물의 뼈에…… 만일 맥이 일반 사병이었다면 정찰대 전체 대원들이 그의 머리를 우물에 처박았을 것이다. 그러나 해병대의 위계 규율은 엄격했고, 우리는 그저 이를 갈기만 했을 뿐이다.

버긴이 맥에게 한마디를 했다. 단어 선택에 신중을 기하긴 했지만, 정찰대 지휘자임을 잊지 말고 적이 언제라도 공격해 올 수 있음을 명심하라는 내용이었다. 그러자 맥은 그런 것쯤은 자기도 잘 알고 있다면서 정찰대의 행동 수칙 매뉴얼을 막힘없이 술술 읊어 대기 시작했다.

맥은 어리석지도 않았고 무능하지도 않았다. 다만 바로 그 지역에서 치명적인 전쟁이 진행되고 있다는 사실, 우리가 지금 대학교 대항전의 어떤 스포츠 경기를 하고 있는 게 아니라는 사실을 몰랐을 뿐이다. 정말 신기하게도 맥은 그 나이를 먹도록 아직도 철이 들지 않았다. 해병대 간부 후보생 학교를 졸업했으니(이건 결코 쉬운 일이 아니다) 장교로서 갖추어야 할 능력을 갖추고 있음은 분명했다. 하지만 10대 소년들이나 할 법한 이상한 행동을 언제라도 할 수 있다는 게 문제였다.

또 다른 정찰을 나갔을 때도 그랬다. 그는 일본군 병사의 시신에 가장 멋진 폼으로 소총을 발사하려고 무진 애를 썼다. 그리고 가장 멋있다고 생각하는 자세와 각도를 잡은 뒤 두 발을 쏘았다. 죽은 일본군 병사는 바지가 무릎까지 내려온 상태로 누워 있었고, 맥은 그 병사의 성기 끝부분을 신중하게 겨누었다. 그리고 성공했다. 성공했다고 좋아서 펄펄 뛰는 그의 모습을 보고 나는 구역질을 느끼며 돌아섰다.

맥은 외모만 보면 점잖고 단정한 사람이었다. 평소에는 점잖다가도 전쟁의 야만적인 영향 아래에서는 완전히 달라지는 사람들이 있는데, 맥이 바로 그런 부류였다. 그 당시 맥은 전투 경험이 거의 없다시피 했음에도 그랬다. 내가 아는 가장 냉혹한 사람들도 얼굴을 찌푸리게 만드는 황당하고 엽기적인 면을 맥은 가지고 있었다. 대부분의 사람은 소변을 보고 싶을 때 커다란 나무나 관목 숲 앞으로 가거나 남에게 방해받지 않고 편안하게 볼일을 볼 수 있는 곳으로 간다. 오키나와섬에서도 내가 아는 장병들은 다 그랬다.

그렇지만 맥은 아니었다. 〈법률로 정한 신사〉인 이 해병대 장교는 일본군 병사 시신 옆에서 그 시신을 내려다보면서 그 시신의 입 안으로 소변 줄기를 넣어야 만족했다. 그 모습은 전쟁 동안에 내가 보았던 것들 가운데서 미국인이 보인 가장 역겨운 행동이었다. 나는 그가 해병대 장교라는 게 부끄러웠다.

작은 계곡에서 보냈던 행복하고 아름다웠던 4월 초순의 그 기간에(그때 우리 고참병들은 전투가 그렇게 드물다는 것이 믿을 수 없다는 얘기를 수도 없이 했다) 일본군의 제로센 전투기를 가까이에서 본 적이 있었다. 어느 맑은 날 아침이었다. K레이션으로 느긋하게 아침 식사를 마친 뒤 나를 포함한 대원 몇 명은 우리가 있던 계곡에서 산마루까지 느릿느릿 걸어 올라가서 욘탄 비행장을 공습하는 모습을 지켜보았다. 그날은 우리 가운데 정찰대에 포함된 사람이 아무도 없어 모두 아무런 무장도 하지 않은 상태였다. 그러니까 〈개인 화기를 항상 챙겨야 한다〉는 보병의 가장 기본적인 수칙을 어겼던 것이다.

그렇게 한가롭게 공습 광경을 구경하는데 갑자기 오른쪽에서 비행기 엔진음이 들려왔다. 고개를 돌려 우리 능선 아래를 내려다보는데, 비행기 한 대가 다가오고 있었다. 제로센이었다. 제로센은 계곡에서 지면과 일정한 거리를 유지하면서 우리가 있는 쪽으로 올라오고 있었다. 그 비행기가 얼마나 느리게 움직이던지 도무지 실감이 나지 않을 정도였다. 우리는 무기가 없었기 때문에 적기가 우리 앞을 지나가는데도 멍하게 바라볼 수밖에 없었다. 우리는 그 비행기의 모든 것을 다 보았다. 조종석에 앉은 조종사의 모습까지도 똑똑히 보았다. 가죽 전투모를 쓴 조종사는 재킷 차림에 스카프를 목에 두르고 고글은 이마에 올려놓고 있었다.

조종사는 우리를 발견하고는 더할 나위 없이 친근한 미소를 지었다. 그는 당시 미국 신문들이 카툰에서 묘사했던 일본 군인의 전형적인 모습이었다. 뻐드렁니, 찢어진 눈, 둥근 얼굴 등…… 그는 마치

고양이처럼 웃었다. 아마도 그의 눈에는 우리가 생쥐로 보였을 것이다. 적 전투기 조종사에게 우리는 고양이 앞의 쥐 신세였다. 개활지였고, 우리를 보호해 줄 대공포도 없었고, 아군 비행기도 없었으니까. 적 전투기의 기총이 불을 뿜으면 우리는 모두 죽은 목숨이었다.

제로센 전투기가 우리 왼쪽 옆으로 지나갈 때 대원 한 명이 놀라서 중얼거렸다.

「저 새끼가 우리 보고 씩 웃는 거 봤어? 눈 찢어진 저 개새끼! 소총을 왜 두고 와서, 젠장!」

너무도 짧은 순간에 일어난 일이었다. 우리는 적 전투기가 우리 눈높이에서 지나가는 모습에 너무도 놀란 나머지, 전쟁 상황이라는 것도 잊어 버렸다. 하지만 일본군 조종사는 그렇지 않았다. 그는 기수를 올려 고도를 높이더니 다른 능선을 향해 날아갔고, 마침내 시야에서 사라졌다. 그가 다시 우리를 노리고 돌아올 건 분명했다. 돌아와 기총 소사를 퍼붓는다면, 우리는 그걸 피하기 어려웠다. 도움을 받을 만한 것이라고는 우리 주변에 아무것도 없었다.

우리는 몸을 숨길 곳을 찾아 허둥지둥 아래로 달려 내려갔다. 그리고 그때 다시 비행기 엔진음이 들리기 시작했다. 이번에는 순항 속도의 엔진음이 아니라 전속력으로 비행하는 엔진음이었다. 제로센은 다시 우리 눈앞을 지나쳐 아까 올라왔던 바로 그 지점을 향해 계곡 아래쪽으로 내려갔다. 마치 악마에게 쫓기기라도 하는 듯이 빠른 속력이었고, 이번에도 우리 눈높이였다. 그를 뒤쫓는 악마는 우리의 구원자, 아름답고 푸른 해병대 콜세어 전투기였다. 콜세어는 제로센의 꽁무니를 바싹 따라붙었고, 이들은 곧 우리 시야에서 사라졌다. 이 전투기들은 너무 빠른 속도로 날아가서 이번에는 조종사들의 얼굴을 보지 못했다. 그러나 일본군 조종사가 이번에는 고양이 미소를 띠지 못했을 것이라고 나는 확신했다.

4월 한 달 내내 이어졌던 정찰을 다니면서 우리는 오키나와의 여러 마을과 전답을 살펴보았다. 그리고 주민의 관습과 생활 양식에 대해서도 많은 것을 알았다. 그 가운데서 가장 인상 깊었던 것은 오키나와의 조랑말이었는데, 특이하게도 털이 터무니없이 길었다.

섬 주민들이 이 말에 매는 고삐는 내가 난생처음 보는 것이었다. 그것은 나무판 두 개를 줄로 연결한 것이었다. 각각의 나무판이 말의 얼굴 양쪽에 고정되도록 했는데, 그것은 알파벳 〈F〉와 같은 형상이었고, 결이 고운 갈색 나무를 조각해서 만든 것으로 사람의 엄지손가락 정도로 컸다. 짧은 끈이 두 개의 목판을 말 머리 전면에서 연결했으며, 말 머리를 가로지르는 다른 끈은 두 개의 목판을 주둥이 가장자리 바로 윗부분에 고정시켰다. 그리고 목판 뒤쪽에 있는 두 개의 짧은 끈은 하나로 연결되었다. 이렇게 연결된 끈을 잡아당기면 목판이 말의 얼굴 양쪽 주둥이 윗부분에 부드럽게 압력을 가하게 되어 말은 걸음을 멈춘다. 이 장치는 고삐와 재갈의 기능을 동시에 수행했으므로 말의 입에 따로 재갈을 물릴 필요가 없었다.

나는 오키나와의 그 고삐에 홀딱 빠진 나머지 우리가 여러 날 동안 데리고 있던 말에게서 원래 차고 있던 고삐를 떼어 내고 대신 줄로 만든 고삐를 채웠다. 오키나와의 그 목제 고삐를 고향으로 가지고 갈 생각이었던 것이다(나는 지금도 그 고삐의 나무판 두 개를 연결하고 있던 끈의 색깔이 붉은색이었다는 것까지 기억하고 있다). 그래서 그것을 배낭에 넣어두었다. 그러나 5월 1일 이후로는 과연 내가 그것을 직접 고향으로 가지고 갈 수 있을지 모르겠다는 의심이 점점 커졌고, 상황이 점점 악화되면서 거기에 비례해 배낭이 점점 더 무겁게 느껴졌다. 그래서 결국 그 고삐를 버렸다. 지금 생각하면 아쉬운 일이다.

우리는 우리 박격포 분대에서 기르던 이 말이 점점 마음에 들었다. 말은 박격포 포탄 자루를 두 개나 실어도 전혀 힘들어하지 않았다.

하지만 4월 말이 되자 이 작은 말과 헤어져야 했다. 그때 나는 줄고삐를 제거하고 그에게 레이션의 사탕 덩어리 하나를 주었다. 그리고 녀석의 콧잔등을 어루만졌고, 녀석은 꼬리로 등에 앉은 파리를 쫓았다. 그러더니 돌아서서 풀밭으로 느긋하게 걸어가서는 풀을 뜯었다. 그러다가 고개를 들어 나를 다시 한번 바라보았다. 내 눈에는 나도 모르게 물기가 맺혔다. 녀석을 그렇게 놓아 주고 싶지 않았지만 그렇게 하는 게 최선이었다. 녀석은 그 양지바른 풀밭에서 평화롭고 안전하게 지낼 수 있을 테니까…… 그런데 녀석과 다르게 문명을 깨친 문명인인 우리는 포탄과 총탄이 쏟아지고 죽음과 고통으로 가득 찬 혼돈의 지옥으로 돌아가야만 했다.

육군 부대가 오키나와 남부 지역에서 고전하고 있다는 반갑지 않은 소문이 점점 커져 가기 시작했다. 맑은 날 밤에 고지대에서는 멀리 남쪽의 지평선 위로 불빛이 반짝거리기도 하고 이글거리기도 하는 게 보였다. 거리가 너무 멀어 소리는 들리지 않았다. 거기에 대해 아무도 뭐라고 말을 하는 사람은 없었다. 그건 그저 천둥 번개가 치는 것일 뿐이라는 말로 나 자신을 설득하려고 노력했다. 하지만 이 노력은 실패로 돌아갔다. 그게 포탄의 섬광임을 누구보다도 잘 알고 있었기 때문이다.

즐거운 상륙

4월 13일에(미국 시간으로는 4월 12일이었다) 우리는 프랭클린 루스벨트 대통령이 서거했다는 소식을 들었다. 생존을 위해 싸우고 있던 우리로서는 정치에는 조금도 관심이 없긴 했지만 대통령 서거 소식에 다들 슬퍼했다. 아울러 우리는 그의 뒤를 이은 해리 트루먼 대통령이 전쟁을 어떻게 처리할지 관심을 가졌고 또 염려했다. 필요 없는 전쟁을 단 하루라도 더 연장하려는 사람이 백악관에 있는 걸 우리는 절대로 원하지 않았다.

루스벨트 서거 소식이 전해지고 얼마 지나지 않아 우리 부대는 이동 대기 명령을 받았다. 대원들 사이에 불안감이 점점 커졌다. 그때 우리 부대가 이동한다는 것은 우리가 남부에서 벌어지고 있던 지옥의 전투에 투입된다는 뜻으로밖에 볼 수 없었다. 그런데 뜻밖에도 우리에게 주어진 임무는 요카츠제도에 있는 한 섬에 상륙하는 작전이었다. 우리 K중대는 타카하나리섬에 상륙하기로 되어 있었다. 상부에서는 그 섬에 어쩌면 일본군이 없을 수도 있다고 했다. 우리는 그 말을 백 퍼센트 믿지 않았지만, 오키나와가 우리에게는 워낙 이상한 〈전투 현장〉이었으므로 혹시 또 다른 이상한 일도 얼마든지 있을 수 있겠다는 생각은 버리지 않았다.

우리 대대는 트럭에 타고 동쪽 해안으로 이동했다. 그리고 암트랙을 나눠 타고 킨만으로 나가 타카하나리섬으로 짧은 항해를 했다. 대대의 다른 중대들은 제각기 다른 섬에 상륙했다.

우리는 아무런 저항도 받지 않고 깨끗하고 좁은 모래 해변에 상륙했다. 왼쪽으로는 거대한 바위가 우뚝 서 있었다. 그 바위 뒤에 어쩐지 일본군 병사들이 숨어 있을 것 같았다. 거기에서 기총 소사를 할 경우 상당한 사상자가 날 수도 있었다. 그러나 일본군은 그림자도 보이지 않았다. 빠른 속도로 섬을 샅샅이 살폈지만 일본군은 없었다. 섬을 횡단해 반대쪽 해안까지 가는 동안 민간인 몇 명만 봤을 뿐이었다.

우리는 상륙 지점으로 되돌아와 수비 진지를 구축했다. 우리 분대는 해변이 내려다보이는 급경사 면의 중간 지점에 진지를 마련했다. 박격포를 설치하기에 안성맞춤인 자리가 바위 사이에 있었다. 그 위치라면 해변으로나 해변으로 진입하는 앞바다로도 박격포탄을 날릴 수 있었다. 소형 호위 구축함이 가까운 곳에 닻을 내리고 있었다. 그 함정은 우리가 섬에 상륙할 때도 거기에서 대기하고 있었는데, 우리가 타카하나리섬에서 며칠을 보내는 동안 줄곧 그 자리를 지키고 있었다. 그 배를 볼 때마다 나는 전용 해군 함정을 거느린 것 같은 우쭐한 기분이었다.

날씨는 따뜻했고 야외에서 잠을 자도 편안하고 괜찮았다. 우리 중대에 부여된 임무라고 해봐야 섬을 탈환하려고 올지도 모르는 적에 대비하는 것 말고는 아무것도 없는 것이나 마찬가지였다. 나는 편지를 쓰고 책을 읽고 진지 주변을 걸었다. 어떤 대원들은 해변에서 멀리 떨어져 있지 않은 구축함으로 헤엄쳐 가서, 해군 병사들로부터 따뜻한 식사나 커피를 융숭하게 대접받기도 했다. 나는 서늘한 바람을 맞고 해바라기를 하면서 전투 식량을 먹는 데 만족했다.

며칠 뒤, 우리는 타카하나리섬을 뒤로 하고 오키나와의 우리 야영지로 돌아왔고, 다시 섬의 중부 지역을 정찰하라는 임무를 부여받았다. 벌써 4월도 끝나 가고 있었다. 그런데 그때 남쪽의 육군 전황을 둘러싸고 온갖 흉흉한 소식과 소문이 돌았다. 우리 제1해병사단이 거기에 투입되는 것이 아닌가 하는 불안감은 날이면 날마다 커져 갔다. 아니나 다를까. 마침내, 우리에게 5월 1일 자로 육군 제10군의 오른쪽 날개인 제27보병사단과 임무 교대를 하기 위해 남쪽으로 이동하라는 명령이 떨어졌다.

4월 중순, 제1해병사단의 포병연대인 제11연대는 육군의 공격력을 보강하기 위해 이미 남부로 내려가 있었다. 4월 19일, 제27보병사단은 가카즈 능선에서 전차 부대를 앞세워 대대적인 공격을 펼쳤지만 비참하게 실패했다. 탱크 30대가 보병의 지원을 받지 못하고 고립되어 22대가 파괴된 것이다. 제1해병사단의 전차대대 지원은 육군이 입은 탱크 손실을 보충하는 것이었다.

제10군 사령관이던 사이먼 버크너 중장은 제3수륙양용군단을 지휘하던 로이 가이거 소장에게, 제1전차대대를 남쪽으로 보내 제27보병사단과 합류시키라고 명령했다. 그러나 가이거 소장은 자기

휘하의 해병대를 쪼개야 하는 임무에 반대했고, 그러자 버크너는 명령을 수정해 제1사단 전체가 남쪽으로 이동해 마키미나토 비행장 북쪽 전선의 최우익인 제27보병사단과 교대하라는 명령을 내렸다.

4월의 마지막 며칠 동안 우리 장교들과 부사관들 몇 명이 남쪽으로 가서 우리가 투입될 전선의 몇 개 지점을 살펴보고 돌아왔다. 그들은 자기들이 본 것을 상세하게 설명했지만, 명쾌한 얘기는 하나도 없었다. 다음은 역전의 용사이던 한 부사관이 했던 말이다.

「지금 남쪽의 전투 현장은 지옥이다. 일본놈들은 대포며 박격포며 자기들이 가지고 있는 모든 것을 쏟아붓고 있다. 제군들, 놈들은 지금 우리가 M1 소총을 쏘아 대는 것만큼 많이 그리고 빠르게 박격포를 쏘아 대고 있다는 말이다.」

이런저런 지시 사항이 떨어졌고, 탄약과 전투 식량이 지급되었으며, 장비를 잘 챙겨 두라는 명령이 떨어졌다. 우리는 2인용 텐트를 말아서 대대 보급 장교에게 맡겼다(그때 나는 그 텐트 안에 기어 들어가 겨울잠을 자고 싶은 마음뿐이었다).

5월 1일 아침이 밝았다. 잔뜩 흐렸고 쌀쌀했다. 박격포병 몇 명이 경사면의 바위 틈에 모닥불을 피웠다. 몸을 덥히기 위해서였다. 우중충한 날씨와 곧 남쪽으로 이동해야 한다는 생각 때문에 다들 마음이 무거웠다. 우리는 모닥불을 가운데 두고 둘러선 채로 출발 전의 마지막 식사를 했다. 모닥불이 내는 타닥타닥 하는 소리도 좋았고 커피 향도 좋았다. 하지만 나는 불안했다. 그 작은 우리의 계곡을 떠나기가 싫었다. 그래도 어쩔 수 없는 일이었다. 우리는 식사 쓰레기를 모두 모닥불에 던져 넣었다(우리가 처음 왔을 때보다 더 깨끗하도록 청소해야 했기 때문이다). 그리고 몇 명은 자기 장비를 챙기려고 모닥불 곁에서 떠났다. 그때였다.

「수류탄이다!」

맥의 고함 소리와 동시에 수류탄 뇌관 뚜껑이 열리는 소리가 들렸다. 내가 맥을 보았을 때 그는 이미 세열 수류탄을 모닥불 너머에 있는 바위 틈 안으로 던지고 있었다. 거기에서 수류탄은 둔중한 소리를 내면서 폭발했다. 수류탄 파편이 내 두 다리 옆으로 비켜 갔고, 파편을 맞은 모닥불의 불꽃과 나뭇가지들이 어지럽게 튀었다. 다행히 다친 사람은 아무도 없었다. 나는 백만 달러짜리 부상을 아슬아슬하게 피했다(그 부상을 입기만 했다면 나에게는 큰 축복이었을 것이다. 그날 이후 나를 기다리고 있던 일들을 생각하면 말이다). 장비를 챙기려고 모닥불 곁을 떠났던 대원들이 그 자리에 계속 있었다면 끔찍한 일이 벌어졌을 것이다. 그들은 그 바위 틈 바로 앞에 있었기 때문이다.

모든 사람의 시선이 황당하고 엽기적인 그 무지막지한 소위에게 향했다. 그는 얼굴을 붉히면서 자기 실수에 대해 주절주절 변명을 늘어놓았다. 트럭을 타고 다른 곳으로 이동하기 전에 우리 대원들을 상대로 장난을 치면 재미있겠다고 생각했다는 것이었다. 그래서 그는 화약을 제거한 빈 수류탄에 발화 장치를 붙여 사람들이 모여 있는 곳에 던지기로 했다. 이건 널리 알려져 있던 장난이었다. 안전핀을 뽑고 신관이 타들어 가기 시작하면 누구나 수류탄이 폭발할 것이라고 생각해 황급히 몸을 피할 텐데, 이 모습을 바라보고 가학적인 쾌감을 맛보겠다는 것이었다.

그러나 맥은 자기도 인정했듯이 경솔했다. 수류탄이 비어 있지 않았던 것이다. 맥이 제거한 화약은 전체 가운데 일부였기 때문에 수류탄은 상당한 위력으로 폭발했고, 파편이 사방으로 날았다. 다행히 수류탄이 던져진 지점은 바위 틈이었다. 바위 틈이 아니라 개방된 곳이었다면 K중대의 박격포반은 남쪽으로 이동하기도 전에 자기 직속상관 때문에 전투 불능 상태가 되고 말았을 것이다. 이 멍청한 짓이 벌어진 현장에 중대장이 없었다는 사실이 맥으로서는 무척 다행스러운 일이었겠지만, 우리로서는 못내 아쉬운 일이었다.

자, 이제 드디어 전투다운 전투에 투입되는데, 과연 우리가 맞게 될 다음 전투는 어떻게 될 것인가.

10장 바닥이 없는 구렁텅이 속으로

5월 1일, 우리는 트럭에 나눠 타고 흙먼지가 날리는 길을 달려 남쪽으로 향했다. 오키나와 중부 지역에서는 처음 보는 비전투 부대의 야영지와 위장막으로 덮어 놓은 광대한 탄약 및 보급품 집하장을 몇 개나 지나쳤다. 포병 진지도 몇 개나 지나쳤다. 포탄 껍데기가 산처럼 쌓여 있는 것을 보고 아군이 대포를 많이도 쏘아 댔음을 실감했다. 풀밭 여기저기에 셀 수도 없이 많은 포탄 구덩이가 팬 것을 보고 일본군 역시 엄청나게 많이 쏘아 댔음을 알 수 있었다.

적의 눈에 띄지 않는 어떤 지점에 이르자 우리는 트럭에서 내렸다. 그때 이미 내 안에는 공포가 가득 차 있었다. 우리는 좁은 산호 도로의 오른쪽을 따라 일렬종대로 남쪽을 향해 도보로 이동했다. 우리가 가고 있던 방향에서는 적이 쏘는 대포와 박격포의 포성, 기관총과 소총의 총성이 요란하게 들려왔다. 아군의 포탄이 남쪽으로 날아가는 소리도 들렸다. 그 소음 속에서 누군가 고함을 질렀다.

「5보 간격을 유지해라!」

우리는 아무도 말을 하지 않았다. 다들 자기 생각에 빠져 있었다.

얼마 뒤 반대편에서 대열을 이룬 한 무리의 장병들이 우리 쪽을 향해 걸어오는 게 보였다. 그들은 육군 제27보병사단의 제106연대였다. 우리와 임무를 교대하는 바로 그 부대였다. 얼굴만 보고도 그들이 어떤 곳에 있었을지 짐작할 수 있었다. 다들 극도로 지친 상태였고, 먼지와 기름을 뒤집어쓰고 있었으며, 눈은 움푹 꺼졌고, 얼굴에는 아무런 표정도 없었다. 펠렐리우섬을 떠난 이후 한 번도 본 적이 없었던 바로 그 모습 그 표정이었다.

그들이 우리 옆으로 지나갈 때 키가 크고 홀쭉한 어떤 병사가 나와 눈이 마주쳤는데, 이 병사가 피곤에 전 음성으로 말했다.

「해병대 친구, 저기는 지옥이야.」

앞으로 내 앞에 무슨 일이 펼쳐질지 몰라 불안해하면서도 나는 그 병사가 나를 햇병아리 신참으로 본다는 생각에 불안한 티를 내지 않으려고 애쓰면서 이렇게 대답했다.

「그래, 나도 알아. 펠렐리우섬에 있었거든.」

그러자 그 병사는 대답 없이 무표정하게 나를 바라보았고, 그렇게 그냥 지나갔다.

우리는 경사가 완만한 낮은 구릉을 향해 접근했다. 그 구릉이 우리 K중대가 배치될 전선 지점이었다. 포성과 총성이 아까보다 훨씬 크게 들렸다.

「5보 간격을 유지한다, 모여 있지 마라!」

장교 한 명이 고함을 질렀다.

박격포반한테는 산개 대형으로 도로 오른쪽 바깥으로 전진하라는 명령이 떨어졌다. 우리와 그 구릉 사이에 포탄들이 떨어지는 게 눈에 보였다. 도로 바깥으로 한 걸음. 이제 우리는 평화롭기만 하던 북쪽 계곡에서의 모든 것을 버리고 진짜 전쟁의 구렁텅이에 발을 들여 놓았다.

개활지를 가로질러 달릴 때 일본군이 쏜 모든 종류의 포탄이 사방에서 쌩쌩 날아가고 비명을 지르고 또 으르렁거렸다. 목표 지점이 가까워질수록 포탄의 수도 점점 더 많아졌다. 포탄이 터지면서 내는 우레와 같은 소리는 그야말로 악몽이었다. 날아온 포탄이 지면에서 폭발하며 커다란 구덩이를 만들 때마다 돌과 흙이 하늘에서 우수수

떨어졌다.

우리는 목표 지점인 구릉 경사면의 어느 지점까지 전속력으로 달렸고, 가쁜 숨을 헐떡거리면서 바닥에 납작 엎드렸다. 해병대원들이 이렇게 달리기도 하고 기기도 해서 각자 미리 정해져 있던 위치로 접근할 때 육군 병사들은 필사적으로 그 구역에서 벗어났다. 위생병과 들것을 부르는 소리가 여기저기에서 들렸다. 나는 우선 나 자신부터 살아야겠다는 마음뿐이긴 했지만 그 와중에도, 힘든 전투에 지친 육군 병사들이 지옥 같은 전투 현장에서 벗어나려고 그 결정적인 몇 분을 버텨 내기 위해 안간힘을 쓰는 모습에 연민을 느꼈다.

일본군의 소총과 기관총 소사는 끊이지 않고 이어졌다. 총알이 머리 위로 핑핑 지나갔다. 포격도 한층 맹렬해졌다. 임무 교대를 하는 부대가 개활지에 노출되는 그 기회를 노려 최대한의 타격을 가하겠다는 것이었다. 전선에서 부대 교체가 이루어질 때면 일본군은 늘 그런 식으로 대응했다.

혼돈 그 자체였다. 나는 격렬한 공포에 사로잡혔다. 다른 대원들의 얼굴에도 공포가 가득했다. 하지만 그 와중에도 우리는 있는 힘껏 경사면을 달려 올라가 빠른 속도로 참호를 파기 시작했다. 아침에 평온하고 아름다운 전원을 떠나왔는데 바로 그날 오후 한순간에 목숨을 앗아갈 포탄과 총탄 세례를 받아야 하다니, 정말 믿을 수 없는 일이었다. 물론 펠렐리우섬의 해변에서 적의 맹렬한 공격을 받으며 상륙 작전을 펼쳤고 또 비행장을 가로지르며 적을 밀어내는 공격을 감행했지만, 그때는 그래도 우리가 마음의 준비가 되어 있었다. 그러나 이번은 아니었다. 4월 한 달 동안 즐겁게 유유자적하다가 5월 1일에 갑자기 그런 맹렬한 공격을 받았으니 말이다. 집행 유예가 끝나고 5월 1일, 오키나와에서 맛보았던 충격과 포탄에 우리는 동요했다.

공포에는 여러 가지 측면이 있다. 그날 나를 사로잡았던 불안과 공포를 결코 과소평가할 마음은 없지만, 어쨌거나 그날의 공포는 달랐다. 나는 이미 펠렐리우섬에서 온갖 험악하고 힘든 일을 다 겪은 고참 병사였다. 처음에는 공포에 사로잡혀 무엇을 어떻게 해야 할지 몰랐지만, 조금씩 평정심을 되찾았다. 공포를 느끼기는 했지만 그렇다고 해서 공황 상태까지는 아니었다. 적의 포격에 대응해 어떻게 해야 할지를 내 몸에 축적된 경험은 잘 알고 있었다. 무엇보다 중요한 점은 그 공포를 내가 통제할 수 있다고 믿었다는 사실이다. 그러자 공포는 사라져 버렸다. 그리고, 누구든 간에 그 무시무시한 집중포화 아래에서 할 수 있는 건 오로지 바닥에 납작 엎드려 기도를 하는 것 그리고 일본군을 저주하는 것뿐이라는 것도 나는 잘 알았다.

50밀리 무릎 박격포(척탄통)¹의 포탄이 고막을 긁는 듯한 금속음을 내며 날아왔고, 이어 더럽고 짙은 연기가 주변에서 마구 피어올랐다. 81밀리와 90밀리 박격포탄들은 능선에 떨어져 굉음을 내었다. 그리고 47밀리 포탄은(그리고 대공포탄은) 〈피유!〉 하는 소리가 들리는 것과 거의 동시에 우리 머리 위에서 폭발했다. 그런 포성들을 들으면서 나는 일본군이 대포를 소총 쏘듯 쏘고 있구나 하고 생각했다. 조금 느린 속도로 날아오는 75밀리 포탄의 소리가 가장 많이 들리는 것 같았다.

그리고 거대한 150밀리 곡사포가 쏜 포탄이 중저음을 내면서 폭발했다. 우리 대원들 사이에서 〈대물〉이라고 불리던 이 대포를 펠렐리우섬의 혼란과 공포의 도가니 속에서 눈으로 직접 본 적은 없다. 이 대형 포탄의 폭발력은 어마어마했다. 적의 포탄이 만들어 내는 이 모든 종류의 소음 말고도 아군이 쏜 포탄이 만들어 내는 소음도 요란하게 우리 머리 위를 지나갔다. 그 포탄이 우리 앞에 있는 구릉을 넘어 적진에 작렬하는 소리도 들렸다. 양측이 쏘아 대는 소화기의 소리로 주변 일대는 소음과 혼돈의 도가니가 되어 있었다.

1 일본 육군의 소대 지원 화기인 휴대용 박격포.

우리는 구릉 정상에서 내려오는 경사면에 불쑥 솟아 있는 야트막한 지형 바로 아래에 진을 쳤다. 그 지형의 높이는 약 3미터였고 중대 진지의 왼쪽에 있었다. 스내푸와 나는 박격포 진지를 파기 시작했고, 포탄 운반병들은 각자 두 명이 들어갈 참호를 팠다. 오키나와는 땅이 흙이어서 참호를 만들기 쉬웠다. 펠렐리우섬의 산호 바위와 비교하면 호사스럽다고 할 정도였다.

땅을 파고 있는데 중대가 입은 끔찍한 피해 소식이 전해졌다. 무엇보다 놀라운 소식은 니스 이병과 웨스트브룩 이병이 전사했다는 소식이었다. 두 사람 모두 우리 중대원 모두로부터 존경받던 대원이었다. 웨스트브룩은 신병이었고 금발에 곱슬머리인 친근한 인상의 소유자였으며 나이는 가장 어린 축이었고 결혼을 했다. 아직 채 스무 살도 되지 않았던 것으로 기억한다. 하워드 니스는 나이는 어렸지만 글로스터 전투 때부터 참가했던 역전의 고참병이었다.

전투에 세 번씩 참가한 대원들 가운데서는 과연 이번에도 무사히 살아남을 수 있을지 어떨지 불안해하며 미신에 깊이 빠져드는 경우가 많았다. 자기에게 주어진 행운이 이제는 바닥을 드러낸 게 아닐까 하고 불안해한 것이다. 과달카날 전투에 참여했고 글로스터 전투에서 살아남았으며 펠렐리우 전투에서의 그 희박한 가능성을 뚫고도 살아남은 고참병들이 이런 얘기를 하는 걸 들었다.

「하워드의 운이 다했던 거야. 그것뿐이야. 적의 총알을 영원히 피할 수는 없잖아.」

오키나와에 상륙하기 전에 이미 K중대의 일원으로 글로스터 전투와 펠렐리우 전투에 하워드 니스와 함께 참전했던 한 고참병이 우울하게 말했다.

두 사람의 전사는 받아들이기 힘든 소식이었다. 우리는 참호를 파면서 모두 분노했다. 적은 보이지도 않고, 도대체 누구에게 그 분노를 쏟아야 할지 알 수 없어서 더욱 화가 났다.

대부분 다 참호 파는 작업을 끝냈다. 그런데 우리의 호전적인 맥소위는 여전히 열심히 참호를 파고 있었다. 그는 1인용 참호를 깊게 파고 있었는데, 그의 야전삽은 흙을 끊임없이 바깥으로 토해 냈다. 포탄은 여전히 날아오고 있었지만 총탄 세례는 어느 정도 수그러졌다. 그러나 맥은 땅 파기를 그치지 않았다.

그때 누가 맨 처음 시작했는지 정확히는 모르지만 스내푸가 아니었을까 싶다. 맥에게 그가 늘 입에 달고 다니던 말을 상기시켜 준 것이다. 대원들 가운데 누구라도 일본군에게 당하면 자기는 케이바를 입에 물고 한 손에는 45구경 권총을 들고 일본놈들에게 돌격해서 다 죽여 버리겠다고 했던 그 말. 누군가 물꼬를 트자 고참병들은 그 약속을 지켜야 하지 않겠느냐고 맥에게 한마디씩 했다.

「니스와 웨스트브룩이 당했으니, 케이바와 45구경 권총을 들고 일본놈들에게 달려가야 하지 않습니까?」

스내푸의 말에도 맥은 삽질을 멈추지 않았다. 참호를 파야 한다는 말을 딱 한 번 하고는 입을 다물었다. 나는 케이바를 빌려 주겠다고 했고, 다른 대원 하나는 나보다 더 신랄하게 비꼬았다.

「그러지 않는 게 좋을 거야, 그 케이바를 돌려받지 못할 테니까.」

또 누가 한마디 더 보탰다.

「아냐, 맥이 일본놈들에게 가기만 하면, 놈들은 다 죽었어. 깨끗하게 다 치워 버릴 거야.」

그러나 맥은 투덜거리기만 할 뿐이었다. 적에게 달려갈 기미는 조금도 보이지 않았다. 삽질을 멈출 기색도 아니었다. 마치 오소리처럼 땅을 파기만 했다. 우리가 던지는 모욕에도 그는 조금도 당황하지 않았다. 그가 장교였기 때문에 우리는 일정한 선을 넘지 않았지만, 그래도 그가 우리 중대에 온 뒤로 말로 떠벌리고 행동으로 실천했던 그 모든 객기와 엽기적인 행동에 대한 보복을 톡톡히 했다.

「소위님, 그 구덩이를 지금보다 더 깊이 파면 탈영죄로 체포될지도 모릅니다.」

「맞아, 우리 어머니도 땅굴을 계속 깊이 파면 중국이 나올 테고, 그러면 집으로 돌아올 수 있다고 하셨어. 소위님이 지금처럼 계속 파서 아래로 내려가면 미국이 나올지도 모릅니다. 그러면 우리 모두가 집으로 돌아갈 수 있겠네요.」

맥은 그 모든 말을 듣고 있으면서도 안 들리는 척 완전히 무시했다. 해병대원인 우리가 해병대 장교에게 그런 식으로 말을 했다는 사실을 나는 지금도 믿을 수 없지만, 실제로 우리는 그렇게 했고 정말 우스꽝스러운 일이었다. 맥 소위는 그런 놀림을 받아도 쌌다.

맥은 참호를 충분히 깊게 팠고, 그 일이 끝나자 탄약 상자를 해체한 나무판으로 자기 몸이 간신히 들어갈 수 있는 작은 공간만 빼고 참호 위를 덮었다. 그런 다음에는 그 나무판 위에 흙을 15센티미터 두께로 덮었다. 우리는 각자 자기 참호에서 이를 지켜보았고 또 우리 오른쪽 후방에 떨어지는 포탄들을 지켜보았다. 그가 작업을 모두 마치고 나자 그의 참호는 작은 대피호가 되어 있었다. 비록 시야의 폭이 좁다는 게 문제라면 문제였지만……. 맥은 자기 참호 안에 들어가 만족스러운 눈으로 자기 작품을 둘러보았다. 그는 자기가 하는 일에 너무 집중한 나머지 우리에게는 조금도 관심을 기울이지 않았었다. 그러나 작업을 모두 마치고 나서는, 흙을 덮은 나무판이 포탄 파편을 막아 줄 것이라는 설명을 우리에게 상세하게 떠벌리기 시작했다.

맥의 강의에 관심이 없었던 조지 사렛은 경사면을 대략 1~2미터 올라가 꼭대기 너머에 적이 있는지 없는지 확인하려고 했다. 그가 꼭대기 위로 고개를 빼꼼 내밀었다. 하지만 그 자세로 오래 바라보고 있을 수 없었다. 건너편 능선에서 일본군의 기관총이 불을 뿜었고, 총탄이 아슬아슬하게 그의 얼굴 옆을 스쳤기 때문이다. 놀란 조지는 고개를 급하게 숙였다. 그 바람에 균형을 잃은 조지는 경사면을 따라 아래로 구르다가 마지막에는 맥의 대피호 위에 떨어졌고, 그 충격으로 맥의 참호를 덮은 나무판이 우지끈 부러지면서 내려앉았다. 깜짝 놀란 맥이 벌떡 일어나 나무판과 흙을 밖으로 밀쳐 냈다. 그의 모습은 마치 쓰레기 더미에서 대가리를 바깥으로 내민 거북이 같았다. 그 성난 거북이가 고함을 질렀다.

「내 참호 지붕이 무너졌잖아!」

조지는 미안하다고 했고, 나는 터져 나오는 웃음을 참느라고 입술을 깨물어야 했다. 다른 대원들도 고소하다는 듯 얼굴에 미소를 띠기도 하고 소리 내어 킬킬 웃기도 했다. 그 뒤로 맥의 입에서는 케이바와 45구경 권총을 들고 적진으로 뛰어들겠다는 얘기는 한 번도 나오지 않았다. 이날 있었던 적의 포격이 빚어낸 한 가지 긍정적인 결과라고 할 수 있었다. 맥 소위의 허세를 틀어막은 것이다.

밤이 다가오자 우리는 진지를 정비하고 K레이션으로 식사를 했다. 소화가 잘 될 것 같지는 않았지만 최대한 많이 먹어 두었다. 니스와 웨스트브룩을 포함한 사상자들과 부상자들에 대한 상세한 내용도 전해졌다. 미군 사상자들에게 우리는 늘 애석한 마음을 가졌다. 그러나 가깝게 지내던 전우의 죽음은 참을 수 없을 정도로 마음을 무겁게 내리눌렀다. 그러나 그것은 장차 50일 동안이나 이어지게 될 지옥의 나날들이 빚어낼 길고 긴 비극적인 목록의 첫 줄일 뿐이었다.[2]

해가 지기 전, 다음 날 아침 미군이 모든 전선에서 맹공격을 감행할 것이라는 소식이 전달되었다. 아군이 맹공격을 한다면 적군이 맹반격을 할 게 분명했으므로 우리는 그날 밤 두려움에 떨며 아침이 되기를 기다렸다. 부사관 한 명이 우리 목표는 아지야(安謝)강까지

2 제27보병사단은 4월 15일부터 작전을 수행했다. 이 사단은 4월 19일 가카즈 능선과 마키미나토 비행장 및 그 주변을 점령할 목적으로 공격 작전을 펼쳤지만, 심각한 피해를 입고 말았다. 제1해병사단과 임무를 교대한 제27보병사단은 섬의 북쪽으로 이동해 정찰과 경계 임무를 수행했다 — 원주.

다다르는 것이라고 설명했다. 그 강은 우리 부대로부터 1킬로미터쯤 남쪽에 있었는데, 내륙으로 뻗어 있었고 동쪽으로는 다케시 마을 가까이까지 흘렀다.

음울한 비가 내리는 새벽이었다. 우리는 불안했지만 희망을 버리지는 않았다. 이른 아침에 전선 부근에서 소화기가 동원된 교전이 있었고 적지 않은 포탄이 오갔다. 비가 잠시 주춤하는 사이에 우리는 K레이션을 먹었다. 지급받은 삼각대 위에(이 삼각대를 접으면 주머니에 쏙 들어갈 크기였다) 고체 연료를 태워 수통 컵으로 커피를 끓였다. 커피를 끓일 때는 불이 빗물에 젖지 않도록 두 손으로 가려 주어야 했다.

공격 개시 시각인 09시까지 시간은 매우 느리게 흘러 갔고, 그 시각이 가까워질수록 아군의 포병 부대와 함포에서 쏘아 대는 포탄은 점점 더 맹렬해졌다. 그사이에 비는 억수같이 내리기 시작했고, 이 빗속에서 일본군은 우리가 쏘는 것보다 더 많은 포탄으로 응사했다. 이 포탄들 가운데 많은 것이 우리 포병 부대를 노리며 머리 위를 지나갔다.

마침내 우리 박격포반에도 사격 명령이 떨어졌다. 우리가 날린 포탄들은 앞에 있던 적의 차폐물을 폭발시켰다. 우리 기관총도 불을 뿜었다. 공격 개시 시각이 점점 가까워질수록 대포와 함포와 81밀리 박격포의 공세도 무서운 기세로 점점 더 맹렬해졌다. 온갖 포탄이 온갖 비명을 지르면서 우리 머리 위를 앞에서 뒤로 그리고 뒤에서 앞으로 날아갔다. 아군의 포탄은 우리 바로 앞의 산마루에서 폭발했고 적군의 포탄은 우리 구역 또는 우리 바로 뒤에서 폭발했다. 포탄이 늘어날수록 소음도 커졌다. 장대비에 땅은 진흙탕으로 변해 있었다. 포좌 주변에서 포탄을 나르고 발사하던 우리는 포탄을 안고 미끄러지기 일쑤였다.

시계를 보니 09시였다. 나는 마른침을 삼키면서 소총 소대 전우들을 위해 기도했다.

「박격포 사격을 중지하고 대기하라!」

우리는 언제든 박격포를 쏠 수 있도록 혹은 명령이 떨어지면 곧바로 박격포를 들고 전진할 수 있도록 준비했다. 소총수들이 적진을 향해 빠르게 달려 나갔다. 소음은 한층 더 요란해졌고 귀가 먹먹해졌다. 적의 포화가 아군 전선 및 왼편에서 태풍처럼 작렬했고, 다시 참호로 돌아간 소총수들은 감히 밖으로 뛰쳐나올 엄두를 내지 못했다. 우리 오른쪽과 왼쪽에 있던 다른 대대들에서도 똑같은 일이 벌어지고 있었다.

천둥처럼 우르릉거리는 대포의 폭음을 배경으로 무수한 기관총 총성이 한 덩어리가 되어 믿기 어려울 정도의 금속음을 만들어 냈다. 적의 총탄은 전선의 모든 곳으로 날아들었고, 적의 포탄은 우리가 엎드려 있는 낮은 고개 너머로 마구 들이닥쳤다. 우리는 퇴각하는 아군을 지원하기 위해 백린탄을 몇 발 날렸다.

「사격 중지!」

해병대원 한 명이 경사면의 진흙을 미끄러지듯이 달려오면서 우리에게 외치는 소리였다. 적군이 아니라 아군임을 표시하는 고함이었다. 그는 전령이었다.

「퇴각하는 아군 대원들을 위해 들것이 필요하다. 박격포반 나와라!」

나와 다른 박격포병 셋이 이 전령을 따라 포화를 뚫고 앞으로 달려갔다. 머리 위로 마구 날아다니는 무수한 탄환을 뚫고 능선 바로 아래로 40미터쯤 달렸다. 능선의 산마루에서 2미터쯤 아래쪽에서 구릉을 관통하는 길이 나왔다. 장교 한 명이 자기 뒤에서 대기했다가, 명령이 떨어지면 곧바로 달려 나가 부상자를 들것에 싣고 오라고 했다. 그곳은 전날 니스와 웨스트브룩이 적의 기관총에 맞았던 바로 그 자리였다. 엄폐물이 없는 작은 공간으로 적의 총탄이 무수하게 들이쳤다. 마치 열린 창문 안으로 눈보라가 맹렬하게 달려드는 것 같았다.

공격이 무산된 뒤 K중대 소속 2개 분대원들이 우리가 있는 쪽으로 후퇴하고 있었다. 그들은 두세 명씩 무리를 지어 길을 따라 달렸는데, 달리면서도 적의 조준을 피하기 위해 지그재그로 방향을 틀었다. 적의 총탄은 그야말로 비 오듯 쏟아졌지만 믿을 수 없게도 적의 총탄에 맞은 대원은 한 명도 없었다. 그들 가운데는 신병도 있었지만 대부분 내가 아는 대원들이었다. 그들은 하나같이 충격으로 얼이 빠진 얼굴이었다. 표정만으로도 그들이 죽음의 순간을 가까스로 피하고 살아서 돌아왔음을 알 수 있었다. 다들 소총과 케이바와 토미를 단단히 쥐고 있었다. 진흙 바닥에 풀썩 쓰러져 가쁜 숨을 몰아쉬었고, 곧 공격에 나서기 전에 팠던 자기 참호로 돌아갔다.

나는 우리가 도로로 나가 부상자를 데리고 오지 않아도 되기를 간절하게 빌었다. 그리고 또 내가 그런 생각을 한다는 사실이 부끄러웠다. 만약 내가 부상을 입고 쓰러져 있다면 내 전우들은 나를 결코 그냥 내버려 두지 않을 것임을 알고 있었기 때문이다.

하지만 아무리 그렇더라도 적의 포탄과 총탄이 이렇게나 맹렬하게 퍼붓는 상황에서 몸을 날려 부상병에게 다가가 그를 무사히 데려올 수 있을 것 같지는 않았다. 우리 공격 부대의 대원들은 대부분 뒤로 빠졌고, 따라서 일본군 병사들은 들것을 들고 이동하는 우리들에게 보다 더 집중할 터였기 때문이었다. 이런 상황은 펠렐리우섬에서도 많이 경험해서 잘 알고 있었다. 일본군은 위생병에게도 가차 없이 총탄을 퍼부었다.

일본군의 총탄이 닿지 않는 각도로 마지막으로 무사히 넘어온 대원은 행크 보예스 중사였다. 그는 인원을 빠르게 점검한 뒤 모든 대원이 퇴각했다고 했다. 그리고 부상병들은 적의 기관총 세례가 아직 맹렬하지 않을 때 이미 퇴각했다고 말했다. 그 말을 듣고 나는 안도의 한숨을 크게 내쉬었다.

보예스는 대단한 해병대원이었다. 적진에 포위된 대원들을 구출하기 위해 조금의 망설임도 없이 적진으로 달려들어 연막 수류탄을 던지고 그들을 무사히 데리고 나왔다. 그의 던가리 모자와 바지에는 적의 총탄이 관통한 자국이 나 있었으며(그는 철모를 쓰고 있지 않았다), 다리에 일본군의 무릎 박격포 포탄 파편을 맞았지만 후방으로 후송되길 거부했다.[3]

장교는 들것조가 필요 없을 것 같다면서 원위치하라고 했다. 우리는 빠른 속도로 박격포 진지로 돌아왔다. 그때까지도 적군과 아군의 포격 공방은 지치지 않고 계속되었다. 그러나 총탄 세례의 강도는 줄어들기 시작했다. 그때쯤에는 이미 우리 대원들이 모두 원래 있던 자기 참호로 들어가 있었기 때문이다. 내가 원래 자리로 돌아가자 우리 박격포에서 나를 대신했던 대원은 서둘러 자기 참호로 돌아갔다.[4]

우리는 폭우 속에 참호로 기어 들어가 일본군과 포탄과 폭우에 저주를 퍼부었다. 적의 대포는 우리 중대가 있는 구역으로 계속 포탄을 날렸다. 감히 또다시 공격할 생각을 하지 말라는 엄포인 셈이었다. 그날 우리 해병 부대가 공격을 감행했지만 성과도 없이 상당한

3 헨리 보예스Henry A. Boyes 중사는 원래 캘리포니아 트리니다드에서 젖소를 키우던 사람이었다. 그는 해병 제5연대 제3대대 K중대의 분대장으로 글로스터 전투와 펠렐리우 전투에도 참가했다. 은성무공훈장을 받았으며 은제세부스 상륙 작전 뒤 중사로 진급했다. 파이브 시스터즈 공방전에서 부상해 후방으로 이송되었지만, 오키나와 상륙 작전에 맞춰 복귀했다. 5월 초에 부상을 입었지만 후송을 거부하고 K중대의 일등상사가 되었다. 보예스는 중대장인 〈스텀피〉 스탠리 중위와 함께 K중대를 이끌었다. 건장한 체구의 보예스는 엄격하면서도 인정이 많았다. 부대의 사기가 아무리 떨어져도 그는 늘 지치지 않는 열정으로 중대원들을 독려했다. 지금 그와 그의 가족은 오스트레일리아에서 벌목업과 목축업에 종사하고 있다 — 원주.

4 당시 전투의 어느 한 시점에 버긴은 우리 박격포가 포착할 수 없었던 적의 기관총 위치를 포착하기 위해 스스로 기관총탄 세례 속으로 몸을 날린 뒤 마침내 그 위치를 관측해 박격포반에 알렸고, 우리 박격포는 적의 기관총을 명중시켰다. 이 일로 버긴은 동성무공훈장 Bronze Star을 받았다 — 원주.

수의 사상자가 발생했다는 소식이 전해졌다. 그래서 다음 날까지는 공격을 중지한다고 했다. 우리로서는 다행이었다. 일본군의 맹렬한 포격은 한동안 더 이어졌다. 공격이 실패해 우리는 다들 기분이 우울했다. 얼마나 많은 전우가 목숨을 잃었는지 아직은 정확하게 알지 못했다. 그것은 공격이 끝난 뒤나 적의 맹렬한 포격이 멈춘 뒤에 늘 찾아오던 불안이었다. 불확실성에 대한 불안이었다.

빗물이 10센티미터나 고여 있는 박격포 진지에서 바라보이는 풍경은 음울하기 짝이 없었다. 빗줄기는 기세 좋게 쏟아졌고, 그럴수록 우리 대원들의 상태는 한층 더 처참했다. 다른 대원들도 진흙 구덩이 참호에 처량하게 쭈그리고 있다가 포탄이 한 번씩 우르릉거릴 때마다 머리를 숙이고 있었다. 그건 우리도 마찬가지였다.

이것은 내가 전투 와중에 처음 맛본 진흙탕의 경험이었다. 그리고 그 맛은 내가 상상한 것보다 훨씬 더 고약했다. 파부부에서 경험했던 진흙은 성가신 것이었고 기동 훈련 때의 진흙은 그저 불편한 것일 뿐이었다. 그러나 전장에서의 진흙은 뭐라고 설명할 수 없을 정도로 처참했다.

1차 세계 대전 때 진흙탕에서 병사들이 사투를 벌이던 장면을 포착한 사진을 본 적이 있었다. 물론 기자가 카메라를 들이댔을 때 병사들이 일부러 얼굴을 찡그렸을 수도 있다. 하지만 의도적으로 연출된 게 아닐 수도 있었다. 그 얼굴들은 특이할 정도로 지쳐 있었고, 혐오감을 잔뜩 담고 있었다. 그 얼굴의 표정을 그때 그 진흙탕 참호에서 비로소 이해할 수 있었다. 오키나와의 공기는 차갑고 축축했지만, 축축할 뿐만 아니라 살을 엘 듯이 추웠던 유럽의 참호에서 오들오들 떨고 있지는 않는다는 사실에 나는 신에게 감사했다.

포격은 마침내 잦아들었고, 사방이 조용해졌다. 우리는 참호에 쭈그리고 앉아 비를 원망했다. 습기를 머금은 대기는 폭발한 탄환의 화학 약품 냄새를 무겁게 머금고 있었다.

얼마 뒤, 우리의 왼쪽 뒤편으로 해병대 들것조가 부상자를 나르는 모습이 보였다. 그들은 우리가 있는 구릉 뒤로 왼쪽으로 돌아가거나 들판을 가로질러 또 다른 구릉 뒤를 오른쪽으로 돌아가지 않았다. 이 두 개의 낮은 구릉 사이를 곧바로 가로지르는 쪽으로 방향을 잡고 있었다. 그건 위험했다. 일본군 병사들이 그 구역에 여전히 총을 겨누고 있을 가능성이 높았기 때문이다.

들것조가 몇 그루의 나무가 모여 있어 엄폐물로 삼을 수 있는 쪽으로 접근하자, 우리 왼쪽 전방에 있던 일본군 소총수들이 사격을 가했다. 총탄이 들것조 주변의 진흙탕에 흙탕물을 튀기는 게 눈에 보였다. 들것을 든 네 명의 대원은 미끄러운 들판을 가로질러 최대한 빠른 속도로 달렸다. 그러나 그래 봐야 평상시보다 느린 속도였다. 게다가 들것에 실린 부상병이 바닥으로 떨어질 수도 있었다.

우리는 60밀리 백린탄 발사를 허가해 달라고 요청했다. 연기로 적 소총수들의 시야를 가리겠다는 의도였다(연막 수류탄을 던져 들것조를 지원하기에는 거리가 너무 멀었다). 하지만 이 요청은 거부당했다. 아군이 있는 방향으로 포탄을 쏠 경우 숨어 있던 아군 병사가 맞을 수도 있었기 때문이다. 그래서 우리는 들것을 든 네 명의 해병 대원이 적탄을 피해 무사히 빠져나가기를 빌며 그저 조마조마하게 지켜볼 수밖에 없었다. 부상한 전우를 살리려고 필사적으로 몸부림치는 아군 병사들, 그리고 이를 저지하려고 총탄을 퍼붓는 적군 병사들, 그리고 또 이 모습을 무기력하게 지켜보는 우리들……. 이 광경을 지켜보는 것은 개인적인 위험을 무릅쓰는 것보다 더 힘든 것이었다. 이것보다 더 무거운 고뇌는 없었을 것이다.

네 명의 들것 대원은 무게를 최대한 가볍게 하려고 다른 개인 장비 없이 소총 하나만 달랑 어깨에 메고 있었다. 한 손으로는 들것의 손잡이를 잡고 다른 한 손으로는 반대 방향으로 크게 휘저으며 몸의 균형을 유지하려고 애썼다. 이 네 명의 어깨는 들것의 무게에 눌려 구부러져 있었다. 철모를 쓴 네 명의 머리는 수레를 끄는 네 마리 짐승의 머리처럼 앞으로 숙여져 있었다. 입고 있는 초록색 던가리 전투복은 비에 젖고 또 진흙이 점점이 튄 채로 자체 무게 때문에 아래로 축 처져 있었다. 좁은 들것에 누운 부상병은 꼼짝도 하지 않았다. 그의 목숨은 자기를 안전한 후방으로 옮기는 네 명 대원의 목숨에 달려 있었다.

그런데 안타깝게도 뒤쪽에 있던 두 명이 적의 총탄에 맞은 모양이었다. 들것을 쥔 손이 늘어지는가 싶더니 무릎이 꺾였다. 그러고는 진흙탕 바닥에 뒤로 벌렁 자빠졌다. 들것이 땅에 떨어졌다. 지켜보던 대원들은 모두 숨이 막혔다. 그러나 곧 안도의 한숨을 내쉬었다. 앞에 있던 두 대원이 들것을 내려놓고 부상병을 양측에서 안았다. 또 다른 팔로는 들것을 들었다가 총에 맞은 동료 대원들을 각각한 명씩 부축해서 걸어가기 시작했다. 그 다섯 명은 우리의 환호 속에 서로가 서로를 부축하면서 비틀비틀 절뚝절뚝 나무숲 안으로 모습을 감추었다. 적병이 쏜 총탄은 여전히 그 주변의 진흙탕을 때렸다. 나는 안도했고 또 기뻤다. 아울러, 내 마음속에서는 일본군 병사들을 향한 적개심이 부글부글 끓어올랐다.

해가 저물기 전에 우리는 우리 K중대가 다음 날 다시 한번 더 공격을 감행할 것이라는 말을 들었다. 빗줄기는 서서히 약해지더니 마침내 그쳤고, 우리는 처연한 마음으로 전투 준비를 했다.

탄약과 전투 식량 및 식수를 지급받을 때 우리 중대의 장교들과 부사관들이 모여 있는 걸 보았다. 그들은 중대장을 중심으로 더러는 서고 더러는 쪼그리고 앉아 낮은 목소리로 대화를 나누고 있었다. 대화의 중심은 중대장으로, 무언가를 지시하거나 혹은 어떤 질문에 대답하곤 했다. 고참 부사관들과 전투 경험이 있는 장교들이 진지한 얼굴로 때로는 불안한 얼굴로 중대장의 말에 귀를 기울였다. 우리 사병들은 잘 아는 얼굴들을 주의 깊게 관찰하면서 그들의 얼굴을 통해 우리 앞에 장차 어떤 일이 기다리고 있을지 읽어 내려고 노력했다.

새로 편입된 장교들의 얼굴에는 또 다른 표정이 어려 있었다. 그들은 눈썹을 잔뜩 찌푸리면서도 들뜬 표정이었다. 본국에 있는 해병대 본부의 간부 후보생 학교에서 훈련을 받으면서 경험했던 것을 실전에서 겪어 보겠다는 기대감에 부풀어 있었던 것이다. 또한 그들은 목숨을 걸고서라도 최상의 행동을 다하겠다는 각오가 되어 있었다. 나로서는 그 젊은 장교들의 그런 모습이 어쩐지 비극적으로 보였다. 그들은 장차 자기들 앞에 어떤 일이 닥칠지 전혀 알지 못한 채 순진하기만 했기 때문이다.

신임 장교들은 무거운 짐을 졌다. 그들은 난생처음으로 무슨 일이 일어날지 전혀 알지 못하는 실전에 공포감을 품고 투입되어야 했다(전투 현장에서 무슨 일이 일어날지는 그 어떤 고도의 훈련 프로그램이라도 예상할 수 없다). 사실 그들은 검증이 되지 않은 장교였고, 전투는 가혹한 최종 시험대였다. 신참인 젊은 장교들에게는 무거운 의무를 짊어지고 산전수전 다 겪어 자부심이 높은 역전의 사병들 사이에서 지도력을 발휘한다는 것이 가혹한 시련이었다. 내가 아는 한 우리 사병들 가운데서는 누구도 그들을 부러워하지 않았다.

펠렐리우에서와 달리 오키나와에서는 긴 전투 기간에 장교가 몇 번씩이나 교체되었다. 장교들이 부상하거나 전사하는 일이 워낙 자주 일어나 중대원들은 그들의 코드 네임밖에 모르는 경우가 많았고, 전투를 함께 겪는 것도 한두 번밖에 없는 경우가 많았다. 전투가 이어지다 보면 사상자가 발생하는 건 당연하다고 생각했었다. 그러나 장교들이 사상자 명단에 올라가는 경우가 워낙 잦다 보니 나는 소총 중대에서 소위라는 계급은 씨가 말라 버리는 게 아닐까 하는 생각까지 했다.

중대장이 부하 장교들과 부사관들을 해산시켰고, 이들은 각자 자기 소대로 돌아가 곧 시작될 전투에 대해 소대원들에게 설명했다. 맥이 버긴을 포함한 박격포반 부사관들에게 간결하고도 효과적으로 명령을 전달했다(맥은 허세를 벗어던진 모습을 보였고, 나는 그게 마음에 들었다). 그리고 부사관들은 우리에게 무슨 준비를 해야 할지 일러 주었다. 우리는 중포(重砲)를 포함한 다양한 무기의 지원을 최대한 받을 것이며 부상자가 발생할 경우에는 신속한 도움을 받을 것이라고 했다. 우리는 장비를 준비한 뒤 초조한 마음으로 명령이 떨어지기를 기다렸다.

다음 날 공격에 가담할 소총 소대의 대원 한 명이 나를 찾아왔다. 우리는 온통 진흙탕이 되어 버린 포좌 근처에서 철모를 쓴 채로 앉아 오랜 시간 얘기를 나누었다. 나는 파이프에 불을 붙였고 그 친구는 궐련을 피워 물었다. 그 구역은 조용한 편이었고, 덕분에 우리는 별다른 방해를 받지 않고 이야기를 이어 갈 수 있었다. 그 친구는 자기 속내를 모두 털어 놓았다. 그가 나를 찾아온 것은 우리가 친했기 때문이었으며 또 내가 고참병이기 때문이었다. 그는 이제 곧 시작될 공격 작전이 끔찍할 정도로 무섭다고 말했다. 그래서 나는 무섭지 않은 사람은 아무도 없다고 말해 줬다. 그러나 그는 나를 포함한 어떤 대원들보다 다치거나 죽을 가능성이 높음이 분명했다. 그는 최전선에서 돌격해야 하는 소대에 소속되어 있었기 때문이다. 그래서 그에게 힘을 불어넣으려고 내가 할 수 있는 최선의 노력을 다했다.

그는 전날 전투를 보고는 너무도 충격을 받고 의기소침해 있었다. 자기는 이번 전투에서 살아남지 못할 것이라고 했다. 그러면서 고향에 있는 부모님 얘기와 전쟁이 끝나면 결혼하기로 약속한 여자 이야기까지 모두 털어놓았다. 그 친구가 걱정하는 것은 죽거나 부상하는 것만이 아니었다. 사랑하는 사람에게 다시는 돌아가지 못할지도 모른다는 생각이 그를 절망적인 심리 상태로 몰아넣고 있었다.

그때 힐빌리 존스 대대장이 펠렐리우에서 내가 처음으로 충격에 빠졌을 때 나를 위로하며 그 충격에서 벗어나도록 도왔던 일이 떠올랐고, 그때 대대장이 나에게 해주었던 것과 똑같은 말을 그 친구에게 해주었다. 마침내 그 친구는 안정을 찾은 것 같았다. 아니면 운명에 모든 것을 맡기기로 했을지도 모른다. 어쨌든 그 친구는 기운을 되찾았고, 우리는 악수를 했다. 그는 따뜻한 우정에 고맙다고 말하고는 자기 참호로 돌아갔다.

우리가 나눈 대화에서 특별한 것은 없었다. 돌격하라는 명령 아래에서 혼돈의 지옥 속으로 몸을 던져야 하는 보병들 사이에서는 똑같은 일이 날마다 수도 없이 반복되었다. 그날 밤 내가 친구와 그런 대화를 나눈 것도 끊임없이 시련과 위험에 맞닥뜨려야 하는 전우들 사이의 우정이 얼마나 소중한지 생생하게 보여 준다. 우정은 우리 병사들에게 유일한 위로였다.

임박한 공격을 앞두고 대원들은 무기와 장비를 철저하게 정리하는 데 몰두했는데, 지금 생각해도 이런 모습은 이상하다. 우리는 신병 훈련소에서 배낭의 끈을 절대로 늘어뜨리지 말라고 배웠다(그렇게 늘어뜨린 끈을 우리는 〈아이리시 페넌츠Irish pennants〉라고 불렀는데, 그렇게 부르는 이유는 몰랐지만 그런 게 발견되기라도 하면 훈련 조교에게 호되게 혼이 났다). 그래서, 그냥 습관일 뿐이라고 생각하지만 우리는 끈이란 끈은 모두 끝을 잘 감친 다음 안으로 잘 여미고 배낭의 꼴을 단정하게 마무리했다. 그리고 또 무기를 청소하거나 손볼 데가 있으면 손을 보았다. 무기 청소용 칫솔은 하나씩 따로 챙겨 두고 있었다. 그리고 각반의 끈을 단단히 조이기도 했다. 돌격대로 선발된 불운한 병사들은 이런 사소한 일을 하며 시간을 바쁘게 보냈다. 돌격 명령이 떨어졌을 때 참호에서 뛰어나오는 일이 지옥의 불구덩이로 뛰어드는 게 아니라 장비 점검을 받으러 가는 것처럼 느끼기라도 하는 것처럼.

5월 3일 공격은 부분적인 성공으로 끝났다. 전날 우리 박격포들이 적의 중기관총을 박살 낸 덕분에 우리 중대가 다음 고지로 전진하는 게 조금은 덜 어려웠다. 그러나 우리는 그 고지를 지킬 수 없었다. 기관총과 박격포로 무장한 적의 맹렬한 공세에 백 미터쯤 뒤로 물러나야 했다. 이렇게 해서 우리는 그날 하루 동안 약 300미터를 전진했다.

해가 떨어지려면 아직 한참 남아 있을 때 이미 상황은 끝났고, 사방은 평온해졌다. 우리 K중대는 지난 이틀 동안 격렬한 전투로 사상자가 많이 발생했기 때문에 한동안 연대 예비 병력으로 전환될 것이라는 말이 돌았다.

우리가 진지에 들어와 있는 동안에도 오후 전투에서 발생한 부상병들이 차례로 이송되고 있었다. 부상병들 가운데 어젯밤에 얘기를 나누었던 친구가 보여 얼마나 반가운지 몰랐다. 다리에 감은 붕대에서는 피가 스며 나왔지만 그 친구는 얼굴 가득 승리의 기쁨과 자랑스러움을 담은 미소를 담고 있었고, 우리 두 사람은 뜨거운 악수를 했다. 들것에 실려 가는 그 친구는 나를 보고 씨익 웃었다. 신의 가호 덕분인지 그저 운이 좋았던 것인지 그는 목숨을 잃지 않았을 뿐만 아니라 백만 달러짜리 부상을 입고 전투의 공포와 싸워야 하는 짐을 내려놓을 수 있게 되었다. 그는 의무를 다했고, 그에게 이제 전쟁은 끝났다. 그는 고통을 참아야 했지만 어쨌거나 운이 좋았다. 그러나 그 친구만큼 운이 좋지 않았던 대원들이 많았다.

반격

우리는 참호 속에서 밤을 맞았다. 전선에서 떨어진 조용한 구역이었으므로 그만큼 불안에 떨지 않아도 되었다. 나와 참호를 함께 쓰는 대원이 먼저 불침번을 섰고, 나는 정말 평온하고 조용한 밤을 보내게 될 것이라고 확신하면서 잠자리에 들었다. 하지만 그 생각은 틀렸다. 조금 뒤에 동료 대원이 나를 깨웠다.

「일어나 슬레지해머, 일본놈들이 뭔가 수작을 부리는 거 같아.」

나는 깜짝 놀라 일어나면서 본능적으로 45구경 권총을 꺼내 들었다. 그때 부사관의 심각한 목소리가 들렸다.

「전원 전투 준비! 최고 수준의 경계 태세로 돌입한다!」

전선에서는 아군의 중포와 소화기가 발사되고 있었다. 그 포성과 총성의 대부분은 우리 사단에서 볼 때 왼쪽, 즉 육군이 포진하고 있는 곳에서 나는 것 같았다. 전방 정면 쪽을 향한 아군의 포격도 점점 더 맹렬해졌다. 엄청나게 많은 포탄이 우리 머리 위를 지나 적 진영으로 날아갔다. 그것은 통상적인 요란 사격이 아니었다. 요란 사격이라고 하기에는 규모가 너무 컸기 때문이다.

「뭐지?」

「나도 몰라. 하지만 전선에서 무슨 일이 일어난 것만은 분명한데…… 아마도 일본놈들이 반격을 감행하는 것일지도 모르지.」

아군과 적군 양측이 모두 포격을 점점 더 강화하는 것으로 볼 때 어떤 거대한 일이 일어나는 게 분명했다. 참호 속에 앉아 무슨 영문인지 짐작이라도 할 수 있는 어떤 말이 돌길 기다리는데, 갑자기 아군의 중기관총과 박격포 포격이 시작되었다. 포격 지점은 제1해병연대가 지키고 있는 전선 뒤쪽이었다. 아닌 게 아니라, 박격포에서 쏘아 올린 조명탄 아래에서 미군의 기관총탄 궤적도 바다 쪽으로 향하고 있는 게 보였다. 그런 사실이 의미하는 것은 단 하나뿐이었다. 적이 현재 육지와 바다 양면에서 동시 공격을 전개하고 있으며, 제1해병사단의 오른쪽 날개에 해당하는 제1연대의 우측 배후에서 상륙을 시도한다는 것이었다.

「일본놈들이 역상륙 작전을 감행해서, 제1연대가 맹렬한 반격을 가하고 있다!」

누군가 긴장한 목소리로 고함을 질렀다.

제1연대가 과연 적의 공격을 저지할 수 있을까? 모든 사람의 의문이었다. 그러나 중저음의 목소리 하나가 확신을 가지고 말했다.

「1연대라면 놈들을 간단하게 두들겨 패버릴 거야.」

그의 예상이 제발 맞기를 우리는 간절히 빌었다. 하지만 분명한 사실은, 만약 적이 우리 오른쪽에서 상륙을 하고 또 왼쪽과 정면에서 협공으로 반격을 한다면, 우리 제1해병사단 전체가 고립될 수도 있다는 점이었다. 우리는 어둠 속에서 초조한 마음으로 귀를 기울였다. 그때 다시 부사관의 목소리가 들렸고, 상황은 한층 더 심각해졌다.

「적의 낙하산 부대가 침투할 수도 있다, 전원 전투 준비! 눈 똑바로 떠!」

온몸의 피가 얼어붙는 느낌이었다. 몸이 덜덜 떨렸다. 일본군 낙하산 부대가 그 정도로 무서웠다는 뜻이 아니다. 일본군의 노련한 보병 부대도 낙하산 부대만큼이나 강력하고 사나웠다. 그러나 일본군 낙하산 부대가 상공에서 우리 등 뒤에 떨어짐으로 해서 우리가 아군의 총격에 맞아 죽을 수도 있다는 생각이 우리를 무섭게 했다. 펠렐리우섬에 있는 동안 밤이면 거의 언제나 앞과 뒤, 그리고 오른쪽과 왼쪽으로 사주 경계를 확실하게 했다. 그러나 오키나와의 그날 밤에는 사방뿐만 아니라 캄캄한 하늘까지 눈을 크게 뜨고 살펴야 했다.

우리는 늘 죽을지 모른다는, 혹은 불구가 될지도 모른다는 공포 속에 살았다. 그러나 적에게 포위되어 자기를 방어할 수 없을 정도로 부상할 수도 있다는 생각에 머리가 꽁꽁 얼어붙는 느낌이었다. 일본군 낙하산 부대가 잔인하다는 소문은 이미 널리 알려져 있었기 때문이다.

그날 밤 일본군 비행기 두 대가 우리 머리 위를 날았는데(엔진 소리만 듣고도 아군기인지 적기인지 분간할 수 있었다), 그 소리를 듣고 나는 그때까지 미처 알지 못했던 공포의 새로운 차원을 경험했다. 하지만 그 비행기에서는 낙하산 부대가 뛰어내리지 않았다. 알고 보니 연안에 정박한 아군 함정들을 공격하러 가던 폭격기나 전투기였다.

우리의 왼쪽에 있는 전선을 두고 아군과 적군의 포격은 기관총과 소총의 총성이 묻혀 버릴 정도로 쉬지 않고 맹렬하게 계속되었다. 우리 오른쪽에서는 제1해병연대가 바다 쪽으로 소화기와 박격포를 한참 동안 쏘아 댔고, 뒤쪽에서는 소총 총성이 산발적으로 들렸다. 뒤에서 총성이 들린다는 게 찜찜하게 마음에 걸렸다. 그러나 몇몇 낙천주의자들은 후방의 우리 연대 예비 부대 녀석들이 일렁거리는 나무 그림자를 보고 쏘는 것일 뿐이라고 말했다. 일본군 병사들이 우리 왼쪽에 있는 육군 전선을 돌파했다는 소문이 돌았다. 우리를 감싸고 있던 혼란과 불확실성 때문에 그날 밤의 악몽은 유난히 길게 느껴졌다. 그때 나는 두 개의 상반된 감정이 극단적으로 뒤섞이는 경험을 했다. 한편으로는 전투에 직접 참가하지 않게 되어 무척 다행이라고 생각했고, 다른 한편으로는 아군이 적의 공격을 무사히 제압해 주길 간절하게 바랐다.

동틀 무렵 일본군 비행기들이 우리 함정을 공격하는 소리를 들었고, 또 함대가 그들을 향해 대공포를 쏘는 것을 보았다. 우리 함정들은 적의 공중 공격을 받으면서도 육지의 일본군을 노리며 맹렬하게 함포 사격을 했다. 우리 오른쪽 후방에서 아군 보병 부대의 포화는 점점 잦아들었다. 그리고 제1연대가 우리 사단을 후방에서 공격하려던 일본군 수백 명을 사살했다는 소식도 무전기를 통해 들려왔다. 아직도 총성이 산발적으로 들리는 걸 보면 패퇴한 적이 해안가로 도망친 듯했다. 이제는 크게 염려했던 위협이 모두 사라진 모양이었다.

우리 전선을 지원하는 포격이 점점 거세졌고, 우리 사단이 그날 적을 향해 공격을 감행할 계획이라고 했다. 그러다가 다시 우리는 현재의 위치를 지킨다고 했다. 더할 나위 없이 반가운 명령이었다.

우리 왼쪽에 있는 육군이 일본군 주력의 집중 공격을 막아내긴 했지만 아직도 그 구역의 상황은 엄중했다. 일부 궤멸되긴 했지만 적은 여전히 물러서지 않고 공격을 계속한다고 했다. 제1해병사단은 우리 제5연대 3대대를 예비 병력으로 남겨 둔 채 공격을 감행했다. 그러나 적의 대응도 만만치 않다는 소식을 들었다. 우리에게는 전날 밤 우리 사단 구역 안으로 침투한 일본군이 있는지 찾아보라는 명령이 떨어졌다. 그러나 일본군은 없었다.

그즈음 일본군은 항공기를 동원해 우리 함대를 맹렬하게 공격했다. 가미카제 자살 특공기 한 대가 급강하해 아군 함정의 두꺼운 대공포 탄막을 뚫고 순양함을 들이받는 장면도 보았다. 충돌 순간에 고리 모양의 거대한 흰색 연기가 수천 미터 상공까지 피어올랐다. 그리고 얼마 뒤, 그렇게 당한 아군 순양함이 버밍엄호이고 상당한 수의 사상자가 발생했다는 소식을 들었다.

5월 3일부터 4일까지 이틀에 걸친 일본군의 반격은 미군 제1해병사단을 고립시켜 궤멸함으로써 미국의 전투 계획에 혼란을 주는 것을 목적으로 한 대규모 시도였다. 일본군은 한밤중에 제7보병사단 후방의 동쪽 해안에 수백 명의 군인을 상륙시키는 작전을 감행했고, 이와 동시에 제1해병사단의 후방인 서쪽 해안에서도 또 다른 상륙 작전을 벌이는 양동 작전을 구사했다. 일본군의 계획은, 미군 후방에 상륙한 이 두 개 부대가 내륙으로 진격한 다음 합류해서 미군의 후방 부대를 교란하는 한편 주력은 미군의 핵심을 급습한다는 것이었다.

일본군의 제24보병사단은 미 육군 제7·제77보병사단의 경계 지역에 정면 공격을 집중했다. 이 공격으로 미군 전선에 틈이 생길 때 다른 대부대를 투입해 제1해병사단의 왼쪽 후방으로 돌아가 일본군 제62보병사단이 제1해병사단을 정면에서 공격할 때 후방에서 협공하겠다는 의도였다.

 일본군의 이 계획이 성공했다면 적은 우리 제1해병사단을 고립시
킨 다음 궤멸할 수 있었을 것이다. 그러나 그 작전은 실패로 끝났다.
미 육군 2개 사단이 일본군에 6,000명이 넘는 전사자를 발생시키며
정면 공격을 저지했던 것이다(비록 상당수의 일본군이 전선을 뚫고
침투했지만, 전세를 바꿀 정도의 병력은 되지 못했다). 한편 제1해병
사단의 오른쪽에 있던 제1연대는 서해안으로 상륙하려던 적을 발견
해 해상과 해안에서 300명 이상을 사살했다.

11장 불안과 공포

5월 6일에 시작된 큰비는 8일까지 이어졌다. 이 비는 5월 두 번째 주가 끝나는 시점부터 5월 말까지 우리를 괴롭히게 될 악몽과도 같은 진흙과의 싸움을 예고하는 것이었다. 우리 제1해병사단은 아지야강의 상류에 도달했지만, 사상자가 무려 1,409명이나 되는 무지막지한 피해를 입었다. 5월 첫 주에 입은 피해가 엄청나게 컸다는 것은 나도 이미 알고 있었다. 우리가 작전을 펼치던 좁은 구역에서 내가 목격한 사상자만도 수없이 많았기 때문이다.

5월 8일, 나치 독일이 무조건 항복을 선언했다. 엄청난 소식이었다. 그러나 대원들은 다들 자기가 놓인 위험한 처지와 자기에게 닥칠 위험한 일들을 생각하느라 그 소식에 관심을 둘 여유가 없었다.

「그래서 뭐?」

이게 내 주변에 있던 대원들이 보인 전형적인 반응이었다. 오키나와섬에 있는 일본군은 다른 데서 그랬던 것처럼 마지막 한 명이 죽을 때까지 우리와 맞서 싸울 것이며, 일본 본토도 마찬가지일 것이다. 우리에게는 이 엄혹한 사실만이 중요할 뿐이었다. 그러니 나치 독일의 이야기는 달보다 먼 딴 세상의 일이었다.

이른바 유럽 전승 기념일(5월 8일, V-E Day)에 오키나와섬에서 우리에게 가장 인상적인 일은 포병 부대와 해군의 함포가 일본군을 향해 퍼부은 무시무시한 포격이 아닐까 싶다. 나는 그 포격이 다음 날의 공격을 준비하는 사전 작업인 줄 알았다. 하지만 그 뒤 여러 해가 지난 뒤 그 포격은 일본군에게 피해를 입히겠다는 것뿐만 아니라 유럽 전선에서의 승리를 축하하기 위한 것이었음을 어떤 글을 읽고서야 비로소 알았다.

제6해병사단은 우리 오른쪽 전선으로 이동했고 우리 제1사단은 약간 왼쪽으로 이동했다. 이렇게 되자 우리 사단은 전체 전선의 한 가운데에 위치하게 되었다. 차가운 비를 맞으며 진흙탕 참호에 웅크리고 있을 때 제6사단이 도착했다는 소식과 아군의 대규모 포격은 나치 독일이 항복했다는 소식보다 훨씬 더 반가웠다.

제5연대는 다케시 마을로 접근해 아와차(安波茶) 포켓이라고 일컬어지던 고립 지대에 있던 적의 강력한 수비망을 파고들었다. 소문으로는 우리가 일본군의 주요 방어선인 슈리 전선으로 접근할 것이라고 했다. 그러나 우리가 슈리 전선의 주요 고지에 접근하려면 그 앞을 막아선 아와차와 다케시를 무너뜨려야 했다.

우리 대대가 아와차를 앞에 두고 참호를 팔 때 박격포반은 전선에서 약 칠팔십 미터 뒤쪽의 작은 언덕 경사면에 참호를 팠다. 억수같이 내리는 비 때문에 추위도 문제였지만 그것 말고도 여러 가지 다른 문제가 발생했다. 아군 탱크가 우리를 지원하러 올 수 없게 된 것이었다. 지프와 트레일러는 온통 진흙탕인 길을 운행할 수 없었기 때문에 대량 보급 물자는 암트랙으로 날라야 했다.

암트랙은 우리와 최대한 가까운 지점까지 접근해 탄약과 전투 식량, 19리터들이 식수통 등을 내려놓았다. 그러나 박격포반의 뒤쪽에 있던 작은 계곡에 흙탕물이 사납게 흐르고 있어 모든 보급품은 50미터쯤 떨어진 그 계곡 건너편에 쌓아둘 수밖에 없었다. 말하자면 그 곳이 임시 저장소인 셈이었다. 그러면 작업반으로 선정된 대원들이 계곡을 오가면서 보급 물자를 각 소대와 박격포반으로 날랐다.

탄약이나 전투 식량을 나르는 일은 고참병이라면 수도 없이 많이 해본 작업이었다. 나 역시 펠렐리우섬에서 숨이 막히는 열기 속에 믿을 수 없을 정도로 험악한 바위 지형을 오가면서 다른 대원들과 함께 탄약이며 전투 식량이며 물을 날랐었다. 이 작업은 들것에 부상병을 싣고 오가는 것만큼이나 힘든 일이었다. 그러나 이 일은 무릎까지 푹푹 빠지는 진흙 속에서 나에게 주어진 첫 번째 임무였는데, 그때까지 경험했던 그 어떤 작업반의 작업보다도 힘들었다.

모든 탄약은 다 무거웠다. 그러나 같은 탄약이라도 어떤 것은 운반하기 쉽고 어떤 것은 어려웠다. 수류탄 상자와 기관총 탄띠 상자를 발명한 사람은 정말 훌륭한 사람이라고 우리는 늘 말했다. 수류탄 상자는 나무로 만들었고 양 옆에 끈으로 손잡이가 달려 있었다. 기관총 탄띠 상자는 금속으로 만들었지만 위에 손잡이가 달려 있었다. 그러나 30구경 소총 탄약을 담은 상자를 만든 사람은, 그가 누구인지 몰랐지만 우리는 늘 이 사람에게 저주를 퍼부었다. 상자 하나에 탄약이 1,000개 들어 있어 매우 무거웠지만, 양 끝에 작은 틈만 달랑 하나씩 만들어져 있었다. 그래서 이 상자를 들 때는 손가락 끝만을 사용해야 했고, 상자 하나를 들 때 두 사람이 매달려야 했다.

전투 현장에서 이 무거운 탄약을 어깨에 메고 필요한 장소까지(그런데 이 장소는 대개 그 어떤 종류의 운반 도구나 장치로도 접근할 수 없는 지점이었다) 운반한 다음, 그 상자에 들어 있는 내용물을 꺼내는 작업에 우리는 많은 시간을 소비했다. 그리고 오키나와에서 우리는 이 작업을 보통 적의 포화 속에서 억수같이 내리는 비를 맞으며, 무릎까지 푹푹 빠지는 진흙탕 길을 오가며 수행했다. 그것도 몇 시간씩이나 계속……. 한차례 작업이 끝나면 그렇지 않아도 전투로 심신의 긴장이 극도로 치달은 보병은 쓰러져 정신을 잃어버리기 직전 상태였다.

그런데 지금까지 전쟁을 소재로 다루는 책이나 영화는 보병이 겪는 이 징글징글한 측면은 거의 무시했다. 지금까지 이런 책이나 영화는 전투 현장에서 탄약이 필요한 상황에서는 늘 탄약이 그 자리에 있었던 것 같다. 펠렐리우섬에서는 열기와 거친 지형 때문에, 그리고 오키나와섬에서는 진흙 때문에 탄약을 운반하는 작업이 특히 더 힘들었을지 모른다. 그러나 그 일은 우리 대원들 가운데 누구도 결코 잊어버릴 수 없는 힘든 작업이었다. 그 작업 때문에 우리는 지쳤고 또 사기가 떨어졌다. 게다가 그 일은 끝없이 계속될 것만 같았다.

아무튼 아와차를 앞에 두었던 그 진지에서 작업반으로 차출된 우리가 보급품을 나르느라 문제의 그 계곡을 두세 번 오갔을 때, 갑자기 왼쪽에서 일본군의 남부식 기관총이 총탄 세례를 퍼부었다. 나는 계곡 중간쯤에 있었고 천천히 계곡을 건너고 있었는데, 갑자기 일본군 기관총 사수가 계곡을 향해서 쏘아 댔던 것이다.

나는 본능적으로 달아나기 시작했다. 미끄러지고 자빠지면서 가까스로 총탄을 피할 수 있는 지점까지 갔다. 그곳은 보급품을 쌓아 둔 임시 저장소였다. 총탄이 내 주변으로 어지럽게 날았다. 함께 있던 다른 대원들도 다행히 쌓여 있는 보급품 뒤로 무사히 몸을 숨겼다. 일본군 병사는 계곡의 왼쪽 위에 숨어 있었는데, 누구든 우리가 있는 쪽으로 계곡을 건너는 사람을 조준해서 쏘기에는 매우 좋은 위치였다. 이런 상황이니 임시 저장소를 오가면서 탄약을 운반하려면 희생자가 나올 수밖에 없었다. 그렇다고 포기할 수도 없었다. 이제 곧 공격에 나서야 하는데 각 소대와 우리 박격포반은 탄약을 지급받아야 했기 때문이다.

우리는 계곡 건너편의 박격포반을 바라보았다. 레디퍼가 연막 수류탄을 던졌다. 그 연막 속에서 우리가 무사히 계곡을 건너올 수 있도록 하겠다는 것이었다. 펑 소리와 함께 섬광이 일었다. 그리고 흰 연기가 두껍게 계곡에 깔린 채 움직이지 않았다. 나는 60밀리 박격포탄이 들어 있는 금속제 상자를 들었다. 다른 대원들 역시 제각기 탄약 상자를 들었고, 이제는 계곡을 건너기만 하면 되었다. 일본군

기관총 사수는 연기가 자욱한 계곡으로 계속 총을 쏘아 대고 있었다. 그 총탄들을 뚫고 계곡을 건넌다는 게 내키지 않았다. 다른 대원들도 마찬가지였다. 그런데 레디퍼가 연막 수류탄을 몇 개 더 던졌고, 연기는 더욱 짙어졌다. 어쩐지 겁쟁이가 되어 버린 느낌이었다. 서로의 얼굴을 바라보던 다른 대원들도 분명 나와 같은 심정이었을 것이다. 하지만 그 와중에서도 누군가 결심한 듯 말했다.

「가자, 빠른 속도로. 그리고 5보 간격을 유지하기.」

우리는 연막 속으로 돌진했다. 나는 머리를 수그리고 이를 악물었다. 총탄이 핑핑 소리를 내며 주변으로 날았다. 나는 분명 총탄에 맞을 것이라고 생각했다. 다른 대원들도 그랬다. 나는 용감하지 않았다. 그러나 레디퍼는 용감했다. 우리를 지켜 주려고 위험을 무릅쓰며 분투하는 레디퍼 앞에서 겁쟁이처럼 굴 수는 없었다. 내가 안전한 곳에서 우물쭈물하는 사이에 레디퍼가 적의 총탄에 맞기라도 한다면, 나는 평생 괴로움 속에서 살아야 할 터였다. 비록 오래 살 수 있을 가능성은 날마다 조금씩 줄어드는 상황이긴 했지만……

연막이 몸을 가려 주었지만 적 기관총 사수는 우리가 계곡을 건너지 못하게 계속 총탄 세례를 퍼부었다. 그러나 마침내 우리는 그 계곡을 건넜다. 우리는 둔덕 뒤로 몸을 숨기고 탄약 상자를 진흙땅에 던졌다. 우리는 레디퍼에게 고맙다고 했지만, 그는 우리와 얘기를 나누는 것보다 눈앞의 문제를 해결하는 게 더 중요한 모양이었다.

「이야, 저 일본놈 진짜 기관총 사격 잘하네.」

함께 탄약 상자를 날랐던 누군가가 말했다. 우리는 숨을 헐떡이면서 기관총 소리를 들었다, 반은 공포를 느끼고 나머지 반은 감탄하면서. 한 번 사격할 때마다 두 발이나 세 발이었고, 그때마다 잠깐씩 간격을 두었다. 그래서 기관총 소리는 〈타타, 타타타, 타타……〉로 들렸다.

바로 그때 계곡 건너편에서 탱크 엔진음이 들려왔다. 그러자 레디퍼는 곧바로 그 소리가 나는 지점을 향해 계곡을 건너갔다. 그는 무사히 계곡을 건넜고, 아군 탱크병과 얘기를 나누는 모습이 연막 속에서 희미하게 보였다. 그리고 곧 그는 우리 쪽으로 천천히 돌아오면서 탱크병들에게 수신호를 보내 셔면 탱크가 계곡을 건널 수 있도록 도왔다. 그 와중에도 적의 기관총은 계속 총탄을 날리고 있었다. 우리는 조마조마했지만 레디퍼는 전혀 서두르지 않았고 탱크와 함께 무사히 우리 쪽으로 건너왔다.

그리고 탱크병은 우리가 탄약을 나르는 동안 방패가 되어 주겠다고 했다. 그래서 우리가 계곡을 오가는 동안 탱크가 방패가 되어 우리와 함께 계곡을 오갔다. 우리는 어미 닭 옆에 달라붙은 병아리들처럼 안전했고, 그렇게 해서 모든 보급품을 무사히 옮겼다.

부사관이 전투에서 뛰어난 활약을 했음을 인정받고 수훈 추천을 받을 수 있을지 어떨지는 순전히 그 행동을 본 사람이 누구냐에 따라 결정된다는 말이 있었다. 탄약을 무사히 운반할 수 있도록 활약했던 레디퍼의 경우가 정확하게 그런 경우였다. 레디퍼보다 가치가 떨어지는 행동을 하고도 칭찬을 받고 훈장을 받는 사람들을 나는 많이 보았다. 그러나 레디퍼는 공식적인 칭찬을 받을 자격이 충분했지만 그런 칭찬을 받지 못했다. 오히려 그 반대의 일이 일어났다.

우리가 계곡 건너편에 있던 탄약을 운반하는 작업을 모두 마쳤을 때 펠렐리우 전투 이후에 어떤 이유에선지 모르지만 우리 K중대에 배속된 중위가 다가왔다. 우리는 그를 〈그림자〉라고 불렀다. 키가 크고 마른 체격이던 그는 내가 본 모든 해병 장병들 가운데서 가장 엉성하고 흐리멍덩한 해병이었다.

던가리 군복은 마치 누가 버린 옷을 주워 입은 것 같았고, 권총 벨트는 욕실 가운의 띠처럼 헐렁하게 걸려 있었으며, 지도 케이스는 계속 덜렁거렸고 배낭의 끈이란 끈은 모두 너저분하게 덜렁거렸다. 신병 훈련소에 갓 입소한 훈련병보다 못한 차림새였다. 그가 각반을 찬 적은 한 번도 없었다(적어도 내가 보기에는 그랬다). 바짓단은 양쪽 다 돌돌 말려 올라가 야윈 발목이 드러나 있었고, 게다가 말려 올라간 바짓단의 길이는 양쪽이 달랐다. 그는 철모의 위장천이 철모에 딱 붙게 해놓지도 않았다. 위장천이 한쪽으로 흘러내린 바람에 그의 철모는 커다란 스타킹 캡¹처럼 보였다. 그리고 무슨 까닭인지 철모를 벗어 미식축구라도 하는 듯 왼쪽 옆구리에 끼고 다닐 때가 많았다. 이때 그가 머리에 쓰고 있는 것은, 우리가 철모 아래에 쓰는 것과 같은 천으로 만든 녹색 작업모였다. 하지만, 그것도 윗부분이 찢어져 있어 검은색 머리카락이 모자 밖으로 삐죽삐죽 삐져나와 있었다.

그런데 그림자의 성격은 그의 외모보다 더 심했다. 뚱하고 화를 잘 내고 흥분을 잘 했다. 그는 신병 훈련소에서 조교가 신병을 다그칠 때보다 더 악랄하게 부하들을 다그쳤다. 심지어 역전의 고참병들에게까지 그랬다. 어떤 대원의 어떤 점이 마음에 들지 않을 때는 다른 장교들과는 전혀 다른 방식으로 반응했다. 우선 불끈 화를 냈다. 자기 모자를 진흙 바닥에 패대기치고는 발로 밟고 눈에 보이는 모든 사람에게 욕을 했다.

그와 동행하던 고참 부사관은 그의 화가 가라앉을 때까지 가만히 서 있곤 했다. 이럴 때 그 부사관은, 자기가 보좌하는 장교의 편을 들어 우리를 질책해야 한다는 충동과 자기 상관의 어린아이 같은 행동에 어쩔 수 없다는 당혹함이라는 두 개의 감정 사이에서 극심한 갈등을 겪느라 아무 말도 하지 못했다.

아무리 공정한 잣대로 판단하려 해봐도, 그림자가 어떻게 해서 자기 상관들에게 유능하다는 평가를 받았는지 도무지 알 수가 없었다. 말할 필요도 없는 사실이겠지만 그는 자제력이 부족하다는 단 한 가지 사실만으로도 사병들로부터 좋은 평가를 받지 못했다. 하지만 그는 용감했다. 그것만은 분명히 인정할 수 있었다.

1 술이 달린 원뿔꼴 털실 모자.

그림자는 레디퍼가 탄약 운반 작업조를 도왔던 행동을 놓고 〈분노의 발작〉을 일으켰다. 그가 발작을 일으키는 모습을 바로 앞에서 목격한 건 그때가 처음이었는데, 그 뒤로도 그의 그런 모습을 볼 때마다 놀랍고 역겨운 느낌은 조금도 줄어들지 않았다.

그는 레디퍼에게 다가가서는 험악한 말을 마구 뱉어 냈다. 실제 있었던 상황을 잘 모르는 사람이 그 말을 들었더라면 레디퍼가 적을 앞에 두고 겁을 집어먹고 위치를 이탈했다고 생각했을 것이다. 그림자는, 레디퍼가 계곡에 수류탄을 던졌을 때나 탱크병과 접촉한 것도 모두 〈적의 공격에 불필요하게 몸을 노출한 것〉이라면서 화를 내고 고함을 지르고 또 삿대질을 하며 욕을 했다.

레디퍼는 그 말을 잠자코 들으면서도 당황한 기색이 역력했다. 적의 포화 속에서 솔선해 용감한 행동을 했다고 칭찬해 줄 것이라고 기대했던 우리도 그 장면을 황당하게 지켜볼 수밖에 없었다. 우리 눈앞에 있던 그 장교는, 다른 장교였다면 누구나 칭찬을 아끼지 않았을 용감한 행동을 두고 비난만 했던 것이다. 도저히 있을 수 없고 또 믿을 수도 없는 부조리한 장면이었다.

그림자는 칭찬을 받아 마땅한 해병대원에게 한바탕 욕지거리를 퍼붓고 나서 어떤 녀석 하나 믿을 놈이 없다며 전체 대원들을 싸잡아 욕하고는 투덜거리며 자기 자리로 돌아갔다. 레디퍼는 아무 말도 하지 않았다. 그냥 먼 산만 바라볼 뿐이었다. 하지만 우리는 격한 불만의 소리를 토해 냈다.

5월 9일, 정오가 다가오고 있었다. 임박한 공격을 앞두고 모든 대원이 긴장했다. 탄약이 지급되었고 모든 대원은 장비를 챙겼다. 그리고 탄띠를 조정하고 배낭을 단단히 묶고 각반 끈을 조이고 또 소총의 어깨끈을 조정하는 등 마지막 점검을 마쳤다. 이런 것들은 임박한 공포와 긴장을 조금이라도 누그러뜨리려는 고독한 행동이었다. 우리 박격포병들도 정해진 목표물을 향해 박격포의 발사각을 수정하고, 최대한 신속하게 발사할 수 있도록 고성능 작약탄과 백린탄의 포탄들을 나무 상자 위에 쌓았다. 진흙이 묻지 않게 하기 위해서였다.

이제 땅은 탱크가 기동할 수 있을 정도로 충분히 말랐다. 탱크들은 엔진을 공회전하면서 대기했고 전차병들은 명령이 떨어지기만을 기다렸다. 전쟁이라는 것은 거의 대부분 기다림의 연속이었다. 내 주변에 있는 대원들은 긴장한 얼굴로 입을 꽉 다문 채 앉아 있었다. 우리 중대에는 이전 전투들에서 발생한 사상자들을 보충하기 위해서 보충병들이 채워져 있었다. 이 신참 대원들은 겁을 먹기도 했지만 그보다는 혼란스러운 표정이었다.

오전 내내 거대한 포성이 울렸지만 그것도 이제는 잦아들어 있었다. 거의 아무런 소음도 들리지 않는 가운데 모두 공격이 임박했음을 알리는 포성이 울리길 기다렸다.

그리고 마침내 그 포격이 시작되었다. 전방에 있는 일본군의 아와차 수비대를 향해 아군 포병대의 대포와 연안에 있던 아군 함정들의 함포가 일제히 불을 뿜었고, 대형 포탄들이 우리 머리 위로 날아갔다. 처음에는 75밀리와 105밀리, 이어서 155밀리 대포, 그리고 또 이어서 5인치 함포. 우리는 쏘아 대는 모든 종류의 포탄 하나하나를 구분할 수 있었다.

머리 위로는 아군 항공기들이 날아갔다. 콜세어와 급강하 폭격기였다. 폭격이 시작되었고, 비행기가 차례로 급강하하면서 우리 앞쪽에 로켓탄을 쏘고 폭탄을 터뜨렸고 또 기총 소사를 했다. 그 소음 때문에 노련한 고참병들의 귀도 적진으로 날아가는 포탄의 종류를 구분할 수 없게 되었다. 그러나 우리는 그 모든 포격이 아군의 것이라는 사실이 기쁠 뿐이었다.

일본군도 우리의 공격을 무산시키려고 대포와 박격포를 쏘기 시작했다. 쌍방의 맹렬한 포격 속에서 보충병들은 어리벙벙했다. 내가 처음 전투를 하던 때가 떠올라 그들에게 연민의 감정을 느낄 수밖에 없었다. 하지만 공격 준비 포격의 그 엄청난 규모는 보충병이 아니라 고참병이 보기에도 공포 그 자체였다.

곧 명령이 떨어졌다.

「박격포반, 준비하라!」

목표물을 확인하고 발사를 지시하기 위해 관측 지점에 가 있던 버긴으로부터 지시가 떨어졌다. 60밀리 박격포탄은 머리 위를 날아가는 대형 포탄과 비교하면 작은 것이었지만, 아군이 피해를 입을 수도 있는 대형 박격포나 대포와 달리 그럴 위험 없이 중대 전선 바로 앞을 타격할 수 있었다. 그렇기 때문에 60밀리 박격포를 다룰 때는 숙련된 발사 기술과 비거리를 짧게 설정하지 않는 요령이 절대적으로 필요했다.

몇 발 발사했을 때 스내푸가 진흙에 대고 욕을 하기 시작했다. 발사할 때마다 반동으로 포판이 참호의 무른 땅을 파고들었기 때문에 정확한 조준을 유지하기가 여간 힘들지 않았다.

첫 번째 발사 임무가 끝난 뒤 우리는 박격포를 상대적으로 단단한 땅으로 신속하게 옮겨 조준을 맞췄다. 펠렐리우섬은 산호초 암반이었기 때문에 한 번씩 발사할 때마다 반동 때문에 포판이 튕겨 조준을 바로잡아야 했지만, 오키나와섬은 지면이 흙이어서 정반대 현상이 일어났다. 한 번씩 발사할 때마다 포판이 지면을 파고들었던 것이다. 5월에는 비가 많이 와 땅이 점점 더 물러졌기 때문에 이런 문제는 점점 더 심각해졌다.

박격포를 고정하고 대기하라는 명령이 내려왔다. 공중 폭격은 끝났고 대포와 함포 사격도 서서히 줄어들었다. 탱크와 소총수들이 탱크-보병 연합반을 구성해 돌격에 나섰고, 우리는 바짝 긴장한 상태로 대기했다. 제5연대 제3대대와 제7연대 제3대대는 200미터까지는 별 문제 없이 전진했다. 그러나 그 지점에서 우리 왼쪽에서 적의 반격이 맹렬하게 시작되었고, 관측병 버긴으로부터 지시가 떨어졌다. 적의 관측병이 아군을 제대로 볼 수 없도록 백린탄을 쏘라는 것이었다.

적의 90밀리 박격포에 의한 반격이 맹렬했고, 우리 박격포반도 90밀리 포탄이 주변에서 작렬하는 가운데 관측병의 지시에 따라 박격포탄을 날려야 했기에 어려움이 많았다. 90밀리 포탄의 파편이 마구 날았고 진흙이 튀었다. 하지만 우리는 사격을 계속해야만 했다. 측면에서 허를 찔린 소총수들을 지원해야 했기 때문이다. 아군 대포가 우리 왼쪽에 있는 적을 노리고 다시 불을 뿜기 시작했다.

우리의 60밀리 박격포가 적에게 피해를 입혔을지 어떨지는 저들이 반격하는 박격포나 대포의 포격 규모를 보고 알 수 있었다. 우리가 적에게 피해를 입히지 않았을 때는 적은 (대량의 사상자를 낼 수 있다고 판단하는 경우를 제외하고) 우리 박격포를 무시했다. 그러나 적의 반격 포격이 우리 포격의 효과를 나타내는 표지가 확실하게 맞다면, 우리는 오키나와 전선에서 만족할 만한 성과를 거두었다고 할 수 있다.

5월 9일의 아와차 공격으로 K중대는 커다란 손실을 입었다. 충격으로 감각이 마비된 피투성이 부상병이 응급 처치를 받으러 후방으로 서둘러 이송되었다. 혹은 자기 발로 걸어 후방을 찾아가는 부상병도 있었다. 늘 그랬던 것처럼 비참한 광경이었다. 전사자도 많았다. 또한 늘 그랬던 것처럼 친하게 지내던 전우의 생사를 묻는 초조한 병사들도 있었다. 제5연대 제3대대는 제7연대의 예비 병력으로 전환될 것이라는 소식에 다들 뛸 듯이 기뻐했다. 그러나 그 휴식은 이틀이나 사흘밖에 되지 않을 것이라고 했다. 제7연대는 우리 오른쪽에서 다케시 능선에 진을 친 적과 치열한 전투를 벌이고 있었다.

제1해병사단이 북쪽에서 남쪽으로 이동하는 경로에 아와차, 다케시 능선, 다케시 마을, 와나 능선, 와나 마을 그리고 와나 계곡이 놓여 있었다. 그리고 다시 더 남쪽에는 슈리 수비대와 슈리 능선이 있었다. 이 고지와 마을은 종심층 방어라는 전술 개념 아래에 상호 보완적인 강력한 방어 체계를 갖추고 있었다. 오른쪽에 있는 제6해병 사단 앞에, 그리고 왼쪽의 육군 보병사단 앞에도 마찬가지로 강력한 방어 진지가 구축되어 있었다. 일본군은 단 한 걸음도 물러나지 않겠다는 의지로 과감한 반격을 되풀이했다. 일본군이 이 전술을 펼친 결과 오키나와는 살육의 섬이 되고 말았다.

아와차를 공격하는 전투가 우리 왼쪽에서 치열하게 전개되었다. 우리는 밤을 대비해 젖은 땅을 파고 참호를 만들었다. 박격포는 설치하지 않았다. 우리는 소총수가 되어 눈 아래 펼쳐져 있는 계곡의 경사면을 주시하면서 경계 태세를 늦추지 않았다. 우리 위쪽에서는 다른 두 개 박격포 분대가 각각 능선과 직각이 되도록 줄을 맞추어 참호를 팠고, 두 분대의 두 줄 사이의 간격은 약 6미터였다. 물과 전투 식량, 편지가 전달되었다.

편지를 받으면 사기가 한껏 올라가는 게 보통이었다. 그러나 그때 나는 그렇지 않았다. 차가운 비가 내렸다가 그치기를 반복했고, 다들 기진맥진했으며 나도 전의가 활활 불타오르는 상태가 아니었다. 나는 진흙 바닥에 철모를 놓고 앉아 부모님이 보내 주신 편지를 읽었다. 내 사랑하는 스패니얼 반려견인 디콘이 오토바이에 치여 다리를 질질 끌고 집을 찾아와서는 아버지의 품 안에서 숨을 거두었다고 했다. 디콘은 내가 대학교에 진학하러 집을 떠나기 전까지 여러 해 동안 나와 늘 함께했던 친구였다. 맹렬한 포성이 울리고, 또 조금 뒤에는 얼마나 많은 사람들이 고통을 당하고 죽어갈지 모르는 전선에서 나는 디콘이 죽었다는 소식에 굵은 눈물을 흘렸다.

그날 밤 그 뒤로도 다케시 능선을 향한 포격은 밤새 계속되었다. 그것은 제7연대가 일본군을 고지에서 밀어내는 데 상당히 애를 먹는다는 뜻이었다. 동트기 직전 우리 왼쪽 전선에서 전방을 향해 발사되는 무거운 포성이 들렸다. 아와차 지구를 포위한 제5연대 제1대대와 제2대대가 있는 구역 부근에서 나는 소리였다.

「전원 준비하라, 곧 공격을 시작한다.」

우리 위쪽에 있던 부사관 한 명이 위에서 내려온 명령을 전달했다.

「무슨 일입니까?」

박격포병 한 명이 물었다.

「나도 몰라, 일본놈들이 제5연대 전선에서 반격하고 있다는 것과 우리가 1대대와 2대대를 도와 그 일본놈들을 저지하려고 출동할 것이라는 것 말고는.」

물론 이 소식은 결코 반가운 게 아니었다. 제3대대는 전날 아와차 공방전에서 상당한 피해를 입었고, 그 피로와 긴장이 아직 채 풀리지 않기 때문이다. 게다가 우리는 어둠 속에서 어딘가로 이동한다는 것도 달갑지 않았다. 우리는 껌을 신경질적으로 씹는다거나 전투식량의 비스킷을 와작와작 씹으면서 장비를 챙겼다. 불안한 마음으로 다음 명령이 떨어지길 기다리는 동안 왼쪽 전방에서는 포성이 단속적으로 이어지고 있었다.

안개가 채 걷히지도 않은 이른 시각, 마침내 명령이 떨어졌다.

「자, 가자!」

우리는 장비를 챙겨들고 전선으로 향했다.

포탄이 비명을 지르며 머리 위로 날아가기도 하고 날아오기도 하는 양상이 어쩐지 생각보다 맹렬하지 않았다. 우리 대열은 능선의 바로 아래 부분을 따라서 이동한 끝에 조금 전까지도 우리 해병대원들이 공격을 받았던 작은 언덕의 정상에 다다랐다. 우리 대원들은 일본군에게 입힌 피해를 계산하는 한편 아군 부상병들을 돌보고 있었다. 적군이 총검을 휘두르며 접근했지만 가까스로 격퇴했다고 했다.

「우리가 놈들의 엉덩이를 찢어 주었지.」

그들 가운데 한 대원이 나에게 그렇게 말하며 손가락으로 한 곳을 가리켰다. 아군 참호 너머에 약 40구의 일본군 시체가 널브러져 있었다.

날이 아직 완전히 밝지 않아서 더 그랬겠지만 안개는 걷히지 않았고, 적이 아군 진지로 접근할 때 몸을 숨기기 위해서 터트렸던 백린탄에서 나온 연기로 주변이 자욱했다. 병사들은 어떤 화제를 놓고 큰 소리로 떠들고 있었는데, 그 내용은 우리 귀에까지 들렸다. 진격해 오던 일본군 병사들 속에 여자가 한 명 섞여 있는 것을 누가 봤다는 것이었다. 그 여자도 분명 죽은 일본군 가운데 있을 것이라고도 했다. 우리가 있던 위치에서는 여자로 보이는 시체는 없었다. 그때 우리 지휘관의 구령이 들렸다.

「뒤로 돌아! 전원 원래 위치로 돌아간다!」

우리 지원이 필요 없게 되었고, 우리는 다른 어느 지점에 배치될 것이라는 뜻이었다. 비와 진흙 속에서 우리는 갔던 길을 되짚어 돌아왔다.

5월의 대부분과 6월 초순까지 우리가 했던 모든 이동은 진흙 때문에 육체적으로 매우 힘들었고, 정신적으로도 짜증을 참기 힘들었다. 이동을 할 때는 통상적으로 5보 간격의 일렬종대 대형을 유지했으며 진흙 경사면이나 늪 같은 평지를 미끄러지고 자빠지면서 걸었다. 그러다 보면 대열이 흐트러지기 일쑤였고, 부사관이나 장교의 호통이 귀를 때렸다.

「5보 간격 유지한다! 모여들지 않는다!」

전선에서 멀리 떨어져 있긴 해도 언제 포탄이 날아올지 몰랐기 때문에 대원들 사이의 간격을 적절하게 유지할 필요가 있었다. 그러나 너무 깜깜해서 앞 사람과의 간격을 많이 띄웠다가는 자칫 놓쳐 버리고 길을 잃어버릴 수도 있었다. 이때는 앞 사람의 탄띠를 잡고 걷기도 했다. 그렇게 걷다 보니 거친 지형이나 진흙탕 길을 이동하는 데 육체적으로나 정신적으로 체력 소모가 많았다. 한 사람이 발을 잘못 디뎌 넘어지거나 낮은 곳으로 굴러떨어지면 여러 명이 함께 넘어졌다. 이렇게 해서 진흙 구덩이에 여러 대원이 동시에 벌렁 드러누운 적이 한두 번이 아니었다. 깜깜한 어둠 속에서 극도로 지친 상태로 손을 더듬어 앞과 뒤의 대원을 파악하고 대열을 형성하고, 또 그 대열을 똑바로 유지하기란 보통 힘든 일이 아니었다. 대원들의 입에서는 웅얼거리는 욕과 짜증 섞인 신음이 끊이지 않았다.

행군이 중단되면 곧바로 「이동!」이라는 명령이 날아들었다. 대열은 늘 앞으로 나아가긴 했지만, 아코디언의 바람통이나 지렁이처럼 가운데 어느 지점에서는 대원들이 뭉쳐 있다가 벌어지고 또 어떤 지점에서는 대원들이 벌어져 있다가 뭉쳐지는 양상이 반복되었다. 누구라도 잠깐 숨을 돌리려고 짐을 내려놓기라도 하면 「장비 들고 계속 이동한다!」는 다그침이 곧바로 날아들었다. 그러면 그 사람은 짐을 다시 어깨에 메야 했다.

짐을 내려놓지 않으면, 대열 앞쪽에서 행군이 중단되어 있는 동안(이렇게 행군이 중단되는 이유가 무엇인지는 알 수 없었다) 누릴 수 있는 몇 초 동안 또는 운이 좋으면 한 시간이 될 수도 있는 휴식 기회를 놓쳐 버리게 될지도 몰랐다. 그러나 바위나 철모에 걸터앉는 것은 부사관에게 「일어난다! 장비 챙긴다! 다시 이동한다!」라고 외치라고 신호를 보내는 것이나 마찬가지였다. 그렇기 때문에 전진하는 대열 속에서 잠시 발이 멈춰지는 바로 그 순간에 대원들은 마음속으로 커다란 결단을 놓고 내적인 투쟁을 벌였다. 짐을 내려놓을 것인가 말 것인가? 짐을 내려놓을 때 과연 얼마 동안이나 휴식을 취할 수 있을까? 짐을 내려놓자마자 바로 다시 짐을 들어 올려야 할 경우에는 차라리 짐을 내려놓지 않는 것보다 체력 손실이 더 많이 발생하는데, 이런 위험을 부담하면서까지 짐을 내려놓는 게 과연 유리할까?

행군 대열은 지형의 윤곽을 따라 꼬불꼬불하기도 했고 위아래로 오르락내리락 하기도 했다. 5월과 6월의 오키나와 땅은 거의 언제나 미끄러운 진흙탕이었는데, 진흙탕은 깊이가 몇 센티미터밖에 되지 않을 때도 있었지만 무릎까지 빠질 때도 있었다. 비는 자주 내렸고 또 비가 올 때는 늘 추웠다. 내리는 비도 다양했다. 이슬비가 내릴 때도 있었지만, 진흙에 발자국을 내자마자 곧바로 그 발자국을 지워버릴 정도의 장대비가 내릴 때도 있었다.

철모를 썼으므로 머리가 비에 젖지는 않았지만, 몸은 판초만으로 보호해야 했다. 그렇지만 판초는 축축 늘어져 몸을 놀리는 데 거치적거리고 불편했다. 레인코트 같은 건 없었다. 그래서 우리는 무거운 장비를 지고 미끄러운 진흙탕 길을 걸어갈 때는 판초를 입고 비를 피하기보다는 차라리 춥더라도 판초를 입지 않고 비를 고스란히 다 맞는 게 편했다.

우리는 재미있는 농담을 하려고도 했지만 몸이 점점 더 피곤해진다든가 전선에 가까이 다가가고 있을 때는 그럴 여유조차 없었다. 일반적인 형태의 지형이나 도로를 행군하는 것은 인내심을 시험하는 것이라고 할 수 있겠지만, 오키나와의 진흙탕 길을 행군한다는 것은 사람을 폭발 직전의 분노 상태로 몰아넣는 것이었다. 이런 심리 상태는 경험해 보지 않은 사람은 절대로 알 수 없다.

그러다 보면 나중에는, 행군이 중단된 상태에서 다시 행군이 시작되길 기다리는 동안에도 대부분의 대원들은 체념 상태가 된다. 다들 들고 있거나 지고 있던 짐을 바닥에 내려놓을 생각도 하지 못한 채 그대로 가만히 서 있는 것이다. 진흙탕 길에서 섰다 가기를 반복하고 미끄러지고 고꾸라지기를 반복해서 피로와 절망이 정점에 다다르면, 아무리 욕을 하고 분노를 터트려 봐야 아무런 도움이 되지 않음을 잘 알면서도 그런 것들을 자제할 수 없었다. 진흙은 트럭이나 탱크의 이동을 방해하는 역할만 한 게 아니었다. 트럭이나 탱크가 이동할 수 없는 곳을 도보로 걸어가야만 하는 우리 대원들의 육체적·정신적 체력을 소모시키는 역할도 충실하게 했다.

그렇게 이동을 반복하던 가운데 한번은 우리 박격포반이 일본군 부대를 발견하고 완전히 쓸어 버렸다. 그 부대는 해병대 보병이 중포의 지원을 받으면서 몇 번이나 공격을 감행했음에도 가늘고 긴 능선을 악착같이 사흘 동안 지키고 있던 부대였다. 우리 박격포반의 관측은 버긴이 맡아서 하고 있었다. 버긴은 능선을 따라 좁은 협곡이 있고 그 좁은 협곡에 일본군이 숨어 아군의 포격을 피했을 것이라고 추정했다. 이런 추정 아래 버긴은 세 문의 박격포에 하나는 오른쪽에서 왼쪽으로, 또 하나는 왼쪽에서 오른쪽으로, 그리고 마지막 하나에는 정상 부분을 노리고 포탄을 날리라고 지시했다. 이렇게 탄막을 설정하자 적은 도망갈 데가 아무 데도 없었다.

맥 소위는 이 포격을 중지하라고 버긴에게 명령했다. 포탄을 다 써버리면 안 된다는 게 그가 내세운 이유였다. 글로스터 전투 때부터 경험을 쌓았던 고참병이었기 때문에 탁월한 관측병으로 자타가 공인하던 버긴은 중대 전투 본부에 연락해 탄약을 보급해 줄 수 있는지 물었고, 중대 본부에서는 그렇게 하겠다고 했다.

무전기 저편에서 버긴의 강력한 목소리가 들려왔다.

「내 명령이다, 쏴라!」

우리와 함께 박격포 참호에 있던 맥이 쏘지 말라고 명령했다. 버긴에게도 무전기에 대고 똑같이 말했다. 그러자 버긴은 맥에게 지옥에나 꺼지라고 한 뒤 다시 우리에게 고함을 질렀다.

「박격포반, 내 명령이다, 쏴라! 어서 쏘란 말이다!」

맥이 고함을 질러 대면서 펄펄 뛰는 가운데 우리는 버긴이 일러준 좌표대로 박격포를 쏘았다.

포격이 끝난 뒤 우리 K중대는 그 능선으로 접근했다. 단 한 발의 박격포탄도 아군에게 피해를 주지 않았다. 버긴은 탄착점 부근 좁은 협곡에서 50명의 일본군 병사가 사망한 것을 확인했다. 모두 우리 박격포탄을 맞고 죽은 것이었다. 아군 포병 부대가 쏜 포탄은 그 일본군들이 숨어 있던 협곡을 비켜 갔지만, 60밀리 박격포탄은 보다 예리한 궤적 덕분에 정확하게 그 협곡에 떨어졌던 것이다.

우리 박격포반의 팀워크가 커다란 전과를 낳았다. 이 사건을 통해 버긴과 같은 노련한 병사의 경험이 〈햇병아리〉 소위의 형편없는 판단력에 비해 얼마나 가치가 높은지 여실히 증명되었다.

짧은 휴식은 대원들이 육체적으로, 정신적으로 회복하는 데 커다란 도움이 되었다. 전선에서 벗어나 짧게는 하루, 길게는 며칠 동안 이어지던 휴식이 주기적으로 반복된 덕분에 우리는 전투를 충실히 이어 나갈 수 있었다. 전투 식량도 더 나아졌다. 우리는 면도도 하고 철모를 세숫대야 대용으로 삼아 세수도 했다. 장거리포와 공습 때문에 참호를 파고 그 안에 있어야 했지만, 판초로 참호를 덮고 소박한 쉼터로 활용할 수도 있었다. 비가 오는 밤에도 참호의 토질은 비교적 건조했다(물론 백 퍼센트 만족할 정도로 완벽하게 건조하지는 않았다). 어쨌거나 우리는 그렇게 긴장을 풀 수 있었다.

그런 휴식이 없었더라면 아마도 우리는 긴장과 육체적인 혹사로 다들 쓰러지고 말았을 것이라고 나는 확신한다. 그러나 짧은 휴식이 끝나면 다시 장비를 챙겨 공포의 세계 속으로 들어가야만 했다. 그때마다 늘 발길이 떨어지지 않을 정도로 힘들었다. 험악해진 얼굴로 무거운 다리를 놀리며 전방으로 이동할 때 대원들은 휴식 기간에는 잘도 하던 농담을 일절 하지 않았다. 전방에서는 시간이 아무런 의미도 없었고, 또 다치지 않고 살아 돌아올 확률은 매번 조금씩 줄어들었다. 그만큼 그곳은 깊은 구렁텅이와 같은 세상이었고, 쥐를 고문하는 고양이처럼 우리를 공포와 충격 속으로 밀어 넣는 지옥이었다. 그곳을 향해 한 걸음씩 발을 떼어 놓을 때마다 내 안의 공포는 조금씩 더 커졌다.

하지만 그 공포는 죽음이나 고통에 대한 공포가 아니었다. 나를 포함해서 대부분의 동료들은 자기만은 죽지 않을 것이라고 생각했기 때문이다. 전선으로 돌아갈 때마다 나는 공포 그 자체를 두려워했다. 살아남은 사람이 목격해야만 하는 동료들의 고통을 바라보기가 두려웠다. 악몽과도 같은 그 광경을 볼 때마다 혐오감과 역겨움에 휩싸여야 했기 때문이다.

친하게 지내던 전우 몇 명도 나와 똑같은 감정을 느낀다고 했다. 그런 감정을 가장 강렬하게 느끼는 사람들이 글로스터 전투에서부터 펠렐리우 전투를 거쳐 오키나와 전투를 맞고 있는 고참병들이었다는 사실은 의미가 깊었다. 전투 현장에서 가장 용감하던 대원들일수록 자기 자신의 안전에 대해서는 공포를 느끼지 않는 것처럼 보이긴 했지만 그들은 전쟁의 참상과 무익함을 누구보다도 처절하게 느꼈다.

전선으로 돌아간다는 사실에 대한 공포는 점점 커졌고, 그 공포는 내 머리에서 떠나지 않았다. 그 뒤로도 오랜 세월 동안 나를 괴롭혔던 전쟁의 악몽 가운데서도 나를 가장 괴롭혔던 것이 바로 5월의 오키나와에서 휴식이 끝난 뒤에 진흙과 피가 범벅이 되어 있는 전선으로 복귀하는 꿈이었다. 펠렐리우의 충격과 폭력에 대한 악몽이 지금은 마치 주술이 풀린 것처럼 사라지고 없지만, 오키나와의 이 악몽은 지금까지도 이따금씩 나를 괴롭히고 있다. 비록 많이 희미해지긴 했지만.

5월 13일, 제7연대가 분투 끝에 마침내 다케시 능선을 확보했다. 그 연대에 소속되어 있던 몇몇 펠렐리우 경험자들은 다케시 능선 전투가 블러디노즈 능선 전투만큼이나 처절했다고 말했다. 우리 앞에 그 능선이 선명하게 보였다. 지평선을 보니 험한 지형이 확실히 블러디노즈 능선과 비슷했다. 검게 타고 부서진 나무들이 처절했던 전투를 증언하고 있었다.

우리 중대는 폐허가 될 정도로 파괴된 어떤 마을로 들어갔다. 어떤 장교 말로는 다케시 마을이라고 했다. 대원 몇 명이 명령을 받고 총을 들고 돌담 근처로 이동하는 동안 우리는 전방 100미터쯤 떨어진 지점에서 벌어지던 이상한 장면을 지켜보게 되었다. 기와 조각이 나뒹구는 폐허 속에서 퇴각하는 일본군 사오십 명을 우리는 손을 놓고 바라볼 수밖에 없었다. 적은 제7연대의 공격을 받다가 탈출했지만, 우리가 지원하러 나갔던 제7연대의 소부대가 우리가 있던 곳을 기준으로 앞쪽의 오른쪽과 왼쪽에서 그들을 공격하고 나선 것이었다. 우리가 함께 그 일본군을 공격하다가는 자칫 아군에게 총탄을 안길 수도 있었기 때문에 그런 모험을 할 수는 없었다. 그랬기에 일본군 병사들이 소총을 들고 빠른 걸음으로 지나가는 것을 지켜보기만 했다. 그들은 배낭도 지지 않았고 탄띠를 지탱하는 어깨띠를 양쪽으로 교차해서 두르고 있었다.

내 옆에 있던 대원은 철모를 덜거덕거리며 뛰어가는 그들을 바라보면서 M1 소총의 안전 장치를 풀고 증오심이 가득 담긴 음성으로 말했다.

「저 개새끼들이 지나가는 걸 뻔히 바라보면서도 쏠 수가 없다니, 젠장!」

「걱정하지 마라, 조금만 더 가면 제7연대 대원들의 십자포화가 기다리고 있으니까.」

어떤 부사관이 한 말이었다.

「그렇지.」

장교도 고개를 끄덕였다.

바로 그때였다. 우리 머리 위로 포탄이 낮게 날아가는 소리가 들렸다. 아군의 포탄임을 알고 있었음에도 우리는 모두 반사적으로 고개를 숙였다. 필살의 155밀리 포탄이 섬광을 뿜으며 벼락같은 소리를 내며 작렬할 때마다 일본군 병사들의 머리 위로 커다란 소시지 모양의 검은 구름이 피어올랐다. 포병들이 정확하게 목표를 조준했던 것이다.

일본군 병사들은 필사적으로 달렸다. 그들의 다리가 내 눈에는 안짱다리로 보였다(달릴 때면 그들은 늘 그랬다). 치명적인 포탄 세례 속에서 우리에게 등을 보이며 달아나면서도 그들의 모습에서 나는 어떤 거만한 자신감 같은 것을 느꼈다. 공황 상태에 빠진 사람들처럼 행동하지 않았다. 그들은 강력하게 준비되어 있는 다른 수비 진지로 퇴각해 전투를 보다 길게 이어 가라는 명령을 받았던 것 같다. 그게 아니었다면 그들은 그 자리에서 움직이지 않았거나 우리를 공격했을 것이다. 물론 어떤 경우든 결국에는 죽음을 맞게 될 것임은 똑같았겠지만 말이다.

아군의 155밀리 포탄이 다시 또 일본군 병사들의 머리 위로 날아갔다. 우리는 아무 말도 하지 않은 채 포탄에 찢기는 적병의 모습을 지켜보았다. 그 처참한 광경은 지금도 내 마음에 선명하게 남아 있다. 그 포격에도 살아남은 적병이 포연 속에 보이지 않게 되었을 때 전방의 좌우에서 해병대의 기관총 발사음이 들리기 시작했다.

우리에게는 돌담이 이어져 있는 좁은 길을 따라 이동하라는 명령이 떨어졌다. 우리는 지금은 폐허가 되어 버렸지만 얼마 전까지만 해도 고풍스럽고 진기한 마을을 그곳을 관통해서 이동했다. 띠를 이어 엮었거나 기와를 얹었던 집들이 모여 한 폭의 그림처럼 보였을 작은 마을은 폐허 그 자체였다.

또 한차례 치열한 전투 끝에 일본군의 아와차 수비진과 다케시 마을 주변의 수비진은 우리 제1해병사단의 손에 떨어졌다. 그러나 우리와 슈리 사이에는 또 하나의 강력한 일본군 방어망이 기다리고 있었다. 와나였다. 많은 희생자를 내게 될 이 전투는 나중에 와나 계곡 전투로 일컬어진다.

12장 진흙과 구더기

　해병대 제3수륙양용군단과 육군 제24군단의 작전 구역이 닿는 경계선 앞에는 일본군 주력이 지키는 슈리 고지가 있었다. 해병대는 제1사단이 제3수륙양용군단의 왼쪽에, 제6사단이 그 오른쪽에 각각 자리를 잡고 남쪽으로 전진했다. 제1사단의 작전 구역 안에서는 제7연대가 왼쪽을, 제5연대가 오른쪽을 각각 맡았고, 제5연대의 제1대대는 예비 병력으로 남아 있었다.

　아와차 지대를 넘어서면 와나 능선이 우뚝 서 있었다. 와나 능선의 다른 편에는 와나 계곡이 있었는데, 이 계곡을 따라 아지야강이 구불구불 이어졌다. 와나 계곡 남쪽에는 또 다른 능선이 있었고 이 능선은 나하 시가지와 고지대에서 동쪽으로 슈리 능선까지 뻗어 있었다. 이 두 번째 능선은 일본군의 주요 방어선 가운데 하나인 슈리 전선의 한 부분을 형성했다.

　와나 계곡은 서북쪽에서 일직선으로 일본군 수비 거점으로 이어지는 천연의 접근 경로였지만, 일본군은 주변의 복잡한 지형을 잘 알고 있어 유리하게 활용했다. 일본군이 인공적으로 성벽을 쌓았다 하더라도 그보다 더 견고한 요새를 구축하지 못했을 것이다. 오키나와에서 가장 길고 또 가장 처참했던 전투가 제1해병사단 장병들을 기다리고 있었다.

　1945년 5월 1일, 제5연대는 제2대대를 전선에 투입하고 제3대대를 제2대대를 뒷받침하는 후속 부대로 투입했다. 그 뒤에 후방에는 제1대대가 예비 부대로 남았다.

제5연대 제2대대의 공격이 시작되기 전에 우리 제3대대는 그 전선의 후방으로 이동했다. 우리는 아군 탱크들의 75밀리 포탄과 M7 자주포의 105밀리 포탄이 그 계곡이 있는 곳에 작렬하는 광경을 숨 죽이고 지켜보았다. 하지만 아군 전차들도 그만큼 맹렬한 반격을 받았고, 그 바람에 탱크와 연합 작전을 펼치던 제2대대의 소총수들은 도랑과 참호에 바짝 엎드린 채 멀리서만 탱크를 지원했다. 만일 서 있었더라면 일본군이 탱크를 노리고 쏘아 대는 포화 속에서 아무도 살아남지 못했을 것이다. 탱크는 소총수의 도움 없이는 안전하게 이동할 수 없었다. 일본군에게는 탱크를 노리는 자살 특공대가 있었기 때문이다. 결국 아군 전차 부대는 몇 대의 탱크 손실을 입고 후퇴했다.

우리의 대포와 함포는 그 계곡 근처에 있는 일본군 진지들을 향해 무지막지한 포격을 퍼부었다. 그런 직후 아군 탱크들은 퇴각했고, 이번에는 그 계곡을 노리는 공중 폭격이 이어졌다. 그 폭격의 규모가 우리에게는 엄청나게 큰 것으로 비쳤지만, 나중에 실제로 그 계곡을 장악하게 될 때의 폭격 규모에 비하면 아무것도 아니었다.

우리는 2대대 뒤쪽의 다른 지점으로 계속 위치를 바꾸어 가면서 이동했는데, 나중에는 내 위치가 어디인지도 모를 정도로 방향 감각을 잃어버렸다. 그날 저녁이 다가올 무렵 우리는 진흙투성이 능선의 민둥산 경사면을 따라 이어지는 진흙탕 길의 어떤 지점에서 이동을 멈췄다. 2대대 대원들이 우리를 지나쳐 반대 방향으로 이동했다. 일본군의 포탄이 무서운 소리를 내며 능선을 넘어와 그 뒤쪽에서 폭발했다. 아군 포탄도 능선 아래 곳곳의 계곡으로 떨어졌다.

근처에서 개신교 종군 목사가 작은 상자로 제단을 만들고 진흙투성이 해병대원 몇몇을 상대로 즉석에서 성찬식을 거행했다. 나는 대

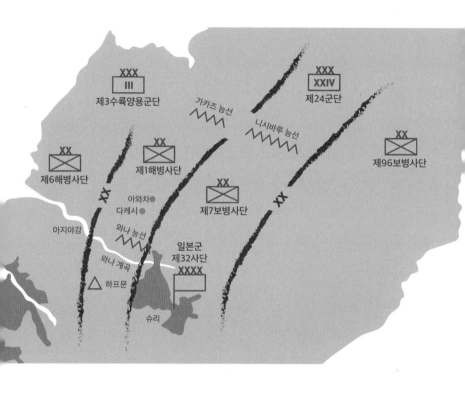

제3수륙양용군단 (XXX, III)

가카즈 능선

제24군단 (XXX, XXIV)

니시바루 능선

제6해병사단 (XX)

제1해병사단 (XX)

제96보병사단 (XX)

아와차

다케시

제7보병사단 (XX)

아지야강

와나 능선

와나 계곡

△ 하프문

일본군
제32사단 (XXXX)

슈리

남진하는 미군

열이 잠시 멈춰 있을 때 정면에 있던 한 해병대원의 얼굴을 흘낏 보았다. 그도 우리와 마찬가지로 전투 와중이었던 지라 지저분했다. 그러나 얼굴에 말라붙은 지저분한 진흙에도 불구하고 이목구비가 반듯했다. 두 눈은 충혈되어 있었고 피곤해 보였다. 그는 경기관총을 천천히 어깨에서 내리더니, 개머리판을 진흙이 묻지 않도록 신발 위에 올려놓았다. 그러고는 한 손으로 총신을 지탱했다. 그는 〈그딴 게 무슨 소용 있어? 그런다고 맞을 총알을 안 맞게 해주나?〉라고 말하는 듯한 표정으로 종군 목사를 흘낏 쳐다보았다. 그 얼굴은 너무도 지쳐 보였다. 그러나 그 얼굴에서 나는 그가 충격과 고통이 끊임없이 이어지는 현실에서 신의 존재 자체를 의심하고 있음을 알아보았다. 사실은 우리 모두가 다 그런 심정이었다.

〈도대체 전투는 왜 끊임없이 계속된단 말입니까?〉

우리 모두는 그 질문을 신에게 던지고 있었다.

그 기관총 사수의 부사수는 기관총 받침대를 어깨에 멘 채 진흙 속의 성찬식을 흘낏 한 번 보고는 우리 뒤쪽에 있던 소나무 숲을 멍한 눈으로 바라보았다.

「이동한다!」

이동 명령이 날아들었다.

기관총 사수는 무거운 무기인 기관총을 어깨에 메고 질퍽거리는 길을 부지런히 걸어서 산길로 꼬부라져 들어가다가 마침내 석양 속으로 사라져 버렸다.

한편 우리에게는 몸을 숨길 수 있는 장소로 흩어져 다음 명령을 기다리라는 지시가 떨어졌다. 움푹 파인 지형을 찾은 대원들도 있었지만 그렇지 않은 대원들은 야전삽으로 구덩이를 팠다. 그리고 얼마 지나지 않아 우리에게서 그다지 멀지 않은 지점에 일본군 포탄이 떨어졌다. 그때 위생병을 부르는 소리가 들렸고, 이어 위생병 캐스웰이 당했다는 소리가 들렸다.

그 말을 듣는 순간 적의 포격은 내 머릿속에서 사라져 버리고, 기분이 고약해졌다. 나는 〈닥터〉 켄트 캐스웰을 보려고 소리가 난 쪽으로 달려갔다. 한 걸음씩 내디딜 때마다 그가 많이 다치지 않았기를 간절히 빌었다. 다른 대원들 몇 명이 이미 부상자 옆에 와 있었고, 다른 위생병이 그의 목에 붕대를 감고 있었다. 닥터는 참호 안에서 등을 대고 반듯이 누운 채 나를 올려다보았고, 나는 좀 어떠냐고 물었다. (정말 멍청한 질문이었지만, 나는 목이 메어 그 말 말고는 다른 말을 더 할 수 없었다.) 그는 뭐라고 말을 하고 싶었던지 입술을 벌렸는데, 입술 사이로 피가 콸콸 흘러내렸다. 가슴이 찢어지는 것 같았다. 닥터는 아무래도 살기 어려울 것 같았다. 포탄의 파편에 경동맥이 잘린 것 같았다.

「아무 말 하지 않아도 돼, 닥터. 우리가 너를 안전한 곳으로 데려다줄 테니까. 정말 괜찮을 거야.」

위생병은 응급 처치를 마치면서 말했다.

「자, 됐어. 이송하자.」

내가 닥터에게 〈그럼……〉이라고 말하고 막 몸을 일으키는 순간 60밀리 박격포탄의 수납 케이스가 참호 가장자리에 떨어져 있는 게 눈에 띄었다. 두꺼운 금속제 밑판이 포탄 파편으로 찢어져 있었다. 그 파편이 닥터의 목을 관통한 다음 그 케이스를 찢어 놓았던 모양이었다. 그 생각을 하니 몸서리가 쳐졌다.[1]

대포와 박격포 포격, 함포 사격 그리고 공습……. 눈앞의 와나 계곡과 왼쪽의 와나 능선을 표적으로 한 아군의 맹공이 계속되었다. 일본군의 저항도 맹렬했고, 전장의 모든 인간과 모든 것에 공격이 가해졌다. 공세에 나선 탱크-보병 연합 부대도 가세했다. 네 대의 화

---

1 닥터는 들것에 실려 후방의 야전 치료소까지 무사히 갔으며 또 살아남았다는 얘기는 나중에 들었다. 닥터는 그 뒤 고향 텍사스로 돌아갔다. 제5연대 제3소대 K중대 시절 이후 지금까지 나에게는 가장 믿음직한 친구로 남아 있다 ― 원주.

염방사기 탱크를 포함한 총 30대의 탱크가 쏘아 댄 포탄이 계곡에 작렬했고 대지를 뜨겁게 불태웠다. 그리고 육해공의 총력을 결집한 포격과 폭격이 다시 적진을 두들겼다. 그 엄청난 굉음과 충격 속에서 나는 정적이라는 단어의 존재 자체를 잊어 버렸다.

우리는 이미 펠렐리우섬에서 〈엄청난 맹공〉을 많이 봤지만, 와나 계곡에서처럼 그렇게 여러 차례 반복해서 목표 지역을 포탄으로 불바다로 만드는 것은 본 적이 없었다. 이 포격과 폭격은 여러 시간, 그리고 또 여러 날 동안 계속됐다. 언제 끝이 날지 도무지 알 수 없을 정도였다. 일본군도 우리 쪽으로 수없이 많은 포탄을 날렸다. 그때 나는 지긋지긋한 두통에 시달렸다. 끝도 없이 이어지는 포격의 진동으로 머리가 흔들리고 머리 안의 뇌까지 흔들려 그랬을 것이다. 아무튼 그런 경험은 난생처음이었다.

그런 무지막지한 포격·폭격이 여러 날 동안 밤이고 낮이고 이어지는 가운데 놓여 있으면서 아무런 영향도 받지 않을 사람은 아무도 없을 것 같았다. 그 공격의 대부분이 아군이 쏘아 대는 것이고 우리는 그저 참호에 가만히 있기만 한다고 하더라도 말이다. 하물며 일본군 병사들은 그 지독한 공격을 어떻게 버텨 냈을까? 그들은 동굴 깊은 곳에 가만히 숨어 있다가 아군의 공격이 한차례 끝나고 나면 반격을 하곤 했다. 이것은 펠렐리우섬에서 보았던 양상과 비슷했다. 그랬기 때문에 아군으로서는 포격과 폭격으로 일본군이 은신한 동굴을 무너뜨리거나 동굴 주변에 견고하게 구축된 수비 진형을 무너뜨리는 수밖에 없었다.

와나 계곡 전투의 어느 한 시점에 우리는 계곡이라고 생각하던 어떤 지점을 건넜다. 계곡의 입구 가까이 있는 어떤 지점이었다. 그 지점까지 다다르기 위해서 우리는 여러 날 동안 싸웠다. 며칠이 지났는지 처음에는 세어 보다가 나중에는 세어 보지도 않았다. 제5연대 제2대대는 적의 포화 속에서 그 계곡을 막 건넌 뒤였고, 우리는 그

넓은 개활지를 관통해 계곡을 건너라는 명령이 떨어지기를 기다렸다. 우리는 계곡의 가장자리까지는 어렵지 않게 접근했다. 그다음에는 산개 대형으로 계곡을 건너야 했다. 마침내 하사관 한 명이 나를 포함한 네 사람에게 건너편의 특정 지점까지 간 다음에, 이미 계곡을 건너가 있는 제2대대 뒤쪽에 바짝 따라붙으라고 했다. 맞은편까지 거리가 터무니없이 멀어 보였다. 일본군의 기관총 여러 대가 우리 왼쪽에서 계곡으로 총탄을 쏟아붓고 있었고 아군 포탄들은 공기를 찢으며 건너편으로 날아가고 있었다.

「자, 가라! 건너편에 다다를 때까지는 무슨 일이 있어도 도중에 서지 마라!」

부사관이 말했다. (오른쪽으로는 우리 대대의 다른 대원들도 막 계곡을 건너기 위해서 뛰어나가는 모습이 보였다.) 부사관은 내가 지고 있던 박격포탄 자루를 다른 사람이 가지고 갈 것이라면서 두고 가라고 했다. 나는 톰슨 경기관총(토미)을 어깨에 멨다.

우리는 평지를 벗어나 3미터 정도의 둑 경사면을 타고 미끄러지듯 계곡으로 내려갔다. 다리가 제멋대로 지면을 차고 달린다는 느낌이었다. 선두에 선 사람은 K중대 고참병이었고 잘 아는 대원이었다. 그러나 다른 두 사람은 보충병이었다. 그 가운데 한 사람은 이름만 알았고 또 한 사람은 이름도 몰랐다. 나는 최대한 빠르게 달렸다. 나는 토미와 권총과 전투 배낭만 들고 이동한다는 사실이 그저 기쁠 뿐이었다.

앞으로 나아갈수록 계곡은 조금씩 내리막길이더니 어느 지점부터는 오르막길이었다. 그 오르막은 계곡 건너편까지 이어졌다. 일본군의 기관총이 불을 뿜었다. 총탄 몇 발이 아슬아슬하게 내 머리 위를 지나갔다. 총탄이 그리는 궤적은 하얀색의 끈 같았다. 나는 옆도 돌아보지 않고 오로지 앞만 보고 달렸다. 심장이 터질 것 같았지만 계속 필사적으로 달렸고, 풍덩풍덩 개울도 건너서, 왼쪽 언덕에서 계곡으로 길게 뻗은 돌출 부분까지 아무 생각 없이 달려 올라갔다. 계곡을 건너긴 했지만, 부사관이 지정했던 지점과는 약 300미터 정도 떨어져 있었다.

일단 돌출 부분의 언덕 뒤로 들어가자 기관총은 우리를 좇지 않았고 나는 달리는 속도를 늦추었다. 오른쪽 앞에 있던 고참병도 속도를 줄였다. 다른 두 사람이 어디쯤 있는지 확인하려고 고개를 돌렸다. 그런데 두 사람 다 기관총에 맞은 모양이었다. 한 사람은 사지를 벌리고 벌렁 누워 있었다. 즉사한 게 분명했다. 또 한 사람은 부상한 채로 기어서 돌아가고 있었고, 이 부상병을 구하려고 대원 몇 명이 고개를 숙인 자세로 뛰어와 무사히 데리고 돌아갔다.

「정말 위기일발이었다, 슬레지해머.」

「그러게요.」

나는 숨을 헐떡이며 그렇게 대답했다. 내가 할 수 있던 말은 그게 전부였다.

우리는 경사면을 올라가 제2소대 소속 소총수 두 명을 만났다. 그 가운데 한 명이 말했다.

「어린 친구가 맞아서 저기 누워 있어. 도와줄 수 있나? 능선을 따라 조금만 가면 응급 치료소가 있는데, 거기까지 옮겨야 하거든.」

그는 부상병과 응급 치료소가 있다는 곳을 손으로 가리켰다.

우리는 능선을 따라 걸어오던 K중대 대원 두 사람에게 손짓을 했고, 그들은 돕겠다고 했다. 한 사람은 능선을 따라 들것을 가지러 돌아갔다. 우리 세 사람은 능선으로 올라가 부상자가 있는 관목 숲으로 들어갔다. 그는 누워 있었고, 손에는 여전히 소총을 쥐고 있었다. 우리가 다가가자 그가 말했다.

「야, 다시 보니 반갑네요!」

「많이 다쳤어?」

나는 부상병 옆에 무릎을 꿇고 앉으면서 물었다.

「조심해야 돼요. 일본놈들이 저 숲속에 있어요. 바로 저기.」

나는 토미를 어깨에서 풀어 손에 쥔 채 그가 가리킨 쪽을 주시하면서 말을 이었다. 다른 두 사람도 무기를 손에 쥔 채 무릎을 꿇고 앉아 숲에서 튀어나올지도 모를 일본군 병사에 대비하면서 들것이 오기를 기다렸다.

「맞은 데가 어디야?」

「바로 여기…….」

복부 오른쪽 아래를 가리켰다. 그는 말이 많았으나 고통을 전혀 느끼지 않는 것 같았다. 피탄 충격으로 감각이 마비된 게 분명했다. 상처 부위가 극심한 고통이 동반되는 부위라서 조금만 있으면 지독한 통증을 느낄 게 분명했다. 그의 바지에 뚫린 구멍 주변으로 피가 스며 나왔다. 나는 그의 탄띠와 벨트, 바지를 벗기고 상처가 얼마나 심각한지 살폈다. 둥글고 깨끗하게 난 통상적인 총상이 아니라 상당히 길고 깊게 찢어진 상처였다. 포판 파변에 맞은 게 분명했다. 길이약 5센티미터의 상처에서 소량의 피가 흘러나오고 있었다.

「뭐에 맞았어?」

「우리 중대 60밀리 박격포에.」

그 말을 듣는 순간 예리한 무언가가 가슴을 쿡쿡 쑤시는 통증이 느껴졌다. 같은 중대에 속한 박격포병이 근거리를 겨냥하고 쏜 박격포탄에 맞다니……. 어린 부상병은 내가 무슨 생각을 하는지 눈치 채고 말을 이었다.

「아니, 내가 잘못했어요. 박격포가 일본놈들을 노리고 때릴 테니까 저쪽에서 기다리라는 명령을 들었는데, 그 빌어먹을 일본놈 하나가 알짱거리는 걸 보니 내가 조금만 더 가깝게 접근하면 시야가 확보되어 잡을 수 있겠다 싶어서 이쪽으로 왔는데, 그만 그때 박격포가 날아와서 이 꼴이……. 그래도 이 정도로 끝나 다행이지요. 아쉽게도 일본놈은 도망가 버렸지만…….」

「그래, 흥분하지 말고 이제 그만 쉬어.」

그때 들것이 왔고, 우리는 부상병을 들것에 싣고 (그의 소총과 철모도 챙겨서) 능선 아래 위생병이 있는 곳까지 데리고 갔다. 침식 작용으로 안으로 제법 깊이 파인 굴 안에서 위생병 여러 명이 부상병들을 치료하고 있었다. 깎아지른 절벽으로 둘러싸인 그곳은 가운데에 평평한 곳이 있었다. 적의 공격으로부터 완벽하게 보호되는 공간이었다. 들것에 실려 있는 부상병도 있었고 자기 발로 걸어 다니는 부상병도 있었는데, 부상병은 이미 열 명이나 되었다.

들것을 내려놓자 어린 대원이 말했다.

「고마워요! 전우들에게 행운이 있기를!」

우리도 그 친구의 행운을 빌면서 빨리 고향으로 돌아가게 될 거라고 말해 줬다.

그곳을 떠나기 전에 나는 잠시 위생병들을 살펴보았다. 현장에서 응급 처치를 받은 부상자가 점점 더 많이 들것에 실려 들어오고 있었지만, 위생병들이 그 부상자들을 치료하는 과정이나 행동은 놀랍도록 효율적이었다.

우리는 별도 행동을 해서 조금 떨어진 곳으로 이동했고, 경사면에서 몸을 숨길 수 있는 공간을 찾았다. 다음 명령이 떨어지길 기다려야 했기 때문이다. 그런데 안성맞춤인 곳을 발견했다. 계곡을 오른쪽과 왼쪽 모두 멀리까지 바라볼 수 있는 널찍한 2인용 참호였다. 그 참호는 일본군이 계곡에서 벌어지는 우리의 움직임을 관찰하고 방어하기 위해 만들었던 게 분명했다. 소총수나 경기관총 사수가 그 자리에 있었을 것 같았다.

건조한 점토를 깊이 파서 만든 그 참호 뒤편은 가파른 경사면이었다. 그러나 참호와 그 주변에서는 적의 장비나 적이 있었다는 흔적은 전혀 찾아볼 수 없었다. 빈 탄창이나 탄약 상자, 심지어 탄피 하나도 없었다. 그러나 부드러운 흙에 지카다비와 징을 박은 구두 등과 같은 적의 신발 자국은 분명히 찍혀 있었다.

일본군의 보안 의식은 얼마나 철저했던지 어쩔 수 없는 경우가 아닌 한 시체를 방치하는 법이 없었다. 때로는, 우리가 사격장에서 그랬던 것처럼 탄피까지 모두 주워 갔다. 일본군 병사가 분명히 우리 총에 맞고 죽거나 부상을 했는데도, 가서 보면 핏자국만 남아 있을 뿐 다른 것은 아무것도 없을 때도 있었다. 분명히 우리와 교전을 벌였지만, 나중에 가서 보면 발자국만 빼고 아무것도 남아 있지 않았다. 그럴 때는 우리가 유령을 상대로 싸우는 게 아닌가 하는 묘한 기분이 들곤 했다.

4월에 모토부반도에서 싸웠던 제6해병사단은 일본군의 이런 철저한 보안 의식을 이미 여러 증거를 통해 확인했다. 그런데 펠렐리우섬에서는 그렇지 않았다. 과달카날 전투에 참가했던 고참병들도 죽은 일본군 병사의 소지품 가운데 일기가 있었다고 했다. 글로스터 전투에서도 마찬가지였었다.

우리는(이때 우리는 세 명이었다) 일본군이 파서 사용했던 참호에서 아군의 포격이 끝날 때까지 기다렸고, 포격이 그치자 다시 무기를 메고 능선을 따라 이동한 뒤 K중대에 합류했다. 우리 부대는 다시 연대의 우익 쪽을 향해 서쪽으로 종대 대형으로 이동했다(이 행군은 며칠 동안 계속되었는데, 구체적인 날짜는 생각나지 않는다). 포격으로 황폐해진 땅에는 나무 한 그루 성하게 남아 있지 않았다. 지형은 점점 낮고 평탄해졌다. 우리는 시시때때로 참호를 파고 몸을 숨겼으며, 단속적인 포격에 시달렸고 또 우리가 도대체 어디에 있는지 알지 못해 당황하기도 했다. 그러나 와나 계곡의 어느 지점에 있는 것만은 분명하다는 말을 들었다. 그리고 어느 시점에선가 드디어 슈리 능선이 왼쪽 전방에 모습을 드러냈다.

그 무렵, 버긴이 부상을 당했다. 목 뒷부분에 포탄 파편을 맞은 것이다. 그러나 다행히도 죽지 않았다. 텍사스 출신의 그는 내가 만난 그 어떤 부사관보다 멋진 군인이었다. 글로스터 전투에 참가했지만, 그의 행운은 와나 계곡까지밖에 그를 따라 주지 않았다고 우리는 생각했다. 그가 떠난 뒤 우리 박격포반은 그를 무척 그리워했고, 18일 뒤 그가 다시 회복해서 돌아왔을 때 우리는 무척 기뻐했다.

5월 21일, 날씨가 갑자기 흐려지더니 비가 내리기 시작했다. 처음에는 이슬비 정도였지만 자정이 되자 폭우로 바뀌었다. 그것은 장차 10일 동안 이어질 호우의 시작이었다. 추웠다. 그리고 진흙, 진흙, 진흙…… 모든 곳이 다 진흙탕이었다. 한 걸음씩 발을 떼어 놓을 때마다 우리는 미끄러져 자빠지고 고꾸라졌다.

제1해병사단이 와나의 일본군 수비대를 상대로 값비싼 대가를 치르며 처참한 전투를 이어 가고 있을 바로 그 무렵에, 오른쪽으로 조금 더 앞으로 내려가 있던 제6해병사단은 그 처절했던 슈가로프 고지Sugar Loaf Hill 전투를 이어 가고 있었다. 슈가로프 고지와 이 고지를 감싸고 있던 높은 지대 즉 편자Horse Shoe와 하프문Half Moon은 나하에서 슈리를 연결하는 구릉 지대에 있었는데, 이 지점들 역시 와나와 마찬가지로 슈리 능선을 지키는 복잡한 방어선의 중요한 한 축이었다.

5월 23일 오전에 제1해병사단과 제6해병사단의 경계선이 오른쪽(즉 서쪽)으로 이동했고, 제6해병사단은 진용을 재정비할 수 있었다. 제5연대 제3대대는 확장된 전선을 채우기 위해 오른쪽 전선으로 투입되었다.

나는 그때의 그 행군을 생생하게 기억한다. 우리는 내가 전투 현장에서 본 것 가운데 최악이던 전선으로 진입했기 때문이다. 지금도 그때를 생각하면 몸서리가 쳐진다.

우리는 무기와 장비를 어깨에 메고 종대로 대열을 지었다. 그러고는 온통 진흙으로 질척거리는 길을 따라 최대한 계곡을 우회했고, 또 살아 있는 풀이라고는 한 포기도 찾아보기 어려운 경사면을 미끄러지고 넘어지면서 걸어갔다. 적의 눈을 피하기 위해서였다. 적의 눈에 띄면 포탄 세례를 받아야 했기 때문이다. 비는 내리다가 그치기를 반복했다. 앞으로 나아가면 갈수록, 그렇지 않아도 고약하던 진흙 상태가 점점 더 나빠졌다. 5월 1일 이후로는 방치된 일본군 병사의 시체를 대부분의 구역에서 볼 수 있었는데, 우리가 목표 지점에 가까이 다가갔을 때 이런 시체의 수는 더 많이 눈에 띄었다.

그 이전까지만 하더라도 우리는 적의 시체 주변에 참호를 팔 때는 상황이 허락하는 한 언제나 시체 위에다 흙을 덮는 것이 상식이었다. 악취를 줄이고 떼 지어 몰려드는 파리를 막기 위해서였다. 그러나 이번에는 그렇게 할 수 없었다. 슈가로프 고지와 그 주변에서 처절한 공방이 10일 동안 이어지는 가운데 일본군이 대포와 박격포를 쉴 틈을 주지 않고 쏴대는 상황이었기 때문이다. 한가하게 적의 시체를 흙으로 덮는다는 것은 불가능했다.

게다가 얼마 지나지 않아서는 아군 전사자의 시신을 옮기는 것조차 불가능해졌다. 아군 전사자 시신도 그 자리에 그냥 방치되었다. 이런 상황은 우리 중대의 여러 고참병들도 처음 겪는 일이었다. 아무리 위험한 상황이라 해도 해병대는 전우의 시신을 방치하지 않았다. 시신을 수습해 안전한 구역으로 옮긴 뒤 판초로 덮어 두었다가 나중에 전사자를 담당하는 직원에게 인계하는 것은 우리 해병대의 강력한 전통이었다. 그러나 우리가 투입된 그 전선에서는 전사자들을 방치할 수밖에 없었다. 격렬하고 끔찍한 전투 끝에 슈가로프 고지를 확보한 뒤에도 그런 사정은 달라지지 않았다.

비는 5월 21일에 내리기 시작했는데, 이때는 제6해병사단이 슈가로프 고지를 점령했을 때와 시간상으로 거의 일치했다. 그런데 진흙이 워낙 깊어 사지가 멀쩡한 대원이라도 부상자를 후방으로 이송하거나 탄약과 전투 식량을 나르는 작업을 제대로 수행할 수 없었다. 안타까운 일이었지만 전사자들도 후방으로 이송되려면 자기 차례가 올 때까지 무한정 기다려야 했다.

우리는 둔덕의 허리를 돌아 나 있는 진흙탕 길을 힘겹게 걸었다. 왼쪽으로 해병대원의 시신 여섯 구가 보였다. 그들은 모두 바닥을 향해 엎어져 있었는데, 일본군의 포탄을 피하기 위해 엎드린 채로 죽음을 맞은 게 분명했다. 그들은 〈한곳에 몰려〉 있었다. 그것도 나란히, 간격이 채 30센티미터도 되지 않을 정도로 바짝 붙어 있었다. 너무 몰려 있는 바람에 단 하나의 포탄에 몰살당했던 것이다. 그들은 거의 같은 자세로 똑같은 갈색의 얼굴을 바닥에 대고 숨져 있었다. 그들이 포격을 당하던 그 무서운 순간에 동료들끼리 나누었을 불안과 격려의 말들이 내 귀에도 들리는 것 같았다. 그들은 모두 녹슨 소총을 움켜쥐고 있었다. 그리고 여러 가지 점들로 미루어 볼 때 그 비극의 주인공들은 모두 가혹한 실전의 충격을 이 오키나와에서 처음으로 접했을 신참 보충병들인 것 같았다.

첫 번째 대원의 왼손은 앞을 향해 뻗어 있었고 손바닥은 아래를 향한 채 손가락은 진흙을 필사적으로 움켜쥐고 있었다. 아름답게 반짝거리는 금시계가 이제 막 부패하기 시작하는 손목에 채워져 있었다. 시계 줄도 정교하게 금도금을 한 것이었다(나를 포함해 내가 아는 대부분의 해병대원들은 야광과 방수 및 충격에 견디는 평범하고 소박한 시계를 찼다. 시계 줄도 초록색 면 소재가 보통이었다). 정말 기묘한 느낌이 들었다. 해병대원이, 그것도 전선에서 눈에 잘 띄는 금시계를 차고 있다니……. 게다가, 밤이어서 미처 알아보지 못해 그랬던지 일본군 병사가 이 시계를 약탈해 가지 않았다는 사실도 이상하긴 마찬가지였다.

이들 옆을 지나가면서 우리는 다들 그 참혹한 모습을 흘낏 한 번씩 바라보았다. 모두의 얼굴에는 그 모습이 불러일으킨 내면의 혐오감이 고스란히 드러나 있었다.

비참한 전투를 많이 경험한 부대의 대원들은 아군 병사의 죽음에 무감각해진다고 했던 말을 읽었거나 들은 적이 있었다. 하지만 나와 내 동료들은 결코 그렇지 않았다. 일본군 병사의 사체는 아무리 많이 보아도 아무렇지 않았지만, 우리 해병대원의 사체는 볼 때마다 가슴이 아팠다. 단 한 번도 남의 일 같지 않았다.

하프문 고지

머리 위로 포탄이 양방향으로 마구 날아다니는 가운데 우리는 와나 계곡 서쪽의 새로운 공격 지점으로 이동했다. 전선을 형성하는 K중대의 병사들은 두세 명씩 짝을 지어, 맹렬한 포격으로 나무 한 그루 제대로 서 있지 않은 진흙투성이의 하프문 고지를 향해 전진한 다음, 앞선 부대가 사용했던 참호로 들어갔다. 우리 박격포반은 산봉우리 바로 아래 최전선에서 약 100미터쯤 후방에 있는 작은 언덕 뒤편에 자리를 잡았다. 우리가 있던 위치와 하프문 사이의 지형은 거의 평탄했다. 우리가 자리 잡은 언덕은 작아서 참호 옆으로 고개를 조금 들고 일어서기만 해도 능선에 전개한 우리 중대의 전체 모습을 훤히 바라볼 수 있었다.

전선의 왼쪽, 포연 속에서 멀리 보이는 것이 일본 수비군 사령부가 있는 슈리 고지였다. 어딘지 모르게 불길하게 보이는 그 난공불락의 천연 요새를 향해 아군의 대포, 중박격포, 함포가 완급을 조절하면서 쉬지 않고 포격을 퍼부었다. 그러나 적도 만만치 않았다. 적의 관측병들은 부지런히 임무를 수행했고, 적의 대포와 중박격포도 날마다 그리고 밤마다 우리가 위치한 지역으로 시도 때도 없이 포탄을 날렸다.

우리는 하프문을 남쪽으로 바라보고 있었다. 하프문 오른쪽으로 멀지 않은 곳에 협궤 철로가 깔려 있었고, 이 철로는 하프문과 우리

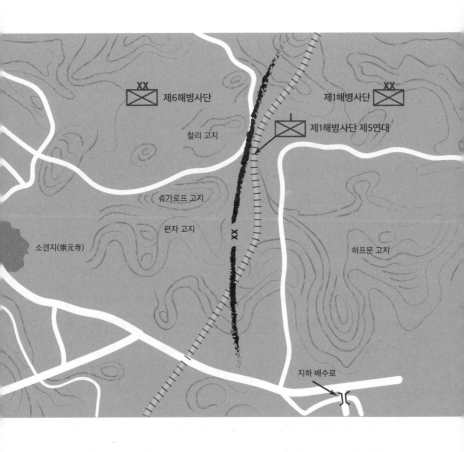

제6해병사단

제1해병사단

제1해병사단 제5연대

찰리 고지

슈가로프 고지

편자 고지

소겐지(崇元寺)

하프문 고지

지하 배수로

하프문 고지

오른쪽에 있는 〈편자〉라는 고지 사이의 평탄한 지대를 관통해 남쪽으로 달렸다. 그리고 그 지대를 빠져나가서는 서쪽으로 꼬부라져 나하 시가지를 향해 뻗어 있었다. 어느 장교가 한 말로는, 철로 건너편 즉 우리 오른쪽(서쪽)에서 후방으로 펼쳐져 있는 것이 슈가로프 고지라고 했다.

K중대는 제5연대 제3소대의 오른쪽을 담당하고 있었고, 하프문의 기슭을 따라 서쪽으로 이동했다. 한편 일본군은 남쪽으로 처진 초승달 형상의 양 끝 지점에 있는 동굴들을 근거지로 삼아 완강하게 저항을 이어 갔다. 우리 중대의 참호는 하프문 기슭 서쪽 끝에 우뚝 솟은 지형에 있었다. 거기에서는 오른쪽으로 낮은 평지까지 곧바로 내리막 경사였다.

중대 지휘 본부는 우리 박격포반이 있는 지점에서 오른쪽으로 철로가 잇닿아 있는 저지대에 있었는데, 본부 지휘소는 두 개의 철둑 사이에 방수포로 덮개를 펼쳐 비가 와도 젖지 않는 쾌적한 공간이었다. 그러나 소총수와 기관총 사수, 박격포병들은 덮개가 없는 참호에서 밤이나 낮이나 비에 젖은 생쥐 꼴이 되어 추위에 떨어야 했다. 비는 우리가 이 구역으로 이동했을 때부터 내리기 시작했다.

5월 21일부터 거의 쉬지 않고 줄기차게 내린 비는 와나 계곡을 거대한 탁류의 바다로 만들어 버렸다. 탱크는 진창에 빠졌고, 심지어 암트랙조차 그 진흙탕에서는 힘을 쓰지 못했다. 전선 환경은 고통스러울 정도로 열악했다. 물자 보급과 사상자 후송이 심각한 문제였다. 식량과 물과 탄약이 귀해졌다. 그리고 병사들은 참호에 괸 물을 수시로 퍼내야 했다. 옷과 신발, 그리고 온몸이 늘 비에 젖어 있었다. 잠을 자는 것도 거의 불가능했다. 심신의 스트레스가 대원들을 압도했다.

게다가 상황을 더욱 참을 수 없을 정도로 악화시키는 또 다른 요인이 있었다. K중대가 하프문에 도착하기 전에 닷새 동안 진행되었던 교전에서 발생한 미군과 일본군의 시체가 참호 바로 가까이에 방치된 채로 썩어 가고 있었던 것이다. 하루하루 교전이 이어짐에 따라 시체의 수는 점점 늘어났다. 그리고 파리의 개체 수가 늘어났으며, 아메바성 이질이 발병했다. K중대의 대원들은 제1해병사단의 다른 대원들과 함께 그 지옥 같은 곳에서 열흘 동안 버티면서 싸웠다.

우리는 박격포를 분산 배치한 다음 진흙을 파 박격포 진지를 만들었다. 스내푸와 나는 나침반과 관측병의 보고를 토대로 박격포의 발사각을 조정했다. 그리고 미세조정을 하기 위해 고성능 작약탄을 두어 발 쏘았는데, 난감한 문제가 하나 있었다. 발사에 따른 반동력으로 포판이 땅속으로 마구 처박고 들어가는 것이었다. 비가 와서 땅이 너무 물러져 있었기 때문이었다. 우리는 비가 곧 그칠 것이라고 예상했고, 또 그렇지 않더라도 박격포 아래에 탄약 상자 나무판을 깔면 아무 문제가 없을 줄 알았다. 하지만 그런 판단은 엄청난 실수였다!

박격포를 참호에 설치하고 목표물을 조준해 시험 발사를 하고 탄약도 준비했다. 그러고 난 다음에 처음으로 진지 주변을 둘러보았다. 내가 보았던 지옥 풍경 가운데서도 가장 황량한 지옥 풍경이었다. 전투가 벌어지기 이전에는 눈이 가는 곳 모두 작은 개천 주변으로 키 작은 풀이 무성한 아름다운 계곡이었을 그곳은 진흙투성이의 황무지로 바뀌어 있었다. 부패와 파괴의 악취로 숨을 쉴 수 없었다. 오른쪽으로 우리 포대와 철로 사이에 낮은 차폐물로 보호를 받는 참호가 있었는데, 거기에는 우리 해병대원의 시신 약 스무 구가 들것에 실린 채 판초로 발목까지 덮여 있었다. 슬프기 짝이 없는 광경이었지만 전투를 경험한 대원들에게는 이미 익숙한 광경이었다. 그 시신들은 후방으로 이송되어 매장되기를 기다리던 참이었다.

그래도 그들은 운이 좋은 편이었다. 적어도 지금은 살아 있는 동안 그들을 괴롭혔던 비를 맞지 않고 있었으며, 또 죽은 뒤에 부패를 촉진하는 파리 떼의 성가신 공격을 받지 않아도 되었기 때문이었다. 수습되지 않은 시신은 도처에 널려 있었다. 여기저기 나 있는 포탄 구덩이에는 모두 물이 고여 있었고, 많은 구덩이에 수습되지 않은 우리 해병대원들의 시신이 둥둥 떠 있었다. 그들은 모두 죽음을 맞이했던 바로 그 순간의 자세 그대로 방치되어 있었다. 그들이 여전히 손에 쥐고 있는 무기는 날마다 조금씩 더 녹이 슬었다. 그리고 커다란 파리 떼 무리가 그들 주변에서 윙윙거리며 날아다녔다.

「불쌍하네……. 판초로 덮어 주면 좋겠는데.」

참호 짝꿍 대원이 그 을씨년스러운 풍경을 둘러보면서 혼잣말로 중얼거렸다. 하지만 그렇게 할 수 없는 이유를 일본군이 곧바로 가르쳐 주었다. 일본군 75밀리 포탄들이 예리하고도 요란한 소리를 내며 우리가 있던 구역으로 날아오기 시작한 것이다. 우리는 곧바로 머리를 숙였고, 주변에서는 천둥같은 폭발음이 이어졌다. 슈리 고지에 있는 일본군 사령부의 대포들은 우리가 있는 구역을 조준하고 있었다. 우리가 참호에서 벗어나는 순간 일본군 포탄이 날아들 거라는 사실을 금방 깨달았다. 부상한 전우를 들것에 실어 나를 경우 부상자와 들것을 든 사람들 모두 적의 포화를 뚫고 무사히 후방까지 가기란 매우 어려운 상황이었다. 그러니 아군 시신을 방치할 수밖에 없었다.

치열했던 전투에서 발생한 일본군 시체도 곳곳에 널려 있었다. 아군과 적군의 보병 장비들도 여기저기 버려져 있었다. 철모, 소총, 경기관총, 배낭, 탄띠, 수통, 전투화, 탄약 상자, 포탄 상자, 기관총 탄띠……. 이 모든 것들이 우리 주변뿐 아니라 하프문 전역 곳곳에 버려져 있었다.

어떤 곳에서는 진흙이 무릎까지 차올랐다. 다른 곳에는 그보다 더 깊은 곳도 있었겠지만, 실제로 확인해 본 사람은 아무도 없었다. 시체 주변 1~2미터에는 구더기들이 기어 다니다가 비가 오면 빗물에 쓸려 가곤 했다. 큰 나무고 작은 나무고 성한 나무는 한 그루도 남아 있지 않았다. 적탄으로부터 몸을 숨길 곳은 그야말로 단 한 군데도 없는 개활지였다. 저녁이 되면서 빗줄기는 더욱 거세졌다. 온통 진흙과 포화와 포탄 웅덩이에서 말 없이 썩어 가는 시체들과 부서진 탱크와 암트랙 그리고 버려진 장비들뿐이었다. 그야말로 살풍경 그 자체였다.

시체에서 풍기는 악취는 그야말로 압도적인 위력으로 우리를 짓눌렀다. 그 무시무시하고 끔찍한 악취를 견딜 수 있는 방법은 하나밖에 없었다. 고개를 들어 하늘을 바라보는 것이었다. 자기를 둘러싸고 있는 끔찍한 현실을 외면하고 회색 구름이 천천히 움직이는 것을 바라보면서 이건 현실이 아니고 그저 악몽일 뿐이며 이제 곧 꿈에서 깨어나면 나는 전혀 다른 곳에 있을 것이라는 말로 계속 주문을 외우는 것이었다. 그러나 죽음의 냄새는 내 코 안에 늘 가득 차 있었다. 숨을 쉴 때마다 그걸 느끼지 않을 수 없었다.

어쩌면 죽는 게 더 나을지도 모른다는 생각을 하면서 나는 한순간한순간을 보냈다. 우리는 바닥을 알 수 없는 깊은 구렁텅이에 빠져 있었다. 펠렐리우의 우무브로골 포켓 주변에서 전투를 할 때 나는 인간의 생명이 너무도 하찮게 낭비된다는 사실에 충격을 받았었다. 그러나 슈리의 폭우와 진흙 속에서 우리는 구더기 떼와 부패에 둘러싸여 있었다. 우리가 고통 속에서 싸우고 또 피를 흘렸던 그 전장은 지옥에서도 가장 더러운 오수 구덩이였다. 그 구덩이에 우리가 던져져 있었던 것이다.

우리 제5연대 제3대대가 하프문을 점령하고 얼마 지나지 않아서, 나는 작업조에 편성되어 작업에 나섰다. 무릎까지 빠지는 진창을 걸어 후방에서 박격포 진지까지 탄약을 가지고 오는 것이었다. 도중에 우리는 철로 노반에 설치된 중대 지휘 본부 옆을 지나갔는데, 그때 우리 가운데 누가 흥분해서 낮은 목소리로 말했다.

「저기 좀 봐! 스텀피의 상태가 안 좋은가 봐!」

우리는 모두 걸음을 멈추고 중대 본부 쪽을 바라보았다. 거기에는 우리 중대장인 〈스텀피〉 스탠리가 서 있었다. 천막 끝부분에서 혼자 서려고 애를 썼지만, 잘 안 되는 모양이었고 두 사람이 양쪽에서 그를 부축하고 있었다. 한눈에도 초췌해 보였고, 말라리아 오한으로 심하게 떨고 있었다. 고개도 간신히 들 정도였다. 그를 부축하고 있는 두 사람이 그와 말다툼을 하는 것 같았다. 그는 한사코 고집을 부리고 있었지만, 너무도 허약한 상태였기 때문에 자기를 부축하고 있는 두 사람을 당할 수 없었다.

「불쌍한 우리 중대장, 말라리아에 걸려서 일어서지도 못하네. 그렇지만 저기 봐, 진짜 남자야. 격리되지 않겠다고 고집을 부리는 거야.」

「존경할 만하지.」

스내푸의 말에 누군가가 거들었다.

우리는 〈스텀피〉 토머스 스탠리 중대장을 존경했다. 훌륭한 대장이었으며, 우리는 다들 그를 신뢰했다. 그러나 말라리아가 얼마나 지독했던지 그는 제대로 서지도 못했다. 차가운 비를 맞고 무거운 책임감으로 인한 스트레스를 겪으며 신체를 혹사했기 때문에 건강하던 사람이 그렇게까지 되어 버렸던 것이다. 말라리아에 감염된 사람이 전투 현장을 지킬 수는 없었다. 그래서 5월에 두 번째로 우리는 중대장을 잃었다. 스텀피는 펠렐리우에서 우리와 함께했던 장교들 가운데 마지막 장교였지만 결국 후방으로 이송되었고, 그의 이송은 나에게는 한 시기가 끝나는 것이었다. 그는 앤디 홀데인 대위와 연결되는 마지막 끈이었고, 스텀피까지 떠나 버린 K중대는 나에게 예전의 K중대가 아니었다.

우려하던 일이 현실이 되었다. 스텀피의 뒤를 이어 〈그림자〉가 중대장이 된 것이다. 그림자에 대해서 우리 대원들이 했던 말은 여기에다 기록하지 않는 게 낫겠다고 생각하기에, 그 모든 말은 이 책에서는 없던 걸로 하겠다.

우리가 하프문 전선을 인계받은 다음 날 아침 동틀 무렵에 조지 사렛과 나는 관측소가 있는 산등성이로 올라갔다. 하프문은 초승달처럼 생긴 지형이었고, 이 초승달의 양 끝 즉 두 귀는 남쪽을 향했다. 우리 제3대대가 맡은 전선은 능선의 가장 높은 가운데 부분이었다. 일본군은 전선의 남쪽으로 뻗어 있는 두 날개의 반대쪽 경사면 특히 왼쪽(동쪽) 경사면의 동굴을 거점으로 하고 있었고, 그 바람에 우리가 맡고 있던 전선은 치열했다.

우리 정면으로 급격한 경사로를 내려가다가 거기에서부터 약 300미터 떨어진 커다란 제방 길까지는(이 뚝방은 우리 전선과 거의 평행을 이루고 있었다) 조금 완만한 경사였다. 그리고 제방 길 아래로 커다란 배수로가 우리 쪽으로 열려 있었다. 그곳은 배수 상태가 무척 좋았다. 포탄 구덩이도 그다지 많지 않았다. 그리고 얕은 개천 두 줄기가 약 50미터 떨어진 위치에서 하프문 고지의 두 끝 지점 사이로 흘렀다. 이 개천들은 우리 전선보다 제방 길에 더 가까웠다. 배수로까지 펼쳐진 경사 구역은 우리가 있는 초승달의 가운데 부분과 남쪽으로 뻗어 있는 초승달의 두 귀, 남쪽 끝에서 동서로 달리는 제방 길로 둘러싸여 있어 반원형 극장 같았다. 그렇기 때문에 우리가 있던 위치에서 시야가 가장 좋았다(물론 초승달 두 귀의 뒷부분 쪽 경사면은 우리가 볼 수 없긴 했지만 말이다).

우리와 교대했던 제4대대 제2중대가 떠나면서 했던 말에 따르면 일본군은 밤에 초승달의 두 귀 뒷부분 경사면 쪽에서 동굴에서 나와 맹렬한 공격을 퍼붓는다고 했다. 아닌 게 아니라 실제로 그랬다. 여기에 맞서기 위해 아군 전함의 대포나 박격포를 이용해 조명탄을 수도 없이 계속 쏘아 올렸고, 이런 양상은 우리가 그곳에 있는 동안 줄

곧 반복되었다.

새벽에 동이 트고 점점 밝아지자 가랑비와 운무를 통해 적이 있는 지형을 눈으로 확인할 수 있었다. 그래서 우리 박격포반은 박격포 세 문을 설치하고 중요한 목표물 세 개를 하나씩 맡아 설정해 조준한 다음에 시험 발사를 했다. 우리가 조준한 목표물은 초승달의 왼쪽 부분 뒤쪽 경사면과 제방 길의 반대쪽 경사면, 배수로 입구 주변 구역이었다.

우리가 시험 발사를 하자 곧바로 적도 대응 포격을 해왔다. 거대한 90밀리 박격포탄이 줄지어 능선을 때리기 시작했다. 포탄이 너무도 두텁고 신속하게 전개되는 것을 보고 우리는 일본군이 자신들이 보유한 박격포를 총동원하고 있음을 알았다. 적은 우리가 있는 산마루에 조준점을 맞추고 우리의 왼쪽에서부터 중대 전선의 오른쪽 끝까지 빽빽하게 포탄을 쏟아부었다. 무시무시한 포격이었다. 거대한 포탄이 날아와 떨어지면서 섬광과 굉음과 함께 폭발했다. 유산탄의 파편들이 윙윙거리면서 공기를 갈랐고, 우리 대원 여러 명이 부상했다. 포탄이 폭발할 때마다 악취가 나는 진흙을 주변으로 튀겼다. 부상병은 능선 뒤쪽으로 이송했는데, 경사면이 진흙으로 워낙 미끄러워 이 작업은 매우 힘들었다. 전투 현장에서 부상한 대원은 위생병의 응급 처치를 받고 그 미끄러운 산길을 통해 힘들게 후방으로 이송되었다. 충격 속에 심신이 찢기어 피를 흘리면서……

그러다가 이윽고 어딘지 불편한 정적이 전선에 드리워졌다. 그때 갑자기 누군가가 외쳤다.

「한 놈이 온다!」

일본군 병사 한 명이 어둠의 배수로가 있는 곳의 장막 뒤에서 불쑥 튀어나와 돌진해 왔다. 총검을 들고 배낭까지 멘 완전 군장 차림이었다. 그는 경사면을 달려 내려오다가 왼쪽으로 꼬부라지더니, 우리 오른쪽에 있는 초승달의 남쪽 끝부분 뒤에 있는 엄폐물을 향해 전력으로 달렸다. 약 30미터를 그렇게 달린 것 같았다. 소총, 경기관총 여러 개가 불을 뿜었다. 일본군 병사는 엄폐물까지 가기 전에 쓰러졌다. 대원들은 환호성을 질렀다.

해가 높이 뜰 때까지 일본군 병사는 한 명씩 혹은 두 명씩 그렇게 배수로에서 튀어나와 엄폐물을 향해 전력 질주를 했다. 일본군은 능선 뒤쪽으로 병력을 최대한 집결시키고자 하는 게 분명했다. 거기에서는 우리에게 반격을 가하기도 쉬웠고 기습을 하거나 침투하기도 쉬웠기 때문이다. 배수로에서 나온 일본군 병사를 놓치면 어느 날 밤에든 그놈이 우리 참호 앞까지 다가와 총검을 들이댈 게 뻔했다.

일본군 병사가 배수로에서 튀어나올 때마다 우리는 집중 사격을 했고, 거의 대부분 잡았다. 소총수와 기관총, 경기관총 사수들은 사격 연습을 하듯이 쏘았다. 적의 대응 사격은 거의 없었고 적의 박격포도 조용했기 때문이다.

나는 쉴 틈이 없었다. 쌍안경을 끼고 탄착점을 확인하고 거리를 조정하고 제방의 경사면과 제방 길로 사격 지시를 내려야 했기 때문이다. 내가 가지고 있는 토미 경기관총은 그날처럼 이삼백 미터 거리에서는 정확성이나 안정성이 M1 소총에 비해 떨어졌다. 관측 참호에는 M1과 탄약이 있었기 때문에 적병이 튀어나오는 것을 볼 때마다 무전기와 쌍안경을 내려놓고 M1을 잡았다. 그러나 박격포반이 포격하는 동안에는 관측 임무에 충실해야 했다.

일본군은 뒤쪽 경사면으로 이동하려는 시도를 계속했다. 몇몇은 성공하기도 했다. 우리의 60밀리 박격포탄은 탄착 목표를 정확하게 조준하고 있었다. 배수로에서 튀어나왔다가 우리가 쏜 포탄을 맞고 쓰러지는 적병도 여럿 있었다.

적의 반격이 없는 상태에서 일방적인 공격을 퍼붓다 보니 대원들의 긴장이 조금씩 풀렸다. 그 상황은 소총 사격장에서 사격 연습을 하거나 옛날식 칠면조 사냥을 하는 것과 비슷했다. 대원들은 누가 어떤 적병을 맞힌 것인지 내기를 하기 시작했다. 그러나 소총과 기관총과 경기관총이 한꺼번에 발사되었기 때문에 적병이 누가 쏜 총탄을 맞고 쓰러졌는지 확인하기는 어려웠다.

대원들은 그렇게 농담을 하고 환호성을 지르며 모처럼 긴장을 느슨하게 풀었다. 여러 주 동안 무시무시한 포격 아래에서 잔뜩 움츠러들고 긴장해 있었던 터라 해방감은 그만큼 클 수밖에 없었다. 그러다 보니 실수를 하기 시작했고, 우리의 사격망을 뚫고 무사히 경사면 뒤쪽으로 달아나는 일본군 병사들이 점점 많아졌다. 그런데 그림자가 이것을 보고 말았다. 그는 대원들 사이로 여기저기 돌아다니면서 길길이 뛰며 욕을 해댔다. 그제야 대원들은 다시 마음을 다잡고 신중하게 조준하고 사격했다. 그러다가 마침내 적병이 더는 배수로에서 튀어나오지 않았고, 나는 박격포반에 사격 중지 명령을 전하라는 지시를 받아 이행했다. 우리는 앉아서 대기했다.

그 짧은 휴식 시간 동안에 나는 박격포 관측 참호를 벗어나 바로 옆에 있던 기관총 참호로 갔다. 기관총 사수를 보기 위해서였다. 그 참호에는 30구경 수냉식 브라우닝 기관총이 있었고, 기관총 사수는 펠렐리우 전투 이후 보충병으로 K중대에 합류한 대원이었다. 그 대원과는 파부부에서 친해진 사이였다. 우리는 그가 알고 있는 어떤 여자, 캘리포니아에서 깊은 관계를 맺었던 어떤 합창단원 여자의 이름을 따서 그를 〈캐시〉라고 불렀다. 그런데 그는 이미 결혼을 했고 아내를 무척 사랑했다. 그래서 캐시와 관계를 가졌다는 사실, 게다가 그 여자를 잊지 못한다는 사실에 무거운 죄의식을 느끼고 있었다.

기관총 참호에 단둘이 앉아 있을 때 그는 캐시 사진을 보고 싶지 않으냐고 물었다. 나는 한번 보자고 했다. 그는 비에 젖은 배낭에서 조심스럽게 사진을 꺼냈다. 그 사진은 지도를 넣어서 보관하는 방수 비닐봉지 속에 들어 있었다.

「이게 그 여자야.」

사진을 보는 순간 나는 눈알이 튀어나오는 줄 알았다. 가로 20센티미터 세로 25센티미터인 그 사진은 내가 그때까지 봤던 여자 가운데 가장 아름다운 여자의 전신을 담고 있었다. 그녀가 입고 있는 옷은(입고 있다고 해야 할지 벗고 있다고 해야 할지 모르겠지만) 아름다운 신체 비율을 고스란히 드러내고 있었다. 나는 나도 모르게 탄성의 숨을 토해 냈다.

「미인이지?」

「진짜 미인이다! 그런데 너 어떡하니, 한 손에는 아름다운 합창단원이 있고 또 한 손에는 네가 사랑하는 아내가 있는데?」

그리고 또 나는 합창단원에게 보낼 편지를 아내에게 보내고 아내에게 보낼 편지를 합창단원에게 보낼 수도 있는 심각하게 위험한 가능성을 이야기하면서 농담을 했다. 그러자 그는 한바탕 웃더니 사진을 바라보면서 고개를 저었다.

그 장면은 거의 믿을 수 없을 정도로 현실감이 떨어지는 장면이었다. 지칠 대로 지치고 공포에 짓눌릴 대로 짓눌린 두 청년이 온통 진흙으로 둘러싸인 채 기관총이 설치된 비 내리는 능선의 참호에서, 게다가 주변에는 썩어서 악취를 풍기는 일본군 병사의 시체가 즐비하게 널려 있고 그 시체들마다 손가락만큼 굵은 구더기들이 들끓는 곳에서 그런 대화를 나누다니…… 그런 참혹한 곳에서 우리 두 사람은 반라의 아름다운 여자 사진을 들여다보고 있었던 것이다. 그녀는 그야말로 진흙탕 속의 진주였다.

그 사진을 바라보면서 나는 어떤 사실을 깨닫고 충격을 받았다. 총알이 날아다니지 않고, 사람들이 피를 흘리지 않으며, 고통스러워하지도 않고 죽는 일도 없고, 진흙탕에서 썩어 가는 시체도 없는 곳이 이 세상에 존재한다는 사실을 그동안 잠시 잊고 있었음을 깨달았던 것이다. 우리가 겪고 있는 것들이 우리 정신에 어떤 심각한 영향을 주고 있음을 깨달았다. 그 깨달음에는 절망감이 동반되었다. 이런 극한 상황에 노출되어 정신이 이상해지는 경우를 내 눈으로 직접 많이 보았다. 1차 세계 대전 때는 이런 것을 〈포탄 충격shell shock〉이라고 불렀다. 전문적인 용어로는 〈신경쇠약neurasthenia〉이다. 2차 세계 대전 때는 〈전쟁 피로증combat fatigue〉이라는 용어가 사용되었다.

반라의 아름다운 여자 사진을 보다가 그런 생각을 하게 되었다는 것도 이상하지만, 그때 나 자신에게 맹세했던 것을 나는 지금도 생생하게 기억한다. 일본군 병사가 나를 죽이거나 불구로 만들 수 있을지 모르지만, 아무리 그래도 그들이 내 정신까지 망가뜨리게 내버려두지 않겠다고 그때 나는 다짐했었다. 평화로운 고국의 일반적인 시민이라면 자기 정신이 이상하게 될지 모른다고 걱정할 일은 별로 없다. 그러나 우리가 놓여 있던 상황에서는 아무리 정신력이 강한 사람이라도 미쳐 버릴 수밖에 없는 이유는 수도 없이 많았다.

마음속의 그런 결심 덕분에 최악의 구렁텅이에서 보냈던 그 길고 길었던 시간을 온전하게 버틸 수 있었다. 그러나 당시에 밤 시간 동안에는 내가 잘못되어 가고 있다고 느낀 적이 더러 있었다. 조명탄과 포탄이 쉴 새 없이 터지는 와중에도 온갖 상상에 나를 완전히 맡겨 버린 경우가 두 번 이상 있었다.

「또 나왔다!」

누군가 외쳤고, 캐시는 재빨리 사진을 배낭에 집어넣고 왼손으로 기관총의 손잡이를 잡고 방아쇠를 누를 손가락을 대기한 채로 오른손으로는 표적을 조준했다. 다른 곳에 있던 부사수가 뛰어와 자리를 잡고 탄띠를 잡아 주었다. 나도 관측 참호로 뛰어갔는데 거기에서는 이미 조지가 무전기를 잡고 있었고, 박격포는 여전히 대기 명령 상태였다. 그래서 나는 캐시의 참호에서 캐시의 M1 소총을 집어 들었다.

다수의 적병이 배수로에서 뛰어나오는 게 보였다. 우리 전선에서 총격이 시작되었다. 그 와중에 튀어나온 적병의 수를 세어 보니 열 명이었다. 믿을 수 없을 정도로 용감한 적의 병사들은 몇 미터 씩 간격을 띄우고 횡대 대열을 유지하면서 아무런 방패막이도 없이 300미터 가까이 떨어져 있는 목표 지점을 향해 개활지를 가로질러 달렸다. 그들의 시도는 존경받을 만했지만 가망은 없는 것이었다. 우리를 노리거나 적어도 우리가 조심하도록 만드는 아무런 화력 지원도 없는 상태에서 그런 무모한 시도를 한 것이다. 그들은 실전이 아니라 훈련을 하는 것처럼 보였다. 그들이 우리 가까이 접근할 가능성은 거의 없었다.

나는 기관총 옆에서 서서쏴 자세로 사격하기 시작했다. 일본군 병사들은 사격을 하지도 않고 앞에총 자세로 달리기만 했다. 우리 전선의 모든 대원이 고함을 지르며 사격을 했다. 적병은 완전 군장을 했는데, 이것은 전투 식량과 여분의 탄약을 가지고 있다는 뜻이었고, 또한 상당한 규모의 또 다른 반격이 조만간에 진행될 것이라는 뜻이기도 했다.

순식간에 열 명 가운데서 여덟 명이 땅에 뒹굴었고 죽었다. 남은 두 명은 무모한 시도였음을 깨닫고는 발길을 돌려 배수구를 향해 뛰었다. 대원들 대부분은 사격을 멈추고 그들을 지켜보기만 했다. 몇 명이 사격을 계속하긴 했지만 그 두 명을 잡지는 못했다. 그들이 무사히 배수구 안으로 사라질 수 있을 것 같았다. 그런데 한 명이 얕은 개울 가까운 곳에서 쓰러졌고, 살아남은 한 명은 계속 뛰었다.

캐시가 그 병사를 조준하고 막 쏘던 바로 그 순간에 사격을 중지하라는 명령이 들려왔다. 하지만 기관총 소음이 너무 커서 우리는 그 명령을 듣지 못했다. 캐시는 탄띠 총알을 다섯 발 가운데 예광탄을 한 발씩 들어가도록 설정해 두고 연속 사격을 했다. 마침내 총알은 도망가는 병사의 배낭 한가운데를 뚫고 그의 몸을 관통했다.

나는 그때 캐시의 뒤에 서서 기관총 총신 너머로 총알의 궤적을 살피고 있었는데, 예광탄이 병사의 척추 뼈인지 다른 뼈를 맞힌 다음에 방향을 바꾼 게 분명했다. 예광탄 하나가 그 병사의 오른쪽 어깨 밖으로 튀어나오고 다른 예광탄 하나는 왼쪽 어깨 위로 튀어나오는 걸 내 눈으로 분명히 보았기 때문이다. 그 일본군 병사는 총을 떨어뜨리고 진흙탕에 얼굴을 처박으며 풀썩 쓰러졌다. 그러고는 움직이지 않았다.

「내가 맞혔어! 내가 저 새끼 맞혔어!」

캐시는 벌떡 일어나 내 등을 탁탁 치면서 고함을 지르고 부사관과 악수를 하며 좋아했다. 충분히 좋아할 만했다. 멋진 솜씨로 적을 명중시켰기 때문이다.

그런데 개울 가까이에 쓰러져 있던 일본군 병사가 엉금엉금 기어 개울 안으로 들어갔다. 대원들 가운데 몇몇이 다시 사격을 시작했다. 얕은 개울이라 총탄을 가려 줄 것은 없었다. 그는 개울을 따라 필사적으로 기어갔고, 그 주변에 있는 진흙탕은 총알의 타격을 받아 어지럽게 튀었다. 그를 좇는 기관총의 예광탄은 사악한 붉은 화살처럼 진흙땅에 어지럽게 박혔다.

그때였다. 그때까지 한 번도 보지 못했던 일이 일어났다. 일본군과 싸워야 하는 해병대원이 그 일본군 병사에게 연민을 보이는 장면을 목격한 것이다. 대원 가운데 한 명이 고함을 질렀다.

「그만들 해! 이제 그만하면 됐어! 저 녀석은 이미 총알을 맞았고, 도망쳐 봐야 죽을 거란 말이야!」

그러자 다른 대원이 화를 내며 맞받았다.

「무슨 소리야, 저 새끼는 일본놈이야 일본놈! 너, 머리가 〈아시아 상태〉로 이상하게 된 거 아냐?」

사격은 계속되었고, 결국 표적은 총알을 맞고 흙탕물이 흐르는 개울에 가라앉았다. 그를 비롯한 일본군 병사들은 최선을 다했다. 그들의 가족은 천황을 위해 명예롭게 전사했다는 말을 들을 터였다.

하지만 사실 그들의 목숨은 산허리의 진흙탕에서 헛되이 낭비되었다. 꼭 그렇게 해야 하는 아무런 이유도 없이……

이동하려던 적 병사를 섬멸하고 나자 우리 대원들은 사기가 올랐다. 오랜 시간 적의 포격 아래 숨을 죽여야 했던 터라서 기쁨과 환호는 한층 더 컸다. 그러나 그림자는 이렇게 말했다.

「사격 중지라고 말했는데, 내 말 못 들었어? 귀머거리야?」

그는 전선을 따라 미끄러운 진흙탕 길을 비틀거리며 걸으면서 대원들에게 욕을 해댔다. 대원들의 웃는 얼굴에 오물을 퍼부은 것이다. 그는 왼손에 철모를 들고 오른손으로 주기적으로 전투모를 벗어서는 진흙 바닥에 내팽개쳤다. 그러다 보니 그의 모자가 나중에는 진흙으로 떡이 될 지경이었지만 그는 개의치 않았다. 대원들은 그림자가 자기 앞에서 온갖 욕을 다 퍼붓고 물러갈 때까지 앉거나 선 자세 그대로 시무룩한 얼굴로 꼼짝도 않고 있다가, 그림자가 다른 대원에게 다가가 욕을 하기 시작하면 그제야 몸을 움직였다.

기관총 참호 앞에서도 그림자는 캐시에게 고함을 질렀다. 캐시는 그림자가 다가올 때까지도 일본군 병사를 명중시킨 게 좋아서 싱글벙글하고 있었다.

「멍청아, 그만 좀 해!」

그런 다음에 그림자는 나를 노려보며 말했다.

「너는 박격포 관측병으로 관측 참호에 있어야 하는데, 왜 여기 있나? 그 빌어먹을 소총 당장 내려놔!」

나는 충동적인 성격이 아니었지만, 그때만큼은 욱 하는 성미가 치밀었다. 들고 있던 M1 소총 개머리판으로 중위의 머리를 한 대 후려치고 싶은 마음이 굴뚝같았다.

나는 꾹 참았다. 그러나 그의 터무니없는 말과 행동 때문에 결국은 이 말만은 하고 말았다.

「박격포는 모두 사격 태세를 갖추고 있습니다. 우리는 지금 모두 일본놈들을 죽이려고 여기에 있는 것 아닙니까? 놈들을 죽일 기회가 왔는데 무슨 무기를 사용하든 그게 무슨 문제가 됩니까?」

위협적이던 그의 표정이 놀라움으로 바뀌고 이어 곤혹스러움으로 바뀌었다. 그는 고개를 갸웃하더니 내가 한 말을 곰곰이 생각했다. 그동안 나는 잠자코 입을 다물고 있을 걸 괜한 소리를 했다는 후회를 마음속으로 하면서 가만히 서 있었다. 그림자를 따라다니던 부사관은 나를 슬쩍 곁눈질하더니 빙긋 웃었다. 얼마나 시간이 지났을까, 그림자는 아무 말도 하지 않고 또 나를 쳐다보지도 않고서 휘적휘적 걸어갔다. 걸어가면서 지나가는 참호마다 대원들에게 욕을 퍼부었다. 나는 그런 그림자의 뒷모습을 바라보면서 다시는 가볍게 입을 놀리지 않겠다고 결심했다.

해 질 무렵, 나는 악취가 나는 더러운 공기를 뚫고 흩뿌리는 비를 통해 멀리 전방을 바라보았다. 캐시가 명중시켰던 일본군 배낭에서 연기가 피어오르고 있었다. 캐시가 쏘았던 예광탄이 배낭 속에 들어 있던 무언가를 건드린 모양이었다. 연기는 가늘게 하늘로 올라가더니 어느 지점에서 사방으로 퍼져 나갔다. 그 모양이 어떤 가느다란 기둥 위에 원반을 올려놓은 것처럼 보였다. 금방이라도 없어져 버릴 것 같은 초현실적인 광경이었다. 연기는 죽은 병사의 위치를 알려주는 표지라도 되는 것 같은 형상을 만들어 내고는 악취가 나는 공기 속에 가만히 멈춰 서 있었다. 참호 너머에 움직이는 것은 아무것도 없었다. 죽어 쓰러진 시체들 가운데서는 오로지 죽음과 적막뿐이었다.

조지와 나는 관측 참호를 떠나 박격포 진지로 돌아오라는 명령을 받았다. 관측 참호의 야간 당번은 다른 사람으로 대체될 모양이었다. 중대 전선에서 박격포 참호로 돌아가는 길은 체력적으로 힘들기도 했지만 매우 위험하기도 했다. 초승달 능선의 뒤쪽 경사로로 한 발을 내려놓는 순간부터 마치 기름을 발라 놓은 내리막길을 걷는 것이나 마찬가지였다.

전투 초기에 반격에 나섰던 일본군이 그 능선 주변에서 수도 없이 죽었다. 시체는 될 수 있으면 최대한 마른 흙으로 많이 덮어 두었다. 그런데 전선에서는 여전히 일본군 병사들이 살육되고 있었다. 밤 동안에 전선으로 기습 침투하다가 사살되는 병사들도 있었다. 그렇게 죽은 병사들의 시신을 삽으로 진흙을 덮어 주는 게 우리가 해줄 수 있는 전부였다.

정말 고약한 일이었다. 일본군의 포탄이 그 주변에서 터지기라도 하면 기껏 흙으로 덮어 놓은 시신이 드러났으며, 게다가 포탄에 찢어진 사체 일부가 여기저기로 날아다녔기 때문이다. 박격포를 설치해 둔 우리 참호 주변과 마찬가지로 그 능선 역시 전체가 다 악취 더미였다.

만일 잘못 삐끗해서 아래로 미끄러지기라도 하면 곧바로 산기슭까지 곧장 미끄러져 내려가야 했다. 실제로 그런 일을 당한 대원이 두어 명 있었다. 그들은 맨 아래까지 미끄러져 내려간 뒤 간신히 몸을 일으키고서는 기절할 듯이 놀랐다. 진흙투성이 바지 주머니에서, 탄띠에서, 각반에서 그리고 온갖 곳에서 살이 통통하게 오른 구더기들이 꼬물거렸기 때문이다. 그래서 그들은 다른 대원의 도움을 받아 케이바의 칼날이나 탄약 상자에서 뜯어 낸 나무 판으로 이 구더기들을 살살 털어 내야 했다.

이런 이야기는 대원들끼리도 하지 않았다. 혹독한 상황에 단련이 된 고참 병사들에게조차 이런 일은 너무도 끔찍하고 무서웠기 때문이다. 내가 아는 한 대원도 강인한 것으로 따지면 둘째가라면 서러워할 고참병이었지만, 구더기를 뒤집어쓴 그 상황에서는 비명을 지르고 말았다. 전쟁을 소재로 한 글을 쓰는 작가들은 극도로 불쾌한 이런 이야기는 쓰지 않는다. 자기가 두 눈으로 직접 보지 않는 한, 그토록 참혹한 환경에서 수많은 낮과 밤을 적과 싸우면서 미치지 않는

다는 것을 도저히 생각할 수 없기 때문이다. 그러나 나는 오키나와에서 그런 상황을 수없이 목격했다. 내가 보기에 전쟁은 그 자체로 미친 짓이었다.

13장 돌파구

비가 억수같이 내렸다. 얼마나 심하게 내렸던지 바로 옆 참호에 있는 대원의 형상을 겨우 알아볼 정도였다. 우리는 한차례 비가 쏟아진 뒤에는 참호의 물을 퍼내야 했다. 그러지 않으면 참호가 작은 물웅덩이로 변해 버리기 때문이었다.

스내푸와 나는 박격포 참호 한쪽에 땅을 깊이 파고 탄약 상자의 나무 판을 바닥에 깔았다. 그리고 참호 한구석에 물을 모아 놓는 작은 구덩이를 따로 팠다. 그래서 지표로 흐르던 빗물이 참호 안으로 들어와 작은 구덩이에 모이면 C레이션 깡통으로 퍼내곤 했다. 그러나 계속되는 비로 토양이 물을 흠뻑 먹었을 때는 참호의 벽에서도 물이 줄줄 스며 나왔다. 그럴 때면 깡통 대신 버려진 철모로 물을 퍼내야 했다. 깡통으로는 스며 나오는 물의 속도를 따라잡을 수 없었다.

나무 판으로 만든 그 〈마루 바닥〉 덕분에, 배수 작업만 부지런히 잘하면 우리는 참호 안에서 물과 진흙에 시달리지 않아도 되었다. 필요는 발명의 어머니라고 누가 말했던가? 우리는 1차 세계 대전 당시 참호에서 사용되었던 건널판duckboard을 〈재발명〉한 셈이었다. 사진으로 촬영되어 1914~1918년에 소개된 그 건널판은 길게 이어진 구역에 조립식으로 설치됐는데, 보병들이 참호에서도 사용했었다. 우리가 참호에 설치한 그 작은 마루 바닥도 1차 세계 대전 때의 건널판과 동일한 기능을 수행했다.

사격을 오래 많이 하다 보니 박격포의 포판이 무게를 지탱하고 있던 나무 조각들을 진흙 바닥 깊숙이 박아 넣었다. 그래서 조준이 흐트러지고 말았다. 우리는 박격포를 흔들고 잡아당겨 진흙에서 빼내었다. 하지만 그다음이 문제였다. 박격포를 진지 내의 보다 단단한 바닥을 찾아 설치할 것인지, 아니면 진지 바깥에서 보다 단단한 지면을 찾아 설치할 것인지 결정해야 했다. 후자라면 적의 포격에 당할 위험이 높았다. 우리는 어쩔 수 없이 진지 안에 박격포를 새로 설치하기로 했다. 그것도 서둘러서.

그런데 누가 멋진 아이디어를 내놓았다. 포판을 놓을 자리에 〈기초공사〉를 하는 것이었다. 포좌의 바닥에 야구장의 베이스보다 조금 더 큰 정사각형의 구덩이를 파고 거기에 나무판을 깔았다. 그런 다음에 철로변에 있던 산호 자갈을 버려진 철모 여러 개에 담아 나무판 위에 얹어 놓고, 이 단단한 기초 위에 박격포 포판을 놓았다. 이렇게 하자 발사의 반동으로 포판이 진흙 바닥을 파고들지 않았다. 우리 박격포반의 다른 박격포들도 이런 식으로 설치되었던 것 같다.

일본군 보병들은 우리 전선을 혼란스럽게 만들기 위해 다양한 행동을 했으며 밤이면 밤마다 기습 침투를 노렸다. 때로는 성공하기도 했다. 그런데 그때 일본군의 야간 기습과 관련해 이런 일이 있었다. 펠렐리우섬에 있을 때 중대 본부를 노리고 침투하는 적 병사를 두고 스내푸가 어떤 엄포의 맹세를 했는데, 그가 오키나와에서 그 맹세를 지키는 바람에 중대의 장교들이 혼쭐이 났던 일이 있었다. 펠렐리우에서 우리가 전선에서 비켜나 있을 때의 어느 날 밤이었다. 스내푸가 톰슨 경기관총(토미)으로 일본군 두 명을 쏘았다. 한 명은 즉사했고 다른 한 명은 치명상을 입었다.

그때 부사관이 스내푸에게 적병의 시체를 땅에 묻으라고 지시했는데, 스내푸는 강력하게 거부했다. 사실 그의 이런 거부는 정당했다. 자기가 그들을 사살하지 않았다면 그들은 곧바로 중대 본부로 들이닥쳤을 것 아니냐고 스내푸는 주장했고, 부사관은 스내푸의 말이 옳음을 인정하면서도 시체를 묻긴 묻어야 하는데 적병을 쏜 사람이 스내푸니까 스내푸가 그 일을 해야 한다고 말했다. 그러자 스내푸는 이제 앞으로는 중대 본부를 노리고 접근하는 적병은 절대 쏘지 않겠다고 선언했다.

그런 일이 있었는데, 어느 날 새벽이었다. 빗방울이 지면을 두드리고 있었고 비안개가 자욱하게 깔려 있었다. 그런 날씨에는 참호에서 잠을 이루기가 어려웠다. 졸다 깨다 하고 있었는데, 스내푸의 목소리가 잠을 깨웠다.

「거기 서라! 누구냐? 암호를 대라!」

극도로 피곤한 상태였지만 스내푸의 얼굴 실루엣이 회색빛 하늘을 배경으로 뚜렷하게 보였다. 빗물은 그의 철모를 타고 줄줄 흘러내렸으며, 유난히 돌출한 사각턱에 덥수룩한 수염의 양끝에는 물방울이 달랑거리면서 마치 유리구슬처럼 반짝거렸다. 나는 무릎에 두었던 토미를 집어들었고 스내푸는 45구경 권총으로 전방을 겨누었다. 그가 총을 겨눈 쪽에서는 희미한 사람 그림자 둘이 약 20미터 떨어진 지점에서 성큼성큼 걸어가고 있었다. 새벽이었고 또 비가 오고 안개까지 끼어 그 두 그림자가 미군 철모를 썼는지 일본군 철모를 썼는지 정확하게 알아볼 수 없었다. 스내푸의 외침에 그 두 그림자가 아군이라면 걸음을 멈추고 암호를 댔어야 하지만 그렇게 하지 않았다. 그들은 속도를 더 내서 달리기 시작했다.

「서라! 안 그러면 쏜다!」

두 사람은 철로 쪽을 향해 미끄러운 지면을 필사적으로 달렸다. 스내푸가 45구경 권총으로 여러 발을 쏘았지만 모두 빗나갔다. 그리고 조금 뒤에 철로 쪽에서 아군 수류탄이 폭발하는 소리가 들렸다. 그리고 어떤 대원이 자기가 던진 수류탄에 적병 두 명이 모두 죽었다고 외쳤다. 아침이 밝았을 때 우리는 도대체 무슨 일이 일어난 것인지 확인하려고 철로 쪽으로 가보았다.

스내푸와 내가 철둑 옆에 있는 참호로 갔을 때 저격병 대원 두 명이 싱글벙글거리며 웃고 있었다. 중대 본부의 방수 텐트 아래에서 편안하고 뽀송뽀송하게 잠을 자던 얼굴들이 수류탄 폭발음에 놀라 튀어 나와서 빗속을 내달리던 모습이 무척이나 통쾌했었기 때문이다. 우리가 그 참호에 갔을 때 장교들은 모두 중대 본부로 돌아가고 있었다. 우리가 손을 흔들었지만 돌아오는 건 도끼눈이었다.

우리는 참호로 돌아가기 전에 죽은 일본군 병사들을 살펴보았다. 그들은 미군 철모를 쓰고 있었지만 제복은 일본 군복을 입고 있었다. 한 사람의 얼굴은 아예 날아가고 없었고 머리도 조금밖에 남아 있지 않았다. 수류탄이 바로 얼굴 앞에서 폭발한 모양이었다. 다른 한 명은 그 정도로 심하게 훼손된 상태로 죽지는 않았다.

참호로 돌아와서 막 자리를 잡는데 중대 본부에서 부사관인 〈행크〉 헨리 보예스가 우리 참호 쪽으로 다가오는 게 보였다. 그는 오는 길에 모든 참호마다 들러 간밤에 일본군 병사들이 중대 본부 코앞까지 접근하도록 방치한 책임자가 누구인지 조사하고 있었다. 드디어 우리 차례가 되었다. 행크는 한 사람이 잠을 잘 때는 다른 사람이 반드시 깨어 있어야 하는데 어째서 녀석들을 보지 못했느냐고 물었다. 그러자 스내푸는 조금도 망설이지 않고 대답했다.

「예, 녀석들이 지나가는 것을 봤습니다. 녀석들이 중대 본부를 노리고 다가간다고 생각했습니다.」

그렇지만 그는 일본군에게 암호를 묻고 불응하자 사격을 했다는 말은 하지 않았다. 스내푸의 이 대답에 행크는 깜짝 놀라서 다시 물었다.

「그게 무슨 뜻인가, 스내푸?」

스내푸는 치미는 분노를 담아 대답했다.

「펠렐리우섬에서 중대 본부를 노리고 다가가던 일본놈 둘을 사살했을 때 중대 본부 사람들이 나더러 그 시체를 묻으라고 했던 일을 기억하십니까?」

「기억한다. 그런데 그게 왜?」

행크는 나직하지만 위협적인 목소리로 되물었다.

「그때 저는 분명히 말했습니다. 그 일본놈 둘을 묻는 작업을 내 손으로 하게 된다면, 다음번에 어떤 일본놈이 중대 본부를 노리고 접근하더라도 그냥 내버려 둘 것이라고 말입니다.」

나는 기겁을 해서 스내푸의 말을 끊으려고 했다.

「무슨 말이야, 스내푸, 그만해.」

상관에게 그런 식으로 말을 하고 무사히 넘어간 사람은 아무도 없었다. 행크는 공포를 모르는 용맹한 군인이었으며 우리의 신뢰를 듬뿍 받는 상관이었지만 책임을 다하지 않는 대원에게는 가차 없이 불벼락을 내리는 무서운 상관이기도 했다. 행크는 우리가 지시를 충실히 이행하고 최선을 다하기만 하면 인간적인 존중과 연민으로 우리를 대했다. 그렇게 행동하지 않은 누군가에게 그가 행하게 될 벌칙을 보고 싶은 마음은 조금도 없었지만, 이번에는 아주 가까이에서 그 상황을 목격할 수밖에 없겠구나 하고 나는 생각했다. 나는 고개를 돌리고 반쯤 눈을 감아 버렸다. 주변의 다른 참호들에 있던 대원들이 두 사람을 지켜보았다. 두 사람은 서로를 무섭게 노려보고 있었다. 무슨 일이 일어나기 직전의 팽팽한 긴장이 감돌았다.

그러나 아무 일도 일어나지 않았다. 한참 만에 입을 뗀 행크는 이렇게만 말하고 중대 본부로 돌아갔기 때문이다.

「다음부터는 절대로 그런 일이 일어나지 않도록 해라!」

스내푸는 뭐라고 중얼거렸고, 나를 포함한 다른 대원들은 안도의 한숨을 쉬었다. 나는 행크가 스내푸에게 적어도 철로변에 널브러진 적병 시체 둘을 묻으라는 명령은 내릴 줄 알았다. 그러면 스내푸는 상관으로서 나에게 작업을 함께 하자고 했을 것이고, 나는 따라야 했을 것이다. 하지만 행크는 그런 지시를 내리지 않았다. 그리고 다른 누군가가 야전삽으로 두 시체에 진흙을 덮었다.

그로부터 훨씬 뒤, 행크가 세 차례의 큰 전투에 참가해 뛰어난 무공을 세운 뒤 귀국하면서 K중대를 떠날 때 나는 행크에게 그때 그 일을 어떻게 생각했는지 물었다. 그러자 그는 나를 바라보며 씨익 웃기만 하고 아무 말도 하지 않았다. 그가 씨익 웃었다는 것은 스내푸를 존중하며 또한 스내푸가 비록 말은 그렇게 했지만 일부러 의무를 게을리하지 않은 걸 알고 있다는 뜻이었다. 또한 책임자를 색출하기 위한 그때의 그 조사도 다른 어떤 장교의 지시에 따른 것이었다는 뜻이기도 했다.

전황은 좋지 않았다. 하프문 고지에서의 공방전이 교착 상태에 빠짐에 따라 사상자가 속출했다. 이때 발생한 사상자의 수는 내가 본 것 가운데 최악이었다. 아무리 아름다운 풍광이라고 하더라도 부상은 고통스러웠고 죽음은 슬펐다. 그러나 이때보다 더 지독한 전투가 기다리고 있었다. 그것은 바로 슈리 고지 전투였다. 부상을 하고 죽고……. 그렇게 끔찍한 전장이 있으리라고는 상상도 하지 못했다.

부상자는 대부분 적 포탄의 파편을 맞아 발생했지만, 포탄이 작렬할 때의 충격으로 뇌진탕을 호소하는 대원들도 많았다. 포화에 끊임없이 노출되었던 점을 고려한다면 당연한 일이기도 했다. 부상자들이라고 해도 다치지 않은 우리와 마찬가지로 진흙투성이였고 비에 젖어 있었다. 그 바람에 상처 부위를 묶은 붕대에 젖어든 붉은 피가 더욱 두드러져 보였다. 피로 붉게 물든 이 붕대는 충격과 고통으로 생기를 잃어버린 부상병의 얼굴과 대조되어 공포와 절망을 한층 더 생생하게 만들어 주었다. 이런 부상병들을 우리는 차갑게 뿌려 대는 빗줄기와 푹푹 빠지는 진흙탕을 헤치고 후방으로 이송했다.

뇌진탕 환자들 가운데 일부는 자기 발로 걸을 수 있었는데, 이들은 동료의 도움을 받으면서도 몽유병 환자처럼 (몇몇은 방향 감각을 완전히 잃어버리기도 했다) 후방으로 걸어갔다. 충격과 공포로 겁에 질린 환자도 있었다. 나와 가깝게 알고 지내던 어떤 대원들은 무서움이라는 것 자체가 뭔지 알아보지 못할 정도로 바보가 되어 버린 얼굴을 하고 있어 누군지 알아보지도 못할 정도였다. 작렬하는 포탄이 그들을 문자 그대로 완전히 딴 세상으로 보내 버린 것이었다. 그 세상에서 영원히 돌아오지 못한 사람들도 있었다. 이들은 완전히 다른 정신 세계 속에 빠져 군인병원에서 〈살아 있는 시체〉로 여생을 보내야 했다.

많은 전우가 전쟁 피로증에 시달렸다. 증상은 다양했는데, 주변 상황을 인식하지 못하고 방심하는 사람에서부터 계속 울기만 하는 사람도 있었고, 극단적인 경우에는 큰 소리로 절규하는 사람도 있었다. 스트레스는 전투 속에서 우리가 반드시 극복해야만 하는 본질적인 요소였다. 그 스트레스는 소화기 사격 때문에 발생하기도 했고, 적의 야간 기습 위협 때문에 발생하기도 했고, 또 끊이지 않고 내리는 비와 폭발하는 포탄 때문에 잠을 잘 수 없어 발생하기도 했다.

이런 스트레스는 본인이 어떻게든 알아서 대처해야 했다. 그러나 교착 상태에서 아주 긴 기간에 걸쳐 수도 없이 많은 포격에 시달리며 공포에 떨어야만 했던 슈리 고지 전투는 경험이 많고 강건한 대원들이 견딜 수 있는 한계조차 뛰어넘어 이들의 심신을 무너뜨렸다. 내 경험에 비추어 보면, 우리 부대가 겪어야 했던 그 모든 시련과 어려움 가운데서도 지속적으로 이어지던 적의 포화는 다른 어떤 것보다 강력하게 우리의 정신 상태를 무너뜨렸다.

부상병 외에도 많은 대원들이 후방으로 이송되어 〈질병에 걸렸음〉이라는 진단을 받았다. 말라리아 환자가 있었고, 고열에 시달리는 환자가 있었고, 호흡기 계통에 문제가 생긴 환자가 있었고, 체력 소모가 극심해 우중 노숙을 견디지 못해 탈진한 환자가 있었고, 폐렴 환자도 있었다. 그러나 차가운 비에 한 주 이상 흠뻑 젖어 있어야 했던 환경에서 여러 가지 심각한 증상에 시달렸음에도 불구하고 많은 대원들은 후방으로 이송될 수 없었다.

실제로 대원들 대부분은 발에 심각한 문제가 있었다. 발에 통증을 호소하는 보병은 아무리 좋은 환경에 놓인다 하더라도 비참할 수밖에 없었다. 14일인가 15일 동안(기록을 뒤져 정확한 날짜를 확인해 보니 5월 21일부터 6월 5일까지였다) 우리 대원들의 발에서 물기가 마를 날이 없었고 전투화에는 진흙이 떡처럼 들러붙어 있었다. 머리 위로 포탄이 오가는 상황이 이어지다 보니 전투화를 벗고 마른 양말로 갈아 신을 여유조차 없었던 것이다. 마른 양말로 갈아 신는다 하더라도 가죽 소재의 전투화를 뽀송뽀송하게 말릴 수 없었으니 젖은 양말을 계속 신는 것과 다를 게 없었다. 우리는 대부분 진흙으로 떡 진 각반을 벗어던지고 바짓단을 양말 속으로 구겨 넣었다. 하지만 그것도 그다지 도움이 되지 않았다. 결국 대부분의 대원이 심각할 정도로 발이 좋지 않은 상태일 수밖에 없었다.

나도 발에 통증을 느꼈다. 걷거나 뛸 때는 많이 아팠다. 혈액 순환을 돕기 위해 축축한 발가락을 움직이면 전투화 속에서 끈적거리는 걸 느낄 수 있었다. 이 불쾌한 느낌은 날이 갈수록 점점 더 심해졌다. 걷거나 뛸 때 아픈 발이 축축하게 젖은 전투화 속에서 이리저리 논다는 느낌이 들었다. 다행히 세균에 감염되는 일은 없었다. 그것만으로도 기적이나 다름없었다. 진흙이나 물에 장시간 노출될 때 침족병(浸足病, immersion foot)에 걸릴 수 있음을 나는 나중에야 알았다.

1차 세계 대전 때 이런 증상을 사람들은 〈참호족trench foot〉이라고 불렀다. 그때의 그 불결함과 고통은 지금도 잊을 수 없는 불쾌한 감각으로 남아 있다. 이런 경험을 하고 나면 깨끗하고 건조한 양말을 신게 되는 것을 평생 동안 고마워하게 된다. 아닌 게 아니라 그때는 마른 양말도 엄청난 사치처럼 느껴졌다.

비는 날마다 거의 언제나 줄기차게 내렸기 때문에 손가락의 피부도 이상할 정도로 쭈글쭈글하게 바뀌었다. 손톱도 물렁해졌다. 관절과 손등에 불그레한 반점이 나타났고, 이 피부병의 감염 부위는 날이 갈수록 넓어졌으며, 손가락을 움직일 때마다 아팠다. 피부병은 피부에 딱지를 만들어 냈는데, 당시 나는 탄약 상자 따위에 환부를 대고 긁어 딱지를 떼어 내곤 했다. 이와 비슷한 피부병은 남태평양에 주둔했던 부대원들에게도 나타났는데 보통 〈열대성 피부병jungle rot〉이라는 이름으로 불렸다.[1]

우편물은 보통 탄약 및 전투 식량과 함께 캔버스 백에 담겨 전달되었다. 고향에서 온 편지는 침체된 사기를 높여 준다는 점에서 엄청난 가치가 있었다. 그러나 전장에서는 편지를 읽는 것도 쉽지 않은 일이었다. 폭우 속에서 편지가 비를 맞아 잉크가 번져 글자를 알아볼 수 없게 되면 안 되니까 몸을 잔뜩 웅크려 빗물이 편지에 닿지 않도록 한 자세로 최대한 서둘러 읽었던 적이 한두 번이 아니었다.

대부분 가족이나 일반인 친구들로부터 편지를 받았다. 그러나 가끔은 고국으로 돌아간 K중대 전우들이 보낸 편지도 받았다. 이들이 고국으로 돌아간 직후에 보낸 편지에는 가족에게로 돌아갔다는 사실, 혹은 〈술과 여자와 노래〉를 즐길 수 있다는 사실에 대한 안도감이 담겨 있었다. 그러나 시간이 지나면서 편지 내용이 환멸로 바뀌었다. 어떤 사람들은 할 수만 있다면 다시 제3대대로 복귀하고 싶다고 했다. 그 사람들이 고국으로 돌아가기 전에 겪었던 그 숱한 위험

[1] 오키나와 작전이 끝난 뒤 대대 군의관은 내 두 손에 난 피부병은 영양실조나 불결함 둘 가운데 하나 혹은 둘 다가 원인이 되어 생겼을 것이라고 말했다. 5월 말에 생긴 그 피부병은 오키나와에서 전투를 끝내고 나서 다섯 달이 지나서야 완전히 사라졌다 — 원주.

과 고난을 생각하면, 그리고 우리가 처한 슈리 고지의 상황을 생각
하면 고향으로 돌아간 전우들이 보이는 그런 태도를 도무지 이해할
수 없었다.

그들은 다양한 방법으로 자기 심경을 토로했지만, 환멸의 요체는
예전의 전우들 말고는 그 누구와도 동화될 수 없고 이질감만 느낀다
는 것이었다. 고국에서는 휘발유와 고기가 배급제이긴 했지만 그래
도 삶은 안전했고 또 편안했다. 전역 기념 훈장과 종군기장을 단 해
병 제대병에게는 술을 공짜로 사주겠다는 사람도 많았다. 그러나 그
모든 멋진 것들도 전장에서 다져진 전우애를 대신해 주지는 못하는
것 같았다.

전쟁을 통해 이득을 보는 사람들이나 심신이 건강하면서도 다른
사람을 희생시키면서 병역을 기피한 사람들에 대한 소문도 들려왔
다. 어떤 편지는 고국에 있는 사람들은 〈전쟁을 너무도 쉽게 말하는
데, 이걸 보면 그들은 전쟁이 어떤 것인지 전혀 모르는 것 같다〉고
했다. 한번은(그때 우리는 진흙구덩이를 뒹굴고 있었다) 어떤 대원
이 〈일본군이나 독일군이 미국에 있는 도시 하나를 폭격하면 그제
야 일반 시민도 전쟁이 어떤 것인지 알게 될 거야〉라고 말했다. 아닌
게 아니라 이런 말을 들은 적이 한두 번이 아니었다. 어떤 대원은 미
국인이 한 명도 다치지 않고 대신 미국 국민에게 공포심만 심어 주
고 끝날 수 있다면 그것보다 좋은 건 없겠다고 덧붙였다. 그러나 자
기 고향 마을이 그렇게 포격·폭격당하기를 바라는 사람은 아무도
없었다.

고향으로 돌아가기를 그토록 원했고 또 그래서 고향으로 돌아간
전우가 해외 복무를 자원해 다시 전장으로 돌아가고 싶다는 말을 했
을 때는(아닌 게 아니라 어떤 전우는 실제로 그렇게 했다) 우리는 그
말을 곧이곧대로 믿을 수 없었다. 전쟁이라면 신물이 나도록 경험했
지만, 그들은 평범한 사회생활이나 안락한 국내 복무에 적응할 수

없었던 것이다. 그때만 하더라도 도무지 이해할 수 없었지만 고향으로 돌아와서 보니 우리도 그 심정을 확실히 알 수 있었다. 미국이 완벽하지 않다는 이유로, 커피가 충분히 뜨겁지 않다는 이유로, 혹은 기차나 버스를 기다리려면 줄지어 늘어서야 한다는 이유로, 또한 그 밖의 온갖 사소한 이유를 들어 불평을 늘어놓는 사람을 억지로라도 이해해야 했기에 도무지 적응할 수 없었던 것이다.

우리 전우들은 고국으로 돌아가 열렬한 환영을 받았다(슈리 고지에 있던 우리들 가운데서 살아남은 전우들도 나중에 고국으로 돌아가 그처럼 뜨거운 환영을 받았다). 그러나 고국에 있던 사람들은 우리가 경험했던 것, 즉 영원히 우리 마음속에 남아서 전투를 경험하지 못한 사람들과 우리를 영원히 갈라 놓게 만드는 그 무엇을 이해하지 않았고, 또 지금 와서 생각하면 그것을 이해할 수도 없었다. 우리는 자기연민에 빠져들기를 바라지 않았다. 우리는 그저 고국에 있는 사람들이 자기는 전쟁을 경험하지 않은 게 얼마나 다행한 일인지 고마워하고 사소한 불편함을 놓고 투덜거리지 않기를 바랐을 뿐이다.

1차 세계 대전 때 영국의 보병 장교이자 시인이었던 지그프리드 서순(Siegfried Sassoon, 1886~1967) 역시 전장을 뒤로 하고 고향으로 돌아갔을 때 똑같은 감정을 느꼈다. 그는 그때의 감정을 다음과 같이 요약했다.

번들거리는 눈에 의기양양한 표정의 너희들은
군인들이 행군해 지나갈 때 환호성을 지르다가도
집으로 기어 들어가서는 간절히 기도를 하지
청춘과 웃음이 떨어져 버린 그 지옥이 어딘지 제발 모르게 해달라고[2]

---

2 『시 모음집*Collected Poems*』에 실린 「참호의 자살*Suicide in Trenches*」의 일부이다 — 원주.

이 시인이 말하는 지옥은 1차 세계 대전 때의 프랑스만이 아니라 펠렐리우섬의 어느 산호 바위일 수도 있고 슈리 고지 앞에 펼쳐져 있던 진흙밭일 수도 있었다.

당시 우리 부대에 편입된 어린 보충병들 가운데는 우리가 놓여 있던 전반적인 상황과 환경에 적응하지 못하는 대원들이 있었다. 빗발치듯 떨어지는 적의 포탄 세례에 적응하는 게 어려웠다는 뜻만은 아니다. 적의 포격은 역전의 용사인 고참병들까지도 간담을 서늘하게 만들었기 때문이다. 정말 적응하기 어려웠던 것은 우리를 둘러싸고 있던 환경이 너무도 열악했기 때문이다. 오키나와 전선에 투입된 해병대 보충병들 가운데는 소속 부대의 명부에 이름을 올리지도 못한 대원들이 많았다. 배치 명령서가 해병대 본부에 도착하기도 전에 적의 총탄이나 포탄에 맞아 사망했기 때문이다. 그래서 그들의 이름은 사상자 명단에만 올라 있었고 부대 명부에는 올라가지 못했다.

그리고 또 우리가 이름을 외우기도 전에 사상자 명단에 이름을 올리는 보충병도 허다했다. 그들은 혼란스럽고 잔뜩 겁에 질렸지만 또 한편으로는 잔뜩 기대에 부풀어 전장에 도착했다가 곧바로 부상하거나 죽었으며, 자기가 방금 왔던 길을 되짚어 후방으로 후송되었다. 충격을 받고 멍한 얼굴로, 혹은 피를 흘리면서, 혹은 차갑게 식어서…….

물론 전장에 투입되자마자 백만 달러짜리 부상을 한 친구들은 행운아였다.[3]

식사는 보통 차가운 C 레이션이었고 드물게는 수통 컵으로 뜨거운 커피를 끓여 마셨다. 커피를 마실 수 있다면 멋진 식사였다. 거의 언제나 비가 내렸기 때문에 우리가 지급받은 소량의 고체 연료로 물을

---

3 제5해병연대 제3대대 K중대는 235명의 장병으로 구성되어 1945년 4월 1일에 오키나와에 상륙했다. 그리고 작전 도중에 보충병 250명을 받아서 총원은 485명이었다. 오키나와에서 작전이 끝났을 때 살아남은 인원은 50명이었고, 이 가운데 4월 1일에 상륙한 대원은 겨우 26명뿐이었다 ─ 원주.

끓일 수도 없었다. 식사를 할 때는 허리를 앞으로 숙여 C레이션 스튜 깡통에 빗물이 들어가지 않게 해야 했다. 안 그랬다가는 숟가락으로 퍼먹는 차가운 스튜의 양보다 스튜 깡통에 떨어지는 빗물의 양이 더 많아 깡통이 금방 넘쳐 버리기 때문이었다.

우리가 음식을 먹는 이유는 단 하나뿐이었다. 배가 고파서 먹지 않을 수 없었기 때문에 먹었다. 시체가 썩는 냄새가 콧구멍에 가득 차 있을 때마다 구역질이 났고, 이럴 때면 웬만큼 허기가 지지 않고서는 식욕이 나지 않았다. 이럴 때는 소량의 식사만 했다. 그러나 기회가 있을 때마다 뜨거운 커피나 부용을 마셨다.

끊이지 않고 내리는 비 때문에 어려운 점은 또 있었다. 무기에 녹이 슬었던 것이다. 우리는 대부분 45구경 자동 권총 총집을 지급받은 녹색 비닐 덮개로 덮어 두었다. 이 덮개는 제법 긴 소맷자락 모양이어서 카빈 소총이나 톰슨 경기관총 등을 싸두는 데 쓸 수도 있었다. 박격포도 사용하지 않을 때는 커다란 비닐 덮개를 씌워 놓았다. 이 덮개는 일본군이 독가스를 살포할 경우 뒤집어쓰고 웅크리고 있으라고 지급받은 물품이었다. 우리는 무기에 늘 기름을 잔뜩 발라두었다. 열악한 상황이어서 이렇게 해두지 않으면 전투 때 문제가 생길 수 있었기 때문이다.

전장에서는 화장실이 따로 없었다. 끊이지 않는 포격과 진흙탕 때문에 화장실은 엄두도 내지 못할 시설이었다. 각자 수류탄 껍데기나 탄약 상자에 볼일을 보고 참호 밖으로 휙 던지면 그만이었다. 어차피 그것 아니라도 주변에는 그것보다 더 심한 악취가 늘 진동했기 때문이다.

낮의 전장 주변 풍경은 끔찍한 광경이었다. 그러나 밤이 되면 한층 더 끔찍한 악몽을 겪어야 했다. 조명탄과 화염이 밤새 주변을 환하게 밝혔으며, 그러다가 잠깐 동안씩 차갑고 무서운 어둠의 장막이 드리우곤 했다.

 진흙탕 위에서, 차가운 비가 내리는 가운데서 잠을 잔다는 건 거의 불가능했다. 그러나 때로 나는 젖은 판초로 몸을 두르고 아주 잠깐씩 잠을 청하곤 했다. 물론 그사이 참호에 함께 있던 동료가 사주경계를 철저히 하는 한편 부지런히 물을 바깥으로 퍼냈다. 잠이라고 해봐야 축축한 참호에서 쭈그리고 앉아 잠깐 눈을 붙이는 것이 전부였다.

 늘 그랬지만 밤에는 부상자를 돌본다거나 탄약을 가지러 가는 것 외에는 참호 바깥으로 감히 나가지 않았다. 누구든 조명탄이 켜지면 그 자리에 꼼짝도 하지 않고 서 있다가 서서히 어두워져서 짧은 시간 동안 깜깜한 어둠의 장막이 덮이면 그 틈을 타 움직였다. 기괴한 느낌의 초록색 조명탄이 주변 지역을 밝히면 굵은 빗방울은 은으로 만든 작대기처럼 비스듬하게 대지에 내리꽂혔다. 강한 바람이라도 불 때는 그 작대기들은 지면과 거의 수평으로 허공을 어지럽게 날았다. 조명탄의 불빛은 포탄 구덩이에 고인 더러운 물에 비쳤고 산 자와 죽은 자의 철모와 무기에도 비쳤다.

 나는 내 주변에 있던 지형의 특징과 목표물의 위치 등 모든 것을 머릿속에 정연하게 기억해 두었다. 온전하게 서 있는 나무는 한 그루도 없었기 때문에 내 머릿속의 창고에는 경사면의 구릉과 구덩이, 동료가 들어가 있는 참호들, 포탄 구덩이들, 시체들 그리고 부서진 탱크와 암트랙 등이 가지런히 놓여 있었다. 죽은 사람이든 산 사람이든 누가 어디에 있는지 깜깜한 어둠 속에서도 훤하게 알아야 했다. 일본군 병사가 침투할 경우 동료가 어디 있는지 알아야 동료를 쏘지 않는다는 확신을 가지고 적 병사에게 총을 쏠 수 있기 때문이었다. 모든 시체의 위치와 자세는 중요했다. 침투하는 적 병사 역시 조명탄이 터질 때는 그 자리에 꼼짝도 않고 가만 있을 테고, 그러면 여기저기 흩어져 있는 시체와 그 침투병을 구별하기 어려울 터이기 때문이었다.

그 지역에 오래 머물게 될수록 점점 더 그 무서운 밤이 끝나지 않을 것 같았다. 긴장이 극한에 다다르자 가수면 상태에서도 금방 말짱한 정신으로 되돌아올 수 있었고, 또 만일 그때 조명탄이 주변을 밝히고 있을 경우에는 수상한 낌새를 포착하려고 주변을 살피는 동료를 확인할 수 있는 상태가 되었다. 그러면 나도 주변을 한 번 돌아보곤 했다. 특히 뒤를 자주 살폈다. 그리고 나중에 하프문 고지를 떠날 때쯤에는 조명탄이 쏘아 올려지지 않은 상태에서도 반은 깨고 반은 잠든 상태로 자유자재로 들락거리는 경지까지 도달했다.

나는 죽은 해병대원들이 벌떡 일어나 소리도 없이 그 구역 주변을 돌아다니는 상상을 했다. 지금 생각해 보면 악몽이었던 것 같다. 그리고 나는 아마도 깨어 있을 때보다 잠들어 있을 때가 더 많았거나 피곤에 지쳐 아무 말도 하지 못했던 것 같다. 어쩌면 그때 내가 본 것들이 모두 환각이었을 수도 있지만, 그것들은 너무도 이상하고 무서웠다. 그러나 늘 똑같은 꿈이었다. 죽은 사람들이 널브러져 있던 포탄 구덩이나 진흙탕에서 슬금슬금 일어나서는 구부정한 허리로 다리를 질질 끌면서 여기저기 아무런 목적도 없이 어슬렁거렸다. 그리고 그들은 입술을 달싹여 나에게 뭐라고 말을 하려고 했다. 나는 무슨 말인지 알아들으려고 귀를 세웠지만 도무지 알아들을 수 없었다. 그들은 고통과 절망으로 괴로워하는 것 같았다. 나에게 도와 달라고 하는 것 같았다. 그런데 가장 끔찍했던 것은 그들에게 도움을 줄 수 없다는 느낌에 사로잡혀 있었다는 점이다.

바로 그 시점에 나는 늘 꿈에서 깨어났다. 그리고 불쾌한 감정에 사로잡혔고, 꿈에서 보았던 그 끔찍한 모습에 반은 넋이 나갔다. 그럴 때면 나는 조용하게 누워 있는 사체들이 원래 그 자리에 있는지 살피려고 했다. 그러나 아무것도 보이지 않았다. 조명탄이 터지고 나면 그제야 모든 것이 늘 있던 그 자리에 가만히 있음을 확인할 수 있었다.

서쪽 능선 아래로 포탄 구덩이가 여러 개 있었고, 그 주변에 해병대원의 시신 여러 구가 뒹굴고 있었다. 참호의 오른쪽 끝 바로 너머로는 급경사가 이어졌고 그 경사면 아래에는 평탄한 진흙밭이 펼쳐져 있었다.[4] 서쪽 능선 아래, 즉 내 위치에서 바로 아래쪽에는 직경이 약 1미터, 깊이도 약 1미터쯤 될 것은 포탄 구덩이가 하나 놓여 있었다. 이 구덩이 안에 아군 해병대원의 시신이 놓여 있었는데, 이 시신의 소름끼치는 얼굴은 지금도 기억에 끈질기게 남아 있다. 눈을 감으면 그 얼굴이 어제 일처럼 생생하게 되살아난다.

그 슬픈 인물은 적을 향해 등을 보인 자세로 포탄 구덩이의 남쪽 끝에 비스듬하게 기대고 있었다. 철모를 쓴 머리는 하늘을 향해 젖혀져 있었고, 철모는 구덩이 모서리에 박혀 있어 얼굴은(정확하게 말하면, 남아 있는 그의 얼굴은) 나를 정면으로 바라보았다. 두 무릎은 쩍 벌린 자세였다. 허벅지 사이로 그는 백골화한 두 손으로 녹슨 브라우닝 기관총을 여전히 쥐고 있었다. 전투화 위로 각반을 단정하게 차고 있었다. 두 발목은 진흙물로 덮여 있었지만, 전투화 앞부분은 수면 위로 나와 있었다. 군복과 철모와 철모의 위장천 등이 모두 새로 보급 받은 신품 같았다. 색이 바래지도 않았고, 진흙이 많이 튀지도 않았다.

---

4 하프문 고지 왼쪽으로 철로까지. 그리고 철로 너머 편자 고지와 슈가로프 고지까지 펼쳐진 평탄한 진흙밭이자 포탄 웅덩이가 곳곳에 만들어져 있던 그 구역은 아군의 땅도 아니었고 적군의 땅도 아니었다. 그 지역에 미군이 단 한 명이라도 있는 것을 나는 단 한 번도 본 적이 없었다. 슈가로프 고지를 제6해병사단의 왼쪽 날개가 진을 치고 있었으니까, 제6해병사단과 우리 제1해병사단 사이에는 상당한 간격이 벌어져 있었던 셈이다.

어떤 장교 말로는 기관총 여러 대가 오른쪽 후방에 있는 군사적 거점에서 그 구역을 조준하고 있다고 했다. 그리고, 낮고 평탄한 그곳은 슈리 고지에 있는 일본군의 화력에 너무도 취약했기 때문에 제1사단과 제2사단의 전선을 그 구역에도 설치했다가는 아군의 피해가 너무 클 게 뻔해 그 구역은 그냥 비워 둔다는 말도 했다. 밤에는 조명탄을 쏘아 그 구역을 환하게 밝혔기 때문에 적 병사 역시 그 평탄한 개활지를 건너 아군 전선으로 침투할 수는 없었다. —원주.

어느 모로 보더라도 그 덩치 큰 해병대원은 새로 배치된 보충병이 틀림없었다. 그는 다음번 돌격 명령이 떨어질 때까지 〈10분 휴식〉을 취하고 있는 것처럼 보였는데, 하프문 고지 초기 공방전 때 전사한 게 분명했다. 그때는 아직 비가 내리지 않을 때였다. 그의 철모 아래로 녹색 전투모의 챙이 보였다. 그리고 그 챙 아래로는, 그때까지 이미 나는 너무도 많은 유골을 보긴 했지만, 그 어떤 것보다도 소름 끼치는 유골이 있었다.

내가 참호에서 그 포탄 구덩이 쪽을 바라볼 때마다 얼굴이 반쯤 날아가고 없는 그 얼굴이 나를 바라보면서 웃고 있었다. 자기 목숨을 앗아간 그 폭력적인 죽음, 끊임없이 이어지는 그 폭력 앞에서 목숨을 부지하려고 아등바등 애를 쓰는 우리를 비웃는 것 같았다. 아니면 전쟁 그 자체의 어리석음을 비웃는 건지도 몰랐다.

〈나는 인간이 가지고 있는 어리석음의 결과물이다. 나는 대량학살의 열매이다. 나도 너처럼 살아남을 수 있게 해달라고 빌었다. 그러나 지금 내 모습을 봐라. 죽은 우리는 모든 게 다 끝났다. 하지만 너는 필사적으로 노력해야 하고, 평생 그 모든 기억을 짊어지고 살아야 할 것이다. 고향에 있는 사람들은 네가 왜 그 기억을 잊어버리지 않고 계속 간직하는지 이상하게 생각하겠지.〉

낮 시간 동안에 나는 때로 굵은 빗방울이 그 해병의 시신이 있는 포탄 구덩이에 떨어지는 것을 바라보면서 옛날 생각에 잠기곤 했다. 어린 시절에 집 근처에 있던 개울에서 커다란 초록색 개구리가 한 마리 앉아 있었고, 그 주변으로 떨어져 부서지던 물방울을 멍하게 바라본 적이 있었다. 그때 할머니는 요정이 그 물방울을 그렇게 작은 알갱이들로 부숴 놓는다고 하셨고, 또 그 작은 알갱이들을 〈물의 아기들〉이라고 부르셨다. 나는 참호에 앉아 물의 아기들이 초록색 던가리 군복을 입은 시신 주변으로 마구 튀어 흩어지는 모습을 가만히 지켜보았다. 해병대원의 시신과 물의 아기들, 정말 있을 수 없는 조합이었다. 전쟁이 물의 아기를 사람의 시체를 파먹는 악귀로 만들어 버렸고, (작은 요정들이 개구리 주변에서 춤을 추는 것이 아니라) 이 악귀들이 시체 주변에서 춤을 추었다. 그 전장에서는 마음 둘 곳이 별로 없었다. 그저 진흙을 뒤집어쓰고 앉아 고뇌와 공포를 끌어안고 쏟아지는 포탄들 사이에서 덜덜 떨면서 끝이 없는 온갖 상상을 할 뿐이었다.

슈리 고지를 앞두고 벌였던 그 처절하던 교착 상태도 이제 막바지로 향하고 있었다. 그 끔찍한 전투 속에서 재미있는 일이라고는 지극히 드물었지만 그 가운데 하나를 소개하겠다. 내가 있던 참호 왼쪽에 다른 박격포병 두 명이 참호를 파고 안에 들어가 있었다. 어느 날, 동트기 직전이었고 아직도 어둠이 깔려 있던 때였다. 그들이 있는 참호에서 싸우는 소리가 들려왔다. 누가 누구를 내동댕이치고 판초가 홱 걷히는 소리가 들렸다. 그리고 신음 소리와 욕하는 소리가 들렸다. 줄기차게 내리는 빗소리 속에서 그 소리들을 가려 내려고 귀를 바짝 세우고는 토미를 어깨에 걸고 사격 태세를 갖추었다. 모든 정황으로 보건대 일본군 병사 두 명 이상이 옆 참호에 들어가 우리 동료들과 생사를 건 육박전을 벌이는 게 분명했다. 그러나 나로서는 주변의 다른 대원들에게 경계를 하라고 신호를 보내고 기다리는 수밖에 없었다.

소란은 점점 커졌고, 참호 안에서 두 사람이 엉겨 붙어 싸우는 형상이 희미하게 분간되었다. 위기에 빠진 전우를 도와야 했지만 손을 쓸 수 있는 상황이 아니었다. 누가 아군이고 누가 적군인지 분간할 수 없었기 때문이다. 또한 우리 대원들 가운데서도 그 누구도 감히 참호에서 나와 거기로 다가갈 수 없었다. 적 병사는 이미 우리 동료 한 명을 죽였고 나머지 한 사람마저 죽이려 하고 있었기 때문이었다. 적어도 나는 그렇게 생각했다.

검은 그림자 둘은 선 자세였고, 가까운 거리에서 주먹을 주고받았다. 모든 대원들이 다 그 모습을 주시했지만, 아직도 어둠이 완전히 걷히지 않았고 비까지 억수로 쏟아지던 터라 적군과 아군을 구분할 수는 없었다. 욕을 하는 소리가 점점 더 크게 들렸고, 나중에는 무슨 말인지 알아들을 수 있었다.

「야 이 멍청아, 그 카드 이리 내! 내 거란 말이야!」

나는 그 목소리의 주인공이 누구인지 알았다. 오키나와에 상륙하기 직전에 K중대에 배속된 대원이었다.

「아냐, 내 거야, 바보야!」

낯익은 그 목소리의 주인공은 펠렐리우 전투에 참가했던 고참병인 산토스였다. 그제야 다른 대원들이 다들 깜짝 놀랐고, 부사관 한 명이 그곳으로 달려가며 고함을 질렀다.

「뭐야? 너희들 왜 그래?」

두 사람은 그 성난 목소리의 주인공이 누구인지 알아차렸던지 치고받던 싸움을 중단했다.

「야 이 멍청이들아, 너희들 둘 다 우리가 쏜 총에 맞아 죽을 뻔했잖아! 우리는 일본놈이 너희들 참호에 뛰어든 줄 알았다구, 엉?」

그러자 두 사람은 말썽의 발단이 상대방 때문이라고 항변했다. 그때는 이미 주변이 환하게 밝아졌고, 우리들 가운데 몇 명도 그 참호 주변으로 모였다. 도대체 무슨 일 때문에 그런 소동이 일어났는지 너무도 궁금했기 때문이다.

「무슨 일입니까?」

「이거 때문에 이 소동이야, 겨우 이거 하나 때문에!」

내 질문에 부사관은 분통을 터트리면서 무언가를 쑥 내밀어 보였다. 사거리표[5]였다. 그런데 그 카드가 특이했다. 붉은색 립스틱을 바

5 range card. 60밀리 박격포탄의 용기 하나하나에 들어 있는 13×18센티미터의 카드로, 사격 거리, 조준 설정, 사격 거리에 따른 폭약량 등의 수치 등이 적혀 있다. 따라서 이 카드도

른 여자의 입술로 키스를 한 자국이 있는 카드였다. 그러니까 그 두 사람은 전날 탄약 상자를 개봉하다가 포탄 용기 안에서 그 특이한 카드 한 장을 발견했고, 두 사람은 이걸 서로 자기가 갖겠다고 밤새 다투던 끝에 동틀 무렵에는 결국 주먹다짐까지 벌였던 것이다.

부사관이 두 박격포병을 혼내는 것을 바라보면서 나는 내 참호로 돌아왔다. 우리 대원들은 그 일을 놓고 내내 웃으며 재미있어 했다. 나는 고국에 있는 박격포탄 생산 공장에서 일하던 어떤 여성이 무슨 마음으로 그 사거리표에 키스 자국을 냈을지 생각해 보았다. 우리 박격포병의 사기를 올려 주려고 그랬을 게 분명하지만, 그 사소한 친절이 이런 결과를 낳을 것이라고 과연 상상이나 했을까?

5월의 마지막 며칠 동안에 우리는 하프문 고지의 왼쪽 팔에 해당하는 경사면 뒤편의 여러 동굴에 은신하고 있는 일본군들로부터 여러 차례 반격을 받았다. 규모는 작았지만 매서운 공격이었다. 어느 날 아침 우리는 다수의 적병이 능선 마루의 건너편 경사면에 집결하고 있다는 정보를 전달받았다. 관측 참호를 떠나 박격포 진지로 돌아가 대량 발사를 준비하라는 명령이 나에게 떨어졌다. 나는 능선에서 포탄 구덩이가 사방에 널려 있고 악취가 나는 곳을 지나 박격포 진지가 있는 후방으로 아무 사고 없이 잘 내려왔다. 그리고 박격포 세 문의 발사 태세를 확인하고 목표 지점을 모두 적이 집결하고 있다는 능선 뒤쪽 경사면으로 조준했다.

박격포의 발사 패턴은 일본군을 특정 구역 안에 봉쇄하고 그 구역을 포탄으로 완전히 쓸어 버릴 때까지 빠져나가지 못하도록 하는 것으로 설정했다. 그러므로 오른쪽에서 왼쪽으로, 또 왼쪽에서 오른쪽으로 훑듯이 목표 지점에 연속적으로 사격해야 했다. 포탄 운반병들은 포탄을 준비하느라 정신없이 바빴고 박격포 조작 때문에 정신이

포탄 용기의 수와 딱 들어맞게 있어야 했다 ― 원주.

없던 나는 그들의 움직임에 신경을 쓸 겨를이 없었다. 연속 사격으로 포신은 매우 뜨거웠다. 그래서 포신을 식히기 위해 포신의 아랫부분을 군복 상의로 감싼 다음 포탄 구덩이에 고여 있는 물을 철모로 퍼 와서 붓는 작업을 포탄 운반병들이 했고, 그사이에도 사수들은 계속 포탄을 쏘아 댔다.[6]

아마도 수백 발의 포탄을 쏘았던 것 같고, 그제야 발사 중지 명령이 떨어졌다. 귀가 먹먹했다. 탈진하다시피 했고 머리가 지끈거렸다. 우리 박격포 진지 주변에는 포탄 껍데기가 산처럼 쌓여 있었다. 우리의 포격으로 적에게 얼마나 큰 타격을 입혔는지 궁금했다. 그러나 우리의 관측병들은 표적 지점의 상태를 확인할 수 없었다. 능선 건너편의 사각에 있었기 때문이다.

며칠 뒤 우리 연대가 슈리 고지를 향해 진격할 때도 우리는 그 지점을 지나가지 않았기 때문에 우리 포격의 결과가 어땠는지 확인할 수 없었다. 그러나 그 지역을 지나면서 확인했던 우리 K중대의 한 부사관 말로는 200명이 넘는 일본군이 죽어 있었다면서 우리 박격포 공격에 당했을 것이라고 추정했다. 그 추정이 맞다고 나는 생각한다. 그 포격 이후 그 부근의 능선을 따라서는 적의 준동이 더는 없었기 때문이다.

슈리 고지

비가 주춤하기 시작했다. 곧 다시 진격이 시작될 것이라는 말이 돌았다. 일본군 주력이 슈리 전선에서 퇴각했다는 말도 들렸다. 그

---

6 전쟁을 소재로 한 글을 보면 장시간에 걸친 연속 사격으로 〈포신이 빨갛게 달아올랐다〉라는 표현이 자주 보인다. 매우 극적인 표현이지만 내 경험으로 볼 때는 포신이 빨갛게 된 상태에서 박격포가 안전하고 정확하게 목표물을 타격할 수 있을지는 의문이다. 연속 사격으로 포신이 비정상적으로 뜨거워졌을 경우, 주변 공기만으로는 충분한 냉각 효과를 기대할 수 없을 경우에는 포탄을 장전하는 것 자체가 매우 위험해진다. 나도 위험한 상황을 맞을 뻔한 적이 있는데, 포신의 열기 때문에 포탄이 포신의 바닥에 닿기도 전에 화약통에 불이 붙어 버리기 때문이다. 이때는 포탄이 목표 사거리의 절반밖에 날아가지 못했다 ─ 원주.

러나 후방의 수비를 공고하게 해서 결사 항전을 각오하는 것이었을 뿐 적의 전력이 약화되었다는 징후는 조금도 보이지 않았다. 악천후 속에 퇴각하는 일본군이 우리 정보망에 포착되었고, 아군은 함포와 대포, 중박격포, 심지어 항공기까지 동원해 퇴각하는 적을 맹렬하게 공격했다. 그러나 주력 부대가 빠져나갔든 그렇지 않든 슈리 고지는 여전히 만만지 않았다. 날씨가 좋아지면 다시 한번 더 격렬한 전투가 전개될 터였다.

우리 제5연대가 슈리 고지 진공을 앞두고 있던 어느 평온하던 날, 전사자 기록소 소속 해병대원들이 전사자의 시신을 수습하려고 우리가 있던 구역으로 왔다. 들것에 실려 있는 시신은 아무런 문제가 없었지만, 포탄 구덩이와 진흙탕에서 썩어 가는 시신이 문제였다.

우리는 철모를 깔고 앉아 그들의 시신 수습 작업을 우울한 마음으로 지켜보았다. 그들은 모두 커다란 고무장갑을 끼고 단단한 것(이것은 마치 프라이팬처럼 생겼다)이 끝에 달린 긴 장대를 들고 있었다. 이들이 작업하는 순서는 우선 사체 옆에 판초를 한 장씩 펼친 뒤 프라이팬을 사체 아래로 밀어 넣은 뒤에 시신을 굴려 판초 위로 올렸다. 때로는 이런 시도를 여러 번 해야 하는 경우도 있었고, 그러다 보면 시신의 일부가 떨어져 나가기도 했다. 분리된 팔다리나 머리는 쓰레기를 처리할 때처럼 삽으로 떠서 판초 위에 올렸다. 그들이 하는 작업을 보며 우리는 그들에게 동정심을 느낄 수밖에 없었다. 시신을 움직일 때마다 살이 썩는 냄새는 한층 더 지독하게 진동했다. 그 악취가 평소 우리가 느끼던 것보다 더 지독해질 수 있다는 게 놀라웠다.

일본군이 대포와 병력을 슈리 고지에서 철수한 게 분명했다. 우리 구역을 노리던 일본군의 포격이 중단된 걸 보면 알 수 있었다. 비가 다시 부슬부슬 내리기 시작했다. 너무도 피곤해 금방이라도 다리에 힘이 풀려 버릴 것 같은 상태였던 터라 나는 그 평온한 상태를 이용해 휴식을 취해야겠다고 마음먹었다. 나무 판을 여러 개 깔아 놓고 그 위에 사용하지 않은 들것을 펼친 뒤 거기에 드러누워 판초를 뒤집어썼다. 딱딱한 땅이나 진흙 바닥이 아닌 곳에 편안하게 누운 것은, 오키나와 상륙 작전 개시일이던 4월 1일에 우리가 타고 있던 배의 침상에서 몸을 일으킨 뒤 처음이니 두 달 만인 셈이었다. 캔버스 소재의 들것이 마치 일류 호텔의 침대처럼 안락했다. 그리고 판초는 전투화를 신은 발까지 내 온몸을 비에 맞지 않게 보호해 주었다. 거의 열흘 만에 처음으로 단잠을 잤다.

얼마나 오래 잠들었는지 모르지만, 어느 순간 내 몸이 공중으로 들어 올려진다는 걸 느꼈다. 처음에는 꿈을 꾸는 줄 알았지만, 곧 정신을 차리고는 시신을 수습하는 대원들이 들것에 올라가 있는 나를 들어 옮기고 있음을 알아차렸다. 나는 벌떡 일어나 판초를 걷어치우고 들것에서 내렸다. 깔끔하게 면도를 한 두 명의 수습 요원은 경악했다.

우울한 표정으로 철모를 깔고 앉아 있던 동료 대원들이 배꼽을 잡고 웃었다. 시신 수습 요원들은 판초를 뒤집어쓰고 들것에 누운 나를 죽은 사람으로 생각했던 것이다. 내가 들것에서 뛰어내릴 때조차 그들은 무슨 영문인지 알지 못했다. 비를 피해 잠시 판초를 뒤집어쓰고 들것에 누웠던 살아 있는 사람이라는 것을 한동안 깨닫지 못했던 것이다. 조금 늦게 사태를 파악하고 나서야 그들은 이를 드러내며 웃었다. 나는 동료들에게 수습 요원들이 내가 누운 들것을 들어 올릴 때 시신이 아니라는 얘기를 왜 해주지 않았느냐고 화를 냈지만 그들은 대답 대신 〈좀 더 자지 왜 벌써 일어났느냐〉면서 웃기만 했다. 그 사건으로 나는 잠깐이나마 기묘한 느낌에 사로잡혔지만 동료들은 재미있다고 웃고 놀리기만 했다.

5월 28일, 그날 아침엔 비가 오지 않았다. 우리는 오전 중에 있을 출격에 대비해 모든 준비를 마쳤다. 10시 15분경에 우리는 일본군의 장거리 박격포와 기관총 공격을 받으면서 남쪽으로 진격하기 시작했다. 그날 우리는 수백 미터 전진했다. 그 구역에서는 상당한 전과를 거둔 셈이었다.

진흙탕을 통과하는 일은 육체적으로 무척 힘들었지만 그래도 우리는 하프문 고지 주변의 악취 나는 구역에서 벗어난다는 사실에 다들 기뻐했다. 그리고 그날 밤에는 다음 날에도 우리는 슈리 고지를 향해 정면으로 돌파할 것이라는 설명을 들었다.

5월 29일 09시경에 제5연대 제3대대가 슈리 고지로 진격해 들어갔다. L중대가 선두에 섰고 그 뒤를 K중대와 I중대가 따랐다. 한편, 그보다 앞선 시각에 제5연대 제1대대의 A중대가 슈리 고지의 동쪽을 공략해 슈리성(城)으로 들어가 (남북 전쟁 당시의) 남부연합군의 깃발을 게양했다. 일본군 저항의 핵심부에 남부연합군 깃발이 게양되었다는 사실을 알았을 때, 우리 대원들 가운데 남부 지역 출신자들이 환호성을 올렸다.

그러나 북부 지역 출신자들은 불만을 터트렸고, 이 모습에 남부 지역 출신자들은 당황해서 어찌할 바를 몰랐다. 나중에 알게 된 사실이지만, 과달카날에서 휘날렸던 바로 그 성조기가 슈리성에 게양되었는데, 이것은 일본군의 성채에 맨 먼저 발을 들여놓은 제1해병사단의 장병들에 대한 적절한 헌사였다.[7]

그날 밤 슈리성 주변에서 참호를 파고 휴식을 취하던 우리는 다들 뿌듯한 성취감을 즐겼다. 슈리 고지를 점령하기 위해 슈리성 점령이 얼마나 중요한지 잘 알았기 때문이다.

---

7 슈리성 공격 때 제5연대 제1대대와 제3대대는 남쪽을 향하던 전선에서 진격 방향을 약 90도 틀어 동쪽을 공격했다. 그런 식으로 제5연대는 제77보병사단의 구역을 관통해 슈리성에 접근했다. 제77보병사단은 슈리 고지의 북쪽에 위치해 있었으며, 일본군 병력의 다수가 제77보병사단과 제5해병연대 작전 구역 사이에서 대치 중이었다. 그 틈에 제5연대가 그 일본군의 뒤를 돌아 슈리성에 접근했고, 제77보병사단의 전진을 막으려던 일본군의 감시를 피할 수 있었다 — 원주.

비록 거의 모든 게 파괴되긴 했지만, 아군의 무지막지한 포격과 폭격 이전에 그곳이 얼마나 아름다운 풍광을 자랑했을지 충분히 알 수 있었다. 슈리성은 완벽할 정도로 파괴되어 옛날 모습이 어땠을지는 상상하기 어려웠다. 이 성은 고대에 만들어진 석성으로 주변에는 해자가 둘러져 있었고 정원 같은 것도 조성되어 있었던 것 같았다. 무너지고 부서진 성벽 주변을 걸어가면서 나는 부서진 석조물과 새까맣게 타고 부서져 밑둥치만 남은 나무들을 보았다. 과거에는 매우 아름다운 성이었겠다고 생각했다.

그날 밤 비록 지금 당장은 슈리성을 점령해 차지하고 있었지만, 우리 북쪽의 와나 계곡과 우리 동쪽 그리고 남쪽에 일본군이 건재하다는 사실을 우리는 잘 알고 있었다. 여러 개의 전선이 혼란스러울 정도로 복잡하게 형성되어 있었고, 적은 거의 모든 방향에서 우리를 공격해 들어올 수 있다고 우리는 예상했다. 그러나 일본군은 평소에도 늘 하던 기습 침투 시도 말고는 그날 밤 내내 조용했다.

다음 날 우리는 다시 진격에 나섰고, 적은 대대적으로 반격했다. 나는 방향 감각을 완전히 잃어 버린 채 그곳이 어디인지 헷갈렸다. 그런 상태가 며칠 동안 계속되었다. 그 바람에 지금 나는 그때 했던 메모와 참고 자료들을 면밀히 살펴보았지만 그때의 여러 상황을 명쾌하게 정리할 수 없었다.

5월이 끝나 가던 마지막 며칠 가운데 어느 날이었다. 해가 질 무렵 우리는 미끄러운 진흙탕 능선길을 걸어 이동했고 정상 부근에서 참호를 파고 노숙한다는 명령을 전달받았다. 60밀리 박격포반의 한 분대가 능선 뒤쪽에 박격포를 설치했다. 그러나 내가 속한 분대와 또 다른 한 분대는 능선을 따라서 산등성이에 박격포를 설치해 야간에 소총수의 역할을 하라는 명령을 받았다. 날씨가 다시 나빠졌고, 비가 내리기 시작했다.

우리 분대장 맥은 어디에 있는지 보이지 않았다. 펠렐리우에서 내가 속한 박격포 분대의 분대장이었으며 당시에는 대대의 81밀리 박격포 소대를 이끌던 듀크 중위가 분대장의 역할을 대신해 지휘했다. 그는 산등성이를 따라 약 5미터 간격을 두고 2인용 참호를 파게 하라고 부사관 한 명에게 지시했다. 내가 참호를 팔 준비를 할 때 나와 같은 참호를 쓰는 동료는 포탄과 전투 식량을 가지러 능선 아래쪽으로 가고 없었다.

그 능선의 높이는 약 300미터였지만 매우 가파르고 험했으며, 우리가 있던 능선의 폭은 매우 좁았다. 주변에는 일본군이 버리고 간 배낭과 철모 등 개인 장비들이 여기저기 흩어져 있었다. 진흙탕 표면으로 보건대 오랜 기간 아군의 포격을 받은 것 같았다. 그냥 거기 있는 것만으로 속이 거북해지는 그런 장소였다. 아군의 포격으로 많은 일본군 병사들이 죽었던 게 분명했다. 시체가 썩는 익숙한 냄새가 거기에서도 진동했기 때문이다. 다시 하프문 고지로 돌아가 있는 것 같았다. 우리 전선에서 정면인 남쪽을 바라보았지만 선명한 시야는 확보되지 않았다. 어둠이 깊었고 온통 진흙인 계곡에는 안개가 자욱한 데다 비까지 부슬부슬 내렸기 때문이다.

내 양쪽에서 참호를 파던 대원들이 악취와 진흙을 원망하며 욕을 했다. 나는 우리가 들어갈 참호의 범위를 정하는 것부터 했다. 끈적거리는 무거운 진흙을 야전삽으로 파내기 시작했다. 한 번씩 삽질을 할 때마다 삽을 털어야만 했다. 진흙이 삽에 달라붙어 잘 떨어지지 않았기 때문이다. 나는 완전히 녹초가 되었다. 이제 한 삽만 더 뜨면 체력이 다해 고꾸라질 것이라고 생각하면서도 한 삽, 또 한 삽······. 그렇게 삽질을 계속했다.

진흙에 무릎을 꿇은 채로 약 20센티미터 깊이까지 팠는데, 시체가 썩는 냄새가 점점 더 심해졌다. 그러나 달리 도리가 없었고, 입을 다문 채 짧은 호흡만을 반복하면서 계속 땅을 팠다. 그런데 어느 한 순간, 진흙을 한 삽 떠내는데 갑자기 땅에서 구더기 떼가 나타났다. 구더기 떼는 아래에서 다른 구더기들이 떠밀기라도 하는 듯 꾸역꾸역 밀려 나왔다. 욕이 저절로 튀어나왔다. 부사관이 지나가자 그 고약한 상황을 보여 주었다. 그러자 매우 친절한 대답이 돌아왔다.

「소대장 말 못 들었어? 5미터 간격으로 파라고 했잖아! 계속 파!」

나는 구역질을 참으면서 삽으로 구더기들을 담아 정면의 능선 아래로 던졌다. 그런데 다음번 삽질을 했을 때 일본군 군복 상의와 단추가 나왔다. 그리고 또 한 무더기의 구더기 떼가 함께 나왔다. 이런 것들을 무시하고 삽질을 했는데, 이번에는 삽이 부패한 시체의 갈비뼈를 건드렸다. 나는 공포로 꼼짝도 하지 못한 채 믿을 수 없는 그 광경을 바라보았다. 야전삽의 날카로운 삽날이 진흙을 예리하게 파낸 곳에 보이는 것은 바로 사람의 뼈였다. 그리고 뼈를 때렸다가 미끄러진 삽날에 부패한 사체의 하복부가 파헤쳐져 있었다. 지독한 악취에 나는 반사적으로 몸을 뒤로 젖혔다. 숨이 막혀 목소리도 제대로 나오지 않았지만 필사적으로 외쳤다.

「여긴 못 파겠습니다! 일본놈 시체가 있다구요!」

부사관이 다시 달려와서는 사체와 나를 번갈아보더니 고함을 질렀다.

「명령 못 들었나? 5미터 간격으로 참호를 파라고 했잖아!」

「시체가 있는데, 여기에다 어떻게 참호를 파라는 말입니까?」

바로 그때 듀크 중위가 왔다.

「무슨 일이야 슬레지해머?」

나는 손으로, 삽으로 일본군 병사의 사체를 가리켰다. 그러자 듀크 중위는 부사관에게 사체 옆으로 조금 비켜난 지점에 참호를 파도록 지시하겠다고 했다. 나는 듀크 중위에게 고맙다고 하고 부사관을 노려보았다. 그 상황에서 내가 어떻게 구토를 참을 수 있었는지 지금 생각해도 모를 일이다. 아마도 너무도 더럽고 지독한 것을 오랫동안 계속 봐왔던 터라 아무리 끔찍한 것이라도 그저 비명을 지르며 뒤로 한 걸음 물러나기만 해도 될 정도로 감각과 신경이 무뎌졌던 모양이었다.

얼마 뒤 나는 그 지점에서 조금 떨어진 지점에 다시 참호를 파 완성했다. 참호를 파면서 나오는 진흙으로 일본군 병사의 사체가 나온 구덩이를 메웠다. 조금이라도 악취를 줄이고 싶어서였다. 그때 우리 참호의 동료 대원이 돌아왔고, 우리는 밤을 맞을 준비를 했다. 우리 왼쪽에서 소화기 총성이 잠깐 들렸지만, 그것 말고는 주변이 모두 조용했다. 듀크 중위는 후방의 경사면에서 지도를 보고 있었다. 그러다가 우리더러 자기가 있는 곳으로 내려오라고 했다. 다음 날 공격에 대한 설명과 박격포 운영 방침을 일러 주기 위함이었다.

나는 악취가 풍기는 참호에서 벗어날 수 있어 듀크 중위의 호출이 무척 반가웠고, 조심스럽게 미끄러운 경사면을 따라 아래쪽으로 내려갔다. 그런데 동료는 능선 아래로 한 발을 내딛는 순간 미끄러지면서 넘어졌다. 그는 배를 지면에 댄 자세로 바닥까지 곧장 미끄러져 내려갔다. 그 모양이 마치 거북이가 미끄럼틀을 타는 것 같았다. 조금 늦게 도착해서 보니까 그 동료는 두 팔을 어정쩡하게 들고 가슴과 벨트를 내려다보고 있었다. 놀라움과 공포와 혐오로 가득한 표정이었다. 그의 앞면이 온통 진흙투성이임은 당연했다.

하지만 그게 다가 아니었다. 살이 통통하게 오른 하얀 구더기들이 주머니에서, 탄띠에서, 옷의 접힌 부분에서, 그리고 바지에서 수도 없이 많이 꼬물거리며 나왔던 것이다. 나는 나뭇가지 하나를 주워 동료에게 내밀었다. 그리고 그때부터 우리 두 사람은 악취가 진동하는 전투복에서 징그럽기 짝이 없는 구더기를 한 마리씩 털어 내기 시작했다.

그 대원은 글로스터 전투에도 참가했던 고참병이었고, 나와는 펠렐리우와 오키나와에서 여러 번 같은 참호를 썼었는데, 내가 알던 그 누구 못지않게 용감하고 강인했다. 그러나 이랬던 그에게도 그 미끄럼만은 적지 않은 충격이었을 게 분명했다. 나는 그가 비명을 지르며 털썩 주저앉을 것이라고 생각했다. 전장에서 죽은 시체를 파먹는 구더기 위를 뒹구는 일에 태연할 수 있는 사람은 아무도 없었기 때문이다. 그러나 내 예상은 빗나갔다. 그는 물이 빠졌다가 나온 개처럼 온몸을 부르르 떨고는 한바탕 욕만 했을 뿐이다. 그리고 구더기를 몸에서 모두 털어 낸 뒤에는 그 작대기를 멀리 아래로 던져 버렸다.

그날 밤 듀크 중위가 그 자리를 마련한 이유를 나는 몰랐다. 명령을 받고 그렇게 한 것인지 아닌지도 몰랐다. 아마도 개인적인 판단으로 그렇게 하지 않았나 싶다. 전체 작전 속에서 우리가 수행하는 역할이 도대체 무엇인지 우리가 알고 싶어 한다는 걸 그는 알고 있었기 때문이다.

그것은 역사적인 순간이었다. 우리는 오키나와에서 벌이는 미군 작전의 핵심적으로 중요한 일을 수행하고자 했으니까 말이다. 모든 눈이 슈리 고지에 쏠려 있었다. 우리 K중대의 전우들과 나는 2차 세계 대전의 가장 서사적인 지상 전투들 가운데 하나에서 결정적으로 중요한 시점에 핵심적인 역할을 하는 대원들이었으며, 우리 모두는 그 전투에서 각자 작지만 중요한 역할을 수행하고 있었다. 듀크 중위는 설명을 마친 뒤 질문이 있느냐고 물었다. 우리는 몇 가지 질문을 했고 그는 명쾌하게 대답했다. 듀크 중위에게 전투와 관련된 설명을 듣는 동안 나는 내내 얼이 빠진 얼굴을 하고 있었고, 그 모든 게 끝난 뒤 우리는 다시 천천히 경사면을 올라가 참호에 들어갔다.

그날 밤에 비는 억수같이 내렸다. 과장이 아니라 내가 본 것 가운데 가장 끔찍한 폭우였다. 바람이 세차게 불었다. 빗방울은 능선과 수평으로 세차게 날아서 얼굴이며 손등을 때렸다. 조명탄이 터지긴 했지만 금방 어두워지고 말았다. 거센 바람의 보이지 않는 손이 조명탄을 낚아채 멀리 집어던져 버렸기 때문이다. 시야도 좁았다. 가시 거리는 약 2미터밖에 되지 않아 양쪽에 있는 참호의 동료 대원들 모습도 보이지 않을 정도였다. 만일 일본군이 침투를 하거나 반격을 한다면 정말 끔찍한 밤이 될 수 있었다. 나는 이런 생각을 밤새워 했다.

우리 전선에서 왼쪽으로 조금 떨어진 지점의 아래쪽에서는 기관총과 소총과 수류탄의 총성과 폭발음이 밤새 이어졌다. 그러나 우리가 있던 구역 주변은 고마울 정도로 평온했다. 아침이 되어서야 우리가 우리보다 왼쪽에 있는 아군 부대처럼 야간 기습에 시달리지 않았던 이유가 드러났다. 우리 오른쪽과 왼쪽으로 제법 멀리 떨어진 지점에 깎아지른 듯이 가파른 경사면이 있어 적이 미끄러운 경사면을 타고 올라올 수 없었기 때문이었다.

일본군이 슈리 고지 주변의 수비 거점들을 사수했던 5월 하순의 며칠 동안 동쪽에서는 미 육군보병사단(제77보병사단과 제96보병사단)이, 또 서쪽의 나하 주변에서는 제6해병사단이 제각기 남쪽으로 진격하기 시작했다. 이 양쪽이 연합 작전을 펼치며 기동하자 일본군은 주력 부대가 포위될지도 모른다고 두려워했고, 결국 퇴각이라는 선택을 할 수밖에 없었다. 5월 30일 새벽까지, 일본군 제32사단의 대부분이 퇴각을 지원하는 약간의 후방 부대만을 남기고 모두 슈리 고지 전선에서 빠져나갔다.

작전 개시일 이후 그때까지 61일 동안 일본군은 6만 2,548명이 전사했고 465명이 사로잡혔다. 미군은 5,309명이 사망했고 2만 3,909명이 부상했으며, 346명이 작전 중에 실종되었다. 하지만 아직도 끝은 아니었다.

14장 슈리 고지를 넘어서

　우리는 슈리 고지를 지나 적의 작전 구역 안에 있는 몇 개 진흙투성이 언덕을 넘어간 뒤 약 20명의 일본군 포로를 만났다. 훈도시만 빼고 모두 옷이 벗겨진 상태였고, 나무 한 그루 없는 황량한 언덕으로 이어지는 좁은 진흙탕 길을 따라 맨발로 줄지어 서 있었다. 전투에 지친 기색이 역력한 육군 보병 몇 명이 이들을 감시하고 있었다. 포로들은 통역자인 육군 중위의 명령을 받고 우리 행군에 방해가 되지 않도록 길 옆으로 비켜났다.

　우리는 포성이 들리는 전방을 향해 미끄러운 길을 걸어가고 있었다. 나는 내 앞에 있던 반백의 소총수와 진흙탕에 대해, 그리고 슈리 고지를 벗어나게 되어서 얼마나 좋은지 모르겠다는 이야기를 나누고 있었다. 바로 그때 갑자기 포로 한 명이 문제를 일으켰다. 나와 이야기를 나누던 소총수 앞으로 나서며 길을 막은 것이었다. 그러자 반백의 해병대 소총수는 고함을 질렀다.

　「야 이 미친놈아, 저리 안 비켜?」

　그러나 포로는 태연하게 팔짱을 끼고는 거만한 표정으로 턱을 치켜들었다. 그 대원과 나는 분노가 치솟았고, 그 대원이 포로를 거세게 밀어붙여 진흙탕에 처박아 버렸다. 그러나 포로는 벌떡 일어나서는 아무렇지도 않은 듯이 다시 길을 막아섰고, 다시 거만한 자세를 취했다.

「미친 새끼야, 죽고 싶어?」

나는 고함을 지르면서 포탄 자루를 내려놓고 45구경 권총을 뽑아 들었다. 반백의 소총수는 어깨에서 소총을 내려 왼손으로는 개머리 판을 잡고 오른손으로는 손잡이를 잡았다. 그러고는 진흙이 묻은 두 발로 단단히 선 다음 무릎을 굽히고 서서 그 일본군 포로를 똑바로 바라보며 으르렁거렸다.

「우리가 가는 길을 막지 마라, 이 원숭이 새끼야.」

이 소동 때문에 우리 뒤에 있던 대원들이 모두 걸음을 멈추었다. 그리고 무슨 일로 행군이 중단되었는지 알고는 포로에게 욕을 하기 시작했다. 그때 이런 소란을 제지하는 목소리가 들렸다.

「뭘 꾸물거리고 있나? 빨리 빨리 걸어라!」

칼라에 은색 작대기 두 개를 달고 있는 육군 중위였다. 깨끗하게 면도를 했으며 전투화에 묻은 진흙을 제외하고는 모든 것이 뺀질뺀 질한 그 장교는 무슨 일이 있는지 확인하려고 다가왔다. 그러고는 자기 눈앞에 벌어지고 있는 장면을 보고는 자기가 관리하는 포로의 숫자가 한 명 줄어들지 모른다는 생각을 했던지 서둘러 소총수를 포 로에게서 떼어 놓으려고 했다.

「녀석들을 학대하면 안 된다. 전쟁 포로다. 제네바 협정에 따르면 전쟁 포로는 인도적으로 대우해야 한다.」

중위는 필사적이었다. 도끼눈을 한 진흙투성이의 해병대원들이 길을 따라 늘어선 포로들을 노려보며 욕을 퍼붓기 시작했고, 문제의 그 소총수는 중위에게 거칠게 항변했다.

「제네바 협정이고 뭐고 간에, 만일 저 눈 찢어진 원숭이 새끼가 길 을 비켜 주지 않으면 이 개머리판으로 아구통을 날려 이빨을 다 뽑 아버릴 테니까 그렇게 아세요!」

그러고는 총을 앞뒤로 흔들었다. 그러자 포로의 거만하던 표정 도 불안하게 바뀌었다. 육군 장교로서는 이 골치 아픈 문제를 해결할 수 없음이 명백했다(해병대원들은 적을 사살할지언정 포로로 잡아 두지 않는다는 소문은 이미 널리 퍼져 있었다). 포로 호송 책임을 맡고 있던 육군 소총수 두 명은 해병대원들의 말에 공감한다는 뜻을 얼굴에 띤 미소로 노골적으로 드러내며 한가하게 구경만 했다. 그들 역시 일본군에게는 손톱만큼의 연민도 가질 수 없을 정도로 지독한 지옥을 경험했던 게 분명했다. 아무리 봐도 그 중위는 아주 멀리 떨어진 안전한 후방에서 온 게 분명했다.

바로 그때 우리 장교 한 명이 행렬 뒤에서 뛰어왔다. 육군 중위는 살았다 싶은지 그 장교에게 상황을 설명했다. 그사이에 다른 장교들도 모여들었고, 우리 장교는 소동의 발단이 된 소총수에게 대열로 돌아가라고 명령했다. 그러고는 육군 장교에게 만일 포로를 길 가장자리로 비켜나게 하지 않으면 포로들 가운데 몇 명은 죽거나 다칠 것이고, 그 일을 자기는 책임질 수 없다고 말했다. 그러자 육군 장교는 포로들에게 부드러운 말로 뭐라고 말을 했고, 그러자 포로들은 모두 길가로 물러나면서 우리가 지나갈 수 있는 충분한 공간을 열어 주었다. 육군의 그 통역 장교는 거친 일본군 병사들에게 명령을 내리는 것이 아니라 초등학교 교사처럼 말하고 행동했다.

그런데 이 소동이 벌어지는 동안 일본군 포로들은 대부분 전혀 겁을 내지 않았다. 오히려 항복이라는 치욕적인 선택을 한 것을 부끄럽고 분하게 여기는 표정이었다. 어쩌면 우리가 가는 길을 가로막고 섰던 그 포로는 그렇게라도 하는 것이 양심의 가책을 조금이라도 더는 길이라고 여겼을지도 모른다. 당시 대부분의 미국인은 〈죽어서도 이긴다〉거나 〈죽을 때까지 싸운다〉는 일본인의 단호한 결의를, 다시 말해서 일본인에게는 항복이 궁극적인 불명예였음을 전혀 이해하지 못했다.

우리도 전쟁 포로면 당연히 학대해야 한다거나 난폭하게 대해도 된다고 생각하지는 않았다. 그러나, 상대가 누구든 우리가 가고 있는 길을 아무런 이유 없이 막아서고도 아무 일도 없었던 것처럼 그냥 끝낼 수는 없는 일이었다. 통역 장교가 포로의 편의를 지나칠 정도로 관대하게 봐주며 지나칠 정도로 정중하게 대하는 것은 잘못된 것이라는 게 내 생각이었고, 지옥을 경험한 다른 보병들도 이런 생각에 공감했다. 일본군 저격병의 총에 맞아 공포와 고통 속에서 들것에 실려 후송되던 전우들을 수도 없이 많이 보았기 때문에 그럴 수밖에 없었다.

슈리 전선을 빠져나온 뒤 우리는 적의 저항이 가볍거나 거의 없는 지역들을 빠르게 통과하면서 이동했다. 보급 부대와 통신 부대 그리고 후방 부대는 우리보다 뒤처져 악전고투를 하고 있었다. 진흙탕이 문제였기 때문이었다. 비는 약해지고 또 줄어들었지만 그렇다고 완전히 그치지는 않았다.

어디인지 정확하지는 않지만 우리 대열이 뚝방 길 아래로 뚝방과 나란히 이어진 길을 따라 행군하고 있을 때, 뚝방 길을 걷던 해병대원 한 명이 우리 소속이 어디냐고 물었다. 그 대원은 무전기와 전선을 들고 이동하던 중이었고, 그 뒤로 조금 떨어진 거리에서 역시 전선을 들고 이동하던 동료가 있었다.

「어이! 너희들 어디 소속이야?」

「K-쓰리-파이브(5연대 3대대 K중대)!」

내가 대답했다. 그러자 먼저 말을 건 병사 뒤에서 따라오던 다른 병사가 되물었다.

「K-쓰리-파이브가 뭐 하는 부대지?」

그 말이 우리에게 가져다 준 충격은 즉각적이고도 컸다. 아무것도 아닐 수도 있는 그 질문에 대원들이 정색을 하며 얼굴을 붉혔다. 나도 울컥했다.

「후방에서 꿀만 빨고 노는 새끼야, 지옥이 어떤 건지 가르쳐 줄까? 좀 맞아 봐야 알겠나?」

나는 원래 시끄러운 소동을 좋아하지 않는 성격이었다. 그렇지만 좀 전의 일본군 포로들 때문에 기분이 좋지 않은 상태였고, 그 흥분과 울분을 어떻게든 풀어야만 했고, 마침 화풀이 대상이 나타난 것이었다. 나는 완전히 이성을 잃고 탄약 자루를 바닥에 팽개치고 뚝방 길로 올라가기 시작했다. 다른 박격포병들도 가세했다.

「무슨 일이야?」

대열 뒤쪽에서 누군가가 소리쳤고, 또 누군가가 대답했다.

「후방에서 꿀만 빠는 놈이 K중대를 모욕했습니다!」

그러자 곧바로 다른 대원들이 뚝방 길로 달려 올라가기 시작했다. 그저 사소한 궁금증을 해소하려고 했을 뿐이던 두 병사는 진흙투성이의 해병대 전투 대원들이 불같이 화를 내면서 들고 있던 짐이며 무기를 내려놓고 기세등등하게 욕을 하며 떼를 지어 자기들에게 달려오자 당황해서 어쩔 줄 몰랐다. 장교 한 명과 부사관 두어 명이 급히 뛰어와 우리 앞을 막아섰다.

「제군들, 지금 당장 빠른 속도로 대열로 돌아간다, 실시! 실시!」

우리는 걸음을 멈추었다. 상관의 명령에 복종하지 않을 경우 엄격한 처벌을 받는다는 사실을 다들 잘 알고 있었다. 말 한 번 잘못했다가 봉변을 치를 뻔한 병사 두 명은 기겁해서 달아났다. 달아나면서도 혹시 따라오는 성난 해병이 없는지 확인하려고 몇 번이나 뒤를 돌아보았다. 아닌 게 아니라 무서웠을 것이다. 우리가 무척 분노한 얼굴이었을 게 분명했으니까 말이다. 아마도 그 두 사람은 그 일을 겪은 뒤로는 해병대원의 단결심의 진정한 의미를 정확하게 깨달았을 것이다.

우리는 장비를 챙겨 들고 다시 행군을 시작했다. 그러나 곧 걸음을 멈추어야 했다. 장교들은 지도를 확인하고는 긴급회의를 한 뒤 진흙탕인 아래쪽 길을 버리고 뚝방 길로 걸어가도 안전하다고 판단했다. 뚝방 길은 산호 자갈로 포장된 도로였다(아마도 그 길은 나하와 요나바루를 동서로 연결하는 도로였고, 그 무렵에 우리 연대가 장악한 구역에 속했던 것 같다). 우리는 뚝방 길로 올라가 장비를 내려 두었다. 그런데 그 뚝방 길의 한 경사면에 풀과 나무로 덮여 있는 일본군의 포좌가 있었다. 오키나와식 반지하 포좌가 능선의 경사면을 따라 줄지어 있었던 것이다. 일본군이 버리고 간 것이었다. 일본군이 얼마나 급박하게 퇴각했는지 짐작할 수 있었다.

저녁 무렵에 우리는 일본군이 완벽한 상태 그대로 버리고 간 75밀리 양용포[1]를 정밀하게 살펴보고 있었다. 몇몇이 이 대포의 크랭크와 휠을 돌리자 거대한 포신이 위아래로 또 좌우로 움직였다. 이런 장난을 치고 있는데 갑자기 일본군 포탄 여러 개가 날아오는 소리가 들리는가 싶더니 K중대 대원들이 모여 있는 뚝방의 어느 한 지점에서 연달아 폭발음이 들렸다. 그리고 다급한 외침이 이어졌다.

「위생병!」

우리는 포탄이 떨어진 곳으로 달려갔다. 더는 포탄이 날아오지 않기를 바라는 한편 누가 다쳤는지 알고 싶었고 또 어서 가서 부상한 대원을 도와야 한다는 생각뿐이었다. 포연 속에 부상자들을 돕는 분주한 대원들의 모습이 보였다. 죽은 대원도 있는 것 같았다.

석양 속에서 나는 한 무리의 대원들이 어떤 부상자를 살펴보는 곳으로 달려갔다. 안타깝게도 그 부상자는 나와 잘 아는 대원이었다. 폭약에 관한 지식이 누구보다 많고 시가를 즐겨 씹던 성격 좋은 조 램버트였다. 나는 조 옆에 무릎을 꿇고 앉았다. 포탄 파편을 한 개도 아니고 여러 개나 맞고 쓰러져 있는 램버트를 보니 가슴이 찢어지는 것 같았다.

대원들은 램버트를 판초 위에 눕히고 이송할 준비를 했다. 나는 그에게 행운을 빌었다. 그리고 병원선에서 간호사와 너무 진한 사랑을 나누지 말고 고국에 돌아가거든 시원한 맥주 실컷 마시고 내 생

---

[1] 공중 또는 지상 표적을 사격하도록 된 대포.

각도 잊지 말고 해달라고 했다. 살아날 가망이 거의 없을 정도로 중상을 입은 전우에게 늘 하던 농담이었다.

점점 어두워지는 석양빛을 받으며 램버트는 나를 올려다보았다. 그는 불을 붙이지도 않은 시가를 이빨 사이에 끼운 채 자조적으로 투덜거렸다.

「슬레지해머, 이건 너무 심한 거 아냐? K중대에서 나만큼 오래 있은 사람도 많지 않은데, 이런 고참병을 판초에 담아 퇴장시키는 거야?」

나는 그를 진정시키려고 이런저런 노력을 했지만 별 소용이 없었다. 그가 곧 죽을 것임을 나는 알았다. 소리 내어 엉엉 울고 싶었다.

「시가에 불을 붙여 주고 싶지만, 지금은 금연 시간인데 어떡해?」

「괜찮아, 슬레지해머.」

「불은 진짜 예쁜 간호사가 붙여 줄 거야.」

거기까지 말했을 때 대원들이 판초의 네 모퉁이를 잡고 들어 올려 뚝방 길의 경사면을 내려갔다.

나는 일어섰다. 그리고 어두워지는 하늘을 배경으로 가까이 서 있던 몇 그루 소나무의 실루엣을 바라보았다. 바람이 솔솔 불어 솔향기가 얼굴에 닿았다. 그 향기가 미국 남부의 소나무 향기와 흡사하다는 생각을 했다. 그러나 불쌍하게도 용감한 램버트는 살아서는 고국으로 돌아갈 수 없었다. 나는 그의 운이 다해 치명적인 부상을 한 장소가 슈리 고지 주변의 악취 나는 그 끔찍한 진창이 아니라 솔향기 그윽하고 한적한 곳이라서, 맑은 공기가 있고 풀이 있는 곳이라서 정말 다행이라고 생각하고 고마워했다.

램버트 상병은 K중대에서 인기가 높은 대원이었다. 펠렐리우의 블러디노즈 능선에서 전투를 했던 대원은 누구나 다 램버트가 일본군이 숨은 동굴 위에 서 있는 모습을 수도 없이 봤다. 그는 장약을 나무 판에 붙이고 도화선에 불을 붙인 뒤 이 장약을 매단 줄을 몇 번 흔든 다음 반동을 이용해서 동굴 안으로 던져 넣고는 이렇게 외쳤다.

「동굴에 점화!」

그 외침에 이어 곧 폭발음이 들렸다. 그러면 그는 씨익 웃으면서 우리 쪽으로 내려왔다. 그럴 때면 그는 늘 얼굴부터 발끝까지 땀으로 흠뻑 젖어 있었다. 그는 시가에 다시 불을 붙였고(그 시가는 휴대 장약의 도화선에 불을 붙이는 도구였다) 방금 해치운 일본군에게 얼마나 큰 피해를 입혔는지 이야기했다. 덩치가 컸으며 얼굴은 둥글둥글했고 성격은 호탕했다. 펠렐리우 전투가 끝난 뒤 귀국하기로 예정되어 있었지만 K중대에 계속 남고 싶어 귀국을 거부했다는 말도 있었다. 램버트가 후송되고 얼마 지나지 않아 그가 죽었다는 소식을 들었다. 전쟁의 비통함을 일깨우는 것은 많았다. 램버트가 그토록 오래 그리고 용감하게 복무한 끝에 전사했다는 사실도 그런 것들 가운데 하나였다.

다음 날 우리는 능선 아래에 펼쳐진 넓은 계곡으로 진입했다. 5월의 마지막 주에 아군의 대규모 폭격으로 파괴된 여러 길에 일본군의 장비와 시체가 버려져 있었다. 일본군이 슈리 고지에서 퇴각할 때 버리고 간 것들이었다. 우리는 일본군의 보급품이 무더기로 버려져 있는 것도 보았다. 일본군의 전투 식량은 우리 입맛에는 맞지 않았다. 그걸 처음 맛본 것은 펠렐리우에서였는데, 망사 소재의 자루에 들어 있던 일본군의 통조림 전투 식량은 개에게 주는 비스킷 같은 맛이었다. 그러나 내가 발견한 통조림 가리비는 맛있었다. 나는 이걸 여러 개 배낭에 챙겼는데, C레이션이나 K레이션과 바꾸자고 하면 다른 대원들로부터 환영을 받았다.

우리는 넓은 초지인 계곡을 빠른 속도로 가로질렀다. 맞은편 능선의 바위 뒤에 숨은 적 저격병들이 사격을 가했다. 우리는 박격포를 설치하고 저격병들이 있는 지점을 조준하고 포격을 시작했다. 들것을 든 대원들이 엄폐물 하나 없는 경사면을 바쁘게 오갔다. 우리 네 명도 들것조로 편성되었다. 위생병 한 명이 적 저격병의 조준 사격에 맞았다고 했다.

우리는 풀로 덮인 완만한 경사면을 올라가 부상한 위생병 곁으로 다가갔다. 또 다른 들것조가 그 위생병이 응급 처치하던 해병대원을 들것에 태워서 우리를 지나쳐 내려갔다. 그 해병대원은 일본군 저격병의 총에 맞았고, 위생병이 달려와 치료할 때 저격병이 그의 허벅지를 맞혔다. 그러나 위생병은 고통을 참으면서 환자의 응급 처치를 끝까지 마무리 지었다. 그때 일본군 저격병이 위생병의 다른 쪽 허벅지를 맞혔다. 우리가 도착하자 두 다리를 움직이지 못하는 부상을 한 위생병은 적 저격병이 노리고 있으니 조심하라고 했다.

우리는 위생병을 신속하게 들것에 태우고 최대한 빠르게 달렸다. 상당히 먼 거리였다. 능선을 내려와 넓은 계곡을 지나 마침내 개울 앞에 다다랐다. 급경사의 개울에는 징검다리가 놓여 있었고, 징검다리 건너편에서 구급 지프가 기다리고 있었다. 우리는 거의 탈진 상태였다. 지난 두 주 동안 잠도 거의 자지 못했던 터라서 들것을 들고 뛰는 일은 보통 힘든 게 아니었다. 위생병은 두 곳에나 총상을 입었음에도 불구하고 잠깐 쉬었다 가도 된다고 했다. 그러나 우리는 어떻게든 그 위생병을 지프까지 데리고 가 최대한 빨리 병원으로 후송해야만 한다고 생각했다. 그러나 결국 우리는 잠깐 쉬면서 한숨 돌리기로 했다. 들것을 내려놓고 다들 풀밭에 대자로 드러누워 가쁜 숨을 몰아쉬었다. 그때 위생병은 육체를 혹사하면 안 된다고 차분한 음성으로 나무랐다. 그 말을 들으니 어쩐지 부끄러웠다. 그 헌신적인 위생병은 자기가 입은 부상보다 자기를 들것에 싣고 산길을 내달린 우리를 더 걱정했던 것이다.

우리는 다시 들것을 들고 개울로 다가갔다. 그런데 개울가에 작고 붉은 토마토가 보였다. 나는 이 토마토 서너 개를 따서 들것 위로 던져 주고는 위생병에게 먹으라고 했다. 기분이 한결 좋아질 것이라는 말과 함께. 그러나 그는 고맙다면서도 그 토마토는 우리가 먹는 게 낫겠다고 했다. 자기는 병원에 가면 좋은 음식을 얼마든지 먹을 수 있다면서.

우리가 들것을 지프에 실을 때 그걸 지켜보던 다른 위생병이 있었다. 그는 바로 파부부에서 주사를 아프게 놓기로 악명이 높던 〈닥터 거만 씨〉였다. 그가 들것으로 손을 뻗으면서 말했다.

「이 토마토 내가 먹어도 되죠?」

「안 돼, 이리 내!」

그는 이미 토마토를 쥐고 있었지만, 나는 기어코 토마토를 다시 뺏었다. 다른 대원 하나가 〈닥터 거만 씨〉에게 핀잔을 주었다.

「이 나쁜 놈아, 너는 아기가 들고 있는 사탕도 뺏어 먹을 놈이지? 어, 내 말 맞지?」

그러자 그는 뚱한 얼굴로 자리를 피해 버렸다. 그리고 그 토마토를 두고 우리와 착하고 용감한 위생병 사이에 잠시 실랑이가 벌어졌다. 위생병은 한사코 우리더러 먹으라고 했고, 우리는 가는 길에 따 먹으면 된다며 한사코 거절했기 때문이다. 그리고 얼마 뒤 지프는 떠났다.

돌아오는 길에 우리는 개울을 건넌 뒤 풀밭에 드러누웠다. 완전히 탈진했다. 담배를 한 대씩 피우고, 토마토를 나누어 먹고, 〈닥터 거만 씨〉 욕을 했고 마지막으로는 우리 위생병보다 훌륭한 위생병은 없다고 입을 모았다.

6월 4일, 우리는 억수같이 내리는 비를 뚫고 평탄한 전원 지대를 가로질러서 남쪽으로 빠르게 이동했다. 적의 저항이 산발적으로 있었지만 우리는 모든 민가와 헛간과 일본군 진지 등을 하나도 남기지 않고 수색했다. 그런데 어떤 작은 민가를 수색할 때 나는 노파 한 사람을 만났다. 문간의 마루에 앉아 있던 노파와 마주치는 순간 나는 토미 경기관총으로 노파를 겨누고 일어나서 나오라고 손짓을 했다.

그러나 노파는 그 자리에 앉은 채로 머리를 숙여 인사를 하고는 두 손을 앞으로 내밀었다. 손등에 있는 문신을 보여 주기 위해서였다. 그 문신은 오키나와 주민임을 증명하는 표식이었다. 그리고 천천히 말했다.

「노 니뽄.」

일본인이 아니라 오키나와인이라는 것이었다. 노파는 나를 올려 다보며 머리를 천천히 가로저었다. 노파의 표정에는 극심한 고통이 담겨 있었다. 노파는 낡은 파란색 기모노를 들춰 배 왼쪽 아래에 난 상처를 보여 주었다. 제법 오래된 상처였다. 포탄이나 폭탄의 파편 으로 인한 상처 같았다. 상태는 심각했다. 상처 주변의 넓은 부위가 변색했는데 괴저가 진행되고 있었다. 너무 안타까워 숨이 막힐 지경 이었다. 그런 상태라면 목숨이 위험했다.

노파는 기모노를 다시 여미고는 손을 내밀어 토미의 총신을 잡고 는 자기 이마에 대었다. 그러고는 방아쇠를 당겨 달라고 손짓을 했 다. 죽여 달라고 한 것이다. 그렇게라도 하면 그 끔찍한 상황에서 벗 어날 수 있다고 생각하는 모양이었다. 나는 노파의 손을 뿌리치고 총을 거두어 어깨에 메고 고개를 저었다. 그리고 분명히 말했다.

「노.」

나는 그 집에서 나와 위생병을 찾았다.

「뭐야, 왜 그래?」

「저 집에 노파가 있는데, 복부에 심각한 부상을 입었어.」

「그래? 내가 한번 살펴볼게.」

내가 위생병과 이런 대화를 나눌 때, 그 집에서 총성이 한 발 들렸 다. 우리가 있는 위치에서 그 집까지는 약 50미터 정도 떨어져 있었 는데, 우리 두 사람은 깜짝 놀라 바닥에 엎드리며 그 집 쪽을 바라보 았다.

「M1 총성인데?」

「그러게…… 어떻게 된 거지?」

그때 그 집에서 해병대원 한 명이 나왔다. 그 대원은 무심한 듯 안전 장치를 확인하고 있었다. 나와도 잘 아는 대원이었는데, 당시 그는 중대 본부에 배속되어 있었다. 나는 그의 이름을 부르고 말했다.

「그 집에 일본놈이 있었나? 아까 내가 확인했는데?」

「아냐, 어떤 노파가 제발 자기 좀 죽여 달라기에, 지긋지긋한가 봐. 그래서 내가 그렇게 해줬어.」

위생병과 나는 서로의 얼굴을 바라보았다가 다시 그 대원을 바라보았다. 차분하고 깔끔하고 온순한 그 어린 대원은 민간인을 사살할 정도로 포악한 인물은 아니었다.

나는 그 집으로 들어서 상황을 확인했다. 빛바랜 기모노를 입은 노파는 마루에 쓰러져 있었다. 나는 그 대원에게 벌컥 화를 냈다.

「야 이 미친놈아! 그 노파가 나에게도 죽여 달라고 했지만, 내가 위생병을 불렀단 말이야, 어떻게든 도와주려고!」

그러자 그 대원은 당혹스러운 눈으로 나를 바라보았다. 위생병도 가세해서 욕을 퍼부었다.

「이 나쁜 놈아! 사람을 그렇게 죽이고 싶으면 중대 본부에 있지 말고 기관총 사수로 보직을 바꿔 일본놈들을 마음껏 죽이면 되잖아!」

그 대원은 더듬거리면서 사과했지만 나는 그의 말을 끊어 버렸다.

「우리는 일본놈을 죽이라는 명령을 받았지, 늙은 여자를 죽이라는 명령을 받지는 않았어!」

그 대원의 얼굴이 벌겋게 달아올랐다. 그때 부사관 한 명이 다가와 무슨 일이냐고 물었고, 위생병과 내가 무슨 상황인지 설명했다. 그러자 부사관은 그 대원을 노려보면서 일갈했다.

「더럽고 비열한 놈 같으니라고.」

그때 박격포반의 누군가 외쳤다.

「가자, 슬레지해머! 이동이다!」

「너희들은 먼저 가. 뒷일은 내가 마무리할 테니까.」

부사관이 나와 위생병에게 말했고, 우리는 박격포반을 따라잡기 위해 서둘러 뛰었다. 뒤를 돌아보니 부사관은 그때까지도 계속 그 대원을 훈계하고 있었다. 그 대원이 그 비정한 행동으로 처벌을 받았는지 어땠는지는 지금까지도 모른다.

제1해병사단의 오른쪽 날개를 맡은 제7연대는 서해안에서 전선을 확대해 오로쿠반도를 포위했다. 이어 제6해병사단이 진입해 그 일대의 일본군을 섬멸하기 위해 열흘 동안 소모전을 펼쳤다. 해병사단이 사살한 일본군 병사는 5,000명 가까이 되었지만 포로는 겨우 200명밖에 되지 않았다. 한편 해병대의 희생도 커서 1,608명의 사상자가 발생했다.

6월 4일, 제1연대가 제5연대를 대신해 제1해병사단의 남부 진격 작전을 수행하게 되었다. 전방 임무를 면제받고 후방으로 배치된 제5연대는 제3수륙양용군단을 지원하는 임무를 받았지만, 사실 그 임무도 지칠 대로 지친 대원들에게는 여전히 위험한 것이었다. 앞서 나가는 부대의 배후에서 공격적인 정찰을 하면서 잔당을 토벌해야 했기 때문이다.

우리는 최전선에 있는 부대를 지원하는 후방 부대였던 터라 산기슭에 참호를 팠다. 우리 뒤로는 폐허가 된 민가 몇 채가 있었고 정면 남쪽으로는 넓은 분지가 형성되어 있었다. 6월 5일에서 다음 날로 이어지는 야간에 비는 그쳤다. 거의 두 주 만에 축축한 전투화를 벗었을 때의 그 육체적인 안도감은 평생 잊지 못할 것이다.

끈적끈적하고 냄새가 나는 양말을 벗자 발바닥의 죽은 세포가 허물처럼 벗겨졌다. 동료 대원 마이런 테스로는 내 발에서 나는 악취에 코를 감쌌지만, 그가 양말을 벗었을 때 나던 냄새 역시 지독하기는 마찬가지였다. 모직 소재의 육군 보급품이던 카키색 내 양말은 (이 양말은 해병대에서 지급한 흰색 양말보다 두꺼웠고 무거웠다) 얼마나 냄새가 지독했던지 철모에 담아 빨려고 해도 도저히 엄두가 나지 않았다. 사실 그 양말은 4월에 어떤 대원과 캔디바를 주고 바꾼 것이었다. 습기나 물에 젖어도 착용감이 좋아 내가 무척 아끼던 것이었는데, 안타깝게도 결국 버리고 말았다. 버려도 그냥 버린 게 아니라 시체를 묻듯이 야전삽으로 아예 땅에다 묻어 버렸다.

발을 씻은 뒤 햇볕을 잘 받을 수 있게 탄약 상자 위에 두 발을 올려놓고 발가락을 꼼지락거리며 일광욕을 하는 일이 그렇게나 기분 좋은 일인지 몰랐다. 모든 대원들이 발을 깨끗하게 씻고 최대한 바짝 말렸다. 내 발의 상태는 지독했다. 발바닥 전체가 마치 피를 흘리는 것처럼 벌겠다. 피부의 정상적인 주름은 모두 벗겨져 버리고 없었고, 발바닥에는 깊고 붉은 고랑이 죽죽 나 있었다. 그러나 햇볕에 잘 말리고 뽀송뽀송한 양말과 전투화를 신고 나니 곧 좋아졌다. 다만 예전처럼 정상적인 상태로 돌아가기까지는 여러 달이 걸렸다.

우리 박격포반은 K중대가 참호를 판 전선을 따라 산기슭에 박격포를 설치했다. 조지 사렛과 나는 능선과 수직인 도로 절개면 옆에 통상적인 2인 참호를 팠다. 그 참호에 있는 밤 시간대에 우리 박격포병들은 번갈아 가면서 우리 중대 구역에 주기적으로 조명탄을 쏘아 올렸다.

수색 임무와 야간 경계 임무 사이의 시간대에 우리는 휴식을 취했다. 음식과 식수와 탄약 등은 비행기로 보급되었다. 낮 시간에는 불을 피워 전투 식량을 데워 먹을 수 있었는데, 이렇게 해서 먹으니 맛이 아주 좋았다. 거기에서는 텐인원ten-in-one 레이션을 먹었는데, C 레이션이나 K레이션에 비하면 훨씬 좋았다. 식수를 공중에서 투하하는 방법은 그때까지만 하더라도 완벽하지 않았다. 물은 긴 비닐 주머니에 담겨 있었는데, 이 비닐 주머니 네 개가 금속제 원통형 용기 안에 들어 있었고, 이 용기가 낙하산을 타고 땅에 떨어졌다. 그런데 낙하 충격 때문에 용기 안에 있는 물주머니 중 한두 개가 터져서 못 쓰게 되는 경우가 많았다. 심지어 어떤 때는 물주머니 네 개가 다 터져 버린 경우도 있었다.

보급품이 공중에서 떨어질 때는 진흙탕을 헤집고 밝은 색깔의 낙하산을 타고 내려온 탄약 상자나 식량 등을 찾아 돌아다녔다. 보급품을 옮기는 것은 육체적으로 힘이 드는 일이었지만 늘 신이 나고 즐거웠다. 해병대 소속 폭격기들은 저공 비행을 하면서 보급품을 투하했다. 그런데 그들이 보급품을 정확하게 투하하는 솜씨는 놀라울 정도였다. 진흙이 전장을 심하게 뒤덮고 있던 기간에는 우리는 늘 맑게 갠 날을 바랐다. 비를 싫어하기도 했지만, 맑게 갠 날에는 비행기가 부대 근처로 공중으로 보급품을 날라다 줄 수 있었기 때문이다. 그렇지 않을 경우에는 진흙탕 길을 몇 킬로미터씩 이동해 보급품을 날라야 했다.

우리가 예비 병력으로 분류되어 있을 때 다른 박격포병 한 명과 나는 보급과 관련된 메시지를 전달하러 정기적으로 서쪽 해안으로 전령으로 나가곤 했다. 이것은 보병이라면 여러 번 하게 되는 통상적인 임무였다. 대개는 편한 보직이었다. 비록 일시적이긴 해도 중대의 성격 나쁜 중사의 눈 밖으로 벗어나 있을 수 있었고 적이 이미 소탕되어 출몰하지 않는 지역을 관통해서 자기 편한 대로 이동 속도를 조절할 수 있었기 때문이었다. 게다가 그다지 위험한 임무도 아니었다. 적어도 다들 그렇게 인식했다.

우리에게 주어진 지시 사항은 단순했다. 행크 보예스 중사가 지시한 말로는 우리에게 동서로 뻗어 있는 도로를 따라 해안까지 갔다가 다시 그 길로 돌아오면 되었다. 그리고 그는 우리가 누구를 만나 그에게 무슨 말을 할지 가르쳐 주었다. 그러고는 도중에 길을 벗어나 전리품을 챙기는 일을 하지 말라면서, 낙오되었거나 아군이 모르고 지나쳐 버린 일본군 병사들이 있을지 모른다고 주의를 주었다.

우리는 기쁜 마음으로 길을 나섰다. 목적지는 오로쿠반도의 남쪽 해안이었고, 무척 흥미진진한 소풍이 될 것이라는 기대에 마음이 들떴다. 그즈음에는 군복도 깨끗하게 빨아 입은 상태였고 각반이나 전투화 모두 바짝 말라 있었고 또 진흙도 묻어 있지 않았다. 우리는 평소대로 수통 두 개를 챙겼고 또 전투 식량의 초콜릿 바도 챙겼다. 왜냐하면 여러 시간이 걸리는 임무였고 도중에 무언가를 먹어야 할 수도 있었기 때문이다. 동행하는 동료는 카빈 소총을 들었고 나는 토미(톰슨 경기관총)와 45구경 권총으로 무장했다. 하늘은 쾌청했다. 통상적으로 하던 수색 임무와는 조금 다르기도 했거니와 위험하지도 않은 임무를 하기에는 이상적인 날씨였다.

대대 관할 구역을 벗어나 도로에 들어서고 난 뒤로는 사람이라곤 거의 보이지 않았다. 인적이 끊긴 도로를 걸어갈 때 주변에서 들리는 건 우리 숨소리와 발자국 소리, 수통의 물이 출렁거리는 소리, 그리고 이따금씩 총의 개머리판이 수통이나 케이바 칼집에 부딪혀서 나는 소리뿐이었다. 후방 지역 특유의 그 한적한 세상을 우리는 뚜벅뚜벅 걸어갔다.

주변에는 전투 쓰레기들이 널려 있었다. 태풍과 같은 전투는 지나가고 없었지만 전투의 흔적이 남아 있었던 것이다. 우리는 경험이 많은 고참병이었으므로 남아 있는 그 흔적들을 통해 거기에서 벌어졌던 생사의 극적인 장면을 머릿속에 재구성할 수 있었다. 가던 길에 적병의 시체를 수도 없이 많이 보았다. 하지만 그때마다 시체에서 풍기는 냄새를 맡지 않으려고 바람이 불어오는 쪽을 택해서 걸었다. 해병대원의 시체는 한 구도 보이지 않았다. 그러나 피 묻은 해병대 전투복과 그 곁에 놓인 너덜너덜한 전투화, 총격으로 구멍 난 철모(위장천을 두른), 버려진 의약품, 피에 젖었다가 말라붙은 야전용 붕대 등을 보면 이 물건들의 주인이 어떤 운명을 맞았을지 짐작하기 어렵지 않았다.

우리는 철로가 깔린 뚝방 길을 넘어 어떤 마을의 외곽 지역으로 들어갔다. 모든 건물이 파괴되었지만 그 가운데 몇 개는 멀쩡하게 서 있기도 했다. 마을에 작은 가게가 있기에 잠깐 살펴보려고 가던 길을 멈췄다. 창문 안에 진열된 물건은 여러 가지 화장품이었다. 가게 앞 도로에는 파란색 기모노를 입은 남자 시체가 한 구 있었고, 누군가가 그 시체에 부서진 문짝을 덮어 놓았다. 죽은 사람은 그 가게 주인이 아닐까 하고 우리는 추정했다. 불타 버린 버스 정류장도 있었는데, 승차권을 파는 부스는 멀쩡하게 서 있었다. 우리 오른쪽으로 먼 곳에서는 제6해병사단이 오로쿠반도의 적과 싸우고 있었는데, 거기에서 총성과 포성이 들려왔다.

그때까지만 하더라도 아무 일도 없었다. 우리는 폐허의 한가운데를 관통해 목적지인 해변으로 걸어갔다. 그런데 암트랙 한 대가 철커덕거리면서 우리 앞으로 다가왔다. 암트랙의 운전병은 우리가 길을 나선 뒤 처음 만나는 생명체였다. 암트랙을 불러 세우고 이야기를 들어 보니, 해안에서 우리를 기다리고 있다가 마중 나왔다고 했다. 그래서 우리는 전달 사항을 얘기해 줬고, 암트랙은 왔던 길로 다시 돌아갔다. 이로써 우리의 임무는 끝났고, 우리는 갔던 길을 되짚어 걸었다.

우리는 작은 화장품 가게와 문짝으로 덮어 놓은 시체를 지나 왼쪽에 있는 버스 정류장으로 접근했다. 미풍이 살랑살랑 불었다. 부서진 버스 정류장 지붕에 매달린 작은 함석 조각이 바람에 흔들리면서 내는 소리밖에 들리지 않았다. 멀리서 들리는 전투 소음만 빼면, 우리 주변에 펼쳐진 풍경은 평화로운 봄날에 고향 마을의 어느 한 곳을 걸어가는 느낌이었다. 〈10분 휴식〉을 하기에는 딱 좋은 곳 같았다. 버스 정류장도 살펴보고, 초콜릿 바도 먹고…… 사실 암트랙이 마중을 나온 덕분에 시간을 절약했던 터라 우리는 잠깐 쉬었다 간다

해도 문제될 건 없었다.

그런 생각을 하던 바로 그 순간, 일본군의 기관총 총성이 폭발하면서 총탄이 가슴 높이로 마구 날았다. 우리는 황급히 엄폐물을 찾았다. 그리고 승차권 판매 부스 안으로 몸을 날렸다. 다행히 콘크리트로 만든 부스라 훌륭한 엄폐물이 되어 주었다.

「오, 이런! 큰일 날 뻔했네. 슬레지해머!」

「죽을 뻔했어!」

거의 완벽하게 조준하고 쏜 걸 보면 적은 높은 곳 어디엔가 있는 모양이었다. 조금이라도 빨리 총격을 당했더라면 죽었을지도 몰랐다. 부스로 적의 기관총탄이 비 오듯 쏟아졌다. 불에 탄 버스들 가운데 어떤 것인지는 모르겠지만 유리창이 총탄을 맞고 깨지는 소리가 들렸다.

「도대체 놈은 어디에 있을까?」

「글쎄 모르겠어. 하지만 총소리로 보자면 대략 200미터쯤 떨어진 것 같은데…….」

우리는 한동안 꼼짝도 않고 가만히 있었다. 평화로운 정적 속에서 함석 조각이 바람에 짤그락거리는 소리밖에 들리지 않았다. 나는 조심스럽게 머리를 내밀고 전방을 살펴보았다. 그 순간 또 한차례 총탄이 쏟아졌고, 그중 몇 발은 내 머리를 아슬아슬하게 비켜 갔다.

「저 새끼는 우릴 정조준하고 있는 게 틀림없어.」

동료 대원이 신음을 뱉어 내는 소리로 말했다. 건물 정면에 있는 승차권 판매 부스는 콘크리트로 만들어져 있었고, 그 안에 우리는 꼼짝없이 갇히고 말았다. 동료 대원이 부스 바깥으로 고개를 내밀자 이번에도 역시 총탄 세례가 쏟아졌다. 그리고 이어 총탄은 부스 벽면을 때렸고, 부스 상단에 그나마 몇 개 남아 있던 유리창도 박살이 나면서 쏟아졌다. 적의 기관총은 철로의 남쪽 어디에 설치된 게 분명하다고 우리는 추정했다.

「저기 있는 버스 사이로 가면 적의 사각 지대에 들어갈 것 같은 데…… 그다음에는 건물 뒤로 빠져나가는 거지.」

동료 대원이 그럴듯한 작전을 제시했다. 그러고는 뒤쪽을 바라보려고 조금 이동했다. 그러자 또 한차례 사격이 쏟아졌다. 그가 세운 계획도 소용이 없다는 말이었다.

「어두워질 때까지 기다렸다가 빠져나가야 할 것 같은데.」

그러자 동료는 고개를 끄덕였다.

「네 말이 맞겠어. 낮에는 여기에서 바깥으로 나가는 순간 곧바로 벌집이 되어 버릴 것 같아. 우린 지금 독 안에 든 쥐 신세야. 슬레지해머, 우리가 그 지옥 같은 전장에서도 살아남아서 지금까지 왔는데, 여기에서 벌집이 되어 죽는다면 진짜 억울하겠지? 에잇, 빌어먹을!」

1분, 2분이 지났고, 또 나중에는 한 시간, 두 시간이 지났다. 그사이에 우리는 사주 경계를 철저하게 했다. 기관총에 정신이 팔려 있는 사이 다른 일본군 병사들이 들이닥칠 수도 있었기 때문이다.

그렇게 시간이 흘러 저녁 무렵이 되었다. M1 소총 총성이 가까이에서 들렸다. 적의 기관총이 있을 것이라고 추정하던 곳에서 들렸다. 몇 분 뒤 고개를 살짝 내밀어 보니 반갑게도 우리 K중대 전우 네댓 명이 길을 따라 성큼성큼 걸어오는 게 보였다.

「적의 기관총 조심해!」

우리가 다급하게 고함을 지르면서 총탄이 날아오던 곳을 가리켰지만 그들은 태연하게 웃더니 기관총을 번쩍 들어 보였다.

「우리가 처치했어. 둘 다 괜찮나? 너희들이 돌아올 시간이 되었는데도 돌아오지 않으니까 중사가 우리를 보냈어. 살아 있으면 구해 오라고.」

6월 중순이 되자 K중대에서뿐만 아니라 제1해병사단 전체에서도 낯익은 얼굴이 드물어졌다. 6월 1일에 K중대는 적의 공격으로 30명이나 잃었다. 그리고 열흘 뒤에는 22명이 침족병을 비롯한 이런저런 질병으로 부대를 떠났다. 6월 중순에 보충병을 새로 받았지만 K중대는 약 100명의 사병과 장교 두세 명밖에 없었다. 두 달 전에 오키나와섬에 처음 상륙할 때의 병력 규모와 비교하면 절반밖에 되지 않았다. 이 병력으로 K중대는 마지막이 될 중요한 전투 임무를 수행하러 나섰다.

쿠니요시 고지의 대학살

6월 중순이 다가오자 우리가 있던 지점에서 남쪽 방향에 있는 쿠니요시(國吉) 고지와 관련된 께름칙한 소문이 들리기 시작했다. 우리 사단의 다른 보병 연대들 즉 제7연대와 나중에는 제1연대가 그 고지에서 고전하고 있으며, 따라서 우리가 거기에 투입될 것이라는 소문이 점점 현실로 다가왔다. 전선에 투입되지 않고 전쟁이 이대로 끝나길 바랐던 우리 제5연대의 기대는 점점 가망이 없어졌다.

우리는 수색 임무를 계속하고 있었다. 나는 일본군의 가리비 통조림을 맛있게 실컷 먹으면서 쿠니요시 고지 따위는 이 세상에 존재하지 않기를 희망했다. 그러나 피할 수 없는 그날이 결국 오고야 말았다. 정말 듣고 싶지 않았던 명령이 떨어진 것이다.

「장비를 챙겨라, 이동이다!」

우리가 남쪽으로 이동할 무렵 날씨는 맑고 건조하고 덥게 바뀌었다. 행군 거리가 멀어질수록 포성과 총성은 점점 더 무겁게 들렸다. 둔중한 대포 소리, 둔탁한 박격포 소리, 쉬지 않고 따르륵거리는 기관총 소리, 그리고 코르크 마개를 딸 때와 비슷한 소총 소리……. 이 모든 소리의 조합은 귀에 익숙했고, 그 소리들은 잠들어 있던 감각을 일깨웠다. 부상한 병사, 정신적인 충격을 받은 병사, 죽은 병사의 생생하고 끔찍한 모습이 되살아났다. 과연 살아남을 수 있을까 하는 불안과 공포가 다시 엄습했다. 전쟁이 낳는 피할 수 없는 그 모든 것들이 고스란히 되살아났다.

슈리 고지에서 철수한 일본군의 오키나와 수비군은 섬의 최남단에서 가까운 일련의 고지에 최후의 방어선을 구축했다. 서쪽 거점이 쿠니요시 능선이고 중앙이 요자(与座) 언덕(요자다케), 동쪽이 야에세(八重瀬) 언덕(야에세다케)이었다.

쿠니요시 능선은 산호 해저가 융기해 형성된 지형으로 길이가 약 1.5킬로미터 가까이 되는 험한 곳이어서 일본군은 이 능선의 앞면과 뒷면에 수많은 동굴과 포좌를 팠다. 능선의 북쪽은 열려 있는 평지였다. 평탄한 초지와 논밭이 넓게 펼쳐져 있어 일본군이 이쪽으로 접근하는 미군을 노리고 사격을 하기에는 매우 유리했다.

6월 12일, 제7연대가 새벽에 기습 공격을 펼쳐 이 능선의 일부를 점령했다. 그러나 적은 아직도 동굴에 은신해 있었고, 나흘 만에 제7연대는 정상에서 고립되고 적에게 포위되었다. 그래서 보급품은 공중으로 투하되거나 탱크로 운송되었고, 사상자 후송도 탱크가 맡아서 했다.

6월 14일에는 제1연대가 능선의 각 지점을 공격했지만 치열한 전투 끝에 대량의 사상자가 발생하는 피해를 입었다. 같은 날 오스틴 쇼프너 중령(펠렐리우섬에서는 제5연대 제3대대 대대장)이 이끌던 제1연대 제1대대는 요자 언덕을 점령했지만, 적의 저항과 야에세 언덕에서 쏘아 대는 적의 집중포화 때문에 여기에서도 대량의 사상자가 발생하는 피해를 입었다.

6월 14일, 우리는 다시 한번 지옥의 아수라장 안으로 들어갔다. 명령이 떨어지기 직전까지도 우리 제5연대는 제외될 것이라는 기대 섞인 말들이 돌았지만 모두 소용없었다. 우리는 흙먼지가 풀썩거리는 길의 양쪽 가장자리로 줄지어 걸었고, 그 사이로는 탱크와 암트랙, 구급 지프가 부지런하게 오갔다. 탱크와 암트랙은 전선을 향해 줄지어 달려갔고 구급 지프는 쿠니요시 능선 전투의 부상자들을 싣고 줄지어 달려오고 있었다.

그날 오후, 우리 중대는 그 도로의 남쪽에 늘어선 나무들을 따라 전개했다. 우리 앞쪽에 펼쳐진 개활지 너머 쿠니요시 능선에서는 맹렬한 포격과 총격이 전개되었다. 우리 박격포반은 길 가까이에 참호를 파고, 높은 제방 둑 위의 손상되지 않고 남아 있던 그림처럼 아름다운 다리 위로 신호탄을 쏘아 올릴 수 있도록 박격포의 조준을 맞췄다.

어두워지기 전에 나를 포함해서 몇 명이 그 다리를 보러 갔다. 우리는 도로에서 갈라져 나온 작은 길을 따라 개울로 내려갔다. 물은 수정처럼 맑아 바닥의 깨끗한 자갈이 선명하게 보였고, 그 위로 흐르는 물이 평화롭고 경쾌한 소리를 냈다. 양치식물들은 이끼가 긴 둑과 개울 양쪽의 바위 틈에서 자라나고 있었다. 아름다웠다. 서늘하고 평화롭고…… 아비규환의 지옥인 전장과는 완전히 다른 세상이었다.

다음 날 아침, 우리는 요자 언덕에 있던 제1연대 제1대대와 교대했다. 길을 따라 이동하면서 포격 때문에 가지란 가지는 하나도 남아 있지 않은 키 작은 나무를 보았다. 통신용 전선이 얼기설기 얽혀 있던 그 나무는 커다란 대걸레를 거꾸로 세워 놓은 것 같았다. 그런 생각을 하는 찰나, 나와 내 앞에 가던 동료 사이로 총탄 하나가 공기를 찢으며 지나가더니 길 옆에 쌓아 둔 건초에 박히면서 작은 먼지를 일으켰다. 이렇게 우리는 다시 인육 분쇄기 안으로 들어갔다. 그런 사실을 절감하면서 우리는 격렬한 포성과 총성이 들리는 산허리 쪽으로 묵묵히 걸었다.

요자 언덕은 무시무시해 보였다. 그 모습은 아무리 봐도 펠렐리우섬의 지옥 같은 산호 능선과 닮았다. 오른쪽으로 쿠니요시 능선이 보였고 왼쪽으로는 야에세 언덕의 급경사면이 보였다. 육군 전차 부대가 기관총과 75밀리 대포를 쏘아 대면서 야에세 언덕 쪽으로 가고 있었다.

전투를 하면서 길고 요란하게 울리는 사이렌 소리를 들은 건 이때가 처음이었다. 적에게 심리적인 타격을 주기 위해 육군이 탱크에 사이렌을 설치했다고 했다. 그렇지 않아도 피가 흐르는 아비규환의 전장이 그 사이렌 소리 때문에 한층 더 황량하고 살벌해진 것 같았다. 아군이 대포와 폭탄, 그 밖의 다른 무기로 아무리 맹렬하게 공격한다 해도 일본군 병사가 항복하는 일은 거의 없었는데, 굳이 도움이 되지도 않을 사이렌을 동원할 필요가 있을지 의심스러웠다. 끊임없이 이어지는 총성과 포성에 사이렌 소리까지 보태지니 일본군이 아니라 우리가 더 지치고 힘들었다.

우리가 요자 언덕에서 산발적인 반격을 받고 있을 무렵 쿠니요시 능선에서는 제5연대 제2대대가 제7연대와 합세해 능선의 나머지 부분을 장악하기 위해 공세에 나섰다. 일본군의 대포 진지와 동굴은 맹렬한 포격을 받았다. 박격포와 대포와 함포가 동원되었으며 또 25대에서 많게는 30대나 되는 항공기도 폭격에 나섰다. 포격의 맹렬함은 어쩐지 펠렐리우섬에서 보았던 블러디노즈 능선의 전투와 점점 비슷해졌다.

제5연대 제2대대는 쿠니요시 능선에서 교두보를 확보했지만 아군의 지원이 필요했다. 우리 K중대가 그곳을 지원하게 되었고, 6월 17일의 야간 전투 시각에 아슬아슬하게 시간을 맞춰 현장에 도착했다. 적의 1개 중대가 야습을 감행했는데 이것을 제2대대와 우리가 격퇴했던 것이다. 이 전투가 끝난 뒤 다음 날 아침에는 제5연대의 전투 구역에서 아직 점령하지 못했던 능선의 어떤 지점을 공격할 것이라는 설명을 들었다. 다시 한번 더 근접 전투의 깊은 구렁텅이 속에서 사투를 벌여야 했다.

능선에 도달하려면 넓은 평지를 건너야 했기 때문에 아직 어둠이 깔려 있는 새벽 시간에 행동을 개시해야 했다. 장교 한 명이 와서 제5연대 해병이 쿠니요시 능선을 어떻게 요리할 것인지 설명하고, 우리가 잘 해낼 수 있을 것이라며 사기를 불어넣으려고 애를 썼다(제1연대와 제7연대가 쿠니요시 능선을 공략하다가 엄청나게 많은 사상자를 내고 말았음을 우리는 이미 잘 알고 있었다).

어둠 속에 이동하는 것은 글로스터 전투나 펠렐리우 전투를 경험한 사람들로서는 달갑지 않았다. 일본군이나 바보들만이 어두운 밤 시간대에 이동한다고 우리는 굳게 믿었기 때문이다. 그러나 배치 받은 지 얼마 되지 않은 보충병들은 밤 시간에 이동하는 것과 낮 시간에 이동하는 것이 어떤 차이가 있는지 전혀 알지 못한 채 불쌍할 정도로 혼란스러운 얼굴을 하고 있었다. 어쨌거나 쿠니요시 능선에 접근하려면 어둠의 장막을 뒤집어쓴 채 이동하는 게 거의 유일한 방법이었다. 제1연대와 제7연대는 개활지를 피해 없이 통과하려면 그럴 수밖에 없음을 잘 알고 있었다.

우리는 물이 없는 마른 논을 천천히, 그러나 조심스럽게 건넜다. 멀리 전방의 능선에는 아군이 쏘아 댄 포탄이 연이어 작렬했다. 소총과 기관총의 총성, 수류탄의 폭발음이 들렸다. 모두 우리에게는 너무도 귀에 익은 소리였다. 적의 포탄 역시 능선에 작렬했다. 이번 전투가 일본군을 섬멸하고 작전을 완전히 끝낼 수 있는 마지막 전투가 될 가능성이 높음을 우리는 모두 잘 알고 있었다.

어둠 속에서 열을 맞추어 걸어갈 때 내 심장은 마구 뛰었다. 목도침을 삼킬 수 없을 정도로 칼칼했다. 공포는 공황 직전 상태까지 나를 몰아붙였다. 그때까지 살아남은 건 운이 좋아서였다. 그렇게 본다면 이제 내 운도 슬슬 바닥을 드러낼 때가 된 게 분명했다. 식은땀이 나기 시작했다. 적의 총탄이나 포탄 파편을 맞더라도 죽거나 불구가 되게 하지는 말아 달라고 기도했다. 대열에서 이탈해 도망쳐 버리고 싶은 마음이 굴뚝같았다.

밤하늘을 배경으로 쿠니요시 능선의 실루엣이 한층 가까워졌다. 이 능선의 지평선이 블러디노즈 능선의 지평선과 얼마나 비슷했던지, 그걸 보는 순간 다리의 힘이 저절로 풀려 하마터면 넘어질 뻔했다. 잠시 동안이지만 나는 펠렐리우섬에 있다는 착각을 한 나머지 그 모든 것을 다시 한번 더 똑같이 경험해야 한다는 생각에 눈앞이 깜깜해졌다.

소총수는 능선을 향해 위로 이동했다. 우리 박격포병들은 왼쪽 후방에서 일본군이 침투하는 상황에 대비해 감시하는 역할을 맡았다. 우리는 박격포를 설치하지 않았다. 경사면과 능선 위에서의 전투가 워낙 근접전으로 치러질 것으로 예상되다 보니 박격포를 쏘았다가는 자칫 아군이 다칠 수도 있었기 때문이다.

아군의 105밀리 대포가 쿠니요시 능선을 두드리는 가운데 우리는 어둠 속에서 미리 설정한 목표 지점으로 이동해 들어갔다. 그런데 안타깝게도 우리 중대의 전선 가까운 곳에서 아군의 포탄이 터지고 있었다. 중대 본부는 포병 관측병에게 아군의 포탄에 아군이 당했다고 경고를 날렸다. 또 한 발의 105밀리 포탄이 터지면서 무서운 섬광과 폭발음을 냈다. 누가 다급하게 위생병을 부르는 소리가 들렸고, 장교가 무전기에다 대고 고함을 지르는 소리도 들렸다.

「빌어먹을! 포탄이 목표 지점보다 짧게 떨어지잖아, 멍청아!」

그러자 중대장이 다그쳤다.

「우리가 다치니까 확인 좀 하라고 해!」

아군의 대포는 능선 너머 쿠니요시 마을과 그 주변을 때리고 있었다. 일본군의 다른 부대가 능선으로 이동해 능선의 일본군 전력이 강화되는 걸 막기 위해서였다. 그런데 아군은 대포를 쏠 때마다 우리 K중대의 전선이 있는 능선을 따라 돌아가면서 쏘고 있었다. 그러니 모든 대원이 패닉에 빠지는 것도 무리가 아니었다.

일본군은 전선 전체에 걸쳐 수류탄을 던지고 있었으며, 소총과 기관총 사격도 했다. 오른쪽에서는 아군의 수류탄들이 폭발하는 소리가 들렸다. 우리 중대의 전선에서였다.

「이봐, 일본놈들이 우리 수류탄을 던지는 거 같지? 들어 봐, 그렇지 않아?」

「그러게, 놈들은 손에 들어오는 거는 뭐든지 다 사용하고 있어.」

그런데 다음번에 몇 발의 수류탄이 터질 때는 우리 전선 구역 안에서는 미군 수류탄의 폭발음이 들리지 않았다. 그때 모든 신병은 수류탄 투척법을 정확하게 숙지하고 던지도록 점검을 단단히 하라는 지시가 전달되었다. 신병 하나가 탄약 상자에서 수류탄을 용기째로 꺼내서는 용기의 봉인 테이프를 제거한 다음 수류탄을 그대로 적진에 던졌던 모양이었다. 그러자 일본군 병사가 용기를 열어 수류탄을 꺼낸 다음 안전핀을 뽑고 우리에게 되던졌던 모양이었다. 내 주변에 있던 고참병들은 그 얘기를 듣고 말문이 막혔다. 그러나 이런 건 정말이지 빙산의 일각일 뿐이었다. 그 시기에 보충된 신병들 가운데는 전투의 기본적 지식과 기능조차 갖추지 못한 대원들도 많았다.

동이 트자 주변 상황이 훤하게 보였다. 그때야 비로소 나는 쿠니요시 능선에서 벌어진 전투가 얼마나 치열했는지, 또 앞으로도 얼마나 치열할지 제대로 확인할 수 있었다. 능선은 산호 바위였고, 펠렐리우섬의 그 끔찍하던 여러 능선과 너무도 비슷했다. 그러나 쿠니요시 능선은 펠렐리우섬의 능선들에 비해 높지도 않았고 요철의 선이 예리하고 가파르지도 않았다. 우리가 있던 구역에는 들것에 실린 채 판초를 덮어쓰고 누운 해병대원 시신이 약 30구나 되었다.

소총수들 가운데 일부는 능선과 나란히 동쪽으로 이동했고 또 일부는 경사면을 따라 위로 올라갔다. 우리는 여전히 박격포를 설치하지 않았다. 그 전투는 순전히 소총수들의 전투였다. 우리 박격포병들도 들것조나 소총수로 뛰었다.

능선 곳곳에 적의 저격병들이 있었으나 그들의 위치를 포착하기란 불가능했다. 대원들이 저격병의 총격에 차례로 쓰러졌다. 들것조는 쉴 틈도 없이 뛰었다. 우리는 사상자들을 산기슭으로 데리고 갔다. 거기에서는 탱크들을 능선의 산마루에 있는 적 저격병들의 총격을 피할 수 있는 엄폐물로 활용했다. 우리는 사상자들을 들것에 단단히 묶은 뒤 들것을 다시 탱크의 후미에 묶었다. 걸을 수 있는 부상자는 탱크 안에 태웠다. 부상자를 매단 탱크는 야전병원을 향해 산호 자갈을 깐 도로 위로 먼지를 일으키면서 달려갔다. 적의 저격병들이 탱크로 이동하는 부상자들을 노리지 못하게 묶어 두기 위해 최대한 많은 대원들이 능선으로 총탄을 퍼부었다.

우리 K중대가 능선의 동쪽 끝에 도착하기 직전에 우리는 들것조 하나가 사상자를 이송하는 장면을 보았다. 그런데 갑자기 박격포탄 네댓 발이 그 들것조 주변에 연속해서 작렬했고, 들것조 네 명 가운데 세 명에게 가벼운 부상을 입혔다. 그러자 그들은 서로를 도와가면서 능선으로 돌아갔다. 또 다른 들것조 하나가(나는 이 들것조의 일원이었다) 들것을 들고 뛰다 부상한 대원을 이송하려고 뛰어갔다. 우리는 적의 박격포 관측병의 시선을 피하기 위해 조금 다른 경로로 이동했다. 능선으로 올라간 다음 약 1.5미터 높이의 산호 바위 위에 누워 있는 부상병을 발견했다. 레너드 바고라는 그 대원은 두 다리를 모두 맞아 움직일 수 없다고 했다. 그래서 바위 아래로 내려올 수 없다는 것이었다.

「조심들 해! 나에게 두 방이나 먹인 녀석이 여전히 저기 바위 뒤에 숨어 있으니까!」

그는 채 20미터도 떨어져 있지 않은 반들반들한 바위 무더기를 가리켰다.

만일 그 저격병이 의도적으로 바고의 두 발을 노리고 쏘아서 움직이지 못하게 만들었다면 그 저격병은 바고를 구하러 올 다른 대원을 노리고 기다리고 있을 게 분명했다. 뒤집어 말하면, 누구든 그 바위 위로 올라가 바고를 데리고 내려오려 할 경우 반드시 조준 사격을 당한다는 뜻이었다. 우리는 적 저격병의 사각 지점에 산호 바위에 등을 대고 서 있었고, 우리의 머리 높이는 누워 있는 바고의 높이와 얼추 비슷했다. 우리와 눈이 마주친 바고는 우리가 자기를 구해 줄 것을 확신하고 있었다.

「누군가 저 위로 올라가서 저 친구를 아래로 내려야 해.」

내 말에 다른 세 명도 고개를 끄덕이며 무언의 동의를 했다. 우리가 계속 시간을 끌면 적 저격병은 바고의 목숨을 노리고 총을 쏘아 버리고는 다른 사냥감을 찾으려 할 것이라고 나는 생각했다. 바로 그때 105밀리 포탄의 작렬음이 들렸다. 적이 있는 목표 지점에서 조금 아래쪽으로 떨어진 것이었다. 이어서 다시 한발 더 터졌다. 절체절명의 순간임을 직감했다. 적 저격병의 총에 맞아서 죽거나 아니면 아군 포탄에 맞아서 죽거나 어차피 죽는 건 마찬가지였다. 나는 한참 동안이나 망설였던 사실을 부끄러워하며 바고 곁으로 기어 올라갔다. 바고가 다시 말했다.

「일본놈 조심해!」

두 손을 바고의 어깨 아래로 집어넣으면서 고개를 들어 전방을 흘깃 보니 적 저격병이 숨어 있을 작은 동굴의 입구가 보였다. 직경 1미터가 채 되지 않은 시커먼 공간이었다. 그 순간 나는 적 저격병의 총구가 불을 뿜는 섬광이 번쩍거릴 것이라고 생각했다. 그런데 그때 이상하게도 마음이 평온했고, 진짜 이상하게도 전혀 겁이 나지 않았다. 그런데 아무런 소리도 들리지 않았고 적 저격병도 보이지 않았다.

들것조의 다른 대원들이 바고를 받아 내렸다. 그 짧은 순간에 나는 바위에서 벌떡 일어나 남쪽을 바라보았다. 통쾌함이 느껴졌다. 아군 포연 너머 남쪽으로 오키나와섬의 끝이 보였고, 고통의 끝이 보였다.

「내려와. 슬레지해머, 빨리!」

또 한 번 더 그 작은 동굴 입구를 보는 것과 동시에(그리고 적의 저격병은 어디에 있는지, 왜 나를 쏘지 않았는지 의아해하면서) 나는 바위에서 내려왔다. 그리고 우리는 바고를 쿠니요시 능선 아래로 이송했는데, 그때부터는 아무런 방해도 받지 않았다.

나는 또 다른 사상자를 내려놓은 뒤 우리 중대 지휘소 옆을 지나가다가(이 지휘소는 산기슭에 있었다) 장교 한 명이 행크 보예스에게 말소리를 죽여서 하던 말을 의도하지 않게 들었다. 그 장교는 계속되는 긴장 때문에 모든 신경이 다 끊어져 버린 것 같다면서, 더는 못 버틸 것 같다고 했다. 그러자 고참병인 행크 보예스 중사는 그 장교를 진정시키려고 노력하면서 차분한 음성으로 대꾸해 주었다. 그 장교는 철모를 깔고 앉아 두 손으로 머리를 마구 쥐어뜯었다. 거의 울기 직전이었다.

그 장교가 불쌍했다. 공포에 공포가 겹쳐 도저히 버틸 수 없을 것처럼 느껴지는 그런 심리 상태가 어떤 것인지 나도 잘 알았고, 나 역시 그 장교처럼 스스로를 주체하지 못한 적이 한두 번이 아니었다. 게다가 그 장교는 사병인 나는 짊어지지 않아도 되는 막중한 책임을 지고 있었으니까…….

내가 지휘소 옆을 지나갈 때 그 장교는 절망적으로 말했다.

「능선 위에 있는 놈들은 도대체 뭣들 하는 거야? 좀 더 빠르게 움직일 수 없나? 이 지긋지긋한 전투를 빨리 못 끝내나?」

그 말을 듣는 순간 그 장교에게 느끼던 연민의 감정은 연기처럼 사라져 버렸다. 그리고 내가 일개 사병이라는 사실도 잊어 버린 채 지휘소로 들어서면서 고함을 질렀다.

「능선 위에 있는 놈들이 도대체 뭘들 하고 있는지 말해 주지! 그놈들은 지금 오른팔에 총상을 입고 왼발에 총상을 입고 있고, 그래서 더 빨리 움직이고 싶어도 그러지 못하고 있다구!」

장교는 멍한 표정으로 내가 하는 말을 들었다. 보예스가 몸을 돌려 나를 바라보았다. 아마도 그는 그렇게 호통을 친 사람이 대대장이나 연대장쯤 되는 줄 알았던 모양이었다. 그런데 대대장이나 연대장이 아니라 슬레지해머 이병인 걸 알고는 깜짝 놀랐다. 그는 하프문 고지에서 그림자에게 내가 뭐라고 따질 게 많을 때 그랬던 것과 같은 험악한 얼굴로 나를 노려보았다. 그 순간 나는 정신이 돌아왔다. 이등병이 중위와 중사에게 이래라 저래라 하는 것은 해병대의 통상적인 기준에 맞지 않음을 깨달은 것이다. 그래서 나는 황급히 몸을 돌려 빠져나왔다.

저녁 무렵에 나는 동료 몇 명과 함께 산마루 부근의 바위 사이에서 쉬고 있었다. 정상 바로 아래까지 치고 올라간 부대에 탄약과 물을 전달하는 작업을 막 마쳤을 때였다. 산마루에서는 적의 기관총 소사가 이어지고 있었기 때문에 아무도 고개를 들지 못했다. 산마루 여기저기에서 총탄이 날아들었고, 총탄은 바위에 튀긴 뒤 제멋대로 방향을 바꾸어 어지럽게 날았다. 내 옆에 있던 대원은 펠렐리우 전투 때부터 서로 잘 알던 소총수였다. 그런데 이 친구는 지난 한 시간 동안 이상하게도 말이 없었고 표정이 어두웠는데, 나는 그저 피곤하기도 하고 지치기도 해서 그런 줄로만 생각했다. 나 역시도 그랬으니까. 그런데 갑자기 그가 알아들을 수도 없는 이상한 말을 마구 지껄이더니 소총을 잡고는 고함을 질렀다.

「저 눈 찢어진 노랭이 개새끼들이 우리 전우들을 얼마나 많이 죽였냐구! 나도 전우들 뒤를 따라가야겠어!」

그리고는 벌떡 일어나 산마루를 향해 위로 올라가기 시작했다.

「안 돼!」

나는 그의 바지를 붙잡고 늘어졌지만 그는 기어코 나를 뿌리쳤다. 함께 있던 부사관도 어리석은 짓 하지 말라며 고함을 지르며 바짓가랑이를 잡았지만 놓치고 말았다. 그러나 다행히 그의 손이 그 친구의 전투화를 붙잡았고, 그 바람에 그 친구는 균형을 잃고 넘어졌다. 그러고는 아기처럼 소리 내어 울었다. 그의 바지 앞부분은 오줌으로 축축하게 젖어 있었다. 이성을 잃고 날뛰면서 자기도 모르게 오줌을 쌌던 것이다. 부사관과 나는 그 친구를 붙잡고 일어서지 못하게 위에서 내리누르며 어떻게든 진정시키려고 노력했다. 부사관이 차분한 음성으로 그 친구를 달랬다.

「진정해 코버, 안전한 곳으로 데려다줄 테니까 걱정하지 마.」

우리는 위생병을 불렀고, 위생병이 울고 소리치고 겁에 질려 덜덜 떠는 그 친구를 인육 분쇄기에서 데리고 나가 안전한 야전병원으로 안내했다.

「코버는 진짜 훌륭한 해병대원이다, 알지, 슬레지해머? 어떤 놈이 코버가 훌륭한 해병대원 자격이 없다고 개소리를 하면 내가 가만 안 둘 거야. 코버는 자기가 할 수 있는 모든 것을 다 했어. 그거면 됐지. 자기가 할 수 있는 최대한의 것을 다 했어.」

부사관의 음성은 슬픈 느낌으로 잦아들었다. 이렇게 우리는 용감하던 해병대원이 미쳐서 발작을 하고는 자기 목숨까지 버리고 싶은 충동을 주체하지 못하는 광경을 직접 목격했다.

「중사님이 코버의 발을 붙잡고 주저앉히지 않았다면 그 친구는 산마루까지 달려 올라갔을 테고, 지금쯤은 죽었겠죠.」

「그래, 그 가여운 녀석은 저 빌어먹을 기관총의 밥이 되었겠지, 백퍼센트.」

그날이 끝나갈 무렵 우리 K중대는 쿠니요시 능선의 동쪽 끝에 도달해 요자 언덕과 야에세 언덕을 빼앗은 육군 부대와 합류했다. 식량과 물과 탄약과 함께 우편물도 들어왔다. 내가 받은 편지 가운데는 앨라배마에 사는 오랜 친구가 보낸 편지도 있었다. 그 친구도 해병대에 입대해 오키나와 북부에 있는 후방 지원 부대에 배속되어 있다고 했고, 내가 지금 어디에 있는지 알고 싶다며 꼭 답장을 해달라고 했다. 그러면서 내가 어디에 있는지 알면 꼭 찾아오겠다고 했다. 이 편지를 몇몇 대원들에게 읽어 주자 대원들은 웃음을 터트렸다.

「그 친구는 지금 우리가 전쟁을 하고 있다는 걸 모르는 모양이지? 그 친구는 제1해병사단이 여기에서 도대체 뭘 하고 있을 거라고 상상할까?」

누군가는 또 이렇게 말했다. 그 친구에게 답장을 해서 꼭 한번 보러 오라고 한 다음에, 진정한 친구라면 나와 부대와 보직을 바꾸자고 해보라고 했다. 나는 그 친구에게 답장을 하지 않았다.

제7해병사단의 소규모 수색조가 지나갔는데, 거기에서 오랜 친구를 만나 잠시 대화를 나누었다. 그는 자기 연대가 쿠니요시 능선에서 며칠 동안 끔찍한 전투를 치렀다고 말했다. 우리 두 사람은 말없이 앉아 일본군의 대구경 대포에 희생당한 해병대원들의 시신을 안타깝게 바라보았다. 그리고 그날, 미국의 제10군사령관 사이먼 볼리바르 버크너 중장이 전사했다는 말이 전선에 돌았다.[2]

쿠니요시 능선에 우리와 교대하는 부대가 들어오고(그 시각은 6월 18일 오후였다) 얼마 지나지 않아 나는 행크 보예스 중사에게 쿠니요시 능선과 요자 언덕에서 아군 피해가 얼마나 되는지 물었다. 그러나 그는 K중대의 전사자는 지원병 49명과 장교 1명이라고 대답했다. 그러니까 전날 있었던 중대원의 절반가량을 잃어버린 것이었

2 버크너 중장은 제2해병사단 제8연대가 오키나와에서 첫 번째 전투를 치르는 것을 시찰하려고 전선을 방문했다. 그가 두 개의 산호 바위 사이에서 전황을 살피고 있었는데, 47밀리 포탄 여섯 발이 그가 있던 곳 주변에 떨어졌다. 그 파편이 그의 가슴에 박혀 얼마 뒤에 그는 사망했다. 해병 제3수륙양용군단 사령관이던 로이 가이거 소장이 제10사령관으로 임명되어 며칠 뒤 전투가 끝날 때까지 지휘봉을 잡았다. 1981년 현재까지 가이거는 육군 규모의 부대를 지휘한 유일한 해병대 지휘관으로 남아 있다 ─ 원주.

다. 새로 배속된 신병은 거의 대부분 사상자 명단에 들어 있었다. 이제 K중대에는 235명 가운데 21퍼센트만 남아 있었다. 우리가 제5연대 제2대대에 합류했던 시간은 겨우 22시간밖에 되지 않았고, 또 쿠니요시 능선에 체류했던 시간은 그보다 더 짧았다.

15장 고통은 끝나고

6월 11일부터 18일까지 쿠니요시-요자-야에세에서 펼쳐졌던 격렬한 전투에서 제1해병사단 제1연대는 사상자가 1,150명이나 되는 피해를 입었다. 이 전투를 끝으로 오키나와섬에서 일본군이 벌이던 조직적인 저항은 완전히 끝났다.

쿠니요시 능선의 급경사면에서 치렀던 전투는 잊을 수가 없었다. 그 전투는 펠렐리우섬의 여러 능선을 생각나게 했으며, 그때까지만 하더라도 우리는 해병대원들이 감행한 야습이 그 어려운 전투를 성공으로 이끄는 데 중요한 역할을 했다는 사실을 제대로 인식하지 못하고 있었다. 전장의 내 친구들 사이에서 가장 놀라웠던 사실은 새로 투입된 신병들이 실전에 임하는 각오나 훈련 상태가 너무도 형편없다는 점이었다. 이전의 여러 작전에 투입되었던 신병들은 전투에 나서기 전에 후방에서 일정 정도의 전투 훈련을 받은 뒤 투입되었는데, 이들과 비교하면 확실히 수준이 떨어졌다. 우리 부대에 합류한 보충병들은 대부분 미국에서 곧바로 쿠니요시 능선에 투입되었으니 그럴 수밖에 없었다. 신병 훈련소에서 나온 뒤 두세 주 혹은 그 이하의 훈련밖에 받지 못한 대원들도 있었다.

이런 보충병들이었으니 적의 집중포화에 처음 노출되었을 때 혼란스러워한 것도 당연했고 전투원으로서의 역할을 제대로 수행하지 못한 것도 당연했다. 포화 속에서 사상자를 이송해야 할 때 부상한 전우를 구조하려면 당연히 위험을 감수해야 했지만 겁에 질려 망설이면서 꽁무니를 빼는 대원들도 있었다. 그래서 고참병들은 분개했고, 신병들에게 위협 아닌 위협을 해야 했다. 이런 힘든 과정을 거친 뒤에야 그들도 비로소 자기 몫을 하게 되었다.

아닌 게 아니라 이 신병들은 일본군보다 선배 고참병을 더 무서워했다. 이것은 실전에 갓 투입된 신병들이 겁쟁이였다는 말이 아니다. 거꾸로 그들이 전장에서 보고 또 겪게 될 지옥 같은 조건과 충격을 적절하게 극복할 수 있도록 사전에 훈련을 받았어야 했는데 그런 훈련이 부족한 상태로 전선에 투입되었다는 말이다. 신병들에게 동병상련의 정을 느끼게 마련인 일반 사병들은 그들을 〈아무것도 모르고 우왕좌왕하는 것들〉이라고 말했다. 하지만 사실 이보다 더 모욕적이고 지독한 말도 많이 했다.

6월 18일, 우리는 무거운 짐을 내려놓았을 때의 후련한 마음으로 쿠니요시 능선에서 내려왔다. 제5연대 제3대대의 다른 중대와 합류한 뒤에는 능선을 가로지르는 도로를 따라 열을 지어 이동했다. 남쪽으로 구불구불 이어진 길을 따라 걸으면서 우리는 우리와 함께 그 길을 따라 이동하던 제2해병사단 제8연대 병사들과 이야기를 나누었다. 믿음직한 지원 부대와 함께 남부 토벌 작전을 하게 되어 든든했다. 우리는 너무도 지쳐 있었기 때문이다.

우리 부대의 고참병들은 전장에서 갈고닦은 노련한 감각으로 제8연대 병사들을 꼼꼼하게 살폈다. 그런데 우리가 본 모든 것들이 만족스러웠다. 그들에게는 규율이 있었고, 많은 병사들이 역전의 고참병들이었기 때문이다.[1]

1 제8연대는 사이판에 있다가 오키나와의 마지막 공격을 앞두고 제1해병사단을 지원하기 위해 오키나와로 왔다. 제8연대의 연대 깃발에는 타라와 전투에 참가했다는 표식도 들어 있었다 ― 원주.

나는 배낭 위에 따로 고성능 작약탄 한 꾸러미를 지고 가던 제8연대의 박격포병과 이야기를 나누었다. 왜 그렇게 짐을 무겁게 들고 가느냐고 물으니 자기 대대장은 박격포병은 준비를 철저하게 해야 한다는 걸 원칙으로 삼고 있다고 했다. 그래서 배낭에 따로 장치를 달아 늘 포탄을 많이 짊어지고 다니게 한다고 했다. 우리 장교들은 제발 배낭의 그런 장치를 보지 못했으면 좋겠다고 생각했다.

나는 또 30구경 중기관총의 냉각수 통에 〈일본군의 지옥Nip Nemesis〉이라는 문구를 붙이고 있던 기관총 분대도 보았다. 그 분대원들은 모두 매서운 인상이었다.

우리는 길이 끝나는 지점에서부터는 드넓은 진흙탕 구역을 통과했다. 그 구역에는 완전 군장을 한 채 죽어 있는 일본군 병사의 시체가 한 구 있었다. 기괴한 모습이었다. 탱크의 무한궤도가 깔아뭉개고 지나간 듯 납작하게 찌그러진 채로 진흙탕에 박혀 있었는데, 마치 거대한 곤충처럼 보였다.

우리는 도로 양쪽으로 5보 간격 이열종대로 계곡 안으로 진입했다. 암트랙 한 대가 철커덩거리는 소음을 내면서 천천히 저 멀리 남쪽에 있는 전선으로 행했다. 암트랙이 내 곁을 지나갈 때 나는, 이제 우리는 총탄이나 포탄 파편에 맞을 걱정을 더는 하지 않아도 된다는 희망찬 가능성을 놓고 온갖 상상을 했다. 하지만 이 상상은 갑작스럽게 부서지고 말았다.

휘이이이이, 펑! 휘이이이이, 펑!

「흩어져라!」

누군가가 고함을 질렀고, 우리는 놀란 참새 떼처럼 사방으로 흩어졌다. 나를 포함해서 약 열 명이 얕은 개울로 뛰어들었다. 적의 첫 번째 대전차 포탄이 암트랙 위를 지나쳐 논에서 폭발했다. 두 번째 포탄은 암트랙의 왼쪽 측면에 명중했다. 암트랙은 거칠게 철커덕거리며 멈춰 섰고 연기를 뿜어내기 시작했다. 우리는 개울 바깥으로 고개를 내밀고 운전병이 시동을 걸려고 애쓰는 모습을 보았다. 암트랙의 다른 대원은 짐칸으로 가서 피해 상황을 확인했다. 움직이지 못하는 암트랙의 측면에 포탄 두 개가 더 명중했다. 암트랙에 타고 있던 대원 두 명이 밖으로 뛰어나왔다. 그들은 조금 떨어진 곳까지 달려가서 바닥에 엎드려 숨을 헐떡이다가 개울로 들어와 우리 곁에 자리를 잡았다. 내가 물었다.

「뭘 실었는데?」

「소총 부대 1개 중대가 쓸 탄약, 총알, 수류탄, 박격포탄. 근데 저 불이 탄약으로 옮겨 붙으면 장난 아니게 큰 폭발이 일어날 텐데……연료 탱크가 너무 뜨거워서 어떻게 할 방법이 없네.」

운전병은 암트랙에서 빠져 나와 개울가로 기어 왔고, 무전병을 발견하고는 암트랙에 싣고 있는 보급품을 전선으로 운송할 수 없게 되었다고 보고했다.

바로 그때 어떤 사람이 내 옆으로 기어 오더니 그 자리에서 벌떡 일어섰다. 나는 깜짝 놀라 그 사람을 올려다보았다. 주변에 있던 모든 대원은 언제 터질지도 모르는 폭발을 걱정하며 바닥에 납작 엎드려 있는데, 그 사람 혼자만 태연하게 일어선 것이다. 그 사람이 입은 옷은 깨끗하게 세탁되어 있었고 반짝거리는 광택까지 나는 듯했다. 그는 지휘 본부에서 마음만 내키면 언제든 세수를 할 수 있고 뜨거운 커피를 마실 수도 있는 그런 사람만이 보일 수 있는 여유가 있었고, 그 여유를 우리 앞에서 과시했다. 그는 휴대용 영화 카메라를 들고 있었는데, 이것으로 그는 암트랙에서 꾸역꾸역 피어오르는 두껍고 시커먼 연기를 촬영하기 시작했다. 암트랙이 뜨거워지면서 그 안에 있던 소총의 탄약이 폭죽처럼 터지기 시작했다.

「헤이! 자세 낮추는 게 좋아! 언제 폭발할지 모른다구. 저 안에 수류탄과 포탄이 잔뜩 들어 있단 말이야!」

그러자 그 남자는 촬영을 멈추고는 몸을 돌려 나를 내려다보았다.

그의 눈빛에는 지독한 경멸과 혐오가 담겨 있었다. 그는 그 고약한 시선으로 개울에 납작 엎드린 나를 한 번 바라보고는 다시 몸을 돌려 불타는 암트랙을 촬영했다.

그리고 거대한 섬광과 함께 폭발이 일어났다. 그 충격파로 카메라맨의 몸은 실제로 공중으로 붕 떴다가 떨어졌다. 그는 상처를 입지는 않았지만 완전히 공포에 질려 있었다. 그는 개천 둑에 납작 엎드린 채로 눈을 동그랗게 뜨고 불타는 암트랙을 바라보았다.

「거 봐, 내가 조심하라고 했잖아.」

내가 별일 아니었다는 듯이 기분 좋은 음성으로 말하자, 그가 돌아보았다. 조금 전까지만 하더라도 얼굴에 가득하던 거만한 표정은 흔적도 없었다. 나는 내가 지을 수 있는 가장 커다란 미소를 지었다. 텍사스 사람들이 즐겨 쓰는 표현을 빌리자면, 〈철조망 사이로 들장미를 먹는 노새처럼〉 미소를 지었다. 카메라맨은 아무 말도 하지 않은 채 몸을 휙 돌리더니 개울을 따라서 뒤쪽으로 기어 갔다.

해병대 탱크 네댓 대가 언덕 아래 계곡에 밀집 대형으로 정차해 있었다. 우리가 있는 곳에서 약 100미터쯤 떨어진 지점이었다. 중무장한 탱크의 전면은 우리 왼쪽에 있는 계곡을 향하고 있었다. 탱크병들은 암트랙이 적의 대전차포에 당하자 바짝 긴장했다. 탱크의 75밀리 포신이 우리 왼쪽을 노리고 이동했다. 그와 동시에 포탑의 해치도 닫혔다. 그리고 얼마 지나지 않아 일본군의 47밀리 대전차포에서 쏜 포탄들이 아군 탱크들을 향해 쏟아졌다. 아까 그 카메라맨으로서는 무척 안타까운 일이 되고 말았다. 암트랙이 폭발한 뒤에 대열 뒤쪽으로 가버리는 바람에 그 극적인 장면을 촬영하지 못했기 때문이다. 적의 포격은 놀라우리만치 정확했다. 여러 개의 포탄이 탱크 포탑에 명중했다. 탱크도 반격을 했다. 몇 분 뒤 일본군은 대포 사격을 중지했고, 이내 사방은 조용해졌다. 탱크가 입은 피해는 크지 않았다. 우리는 다시 도로로 올라가 남쪽으로 이동했고, 더는 적의 공격을 받지 않았다.

6월 21일에 오키나와 전체를 제압할 때까지 우리는 남으로 또 남으로 빠르게 행군했다. 행군을 멈춘 것은 동굴, 토치카, 폐허로 변해 버린 마을 등에 은신한 일본군을 소탕할 때뿐이었다. 제8해병연대는 남쪽으로 빠르게 밀고 내려갔다. 그 소식이 전해졌을 때 누군가 이렇게 말했다.

「8연대 애들은 야구 방망이처럼 빠르게 지옥에서 빠져나갔네.」

우리 중대에서 사상자가 많이 발생하지 않아 다행이었다. 일본군은 패퇴하고 있었고, 지친 고참병들이 바라는 소원은 자기를 지금까지 지켜 주었던 행운의 유효 기간이 전쟁이 모두 끝날 때까지 조금만 더 연장되는 것이었다.

우리는 스피커를 동원해서 적의 잔당에게 항복을 권유했다. 포로가 된 일본군 장병과 오키나와 주민에게도 항복을 권유하는 방송을 하게 했다. 이런 게 어떤 때는 효과가 있어서 부사관 한 명과 장교 한 명이 항복을 해왔다. 이 장교는 아이비리그 졸업생으로 완벽한 영어를 구사했다. 이 두 사람이 항복한 뒤에 일본군 저격병 한 명이 우리에게 발포를 했다. 그때 우리는 열 명쯤 있었는데, 허겁지겁 곁에 있던 제방 뒤로 몸을 숨겼다. 그러나 그 일본군 부사관과 장교는 숨지 않았다. 저격병의 총격이 항복을 한 자기들을 노리는 게 분명했는데도 자기 주변으로 아무리 총탄이 날고 흙먼지가 튀어도 꼼짝도 하지 않고 도로에 가만히 서 있었다.

우리는 그 두 사람을 가만히 지켜보았고, 부사관 한 명이 마침내 두 사람을 향해 고함을 질렀다.

「멍청이들아, 빨리 이리 와서 숨어!」

그러자 일본군 장교는 씨익 웃어 보이고는 부사관에게 뭐라고 말을 했다. 그러더니 두 사람은 천천히 걸어와서는 시키는 대로 제방 뒤로 몸을 숨겼다.

K중대 대원 몇 명이 교묘하게 위장된 동굴 입구에 숨어 있던 일본군의 150밀리 곡사포 병사들을 사살했다. 일본군 병사들은 소총만 들고 대포를 지키다가 결국 모두 사살되었다. 이뿐만이 아니었다. 납골당 안에 모여 있던 일본군 병사들에게 항복을 권유했지만 그들은 거부했다. 맥 중위가 납골당 문 앞으로 나서서 일본말로 외쳤다.

「무서워하지 말고 밖으로 나와라. 너희들을 해치지 않겠다.」

그런데 맥은 그 말을 마친 뒤 곧바로 납골당 안으로 경기관총을 20연발 발사했다. 우리는 다들 고개를 절레절레 저었다. 약 30분 뒤 일본군 병사 대여섯 명이 총을 쏘면서 밖으로 뛰어나왔다. 이들은 모두 사살되었다.

우리 대대는 섬의 최남단에 가장 먼저 도착한 미군 부대 가운데 하나였다. 비록 적의 저격병이 아직도 여기저기에 남아 있긴 했지만, 경치는 정말 아름다웠다. 우리는 높은 언덕에 올라서서 바다를 내려다보았다. 우리 왼쪽 아래에는 육군 보병 부대가 혼자 혹은 여럿이 저항하는 적 병사들을 제압하면서 우리 쪽으로 이동하고 있었다. 육군의 81밀리 박격포는 이 부대가 전진하는 앞쪽을 계속 두들겼고, 우리 해병대의 화기들도 이들과 협공을 전개했다. 그런데 우리 위치를 알려 준 뒤에도 육군의 포격이 점점 우리 위치로 가까이 접근했다. 잘못하다간 우리가 아군 포격을 맞을 수도 있어 우리 대대의 장교 한 사람은 화를 내며 펄펄 뛰었다. 그는 무전병에게 그 육군 부대의 책임자에게 포격을 당장 중지하지 않으면 우리도 81밀리 박격포로 응사하겠다고 전하라고 했다. 그제야 육군의 박격포는 사격을 멈추었다.

6월 20일 밤, 우리는 바다가 내려다보이는 지점에 방어선을 구축했다. 우리 박격포 분대는 산호 자갈 도로 가까이에 박격포 진지를 팠다. 그 지역 주변에 조명탄이나 고성능 작약탄을 쏘기 위해서였다. 다른 박격포들은 중대 담당 구역의 바다 쪽을 맡았다.

이보다 앞서 우리는 육군이 맡고 있던 구역에서 일본군이 발사한 이상하게 생긴 로켓탄을 보았다. 무서운 비행음을 울리면서 날아가던 그 포탄을 우리는 두 눈으로 선명하게 보았다. 그 포탄은 대부분 제8해병연대 구역에 떨어졌다. 폭발음은 폭탄과 비슷했다. 그 폭탄에 희생된 사상자들을 돕기 위해서 모든 위생병들이 동원되었다.

오키나와의 일본군은 약 300킬로그램 무게의 포탄을 발사하는 320밀리 발사봉식 박격포(spigot mortar, 송곳 박격포)를 한 문 보유하고 있었다. 미군은 이 무시무시한 무기를 이오지마에서 처음 보았다. 나는 우리가 오키나와의 마지막 날 혹은 그 전날부터 이틀 동안 여러 번 보았던 것이 이 박격포 포탄이었는지 어떤지 모르겠다. 그러나 그게 무엇이었든지 무시무시한 소리를 내는 무기였고 파괴력 또한 어마어마했다.

밤이 되자 일본군은 여기저기에서 출몰했고, 이들과의 총격전은 밤새 이어졌다. 우리는 누군가 도로를 따라 걸어오는 소리를 들었다. 도로가 산호 자갈로 되어 있었기 때문이다. 칠흑 같은 어둠 속에서 신병이 소리가 나는 곳을 향해 소총을 두 발 발사하고 암호를 물었다. 그러나 누군가 웃었고, 이어 적병 여러 명이 우리 쪽으로 총을 쏘며 도로를 따라서 빠르게 달렸다. 그런데 총탄 하나가 내 옆으로 스치더니 인근 참호에 두었던 유탄발사기의 수소 실린더를 때렸다. 실린더에서 예리한 소리가 들렸다. 실린더에 난 구멍에서 수소가 빠져나오는 소리였다.

「저거 터지지 않아?」

내가 불안하게 묻자 화염방사기병은 아무렇지도 않게 대답했다.

「아냐, 수소 탱크에 구멍이 난 것뿐이야. 불이 붙어야 터지지.」

한동안 적병이 산호 자갈 도로를 달리는 소리가 들리는가 싶더니, K중대의 다른 대원들의 연발 사격 총성이 한바탕 공기를 흔들고 나자 그 소리가 들리지 않았다. 날이 밝은 뒤 사살된 적 병사들의 사체와 장비를 살펴보았는데 그들은 모두 반합에 밥을 넣어 두고 있었다. 물론 반합도 모두 벌집이 되어 있었다.

도망갈 데가 없던 일본군 병사들은 해안을 따라 걷거나 바다로 들어가서 헤엄을 쳤다. 조명탄 아래 그들의 모습은 그대로 드러났고, 해안의 돌담 뒤에 몸을 숨긴 해병대원들이 그들에게 총격을 가했다. 그 대원들 가운데 한 사람은 총알이 떨어지자 총알을 가지러 우리가 있는 곳으로 달려왔다.

「같이 가자 슬레지해머, 신나잖아! 렉싱턴의 콩코드 같애!」[2]

「난 이 참호에 있는 게 편하고 좋아.」

그는 다시 해안가의 돌담으로 돌아가 밤새 사격을 했다.

날이 밝기 직전에 우리는 일본군의 수류탄 두 발이 폭발하는 소리를 들었다. 전방의 계곡을 경계하기 위해 도로 반대편에 37밀리포를 설치해 둔 곳 주변이었고, 일본군 병사가 고래고래 고함을 지르고 있었다. 총성이 이어졌고, 필사적으로 외치는 소리와 욕설이 들렸다.

「위생병! 빨리!」

그리고 조용해졌다. 최근에 우리 중대에 합류한 신참 위생병이 소리가 나는 쪽으로 가려고 몸을 움직였다. 나는 그를 제지하면서 말했다.

「잠깐만 기다려, 내가 같이 갈게.」

용감한 티를 내려고 했던 게 아니었다. 솔직히 나도 겁이 났다. 그러나 일본군은 속임수를 잘 쓴다는 것을 알고 있었기에 위생병 혼자 위험하게 가게 둘 수는 없었다. 그러나 부사관이 말렸다.

「넌 여기 남아, 박격포를 쏘아야 할 일이 있을지도 모르니까. 위생병은 가봐, 조심하고.」

그리고 몇 분 뒤 부사관은 다시 말했다.

---

2 1775년 4월 렉싱턴의 콩코드에서 영국군과 미국의 민병대 사이에 충돌이 발생하면서 미국의 독립 전쟁이 시작되었다.

「슬레지해머, 가보고 싶으면 가도 돼.」

나는 토미를 손에 쥐고 위생병이 있는 곳으로 갔다. 내가 갔을 때는 위생병이 부상한 37밀리포 사수의 상처 부위에 막 붕대 감기를 마친 상태였다. 다른 대원 몇 명도 도울 일이 없을까 하고 왔다. 거기에는 여러 명이 총상을 입고 쓰러져 있었다. 일본군 장교 두 명이 가파른 경사면을 기어 올라와서는 참호 안으로 수류탄을 몇 개 던진 뒤 사무라이 칼을 휘두르며 뛰어들었다고 했다. 해병대원 한 명이 카빈 소총으로 적이 휘두르는 칼을 막았고, 그 틈에 다른 대원이 총을 쏘았는데, 총을 맞은 적 장교는 경사면 아래로 굴러 떨어졌다. 적이 휘두른 칼은 우리 대원의 손가락 하나를 절단하고 소총의 개머리판도 금속 총신이 있는 부분까지 베어 냈다.

또 다른 일본군 장교는 37밀리 포의 바퀴 옆에 누운 자세로 죽어 있었다. 그는 정복 차림이었다. 흰색 장갑을 꼈고, 반짝거리는 가죽 각반과 샘 브라운 벨트³를 찼으며 가슴에는 종군기장을 달고 있었다. 그런데 코 위로는 아무것도 남아 있지 않았다. 부서진 두개골과 뇌수와 피뿐이었다. 해병대원 한 명이 멍한 눈으로 그 일본군 장교의 시신을 내려다보고 있었다. 그는 시신 양옆으로 두 발을 디디고 선 자세로 두 손으로 소총의 개머리판을 쥐고 천천히 그리고 기계적인 동작으로 소총의 총구를 마치 〈뚫어뻥〉을 다루듯이 시신의 깨진 두부(頭部)에 쑤셔 넣었다가 빼기를 반복했다. 그때마다 역겨운 소리가 났고 얼굴이 저절로 찌푸려졌다. 뇌수와 피가 그 대원의 소총과 전투화와 각반에 마구 튀어 있었다. 물론 37밀리 포에도.

그 대원은 너무도 큰 충격을 받은 나머지 병적인 상태가 되어 버린 게 분명했다. 우리는 그의 팔을 부드럽게 잡았다. 부상을 면한 대원들 가운데 한 명이 피로 범벅이 된 그 대원의 소총을 치웠다.

「걱정하지 마 코버, 우리가 널 안전한 곳으로 데려다줄 거야.」

3 멜빵이 달린 장교용 혁대.

들것에 누워 있던 부상병이 일어나서 불쌍한 코버를 데리고 갔고, 코버는 몽유병자처럼 반응하며 걸었다. 손가락이 잘린 대원은 다치지 않은 손으로 문제의 그 칼을 잡았다.

「이 빌어먹을 칼은 내가 기념품으로 챙겨야겠어.」

우리는 일본군 장교의 시체를 진지 가장자리로 끌고 가서 언덕 아래로 굴려 버렸다. 폭력과 충격과 유혈과 뇌수와 고통으로 넘쳐 나는 이런 장면은 전쟁의 영광이라는 되지도 않은 환상을 조금이라도 가지고 있는 사람이라면 반드시 두 눈으로 똑똑히 목격해야만 한다는 게 내 생각이다. 적과 아군 모두 문명인이 아니라 미개한 야만인이라고밖에 생각할 수 없는 잔혹하고도 비상식적인 모습이었다.

1945년 6월 21일 오후, 우리는 미군 최고 사령부가 오키나와 작전의 승리를 선언했다는 사실을 전달받았다. 우리는 체스터 니미츠 제독의 찬사와 함께 신선한 오렌지를 두 개씩 지급받았다. 나는 그 오렌지를 먹고 파이프 담배를 피우고 아름다운 파란색 바다를 바라보았다. 태양은 수면 위에서 춤을 췄다. 82일의 낮과 밤이 지나고서도 나는 오키나와 전투가 마침내 끝이 났다는 사실을 믿을 수 없었다. 나는 그대로 푹 쉬고 싶었다. 조금이라도 빨리 하와이로 떠나는 배에 오르고 싶었다. 조금이라도 빨리 심신의 휴식을 취하고 싶었다.

「그 소문 그거 다 진짜래. 백 퍼센트 진실. 우리는 와이키키로 갈 거래.」

대원 하나가 활짝 웃으면서 말했다. 그러나 소총 부대에 오래 몸담고 있으면서 온갖 고난을 일상적으로 헤쳐 나가야만 했던 전투 대원으로서 나는 그런 말을 곧이곧대로 믿을 수 없었다. 아니나 다를까, 안타깝게도 내 예상이 맞아떨어졌다.

「장비를 챙기고 무기를 점검해라. 우리는 지금부터 산병선(散兵線)[4] 대형으로 북쪽으로 이동한다. 지금부터 우리는 점령 지역에서

4 부대가 넓게 벌려서 전개하는 전투 대형.

아직도 저항을 계속하는 일본놈들이 있다면 모두 소탕할 것이다. 적군의 사체는 묻을 것이고, 아군과 적군의 장비를 회수할 것이다. 아울러 50구경 이상의 모든 탄피를 회수해서 깨끗하게 정리할 것이다. 이상!」

마지막 임무

이 글이 만일 전쟁을 소재로 한 소설이거나 내가 극적인 이야기를 꾸며내는 작가라면 오키나와 남쪽 끝의 어떤 아름다운 절벽에서 멋진 석양을 만감이 교차하는 시선으로 바라보는 낭만적인 장면으로 글을 마무리할 것이다. 하지만 우리가 직면한 현실은 그렇게 낭만적이지 않았다. 우리 K중대에게는 또 하나의 더럽고 지저분한 임무가 부여되었다.

82일 동안의 전투로 지칠 대로 지친 부대원들에게 적의 잔당을 소탕하라는 명령은 청천벽력과도 같았다. 아무리 좋은 쪽으로 생각하려 해도 잘 되지 않았다. 신경을 갉아먹는 일이고 분통이 터지는 일이었다. 우리가 맞닥뜨릴 적병은 이미 죽음을 각오한 병사들이라서 아무런 두려움 없이 우리에게 타격을 주려고 덤벼들 게 분명했다. 자기들의 목숨값을 최대한 높게 쳐서 받으려 들 게 분명했다.

희박한 확률을 뚫고서 살아남은 우리는 모두 초조했다. 글로스터 전투와 펠렐리우 전투와 오키나와 전투를 거치며 마지막까지 살아남았는데, 동굴에 틀어박혀 있다가 마지막 순간까지 내몰린 일본군 병사들이 마지막으로 발악하면서 쏘아 대는 총탄에 맞아 죽는다면 너무도 억울한 일이었다. 하지만 명령은 명령이었고, 분하지만 우리는 그 명령을 받아들여야만 했다. 그러나 적병의 시체를 땅에 묻고 전장에 버려진 무기를 회수하는 일은 우리의 사기를 결정적으로 떨어뜨리는 것이었다.

「말이 되냐고! 우리가 쏘아 죽인 놈들을 왜 우리가 묻어 줘야 하냐구! 후방에서 탱자탱자 놀던 놈들에게 시키지 왜 우리에게 시키느냐 말이야! 그놈들은 적과 맞닥뜨려 총도 한 번 쏘지 않았던 놈들이잖아!」

「빌어먹을, 무기를 주우러 다니라고? 이건 내가 여태까지 들었던 명령 가운데서도 제일 멍청하고 지랄 맞은 명령이다.」

적과 싸우는 것은 우리가 당연히 해야 할 일이었다. 그러나 적병의 사체를 땅에 묻고 전투 현장을 깨끗하게 청소하는 것은 우리 보병이 할 일이 아니었다. 우리는 다들 그렇게 생각했기에, 불평불만을 드러내 놓고 표현했다. 그렇게 오랫동안 그렇게 힘들게 싸우고 또 마침내 승리를 따낸 사람들에게 그런 일을 시킨다는 건 이 사람들의 얼굴에 똥칠을 하는 것이나 다름없었다. 우리는 모두 분개했다. 여러 고참 전우들이 명령에 불복종했다. 명령 불복종은 내가 처음 보는 모습이었다. 만일 나를 포함해 몇몇이 그 고참병들을 설득해서 부사관에게 항의하는 행동을 말리지 않았더라면, 그들은 아마도 명령에 복종하지 않은 죄로 무거운 벌을 받았을 것이다.

나는 배낭에 매달린 야전삽을 풀어 손에 들고 고참 병사 두 명을 상대로 구스르고 애원하고 싸우고 부탁해서 결국 명령을 따르도록 했는데, 이 일을 결코 잊을 수 없을 것이다. 우리가 야전삽을 들고 섰던 곳은 전쟁의 화마로 황폐해진 사탕수수밭이었다. 우리는 부패해서 부풀어 오른 일본군의 시체 곁에 섰다. 그 고참병 두 명은 다 연이은 세 번의 전투에서 탁월한 활약을 했던 역전의 용사였지만, 이제는 참을성이 마지막 임계점에 다다라 있었다. 그들은 부패한 일본군 병사의 시체를 땅에 묻을 마음이 조금도 없었다. 절대로 하려고 하지 않았다. 이런 두 사람을 나는 설득하려고 매달렸고, 그럴 때마다 행크 보예스가 다가와 그들에게 눈을 부라리며 고함을 질렀다.

이렇게 우리는 산병선 대형으로 천천히 북쪽으로 이동하면서 일본군 병사의 시신을 묻었다. 일본군 시신을 한 번씩 만날 때마다 우리는 욕설을 퍼부었다. (매장이라고 해봐야 땅을 파고 시체를 묻는 게 아니라, 널브러져 있는 사체에 야전삽으로 흙을 퍼서 덮는 것이었다.) 또한 우리는 〈주워서 깨끗하게 보관해야 하는〉 〈50구경 이상의 모든〉 탄피에도 저주를 퍼부었다. 탱크 지원이 그때처럼 고마운 적이 없었다. 탱크에 장착된 화염방사포는 동굴에 숨어서 나오지 않는 일본군 잔당을 소탕하는 데 무척 효과적이었다.[5] 다행히 아군사상자는 거의 없었다.

며칠이 지난 뒤 우리는 개활지에 집합해 다음 명령을 기다렸다. 날씨가 더웠기에 우리는 모두 배낭을 벗고 철모를 깔고 앉아 물을 마시거나 담배를 피웠다. 부사관은 그 위치에서 여러 시간을 머물 것이라면서 식사를 하라고 했다.

나는 동료 대원 한 명과 함께 조금 떨어져 있는 작은 숲으로 갔다. 이왕이면 나무 그늘 아래에서 식사를 하고 싶어서였다. 그 숲은 사람의 손이 전혀 닿지 않은 자연 그대로였다. 마치 식물원 같았다. 키가 작은 우아한 자태의 소나무들이 시원한 그늘을 드리웠고, 바위 틈이나 땅에서는 이끼와 양치식물이 자라고 있었다. 서늘했고, 또 신선한 솔향이 가득했다. 그곳에서는 전쟁의 흔적을 조금도 찾아볼 수 없었다. 믿을 수 없는 일이었다.

「슬레지해머, 여기 정말 아름답다. 그렇지 않아?」

「그래, 정말 꿈만 같다.」

나는 배낭을 내려놓고 양치식물이 한 무더기 뭉쳐 자라는 곳 옆의 푹신한 초록색 이끼에 앉으면서 대답했다. 우리는 각자 커피를 마시려고 수통 컵에 물을 데웠다. 나는 중대 본부 소속의 어떤 대원과 물물교환으로 바꾸어 소중하게 보관하던 햄 통조림 하나를 꺼냈다(그 햄 통조림은 그 대원이 어떤 장교에게서 훔친 것이라고 했다). 이렇

5 이 소탕 작전으로 미군의 5개 사단이 죽인 일본군의 수는 총 8,975명이었는데, 만일 이들을 소탕하지 않았다면 적은 강력한 게릴라 전술로 아군을 괴롭혔을 것이다 ― 원주.

게 우리 두 사람은 시원한 그늘 아래에서 느긋하게 발을 뻗고 휴식을 취했다. 전쟁이나 군율, 그 즐겁지 않은 모든 것들이 먼 세상의 일처럼 느껴졌다. 여러 달 만에 처음으로 심신이 편안하게 늘어졌다.

바로 그때 부사관 한 명이 우리 곁으로 다가왔다.

「자, 제군들 내 말 잘 들어라, 여기에서 다른 곳으로 이동한다, 일어나라! 여기에서 나간다, 실시!」

부사관은 단어 하나하나에 온 정성을 다해 위엄을 불어넣었다. 나와 함께 있던 대원이 깜짝 놀라 물었다.

「벌써 이동입니까?」

「아니다, 너희 둘이 여기에서 나가라는 말이다.」

「왜요?」

「여기는 사병이 휴식할 장소가 아니다.」

부사관은 그렇게 대답하고는 턱으로 뒤쪽을 가리켰다. 그가 가리키는 곳에는 장교 여러 명이 우리가 발견한 천상의 비밀 공원 쪽으로 걸어오고 있었다.

「우리가 여기 있다고 방해가 되는 건 아니지 않습니까?」

「잔말 말고 명령에 복종해라.」

내 항의를 부사관은 명령이라는 단어를 내세워 묵살했다. 하지만 표정으로 보건대 그 역시도 내키지 않는 명령을 장교를 대신해서 내리고 있음이 분명했다. 우리는 반쯤 먹던 식사와 개인 장비를 챙겨 뜨거운 햇볕이 내리쬐고 먼지가 풀풀 날리는 개활지로 나가 털썩 주저앉았다.

「더러워서 정말!」

「그러게 말이야. 우리가 거기에 있다고 방해되는 것도 아닌데 말이야. 이 지긋지긋한 섬에서 전투가 끝나 안도의 한숨을 쉬려니까 이제는 장교가 되지도 않은 헛소리로 사람을 긁어 놓네. 어제까지만 해도 교전이 있고 할 때는 모두가 다 동료니 전우니 어쩌고 하더니,

어떻게 저렇게 하루 만에 얼굴을 싹 바꿀 수 있을까?」

그런데 우리의 불평은 소총 총성 한 발로 중단되었다. 내가 잘 알던 대원이 뒤로 비틀거리더니 풀썩 쓰러졌다. 그의 동료 대원이 손에 들고 있던 소총을 내던지고 친구 곁으로 달려갔고, 다른 대원들도 우르르 달려갔다. 하지만 쓰러진 대원은 즉사했다. 동료가 쏜 총에 머리를 맞은 것이다. 총을 쏜 대원은 친구가 자기 앞에서 장난스럽게 총부리를 엄지손가락에 올려놓았을 때 총이 장전되지 않은 줄 알았다.

「방아쇠 당겨도 돼, 장전된 게 아니거든.」

「진짜?」

「그래.」

그가 방아쇠를 당겼고, 장전된 총에서 발사된 총알이 절친한 친구의 머리를 관통했다. 사격하고자 하는 목표물이 아니면 무슨 일이 있더라도 총구를 겨누지 말라는 기본적인 수칙을 두 사람 다 지키지 않았던 것이다.

의도하지 않게 친구를 사살한 대원의 얼굴에 어린 충격과 슬픔은 몇 주 뒤에 그가 중대를 떠날 때까지 지워지지 않았다. 그는 군사재판을 거쳐 처벌을 받았다. 하지만 그가 받은 가장 큰 벌은 장전된 총을 가지고 장난을 치다가 가장 친한 친구를 살해하고 말았다는 끔찍한 공포를 안고 평생을 살아야 한다는 것이었다.

우리 중대가 그 초지에서 여전히 대기하고 있을 때, 나를 포함해서 예닐곱 명의 병사는 부사관을 따라서 대기하던 트럭에 탑승하라는 명령을 받았다. 섬의 남부 지역에서 적 잔당을 모두 소탕한 뒤 우리 사단이 숙영하게 될 장소가 있는 북쪽으로 갈 것이라고 했다. 우리가 할 일은 중대에 소속된 장비를 내리고 관리하는 것이었다.

중대를 떠나는 게 몹시 섭섭하고 또 한편으로는 불안하기도 했지만 알고 보니 나쁘지 않은 임무였다. 모토부반도까지는 먼지가 날리는 길을 한참 동안이나 타고 가야 했다. 도중에 우리가 전투를 치렀던 구역도 통과했다. 그러나 처음에는 그곳이 우리가 치열하게 싸웠던 곳임을 거의 알아보지 못했다. 길이 새로 나고 텐트 막사가 들어서고 여기저기 보급품이 산더미처럼 쌓여 있었기 때문이다. 공병 부대의 수나 보급 물자의 양은 믿을 수 없을 정도로 많았다. 진흙탕이거나 산호 자갈이 깔려 있던 도로들은 훌륭한 고속도로로 바뀌어 많은 차량이 빠르게 오갔고, 카키색의 깔끔한 제복을 입은 헌병들이 교통 정리를 해야 할 정도였다. 텐트 막사와 반원형의 퀸셋식 창고, 넓은 주차장 등은 지나가는 곳마다 있었다.

우리는 다시 문명 세계로 돌아왔다. 우리는 다시 한번 바닥이 보이지 않던 구렁텅이에서 빠져나와 정상적인 세상으로 돌아왔다. 정말 기분이 좋았다. 우리는 어린아이들처럼 기쁨의 노래를 부르고 휘파람을 불고 또 옆구리가 아플 정도로 웃었다. 북쪽으로 갈수록 전원 풍경은 점점 더 아름답게 바뀌었다. 대부분은 전쟁의 상처를 입지 않은 자연 그대로였다. 마침내 우리를 태운 트럭은 높은 바위 절벽이 있는 곳에서 그다지 멀지 않은 어떤 감자밭으로 들어갔다. 그 절벽에서는 바다와 작은 섬이 보였는데, 그 섬의 이름이 이에시마(伊江島)라고 트럭 운전병이 일러 주었다.

우리가 주둔할 예정지는 전쟁의 피해를 전혀 입지 않은 곳이었다. 우리는 중대 장비를 트럭에서 내렸다. 운전병은 5갤런(약 19리터)짜리 식수통들을 날라다 주었다. K레이션도 넉넉하게 지급되었다. 우리는 간이 천막을 하나 쳤다. 빈센트 상병이 그 작업을 지휘했고, 우리는 즐겁게 작업했다. 빈센트는 대단한 재주꾼이자 K중대의 보물 같은 고참병이었다.

우리 선발대가 수행했던 경계 임무는 별것 없었다. 낮에는 조용하고 한가롭게 일광욕을 즐겼고 밤에는 한 사람씩만 보초를 섰다. 우리는 캠핑장의 소년들처럼 즐거운 시간을 보냈다. 두려움과 공포를 멀리 벗어던진 지 오래였다.

본대인 우리 대대는 며칠 뒤에 도착했다. 모든 대원이 매달려 텐트 막사를 설치했다. 피라미드 형태의 텐트들을 완성했고, 하수도를 설치했고, 침대와 침구도 지급받아 설치했고, 캔버스 천으로 된 천막도 쳤다. 병원으로 후송되었던 전우들도 속속 돌아왔다. 어떤 대원들은 심신의 활기가 넘쳤지만 부상을 완벽하게 극복해 예전 모습 그대로 돌아가지 못한 대원들도 있었다. 안타깝게도, 하와이에서 휴식을 취하게 될 것이라는 소문은 그냥 헛소문으로 끝나고 말았다. 그러나 오키나와의 시련이 마침내 끝났다는 안도감은 그 어떤 말로도 표현할 수 없을 정도로 반갑고 감격적이었다.

낯익은 얼굴들은 거의 남아 있지 않다. 펠렐리우 전투에 참가한 뒤 4월 1일 오키나와섬에 상륙했던 대원들 가운데 살아남은 대원은 겨우 26명이었다. 이 가운데서 펠렐리우나 오키나와에서 단 한 번도 부상을 하지 않은 사람은 채 열 명이 될까 말까였다. 미군 사상자는 실종자를 포함한 사망자가 7,631명이었고 부상자는 3만 1,807명이었다. 이 가운데서 정신적인 부상자는 2만 6,221명이었다. 아마도 이 숫자는 그 이전에 태평양에서 펼쳐진 다른 어떤 전투와 비교하더라도 많았을 것이다. 일본군은 태평양의 다른 어떤 전투와 비교하더라도 월등하게 많은 수의 포탄과 박격포탄을 미군에게 쏟아부었고, 또 죽음을 각오한 일본군 병사들과 근접전을 벌여야 했던 경우가 무척 많았기 때문이다.

해병대원과 해군에서 파견한 지원 대원(군의관과 위생병)을 모두 합하면 2만 20명이 전사했거나 부상했거나 실종되었다.

일본군 사상자 수는 정확하게 확인할 길이 없다. 그러나 오키나와에서 확인된 적병의 사체는 10만 7,539구였다. 그리고 약 1만 명이 항복했으며 약 2만 명은 자기 동료의 손에 의해 동굴에 갇히거나 매장되었다. 정확한 기록이 없긴 하지만, 최종적인 분석 결과로는 일본군 수비대는 극소수의 예외를 제외하고는 전멸했다. 불행하게도 약 4만 2,000명의 오키나와 주민도 일본군과 미군의 전화(戰火)에 휘말려 포격과 폭격 아래 사망했다.

제1해병사단은 오키나와에서 엄청나게 많은 사상자를 기록했다. 공식적으로는 7,665명이 전사하고 부상하고 실종되었다. 이들 외에도 전투 부대에 배속되어 정식으로 부대원 명부에 이름을 올리기도 전에 전사한 보충병들이 많았다. 사상자 대부분이 제1해병사단의 3개 보병연대 소속이었던 사실을 염두에 둔다면(각 연대의 규모는 약 3,000명이었다), 펠렐리우섬에서 그랬던 것처럼 사상자의 다수가 소총 중대 소속이었음은 명백하다. 제1해병사단의 사상자는 펠렐리우섬의 6,526명과 오키나와섬의 7,665명을 합하면 총 1만 4,191명이다. 통계적으로 보자면, 세 개의 보병연대가 두 개의 작전을 통해서 150퍼센트의 손실을 입은 게 된다. 나처럼 두 개의 작전에 참가하고도 부상도 하지 않고 무사히 돌아온 소수의 행운아들은 그야말로 지옥에서 살아 돌아온 생존자인 셈이었다.[6]

전쟁은 끝났다

텐트 막사를 완성한 뒤 우리는 전장의 긴장에서 놓여 나려고 노력했다. 글로스터 전투에 참가했던 고참병들 가운데 일부는 거의 곧바로 귀국했고, 그들의 빈자리를 보충병들이 채웠다. 불온한 소문도 돌았다. 우리 부대가 이번에는 일본 본토를 공격할 것이라는 소문이었다. 일본 본토 상륙 작전이 전개된다면 아군의 사상자 수는 무려 백만 명이나 될 터였다. 거기에 대해서는 아무도 뭐라고 말을 하지 않았다.

그리고 8월 8일, 우리는 최초의 원자폭탄이 일본에 투하되었다는 말을 들었다. 한 주 정도 지나면 일본이 항복할 것이라는 말을 들었다. 그리고 8월 15일에 일본이 무조건 항복을 함으로써 전쟁은 끝

6 제1해병사단은 오키나와 작전에 참가한 공로로 대통령 부대 표창을 받았다 — 원주.

났다.

그 소식을 처음 들었을 때 우리는 뜻밖에도 냉정했다. 그 소식을 과연 믿어도 될지 어떨지 몰랐다. 일본은 절대로 항복하지 않을 것이라고 생각했기 때문이다. 아닌 게 아니라 많은 대원들은 그 소식을 믿으려 하지 않았다. 침묵 속에서 우리는 죽은 전우들을 떠올렸다. 정말 많은 전우들이 죽고 또 정말 많은 전우들이 불구가 되었다. 얼마나 많은 밝은 미래가 과거의 재로 날아가 버렸는지 모른다. 얼마나 많은 꿈들이 우리를 삼켜 버린 광기 속에서 산산이 부서져 버렸는지 모른다. 많은 대원들이 기쁨의 환호성을 질렀다. 하지만 그게 전부가 아니었다. 지옥의 구렁텅이에서 살아남은 많은 대원들은 멍한 눈을 한 채 아무 말도 하지 않고 그냥 가만히 앉아 있었다. 그들은 그렇게, 전쟁이 없는 세상이란 도대체 어떤 것일지 가늠하려고 애를 썼다.

9월에 제1해병사단은 점령 임무를 수행하러 중국의 화베이(華北)로 이동했고, 제5연대는 매력적인 고대 도시 베이징(北京)에서 그 임무를 수행했다. 나는 거기에서 넉 달 반 동안 있다가 본국 근무 명령을 받았다.

「귀-국-한-다.」

그 말을 처음 들었을 때 얼마나 기뻤는지 모른다. 그러나 생사고락을 함께했던 제5연대 제3대대 K중대의 전우들과는 아쉬운 작별을 해야 했다. 두 개의 전투 작전을 거치면서 단단하게 연결되어 있던 끈을 끊어야 했다. 그것은 가슴 아픈 일이었다. 미군 가운데서도 가장 뛰어나고 가장 유명하던 그 엘리트 부대는 가장 지독한 시련의 시기에 나에게는 집이나 다름없었다. 전선에서는 적과 우리 사이 공간에 아무것도 없었다. 그랬기에 우리는 전우에게 의존할 수밖에 없었고, 그 과정에서 영원히 지워질 수 없는 전우애라는 유대감이 형성되었다. 전선에 섰을 때 우리는 형제였다. 그랬기에 나는 커다란 슬픔과 상실감을 안고 K중대를 떠나야만 했다. 그렇게 떠나긴 했지만 제5해병연대 제3대대 K중대는 지금까지 그랬듯이 앞으로도 계속 나의 한 부분으로 남아 있을 것이다.

우리 중대의 활약이 매우 두드러졌음에도 불구하고 용맹함을 인정받고 포상을 받은 대원의 수가 이례적일 정도로 적다는 사실은 아이러니다. 쉽게 볼 수 없는 용맹한 행동이 너무도 일상적으로 반복되다 보니 당연한 것처럼 여겨져 특별한 것으로 눈에 띄지 않아서 그랬는지도 모르겠다. 누구나 다 그런 행동을 당연히 해야 한다고 생각했던 것이다. 그러나 우리 중대의 거의 모든 사람이 퍼플하트 훈장을 받았다. 나는 운이 좋아 부상을 피할 수 있었고, 예외적인 중대원이 되고 말았다.

전쟁은 야만적이고 수치스럽고 끔찍한 낭비이다. 전투는 여기에 참가한 사람들에게 지울 수 없는 흔적을 남기고, 사람들은 그 끔찍한 흔적을 안고서 평생을 살아야 한다. 전쟁에서 높이 평가할 수 있는 것은 전우들이 보여 준 믿을 수 없는 용감함과 서로를 향한 헌신적인 전우애이다. 해병대 신병 훈련소에서는 우리에게 적을 효율적으로 죽이고 살아남는 방법을 가르쳤을 뿐만 아니라 전우들을 향한 충성과 우애도 함께 가르쳤다. 거기에서 배운 단결심이 우리를 지탱해 주었다.

머지않아 새로운 천 년이 시작되면 힘이 센 나라가 다른 나라를 노예로 만들려는 시도는 더는 나타나지 않을 것이다. 하지만 그때까지는 자기의 책임을 받아들이고 조국을 위해 스스로 희생을 감수하는 게 필요하다. 나와 함께했던 전우들이 예전에 태평양에서 그랬듯이 말이다. 그랬기에 우리는 종종 이렇게 말하곤 했다.

〈만일 우리 조국이 살아 갈 가치가 있는 좋은 나라라면, 이런 조국을 위해서 싸우는 것은 충분히 가치가 있는 행동이다.〉

특권에는 책임이 따르기 때문이다.

화보

1 펠렐리우 전투

2 오키나와 전투

1 펠렐리우 전투

매킬레니 소장과 그의 휘하 중대장들. 제1해병사단의 제5연대 제3대대, 1944년 6월, 파부부.
왼쪽부터 비숍 대위, 네빌 대위, 맥올리프 대위, 매킬레니 소장, 홀데인 대위, 크라운 대위.

밥 호프와 펠렐리우 전투에 앞서 그가 마련한 쇼를 보고 있는 제1해병사단 장교들. 파부부.

앤드루 A. 홀데인 대위. ⓒ 존 A. 크라운 중령.

존 마멧 병장. ⓒ 개인 사진.

디데이의 펠렐리우섬. 공중 폭격과 해상 포격으로 연기에 뒤덮여 있다. ⓒUSMC.

디데이의 펠렐리우섬. 상륙 직전 화염에 싸인 해변 모습. ⓒNational Archives.

디데이의 펠렐리우섬. 해병대원들이 DUKW 아래에서 휴식을 취하고 있고, 암트랙 한 대가 불타고 있다. ⓒ 존 J. 스미스 이병.

디데이의 펠렐리우섬 오렌지비치. 오른쪽 해변으로 제5연대 3대대 K중대가 사진 속 대원들보다 먼저 상륙했었다. ⓒ USMC.

불을 뿜고 있는 30구경 공냉식 기관총. 펠렐리우. ⓒ USMC.

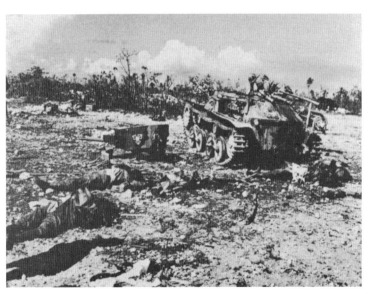

디데이의 오후, 해병대원이 일본군의 탱크 공격을 격퇴한 뒤의 모습. 펠렐리우. ⓒ USMC.

일본군의 야포와 사망한 일본군 포병. 펠렐리우. ⓒUSMC.

제11해병사단의 75밀리 곡사포 지원 사격. 펠렐리우. ⓒUSMC.

비행장을 가로질러 전진 중인 제5연대 소속 해병대원들. 펠렐리우, 9월 16일. ⓒUSMC.

섭씨 46도가 넘는 기온에서 부상병은 물이 없으면 생존할 수 없다. 펠렐리우. ⓒUSMC.

상륙 5일째, 비행장 북단에 모아 놓은 미 해병 전사자들. 펠렐리우. ⓒUSMC.

81밀리 박격포를 쏘는 박격포 분대. 펠렐리우. ⓒUSMC.

산호 바위가 포탄으로 움푹 팬 곳에 배치된 60밀리 박격포 진지의 전형적인 모습. 펠렐리우.
ⓒUSMC.

은제세부스 상륙 작전. 삼파로 해변에 접근하는 암트랙에서 바라보이는 은제세부스섬의 해변.
펠렐리우. ⓒUSMC.

은제세부스 해변에서 상륙 작전을 벌인 제5연대 제3대대 K중대가 내륙 쪽으로 이동한다. 펠렐리우. ⓒUSMC.

화염방사기 사수가 적의 포좌를 불태우고 있다. 펠렐리우. ⓒUSMC.

파이브 시스터즈에 네이팜탄을 투하 중인 콜세어. 펠렐리우. ⓒUSMC.

부상병을 들것으로 옮기는 해병대원들. 펠렐리우. ⓒUSMC.

포탄으로 황량해진 구역을 벗어나는 부상병들. 펠렐리우. ⓒUSMC.

데스밸리. 맞은편이 북쪽이고 파이브 시스터즈는 오른쪽에 있다. 펠렐리우. ⓒUSMC.

편자 계곡을 공격하는 탱크와 보병 부대. 정면이 북쪽이고 왼쪽에 파이브 시스터즈, 오른쪽이 왈트 능선 그리고 가운데 배경 부분이 140고지이다. 펠렐리우. ⓒUSMC.

일명 〈버키Bucky〉인 제5연대 연대장인 해럴드 해리스Harold Harris 대령이 참모들과 함께
공중 지원을 의논하고 있다. 왼쪽부터 베일리J. R. Bailey 중령, 존 구스타프슨John Gustafson
소령, 루이스 왈트Lewis Walt 중령, 고든 게일Gordon Gayle 소령. 펠렐리우. ⓒ USMC.

제5연대 제3대대 K중대의 생존자들. 파부부섬으로 가는 호송선을 타기 전.

2 오키나와 전투

함포 사격으로 육지의 아군을 지원 중인 아이다호. 오키나와. ⓒUSMC.

공포의 일본군 150밀리 대포. 안전한 동굴에 설치되어 있다. 오키나와. ⓒUSMC.

토머스 스탠리 중위(일명 〈스텀피〉)가 무전으로
포격 지원을 요청하고 있다.

1945년 5월 2일 공격 직후의 헨리 보예스 중사.
모자에 꽂힌 연필이 적의 총탄이 그가 쓰고 있던
모자를 관통했음을 일러 준다. 오키나와.

대원들이 부상자를 들것으로 운반하고 있다. 오키나와. ⓒUSMC.

적 진지에 백린탄이 터지는 가운데 해병대원들이 공격 명령을 기다리고 있다. 오키나와. ⓒUSMC.

들것조를 지원하기 위해 연막 수류탄을 던지는 대원들. 오키나와. ⓒUSMC.

전우의 죽음을 슬퍼하는 해병대원. 오키나와. ⓒUSMC.

작은 마을을 지나는 해병대원들. 죽은 일본군 병사는 지카다비를 신고 있다. 오키나와. ⓒUSMC.

포격으로 황폐해진 와나 능선. 오키나와. ⓒUSMC.

적진을 불태우는 화염방사기 탱크. 오키나와. ⓒ USMC.

제5연대의 폴 아이센 이등병이 일본군의 총탄을 뚫고 〈데스 밸리〉를 달리고 있다. 오키나와.
ⓒ USMC.

와나 능선. 왼쪽의 해병대원은 톰슨 경기관총을 들고 있고, 오른쪽 그의 동료는 브라우닝 기관총을 들고 있다. 오키나와. ⓒUSMC.

슈리 고지에서 공중 투하된 보급품을 운반하는 해병대원들. 당시 전장은 진흙탕 때문에 육상 보급이 어려웠다. 오키나와. ⓒUSMC.

전투가 끝난 뒤 K중대 박격포병 세 명이 포즈를
취했다. 왼쪽부터 존 레디퍼, 빈센트 산토스, 진 퍼라.
ⓒ진 퍼라.

포격으로 파괴된 슈리성의 성벽. 오키나와. ⓒUSMC.

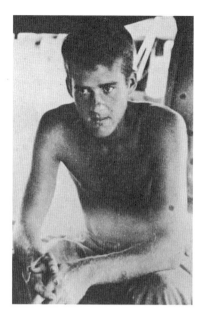

작전이 모두 끝나고 오키나와의 텐트 막사에서
저자 유진 B. 슬레지.

베이징에서 돌아온 뒤의 저자 모습. 1946년.

참고문헌

여기에 참고문헌으로 올린 저작물만이 펠렐리우 전투와 오키나와 전투를 설명하는 것은 아니다. 이 전투들을 보다 충실하게 이해하려면 반드시 읽어야 한다는 뜻으로 소개하는 것도 아니다. 내 이야기는 어디까지나 개인적인 것이다. 내가 보고 또 아는 것만 적었다. 다음의 문헌들은 내가 이 책에서 소개한 여러 이야기나 내 주변에서 일어났던 사건들을 독자가 보다 전체적인 맥락에서 파악할 수 있도록 돕기 위해, 또 내가 언급했던 인명이나 지명이 정확한지 확인하기 위해 참고한 것일 뿐이다.

Appleman, Roy E., et al. *Okinawa: The Last Battle*. Washington: Historical Division, Department of the Army, 1948.

Davis, Burke. *Marine! The Life of Lieutenant General Lewis B. (Chesty) Puller*. Boston: Little, Brown and Company, 1962.

Davis, Russell. *Marine at War*. Scholastic Book Services, N.Y., 1961.

Falk, Stanley. *Bloodiest Victory: Palaus*. New York: Ballantine Books, 1974.

Frank, Benis M. *Okinawa: Touchstone to Victory*. New York: Ballantine Books, 1974.

Frank, Benis M. and Henry I. Shaw, Jr. *Victory and Occupation: History of Marine Corps Operations in World War II*, Vol. V. Washington: Historical Branch, G-3 Division, Headquarters, U.S. Marine Corps(hereinafter HQMC), 1968.

Garand, George W. and Truman R. Strobridge. *Western Pacific Operations:*

History of U.S. Marine Corps Operations in World War II, Vol. IV. Washington: Historical Division, HQMC, 1971.

Heinl, Robert D., Jr. *Soldiers of the Sea: The United States Marine Corps, 1775–1962.* Annapolis: United States Naval Institute, 1962.

Hough, Maj. Frank O. *The Assault on Peleliu.* Washington: Historical Division, HQMC, 1950.

Hunt, George P. *Coral Comes High.* New York: Harper and Brothers, 1946.

Isley, Jeter A. and Philip Crowl. The U.S. Marines and Amphibious War. Princeton, NJ: Princeton University Press, 1951.

James, D. Clayton. *The Years of MacArthur*, Vol. II, 1941–45. Boston: Houghton Mifflin, 1975.

Leckie, Robert. *Strong Men Armed: The United States Marines Against Japan.* New York: Random House, 1962.

Mayer, S. L., ed. *The Japanese War Machine.* Secaucus, N.J.: Chartwell Books, 1976.

McMillan, George. *The Old Breed: A History of the First Marine Division in World War II.* Washington: Infantry Journal Press, 1949.

Moran, John A. *Creating a Legend.* Chicago: Publishing Division, Moran/Andrews, Inc., 1973.

Morison, Samuel Eliot. *The Two-Ocean War.* Boston: Little, Brown and Company, 1963.

Moskin, J. Robert. *The U.S. Marine Corps Story.* New York: McGraw-Hill Book Company, 1977.

Muster Roll of Officers and Enlisted Men of the U.S. Marine Corps: Third Battalion, Fifth Marines, First Marine Division, Fleet Marine Force. From 1 September to 30 September, 1944, inclusive; from 1 October to 31 October, 1944, inclusive; from 1 April to 30 April, 1945, inclusive; from 1 May to 31 May, 1945, inclusive; from 1 June to 30 June, 1945, inclusive. Washington: History and Museums Division, HQMC.

Nichols, Charles S., Jr., and Henry I. Shaw, Jr. *Okinawa: Victory in the Pacific.* Rutland, VT: Charles E. Tuttle Company, 1966. Originally published in 1955 by the Historical Branch, G-3 Division, HQMC.

Paige, Mitchell. *A Marine Named Mitch.* New York: Vantage Press, 1975.

Shaw, Henry I., Jr., Bernard C. Nalty, and Edwin T. Turnbladh. *Central Pacific Drive: History of U.S. Marine Corps Operations in World War II*, Vol. III.

Washington: Historical Branch, G-3 Division, HQMC, 1966.

Smith, S. E., ed. and comp. *The United States Marine Corps in World War II.* New York: Random House, 1969.

Steinberg, Rafael. *Island Fighting.* Morristown, N.J.: Time-Life Books, 1978.

Stockman, James R. *The First Marine Division on Okinawa: 1 April-30 June 1945.* Washington: Historical Division, HQMC, 1946.

Time Magazine, 9 October 1944, p. 29; and 16 October 1944, p. 38.

Toland, John. *The Rising Sun.* New York: Random House, 1970.

United States 1st Marine Division. Operation Plan 1-44. Annex A, B Serial 0003 over 1990–5–80 over 458/332; dated 15 Aug 1944.

——— Palau Operation, Special Action Report, Serial 0775 over 1990–5–80 over 458/390; dated 13 Sept 1944.

——— Field Order No. 1-44 through 9-44. Serial 1990–5–80 over 458/332; dated 20 Sept, 21 Sept, 22 Sept, 2 Oct, 5 Oct, 8 Oct, 10 Oct, and 13 Oct 1944.

찾아보기

가미카제 19, 321~332, 379
가이거, 로이 S. 42, 121, 180, 329~330, 352, 498
가카즈 능선 330, 352, 364, 405
게치, 프랭크 91
과달카날 전투 23, 41, 62, 82~83, 85, 91, 106, 144, 157, 172, 251, 361, 413
교착 작전 9, 17
그레이브스, 로버트 280
글로스터 전투 23, 82~83, 85~86, 89, 118, 129, 131, 144, 157, 163, 165, 187, 251, 266, 294, 297, 301, 344, 361, 368, 397, 399, 413~414, 464, 490, 512, 519

노르망디 상륙 작전 18
뉴브리튼 작전 9, 85
니미츠, 체스터 W. 121, 511
니스, 하워드 20, 30, 165, 293, 296~297, 361~362, 364, 366

닥터 거만 씨 307~308, 476
더글러스, 폴 17, 23, 99, 108, 170~171
데스 밸리 239, 544

도허티 상병 45~46, 50~51, 55~57
듀크 중위 230, 462~465
디믹, 아트 30

러셀제도 9, 82, 86, 295, 314
레디퍼, 존 211~214, 219, 222, 384~386, 388, 546
레이든, 윌리엄 30
루덴도르프, 에리히 177
루스벨트, 프랭클린 18, 350~351
루이스 B. 풀러 (체스티) 112
루퍼터스, 윌리엄 112~114, 180

마키미나토 비행장 330, 353, 364
매서니, 톰 30
매퀴타만 289
매킬레니, 월터 S. 10, 30, 33, 525
맥 소위 341, 362~364, 397
맥아더, 더글러스 17, 108, 120, 288
맥케니, 짐 30
맥크래켄호 313~314
메이스, 스털링 30
모그모그섬 316
모토부반도 319, 340, 413, 516

미츠루, 우시지마 19, 320

(ㅂ)

바예, 페드로 델 297
배로우, 테드 (텍스) 30
버긴, 볼튼 30, 210~216, 219, 222~223,
340~341, 344~345, 368, 373, 390~391,
397~398, 413
버크너, 사이먼 볼리바르 19, 329~331,
352~353, 498
벌지 전투 18
베일리, 데이비드 22, 291~292, 538
베트남 전쟁 37, 84, 144
보예스, 헨리 A. (행크) 30, 183, 367~368,
440, 481, 495~496, 498, 513, 540
블러디노즈 능선 42, 109, 139, 154,
166~167, 176, 178~181, 183, 185, 192, 194,
197, 275, 399~400, 473, 489, 491

(ㅅ)

사렛, 조지 30, 187, 248, 363, 424, 480
산토스, 빈센트 30, 211, 213~214, 455, 546
서슨, 지그프리드 447
손더스 중사 209, 222~223
솔로몬제도 27, 41, 66, 77, 83, 106
쇼프너, 오스틴 C. 30, 143, 487
슈가로프 고지 18, 414~415, 418~419, 452
슈리성 320, 460~461, 546
스내푸 118~119, 126, 130, 140~141, 146,
148, 151, 156~157, 160, 167, 172, 174, 179,
181, 199, 210, 212, 248, 265~267, 312, 326,
333, 361~362, 390, 420, 423, 437~442
스탠리, 토머스 J. (스텀피) 31, 34, 251, 285,
305, 368, 423, 540
슬레지, 유진 B. (슬레지해머) 3, 4, 9~26, 37,
56, 79, 102, 116, 118, 129~130, 132~134,
141, 146, 152, 163, 180, 186, 210~211, 226,
230, 247~248, 264, 269, 271, 284~285,

288, 294, 297, 299, 317, 328, 376, 410, 463,
473, 478, 484~485, 495~497, 509~510,
514, 547, 559
시라크해협 311
시러너호 275, 280, 287

(ㅇ)

아시아적 상태 87, 98
아와차 공격 391
아이스버그 작전 18
야마즈키호 106
야에세 언덕 330, 487, 489, 497, 501
오렌지비치 130
오로쿠반도 319, 330, 479, 482~483
오스왈트, 로버트 164
오웬, 윌프레드 280
올림픽 작전 19
와나 계곡 391, 402~403, 405, 407~408,
413~414, 417, 419, 461
와스프호 315
왈트 능선 239, 252, 537
요자 언덕 330, 487~489, 497~498
요카츠제도 319, 339, 351
요크타운호 315
우무르브로골산 109~110, 195, 197, 230,
231
우무르브로골 포켓 233, 239, 251, 254~255,
257, 262, 270
울리티 환초 69, 109, 314~316, 318
은제세부스섬 109, 197, 204~206,
223~224, 276, 339, 533
이사무, 조 19
이에시마 319, 517
이오지마 전투 122, 317
2차 세계 대전 15, 18~19, 37, 50, 52, 56, 59,
70, 74, 84, 89, 92, 105, 112, 120~121, 133,
206, 261, 273, 276, 278, 429, 465
일본군 제32사단 320, 405, 466
일본군 제24보병사단 379

일본군 제62보병사단 379

『전장의 인간』 293
전쟁 피로증 18, 429, 443
제1해병사단 9, 11, 17, 19, 23, 26~28, 37, 41,
42, 44, 56, 68, 82, 83, 84, 85, 87, 90, 93, 96,
99, 105~107, 110~112, 114, 117, 122, 130,
143~144, 161, 170~171, 175, 179~180,
183, 192, 239, 244, 276, 283, 302, 305,
309, 318, 329~330, 335, 339, 342, 352,
364, 376~377, 379~381, 391, 401, 403,
405, 414, 418, 420, 452, 460, 479, 485, 498,
501~502, 519~520, 525
제3수륙양용군단 121, 180, 329, 330, 352,
403, 405, 479, 498
제6해병사단 18~19, 329~330, 340, 382,
392, 405, 413~415, 418, 452, 466, 479, 483
제7보병사단 329~330, 379, 405
제77보병사단 329, 379, 460, 466
제24군단 329~330, 403, 405
제27보병사단 329, 340, 352~353, 357, 364
제81보병사단 192, 269, 270, 314
제96보병사단 329~330, 405, 466
제114해병전투비행대 206
제너럴하우즈호 81, 83
존스, 에드워드(힐빌리) 22, 172~174, 183,
188~191, 374
종심층 방어 전술 317, 320, 392
『중국 해병대』 13

참호족 444
철바닥만 106, 313

캐롤라인제도 69, 108~109, 314

캐스웰, 켄트 226~227, 406~407
캠프 세인트루이스 76~77
캠프 엘리엇 56, 59~60, 66~68, 175, 192
캠프 펜들턴 56, 60
케이츠, 클리프턴 121
콜로나, 제리 93
쿠니오, 나카가와 122
쿠니요시 고지 486
쿠니요시 능선 330, 487~492, 495,
497~499, 501~502
크라운, 존 A. 30, 33, 38, 525~526
크럼배커, 제시 30
킨만 339~340, 351

타라와 환초 67, 110
타카하나리섬 351~352
테스케비치, 존 172, 174
토치카 178, 207, 209, 210~219, 222~223,
225, 252, 506
트루먼, 해리 19, 350

파부부섬 9, 27, 105, 110, 164, 192, 231, 270,
283, 287, 289, 293, 295, 297, 305, 538
파이브 시스터즈 234~235, 237, 242~243,
368, 535, 537
팔라우제도 9, 69, 83, 108, 120, 267, 314
페이전트, 도널드 41
펀자 계곡 244, 246, 252, 537
펀자 고지 418, 452
풀러, 루이스 B. 112
프랭클린호 315
프레지던트포크호 70, 72, 74~75, 81

하지, 존 R. 329

하프문 고지 417~418,424,442,451~453,
456,460,462,496
한국 전쟁 37,84,144,206
허드슨,T.L. 30
헤이니, 엘모M. 22~23,95~98,107,
117~118,183,187~188,190,277,300,321
헤지, 존 30
호프, 밥 23,93~94,525
홀데인, 앤드루 앨리슨(대공포) 9,22,
98~101,139,171~173,198,250~251,264,
293,423,525~526
홀시, 윌리엄 120
화이트비치 130
히로미치, 야하라 19

옮긴이 **이경식** 서울대학교 경영학과와 경희대학교 대학원 국문학과를 졸업했다. 옮긴 책으로 『우발적 충돌』, 『당신이 모르는 민주주의』, 『도시의 생존』, 『히어로 코드』, 『넛지: 파이널 에디션』, 『무엇이 옳은가』, 『신호와 소음』, 『두 번째 산』, 『번영의 역설』, 『소셜 애니멀』 등이 있다. 저서로는 에세이집 『1960년생 이경식』, 『청춘아 세상을 욕해라』, 『대한민국 깡통경제학』, 『미쳐서 살고 정신 들어 죽다』, 『나는 아버지다』, 소설 『상인의 전쟁』, 평전 『유시민 스토리』, 『이건희 스토리』 등이 있고, 영화 「개 같은 날의 오후」, 「나에게 오라」, TV 드라마 「선감도」, 연극 「동팔이의 꿈」, 「춤추는 시간여행」, 오페라 「가락국기」, 음악극 「6월의 노래, 다시 광장에서」 등의 대본을 썼다.

태평양 전쟁

발행일 2019년 10월 30일 초판 1쇄
2024년 3월 5일 초판 4쇄

지은이 유진 B. 슬레지
옮긴이 이경식
발행인 홍예빈 · 홍유진
발행처 주식회사 열린책들

경기도 파주시 문발로 253 파주출판도시
전화 031-955-4000 팩스 031-955-4004
홈페이지 www.openbooks.co.kr 이메일 humanity@openbooks.co.kr

Copyright (C) 주식회사 열린책들, 2019, *Printed in Korea*.
ISBN 978-89-329-1990-4 03900

이 도서의 국립중앙도서관 출판예정도서목록(CIP)은 서지정보유통지원시스템 홈페이지(http://seoji.nl.go.kr)와 국가자료공동목록시스템(http://www.nl.go.kr/kolisnet)에서 이용하실 수 있습니다.(CIP제어번호:CIP2019040937)